GEBHARD J. SELZ

ALTSUMERISCHE WIRTSCHAFTSURKUNDEN AUS AMERIKANISCHEN SAMMLUNGEN

FREIBURGER ALTORIENTALISCHE STUDIEN

HERAUSGEGEBEN VON
BURKHART KIENAST
UNTER MITWIRKUNG VON
MARK A. BRANDES UND HORST STEIBLE

BAND 15,2

ALTSUMERISCHE WIRTSCHAFTSURKUNDEN AUS AMERIKANISCHEN SAMMLUNGEN

1. ABSCHNITT

EINLEITUNG;
TEXTE AUS DEM HARVARD SEMITIC MUSEUM

FRANZ STEINER VERLAG STUTTGART
1993

GEBHARD J. SELZ

ALTSUMERISCHE WIRTSCHAFTSURKUNDEN AUS AMERIKANISCHEN SAMMLUNGEN

1. ABSCHNITT:

EINLEITUNG; TEXTE AUS DEM HARVARD SEMITIC MUSEUM

FRANZ STEINER VERLAG STUTTGART
1993

Die Deutsche Bibliothek - CIP-Einheitsaufnahme
Altsumerische Verwaltungstexte aus Lagaš / Gebhard J. Selz. -
Stuttgart : Steiner
(Freiburger altorientalische Studien ; Bd. 15)
NE: Selz, Gebhard J. [Hrsg.]; GT
Teil 2. Altsumerische Wirtschaftsurkunden aus amerikanischen
Sammlungen.
Abschn. 1. Einleitung; Texte aus dem Harvard Semitic
Museum. - 1993
ISBN 3-515-05453-7 (Teil 2, Abschn. 1 und 2)

 Gedruckt mit Unterstützung dert Deutschen Forschungsgemeinschaft.
Druck: Druckerei Peter Proff, Eurasburg.
Printed in Germany

VORWORT

Bei den hier vorgelegten ALTSUMERISCHEN WIRTSCHAFTSURKUNDEN AUS AMERIKANISCHEN SAMMLUNGEN (AWAS) handelt es sich um den zweiten Band der auf fünf Bände veranschlagten Edition der *Altsumerischen Verwaltungstexte aus Lagaš*. Aus praktischen Gründen mußte dieser Band auf zwei Abschnitte verteilt werden. Dabei behandelt der erste Abschnitt (FAOS 15/2-1) die Texte aus Harvard, der zweite Abschnitt (FAOS 15/2-2) ist den Texten aus Philadelphia und Yale gewidmet und wird durch Indices und Textkopien/Fotos ergänzt. Auch dieser Teil des von Professor B. KIENAST konzipierten Projektes wurde von der Deutschen Forschungsgemeinschaft gefördert. Die DFG ermöglichte auch durch einen Reisekostenzuschuß die Kollation dieser in den Vereinigten Staaten aufbewahrten Texte. Dafür möchte ich mich an dieser Stelle erneut bedanken.

Für freundliche Aufnahme und sehr gute Arbeitsmöglichkeiten bei den Kollationen in den Museen möchte ich folgenden Institutionen, Kuratoren und Kollegen herzlich danken: *Harvard Semitic Museum* (W.

MORAN, P. STEINKELLER und dem Museumsstab), *The University Museum, Philadelphia* (A.SJÖBERG, M. DEJONG ELLIS, H. BEHRENS und den anderen Mitarbeitern der Tablet Collection), *The Free Library of Philadelphia* (M. COREY), *Yale University Library, Babylonian Collection* (W.W. HALLO, B. FOSTER, G. BECKMAN, U. KASTEN und Mitarbeitern).

Die großzügige Erlaubnis, einige noch unveröffentlichte Texte aus dem Archiv der Verwaltungstexte des altsumerischen Lagaš in diesen Band einzuarbeiten, gewährten M. COREY von der *Free Library* in Philadelphia sowie W.W. HALLO und U. KASTEN von der *Babylonian Collection* in Yale. - Zu den urspünglich vier unveröffentlichten Tafeln, die ich im September 1989 in Yale kopieren wollte, kamen während meines Aufenthaltes noch weitere sechs unpublizierte Texte des 'Lagaš'-Archivs hinzu. Alle werden hier erstmals in Kopie und Bearbeitung vorgelegt.

Nachdem ich A. WESTENHOLZ von diesem Arbeitsvorhaben erzählt hatte, stellte er mir im Herbst 1988 das von ihm gesammelte relevante Material aus Philadelphia zur Auswertung zur Verfügung. Dadurch ergab sich eine zweifache Kollation der Texte aus der *Free Library of Philadelphia*, sicher zum Nutzen dieses Bandes.

Da es mir inzwischen möglich war, einen *personal computer* anzuschaffen, kann dieses Buch in einem einfachen Computer-Satz vorgelegt werden. Ein zunächst höherer Zeitaufwand wird durch bessere Druckqualität und Raumersparnis gegenüber FAOS 15/1 hoffentlich gerechtfertigt. Die Fertigstellung der Druckvorlage wurde durch den Umstand behindert, daß ein Teil der *software* speziell für die Belange des Assyriologen adaptiert werden mußte, da sie zur Entstehungszeit des Bandes anderweitig noch nicht verfügbar war. Für vielfältige Hilfe bei der Editierung der Sonderzeichen und der Optimierung der verwendeten Druckertreiber, möchte ich an dieser Stelle M. LINDEBOOM danken. Für die Unterstützung bei den Schreibarbeiten und die Hilfe beim Korrigieren des Manuskriptes ist zuerst T. BRECKWOLDT herzlich zu danken. Viele Verbesserungen gehen auf sie zurück. Korrekturhinweise und einige Verbesserungsvorschläge verdanke ich außerdem den Herren B. JAGERSMA, J. MARZAHN und H. SCHAUDIG. Danken möchte ich an dieser Stelle auch den Kollegen, die mich ermutigt haben, dieses Projekt fortzuführen und die durch ihre Kritik an AWEL zu Verbesserungen in diesem Bande beigetragen haben. Zur abschließenden Klärung einiger inzwischen aufgetauchter Fragen haben freundlicherweise B. FOSTER und P. STEINKELLER durch Rekollationen beigetragen.

Vor allem anderen aber geht mein Dank an CLAUS WILCKE für seine umfangreichen Hinweise und Bemerkungen, die mir von außergewöhnlich großem Nutzen waren. In seiner nunmehr vorliegenden Form verdankt der Band diesem Gelehrten sicherlich am meisten. Zuvörderst seine Untersuchungen zu den še-ba-Listen, die er mir zugäglich machte, sind hier hervorzuheben. Auf die wichtigsten von Wilckes Anregungen wurde jeweils auch dann namentlich verwiesen, wenn der Verfasser bei einer abweichenden Auffassung blieb. Fast zwangsläufig mußte hier vieles erheblich ausführlicher behandelt werden, als es im ursprünglichen Konzept des Projektes vorgesehen war. Dem Idealzustand, nach dem alle Bemerkungen zu Lexikon, Grammatik, Systematik und Prosopographie von einer umfassenden Kenntnis und einem darüberhinaus sicheren Verständnis aller bekannten Texte her gemacht werden könnten, weiß ich mich dennoch weit entfernt.

Mit meinem Kollegen K. VOLK konnte ich bis Ende 1990 wieder manche problematische Textstelle durchsprechen. Sein freundschaftliches Verständnis verdient herzlichen Dank.

Für die sicher leider auch in diesem Bande verbliebenen Fehler trage ich die Verantwortung.

Diesen Band widme ich meinen Freunden und Kollegen T. BRECKWOLDT, M. LINDEBOOM und K. VOLK, die alle Anteil an seiner Entstehung hatten.

Freiburg i. Br., im Sommer 1992

G.J.S.

INHALTSVERZEICHNIS

BIBLIOGRAPHISCHES ABKÜRZUNGSVERZEICHNIS

In diese Liste sind nur die Abkürzungen und Kurztitel aus Literaturzitaten aufgenommen, die sich nicht, oder nicht in dieser Form, in einem der folgenden Werke auffinden lassen:

R. BORGER, Handbuch der Keilschriftliteratur, Band II, Berlin + New York 1975, XI–XXII.
A. SJÖBERG et al., The Sumerian Dictionary of the University Museum of Pennsylvania, Volume 2: B vii–xxv, Philadelphia 1984.

Ancient Mesopotamia	Ancient Mesopotamia, Socio-Economic History, A Collection of Studies by Soviet Scholars, Moscow 1969.
ASJ	Acta Sumerologica, Hiroshima 1979ff.
AoN	J. Bauer, Altorientalische Notizen, Würzburg, Höchberg 1979ff.
BBVO	Berliner Beiträge zum Vorderen Orient, Berlin 1982ff.
Bilinguismo	L. Cagni (Hrsg.), Il Bilinguismo a Ebla, Atti del Convegno Internazionale, Napoli 19–22 aprile 1983, Napoli 1984.
F. Blome, Opfermaterie	F. Blome, Die Opfermaterie in Babylonien und Israel, I. Teil, SSAOI 4, Roma 1934.
BM	Museumsnummern des British Museum.
BM = BiMes	Bibliotheca Mesopotamica, Malibu 1975ff.
R. Borger ABZ	R. Borger, Assyrisch-babylonische Zeichenliste, AOAT 33, Neukirchen-Vluyn 1978; Ergänzungsheft, AOAT 33A, Neukirchen-Vluyn 1980.
BSA (BOSA)	Bulletin on Sumerian Agriculture, Cambridge 1984ff.
BSWSAS	Sejnan Aja Kenkyû (Bulletin of the Society for Western and Southern Asiatic Studies, Kyoto University), Kyoto 1958ff.
Circulation of Goods	A. Archi (Hrsg.), Circulation of Goods in Non-palatial Context in the Ancient Near East, Rom 1984.

CCTBCM	P.J. Watson, Catalogue of Cuneiform Tablets in the Birmingham City Museum, Volume 1: Neo-Sumerian Texts From Drehem, Warminster 1986.
CRRAI	Compte Rendu de la ... Rencontre Assyriologique Internationale, Paris 1950ff.
DCS	D. Charpin, J.-M. Durand, Documents Cunéiformes de Strasbourg conservés à la Bibliothèque Nationale et Universitaire, Tome 1: Autographies. Recherche sur les grandes civilisations, Cahier n° 4, Paris 1981.
D'Agostino, F., Sistema verbale	Franco D'Agostino, Il sistema verbale sumerico nei testi lessicali di Ebla, Dipartimento di studi orientali, Studi Semitici, Nuova serie 7, Roma 1990.
Di Vito, Robert A.	Studies in Third Millennium Sumerian and Akkadian Onomastics: The Designation and Conception of the Personal God, Harvard University PhD. Dissertation, 1986.
Ebla 1975-1985	L. Cagni (Hrsg.) Ebla 1975-1985. Dieci anni di studi linguistici e filologici, Atti del Convegno Internazionale (Napoli 9-11 ottobre 1985), (IUO, Series Minor XXVII), Napoli 1987.
Economic History	Economic History / Hospodárske Dejiny, Praha, Prague, Vol. 15 (1986) [Published on the Occasion of the IXth International Economic History Congress in Bern, 1986].
D.O. Edzard SRU = SR	D.O. Edzard, Sumerische Rechtsurkunden des III. Jahrtausends aus der Zeit vor der III. Dynastie von Ur, München 1968.
R.K. Englund, Fischerei	R. Englund, Organisation und Verwaltung der Ur-III Fischerei, BBVO 10, Berlin 1990.
Fs. Diakonoff	Societies and Languages of the Ancient Near East, Studies in Honour of I.M. Diakonoff, Warminster 1982.
Fs. Kraus siehe Zikir šumim	
Fs. Matouš	Festschrift Lubor Matouš I und II = Assyriologica IV. und V. (Hrsg. G. Komoróczy), Az Eötvös Loránd Tudományegetem Ókori Történeti tanszékeinek kiadványai

	24 und 25, Budapest 1978.
Fs. Moran	Lingering over Words, Studies... W.L. Moran (=HSS 37), Tz. Abusch, J. Huehnergard, P. Steinkeller (Hrsg.), Atlanta 1990.
Fs. Reiner	Language, Literature, and History: Philological and Historical Studies Presented to Erica Reiner (Hrsg. F. Rochberg-Halton, AOS 67), New Haven 1987.
Fs. Salonen	Festschrift A.I. Salonen, StOr 46, Amsterdam + Oxford 1976.
Fs. Sjöberg	Dumu-E_2-dub-ba-a, Studies in Honor of Å. Sjöberg, (Hrsg.: H.Behrens, D. Loding, M.T. Roth) Occasional Publications of the Samuel Noah Kramer Fund, Vol. 11, Philadelphia 1989.
Fö	W. Förtsch, Altbabylonische Wirtschaftstexte aus der Zeit Lugalanda's und Urukagina's, V(A)S 14/I, Leipzig 1916.
B. Foster USP	B.R. Foster, Umma in the Sargonic Period (MCAAS 30), Hamden 1982.
T. Gomi SENATBM	T. Gomi, S. Sato, Selected Neo-Sumerian Administrative Texts from the British Museum, Chuo Gakuin University 1990.
J.-P. Grégoire AAS	J.-P. Grégoire, Archives administratives sumériennes, Paris 1970.
Gud.	Gudea-Inschriften. Sigeln und Numerierng nach der Edition von H. Steible FAOS 9,1-2, Stuttgart 1991.
H. Hartmann, Musik	H. Hartmann, Die Musik der sumerischen Kultur, Frankfurt 1960.
B. Hruška, Ackerbau	B. Hruška, Tradiční obilnářství staré Mezopotámie / Der traditionelle Ackerbau im alten Mesopotamien, Praha 1990.
ISL	Innsbrucker Sumerisches Lexikon (ISL) des Instituts für Sprachen und Kulturen des Alten Orients an der Universität Inns-ruck, Abt. I: Sumerisches Lexikon zu den zweisprachigen literarischen Texten; Band 1: Sumerisches Lexikon zu G. Reisner SBH.
Sh.T. Kang SACT = SET(D)	Sh.T. Kang, Sumerian Economic Texts from the Umma Archive. Sumerian and Akkadian Cuneiform Texts in the Collection of the

	World Heritage Museum of the University of Illinois, Vol. 1 und 2, Urbana + Chicago + London 1972 und 1973.
F.R. Kraus, Viehhaltung	F.R. Kraus, Staatliche Viehhaltung im altbabylonischen Lande Larsa, Mededelingen d. Koninklijke Nederlandse Akademie van Wetenschapen, Afd. Letterkunde, Nieuwe reeks, 29/V, Amsterdam 1966.
M. Krebernik, Personennamen	M. Krebernik, Die Personennamen der Ebla-Texte. Eine Zwischenbilanz. (BBVO 7), Berlin 1988.
B. Lafont DAS	B. Lafont, Documents Administratifs Sumériens, provenant du site de Tello et conservés au Musée du Louvre, Paris 1985.
B. Lafont, F. Yildiz TCTMI	B. Lafont, F. Yildiz, Tablettes cunéiformes de Tello au Musée d'Istanbul datant de l'époque de la IIIe Dynastie d'Ur: I (ITT II/1, 617-1038), Leiden 1989.
B. Landsberger, Kalender	B. Landsberger, Der kultische Kalender der Babylonier und Assyrer (LSS 6/1-2), Leipzig 1915.
St. Lieberman, Loanwords	St.J. Lieberman, Sumerian Loanwords in Old-Babylonian Akkadian (HSS 22), Missoula 1977.
H. Limet, Métal	H. Limet, Le Travail du Métal au Pays de Sumer au Temps de la IIIe Dynastie d`Ur (DPOA-E 1), Brüssel 1976.
D. Loding, Craft	D.M. Loding, A Craft Archive from Ur, University of Pennsylvania PhD. Dissertation, 1974.
MLVS	Mededeelingen uit de Leidsche verzameling van spijkerschift-inscripties Amsterdam 1933ff.
P. Mander PAS	P. Mander, Il Pantheon di Abu Ṣālabīkh. Contributo allo studio del pantheon sumerico arcaico, IUO Series Minor, Napoli 1986.
J. Marzahn GGL	J. Marzahn, Die Grundlagen der Getreideproduktion in Lagaš. Ungedr. Dissertation, Jena 1989.
Meadow, R.H., H.-P. Uerpmann, Equids	R.H. Meadow, H.-P. Uerpmann, Equids in the Ancient World, Beihefte zum Tübinger Atlas des Vorderen Orients, Reihe A 19/1,

	Wiesbaden 1986.
H. Neumann, Handwerk	H. Neumann, Handwerk in Mesopotamien. Untersuchungen zu seiner Organisation in der Zeit der III. Dynastie von Ur, Schriften zur Geschichte und Kultur des Alten Orients 19, Berlin 1987.
Nik = Nik I	M.V. Nikol'skij, Dokumenty chozjajstvennoj ostčetnostj drevnejšej epochi Chaldei. Drevnosti Vostočnyja Trudy Vostočnoj Komisii Imperatorskago Moskovskago Archeologičeskago Obščestva 3/II, St. Petersburg 1908.
OLA	Orientalia Lovaniensia Analecta, Leuven 1975ff.
OLP	Orientalia Lovaniensia Periodica, Louvain 1970ff.
A.L. Oppenheim, Beer	L.F. Hartman and A.L. Oppenheim, On Beer and Brewing Techniques in Ancient Mesopotamia (JAOS Suppl. 10), Baltimore 1950.
Orient	Orient, Report of the Society for Near Eastern Studies in Japan, Tokyo 1960ff.
G. Pettinato UNL I/1-2	G. Pettinato, Untersuchungen zur neusumerischen Landwirtschaft I, 1. und 2. Teil (Ricerche II bzw. III), Napoli 1967.
G. Pettinato / H. Waetzoldt SVS	G. Reisner, Tempelurkunden aus Telloh. - A cura di G. Pettinato e H. Waetzoldt, Studi per il vocabulario sumerico 1, Roma 1985.
F. Pomponio, Prosopografia	F. Pomponio, La Prosopografia dei Testi Presargonici di Fara, SS NS 3, Roma 1987.
Quad. Sem.	Quaderni di Semitistica, Firenze.
RGTC 1	D.O. Edzard et al., Répertoire Géographique des Textes Cunéiformes Band 1: Die Orts- und Gewässernamen der präsargonischen Zeit (B TAVO B 7/1), Wiesbaden 1977.
RGTC 2	D.O. Edzard und G. Farber, Répertoire Géographique des Textes Cunéiformes Band 2: Die Orts- und Gewässernamen der 3. Dynastie von Ur (B TAVO B 7/2), Wiesbaden 1974.
Riftin	A.P. Riftin, Die altsumerischen Verwaltungstexte, Publications de la Société

	Égyptologique à l'Université de l'État de Leningrad 1, Leningrad 1929; vgl. G.J. Selz AWEL 544-548.
W. Röllig, Bier	W. Röllig, Das Bier im Alten Mesopotamien, Berlin 1970.
Y. Rosengarten CSC	Y. Rosengarten, Le concept sumérien de consommation dans la vie économique et religieuse, étude linguistique et sociale d'après les textes présargoniques de Lagaš, Paris 1960.
Y. Rosengarten RO	Y. Rosengarten, Le régime d'offrandes dans la société sumérienne d'après les textes présargoniques de Lagaš, Paris 1960.
RSP	Y. Rosengarten, Répertoire commenté des signes présargoniques de Lagaš, Paris 1967.
Ruperto Carola Sonderheft	J. Schäfer und W. Simon (Hrsg.) Strandverschiebungen in ihrer Bedeutung für Geowissenschaften und Archäologie, Ruperto Carola Sonderheft, Heidelberg 1981.
A. Salonen, Agricultura	A. Salonen, Agricultura Mesopotamica nach sumerisch-akkadischen Quellen (AASF B 149), Helsinki 1968.
A. Salonen HAM	A. Salonen, Die Hausgeräte der Alten Mesopotamier nach sumerisch-akkadischen Quellen, Teil I (AASF B 139), Helsinki 1965.
A. Salonen HAM II	A. Salonen, Die Hausgeräte der Alten Mesopotamier nach sumerisch-akkadischen Quellen, Teil II: Die Gefäße (AASF B 144), Helsinki 1966.
A. Salonen, Hippologica	A. Salonen, Hippologica Accadica (AASF B 100), Helsinki 1956.
A. Salonen, Fischerei	A. Salonen, Die Fischerei im Alten Mesopotamien nach sumerisch-akkadischen Quellen (AASF B 166), Helsinki 1960.
A. Salonen, Landfahrzeuge	A. Salonen, Die Landfahrzeuge des Alten Mesopotamien (AASF B 72/III), Helsinki 1951.
A. Salonen, Möbel	A. Salonen, Die Möbel des Alten Mesopotamien nach sumerisch-akkadischen Quellen (AASF B 127), Helsinki 1963.

A. Salonen, Nautica	A. Salonen, Nautica Babyloniaca. Eine lexikalische und kulturgeschichtliche Untersuchung (StOr XI.1), Helsinki 1942.
A. Salonen, Türen	A. Salonen, Die Türen des Alten Mesopotamien (AASF B 124), Helsinki 1961.
A. Salonen, Vögel	A. Salonen, Vögel und Vogelfang im Alten Mesopotamien (AASF B 180), Helsinki 1973.
A. Salonen, Ziegeleien	A. Salonen, Die Ziegeleien im Alten Mesopotamien (AASF B 171), Helsinki 1961.
E. Salonen, Waffen	E. Salonen, Die Waffen der alten Mesopotamier (StOr 33), Helsinki 1965.
SANE	Sources from the Ancient Near East, Malibu.
H. Sauren TUU	H. Sauren, Topographie der Provinz Umma nach den Urkunden der Zeit der III. Dynastie von Ur, Teil I: Kanäle und Bewässerungsanlagen, Heidelberg 1966.
M.K. Schretter, Emesal	M.K. Schretter, Emesal-Studien, Sprach- und literuturgeschichtliche Untersuchungen zur sogenannten Frauensprache des Sumerischen, Innsbrucker Beiträge zur Kulturwissenschaft, Sonderheft 69, Innsbruck 1990.
Schrijvend Verleden	K.R. Veenhof (Hrsg.), Schrijvend Verleden, Documenten uit het Oude Nabije Oosten vertaald en toegelicht, (MEOL 24), Leiden 1983.
G.J. Selz AWEL	G.J. Selz, Die Altsumerischen Verwaltungstexte aus Lagaš Teil 1: Die Altsumerischen Wirtschaftsurkunden der Eremitage zu Leningrad, FAOS 15/1, Stuttgart 1989.
G.J. Selz UGASL	G.J.Selz, Untersuchungen zur Götterwelt des altsumerischen Staates von 'Lagaš' (OPSNKF), Philadelphia 199- (im Druck).
M. Sigrist AUCT 1-3	M. Sigrist, Neo-Sumerian Account Texts in the Horn Archaeological Museum (IAPAS IV), Andrews University Cuneiform Texts, Volume 1-3, Berrien Springs 1984-1989.
M. Sigrist TÉNS	M. Sigrist, Textes Économiques Néo-Sumeriens de l'Université de Syracuse, Paris 1983.
M. Sigrist, Messenger	M. Sigrist, Messenger Texts from the British Museum, Potomac 1990.

M. Sigrist, Rochester	M. Sigrist, Documents from Tablet Collections in Rochester, New York, Bethesda, Maryland 1991.
E. Sollberger, Proceedings	= Urukagina, Roi de Girsu. Proceedings of the 22nd Congress of Orientalists Held in Istanbul, Vol. 2: Communications, Leiden 1957.
E. Sollberger CIRPL	E. Sollberger, Corpus des inscriptions "royales" présargoniques de Lagaš, Genève 1956.
J.J. Stamm AN	J.J. Stamm, Die akkadische Namensgebung, MVÄG 44, Leipzig 1939; unv. Nachdruck Darmstadt 1968.
P. Steinkeller LATIM	P. Steinkeller, J.N. Postgate, Third Millennium Legal and Administrative Texts in the Iraq Museum, Baghdad, Mesopotamian Civilizations Vol. 4, Winona Lake 1992.
M. Stol, Trees	M. Stol, On Trees, Mountains, and Millstones in the Ancient Near East (Mededelingen XX), Leiden 1979.
St.P.(s.m.)	Studia Pohl, Dissertationes scientificae de rebus orientis antiqui (series major), Rom 1967ff.
V.V.Struve, Onomastika	V.V. Struve Onomastika rannedinastičeskogo Lagasa, Moskwa 1984.
Šulmu	Šulmu. Papers at the Ancient Near East presented at International Conference of Socialist Countries, Prague, Sept. 30 - Oct. 3, 1986, Prague 1988.
M.-L. Thomsen SL	M.-L. Thomsen, The Sumerian Language, An Introduction to its History and Grammatical Structure (Mesopotamia 10), Copenhagen 1984.
VAT	Museumsnummern der Keilschrifttexte des Vorderasiatischen Museums zu Berlin. Für die von A. Deimel nur in Umschrift in den verschiedenen frühen Bänden von Orientalia (series prior) mitgeteilten Texte vgl. die Konkordanz in G.J. Selz UGASL, ders. demnächst in FAOS 15/4 (AWAB) und z. Teil jetzt in J. Marzahn, VS 25 NF 9 (1991).

H. Waetzoldt, Textilindustrie	H. Waetzoldt, Untersuchungen zur neusumerischen Textilindustrie (SET 1) Roma 1972.
A. Westenholz ECTJ	A. Westenholz, Early Cuneiform Texts in Jena, Presargonic and Sargonic Documents from Nippur and Fara in the Hilprecht-Sammlung Vorderasiatischer Altertümer, Institut für Altertumswissenschaften der Friedrich Schiller Universität, Jena, Kobenhavn 1975.
A. Westenholz OSP 1	A. Westenholz, Literary and Lexical Texts and the Earliest Administrative Documents from Nippur. Old Sumerian and Old Akkadian Texts in Philadelphia, Chiefly from Nippur (BM 1), Malibu 1975.
A. Westenholz OSP 2	A. Westenholz, Old Sumerian and Old Akkadian Texts in Philadelphia Part Two: The 'Akkadian' Texts, The Enlilemaba Texts, and The Onion Archive (CNI Publications 3) Copenhagen 1987.
C. Wilcke, Familie	Familiengründung im alten Babylonien, in: Geschlechtsreife und Legitimation zur Zeugung (Ed.: E. W. Müller) Freiburg/München 1985.
Yang Zhi, PPAC 1	Yang Zhi, Sargonic Inscriptions from Adab. The Institute for the History of Ancient Civilizations, Periodic Publications on Ancient Civilizations 1, Changchun, China, 1898.
Zarins, J., Domestication	J. Zarins, The Domestication of Equidae in Third Millennium B.C. Mesopotamia, PhD. Dissertation, Chicago 1976.
ZATU	M.W. Green und Hans J. Nissen, Zeichenliste der Archaischen Texte aus Uruk, Ausgrabungen der Deutschen Forschungsgemeinschaft in Uruk-Warka Band 11, Archaische Texte aus Uruk Band 2, Berlin 1987.

Zikir šumim = Fs. Kraus	Zikir šumim. Assyriological Studies Presented to F.R. Kraus on the Occasion of his Seventieth Birthday, ed. G. van Driel et al., Leiden 1982.
Zinbun	Zinbun, Memoirs of the Research Institute for Humanistic Studies, Kyoto University.

ALLGEMEINES ABKÜRZUNGSVERZEICHNIS

Die Sigeln der altsumerischen Weihinschriften folgen H. Steible / H. Behrens, Die altsumerischen Bau- und Weihinschriften, FAOS 5/I+II, Wiesbaden 1982. Das hier verwendete Datumskürzel für die altsumerischen Urkunden hat die allgemeine Form: Herrschersigel/Monat(slieferung,- zuteilung)<Nr. anderer Zuteilungen>. **Ukg. L 3/10<2>** bedeutet demnach, der Text kommt aus dem 10. Monat. (verzeichnet eine 10. monatliche Lieferung oder Zuteilung) des 3. Königsjahres des Uru-inimgina und behandelt eine 2. sonstige Zuteilung. Für die Bestimmung der Monate im Jahreskreis s. G.J. Selz UGASL Tab. I. Nach dieser Tabelle ergeben sich in manchen Jahren kleinere Abweichungen im Verhältnis von Monatsname und (monatlicher) Lieferungs- oder Zuteilungszahl, die jedoch in der Regel ± 1 nicht überschreitet. Nach Möglichkeit wurde für die Monatsbestimmung auf Vergleichstexte des jeweiligen Jahres zurückgegriffen. Gründe für die Verschiebungen im Kalender der einzelnen Jahre sind noch ebenso unbekannt, wie das Verhältnis von Wirtschaftskalender und Kultkalender.

a.a.O.	am angegebenen Ort
akk.	akkadisch
Anm.	Anmerkung
as.	altsumerisch
bes.	besonders
d.h.	das heißt
d.i.	das ist
ders.	derselbe
dies.	dieselbe
E	Stadtfürstenjahr, d.i. Akzessionsjahr des Uru-inimgina
ebd.	ebenda
Ed./ed.	Editor / edidit
etc.	etcetera
(f)f.	(fort)folgende
FLP	Museumsnummern der Tontafelsammlung der Free Library of Philadelphia
FN	Flurname
GN	Göttername

Hapax	Hapaxlegomenon
Hrsg.	Herausgeber
ibid.	ibidem
Jtsd.	Jahrtausend
Kol.	Kolumne
koll./Koll.	kollationiert/Kollation
l	links/left
L	Zählung der 'Königsjahre' des Uru-inimgina
Lit.	Literatur
m.E.	meines Erachtens
MLC	Morgan Library Collection (Yale) s.a. YBC
m.W.	meines Wissens
Ms.	Manuskript
NBC	Nies Babylonian Collection (Yale)
Nr.	Nummer; wenn nichts Anderes vermerkt, bezogen auf die Textnummern des vorliegenden Teiles von AVTL
ns.	neusumerisch
o.ä.	oder ähnlich
o.D.	ohne Datum
o.H.	ohne Erwähnung eines Herrschernamens
o.J.	ohne Jahresdatum
ON	Ortsname
p.	pagina
Pkl.	Personenklasse
pl./Pl	pluralisch/Plural
Pl.	Plate
PN	Personenname
Ps.	Person
r	rechts/right
R	Radikal
ras.	rasura
Rs.	Rückseite
s./S.	siehe/Siehe
S.	Seite
s.a.	siehe auch/siehe aber
Skl.	Sachklasse
s.o.	siehe oben
s.u.	siehe unten
sg./Sg.	singularisch/Singular
Suppl.	Supplementum
s.v.	sub voce
Taf.	Tafel

TN	Tempelname
u.	unter
u.ä.	und ähnlich
vgl.	vergleiche
vgl.a.	vergleiche aber, vergleiche auch
Vs.	Vorderseite
YBC	Yale Babylonian Collection
Z.	Zeile
z.B.	zum Beispiel
Zws.	Zwischensumme
*	- vor einem Zeichen: genau dieses Zeichen liegt nach Neukollation vor
*	- im Kommentar: genau dieses Zeichen liegt nach Neukollation vor; <u>oder:</u> es folgt eine morphologische Analyse
*	- vor einer Umschriftzeile: Original hat nach Kollation in der Zeile genau diese Zeichen; <u>oder:</u> es liegt gegen die Kopie hier eine selbständige Zeile vor
/	Zeilentrenner
⌜ ⌝	Beschädigung eines oder mehrerer Zeichen
[...]	Bruch bekannter Größe
[....]	Bruch unbekannter Größe
...	- nur in Übersetzung: eine bestimmte Anzahl von Worten ist nicht deut- oder übersetzbar
<u>Zahl</u>	- in Umschrift: Die Zahl ist mit *keilförmigen* Zeichen notiert - in Umschrift <u>und</u> Übersetzung: Die Zahlnotierung mit Keilschriftzeichen hat archivarische Gründe und ist nicht durch andere Gründe, z.B. durch die Maßeinheit bedingt.

EINLEITUNG

0. Die altsumerischen Wirtschaftsurkunden aus amerikanischen Sammlungen

Neben einigen bislang unveröffentlichten Texten enthalten diese beiden Bände eine Bearbeitung der in Kopie veröffentlichten *Altsumerischen Verwaltungstexte aus Lagaš*, die heute in amerikanischen Sammlungen aufbewahrt werden. Es handelt sich hierbei um die Sammlungen des HARVARD SEMITIC MUSEUM in Cambridge, der FREE LIBRARY in Philadelphia und der YALE BABYLONIAN COLLECTION in New Haven.

1. Die Urkunden aus dem HARVARD SEMITIC MUSEUM

1.1. Dier Herkunft der Texte

Am Anfang dieses Teils stehen die von M.I. HUSSEY in *Sumerian Tablets in the Harvard Semitic Museum Part I* (HSS III), Cambridge 1912, kopierten Texte. Mit Ausnahme der ersten Textnummer, der Kopie einer Urkunde aus Fāra, gehören die in STH 1 veröffentlichten Texte sämtlich zum altsumerischen Archiv von Lagaš-Girsu. Das Museum hat diese Tafeln 1903 und 1904 von einem New Yorker Kunsthändler erworben. Offensichtlich kommen sie aus den bekannten "irregulären" Grabungen.[1] Dabei ist es aufgrund

[1] Vgl. A. Parrot, Tello, 14-33, bes. 22f.: *Les fouilles clandestines de 1902*; A. Westenholz, Circulation of Goods 17f. Anm. 1; G.J. Selz UGASL Einleitung [8]-[11].

der großen inhaltlichen Homogenität der Texte sicher, daß sie (überwiegend) von einer Fundstelle stammen. I.M. Hussey hat ihrem Werk ein *"Register of Tablets"* beigefügt, das neben den für die Datierung relevanten Angaben auch Museumsnummern und Maße der Tafeln angibt.[2] Heute jedoch ist die Zugangsnummer dieser Texte nach einer Neuorganisation der Museumsbestände in Harvard geändert. Da sich auf den Tafeln gelegentlich nur die alte Zugangsnummer findet, wurden im "Kopf" der einzelnen Textbearbeitungen immer beide Textnummern angeführt.

1.2. Die Textkopien

Die Qualität der Kopien von M.I. Hussey ist exzellent. Die zeilenweise Kollation aller Urkunden ergab erstaunlich wenige neue Erkenntnisse. Auch in den Fällen, in denen ich aufgrund äußerer oder textimmanenter Kriterien eine Verbesserung erwogen hatte, erwiesen sich die Kopien meist als korrekt.

1.3. Der Gegenstand der Texte

Gegenstand der größten Zahl dieser Urkunden sind Getreidezuteilungen und Getreidelieferungen an die unterschiedlichsten Empfänger (STH 1, 2 bis 39). Meist weisen die teilweise monatlich ausgefertigten Listen nur geringe Abweichungen voneinander auf. Dennoch habe ich mich auch hier an das vorgegebene Editionsprinzip gehalten, allen Texten auch eine Übersetzung beizufügen. Bei stärker beschädigten Dokumenten waren in vielen Fällen Textrekonstruktionen möglich, die einen sicher nicht bedeutunglosen Beitrag zur Entwicklungsgeschichte der altsumerischen Wirtschafts-Archive liefern. Umfangreiche Bemerkungen zur Entwicklung dieser Texttypen von C. WILCKE haben mir hier manche Präzisierungen und Korrekturen ermöglicht.

---

[2] Da ich die Tafeln routinemäßig neu vermessen habe, wurden diese Maße der Einheitlichkeit der Darstellung in diesem Bande wegen, im 'Kopf' der jeweiligen Urkunde erneut angegeben.

Diese haben sich auch in einer beträchtlichen Erweiterung der Kommentare und auch in einer Verzögerung in der Fertigstellung des Werkes ausgewirkt. Selbstverständlich wurde bei den Textrekonstruktionen mit der notwendigen Vorsicht verfahren. Die vor allem den sehr langen Texten regelmäßig vorangestellten Gliederungen machen auch bei nicht ergänzten Fragmenten eine Einordnung der Bruchstücke in einen Gesamtkontext im allgemeinen möglich. Nunmehr in großer Anzahl aufgenommene Verweise auf zeitliche und typologische Paralleltexte sollen darüberhinaus den Überblick über die Entwicklung der einzelnen Texttypen verbessern. – Weitere Texte behandeln Götteropfer (Nr. 40 = STH 1, 41), verschiedene Transaktionen in Ackerbau und Viehzucht und anderes mehr.

1.4. Textbearbeitungen

Fast alle der von M.I. HUSSEY veröffentlichten Texte wurden von A. DEIMEL in den frühen Bänden der Zeitschrift Orientalia (*series prior*) umschrieben.[3] Nur einzelne sind seither teilweise oder vollständig erneut behandelt worden.

2. Die Texte aus der FREE LIBRARY OF PHILADELPHIA

2.1. Die veröffentlichten Texte

Über sechzig Jahre nach M.I. HUSSEY veröffentlichte D.I. OWEN mit Katalog und Kopien den Band *The John Frederick Lewis Collection, Materiali per il Vocabolario Neosumerico, Vol. III* (= MVN 3, Roma 1975). In den dort vorgelegten *Texts from the Third Millenium in the Free Library of Philadelphia* finden sich neben sargonischen und neusumerischen Urkunden auch 20 altsumerische Verwaltungstexte aus dem Archiv von Lagaš-Girsu. Es handelt sich um Texte unterschiedlichsten Inhalts, deren Erhaltungszustand

[3] Siehe G.J. Selz AWEL S. 45 Anm. 3.

Qualität aber nur als sehr bescheiden bezeichnet werden kann. Die Kollation dieser Texte ergab viele verbesserte Lesungen. In zahlreichen Fällen konnten auch bei diesen Urkunden bedeutende Textteile rekonstruiert werden, insbesondere bei den Listen über Gerstezuteilungen und Gerstelieferungen. Ein Glücksfall war, daß ich meine Ergebnisse mit denen von A. WESTENHOLZ vergleichen konnte, die mir dieser freundlicherweise zur Verfügung stellte.[4] Der von A. Westenholz in Iraq 39 (1977) 19-21 in Kopie publizierte wichtige Text Nr. 66 = FLP 2658 beschließt die Bearbeitung der bislang veröffentlichten altsumerischen Verwaltungstexte aus der FREE LIBRARY OF PHILDELPHIA.

2.2. Die unveröffentlichten Texte

In Philadelphia machte mir M. DEJONG ELLIS in uneigennütziger Weise vier von Professor OWEN nicht kopierte Texte zugänglich. Sie werden hier nach den Museumsnummern aufgeführt und in Kopie oder Photo am Ende von FAOS 15/2-2 (Tafel I bis X) beigegeben. Diese Texte sind leider so schlecht erhalten, daß eine Rekonstruktion nur in sehr beschränktem Umfang möglich war. Die altsumerischen Verwaltungstexte aus Lagaš in der FREE LIBRARY OF PHILADELPHIA sind mit diesem Buche wohl sämtlich veröffentlicht. Fast alle werden in diesem Bande erstmals bearbeitet.

---

[4] Genannt sei hier auch die unveröffentlichte Dissertation von E.B. Smick, *Cuneiform Documents of the Third Millenium in the John F. Lewis Collection in the Public Library of Philadelphia* (Dropsie College Diss. 1951) mit einer Erstkopie der von D.I. Owen in MVN 3 als Nr. 2 kopierten Tafel auf Plate I und II.

3. Die Texte aus der YALE BABYLONIAN COLLECTION

3.1. Die Veröffentlichung der Texte

Weitere 45 Texte unseres Archivs bilden einen Teil des größeren von G.G. HACKMAN veröffentlichten Werkes *Sumerian and Akkadian Administrative Texts from Predynastic Times to the End of the Akkad Dynasty, Babylonian Inscriptions in the Collection of James B. Nies*, Yale Univeristy, Vol. VIII (= BIN 8), New Haven 1958. Auch diese Texte konnten umfassend kollationiert werden, und es ergaben sich viele wesentliche Verbesserungen.[5] Erstmals in Kopie veröffentlicht werden hier weitere zehn, teilweise sehr umfangreiche Tafeln aus der YALE BABYLONIAN COLLECTION (Tafel XI bis XXIX). Darunter befindet sich mit Nr. 123 = MLC 2610 die bisher umfangreichste Tontafel aus dem altsumerischen 'Lagaš'-Archiv überhaupt. Die Anordnung dieser unveröffentlichten Texte folgt der in diesem Bande verwendeten Typologie.

3.2. Die Herkunft der Texte

Obwohl sich bei G.G. HACKMAN keine Angaben über die Herkunft der Urkunden finden, kann m.E. kein Zweifel bestehen, daß alle hier behandelten Texte ebenfalls aus illegalen Grabungen kommen und über den Kunsthandel schließlich nach Yale gelangten.

3.3. Die Erforschung der Texte

Auch die von Hackman publizierten altsumerischen Texte dieser Sammlung wurden bis heute noch nicht hinreichend beachtet. Wie bei den Urkunden aus Philadelphia sind die Themen der Dokumente

[5] W.W. Hallo schilderte mir das von Hackman angewandte Kopierverfahren: Er fertigte von den Urkunden Diapositive an, die er dann auf Papier proijizierte und abzeichnete.

recht unterschiedlich. Darunter befinden sich besonders viele Texte von großer Bedeutung für die Rekonstruktion der altsumerischen Geschichte.

4. Bemerkungen zur Edition

4.1. Überblick

Das Vorgehen bei der Bearbeitung dieser Urkunden blieb gegenüber AWEL im wesentlichen unverändert. Auch dieser Band ist in sich abgeschlossen. Ein Textkatalog, und je eine Übersicht, die das Material chronologisch und typologisch ordnet, sind der Edition vorangestellt. Am Ende finden sich Indices der in den Textkommentaren behandelten sumerischen und akkadischen (semitischen) Wörter und Morpheme. [Um Mißverständnisse zu vermeiden, sei hier darauf hingewiesen, daß die im 'Kopf' der Urkunde gegebene Inhaltsbestimmung sich möglichst eng an das Klassifikationsformular der Originale anlehnt, wenn ein solches vorhanden ist.[6]]

4.2. Zur Umschrift

Im bei der Umschrift verwendeten Verfahren wurde wenig geändert. In FAOS 15/1 noch (versehentlich) beibehaltene Umschriftwerte wie banda (statt bandà), bappir (statt bappìr) und sag_x (statt sag_5) wurden dem BCE System angeglichen. Nach einigen Überlegungen wurde allerdings hier das /g̃/-Phonem, soweit es nicht in traditionellen Umschreibungen wie dingir und sanga repräsentiert

[6] Die Tatsache, daß z.B. in den Listen des Typs I-A-3., die von den "Gerstenzutelungen für die Mägde und deren Kindern" handeln, auch die eine oder andere männliche Arbeitkraft genannt wird, wird deshalb bei den Inhaltsangaben in Übereinstimmung mit dem Formular der Tafeln vernachlässigt; vgl. aber B. Hruška ArOr 59 (1991) 418.

ist, in der Umschrift gekennzeichnet.[7] Allerdings wurde z.B. immer /mu/ umschrieben, obwohl bekanntlich für das Personalsuffix der 1. Person Sg. ein Lautwert /g̃u$_{10}$/ anzusetzen ist. Der Natur der hier vorgelegten Texte entsprechend, ist das Personalsuffix der 1. Ps. Sg. ohnehin nur in Personennamen zu erwarten. Mangels systematischer Untersuchungen, bleibt deren Deutung allerdings in Einzelfällen ja problematisch, so daß die zahlreichen vorgenommenen Interpretationen eher als Vorschläge beurteilt werden sollten. Für die Wiedergabe des /d^{r}/-Phonems hat sich bis heute noch keine übliche Umschriftart etabliert. Grundlegend ist hier J. Bauers Aufsatz *Das /dr/-Phonem im Sumerischen* in WO 8 (1974/75) 1-9. Das unlängst von P. Steinkeller beobachtete /mb/-Phonem spielt in unseren Texten ohnehin kaum eine Rolle.[8] Die in diesem Bande für diese beiden Phoneme gewählte "konservative" Umschriftart findet sich im übrigen in den meisten neueren Urkundeneditionen, wie auch im *Pennsylvania Sumerian Dictionary (PSD)*, die darüberhinaus sogar auf eine Markierung des /g̃/-Phonems verzichten.[9] Auch sonst wurde weithin der Versuch unterlassen, die phonetische Ebene der altsumerischen Sprache zu beschreiben, die nach Lage der Dinge unsicher und noch nicht hinreichend erforscht ist. Deshalb wurden z.B. nie 'überhängende' Vokale rekonstruiert und auch interpretative Transkriptionen wie /né/ für das Zeichen /NI/ wurden nur behutsam angewandt. Bei den sogenannten 'Großschreibungen' wurde, wie in FAOS 15/1, statt des Zeichennamens öfters eine interpretierende Wiedergabe gewählt, so z.B. oft PAD statt ŠUKU

---

7 Siehe hierzu die Standard-Zusammenstellung der das Phonem "/g̃/ enthaltenden Wörter und Affixe" bei J. Krecher am Schluß seines Aufsatzes *Das sumerische Phonem /g̃/* in Fs. Matouš II, 34-61; F. Ellermeier, Sumerisches Glossar I/1, 387-394.

8 Siehe P. Steinkeller, Aula Or. 2 (1984) 141f.

9 So verfahren z. B. auch I.J. Gelb et al. in OIP 104; P Steinkeller in LATIM u.v.a. mehr.

oder KUR_6 u.ä. Verzichtet wurde auch auf eine Korrektion üblicher Schreibungen mit /š/: Es wurde weiter lagaš, $ša_6$ oder šeš umschrieben, obwohl in der as. Epoche hier sicher ein anderer Sibilant gesprochen wurde.

Aus gutem Grunde verläßt also die hier gebotene Umschrift die graphemische Ebene der Textabbildung in der Regel nicht.

Die augenfälligste Änderung in den "Übersetzungen" betrifft die Wiedergabe der Eigennamen. Da die as. Personennamen teiweise sehr lang sind, war die in AWEL gewählte und auch sonst allenthalben übliche 'zusammenhängende' Schreibweise besonders unbefriedigend. Deshalb habe ich nun, eine briefliche Anregung von D.O. Edzard aufgreifend, mich bemüht, 'analytisch' zu umschreiben. Problematisch bleibt mir dabei allerdings die Restitution graphisch nicht oder nicht immer repräsentierter Vokale und der auslautender Konsonanten, d.h. der sogenannten 'Langlesungen'. Ich bin mir bewußt auch in diesem Bande nicht befriedigend verfahren zu sein.[10] Da eine unfassende Untersuchung zum as. Onomastikon noch nicht vorliegt, mußte dabei in Kauf genommen werden, daß im einen oder anderen Falle meine Interpretation keine Zustimmung finden wird.

Ein Wort noch zur Verwendung des Bindestrichs in der Umschrift. In AWEL, wie aber auch im *Pennsylvania Sumerian Dictionary (PSD)* und zahlreichen anderen Veröffentlichungen ist die Art seiner Verwendung nicht immer ganz eindeutig und nicht immer einheitlich.

---

[10] Zu diesen Problemen vgl. jetzt die Darlegungen von J. Bauer AfO 36/37 (1989/90) 77f., der für Umschreibungen wie sipad-ra votiert und z.B. die Eigenamen Andati'e als Andati(l)e bzw. Dumuzi'absu (hier: Dumuzi-Absu) als Dumuzi(d)absu wiedergegeben wissen möchte. - Das Beispiel des berühmten Nanše-Tempel in Lagaš, der in unseren Quellen als é-šà-pà-da, šà-pà-da aber auch als šà-pà erscheint, mag das Problem der Wiedergabe der Eigennamen hier illustrieren. Dabei steht šà zudem syntaktisch aller Wahrscheinlichkeit nach in lokativ-terminativischer Rektion zu pà (vgl. etwa H. Behrens / H. Steible FAOS 6, 272). Diese wird im TN jedoch nach m.W. nie markiert.

Dies betrifft vor allem die nominalen Satzglieder, insbesondere die Genitivkonstruktionen und die adjektivischen Attribute. Sie werden hier grundsätzlich mit dem Bindestrich verbundenen *Regens-Rectum*-Verbindungen. Unverbunden bleiben substantivische Reihungen in Aufzählungen und Appositionen.[11]

4.3. Zu Textformular und Systematik

4.3.1. Überblick

Untersuchungen zum Formular und zur Systematik der altsumerischen Wirtschaftsurkunden gibt es bis heute nur vereinzelt. In erster Linie zu nennen sind hierbei Bemerkungen, die A. Deimel seiner Erstumschrift der Texte in allerdings wenig systematischer Weise beigab. Noch ältere Beiträge anderer Autoren sind heute nur noch von eingeschränktem Interesse.[12] Aus jüngerer Zeit sind die Arbeiten von J. Bauer zu den Ahnenopferlisten und den sogenannten Darlehensurkunden[13] sowie meine eigenen Untersuchungen zu den Götteropferurkunden und den Götterweiheurkunden anzuführen. K. Maekawa, S. Yamamoto und T. Maeda haben ebenfalls zahlreiche Einzelbeobachtungen veröffentlicht, die in mehr oder minder engem Zusammenhang zur

---

[11] S. aber M. Civil OrNS 42 (1973) 34 und J. Bauer AfO 36/37 (1989/90) 77. Eine kurze Erörterung der damit zusammenhängenden Problematik versuchte ich in meiner Rez. zu J.L. Hayes, A Manual of Sumerian Grammar and Texts, ARTANES 5, Malibu 1990, in OLZ 87 (1992) 139.

[12] Zu nennen sind hier etwa von H. de Genouillac, Tablettes sumériennes archaiques (TSA), Paris 1909; W. Förtsch, Religionsgeschichtliche Untersuchungen zu den ältesten babylonischen Inschriften, MVAeG 19/I, Leipzig 1914.

[13] J. Bauer, Zum Totenkult im altsumerischen Lagasch, ZDMG Suppl. 1 (1969)107-114; ders., Darlehensurkunden aus Girsu, JESHO 18 (1975) 189-218.

Urkundenforschung stehen.[14] Die noch unveröffentlichte Dissertation von J. Marzahn "Grundlagen der Getreideproduktion in Lagaš (24. Jh. v.u.Z.)", Berlin 1989, die mir der Autor freundlicherweise zugänglich machte, enthält im Hinblick auf die 'Feldertexte' ebenfalls zahlreiche Bemerkungen zur Systematik.[15]

---

[14] K. Maekawa, The Development of the E_2-MI_2 in Lagash During Early Dynastic III, Mesopotamia 8/9 (1973/1974) 77–144; ders., Agricultural Production in Ancient Sumer, Zinbun 13 (1974) 1–60; ders. The Erín People in Lagash of Ur III Times, RA 70 (1976) 9-44; ders., The Rent of the Tenant Field (gán-APIN.LAL) in Lagash, Zinbun 14 (1977) 1–54; ders., Animal and Human Castration in Sumer Part I, Zinbun 15 (1979) 95–137; ders., The Ass and the Onager in Sumer in the Late Third Millenium B.C., ASJ 1 (1979) 35–62; ders., Female Weavers and Their Children in Lagash – Pre-Sargonic and Ur III –, ASJ 2 (1980) 81–125; ders., Agricultural Texts of Ur III Lagash in the British Museum, I: ASJ 3 (1981) 37-61; II: ASJ 4 (1982) 85–127; III: ASJ 8 (1986) 85–120; IV: Zinbun 21 (1986) 91–157; V: ASJ 9 (1987) 89–129; VI: ASJ 11 (1989) 113-144; S. Yamamoto, The Agricultural Year in Pre-Sargonic Girsu – Lagash, ASJ 1 (1979) 85–97; ders., The "Agricultural Year" in Pre-Sargonic Lagash-Girsu (II), ASJ 2 (1980) 169–187; ders., The lú-KUR_6-dab_5-ba People in the é-mí – é-^{d}Ba-U_2 in Pre-Sargonic Lagash, ASJ 3 (1981) 93–111; T. Maeda, On Agricultural Festivals in Sumer, ASJ 1 (1979) 19–33; ders., Subgroups of lú-KUR_6-dab_5-ba (I) – sag-dub and šeš-bìr-ra, ASJ 4 (1982) 69–84; ders., Subgroups of lú-KUR_6-dab_5-ba (II) – šeš-gub-ba and šeš-tuš-a, ASJ 5 (1983) 67–79; ders., Work Concerning Irrigation Canals, ASJ 6 (1984) 33–53.

[15] Erst einige Zeit nach Abfassung des ersten Manuskriptes des vorliegenden Bandes wurde mir R.K. Englunds Buch "Organisation und Verwaltung der Ur-III-Fischerei" (BBVO 10, Berlin 1990) zugänglich. Englund geht an mehreren Stellen auf Probleme der as. Urkunden ein. Das Werk zeigt, daß auf dem Hintergrund eines für die Ur-III-Zeit erarbeiteten Bildes die Organisation auch der as. Verwaltung in mancher Hinsicht besser verstanden werden kann. Am Beispiel der "Lieferungsverpflichtungen" in den as. Fischereiabrechnungen in Kapitel 3 (S. 91–105) führt Englund dies vor. Auch wenn die in AWAS behandelten Texte nur in bescheidenem Umfange von Englunds Ausführungen berührt werden,

Die Urkunden über Gerstezuteilungen (še-ba) und Emmerzuteilungen (zíz-ba) haben schon allein zahlenmäßig, besonders aber dem Umfange nach, in diesem Band ein Übergewicht. Einen Überblick über die Schlußformulare der še-ba-Listen habe ich in UGASL Tabelle I gegeben. Die Formulare der Götteropferurkunden sind dort in Tabelle II zusammengestellt. Die Einordnung von undatierten oder nur fragmentarisch erhaltenen Textbruchstücken erlaubte in Einzelfällen eine Korrektur oder eine Präzisierung von Datierungsvorschlägen. Wichtige Anregungen in dieser Hinsicht verdanke ich C. Wilcke, vor allem im Hinblick auf die Tafelfragmente, die von D. Charpin und J.-M. Durand in DCS veröffentlicht wurden. Auch um prosopographische Beobachtungen zu den Urkunden habe ich mich bemüht (vgl. z. B. den Kommentar zu AWAS Nr. 70). Einige ergänzende Hinweise erhielt ich wiederum von C. Wilcke. Dafür, daß mir in Einzelfällen, das eine oder andere entgangen sein mag, bitte ich den Leser um Nachsicht. Solche Beobachtungen sind zeitaufwendig und mit ein Grund für die Verzögerung in der Publikation der vorliegenden zwei Teilbände. Zusammenstellungen und Untersuchungen zu Formular und Systematik unserer Texte sind ohne Zweifel dringend notwendig. Ob sie im Rahmen einer Textedition ihren Platz haben, kann bezweifelt werden. Im Konzept des vorliegenden Projektes waren sie nicht vorgesehen. Mit dem mir aufgetragenen Bearbeitungskonzept lassen sie sich nicht ohne Schwierigkeiten vereinbaren. Ich hoffe, an anderer Stelle dazu einiges zusammenstellen zu können.

4.3.2. Zu den Listen über Gerste- und Emmerzuteilungen

Von C. Wilcke wurde mir der Vorschlag unterbreitet, die in den vorliegenden beiden Bänden stark vertretenen zíz-ba- und še-ba-

---

so habe ich entsprechende Hinweise auf sein Buch selbstverständlich eingearbeitet.

Listen syntaktisch als Ein-Satz-Konstruktionen zu verstehen.[16] Nach seiner Auffassung könnte zumindest das Schlußformular syntaktisch als *ein* Satz interpretiert und entsprechend übersetzt werden. Da diese interessante These, soweit ich sehe, völlig neu ist, seien hier einige Beobachtungen und Bemerkungen mitgeteilt.

Das Schlußformular dieser Listen, also in der hier verwendeten Terminologie Summa summarum, Klassifikation und Transaktionsformular, läßt sich nach Wilcke (teilweise) als *ein* Satz verstehen. Dessen allgemeine Form könnte man etwa so beschreiben:[17]

---

[16] Zum Hauptteil der Texte, d.h. den eigentlichen Rationenzuweisungen, bemerkt C. Wilcke mit Bezug auf Nr. 4 dieses Bandes: Der Beginn des Textes n lú zíz-ba x sei "syntaktisch wohl nach Analogie späterer Texte aufzufassen als n lú zíz-ba x-ta", wobei dies eine abgekürzte Schreibung für n lú lú-diš-e zíz-ba x-ta "'n Leute, pro Person jeweils eine Emmerzuteilung von x'" darstelle. Die sich diesem einleitenden Vermerk anschließende Liste von Empfängern und Rationen beurteilt C. Wilcke als "eine Liste, in der die Namen mit Berufs- oder Standesbezeichnungen (teilweise mit der enklitischen Kopula -me "sie sind" zusammengefaßt) Subjekt zur enkl. Kopula mit Prädikatsnomen" sind. D.h. im Falle unserer Urkunde Nr. 4 bildeten sie das Subjekt zu lú-PAD-dab$_5$-ba-me "sie sind Leute die ein Versorgungslos übernommen haben" in 9:10 des Textes. Weiter wird dann bemerkt: "Dieser Satz steht im virtuellen Dativ, der im Verbum (10:7) explizit bezeichnet wird." Diese interessanten Überlegungen wollte ich hier immerhin vorstellen, wenngleich ich mich ihnen vor allem aus zwei Gründen nicht anschließen möchte. Zum einen scheinen mir solche Rekonstruktionen nur schwer zum formelhaften Charakter mesopotamischer Verwaltungsurkunden zu passen, zum anderen dürften nur wenige Urkunden nach diesem Schema rekonstruierbar sein.

[17] Zugrunde gelegt ist hier die Schlußformel des Textes TSA 10 (Lug. 6/12): [gú-an-šè n lú š]e-ba [tur-maḫ]-ba [še]-bi [x]+⌜20⌝ lá 0.3.4 + <u>0.1?.0</u> [še?] gur-sag̃-g̃ál še-ba-gemé-dumu-bará-nam-tar-ra dam-lugal-an-da ensí-lagaš^{ki}-ka itu-ezem-^{d}ba-ba$_6$-ka en-ig-gal nu-bandà e-ne-ba 6.

(gú-an-še n lú)[18], B_1 (še-ba tur-maḫ-ba[19]), (še-bi x gur-sag̃-g̃ál)[20], B_2 ((še-ba-lú-PAD-dab$_5$-ba/ak/)-(bará-nam-tar-ra dam-lugal-an-da (ensí-lagaš-/ak/)-/ak/)-/O/[21]), PN nu-bandà(-e)[22], itu-NN-a[23], ON-ta, e-ne-ba.

Entsprechend kann man übersetzen: "Für/Den insgesamt n Leuten hat Gerstezuteilungen, darunter große (und) kleine - die Gerste dafür (beträgt(?)) x Haupt-Gur - (d.h.) Gerstezuteilungen der Baranamtara, der Frau des Lugal-anda, des Stadtfürsten von Lagaš, für die Leute, die ein Versorgungslos übernommen haben, PN, der Generalverwalter, im Monat NN aus dem ON zugeteilt."[24]

---

18 Im virtuellen Dativ. Darauf bezieht sich dann das Dativinfix der 3. Ps. pl Ps.-klasse /ne/, nach traditioneller Grammatikauffasung < */ene-a/ bzw. < */ene-e/. S. A. Falkenstein, Das Sumerische, p. 48; M.-L. Thomsen, SL pp. 219f.

19 Absolutiv oder Akkusativobjekt des Satzes.

20 Einschub, oder syntaktisch ein Nebensatz?

21 C. Wilcke nimmt an, daß še-ba-... und bará-nam-tar-ra... eine (übergordnete) Regens-Rectum Verbindung darstellen. Da bará-nam-tar-ra ...-lagaš^{ki}-ka bereits zweifach genitivisch gefügt ist, bliebe diese Fügung nach der Regel, daß nur maximal zwei Genitive am Ende einer Kette markiert werden, unbezeichnet, d.h. morphemlos. Der ganze Ausdruck ist dann syntakisch Apposition zum Absolutiv (Akkusativobjekt) B_1.

22 Virtueller Agentiv/Ergativ, der wegen des vokalischen Auslautes von nu-bandà nicht realisiert wird. In den Listen aus dem fünften und sechsten Königsjahr des Uru-inimgina findet sich als die Transaktion vornehmender Funktionär öfters der Hausverwalter en-šu-gi$_4$-gi$_4$. Hier wird dann in der Schreibung agrig-ge regelmäßig das Agentiv/Ergativ-Morphem /e/ realisiert.

23 Temporaler Lokativ.

24 Offensichtlich um die Wortfolge der Übersetzung nicht in so hohem Maße umzustellen, wäre in Anlehnung an C. Wilcke "Gerstezuteilungen für die Leute, die ein Versorgungslos

Man könnte nun diese Überlegungen, vor allem im Hinblick auf das nicht realisierte Morphem der übergeordneten Genitivverbindung (še-ba...) und (bará-nam-tar-ra...), für rein "akademisch" halten.[25] Allerdings bietet die Annahme einer genitivischen Fügung in der soeben beschriebenen Art die einzige Möglichkeit einer sinnvollen Erklärung in den nachfolgenden Beispielen:

1. še-ba-lú-PAD-dab$_5$-ba(-ak)-^{d}ba-ba$_6$(-ak)
"Gerstezuteilungen der Baba für die Leute, die ein Versorgungslos übernommen haben"
[26]

2. še-ba-gemé dumu(-ak)-^{d}ba-ba$_6$(-ak)
"Gerstezuteilungen der Baba für die Mägde (und deren) Kinder"[27]

3. še-ba-gemé dumu-ú-rum(-ak)-^{d}ba-ba$_6$(-ak)
"Gerstezuteilungen der Baba für die eigenen Mägde (und deren) Kinder"[28]

übernommen haben, d.h. Bara-namtaras" zu übersetzen. Dies hat allerdings den Nachteil, daß nicht deutlich wird, wovon der Genitiv "Bara-namtaras" abhängt. Korrekter wäre "Versorgungslosbesitzer-Gerstezuteilungen der Bara-namtara". Dies ist allerdings sprachlich im Deutschen kaum verständlich. - Im übrigen weist WIlcke ausdrücklich daraufhin, die von ihm vorgeschlagenen Genitivklammerungen, an die sich die nachfolgenden Äußerungen orientieren, seien "Anregungen zum Nachdenken über die Syntax der Unterschriften, nicht um fix- und fertige Lösungen" zu verstehen.

[25] Zu möglichen Folgerungen aus der Formulargeschichte vgl. unten S. 40 Anm. 33 und 34.

[26] Aus dem vorliegenden Bande z.B. Nr. 5 13:3-4, 7 12:3-4, 8 13:3-4, 9 13:3-4, 10 12:3-4, 119 12:3-4.

[27] Vgl. Nr. 19 15:3-4.

[28] Vgl. Nr. 20 17:3-4, 73 16:3-4

4. še-ba-igi-nu-du$_8$... lú-ú-rum(-ak)-^{d}ba-ba$_6$(-ak)
"Gerstezuteilungen der Baba für die Iginudu-Arbeiter, ..., die eigenen Leute"[29]
5. še-ba-igi-nu-du$_8$...(-ak)-^{d}ba-ba$_6$(-ak)
"Gerstezuteilungen der Baba für die Iginudu-Arbeiter"[30]

An diese Formeln können auch die Konstruktionen mit dem (zusammengestzten) Rectum */é-^{d}ba-ba$_6$-ak/ angeschlossen werden. Also z.B.:

6. še-ba-lú-PAD-dab$_5$-ba(-ak)-é-^{d}ba-ba$_6$-ka(< */ak-ak/)
"Gerstezuteilungen des Baba-Tempels für die Leute, die ein Versorgungslos übernommen haben"[31]

Wenn man diese Phrasen mit dem zu Beginn dieser Überlegungen vorgestellten formalisierten Beispiel vergleicht, so scheinen hier die Worte ^{d}ba-ba$_6$ bzw. é-^{d}ba-ba$_6$ die Position einzunehmen, die dort dem Ausdruck bará-nam-tar-ra ... -lagaš^{ki}-ka zugewiesen worden war. In der Mehrzahl der Beispiele, die soeben unter 1.-6. vorgestellt wurden, erscheint in den Urkunden zusätzlich zu ^{d}ba-ba$_6$ oder é-^{d}ba-ba$_6$ noch der Vermerk ša$_6$-ša$_6$ dam-uru-inim-gi-

[29] Hier ist auch eine Analyse še-ba-igi-nu-du$_8$ ...(-ak) lú-ú-rum-^{d}ba-ba$_6$(-ak) "Gerstezuteilungen für die Iginudu-Arbeiter..., die eigenen Leute der Baba" möglich. Dieser Deutung habe ich hier den Vorzug geggeben; vgl. Nr. 16 16:3-5, 120 14:3-4, 121 16:3-5, 122 [...], 123 17:3-5.

[30] Vgl. Nr. 124 im Kommentar zu 21:3-11.

[31] Hier wäre theoretisch auch eine Übersetzung "Gerstezuteilungen der(=für) Leute, die eine Versorgungslos übernommen haben, des Tempels der Baba" möglich, da am Ende einer Kette regelmäßig nur zwei Genitivmorpheme realisiert werden. Vgl. hier 11 13:3-4, 12 13:3-4, 82 12:3-4.

na lugal-lagaš^{ki}-ka "Šaša, die Frau des Uru-inimgina, des Königs von Lagaš". Es wurde nun vorgeschlagen, auch diesen Ausdruck als (von še-ba-... abhängiges) Rectum zu konstruieren. Nach der Regel über die nur zweimalige Realisierung des Genitivmorphems /ak/ am Kettenende, läßt sich anhand der Schreibung über die Berechtigung dieses Vorschlages oft kein sicheres Urteil fällen. Als Beweis für diese These läßt sich nun allerdings die Textunterschrift von DP 152 (Ukg. E 1/3) 1:3-7 anführen. Die Passage lautet: še-g̃ar zíz-g̃ar sá-du$_{11}$-itu-da-^{d}ba-ba$_{6}$ uru-inim-gi-na ensí-lagaš^{ki}-ka, wobei -ka nur das verdoppele Genivmorphem */(a)k-a(k)/ repräsentieren kann. Hieher gehören auch die Lugalanda-zeitlichen Listen des Typs I-A-4.[32] Die Wiedergabe einer solchen Genitivverbindung in der Übersetzung ist allerdings schwierig. Sie lautete in unserem Beispiel etwa: "Šašas ... Gerstezuteilungen der Baba für die Versorgungslosbesitzer". Eine Einschränkung der vorgestellten These ergibt sich aus der Beobachtung, daß der Ausdruck ša$_{6}$-ša$_{6}$ ...-lagaš^{ki}-ka in seiner Position im Schlußformular nicht fest liegt.[33] Einige Urkunden plazieren sie nach dem finiten Hauptverbum des Satzes, d.h. nach e-ne-ba.[34]

[32] Vgl. unten den Kommentar zu Nr. 24 11:4.

[33] In diesen 'hybriden Formen' ist nach Wilcke ein formulargeschichtlicher Reflex eines "Widerstreites zwischen religionspolitischen Reformen des Stadtfürsten und den ökonomisch-politischen Ansprüchen seiner Ehefrau" zu sehen.

[34] Vgl. z.B. 20 17:11-18:2. Cl. Wilcke bemerkt in diesem Zusammenhang: "Offenkundig hat das Formular auch den antiken Schreibern Schwierigkeiten bereitet." und bemerkt an anderer Stelle, daß "die Veränderungen im Formular der Unterschriften (es, Zusatz des Verf.) nahelegen" daß sich die Ehefrau des Stadtfürsten / Königs Uru-inimgina "erfolgreich bemüht, die im Zuge der Reform verlorene wirtschaftliche Macht ihrer Vorgängerin wiederzugewinnen und auch zu erweitern."- Der Befund im Hinblick auf die Formularvarianten wäre nach der zeitlichen Verteilung der Textzeugen chronologisch und typologisch geordnet vorzuführen, ein Unterfangen, das umfangreichere Erörterungen verlangt, die hier

Noch ein weiteres Indiz kommt hinzu: Einige Urkunden haben anstelle des Vermerkes ša$_6$-ša$_6$ ...-lagaš^{ki}-ka die Phrase uru-inim-gi-na lugal-lagaš^{ki}.[35] Diese ist normalerweise nicht als Rectum zu vorausgegangenem še-ba-... zu verstehen, denn in diesem Falle hätten die Schreiber durch Hinzufügung des Zeichens /ka/ < */ak-ak/ die Möglichkeit besessen, dies zu markieren. In manchen Fällen ist dies auch geschehen. Mit anderen Worten, unter Lugal-anda *könnte* der Ausdruck bará-nam-tar-ra ... lagaš^{ki}-ka syntaktisch in den Satz eingebunden sein. Beim Ausdruck ša$_6$-ša$_6$ ...-lagaš^{ki}-ka bzw. uru-inim-gi-na lugal-lagaš^{ki}(-ka) ist dies manchmal der Fall, in mehreren der soeben besprochenen Fällen aber *sicher nicht*. Daraus ergibt sich m.E., daß es sich syntaktisch um *Einschübe* handeln kann. *Sinngemäß* sind sie m.E. am besten zu deuten als '(unter der Aufsicht / auf Veranlassung der) Šaša, ...' bzw. '(unter der Aufsicht / auf Veranlassung des) Uru-inimgina, ...'. Aufgrund der dargestellten Überlegungen und Beobachtungen bin ich deshalb bei der Übersetzung der *Schlußformulare*, nicht zuletzt aus pragmatischen Gründen, wie folgt verfahren: Die *Summa summarum* (gú-an-šè ... še-bi ...) wird vom nachfolgenden Text durch ein Komma abgetrennt. Beim *Klassifikationsvermerk* und beim eingeschobenen Namen des Herrschers oder seiner Frau in den Texten aus der Regierungszeit des Uru-inimgina wird durch Semikolon und Punkt eine mögliche syntaktische Trennung markiert.[36] Das von mir sogenannte *Transaktionsformular* wird als

---

nicht geleistet werden können, ohne den vorgegebenen Rahmen dieser Edition vollends zu sprengen. Entsprechende Zusammenstellungen, die Prof. C. Wilcke dem Verf. freundlicherweise zugänglich machte, scheinen eine solche These aber zu bestätigen

[35] Urkunden mit Uru'inim-gina scheinen sämtlich in das Akzessionsjahr oder in das 1. Königsjahr des Herrschers zu gehören.

[36] Hierher gehören natürlich nicht jene Fälle, in denen uru-inim-gi-na durch das Agentivmorphem /e/ als Subjekt (Agentiv) zum finiten Verbum e-ne-ba fungiert. Vgl. z.B. TSA 20 11:5-10; CT 50,

selbständiger Satz interpretiert, unbeschadet der Tatsache daß die vorausgehende Summa summarum und das Klassifikationsformular logisch den Absolutiv (Akkusativobjekt) zur Transaktion darstellen. (In gleicher Weise sind natürlich die einzelnen Rationenempfänger (indirektes) Dativobjekt zur Transaktion.) Durch dieses Verfahren glaube ich das Textverständnis weder zu behindern, noch zu verfälschen.

Da ich eine überzeugende Analyse, die auf alle Schlußformulare gleichermaßen zutrifft, nicht finden kann – aus den oben angedeuteten formulargeschichtlichen Gründen ist sie vielleicht auch gar nicht möglich – , scheinen mir Zweifel berechtigt, ob das Verständnis der gesamten Schlußformulare als Ein-Satz-Konstruktionen in jedem Falle den Intentionen der alten Schreiber entspricht.[37]

4.4. Zu den Textkommentaren

Die Textkommentare sollen vorrangig der Erläuterung und Begründung meines Textverständnisses dienen. Dies ergibt sich notwendigerweise aus dem vorgegebenen Verfahren, jeden umschriebenen Text mit einer Übersetzung zu versehen. Zudem mußten Unstimmigkeiten in den Berechnungen der Originale und vorgenommene Ergänzungen dort erläutert werden. Keinesfalls war beabsichtigt, das hier vorgelegte Material erschöpfend zu behandeln. Ich bin mir bewußt, daß in vielen Fällen eine vergleichende tabellarische Übersicht der Texte aussagekräftiger ist, als eine notwendigerweise in vielem nur unbefriedigende

---

33 15:5–16:2; Nr. 19 15:5–16:1; Nr 52 15:5–16:3; Nik 9 13:5–14:4; DP 227 5':5–11.

[37] Vielleicht handelt es sich also bei unseren Urkunden doch nicht in diesem Umfange um gebundene Sprache, wie es von Professor Wilcke vorgeschlagen wurde. Unabhängig von der hier getroffenen Entscheidung sei aber hervorgehoben, daß Wilckes Darlegungen mein Textverständnis entscheidend verbessert haben.

Übersetzung.[38] Auf der anderen Seite erschweren diese Tabellen das Nachprüfen und Verstehen des Keilschrifttextes und erfordern zur Deutung meist Spezialkenntnisse in der behandelten Urkundengattung. Manches, bereits in AWEL Besprochenes, mußte hier erneut diskutiert werden, teils, weil neuere Literatur herangezogen werden konnte, teils, weil sich mein Textverständnis inzwischen verändert und hoffentlich verbessert hat. Nur die hier in AWAS in den Textkommentaren behandelten Wörter und Morpheme sind wieder durch beigegebene Indices erschlossen.

4.5. Zu den Grenzen dieser Edition

Viele, teilweise sich ausschließende Wünsche zur Textbearbeitung wurden an mich herangetragen. Mehreres war in dem mir vorgegebenen Rahmen nicht möglich. Ich habe mich bemüht, relevante Literatur in größerem Umfange einzuarbeiten. Gewiß habe ich noch manches übersehen. Ich bedauere das und bitte den Benutzer um Nachsicht. Ein solches Ein-Mann-Projekt, das in relativ kurzer Zeit umfangreiche Ergebnisse vorlegen muß, wird notwendigerweise in vielen Punkten ungenügend sein. Ich kann nur hoffen, daß dieses Ungenügen in mancher Hinsicht dadurch ausgeglichen wird, daß das Material überhaupt zugänglich gemacht wurde. Umfassende Untersuchungen etwa zur Prosopographie, zur Rolle einzelner Personen, zur lexikalischen und funktionalen Bestimmung einer Wortbedeutung, oder auch die oben angesprochenen formulargeschichtlichen Probleme sind im Rahme einer solchen Edition nicht machbar, obgleich sie - und das ist offenkundig - sehr wünschenswert sind. Wo es unumgänglich schien, habe ich das eine oder andere nun in verstärktem Maße in die

---

[38] Dieses Verfahren wird vor allem von japanischen Wissenschaftlern bei der Urkundenauswertung angewandt. Genannt seien hier z.B. K. Maekawa, S. Yamamoto und T. Maeda; s. oben Anm. 14. In UGASL habe ich die großen Götteropferlisten in tabellarischen Synopsen dargestellt.

Textkommentare eingearbeitet. Manches habe ich und werde ich, wenn mir die Gelegenheit bleibt, an anderer Stelle dazu beitragen. Das meiste muß der Zukunft überlassen bleiben.

Insbesondere wurde der Wunsch vorgetragen, jedem Bande auch einen Index der Personennamen beizugeben. Nach der Konzeption des Projektes ist jedoch ein Gesamtindex der Personennamen für später geplant. Zum gegenwärtigen Zeitpunkt ist das Fehlen entsprechender Indices natürlich ein Nachteil. Dieser wird in gewissem Umfang dadurch ausgeglichen, daß im Jahre 1984 V.V. Struves Buch *Onomastika rannedinastičeskago Lagaša* erschienen ist.[39] Dort finden sich die Personennamen aller Texte aus AWEL wie auch der STH 1-Texte aus dem vorliegenden Band. Für die Personennamen der Texte aus BIN 8 sei hier behelfsweise auf die Indices dort S. 30ff. verwiesen. Für die Toponyme bietet der Band 1 des Répertoire Géographique des Textes Cunéiformes (RGTC) von D.O. Edzard, G. Farber und E. Sollberger ein weiterhin sehr nützliches Hilfsmittel.

4.6. Zur Wiedergabe der Maßzahlen

Bei der Wiedergabe der Maßzahlen wurde wie in AWEL verfahren. Lediglich die *keilförmigen* Zahlzeichen wurden nicht mehr durch ein nachgestelltes c (für 'cuneiform'), sondern durch Unterstreichung von der 'normalen' Notation mit dem runden Griffelende unterschieden. Um die Benutzung dieses Bandes zu erleichtern, seien hier die Tabellen der Maße aus AWEL Seite 21f. in erweiterter Form wiederholt:[40]

---

[39] Struves Buch kann als Personennamenindex der Deimelschen Umschriften in den Bänden der *Orientalia (series prior)* und in AnOr 2 beschrieben werden. Dementsprechend sind oft auch die Deimelschen Umschriftfehler übernommen. In vielen Fällen entspricht die Art der Umschreibung der Personenamen zudem nicht mehr heutiger Auffassung.

[40] Es scheint nötig daraufhinzuweisen, daß die hier gegebenen absoluten Werte alles andere als sicher sind. Die Angaben auf

Die Hohlmaße:					Notation		Wert
1 gur-sag-gál	= 4 UL	= 144 silà	=	1.0.0	=	121,248 l
(1 gur-2-UL	= 2 UL	= 72 silà		-	=	60,624 l)
1 ul	= 6 ba-an	= 36 silà	=	0.1.0	=	30,312 l
1 ba-an		= 6 silà	=	0.0.1	=	5,025 l
1 kúr (PAP)		= 2 silà			=	1,684 l
1 silà					=	0,842 l

mehrere Stellen hinter dem Komma haben denn auch nur den Zweck, den Fehler bei Umrechnungen zwischen den verschiedenen Einheiten nicht zu vergrößern. Basis der gegebenen modernen Werte sind die Überlegungen von F. Thureau-Dangin JA 10/13 (1909) 79-111; ders. RA 18 (1921) 123-142; I.J. Gelb, JAOS 102 (1982) 585-590. Die derzeit modernste zusammenfassende Untersuchung von M.A. Powell in RlA 7, 457-530 war erst nach Abfassung dieses Buches vollständig erschienen. Vgl. darüberhinaus M.A. Powell ZA 63 (1973) 103ff.; ders. JCS 27 (1975) 185ff.; ders. AOAT 203, 71-109; ders AfO 31 (1984) 32-66. - R. Englund bietet im einleitenden Abschnitt "Konventionen" seiner Dissertation "Organisation und Verwaltung der Ur-III-Fischerei" (BBVO 10), Berlin 1990, auf pp.XIII-XVII eine Beschreibung der von ihm verwendeten Umschriftkonventionen der Zahlen im "Sexagesimalsystem" sowie im "Hohlmaßsystem", "Gewichtssystem" und "Flächensystem" mit kurzer Diskussion möglicher absoluter Werte in den einzelnen Perioden des III. Jahrtausends. Aus M.A. Powells o.g. Artikel in RlA 7 sei verwiesen für die *Längenmaße* auf S. 458ff., die *Flächenmaße* 477ff., *Raummaße* 488ff. und die *Hohlmaße* auf S. 492ff.

Anmerkungen: [41], [42], [43], [44]

[41] Die ursprünglich von I.J. Gelb JAOS 102 (1982) 585ff. erhobene Forderung, bei den Hohlmaßen getrennte Reihen für flüssige oder feste Stoffe aufzustellen, kann soweit ich sehe zumindest für die as. Zeit noch nicht befriedigend durchgeführt werden. Vgl. M.A. Powell RlA 7, 493.

[42] Im Unterschied zu den anderen Hohlmaßen ist in unseren Texten bei PAP und silà bei der Zahlangabe nicht bereits die Maßeinheit impliziert, sondern wird immer ausgeschrieben. Die Notierung beider Maßbezeichnungen erfolgt zudem in der Regel mit *keilförmigen* Zeichen. In der Übersetzung erscheinen diese Maßzahlen als '1 Sila' usw. Dabei wurde in der Übersetzung wie bei allen Zahlangaben, bei denen die Notierung in Keilschrift üblich ist und keine archivarische Bedeutung besitzt, von einer Kennzeichnung der Schreibart durch Unterstreichen abgesehen. Gleichfalls wurde auf eine Wiedergabe von silà als 0.0.0.1 oder ähnlich verzichtet. Dies bedeutet, eine unterstrichene Zahl in der Übersetzung impliziert immer eine spezielle buchhalterische Absicht, etwa eine besondere Art der Transaktion, so z.B. die vermutlich nicht erfolgte Ausgabe der Getreiderationen. - R. Englund, Fischerei XIV[2] erwähnt den Spezialfall, in dem kurvilineare und keilschriftliche Zeichenformen in einem Text dann Verwendung fanden, "wenn der Schreiber in der Buchhaltung unterschiedliche Angaben wie etwa Angaben über Gerste- und Wollrationen auseinanderhalten wollte".

[43] Zu kúr, "a standard sized container used at Presargonic Girsu for liquid and dry commodities, perhaps in the 2 liter range" s. M.A. Powell RlA 7, 506. Der Textanfang der 'großen Nin-Girsu-Opferlisten', TSA 51, Fö 119, Nik 26, Fö 116, DP 198, Nik 24, Fö 5, DP 66 und der 'großen Baba-Opferlisten' Fö 74 und DP 54 verzeichnet zu Beginn regelmäßig mit der Maßeinheit kúr bzw. PAP gemessene Opfergaben. Ein Vergleich mit der relativen Menge der anderen Opfer bietet ein wichtiges Indiz für die ungefähre Entsprechung 1 kúr = 2 silà. Zu einer kritischen Bewertung weiterer Hinweise vgl. M.A. Powell AfO 31 (1984) 53. Beachte weiter im Hohlmaßsystem für Trockenmaterie die angenommene Relation von 2 ban (oder 12 silà) = 1 mun-du und M. Powells Kritik daran ("metrological chimaera") in ZA 76 (1986) 12-16.

[44] In ArOr 59 (1991) 416 mit Anm. 11 übte B. Hruška Kritik an dem hier (im Anschluß an F. Thureau-Dangin) gegebenen absoluten

Die Längenmaße:										Wert
1 éš(e)	=	10 nindan	=	20	gi	=	120 kùš		=	59,40m
(1 *ṣuppu*)	=	1/2 éš(e)	=	5	nindan	=	60 kùš		=	29,70m
1 nindan(= GAR.DU)			=	2	gi	=	12 kùš		=	5,94m
1 kùš	=	1/6 gi	=	1/12	nindan				=	0,495m
1 kùš	=	2 ŠU.BAD	=	3	šu-dù-a	=	30 šu-si		=	495mm
1 ŠU.BAD	=	1,5 šu-dù-a	=	15	šu-si	=	90 še		=	248mm

Die Flächenmaße:							Notation		Wert
1 bùr	= 3 ešè	=	18 iku	=	1 800 sar	=	1;0	=	63 510qm
1 ešè		=	6 iku	=	600 sar	=	0;1.0	=	21 170qm
1 iku				=	100 sar	=	0;0.1	=	3 528qm
1 sar	= 1 nindan²							=	35,28qm

Wert für Sila "sicherlich zu niedrig". In der Tat wird man als ungefähre Wiedergabe für 1 silà am besten die Entsprechung / Übersetzung 1 Liter wählen. Generell spricht jedoch die von M.A. Powell, RLA 7, 503f., versammelte Evidenz für einen etwas geringeren Wert, auch in der altsumerischen Zeit. Beachte in diesem Zusammenhang den nach H.J. Nissen, P. Damerow und R.K. Englund ZATU S. 153f. aufgrund von Beobachtungen an den Uruk-zeitlichen "Glockentöpfen" für die Uruk-Zeit möglichen Ansatz von 1 Sila = zwischen 0,75 und 0,93 Litern.
Weiterhin sei auf folgende Bemerkung von M.A. Powell in RlA 7, 503 hingwiesen: "In Presargonic texts, nomenclature suggests that sila vessels were of various size, but whether these vessels denote metrological units cannot be determined." Zu verschiedenen silà-Bezeichnungen s.u. zu Nr. 113 4:1.2, 6:1.2.

Katalog der Texte

1.1. Chronologie, Typologie und Inhalt der altsumerischen Wirtschaftsurkunden aus amerikanischen Sammlungen

1	STH 1, 2	Ukg.L 4	I-C-1.	Summentafel über Gerstezuteilungen und Gerstelieferungen für die Leute der Baba
2	STH 1, 3	Ukg.L 2/12⟨5⟩	I-C-3.	Summentafel über Gerstezuteilungen, Gerste- und Emmerlieferungen der Baba
3	STH 1, 4	Ukg.L 5	I-C-1.	Summentafel über Gerstezuteilungen und Gerstelieferungen für die Leute der Baba
4	STH 1, 5	Ukg.E 1/(11)	I-D-1.	Emmerzuteilungen am Fest der Baba für die Leute, die ein Versorgungslos übernommen haben
5	STH 1, 6	Ukg.E 1/(9)⟨2⟩	I-A-1.	Gerstezuteilungen der Baba für die Leute, die ein Versorgungslos übernommen haben
6	STH 1, 7	Ukg.L 2/(9)⟨2⟩	I-A-1.	Gerstezuteilungen für die Leute, die ein Versorgungslos übernommen haben, die eigenen Leute der Baba
7	STH 1, 8	Ukg.L 3/(9)⟨1⟩	I-A-1.	Gerste(zuteilungen) der Baba für die Leute, die ein Versorgungslos übernommen haben
8	STH 1, 9	Ukg.L 3/(11)⟨3⟩	I-A-1.	Gerstezuteilungen der Baba für die Leute, die ein Versorgungslos übernommen haben
9	STH 1, 10	Ukg.L 3/(12)⟨4⟩	I-A-1.	dito
10	STH 1, 11	Ukg.L 3/(9)⟨[1]⟩	I-A-1.	dito
11	STH 1, 12	Ukg.L 6(?)/11	I-A-1.	Gerstezuteilungen des Baba-Tempels für die Leute, die ein Versorgungslos übernommen haben
12	STH 1, 13	Ukg.L 6/10	I-A-1.	dito
13	STH 1, 14	(Ukg.L) 6	I-A-8./IV	Auszugstafel über aus dem Register getilgte Gersteempfänger(?)

14	STH 1, 15	Ukg.E 1/5	I-A-2.	Gerstezuteilungen der Baba für die Iginudu-Arbeiter(, Träger) und einzelne šà-dub(-ba)-Arbeiter
15	STH 1, 16	Ukg.E 1/6	I-A-2.	dito
16	STH 1, 17	Ukg.L 3/10	I-A-2.	Gerstezuteilungen für Iginudu-Arbeiter, Träger und einzelne šà-dub(-ba)-Arbeiter, die eigenen Leute der Baba
17	STH 1, 18	Ukg.L 6/12	I-A-2.	Gerstezuteilungen des Baba-Tempels für die Iginudu-Arbeiter, Träger und einzelne šà-dub(-ba)-Arbeiter
18	STH 1, 19	(Ukg.L) 4	I-A-8./IV	Zusammenstellung von Leuten, die Gerstezuteilungen 'zurückgelassen' haben
19	STH 1, 20	Ukg.E [1]/8	I-A-3.	Gerstezuteilungen der Baba für die Mägde (und deren) Kinder
20	STH 1, 21	Ukg.L 2/⌈9⌉	I-A-3.	Gerstezuteilungen der Baba für die eigenen Mägde (und deren) Kinder
21	STH 1, 22	Ukg.L 5/4	I-A-3.	dito
22	STH 1, 23	Ukg.L 6/12	I-A-3.	Gerstezuteilungen des Baba-Tempels für die Mägde (und deren) Kinder
23	STH 1, 24	Ukg L 6/11	I-A-2.+I-A-3.	Gerstezuteilungen des Baba-Tempels für die Mägde (und deren) Kinder, Träger, Iginudu-Arbeiter (und) einzelne šà-dub(-ba)-Arbeiter
24	STH 1, 25	Ukg.L 2/(11)	I-A-4.	Gerstezuteilungen der 'Kleinen' (= der Königskinder)
25	STH 1, 26	Ukg.L 3/5	I-A-4.	dito
26	STH 1, 27	Ukg.L 3/12	I-A-4.	dito
27	STH 1, 28	Ukg.L 4/(13)‹4›	I-G-6.	Mehlzuteilungen für die eigenen Fischer der Baba
28	STH 1, 29	Ukg.L 4/4	I-A-7.	Gerstezuteilungen für die Hōr-Fischer der Baba
29	STH 1, 30	Lug. 7/1	I-B-1.	Gerstelieferungen, Emmerlieferungen, regelmäßige monatliche Aufwendungen der Bara-namtara
30	STH 1, 31	Ukg.E 1/9	I-B-1.	Gerstelieferungen, Emmerlieferungen, regelmäßige monatliche Aufwendungen der Baba
31	STH 1, 32	Ukg.L 1/3	I-B-1.	Gerste und Emmer, regelmäßige Aufwendungen der Baba

32	STH 1, 33	Ukg.L 4/2	I-B-1.	Gerstelieferungen, Emmerlieferungen, regelmäßige monatliche Aufwendungen der Baba
33	STH 1, 34	Ukg.L 4/8	I-B-1.	dito
34	STH 1, 35	Ukg.L 5/5	I-B-1.	dito
35	STH 1, 36	Ukg.L 5/6	I-B-1.	dito
36	STH 1, 37	(Ukg.L) 4	I-B-1.	Gersteverbrauch für das Groß- und Kleinvieh
37	STH 1, 38	(Ukg. E 1(?))	I-L/III-G-1.(?)	Verteilung von Feldparzellen auf dem Felde $GANA_2$-uri-rú-a
38	STH 1, 39	Ukg.L 1	III-G-1./I-L	Vermessung von Feldparzellen (auf den) eigenen Feldern der Baba
39	STH 1, 40	Ukg.L 1	III-G-1./I-L	Vermessung von Feldparzellen des kleinen Šaga-Feldes
40	STH 1, 41	Ukg.L 4/2	I-GO-3.	Götteropfer für das Fest 'Gerste-Essen der Nanše'
41	STH 1, 42	(Ukg.L 4(?))	III-G-3.	Entwurf der Beschreibung eines Hausgrundrisses; Bauplan
42	STH 1, 43	(Ukg.L) 3/vor 9	III-A-2.	'Personenliste' / Liste von Leuten, die beim Schreiber Lugal-ešduga leben
43	STH 1, 44	(Ukg.L) 6	II-E-3./4.	Ablieferung von Fischen und einer Schweinshaut
44	STH 1, 45	(Ukg.E(?)) 1	II-E-4.	Ablieferung von Schafhäuten
45	STH 1, 46	Lug. 6/(1?)	III-D-5.	Außenstände an Gerste und Emmer; Schuldensaldo
46	STH 1, 47	Ukg.L 7	II-F-2.(?)/ III-B-4.(?)	*Ablieferung(?)* von Zicken durch den Kleinviehzüchter
47	STH 1, 48	(Lug.(?) 5/(2)(?)	II-E-5.	Verbringung von Bieringredienzien in den 'Palast' anläßlich des Gerste-Festes Nanše
48	STH 1, 49	(Ukg. L) 3/(3)	I-K-6.	Auslieferung von Feldgerät
49	STH 1, 50	(Lug.) 6/(3)	I-B-2.	Ausgabe von Saatgerste
50	STH 1, 51	Lug. 5	II-E-5.	Einbringung einer Zwiebelernte
51	STH 1, 52	Ukg.L 2/(8?)	II-E-5./ I-K-4.	Vermerk über Beschaffung und Stecken von Zwiebeln

52	MVN 3, 2	Ukg.E 1/2	I-A-2.	Gerstezuteilungen der Baba für die Iginudu-Arbeiter (, Träger) und einzelne šà-dub(-ba)-Arbeiter
53	MVN 3, 4	Ukg (L 6)/3(?)	I-B-1.	Gerstelieferungen an verschiedene Personengruppen
54	MVN 3, 5	(x) 1	II-E-1.	Deponierung von Rohrbündeln
55	MVN 3, 6	Ukg.L 2/(11)<4>	I-A-1.	Gerstezuteilungen für die Leute, die ein Versorgungslos übernommen haben, die eigenen Leute der Baba
56	MVN 3, 7	Ukg.L 6/8	I-B-1.	(Gerstelieferungen, Emmerlieferungen, regelmäßige monatliche Aufwendungen des Baba-Tempels)
57	MVN 3, 8	(Ukg.L 4? od. 5?/[?]	I-A-1.	Gerstezuteilungen (der Baba für die Leute, die ein Versorgungslos übernommen haben)
58	MVN 3, 9	(?)	III-G-1.(?)/I-L	(Vermessung und/oder Zuweisung von Feldern(?))
59	MVN 3,10	Lug.(?)	IV-sa$_{10}$	Geschäftsnotiz über den Kauf von Spezereien
60	MVN 3,11	(Ukg.L (6?))	IV	Aufteilung von Kanalarbeiten(?)
61	MVN 3,16	(Ukg.L(?)) 3	I-J-9.(?)	Ausgabe von (Holz(?))
62	MVN 3,17	(Ukg.L (4(?))	II-E-2.	Bericht über Abholzungen für Bauzwecke
63	MVN 3,18	(Lug.) 2	II-A-7.	Einfüllung von Gerste im Speicher der PAP.PAP
64	MVN 3,26	(Ukg. L (4/5?))	I-A-2.	Gerstezuteilungen (der Baba für die Iginudu-Arbeiter, Träger und einzelne šà-dub(-ba)-Arbeiter)
65	MVN 3,112	(Ukg.L) 4/ [9-12(?)]	I-B-1.	(Gerstelieferungen, Emmerlieferungen, regelmäßige monatliche Aufwendungen der Baba)
66	FLP 2658	Ukg.L 2	I-GO-10.	Zurüstung und Übergabe von Götteropfern für Nippur
67	FLP 2653	(Ukg.L) 6/5?	I-A-1.	Gerstezuteilungen des Baba-Tempels für die Leute, die ein Versorg ungslos übernommen haben
68	FLP 2655	Ukg.L 3/(12)	I-D-1.	Emmerzuteilungen(?) der Baba für die Leute, die ein Versorgungslos übernommen haben
69	FLP 2656	Ukg. L (4? od. 5?/(?)<1>	I-A-1.	Gerstezuteilungen der Baba für die Leute, die ein Versorgungslos übernommen haben

70	FLP 2657	Ukg. L 4/6-8	I-A-3.	(Gerstezuteilungen der Baba für die Mägde (und deren) Kinder)
71	BIN 8, 23	Lug. vor 5/8	I-A-4.	Gerstezuteilungen der Bara-namtara für die Stadtfürstenkinder
72	BIN 8,344	Ukg.L 4/13	I-A-3.	Gerstezuteilungen der Baba für die eigenen Mägde (und deren) Kinder
73	BIN 8,345	Ukg.L 3/6	I-A-3.	Gerstezuteilungen der Baba für die eigenen Mägde (und deren) Kinder
74	BIN 8,346	Lug. 6	II-C-4.	Ablieferung von Tierhäuten
75	BIN 8,347	Enz. 2/(12)	I-D-2.	Gerste- und Emmerzuteilungen für die Leute von 'Ansehen', die 'Untergebenen des Königs', am 'Fest der Baba'
76	BIN 8,348	Ukg.L 5	I-C-1.	Summentafel über Gerstezuteilungen und Gerste-lieferungen für die Leute der Baba
77	BIN 8,349	(Lug.(?)) 3/4	I-K-3.	Verteilung von Tieren durch den Stadtfürsten
78	BIN 8,350	Ukg.L 4	III-F-1.	Inventur von Holz aus dem Hain von Ambar
79	BIN 8,351	Enz. 2	II-A-6.	Mašdari'a-Abgaben für Enentarzi
80	BIN 8,353	Lug. 5	II-A-7.	Einschüttung von Getreide im E_2-KI.LAM-ka
81	BIN 8,354	Ukg.L 6/9	I-A-1.	Gerstezuteilungen des Baba-Tempel für die Leute, die ein Versorgungslos übernommen haben
82	BIN 8,355	Lug. *1	III-B-6.	Inventur von in der Hürde verbliebenen Jungtieren
83	BIN 8,356	Lug. 2+/(12)	II-F-5.	Abgabe (und) 'Überlassung' von Nahrungsmitteln am 'Baba-Fest'
84	BIN 8,357	(Lug./Ukg.L) 3/(12)	I-K-1.	Fischtranausgabe für das 'Fest der Baba
85	BIN 8,358	(Lug./Ukg.L) 3	III-D-5.	Außenstände an Feldgeräten; Schuldensaldo
86	BIN 8,359	Ukg.L 2/10	I-A-4.	Gerstezuteilungen der 'Kleinen'(= die Königskinder)
87	BIN 8,360	(Lug./Ukg.L) 3	II-D-2.	Bericht über die Ernte von Zwiebeln
88	BIN 8,361	(Lug.) 1/10	II-C-3.	Ablieferung von 'Brackwasserfischen'

89	BIN 8,362	Lug. 1/4	II-C-4.	Vermerk über die Rückgabe von Kleinviehhäuten
90	BIN 8,363	Ukg.L 4	IV-sa_{10}	Abrechnung über den Kauf eines Kultsängers
91	BIN 8,364	Ukg.L 1	II-E-3.	Ablieferung von Fischen für das Nidba-Opfer
92	BIN 8,365	Lug. [x]/4	II-E-3.	Ablieferung von Fischen durch die Hör-Fischer
93	BIN 8,366	Lug. 2/(12)	II-C-4.	Ablieferung von Ziegenhäuten
94	BIN 8,367	Lug. 3/4	I-F-2.	Ausgabe von Proviant an den Spediteur(?) von Uru'az
95	BIN 8,368	Lug. 1/(12(?))	I-K-5.	Ausgabe von Schafwollvliesen zum Kämmen der Wolle
96	BIN 8,369	(Lug./Ukg.L) 1	I-J-6.	Ernte(?) und Ausgabe von Zwiebelstecklingen
97	BIN 8,370	Lug. 2/?	II-E-3.	Ablieferung von Meerestieren durch die Brackwasserfischer
98	BIN 8,371	Lug. 1/?	I-GO-8.	Götteropfer an einem Nin-MAR.KI-Fest
99	BIN 8,372	Lug. 1/6	I-B-1.	Monatliche Gerste- und Emmerlieferungen des Lugalanda
100	BIN 8,373	(Enz./Lug.) ?/1	III-B-2.	Brandmarkung von 'Eseln'
101	BIN 8,374	Lug. [x]/10	III-B-3./ II-F-3.	Brandmarkung und Eingangsvermerk von Ziegenböcken
102	BIN 8,375	(Lug.(?))	II-A-6.	Mašdari'a-Abgaben für das 'Dreschplatzfest'
103	BIN 8,376	Ukg.L 2	II-F-5.	'Überreichung' von Zerealien in Girsu
104	BIN 8,377	(...) 2	II-C-9.	Rückgabe von geschuldetem(?) Weizen
105	BIN 8,378	(Enz.)	II-A-6.	Ablieferung von Bier und Brot als Mašdari'a-Abgabe
106	BIN 8,379	(Ukg. L(?))	III-I	Tontafeletikette
107	BIN 8,380	(Lug./Ukg.) (?)/10	I-K-2.	Deponierung und Ausgabe von Gefäßen
108	BIN 8,381	Ukg.L 3	III-A-1.	'Personenliste'/'Auszugsliste' von Hirten der (Göttin) Baba
109	BIN 8,382	??	I-D-1.	Gerste- und Emmerzuteilungen
110	BIN 8,383	(Enz./Lug.) 1	II-C-4./III-E-2.	Ablieferung und Überprüfung der Haut einer Zicke
111	BIN 8,385	?	III-A-1.	'Personenliste'/Liste von Verstorbenen
112	BIN 8,386	(Lug.(?)) 2	II-C-8.	Vermerk über die Ablieferung von Mehl und Gerste
113	BIN 8,387	Lug. [x]/ (3 od.9)	II-A-6.(?)	(Abgabe(?)) von Tieren und Tierprodukten
114	BIN 8,388	?	III-F-2.	Inventur von Besitztümern des Me-ane-si

115	BIN 8,389	Lug. [x]	III-H-4.	Tontafeletikette über bepflanztes Pachtland-Feld
116	BIN 8,390	Ukg.L [x]/8	I-GW-1.	Weihegaben für Gottheiten am Fest 'Malz-Essen der Nanše'
117	BIN 8,391	Ukg.L 3/7	I-B-1.	Gerstelieferungen, Emmerlieferungen, regelmäßige monatliche Aufwendungen der Baba
118	NBC 10507	Ukg.L 3/10<2>	I-A-1.	Gerstezuteilungen der Baba für die Leute, die ein Versorgungslos übernommen haben
119	MLC 2613	Ukg.E 1/4	I-A-2.	Gerstezuteilungen der Baba für die Iginudu-Arbeiter(, Träger) und einzelne šà-dub(-ba)-Arbeiter
120	NBC 10291	Ukg.L 4/2	I-A-2.	Gerstezuteilungen für die Iginudu-Arbeiter, Träger und und einzelne šà-dub(-ba)-Arbeiter, die eigenen Leute der Baba
121	MLC 1458	[Ukg.L 3]/8	I-A-2.	dito
122	MLC 2612	Ukg.L 6/4	I-A-2.	dito
123	MLC 2610	U[kg.L 1]/10	I-A-2 + I-A-3.	(Gerstezuteilungen des Baba-Tempels für die Mägde (und deren) Kinder, Träger, Iginudu-Arbeiter und und einzelne šà-dub(-ba)-Arbeiter)
124	MLC 2611	Ukg.L 3/9	I-A-4.	Gerstezuteilungen der 'Kleinen' (= der Königskinder)
125	MLC 1467	Lug. 2	I-I-3.	Schenkung von Schafwollvliesen an die Leute, die Gerste und Wasser gebracht haben
126	MLC 1509	?	I-B-2.(?)	Getreidelieferungen zur Bierherstellung(?)
127	MLC 1554	(Lug./Ukg.L) 2	II-E-5./ I-B-2.(?)	Bezahlung von Außenständen an Gerste und Vermerk über deren Verwendung als Futtergetreide fürs Umbruchpflügen

1.2. ZUR CHRONOLOGIE DER ALTSUMERISCHEN WIRTSCHAFTSURKUNDEN AUS AMERIKANISCHEN SAMMLUNGEN

Nachfolgend findet sich hier eine Liste der in diesem Bande bearbeiteten Texte in chronologischer Ordnung. Für das hierbei verwendete Vorgehen sei grundsätzlich auf AWEL Seite 31 verwiesen. Bei den Listen des Typs I-A-1, die "Gerstenzuteilungen an die Leute, die ein Versorgungslos übernommen haben" zum Gegenstand haben, läßt sich beobachten, daß diese, im Unterschied zu früher, im sechsten Königsjahr des Uru-inimgina monatlich, nicht mehr nur in den letzten vier Monaten des Jahres abgefaßt wurden. Bei den früheren Urkunden dieses Typs wurde in der folgenden Tabelle die Nummer der Zuteilung, die ja mit der Nummer des Monats im Jahreskreis nicht übereinstimmt, in spitzer Klammer ("< >") beigefügt. Weiter lassen sich kleinere Abweichungen zwischen den Lieferungs- bzw. Zuteilungziffern und den zugeordneten Monatsnamen in den verschiedenen Regierungsjahren beobachten. In manchen Fällen kann deshalb die vorgeschlagene Einordnung im Jahreskreis nur einen Näherungswert haben.[45]

Der Übersichtlichkeit halber wurde in den nachfolgenden Zusammenstellungen die Nummerierung des vorliegenden Bandes verwendet und auf die Nennung der Keilschriftpublikationen verzichtet.

---

[45] Am augenfälligsten läßt sich das Problem anhand des Baba-Festes illustrieren, das in kultischer Hinsicht mit an Sicherheit grenzender Wahrscheinlichkeit auch in altsumerischer Zeit mit dem Neujahrsfest verbunden werden muß. Gleichwohl versehen die monatlichen Lieferungs- oder Zuteilungslisten das ezem-^{d}ba-ba$_6$ mit einer Ziffer 11 oder 12.

Chronologische Ordnung

Enz. 2: 75 (2/(12)); 79;
Enz. o.Jahr: (105);
Enz. od Lug.: 100 ([x]/1);
Enz. od Lug. 1: 110;

Lug. 1: 89 (1/4); 99 (1/6); 88 (1/10)); 95 (1/12); 98 (1/?); 82;
Lug. 2: 93 (2/(12)); 97 (2/?); 63; 125;
Lug. 2+[x]: 83 (2+/(12));
Lug. 3: 94 (3/4); 77(?) (3/4);
Lug. 5: 47(?) (5/(2)); 71 (vor 5/8)); 50; 80;
Lug. 6: 45 (6/(1?)); 49 (6/(3)); 74;
Lug. 7: 29 (7/1);
Lug. o. Jahr: 92 ([x]/4); 113 ([x]/3 od. 9); 101 ([x]/10); 59(?); 102(?); 114(?); 115;

Lug. od. Ukg. o. Jahr: 107 (?/10);
Lug. od. Ukg. L 1: 96;
Lug. od. Ukg. L 2: 127;
Lug. od. Ukg. L 3: 84 (3/(12)); 85; 87.

Ukg. E 1: 52 (E 1/2); 119 (E 1/4); 14 (E 1/5); 15 (E 1/6); 19 (E 1/8); 5 (E 1/(9)<2>); 30 (E 1/9); 4 (E 1/(11)); 37(?); 44(?);
Ukg. L 1: 31 (L 1/3); 123 ([1]/10); 38; 39; 91;
Ukg. L 2: 51 (2/(8?); 6 (2/(9)<2>); 20 (2/⌜9⌝); 86 (2/10); 24 (2/(11)); 55 (2/(11)<4>); 2 (2/12<5>); 66; 103;
Ukg. L 3: 48 (3/(3)); 25 (3/5); 73 (3/6); 117 (3/7); 121 ([3]/8); 42 (3/(vor 9)); 10 (3/9<[1]>; 7 (3/(9)<1>); 124 (3/9); 16 (3/10); 118 (3/10<2>); 8 (3/(11)<3>; 9 (3/(12)<4>); 26 (3/12); 68 (3/(12)); 61(?); 108;

Ukg. L 4: 32 (4/2); 40 (4/2); 120 (4/2); 64 (4/5(?)); 70 (4/6-8); 33 (4/8); 28 (4/(13)<4>); 72 (4/13); 65 (4/[9-12(?)]); 1; 18; 27; 36; 41(?); 62(?); 78; 90
Ukg. L 4 od. 5: 57 (4 od. 5/[?]; 69 (4 od. 5/(?)<1>);
Ukg. L 5: 21 (5/4); 34 (5/5) 35 (5/6); 3; 76;
Ukg. L 6: 53 (6/3(?)); 122 (6/4); 67 (6/5(?)); 56 (6/8); 81 (6/9); 12 (6/10); 23 (6/11); 11 (6(?)/11); 17 (6/12); 22 (6/12); 13; 43; 60(?);
Ukg. L 7: 46;
Ukg. L ohne Jahr: 116 ([x]/8); 106(?);

---

1. **Jahr (ohne Herrschername):** 54 (1);
2. **Jahr (ohne Herrschername):** 104 (2); 112 (2);
Ohne Datierung oder Datierungsvorschlag: 58; 109; 111; 126;

1.3. ZUR TYPOLOGIE DER ALTSUMERISCHEN URKUNDEN AUS AMERIKANISCHEN SAMMLUNGEN

Nachfolgend wird im Anschluß an die in AWEL S. 39-44 vorgeschlagene Typologie eine typologische Ordnung der in diesem Bande bearbeiteten WIRTSCHAFTSURKUNDEN **versucht**. Dabei wird zunächst wiederum zwischen den drei Haupttransaktionen I. Ausgaben, II. Einnahmen und III. Bestandsaufnahmen (Inspektionen) unterschieden.[46] Erwartungsgemäß mußten gegenüber AWEL mehrere neue Untertypen eingeführt werden. Die in Anlehnung an K. Maekawa von mir in UGASL verwendeten Typenbezeichnungen der Listen über Gersten- und Emmerzuteilungen wurden in Klammern beigefügt. Da in einer Urkunde

---

[46] Erst 1989 ausgeliefert wurde SEb 5 ("1982"), das auf den Seiten 33-38 "Erwägungen zur Typologie der Verwaltungstexte aus Ebla" von D.O. Edzard enthält. Auch Edzard S. 34 unterscheidet in ähnlicher Weise zwischen drei Grundtypen. Außerdem nennt er drei weitere Möglichkeiten zur Klassifikation von Verwaltungsurkunden: 1. Nach den "behandelten Gegenständen"; 2. Nach Verwaltungsresorts ("nach prosopographischen Gesichtspunkten"); 3. Nach dem Formular ("Schlüsselausdrücken").

mehrere Transaktionen genannt werden können, sind in der nachfolgenden Liste Mehrfachnennungen möglich.

Nochmals sei betont, daß typologische Ordnungen beim gegenwärtigen Stand der präsargonischen Urkundenforschung nur als Versuche gelten können. Mein Ziel war, dem Benutzer das Auffinden der unter verschiedenen Gesichtspunkten verwandten Texte zu erleichtern.

Typologische Ordnung

I. Haupttransaktion: Ausgaben

I-A: **še-ba:**Gerstezuteilungen
- -1. (A/1): an Leute, die ein Versorgungslos übernommen haben: 5, 6, 7, 8, 9, 10, 11, 12, 55, 57, 67, 69, 81, 118;
- -2. (A/2): an Iginudu-Arbeiter(, Träger) und einzelne šà-dub(-ba)-Arbeiter: 14, 15, 16, 17, 52, 64, 119, 120, 121, 122;
- -2+3. (A/2+3): an Mägde samt Kindern, Träger, Iginudu-Arbeiter und einzelne šà-dub(-ba)-Arbeiter: 23, 123;
- -3. (A/3): an Mägde samt Kindern: 19, 20, 21, 22, 70, 72, 73;
- -4. (A/4): der 'Kleinen': 24, 25, 26, 71, 86, 124;
- -6. (A/1-4): (Vorläufertypus, noch nicht differenziert):
- -7. (A/5) an Fischer: 28;
- -8. Archivtechnisch bedingte Zusammenstellung von Gersteempfängern: 13; 18;

I-B: **še-gar** Gerstelieferungen, **zíz-gar** Emmerlieferungen und **numun-gar** Lieferungen von Saatgetreide
- -1. (B) **še-gar:** Gerste- und Emmerlieferungen 29, 30, 31, 32, 33, 34, 35, 36, 53, 56, 65, 99, 117;
- -2. (b) **še-gar:** Gerste- und Emmerlieferungen (kleine Listen): 49, 126(?), 127(?);

I-C: Summentafeln
- -1. (C) über Gerstezuteilungen und Gerstelieferungen: 1, 3, 76;
- -3.: und Emmerlieferung: 2;

I-D: **zíz-ba**: Emmer- (und Gerste-)Zuteilungen
-1. (D/1) an Leute, die ein Versorgungslos übernommen haben: 4, 68, 109;
-2. (D/3) am Fest der Baba: 75;
I-F: Weitere Getreideausgaben
-2. **še-ág̃**: vgl. 94;
I-G: Mehlzuteilungen
-6. an die Fischer der Baba: 27;
I-I-3.: Schenkung von Schafwollvliesen: 125;
I-J: **sum**-Ausgaben: Verschiedene Ausgaben mit dieser Transaktionsbezeichnung
-6. (sum)-**sum**: Ausgabe von Zwiebeln: 96; vgl. I-K-4.
-9. (giš)-**sum**: Ausgabe von Holz: 61(?);
I-K: Weitere Ausgaben in alphabetischer Reihenfolge der Transaktionsbezeichnungen (*neue Anordnung*)
-1. (ì-ku$_6$)-**dé**: Fischtranausgabe: 84;
-2. (dug)-**gar**: (Deponierung und) Ausgabe von Gefäßen: 107;
-3. (amar)-**ḫa-la**: Verteilung von Tieren: 77;
-4. (sum)-**sur**: Stecken von Zwiebeln: 51, vgl. 96;
-5. (bar-udu-siki)-**lá**: 95;
-6. (g̃iš)-**šid**: Auslieferung von Feldgerät: 48
I-L: Felderzuweisungen: 37, 38, 39, 58; vgl. III-G;
I-GO: Götteropferurkunden
-3. (GO-N) Opfer an Festen der Nanše: 40;
-8. (GO-NM) Götteropfer am Nin-MAR.KI-Fest: 98;
-10. Götteropfer nach Nippur: 66;
I-GW: Götterweiheurkunden
-1. Weihgaben für Gottheiten an Nanše-Festen: 116;

II. Haupttransaktion: Einnahmen

II-A: Ablieferungen von Pacht und pachtähnlichen Abgaben
-6. **maš-da-ri-a**: (Ablieferung der Mašdari'a-Abgabe: 79, 102, 105, 113(?);
-7. **še-si**: Gersteablieferungen: 63, 80;

II-C: ŠBG-Ablieferungsvermerke[47]
-3. **ku₆-ŠBG**: Ablieferung von Fischen: 88;
-4. **kuš-ŠBG**: Tierhäute-Ablieferung: 74, 89, 93, 110 (vgl. III-E-2.);
-8. **zíd (še)-ŠBG**: Mehl- und Gersteablieferung: 112;
-9. **zíz-ŠBG**: Weizenablieferung: 104;

II-D: Erntebilanzen
-2. Zwiebebödenerträge: 87;

II-E: DU-Ablieferungen/Einbringungen
-1. **gi-DU**: Einbringung von Rohr: 54;
-2. **g̃iš-DU**: Einbringung von Holz(gegenständen): 62;
-3. **ku₆-DU**: Ablieferung von Fischen: 43 (vgl. II-E-4.), 91, 92, 97;
-4. **kuš-DU**: Ablieferung von Tierhäuten: 43 (vgl. II-E-3.), 44;
-5. Nahrungsmittel-**DU**: 47, 50, 51 (vgl. I-K-4.), 127 (vgl. I-B-2.);

II-F: Verschiedene sonstige Ablieferungen (in alphabetischer Ordnung der Transaktionsbezeichnungen)
-2. **gù--ra**: Ablieferung(?) von Zicken: 46;
-3. **sum**: Eingangsvermerk über Ziegenböcke: 101 vgl. III-B-3.;
-5. Nahrungsmittel-**taka₄**: 83, 103;

III. Haupttransaktion: Bestandsaufnahmen (Inspektionen)

III-A: Personenlisten
-1. 'Personenliste' / Verzeichnis von 'Hirten der Eselsgespanne': 108; 'Personenliste' / Liste von Verstorbenen: 111
-2. 'kleine' Personenliste: 42;

III-B: Viehinspektionen u.ä. (**gurúm**-Texte)
-2. Inspektion/Brandmarkung von 'Eseln': 100;
-3. Brandmarkung von Ziegenböcken: 101 vgl. II-F-3.;
-4. Inventur von Zicken: 46 vgl. II-F-2.;

III-D: **lá-a**-Text: Feststellung von Außenständen (Schuldensaldo)
-5. **lá-a-še zíz**: Außenstände an Gerste und Emmer: 45, 85;
-6. Inventur von in der Hürde verblieben Jungtieren: 82;

III-E: **igi-sag$_x$**-Texte: Überprüfung von Gegenständen

[47] Damit bezeichne ich Vermerke des Typs šu-a bí-gi₄ o.ä. Vgl. die ausführliche Diskussion der entsprechenden Termini unten zu Nr. 74 3:6.

-2. **kuš-igi-sag$_x$**: Überprüfung von Tierhäuten: 110;

III-F: Inventur von Gegenständen

-1. Inventur von Holz: 78;

-2. Inventur von Besitztümern: 114;

III-G: Vermessung von Feldern und Zwiebelböden

-1. Fe-gíd: Feldvermessung: 37(?), 38, 39, 58; vgl. I-L;

-3. Planbeschreibung; Hausgrundriß: 41;

III-H: PD(=pisan-dub)-Texte: Etikette von Tontafelbehältern

-4. PD apin-lá: 115;

III-I: 'Oliven': Tontafeletiketten für verschiedene Gegenstände: 106;

IV. Varia

-sa$_{10}$ (Texte, die einen Kaufvorgang nennen): 59, 90;

Aufteilung von Kanalarbeiten: 60(?);

Archivtechnisch bedingte Zusammenstellung von Gersteempfängern: 13, 18 (s.o. I-A-8.

Die Texte aus dem Harvard Semitic Museum

1 = STH 1, 2*

Text: HSM 904.7.11 (früher 3727); Maße: H.: 5,9cm; Br.: 5,9cm; Kollationiert;
Umschrift: A. Deimel Or 34/35, ders. 38; 43/44, 123f.; vgl. W. Förtsch OLZ 21 (1918) 181;
Parallelen: vgl. Fö 61 (Ukg. L 4/(9); Fö 102 (Ukg. L 5/6);
Datum: Ukg. L 4; Typ: I-C-1.(C);
Inhalt: Summentafel über Gerstezuteilungen und Gerstelieferungen für die Leute der Baba.

	1	1	šu-nigín 1,46.0.4 še gur-sag̃-g̃ál	**Zusammen** 106.0.4 Haupt-Gur Gerste,
			še-ba-lú-PAD-dab$_5$-ba-ne	Gerstezuteilungen für die Leute, die ein Versorgungslos übernommen haben;
			1,24.1.3 še-ba-gemé dumu šà-dub-didli	84.1.3 Gerstezuteilungen für die Mägde (und deren) Kinder (und) einzelne šà-dub(-ba)-Arbeiter;
	2	1	1,50.0.0 lá 0.2.3 še-g̃ar sá-du$_{11}$-gu$_4$ udu	110.0.0 minus 0.2.3 Gerstelieferungen, regelmäßige Lieferungen (für) das Groß- und Kleinvieh:
			še-ba še-⸢g̃ar⸣-lú-^{d}ba-⸢ba$_6$⸣-ke$_4$-ne-kam	Gerstezuteilungen (und) Gerstelieferungen für die Leute der Baba sind es.
			20.0.0 lá 0.0.1 še-ba-lú-di$_4$-di$_4$-la-ne-kam	20.0.0 minus 0.0.1 Gerstezuteilungen der (=für(?) die) 'Kleinen' (= die Königskinder) sind es.
R	3	1	11.0.0 še-ba-šu-ku$_6$-ab-ba-ke$_4$-ne-kam	11.0.0 Gerstezuteilungen für die Hōr-Fischer sind es.

* STH 1, 1 ist eine Tontafel des 'Fāra-Typs' und muß an anderer Stelle behandelt werden.

4	1	gú-an-šè 5,30.3.3 še gur-sağ-ğál	**Insgesamt** 330.3.3 Haupt-Gur Gerste;
		še-ba še-ğar-	<u>Gerstezuteilungen (und) Gerstelieferungen</u>
		lú-^{d}ba-ba$_{6}$-ke$_{4}$-ne	<u>für die Leute der Baba;</u>
		ša$_{6}$-ša$_{6}$	Saša,
	5	dam-uru-inim-g[i]-*na	die Frau des Uru-inimgina,
5	1	lugal-	des Königs
		lagaš^{ki}-ka	von Lagaš.
		en-ig-gal	En-iggal,
		nu-bandà	der Generalverwalter,
	5	ğanun-^{d}ba-ba$_{6}$-ta	hat ihnen (dies) aus dem Speicher der Baba heraus
		e-ne-ba 4.	zugeteilt. 4. (Jahr).

<u>Anmerkungen:</u>

(1:1) Zur Bedeutung der wörtlichen Übersetzung von gur-sağ-ğál "gur having a head" s. jetzt Zhi Yang, PPAC 1, 68f mit Anm. 97 mit dem Verweis auf M. Civil JCS 28 (1976) 74. Bei seiner Besprechung des Syntagmas sağ--ğál kommt Civil zu einer Paraphrase "to measure adding a supplementary amount, to fill generously". Zu vergleichen ist hier wohl auch das verschiedenen Maßangaben hinzugefügte sağ, das zuletzt R.K. Englund im Zusammenhang mit dem "'sağ bariga' of some Ur III accounts" in JESHO 31 (1988) 151f.[27] besprochen hat. S. nunmehr auch M.A. Powell RlA 7, 496, dessen Artikel "Maße und Gewichte" RlA7, 457-530 jetzt generell für alle Fragen der Metrologie zur vergleichen ist.

(1:2) Die Umschreibung PAD statt des in AWEL gewählten rein konventionellen KUR$_{6}$ begründet sich dadurch, daß P. Steinkeller in LATIM 69 den an sich naheliegenden Vorschlag machte, PAD sei zumindest in den Fällen, wo es in unseren Quellen von der Silbe rá gefolgt wird, einfach pada$_{x}$ oder besser pad^{r}a zu umschreiben und mit dem Verb /pad^{r}/ = *kasāpu(m)* zu verbinden. Aufgrund von lexikalischem PAD = šuku = *kurummatu(m)* sind nach Steinkellers Meinung zwei getrennte Wörter, pad^{r} und šuku, mit ähnlichem aber (noch) zu unterscheidendem Sinne anzusetzen.

(1:3) Nach šà-dub-ba-é-gal in DP 114 10:8 ist šà-dub(-ba) wohl Regens-Rectum-Verbindung, wörtlich "Herz der Tafel". Die übliche, auf A. Deimel ŠL 384:100 zurückgehende Deutung "(die auf) den Tafeln des 'Palastes' (Verzeichneten)", der ich noch in AWEL *passim* gefolgt war, ist demnach aufzugeben. Die Anregung zu dieser Neuinterpretation verdanke ich C. Wilcke, der unseren Begriff damit offenkundig zurecht in Zusammenhang mit seinen Überlegungen zu sag̃-dub und *gú-ba(-ak) bringt. (S. dazu unten Nr. 19 2:12, 3:3.) Alle drei Vermerke sind demnach ursprüngliche Bezeichnungen des Buchungsplatzes der entsprechend rubrizierten Arbeitskräfte, bezogen auf den Platz auf der Tontafel. Wenn diese Überlegungen, wie ich glaube, zutreffend sind, ergibt sich daraus zwingend, daß die Rekonstruktion des Wirtschaftsablaufes, die A. Deimel aufgrund dieser Bezeichnungen entwickelte, und die J. Bauer in AWL 196 zu Nr. 45 I 2 zusammenfassend referierte, nicht korrekt ist. Im Vermerk ša-dub-didli bezieht sich entsprechend *didli* nicht auf irgendwelche 'Einzeltafeln', sondern vielmehr auf die einzelnen als šà-dub(-ba) bezeichneten Arbeitskräfte.

(2:3) še-ba-lú-di$_4$-di$_4$-la-ne-(a)k ist natürlich einfache Regens-Rectum-Verbindung. Vgl. aber A. Deimel Or 43/44, 124ff. Verbessere entsprechend AWEL 127 und 292f. Der Ausdruck korrespondiert mit še-ba-dumu-dumu-ne "Gerstezuteilungen der Kinder (des Königs / des Stadtfürsten)". Zur Lesung di$_4$-di$_4$-la vgl. Proto-Diri 71 a-c, CAD Ṣ 231. Die hier vorgeschlagene Übersetzung versteht die 'Kleinen' als genitivus *objectivus*, parallel zu den Konstrukionen von 1:2.3, 2:1.2, 3:1 und 4:2. Dies hat C. Wilcke mit Verweis auf Nr. 24 und den dort im Kommentar zu 11:4 gemachten Ausführungen zurückgewiesen. In der Tat scheinen, wie dort angegeben, die Paralleltexte auch hier eine Deutung als genitivus *subjectivus* zu stützen. Dagegen scheinen allerdings die anderen in diesem Text notwendigen Interpretationen zu sprechen.
Vgl.a. die analoge Problemtaik unten in Nr. 2.

(3:1) Für die as. Schreibung šu-ḪA-DU-ne (VAT 4488 VS 25 Nr. 62 3:2) diskutierte J. Bauer WdO 8 (1975/6) 7 die möglichen Lesungen šu-peš$_{11}$-še$_{13}$-ne und šu-/kudre/-ne. Letztere Lesung wurde von Bauer favorisiert und findet jetzt wohl eine Bestätigung durch die *spätbabylonische* Schreibung *šu-ku-dak-ku* bei I. Finkel JCS 32 (1980) 73f. Andererseits ist aber auf die *altbabylonische* Schreibung šu-PEŠ (vgl. AHw 96) zu verweisen. Für ältere Auffassungen s. z.B. J.S. Cooper OrNS 43 (1974) 84[12]. Nach Zögern in AWEL (FAOS 15/1) wird nun der Fischer hier mit šu-ku_6 umschrieben. Zu dem hier vermutlich vorliegenden Berufsbildungstyp Hand+Fisch gehört wohl auch šu-í "Friseur" > Hand+Öl. Aus dem Englischen wären etwa Bezeichnungen wie "factory hand" u.ä zu vergleichen.

Zur Diskussion um die Lesung dieser Berufsbezeichnung vgl. jetzt umfassend R. Englund, Fischerei 230-237 mit ausführlicher Erörterung vorsargonischer Belege. Er setzt für die Zeichen ŠU+ḪA den (neuen) Lautwert /$šuku_x$/ an und vermutet in Anm. 777, daß in der "späten Schreibung šu+GIR/PEŠ(.da) ... eher mit einer Lesung ku_x des Zeichens GIR (ḪA*gunû*) als etwa (mit) eine(r) Lesung /šupešda/ der Zeichenkombination zu rechnen" sei. Mögliche Beweise wider einen Lautwert /šukudr/ nennt Englund in Anm. 778; vgl. dazu aber auch die as. Schreibung šu-ḪA-ne (Nik 269 3:7) neben der oben zitierten Schreibung šu-ḪA-DU-ne aus VAT 4488.

Zur Schreibung Hōr oder Ḫōr statt des sonst üblichen und in AWEL passim verwendeten Ḥōr vgl. J. Bauer AfO 36/37 (1989/90) 89.

(5:4) Treffend erscheint mir für Eniggal die Wiedergabe von nu-bandà mit "Generalverwalter" statt des bisher allgemein üblichen "Inspektor"; so nach R.K. Englund, Fischerei passim. Daß diese Wiedergabe an anderen Stellen schwerlich befriedigt, verweist einmal mehr auf die grundsätzliche Übersetzungsproblematik. - Neben verschiedenen Personen mit der Berufsbezeichnung nu-bandà kann ich in unserem Material die folgenden Spezifikationen dieses Berufes nachweisen:

1. nu-bandà(-)AB_2.$ŠE_3$ (= unu_x?) DP 82 4:2
2. nu-bandà-é-gibil s. AWEL S. 449f.
3. nu-bandà-é-lum-ma-tur-ka BM 3, 10 10:2
4. nu-bandà(-)igi-du CTNMC 1 1:5
5. nu-bandà-nam-dumu DP 214 1:4 u.p.
6. nu-bandà-^{d}nin-g̃ír-su(-ka) Nik 125 3:3-4; TSA 2 9:2-3 u.p.
7. nu-bandà-^{d}nin-MAR.KI DP 132 6:9 u.p.

2 = STH 1, 3

Text: HSM 903.11.5 (früher: 3570); Maße: H.: 7,0cm; Br.: 7,1cm; Kollationiert;
Umschrift: A. Deimel Or 34/35, 37f., 43/44, 123.; vgl. W. Förtsch OLZ 21 (1918) 181f.;
Parallelen: vgl. VAT 4646 (Ukg. L 1/11<4>); DP 158 (Ukg. L 2/8<1>);
Datum: Ukg. L 2/12<5>; Typ: I-C-3.(C);
Inhalt: Summentafel über Gerstezuteilungen, Gerste- und Emmerlieferungen der Baba.

1	1	šu-niĝín 1,54.0.0 lá 0.0.2 še gur-saĝ-ĝál	**Zusammen** 114.0.0 minus 0.0.2 Haupt-Gur Gerste,
		še-ba-lú-PAD-dab$_5$-ba-ne	Gerstezuteilungen für die Leute, die ein Versorgungslos übernommen haben;
		1,14.0.5 ⌜še⌝	74.0.5 Gerste,
		še-ba-igi-nu-[d]u$_8$ šà-dub-didli	Gerstezuteilungen für Iginudu-(Arbeiter und) einzelne šà-dub(-ba)-Arbeiter;
2	1	30.2.*⌜4?⌝ ⌜lá⌝ 2.0.0 ⌜še⌝	30.2.4(?) minus 2.0.0 Gerste,
		še-ba-⌜gemé⌝ [d]umu	Gerstezuteilungen für die Mägde (und deren) Kinder;
		1,46.1.1	106.1.1 (Gerste),
		33.0.⌜1?⌝ zíz-babb[á]r	33.0.1(?) weißer Emmer,
	5	14.2.⌜2⌝ gú-n[i]da	14.2.2 Gunida-Emmer
		sá-[d]u$_{11}$-am$_6$	ist die regelmäßige Lieferung;
		10.0.0 še	10.0.0 Gerste,
		15.0.0 zíz-babbár	15.0.0 weißer Emmer,
3	1	[zí]z-bal-bi [2].*⌜2!⌝.0	'Verlust'-Emmer dazu 2.2.0(?)
	*	z[íz-bar-b]i-ĝál-am$_6$	ist der zusätzliche Emmer:
		[še-b]a še-ĝ[a]r zíz-ĝar-[l]ú-$^{[d]}$[b]a-[b]a$_6$-[k]e$_4$-ne-kam	Gerstezuteilungen, Gerstelieferungen, (und) Emmerlieferungen für die Leute der Baba sind es.
	5	[10].2.1 lá 1.0.0 še	10.2.1 minus 1.0.0 Gerste:

		[š]e-ba-l[ú]-di$_4$-di$_4$-⟨la⟩-ne-kam	Gerstezuteilungen der (=für(?) die) 'Kleinen' (= die Königskinder) sind es.
R 4	1	gú-an-šè 5,42.2.3 še gur-sağ-ğál	**Insgesamt** 342.2.3 Haupt-Gur Gerste,
		50.2.1 zíz-babbár	50.2.1 weißer Emmer,
		14.2.2 zíz-gú-nida	14.2.2 Gunida-Emmer:
		še-ba še-ğar zíz-ğar-	Gerstezuteilungen, Gerstelieferungen (und) Emmerlieferungen
5	1	^{d}ba-ba$_6$	der Baba;
		ša$_6$-ša$_6$	Šaša,
		dam-uru-inim-gi-na	die Frau des Uru-inimgina,
		lugal-	des Königs
	5	lagaš^{ki}-ka	von Lagaš.
		itu-amar-a-a-si-ga	(Im) Monat, in dem die Jungtiere in die Alt(tiere) gefüllt wurden,
		en-ig-gal	hat En-iggal,
		nu-bandà	der Generalverwalter,
		ğanun-SAR-ta	aus dem SAR-Speicher heraus
6	1	e-ne-ba 2.	ihnen (dies) zugeteilt. 2. (Jahr).
		lú-PAD-dab$_5$-ba	(Für) die Person, die ein Versorgungslos übernommen hat,
		5-ba-am$_6$	ist es die 5. Zuteilung.
		lú-itu-da-ke$_4$	Für die Person mit monatlichen (Zuteilungen)
	5	12-⸢ba⸣-am$_6$	ist es die 12. Zuteilung.

Anmerkungen:

(2:3) Das hier erwartete še ist vom Schreiber tatsächlich ausgelassen.

(2:4) Die Zeichenspuren und der Betrag aus der Summenformel sichern diese Angabe über dier Menge an weißem Emmer.

(2:8–3:1) Die Ergänzung der Maßzahl in 3:1 beruht auf dem aus Paralleltexten bekannten festen Verhältnis von weißem Emmer und 'Verlust'-Emmer, das 6 : 1 beträgt (vgl. etwa 32 = STH 1, 33 3:4–5; s.a. M.A. Powell BSA 1, 54). Der so ermittelte Betrag paßt auch zur Endsumme in 4:2 unseres Dokumentes.

(3:2) Die Kollation ergab, daß die erste Zeichenspur der Zeile zum Zeichen z[íz] gehören muß.

(3:3-4,3:5) Nach der Summenformel in 4:4-5:1 bilden die 'Gerstezuteilungen für die Leute der Baba' im engeren Sinne und die 'Gerstezuteilungen der (für(?) die) 'Kleinen'' die 'Gerstezuteilungen *von* Baba', d.h. zumindest im letzten Falle liegt sicher ein *genitivus subjectivus* vor. Dies ist so zu verstehen, daß auch das Personal der Stadtfürstenkinder, zum Personal der Baba zu rechnen ist. (Vgl. G.J. Selz UGASL s.v. ^{d}ba-ba$_6$ [94]ff., [130],[132] und s. unten zu 4:4-5:1.)

(3:6) Da das sonst bei diesem Vermerk meist geschriebene /la/ von di$_4$-di$_4$-la fehlt, kann eine Lesung dumu-dumu hier nicht ausgeschlossen werden. Vgl. še-ba-lú-di$_4$-di$_4$-la-ne "Gerstezuteilungen der/für die 'Kleinen'" (DP 116 15:3, 117 14:3; TSA 18 12:3; 1 = STH 1, 2 2:2; vgl. a. oben zu 1 2:2. u.p.), aber še-[g̃a]r-gu$_4$ udu-⸢kam⸣ [dum]u-dumu-ne-kam "Gerstelieferungen für Groß- und Kleinvieh sind es; der Kinder sind es" in Fö 101 3:6. Der regenslose Genitiv (vgl. parallel dazu é-mí-kam in 2:6) ist hier wohl als genitivus *subjectivus* zu verstehen; vgl. J. Bauer AWL 200f. "(Ausgaben) der [Kin]der sind es". Beachte aber die Parallelität des Formulars von 3:4 und 3:6 in unserem Text, die mir eine Interpretation als *genitivus subjectivus* nicht über jeden Zweifel erhaben sein läßt.

(4:1) Bei der Addition der Gerstegesamtsumme ist zu beachten, daß in 2:1 und 3:5 jeweils nur 2.0.0 bzw. 1.0.0 vom Gerstebetrag zu subtrahieren sind. Die Haupt-Gur Untereinheiten sind also zum Gesamtbetrag zu addieren, nicht gleichfalls abzuziehen. Darauf weist im übrigen auch die Position des Zeichens lá hin.

(4:4-5:1) Dieser Klassifikationsvermerk ist ungewöhnlich. Er findet sich noch in DP 154 4:4-5. Gemeint ist natürlich, wie auch aus 3:3-4 hervorgeht, die *Ausgabe* dieses Getreides aus der Wirtschaftseinheit des Baba-Tempels.

(5:6) So die neue überzeugende Deutung dieses Festnamens durch J. Bauer AfO 36/37 (1989/90) 88f.; vgl. a. AWEL 179.

(5:9) Zum Problem, ob in g̃anun-SAR, das offensichtlich genitivisch konstruiert wird, eine Kurzform des Toponyms g̃anun-še-ùr-ré-mú-a vorliegen kann, s. unten den Kommentar zu Nr. 11 14:3.

(6:2.4) Siehe dazu AWEL 128 zu Nik 16 5:7. lú-PAD-dab$_5$-ba und lú-itu-da-ke$_4$ sind grammatischer Singular, möglicherweise in kollektiver Verwendung (vgl. M.-L. Thomsen SL S. 59f.; s.a. AWEL 454, wo wegen g̃in (*ḫamṭu*.sg.) doch besser singularisch übersetzt werden sollte). Dem Morphem -/e/ in lú-itu-da-ke$_4$ möchte ich hier am ehesten eine lokativ-terminativische Funktion zuweisen. Ein Vergleich mit der schwierigen Passage Ukg. 4 5:1-3 // 5:23-25 (frdl. Hinweis von C. Wilcke) scheint mir nicht weiterzuhelfen: še-sanga-sanga-ne EREN$_2$-ensí-ka-ke$_4$ e-ba läßt sich deuten als "die Gerste der Tempelverwalter hat die Truppe des Stadtfürsten zugeteilt" (so nach J.S. Cooper SARI I, 71) *oder* "Die Gerste der Tempelverwalter hat er / wurde der Truppe des Stadtfürsten zugeteilt" (vgl. P. Steinkeller JCS 35 (1983) 247). Eine überzeugende Lösung wird zudem weiter erschwert, wenn man der These von P. Steinkeller a.a.O. folgt, daß "the sign BA stands for two *separate* verbal roots: ba and be$_4$, the latter also written syllabically as pi". Dabei entspräche ba = "to divide (into share), to share, to allot" (= *zâzu*, *qâšu*) und be$_4$/pi "to withdraw/receive as an allotment" (*našāru*).[2] Beachte, daß PSD B beide Bedeutungen unter ba D listet. Vgl. weiter J.J. Glassner JA 273 (1985) 14ff. 59; P. Steinkeller FAOS 17, 16; I.J. Gelb et al. OIP 104, 229.

Weshalb R.K. Englund, Fischerei 53[181] u.ö. die lú-PAD-dab$_5$-ba bzw. die lú-šuku-dab$_5$-ba nunmehr mit "Empfänger fester Rationen" übersetzt, wird mir nicht ganz klar. Ich sehe keinen Grund, von der Auffassung abzurücken, wonach KUR$_6$/šuku--dab$_5$ sich auf das 'Übernehmen, Innehaben' der 'Versorgungslose' auf den (GANA$_2$-)PAD bezieht. Vgl. etwa AWEL 194f. und 188f. Die so bezeichnete Personengruppe, überwiegend der sozialen 'Mittelschicht' zuzurechnen, mußte

[2] Ob, und wann BA in unseren Texten "empfangen" bedeuten kann, ist mir unklar und bedürfte m.E. einer eigenen Untersuchung. Ich kann hier nur vermuten, daß, wie auch unserem Falle, sich die Interpretationsschwierigkeiten durch die gemeinsame Herkunft von Agentiv- und Lokativ-Terminativ-Morphem begründen.

sich etwa die ersten acht Monate des Jahres von den Einkünften ihrer PAD-Ländereien ernähren. Im ersten Königsjahr entsprechend VAT 4646 (= VS 25 Nr. 73) (Ukg. L 1/11<4>) und im zweiten Königsjahr des Uru-inimgina durch unseren Text sind aber fünf dieser Zuteilungen anzusetzen. Unter Heranziehung einer Zusammenstellung von C. Wilcke hier die parallelen Texte aus den letzten Monaten des zweiten Königsjahres: DP 113 (Ukg. L 2/8), DP 154 (Ukg. L 2/8<1>), Nr. 20 (Ukg. L 2/[9]), Nr. 6 (Ukg. L 2/(10)<2>), Nr. 86 (Ukg. L 2/10) VAT 4658 (Or 34/35, 10; FAOS 15/4 Nr. 1) (Ukg. L 2/(10)<3>), TSA 20 (Ukg. L 2(?)/(11)<4>)[3], Nr. 55 (Ukg. L 2/(11)<4>), DP 112 (Ukg. L 2/11), Nr. 24 (Ukg. L 2/(11))[4], Nik 1 (Ukg. L 2/12). Vgl. weiter UGASL Tabelle 1.

3 = STH 1, 4

Text: HSM 904.6.10 (früher 3659); Maße: H.: 6,7cm; Br.: 6,7cm; Kollationiert;
Umschrift: Vgl. W. Förtsch OLZ 21 (1918) 182;
Parallele: vgl. Fö 102 (Ukg. L 5/6);
Datum: Ukg. L 5; Typ: I-C-1.(C);
Inhalt: Summentafel über Gerstezuteilungen und Gerstelieferungen für die Leute der Baba.

1 1	40.0.3 še gur-saĝ-ĝál še-ba-íl igi-nu-du$_8$ šà-dub-didli	40.0.3 Haupt-Gur Gerste: Gerstezuteilungen (für) die Träger, die Iginudu (-Arbeiter und) einzelne šà-dub (-ba)-Arbeiter;
	34.2.0 + *ras⌜x⌝	34.2.0 + ⌜x⌝ Gerstezuteilungen

[3] Ich halte die Kopie der Jahreszahl dieser Urkunde für fragwürdig. Der Text gehört vielleicht eher in das 1. Königsjahr des Herrschers. Vgl. unten zu Nr. 55 6':1.

[4] Datierung des Textes über den Monatsnamen "Fest der Baba", das nach TSA 20, wenn hierher gehörend, in diesem Jahr im elften Wirtschaftsmonat stattfand.

		še-ba-gem[é] dumu	für die Mägde (und deren) Kinder;
		*[10.0.0] + 33.0.0 *lá 0.0.2 še-g̃ar sá-du$_{11}$-itu-da	43.0.0 minus 0.0.2 Gerstelieferungen, regelmäßige monatliche Aufwendungen;
2	1	15.0.0 še-bar-bi-g̃ál	15.0.0 zusätzliche Gerste.
		šu-nig̃ín 2,12.2.*^{ras}1 še gur-sag̃-g̃ál	Zusammen 132.2.1 Haupt-Gur Gerste.
		še-[b]a [š]e-g̃ar-l[ú]-^{d}ba-ba$_6$-ke$_4$-ne-kam	<u>Gerstezuteilungen (und) Gerstelieferungen für die Leute der Baba sind es.</u>
3	1	uru-inim-gi-na	Uru-inimgina,
		lugal-	der König
		lagaš$^{ki!}$-ke$_4$	von Lagaš,
		g̃anun-^{d}ba-ba$_6$-ta	hat aus dem Speicher der Baba
	5	e-ne-ba 5.	ihnen (dies) zugeteilt. 5. (Jahr).

<u>Anmerkungen:</u>

(1:3) Das hier mit ⌜x⌝ umschriebene Zeichen ist ein Ban-Zahlzeichen mit nicht mehr bestimmbarem Wert. Der Eintrag wurde gelöscht und in der Summenformel nicht berücksichtigt.

(2:2) Ursprünglich war auch hier wohl eine größere Anzahl von Ban geschrieben. Rasur. - Die Addition der Einzeleinträge ergibt nach der hier vorgenomenen Ergänzung unter Ausschluß der getilgten Werte die korrekte Gesamtsumme.

4 = STH 1, 5

<u>Text:</u> HSM 904.6.4 (früher 3653); <u>Maße:</u> H.: 11,6cm; Br.: 11,7cm; <u>Kollationiert;</u>
<u>Umschrift:</u> A. Deimel AnOr 2, 3ff.;
<u>Parallele:</u> Nik 13 (Ukg. L 2/11); Nr. 68 (Ukg. L 3/12);
<u>Datum:</u> Ukg.E 1/(11); <u>Typ:</u> I-D-1.(D/1);
<u>Inhalt:</u> Emmerzuteilungen am Fest der Baba für die Leute, die ein Versorgungslos übernommen haben.
<u>Gliederung:</u>

<u>RU-lugal</u> (mit Rubrum):	*1:01-1:09*
1. Gruppe (mit Zws. unter Šeš-lu-du):	*1:01-1:03*
2. Gruppe (mit Zws. unter E-melam-su):	*1:04-1:05*
3. Gruppe (mit Zws. unter Inimani-zi):	*1:06-1:07*
Einzelner RU-lugal (Ursag̃):	*1:08*
'Gefolgsmann' (mit Untergebenen und Zws.):	*1:10-2:02*
Vogelverscheucher(?) (mit Zws. und Rubrum):	*2:03-2:04*
Pflugführer (mit Rubrum):	*2:05-2:09*
Rinderhirt:	*2:10-2:11*
Kuhhirten (mit Rubrum):	*2:12-2:14*
Obleute der Träger (mit Rubrum):	*2:15-3:03*
Gärtner (mit Zws. und Rubrum):	*3:04-3:06*
Wäscher (mit Zws. und Rubrum):	*3:07-3:08*
Brauer (mit Rubrum):	*3:09-4:01*
Obleute der Wollarbeiterinnen (mit Rubrum):	*4:02-4:04*
Hausverwalter, Schweinehirt, Generalverwalter:	*4:05-4:10*
Schreiber (mit Zws. und Rubrum):	*4:11-4:12*
Bedienstete von 'Fettlager' und 'Vorratshaus':	*4:13-5:02*
Bäcker/Köche (mit Rubrum):	*5:03-5:09*
Mundschenk und Bote:	*5:10-6:01*
Leute von 'Ansehen' (mit Rubrum):	*6:02-6:04*
Reiniger und Pförtner:	*6:05-6:08*
Feldarbeiter (mit Zws. und Rubrum):	*6:09-6:10*
<u>Handwerker</u> (mit Zws. und Rubrum):	*6:11-7:09*
Verschiedene Hirten (mit Rubra):	*7:10-8:12*

'Waldarbeiter' (mit Rubra):	*8:13–9:01*
Süßwasserfischer (mit Rubrum):	*9:02–9:06*
1. Gruppe (mit Zws. unter E-i-gara-su):	*9:02–9:03*
2. Gruppe (mit Zws. unter Lugal-ǧišbur):	*9:04–9:05*
Gefolgsleute (mit Rubrum):	*9:07–9:09*
Klassifikationsvermerk:	*9:10*
Schlußformel (Summa summarum, Transaktionsformular, Datum):	*10:01–10:07*

1	1	14 lú zíz-ba 0.0.4	14 Personen: Emmerzuteilung (je) 0.0.4,
		zíz-bi 2.1.2 gur-sağ-ǧál	Emmer dafür 2.1.2 Haupt-Gur
		šeš-lú-du$_{10}$	(an) Šeš-lu-du;
		10 lá 1 lú 0.0.4	10 minus 1 Personen (je) 0.0.4,
	5	zíz-bi 1.2.0 é-me-lám-sù	Emmer dafür 1.2.0 (an) E-melam-su;
		12 lú 0.0.4	12 Personen (je) 0.0.4,
		zíz-bi 2.0.0 inim-ma-ni-zi	Emmer dafür 2.0.0 (an) Inima-ni-zi;
		0.0.4 ur-sağ	0.0.4 (für) Ur-sağ:
		RU-lugal-me	'Untergebene' (des) Königs sind sie.
	10	12 lú 0.0.4	12 Personen (je) 0.0.4,
		zíz-bi 2.0.0	Emmer dafür 2.0.0
2	1	dam-dingir-mu	(an) Dam-dingirmu,
		agà-ús	den 'Gefolgsmann';
		7 lú 0.0.2	7 Personen (je) 0.0.2,
		zíz-bi 0.2.2 RI.⌜ḪU⌝-m[e]	Emmer dafür 0.2.2: Vogelverscheucher(?) sind sie;
	5	0.0.4 á-né-kur-ra	0.0.4 (für) Ane-kura,
		0.0.4 ur-^{d}en-ki	0.0.4 (für) Ur-Enki,
		0.0.4 [s]ağ-ǧá-tuk-a	0.0.4 (für) Sağa-tuka,
		0.0.2 gá[b-r]a-⌜ni⌝	0.0.2 (für) seinen Viehtreiber:
		sağ-apin-me	Pflugführer sind sie;
	10	*0.0.2 ur-^{d}dumu-zi	0.0.2 (für) Ur-Dumuzi,
		sipa-gu$_4$	den Rinderhirten,
		0.0.4 lú-ku$_4$	0.0.4 (für) Lu-ku,

	0.0.4 AN-šeš-mu	0.0.4 (für) AN-šešmu:
	unù-me	Kuhhirten sind sie;
	0.0.4 en-kù	0.0.4 (für) Enku,
3	0.0.4 lugal-sipa	0.0.4 (für) Lugal-sipa,
	0.0.4 ur-^{d}nin-MUŠx MUŠ-[d]a-ru	0.0.4 (für) Ur-Nin-MUŠx MUŠ-daru:
	[ug]ula-íl-me	Obleute (der) Träger sind sie;
	1 lú 0.0.4	1 Person 0.0.4,
	5 lú *0.0.⸢2⸣	5 Personen (je) 0.0.2,
	zíz-bi 0.2.2 nu-kiri$_{6}$-me	Emmer dafür 0.2.2: Gärtner sind sie;
	4 lú 0.0.2	4 Personen (je) 0.0.2,
	zíz-bi 0.1.2 [a]zlàg-me	Emmer dafür 0.1.2: Wäscher sind sie;
	4 lú 0.0.4	4 Personen (je) 0.0.4,
	zíz-bi 0.2.4 amar-giríd^{ki}	Emmer dafür 0.2.4 (an) Amar-Girid;
	0.0.4 ì-lí-be$_{6}$-lí	0.0.4 (für) *Ilī-bēlī*,
	0.0.4 ur-pu$_{6}$-sag̃	0.0.4 (für) Ur-pusag̃:
4	lú-bappìr-me	Brauer sind sie;
	0.0.4 ma-al-ga	0.0.4 (für) Malga,
	[0.0.4] ^{d}nanše-d[a]-nu-me-a	0.0.4 (für) Nanšeda-nume'a:
	[u]gula-[k]i-s[ik]i-<ka>-[m]e	Obleute des 'Wollortes' sind sie;
	0.0.4 maš-dà agrig	0.0.4 (für) Mašda, den Hausverwalter,
	0.0.*3 [l]ugal-pa-è ⸢sipa⸣-šáḫ	0.0.3 (für) Lugal-pa'e, den Schweinehirten,
	0.0.⸢4⸣ en-ig-gal [n]u-bandà	0.0.4 (für) En-iggal, den Generalverwalter,
	4 lú 0.0.⸢4⸣	4 Personen (je) 0.0.4,
	zíz-bi 0.2.4 dub-sar-me	Emmer dafür 0.2.4: Schreiber sind sie;
	0.0.4 gi-num ka-šakan	0.0.4 (für) *Kīnum*, den Vorsteher des 'Fettlagers',
5	0.0.⸢4⸣ en-[ušù]r-ré [l]ú-é-*[nin]da-ka	0.0.4 (für) En-ušure, den 'Bediensteten' des 'Vorratshauses',
	[0.0.4] amar-[gi]ríd$^{k[i]}$	0.0.4 (für) Amar-Girid,

	⸢0.0.4⸣ ⸢ḫa⸣-m[a]-ti	0.0.4 (für) Ḫamati,
	0.0.4 sag̃-^{d}nin-[g̃]ír-su-da	0.0.4 (für) Sag̃-Nin-Girsuda,
	0.0.4 šeš-kur-ra	0.0.4 (für) Šeš-kura,
	0.0.4 en-DU	0.0.4 (für) En-DU,
	⸢0.0.4⸣ l[ugal]-mu	0.0.4 (für) Lugalmu:
	muḫaldim-me	Bäcker/Köche sind sie;
	0.0.4 nita-zi	0.0.4 (für) Nitazi,
	sagi	den Mundschenken,
	⸢0.0.4⸣ ^{d}nin-g̃ír-su-lú-mu	0.0.4 (für) Nin-Girsu-lumu,
6	⸢sukkal!⸣	den Boten,
	0.0.4 en-na-UD-mu	0.0.4 (für) Enna-UD-mu,
	0.0.4 šeš-TUR	0.0.4 (für) Šeš-TUR,
	lú-IGI.NIGIN$_2$-me	Leute (von) 'Ansehen' sind sie;
	[0.0.3] šà-[g̃]á	0.0.3 (für) Šag̃a,
	gáb-dan$_6$(=UŠxKID$_2$!)	den Reiniger,
	[0.0.3 u]r-du$_6$	0.0.3 (für) Ur-du,
	ì-du$_8$	den Pförtner,
	6 lú ⸢0.0.4?⸣	6 Personen (je) 0.0.4(?),
	zí[z-b]i 1.0.0 engar-ki-gub-me	Emmer dafür 1.0.0: 'Feldarbeiter' sind sie;
	2 simug 0.0.4	2 Schmiede (je) 0.0.4,
	1 nagar 0.0.4	1 Zimmermann 0.0.4,
	1 nagar 0.0.2	1 Zimmermann 0.0.2,
R 7	1 ašgab 0.0.4	1 Lederwerker 0.0.4,
	1 ašgab 0.0.2	1 Lederwerker 0.0.2,
	0.0.2 zadim	0.0.2 (für den) Steinschneider,
	1 ad-KID 0.0.4	1 Rohrmattenflechter 0.0.4,
	1 ad-KID 0.0.2	1 Rohrmattenflechter 0.0.2,
	3 túg-du$_8$ 0.0.4	3 Walker (je) 0.0.4,
	4 baḫár 0.0.2	4 Töpfer (je) 0.0.2,
	1 šakan-kéš 0.0.2	1 Korbflechter(?) 0.0.2,
	zíz-bi 2.0.2 g̃iš-kin-ti-am$_6$	Emmer dafür 2.0.2: Handwerker sind(!) es.
	5 lú 0.0.4	5 Personen (je) 0.0.4,
8	zíz-bi 0.3.2 sipa AMA:ša:gan-me	Emmer dafür 0.3.2: Hirten (der) 'Eselsstuten' sind sie;
	0.0.4 lugal-mu-da-kúš	0.0.4 (für) Lugal-mudakuš,
	0.0.4 zà-mu	0.0.4 (für) Za-mu:
	sipa-anše-me	'Eselshirten' sind sie;

	0.0.4 niĝìn-mud	0.0.4 (für) Niĝin-mud,
	0.0.4 gáb-ra-ni	0.0.4 (für) seinen Viehtreiber,
	0.0.4 en-DU	0.0.4 (für) En-DU,
	0.0.4 lugal-da-nu-me-a	0.0.4 (für) Lugalda-nume'a:
	sipa-udu-siki-ka-me	Hirten der Wollschafe sind sie;
	0.0.4 URI$_x$(=LAK 526)	0.0.4 (für) URI$_x$,
	gáb-ra-udu-níĝ-kú-kam	Treiber bei den Mastschafen ist er,
	0.0.2 [k]urušda	0.0.2 (für den) Kleinviehmäster,
	3 [lú]-tir 0.0.2	3 'Waldarbeiter' (je) 0.0.2,
9	0.0.2 lú-šinig	0.0.2 (für den) 'Bedienste-ten' (bei den) Tamarisken,
	8 lú 0.0.2	8 Personen (je) 0.0.2,
	zíz-bi 0.2.4 é-ì-gará-sù	Emmer dafür 0.2.4 (an) E-i-gara-su,
	8 lú 0.0.2	8 Personen (je) 0.0.2,
	zíz-bi 0.2.4 lugal-ĝiš-búr	Emmer dafür 0.2.4 (an) Lugal-ĝišbur:
	šu-ku$_6$-a-du$_{10}$-ga-me	Süßwasserfischer sind sie;
	0.0.4 di-utu	0.0.4 (für) Di-Utu,
	0.0.4 ur-^{d}nin-SAR	0.0.4 (für) Ur-Nin-SAR:
	agà-ús-me	'Gefolgsleute' sind sie:
	lú-PAD-dab$_5$-ba-me	Leute, die ein Versorgungslos übernommen haben, sind sie.
10	šu-niĝín 22.2.2 zíz-ba gur-saĝ-ĝál	**Zusammen** 22.2.2 Haupt-Gur Emmerzuteilungen hat
	ezem-^{d}ba-ba$_6$-ka	am 'Fest der Baba'
	uru-inim-gi-na	Uru-inimgina,
	ensí-lagaš^{ki}-ke$_4$	der Stadtfürst von Lagaš,
	uru-kù-ta	aus der Heiligen Stadt
	e-ne-ba 1.	ihnen zugeteilt. 1. (Jahr).

Anmerkungen:

(1:1) lú = *awīlu(m)* "Mensch" ist ursprünglich sicher geschlechtsneutral. Auch wenn es etwas künstlich erscheinen mag, so wird hier, wo immer vertretbar, lú mit "Mensch, Person" bzw. "Leute, Personen" übersetzt. Unbeschadet dieser Tatsache, muß mit semantischen Entwicklungen Mensch > Mann auch im Sumerischen gerechnet werden. In ähnlicher Weise bezeichnet in erweiterter Bedeutung udu "Schaf" auch allgemein "Kleinvieh" und maš, eigentlich "Ziegenbock", auch "Ziege" allgemein. Auch ud_5 "Zicke, weibliche Ziege" ist in erweiterter Verwendung "Ziege" nachzuweisen (s. dazu AWEL 422 zu Nik 193 5:1; zu einer ursprünglichen Lautform /uzud/ > uzd s. nunmehr P. Steinkeller LATIM 47). Darauf, daß auch zíz als Oberbegriff für Emmer und Weizen, bzw. še, eigentlich "Gerste" in allgemeiner Verwendung als "Getreide" gebraucht wird, habe ich in AWEL 292 zu Nik 76 1:4.3:4 hingewiesen.

In vielen Urkunden wird lú kontextgleich mit nita verwendet und steht in Opposition zu gemé oder munus. Vgl. z.B. Nr 19 = STH 1, 20 8:10-13, 9:11-12, 12:9-11, 14:1-9 u.p. in den Texten des Typs I-A-3. Oft wird dabei die Aufzählung der lú genannten Personen durch den Vermerk nita-me "Männer sind sie" abgeschlossen. Dies bestätigt die ursprüngliche Geschlechtsneutralität des Wortes lú. Vgl. aber auch Nr. 23 10:1-13 mit nita-me und munus-me, wo munus-me dem Anschein nach überflüssig ist. Ferner ist auf Nr. 21 14:11-13 und Parallelen mit der Reihenfolge nita, munus und gemé zu verweisen.

(2:2) Die Bezeichnung agà-ús trifft hier offensichtlich nur auf den Vorsteher Dam-dingirmu zu. Vgl die Parallelen mit agà-ús-me "'Gefolgsleute' *sind sie*", z.B. Nr. 5 2:5 oder Nik 13 3:8. Dort wird der Vorsteher Dam-dingirmu zusammen mit den hier in 9:7-8 genannten Di-Utu und Ur-Nin-SAR als agà-ús rubriziert. - Demnach scheint agà-ús in unseren Texten den Anführer einer (kleineren) (Polizei-)Truppe zu bezeichnen.

Zu agà-ús = *rēdû(m)* bietet AHw 968 die Übersetzung "'Begleiter', (einfacher Polizei-)Soldat"; vgl.a. CAD A/1 342 s.v. *ālik arki*. In AWEL 115 zu Nik 13 3:8 habe ich für Lesung und Funktion dieses Berufes auf die Diskussion von J.-P. Grégoire AAS 203 zu 166:3 hingewiesen (vgl. a.a.O. 81 zu 50:4). Für den Bildungstyp des Berufsnamens war J. Bauer AWL 110 zu 7 I 3 angeführt. Dieser Bildungstyp scheint gesichert über die dort genannten Bezeichnungen apin-ús "der dem Pfluge folgt" (s. sofort und vgl. aus unserem Corpus lugal-ušùr-ra apin-⌈ús⌉ DP 590 3:10, ur-^{d}nin-MI-dam apin-ús Nik 40 2:21-3, ur-sag̃ apin-ús-ur-dam "PN_1, der Pflügegehilfe des PN_2" Fö 170 2:9-11; ur-dam ist der gut bezeugte Name eines engar "Pflanzers, Feldbestellers, *agronomos*" in DP 92 4:3-4 u.p., aber auch eines lú-éš-gíd in DP 130 2:9-10 u.p.), bzw. auch über gu_4-DU-ús "der dem Ochsen folgt" bei A. Falkenstein IF 60, 117^{+3} und gu_4-e-ús-sa "der den Ochsen folgt (von Leuten u. Tieren gesagt)" bei G. Pettinato et al. SVS I/3, 146; udu-niga-gu_4(-e)-ús-sa bei M. Sigrist AUCT 1, 85; ders. AUCT 2, 58; ders. AUCT 3, 68. Weiter ist vielleicht auf die bisher nur einmal nachweisbare Berufsbezeichnung lú-ús einer Person mit dem Namen sag̃-^{d}nin-g̃ír-su-da in H.G. 12 11':1-2 zu verweisen (s. meinen Aufsatz "Eine Urkunde über Festabgaben von..." in WdO 20/21 (1989/90) 39.43). Wohl die gleiche Person trägt im dazu parallelen Text DP 59 7:14-15 die Berufsbezeichnung sanga-é-babbár.

Mit der Umschrift ENGAR.UŠ haben I,J. Gelb et al. in OIP 104, 237f. sich nunmehr zur Funktion dieses Berufes in den archaischen Feldkaufverträgen geäußert, wo er einmal durch engar ersetzt wird; vgl. bereits J. Krecher ZA 63 (1973) 174f. und P. Steinkeller FAOS 17, 100f.$^{+294. \; 297}$. Der Bestimmungversuch von I.J. Gelb et al. läßt sich nur schwer mit der hier versuchten Etymologie apin-ús in Einklang bringen (vgl.a. auch P. Steinkeller ebd.). Mit Verweis auf Krechers Ablehnung (a.a.O.) erwägt J. Bauer AfO 36/37 (1989/90) 84 nunmehr auch eine Deutung als engar(+e)-ús. Dann wäre ús wohl als "nachfolgend, zweiter im Rang" zu interpretieren.

Insgesamt scheint mir, daß unter Berücksichtigung der möglichen Herkunft der Berufsbezeichnung agà-ús, wie auch im Hinblick auf das, was wir über seine Funktion wissen, eine Wiedergabe mit "'Gefolgsmann'" praktikabel ist. (Im Anschluß z.B. an J. Bauer AWL S. 110. 578.) Rücksichts der Tatsache, daß in den vorsargonischen Quellen der agà-ús oft bestimmten Personen und/oder Funktionsträgern zugeordnet scheint, ist auch die von PSD B 50 gegebene Übersetzung "bodyguard" erwägenswert, die auch M. Civil, Fs. Sjöberg 52, wählt (Lesung uku-ús).

Zur persönlichen Zuordnung der agà-ús in unseren Texten siehe noch agà-ús-sanga BIN 8, 352 6:1, agà-ús-SANGA.GAR Nik 104 5:4, agà-ús-ama-dingir-ré-ne DP 184 2:5-3:1; vgl. ferner Nik 131.

Mir unzgänglich ist eine M.A. Dissertation (University of Minnesota) von D.F. Katz, A Computerized Study of the Aga-UŠ of the Ur III Period", zitiert in S. Bridges, Mesag̃ Archive 68f., die mit Berufung darauf die Funktion des Berufes (für Ur-III!) als "a constabulary and messenger function for the local area" bestimmt.

Vgl. ferner noch lugal-ra-ús-sa "königliche Wache" Sh.T. Kang SET 1,125 Nr. 118:3; F. Pomponio ZA 79 (1989) 12.

(2:4) Vgl. AWEL zu Nik 3 2:1 und füge hinzu A. Salonen, Vögel 28. In AfO 36/37 (1989/90) 81 hat J. Bauer auf den problematischen Bildungstyp dieser Berufsbezeichnung nochmals hingewiesen. In der Tat würde man eher eine Schreibung mušen-dal(=RI) "(der) die Vögel auffliegen *macht*" o.ä. erwarten. Zu mušen--dal s. A. Salonen, Vögel 337ff.; MSL 8/2, 152 und beachte BIN 5, 225 mit dem Beruf mušen-dal-la. Liegt in RI.ḪU eine anagraphische Schreibung vor? Vielleicht ist aber auch mušen-dù-mušen(-me) "Vogelfänger (der) Vögel (sind sie)" in DP 172 3:6, 174 3:2 und wahrscheinlich 508 2:2 zu vergleichen, wonach eine Interpretation dal-mušen o.ä. nicht unmöglich erscheint. Vgl.a. unten zu Nr. 14 1:2.) - Zu den Saatschädlingen s. unten zu DP 546. - C. Wilcke weist daraufhin, daß es keinerlei Hinweis für eine Verbindung dieser Berufsbezeichnung mit "Vögeln" zu geben scheint. Da dieses Problem einige Relevanz besitzt, folgt hier ein Überblick über meine derzeitigen Belege:

Die RI.ḪU rechnen zu den lú-PAD-dab$_5$-ba; sie werden genannt in folgenden Kontexten genannt:

1) Getreidezuteilungen: Nr. 4 2:4 nach den 'Gefolgsleuten', vor den Pflugführern und Rinderhirten; Nr. 5 2:7 ditto;

Nr. 6 5:9, Nik 13 5:12 (Emmerzuteilungen): nach Pflugführern, vor Kuhhirten;

Nr. 7 1:4, Nr. 8 1:3, Nr. 9 1:3 nach den Feldarbeitern, vor ('einzelnen Leuten');

Nr. 11 1:3, 12 1:3, 13 1:3; DP 121 1:3: nach den 'Feldarbeitern', vor dem 'Obmann des Wollortes';

DP 128 4:6, 129 4:1 (Emmerzuteilungen): nach kar-ak vor šu-ku$_6$;

2) DP 130 4:1 (Zuteilung der ninda-GANA$_2$-maš): nach Pflugführern, vor Kuhhirten;
3) DP 171 4:10 (Wollzuteilungen): nach Pflugführer, vor Fischer;
4) Nr. 39 4:5 (Zuweisung von Versorgungslosen): nach den RU-lugal, vor dem 'Bauer'; vgl.a. DP 578 4:2; in beschädigtem Kontext Nik 41 4:2; ferner mit Angehörigen oberer sozialer Schichten (vor einem Lederwerker) in Fö 170 5:9; Nr. 37 2:7 (Zuweisung von Versorgungslosen): nach Süßwasserfischer, vor Kuhhirten;
5) TSA 23 5:8: (Heranziehung zu Kanalbauarbeiten am Nin-Girsu-Nibruta-nirĝal-Kanal; in RGTC 1, 223 nachzutragen!) nach den Pflugführern, vor Šà-TAR und den 'Feldarbeitern';
6) Nik 3 2:1 (Konskriptionsliste): nach Schweinehirt, vor (RU-lugal); vgl. DP 602 2:8;
7) CT 50, 28 5:4(?): Darlehensempfänger;
8) DP 103 2:1: Zahlung von Ersatzgeld für eine bei ihm verendete Färse eines Kuhhirten;
9) DP 555 2:6 (Zahlung von Gersteabgaben) nach 'Kutscher', vor maš-TUR [...]; Nik 86 1:3 (Zahlung von Gerstesteuer[5]) zusammen mit Gudu-Priester. Ein RI.ḪU liefert die še-nam-RI.ḪU ab, die dann einem Pflugführer übergeben wird, in Fö 96;
10) DP 621: Überlassung von heurigem Flachs an die RI.ḪU.

Der Befund bleibt undeutlich. Die häufige Kontextnennung mit den saĝ-apin "Pflugführern" und den engar-ki-gub "'Feldarbeitern'" ist sicher nicht zufällig. Auf den Einsatz des RI.ḪU im Zusammenhang mit Ackerbau weisen auch die mehrfach genannten Abgabeverpflichtungen hin. Wie andere Berufe aus diesem Bereich gehört der RI.ḪU zu den lú-PAD-dab$_5$-ba, hat also eine gehobene soziale Stellung. Der Beleg aus 10) schließlich könnte in Zusammenhang mit der Herstellung von Netzen gebracht werden, oder auch nicht. Vom mušen-dù, dem "Vogelfänger" ist unser Beruf jedenfalls deutlich geschieden. Mit anderen Worten, mir scheint der Ansatz "Vogelverscheucher" in der Tat auf nicht allzu sicheren Füßen zu stehen, von der andernorts erwogenen Deutung Vogelzüchter ganz abgesehen. Der traditionelle

[5] Der in AWEL 303 behandelte Text, der dort mangels Transaktionformular noch nicht sicher eingeordnet werden konnte, darf zweifellos an DP 555, gleichfalls aus dem 'Landwirtschaftsbüro' des inim-^{d}en-líl-lá-an-dab$_5$, angeschlossen werden.

Übersetzungsvorschlag wird mit der durch ein Fragezeichen gekennzeichneten Einschränkung beibehalten. Zwar gibt es Hinweise auf Saatschädlinge, wahrscheinlich Heuschrecken, z. B. in DP 546 1:1 2;2.0 $GANA_2$ NAM-ré kú-a "2 (Bur), 2 (Eše) Feld haben die 'Heuschrecken' abgefressen". Dabei ist NAM wohl bir_5 (bzw. $buru_5$!) zu lesen, das nach PSD B 206 sowohl mit "Vogel" wie auch mit "Heuschrecke" wiedergegeben werden kann; vgl. weiter den PN $buru_5^{mušen}$-tur DP 128 2:2, 129 2:2 und $buru_5$!(=ḪU)^{mušen}-tur in Nik 3 4:12. Zu Vögeln in der Nutztierhaltung ist in unseren Texten auf der anderen Seite z.B. še mušen-né kú-dè "Gerste, zum Vögelfüttern" in DP 143 1:2 zu vergleichen.

(2:8) Die Berufsbezeichnung gáb-ra gehört zum Nominalbildungstyp der "eingefrorenen Verbalformen"; vgl. M.-L. Thomsen SL p. 58. Sie ist zu analysieren als */ga-b.ra/ "Ich will es (= das Vieh) treiben". Die Berufsbezeichnung wurde wohl als Lehnwort *kaparru(m)* ins Akkadische übernommen. S. dazu demnächst meinen Aufsatz "*Kaparru(m)*, ein sumerisches Lehnwort im Akkadischen?" und vgl. unten 6:6 den Kommentar zu gáb-dan_6/tan_6(=UŠxKID$_2$!/TAK_4) und gáb-KAS_4.

(3:2) Zur Gottheit ^{d}nin-MUŠxMUŠ-da-ru s. B. Landsberger WdO 1 (1950) 366-368; G.J. Selz UGASL s.v.; H. Kantor JNES 43 (1984) 277-280.

(3:14) Der unù(-d) ist ein Rinderhirt, vermutlich von gehobener sozialer Stellung; vgl. seine im Vergleich zum sipa-gu_4 (meist) umfangreicheren Rationen, z.B. hier oder Nik 13 6:1-5; TSA 20 4:9-13. Dennoch ist die in AWEL über UNU_3 = *utullu(m)* (AHw 1445) gewählte Übersetzung "Oberhirte" nicht glücklich. Sie trifft, wenn überhaupt, besser auf den ú-du(-l) "Herdenverwalter" zu (vgl. H. Behrens FAOS 6, 340). Nach K. Maekawa, Zinbun 15 (1979) 103 (mit 130f.:37. 38) "kept (the unù) cows, calves and breed bulls, the main obligation of the unù was cattle breading and dairying". Dafür spricht auch die Schreibung AB_2.KU (= unù); vgl. dazu G.J. Selz RA 83 (1989) 8; ferner H. Waetzoldt Fs. Kraus 396. Um einen, noch nicht ganz präzise faßbaren Unterschied zum sipa-gu_4 deutlich zu machen, wird unù hier mit "Kuhhirte" wiedergegeben; vgl.a. "cowherd" in I.J. Gelb et al. OIP 104, 20. 35. Eine Bestätigung für unseren Vorschlag bietet VAT 4429 (VS 25 Nr. 18). Der

Text verzeichnet Fett- und Milchabgaben verschiedener unù(-d) am Baba-Fest.

Ähnlich wie ich im Anschluß an J.J.A. van Dijk in RA 83 (1989) 11 den Schafhirten */udul/ als auf *udu-lu zurückgehend etymologisiert habe, liegt die Vermutung nahe, */unu(d)/ sei als aus *ú-nú(d) entstanden zu verstehen. Dieser Hirte wird dann ursprünglich jenen bezeichnen, der die Tiere "(auf) der Weide / (im) Grase liegen oder lagern läßt". Vgl. dazu lexikalisch (kur-)ú-sal-la-nú-a in MSL 11, 55:30, 13, 193:260-261; s. H. Behrens FAOS 6, 341f. und die (Selbst)prädikation z.B. von Lugal-zage-si: kur-kur ú!-sal-la mu-da-nú "alle Fremdländer lagen um seinetwillen auf grüner Aue" Luzag. 1 2:17-18; ferner 3:22-23; Übersetzung von C. Wilcke in Fs. Moran 503.

(4:4) C. Wilcke bezweifelt in einem Hinweis die Richtigkeit dieser Übersetzung, da bereits die einfache Genitivverbindung *ki-siki(-(a)k) zur Bezeichnung von Personen verwendet wird. Er verweist weiter darauf, daß *ki-x-ak und gemé-ki-x-ka unter bestimmten Umständen austauschbar sind (wozu bereits AWEL S. 60), wobei ersteres "die obligate Form in den Lohnlisten" sei (vgl. auch zum Nebeneinander beider Formen in RTC 52 3:10 und 5:2-3 und unten zu Nr. 19 5:9 und bes. 22 17:5). Meine Überlegungen hierzu sind folgende: gemé-ki-siki/gu/šáḫ-ka[6] bedeutet wörtlich "Magd des Ortes der Wolle/Flachses/Schweine" und erweist damit die Existenz von Bezeichnungen wie 'Wollort', 'Flachsort', 'Schweinekoben' für die entsprechenden Produktionsstätten. Die daraus sich ergebende Vermutung, ki-X-(a)k sei eine Regens-Rectumverbindung, ergäbe für die nachgewiesene und allgemein angenommene Verwendung dieser Ausdrücke als Personenbezeichnung zwei Deutungsmöglichkeiten: Entweder wurde eine Orstbezeichnung im Zuge der Sprachentwicklung zu einer Personenbezeichnung, oder *ki-siki-(a)k ist durch Reduktion eines Genitivs aus einer ursprünglichen doppelten Genitivverbindung entstanden.[7]

---

[6] Vgl. auch VAT 4660 (kollationiert) 6:10, das mit gemé-ki-šáḫ wohl einen Schreibfehler(?) aufweist.

[7] Dies erwägt auch Wilcke.

Mit anderen Worten, *ki-siki(-a)k ginge zurück auf **ki-siki-ak-ak "die des 'Wollortes'". In jedem Falle wäre dann hier eine Übersetzung "Obleute der Wollarbeiterinnen" vorzuziehen. Die bislang nur einmal nachzuweisende Variante ugula-ki-siki-dím-me "Obleute (derer, die am) 'Wollort' arbeiten/produzieren, sind sie" oder "Obleute (derer, die am) Ort Wolle produzieren, sind sie"[8] in Nik 3 1:9 (vgl. den Kommentar in AWEL 83) gibt jedoch Anlaß zu Bedenken. Vielleicht liegt bei der Bezeichnung ki-siki(-(a)k) ein regensloser Genitiv vor, sind also ki und siki hier nicht genitivisch gefügt bzw. nicht mehr so verstanden worden (vgl.ä. ki-a-nag̃ "Ort (an dem man/der) Wasser trinkt"). Mir scheint nach dem Dargelegten ein Beweis für die Richtigkeit einer der beiden Deutungsmöglichkeiten "Obleute der Wollarbeiterinnen" bzw. "Obleute des 'Wollortes'" noch zu fehlen. Inhaltlich meinen beide Übersetzungen etwa dasselbe.

(4:5) Eine Diskussion der Lesung dieses Namens (und einer Berufsbezeichnung *muškēnu(m)* (?)) maš-dà bzw. MAŠ.GAG und einer möglichen Deutung als *ṣabītu(m)* "Gazelle" bietet jetzt P. Steinkeller LATIM 20. Zur Identität der Person mit maš-dà dub-sar s. unten zu Nr. 20 9:11-10:11.

(4:13) Der auch von mir bislang gi-nim umschriebene PN ist vermutlich semitischen Ursprungs und deshalb vielleicht besser gi-num zu umschreiben; vgl. I.J. Gelb MAD 2^2, 101:251. Der Name ist dann zu akk. *kīnu(m)* zu stellen und bedeutet etwa "der Beständige" oder, falls ein 'Ersatzname' vorliegt, "der Gesunde".

(6:6) Auch gáb-UŠxKID$_2$' gehört zum Nominalbildungstyp /gabil/ (s.o. zu 2:8). Die wichtige Erörterung dieses Berufes durch P. Steinkeller OA 19 (1980) 83f. hatte ich in AWEL 107 im Kommentar zu Nik 9 7:10 noch übersehen. Nach der dort zitierten Auffassung von M. Civil mit Verweis auf Proto-Ea 518d (MSL 14, 52) hat UŠxKID$_2$' eine Lesung /dan(a)/ oder /tan(a)/ und ist eine ältere graphische Variante für GA$_2$xTAG$_4$ = dàn. /dan(a)/ wird auch dán oder dan$_4$ geschrieben. Es hat die Gleichung *zakû(m), zukkû(m)* "rein, gereinigt sein, werden,

[8] Kaum sinnvoll erscheint eine Interpretation "Obleute(, die am) Ort Wolle produzieren".

reinigen" (s. AHw 1506). Die Berufsbezeichnung gáb-dan_6(=UŠxKID$_2$$^!$)$^!$ bedeutet also "Ich will es reinigen" (vgl.a. P. Steinkeller a.a.O 82) = "Reiniger". Der genaue Unterschied zum "Wäscher" azlàg, $azlag_4$ < *a-zalag bleibt noch zu etablieren. Beachte, daß beide Berufe von männlichen Arbeitskräften ausgeübt werden

Zum /gabil/-Bildungstyp s. meinen oben im Kommentar zu 2:8 genannten Aufsatz.

(6:19) Zu dem Beruf engar bemerkt H. Waetzoldt WdO 9 (1977) 204[16] zurecht, daß die Übersetzung 'Bauer' unzureichend sei, "da es sich dabei um einen Mann handelt, der für die Bestellung mehrerer Felder Sorge trägt und darüber abrechnet, aber seltener selbst Hand anlegen dürfte". In ähnlicher Weise bestimmt P. Steinkeller FAOS 17,100f.[+297] (s.a. I.J. Gelb et al. OIP 104, 237) den engar als "*agronomos*"; Vgl. weiter H. Waetzoldt OLZ 83 (1988) 30; H. Neumann AoF 16 (1989) 223[14]; ferner B. Hruška ArOr 59 (1991) 418. Die Berufsbezeichnung engar-ki-gub hatte ich in AWEL unübersetzt gelassen und S. 115 zu Nik 13 4:3 nur auf die bisherigen Deutungsvorschläge als eines "Überwachers der Felder und ihrer Erträge" hingewiesen. Dieser Auffassung folgt übrigens im wesentlichen auch A. Salonen, Agricultura 345 (mit weiteren Literaturhinweisen). - Rücksichts der von Waetzoldt und Steinkeller vorgenommenen Bestimmung der Aufgaben des engar, scheint diese Deutung von engar-ki-gub sehr unsicher, zumal ich aus den Texten nicht den leisesten Hinweis für diese auf A. Deimel zurückgehende These kenne. - B. Hruškas Zuordnung dieser Berufe (neben agà-ús und dem in unseren Quellen nicht belegten lú-gurúm) zur "Kontrollsphäre" scheint gleichfalls aufgrund traditioneller Auffassungen erfolgt (vgl. ArOr 59 (1991) 419). Die engar-ki-gub werden vor allem in den Rationenlisten des Typs I-A-1. genannt. Demnach gehören sie zwar zur gehobenen, nicht aber zur obersten sozialen Schicht. Einige Texte nennen sie bei der Durchführung von (Kanal-)Bauarbeiten (DP 623, 631, 637, 641, 646). Nik 185 nennt sie als Lieferanten der 'Feld'-Abgabe. Offensichtlich aufgrund ähnlicher Beobachtungen findet sich bei A. Deimel AnOr 2, 81 dann eine Modifizierung seiner Auffassung. Danach sind die engar-ki-kub für bestimmte Feldfluren 'angestellt'.

engar-ki-gub(-k) ist sicher eine Regens-Rectum-Verbindung, worauf ich bereits AWEL 412 zu Nik 185 2:4 hingewiesen habe.

DP 641 3:6 und 646 3:5 bestätigen dies. ki-gub(-ba) entspricht *man/zzāzu(m)* "Standort". Danach ist der Beruf wörtlich "Bauer des Standortes/des Dienstortes" zu übersetzen. (Zu gub "Dienst tun" vgl. z.B. H. Behrens FAOS 6, 60; P. Steinkeller FAOS 17, 56[156].) Ich komme hier also zu einer ähnlichen Übersetzung wie A. Deimel in RlA 1, 444 mit seinem Vorschlag "Standortbauer". Allerdings halte ich es für wahrscheinlich, daß es gerade die engar-ki-gub waren, die 'vor Ort Dienst taten'. Die Berufsbezeichnung spricht dafür, und die Quellen sprechen nicht dagegen. Stützen läßt sich dieser Vorschlag zudem noch über die jüngere Bezeichnung engar-zà/ki-durun$_x$(=TUŠ.TUŠ), die P. Steinkeller FAOS 17, 101 mit "engar who sat on a side/at (that) place" übersetzt; vgl. jetzt a. OIP 104, 88. 238. Beachte, daß der engar-ki-gub m.W. bislang außerhalb unseres Corpus in dieser Schreibung kaum bezeugt ist; vgl. noch das "Lummatur tablet" (=OIP 104 Nr. 23) viii 4-5 mit der Übersetzung a.a.O 88 "the 'farmer', who stood in (this) place". Vgl. weiter engar ki-ba--durun$_x$ bei P. Steinkeller FAOS 17, 108[320]; ferner I.J. Gelb OIP 104, 227.

Da der engar wörtlich etwa der "Pflanzherr" bedeuten könnte, wäre zu erwägen, diesen Beruf mit "Pflanzer" wiederzugeben. R.K. Englund, Fischerei 61 u.p. übersetzt (neusumerisches) engar mit "Feldbesteller". Dies paßt zwar zur möglichen Etymologie des Wortes, weniger aber zur Funktion des engar in as. Zeit, die zumindest *auch* die eines *agronomos* sein konnte.

(7:4) Zur möglichen Lesung von ad-KID als ^{ad}adkub, nicht ad-kub$_4$, s. zuletzt P. Steinkeller FAOS 17, 171. Vgl.a. H. Neumann, Handwerk 36 Anm. 94.

(7:6) Zum "Filzhersteller, Seiler" TUG$_2$.DU$_8$ s. AWEL 84 zu Nik 3 11:17. Die Lesung túg-du$_8$ ist zwar nicht ganz sicher, gründet jedoch auf der Beobachtung von P. Steinkeller OA 19 (1980) 89, daß der Prozeß des "Filzherstellens" sumerisch durch das zusammengesetzte Verbum túg--du$_8$ ausgedrückt wird, dessen mögliche akkadische Entsprechung *kašāšu(m)* (bzw. *kiššu*) ist. Das Produkt "Filz" heißt entsprechend túg-du$_8$-a (P. Steinkeller a.a.O. 89.91). S. ferner noch S. Bridges, Mesag-Archive 71f. mit der (nicht begründeten) Lesung azlág-du$_8$; H. Neumann, Handwerk 36 Anm. 93 mit der Lesung túg-du$_8$.

- Der in AWEL regelmäßig ašlag umschriebene "Wäscher" (akk. = *ašlāku(m)*) ist wohl besser azlàg (=GIŠ.TUG$_2$.PI.KAR.DU) zu umschreiben, da die Berufsbezeichnung vielleicht als elliptische

Schreibung für *(lú-)a-zalag "der (mit) Wassser reinigt" zu verstehen ist. Vgl. aber AHw 81 "(vor)sum. Lw.". S.a. I.J. Gelb et al. OIP 104, 19 mit der Übersetzung "bleacher", "fuller".

Der Unterschied zwischen azlàg und gáb-dan$_6$(=UŠxKID$_2$!) bzw. den túg-dan$_6$(=UŠxKID$_2$!), hier mit "Reiniger" bzw. "Kleiderreiniger" übersetzt, ist noch nicht ganz klar. Vgl. oben zu 6:6.

(8:12) Zur Berufsbezeichnung LAK 535 = kurušda = *ša kuruštê* vgl. CAD K 582 *kuruštû* A "sheep (or goats) being fattend" bzw. *ša kuruštê* "fattener, caretaker (of animals kept for fattening)"; AHw 514 verzeichnet *kuruštā'u* "Masttier". und *kuruštû(m)* 'ein süßes Mastfutter', wozu ša k. "Mäster" mit Verweis auf B. Landsberger AfO 10 (1935/36) 149. Beachte nunmehr St. Lieberman, Loanwords 283:273; Proto Ea 284 (MSL 14, 43 vgl. MSL 12, 104:9 (= *marû*); MEE 3, 197:36 (= *ga-ga-LUM*); P. Steinkeller ZA 60 (1980) 185 (lexikalisch). Während die Mehrzahl der Gelehrten, wie die Wörterbücher, eine Deutung "Kleinviehmäster, Kleinviezüchter" bevorzugt und einen sumerischen Ursprung des Wortes annehmen, greifen andere eine alte Deutung von F. Thrureau-Dangin als "Metzger, Schlachter" ZA 20 (1907) 400[5] auf; vgl. z.B. T. Maeda ASJ 1 (1979) 30: Besonders wichtig ist die Untersuchung von K. Deller BaM 16 (1985) 358ff., der /kurušda/ nach Auffassung des Verfassers überzeugend als akkadisches Lehnwort bestimmt hat. Danach gehört es zu einer Wurzel **g/qrš* mit der Bedeutung "zerteilen, zerschneiden" etc. Eine Übersetzung "Trancheur, Schlachter" o.ä. kann also nunmehr auf Dellers etymologische Überlegungen verweisen.

Damit ist die Funktion und Lesung des Berufes in unseren Quellen keineswegs geklärt. J. Bauer AWL 296 zu Nr. 97 V 6 versuchte ihn nach den altsumerischen Quellen als "Vorsteher der Kleinviehhürden" zu bestimmen. Überdies ergeben sich m.E. Zweifel an der Richtigkeit der heute allgemein akzeptierten Lesung /kurušda/ durch explizite Schreibungen mit dem Agentivmorphem -/e/ als kurušda-e wie in Nik 181 5:7, 189 2:3; 190 1:4-2:1; DP 81 3:3-4, 84 6:1-2, 85 3:3-4, 86 4:2-3, 90 3:3-4, 205 4:3-4, 206 7:2-3, 208 3:3-4, 209 3:1-2, 210 3:3-4, 211 4:2-3; Fö 31 2:3-4 u.p. Diese Schreibung ist orthographisch nur schwer mit dem postulierten vokalischen Auslaut des Wortes zu vereinbaren. Besonders nach Dellers Darlegungen bleibt auch unsicher, ob mit P. Steinkeller a.a.O.

die Lautung des Wortes als /kurušt/ o.ä. angesetzt werden kann. Vgl.a. unten a) und c).

Zur Funktion des 'Kleinviehmästers' möchte ich hier folgende ausgewählte Belege vorstellen:

a) DP 545, eine Urkunde über Gerstelieferungen (für Mastzwecke(?)), rubriziert ein Teil davon in 2:3 als še-g̃ar-áb gu$_4$-tur-tur udu-kurušda-a-kam "Jungkuh-, Jungstier- und Schaf-Gerstelieferungen für den Kleinviehmäster sind es."

b) Der 'Kleinviehmäster' führt abgelieferte Tiere 'weg' (ba-ra), die u.a. als maš-da-ri-a-Abgaben eingekommen waren: z.B. in DP 81, 84-86, 90, 207-212; Fö 179; Nik 167, 168, 172, 189 u.p.

c) Von 'Kleinviehmäster' kommen Schlachttiere; vgl. etwa den Vermerk udu-kú-a-PN kurušda(-a)-kam zur Bezeichnung der für den Opferaufwand belasteten Stelle: DP 199-202, 217-219; Nik 148, 149 (4:5 kurušda-a-kam), 153, 157, 197 u.p.

d) Ein spezieller 'Kleinviehmäster' des é-mí ist belegt in DP 338 und vgl. Nik 189.

e) Ihm anvertraute ausgewachsene Ziegenböcke werden einem Ziegenhirten übergeben in DP 103; vgl.a. Nr. 46.

f) Das als udu-níg̃-kú-a-ba-su$_8$-ge-éš bezeichnete Personal bei den Mastschafen untersteht einem 'Kleinviehmäster'; vgl. DP 114 14:14-15, 115 14:5-6, Nik 2 13 7:8; TSA 13 5:11-12, 14 13:18-19, 15 14:14-15; Nr. 16 13:18-19, Nr. 17 11:11-12 u.p.

g) Einige namentlich bekannte 'Kleinviehmäster' scheinen auch als 'Hirten' bezeichnet zu werden:

amar-^{d}ašnan kurušda: Fö 127 5:5-6; Nik 175 5:5-6 u.p. ist vielleicht identisch mit dem gleichnamigen sipa in Nik 154 2:4-5.

du$_{11}$-ga-ni kurušda hat die *Funktion* eines Kleinviehhirten in DP 338, RTC 60.

ur-^{d}ba-ba$_6$ kurušda ist wohl identisch mit ur-^{d}ba-ba$_6$ sipa-maš(-gal-gal); vgl. dazu zu 36 6:7-8.

Eine Übersetzung "Kleinviehmäster, Kleinviehzüchter" wird also dem erhobenen Befund am besten gerecht. Welche Lesung das Zeichen LAK 535 in unseren Quellen hatte, ist m.E. nicht sicher. Die Umschrift kurušda wurde nur aus Gründen der Konvention beibehalten.

(10:1) Die Addition der Einzeleinträge ergibt einen Emmerbetrag von 22.3.3 Haupt-Gur, ist also um 0.1.1 höher als die hier notierte Gesamtsumme. Da im Haupttext beschädigte Maßangaben durch die Zwischensummen zusätzlich gesichert werden konnten, kann ich für die beobachtete Diskrepanz keinen Grund nennen. Die Kopie von 10:1 ist sicher korrekt.

(10:1–7) Hier läßt sich die Schlußformel ohne Schwierigkeiten als Ein-Satz-Konstruktion verstehen. S. dazu die Einleitung unter 4.3.2.

(10:2) Zur Monatsdatierung vgl. VAT 4646 (= VS 25 Nr. 73), nach der in diesem Jahr am Baba-Fest die 11. monatliche Zuteilung erfolgte. S.a. den Paralleltext Nik 13 (füge dort in AWEL 115 die Zeile 14:2 ezem-^{d}ba-ba$_{6}$-ka ein). N.B.: Alle bislang bekannten Emmerzuteilungelisten datieren auf das ezem-^{d}ba-ba$_{6}$ vgl. A. Deimel AnOr 2, 3ff.; hier Nr. 68 und vgl. DCS 8.

5 = STH 1, 6

Text: HSM 903.11.1 (früher 3568); Maße: H.: 10,9cm; Br.: 11,0cm;
Kollationiert;
Umschrift: A. Deimel Or 34/35, 5ff.; vgl. K. Maekawa AOS 68, 54.56;
Parallelen: Vgl. RTC 54 (Lug. 6/2); Nr. 6 (Ukg. L 2/(9)<2>); VAT 4658 (= AWAB Nr. 1) (Ukg. L 2/(10)<3>);
Datum: Ukg. E 1/(9)<2>; Typ: I-A-1.(A/1);
Inhalt: Gerstezuteilungen der Baba für die Leute, die ein Versorgungslos übernommen haben.
Gliederung:

RU-lugal (mit) Rubrum):	*1:01–1:11*
1. Gruppe (mit Zws. unter Šeš-lu-du):	*1:01–1:03*
2. Gruppe (mit Zws. unter E-melam-su):	*1:04–1:06*
3. Gruppe (mit Zws. unter Inimani-zi):	*1:07–1:09*
'Gefolgsleute' (mit Rubrum)	*1:12–2:05*
Vogelverscheucher(?) (mit Zws. und Rubrum):	*2:06–2:07*
Pflugführer (mit Rubrum):	*2:08–3:01*
Verschiedene Hirten (mit Rubra):	*3:02–3:06*
Obleute der Träger (mit Rubrum):	*3:07–3:10*

Gärtner (mit Zws. und Rubrum):	*3:11–3:14*
Wäscher (mit Zws. und Rubrum):	*4:01–4:03*
Obleute des 'Wollortes' (mit Rubrum):	*4:04–4:06*
Brauer (mit Rubrum):	*4:07–4:12*
Hausverwalter, Schweinehirt, Generalverwalter:	*4:13–5:04*
Schreiber (mit Rubrum):	*5:05–5:09*
Bedienstete von 'Fettlager' und 'Vorratshaus':	*5:10–5:13*
Bäcker/Köche (mit Rubrum):	*5:14–6:06*
Bote und Leute von 'Ansehen':	*6:07–6:11*
Reiniger und Pförtner:	*6:12–7:02*
'Feldarbeiter' (mit Zws. und Rubrum):	*7:03–7:04*
Handwerker (ohne Zws. und Rubrum):	*7:05–8:08*
Weitere Hirten (mit Rubra):	*8:08–10:01*
Pförtner (mit Rubrum):	*10:02–10:04*
'Waldarbeiter' (mit Rubra):	*10:05–10:07*
Süßwasserfischer (mit Rubrum):	*10:08–11:01*
1. Gruppe (mit Zws. unter Lugal-g̃išbur):	*10:08–10:09*
2. Gruppe (mit Zws. unter E-i-gara-su):	*10:10–10:11*
Summenformel:	*12:01–12:08*
Schlußformel (Summa summarum, Klassifikation, Transaktionsformular, Datum):	*13:01–14:05*

1	1	13 l[ú] še-ba 1.0.0 g[u]r-sag̃-g̃ál	13 Personen: Gerstezuteilung (je) 1.0.0 Haupt-Gur Gerste,
		1 lú 0.2.0	1 Person 0.2.0,
		še-bi 13.2.0 šeš-lú-du$_{10}$	Gerste dafür 13.2.0 (an) Šeš-lu-du;
		10 lá 1 lú 1.0.0	10 minus 1 Personen (je) 1.0.0,
	5	1 lú 0.2.0	1 Person 0.2.0,
		še-bi 10.0.0 lá 0.2.0 ˹é˺-me-lám-sù	Gerste dafür 10.0.0 minus 0.2.0 (an) E-melam-su;
		11 lú 1.0.0	11 Personen (je) 1.0.0,
		1 lú 0.2.0	1 Person 0.2.0,
		še-bi 11.2.0 inim-ma-ni-zi	Gerste dafür 11.2.0 (an) Inimani-zi;
	10	0.˹2˺.0 ur-sag̃	0.2.0 (für) Ur-sag̃:
		[RU-lugal-me]	'Untergebene' des Königs sind sie.
		[11 lú 1.0.0]	11 Personen (je) 1.0.0,
2	1	1 lú 0.2.0	1 Person 0.2.0,

	še-bi 11.2.0 dam-dingir-m[u]	Gerste dafür 11.2.0 (an) Damdingirmu;
	1.0.0 di-utu	1.0.0 (für) Di-Utu,
	1.0.0 ur-^{d}nin-S[AR]	1.0.0 (für) Ur-Nin-SAR:
	agà-[ú]s-me	'Gefolgsleute' sind sie.
	7 lú 0.2.⸢*4⸣	7 Personen (je) 0.2.4,
	še-[b]i 4.2.4	Gerste dafür 4.2.4:
	RI.ḪU-me	Vogelverscheucher(?) sind sie;
	0.2.0 á-né-kur-ra	0.2.0 (für) Ane-kura,
	*1.0.0 gáb-ra-ni	1.0.0 (für) seine Viehtreiber,
	0.2.0 ur-^{d}en-ki	0.2.0 (für) Ur-Enki,
	0.2.0 sag̃-[g̃á]-tuk-a	0.2.0 (für) Sag̃a-tuka,
	⸢0.2.4?⸣ [g]áb-[r]a-ni	0.2.4$^{(?)}$ (für) seine Viehtreiber:
3 1	sag̃-apin-me	Pflugführer sind sie;
	0.1.2 ur-^{d}dumu-zi	0.1.2 (für) Ur-Dumuzi,
	⸢sipa⸣-gu$_4$	den Rinderhirten,
	0.2.0 AN-[še]š-m[u]	0.2.0 (für) AN-šešmu,
	0.2.0 l[ú-kur]-ré-⸢bí-*gi?⸣	0.2.0 (für) Lu-kure-bigi:
	unù-me	Kuhhirten sind sie;
	0.2.0 ⸢en⸣-kù	0.2.0 (für) Enku,
	0.2.0 [lu]gal-sipa	0.2.0 (für) Lugal-sipa,
	0.2.0 ur-^{d}nin-MUŠxMUŠ-da-ru	0.2.0 (für) Ur-Nin-MUŠxMUŠ-daru:
	ugula-íl-me	Obleute (der) Träger sind sie;
	1 ⸢lú⸣ 0.2.0	1 Person 0.2.0,
	3 + [1 l]ú 0.[1].2	4 Personen (je) 0.1.2,
	1 dù-⸢*a⸣-[TA]R 0.2.4	1 ... 0.2.4,
	še-bi 2.2.0 nu-kiri$_6$-me	Gerste dafür 2.2.0: Gärtner sind sie;
4 1	2 lú 1.0.0	2 Personen (je) 1.0.0,
	še-bi 2.0.0 ur-š[u]l a[zl]àg	Gerste dafür 2.0.0 (an) Ur-Šul, den Wäscher;
	[0.2.0] ma-[a]l-ga	0.2.0 (für) Malga,
	[0.2.0] ⸢^{d}⸣nan[š]e-d[a-n]u-me-⸢a⸣	0.2.0 (für) Nanšeda-nume'a:
	ugula-[ki-si]ki-ka-me	Obleute des 'Wollortes' sind sie;
	3 *l[ú 1.0.0]	3 Personen (je) 1.0.0,
	1 [l]ú 0.2.0	1 Person 0.2.0,
	[š]e-bi 3.2.0 amar-girid^{ki}	Gerste dafür 3.2.0 (an) Amar-Girid;

	0.2.0 ì-lí-be$_6$-lí	0.2.0 (für) *Ilī-bēlī*,
	0.2.0 [e]n-UD-[d]a-na	0.2.0 (für) En-UD-dana:
	lú-b[appìr-me]	Brauer sind sie.
	0.2.0 maš-d[à]	0.2.0 (für) Mašda,
	ag[ri]g	den Hausverwalter,
5 1	0.2.0 lugal-pa-è	0.2.0 (für) Lugal-pa'e,
	sipa-šáḫ	den Schweinehirten,
	1.0.0 e[n]-i[g]-gal	1.0.0 (für) En-iggal,
	nu-bandà	den Generalverwalter,
	1.0.0 a-ba-DI	1.0.0 (für) Aba-DI,
	1.0.0 amar-gi[rí]d^{ki}	1.0.0 (für) Amar-Girid,
	1.0.0 ⸢U$_2$⸣.U$_2$	1.0.0 (für) U$_2$.U$_2$,
	1.0.0 e[n]-bi	1.0.0 (für) Enbi:
	dub-[sa]r-me	Schreiber sind sie;
	0.3.0 g[i]-nu[m]	0.3.0 (für) *Kīnum*,
	[k]a-šak[an]	den Vorsteher des 'Fett-lagers',
	⸢0.3.0⸣ e[n-uš]ùr-*r[á]	0.3.0 (für) En-ušura,
	lú-⸢é⸣-[nin]da-ka	den 'Bediensteten' des 'Vorratshauses',
	[0.3.0] amar-[gir]íd^{ki}	0.3.0 (für) Amar-Girid,
6 1	0.3.0 ḫa-ma-ti	0.3.0 (für) Ḫamati,
	0.1.3 lugal-mu-da-kúš	0.1.3 (für) Lugal-mudakuš,
	0.3.0 sağ-^{d}n[in]-ğír-su-d[a]	0.3.0 (für) Sağ-Nin-Girsuda,
	0.3.0 š[e]š-kur-[r]a	0.3.0 (für) Šeš-kura,
	0.3.0 ⸢en-DU⸣	0.3.0 (für) En-DU:
	muḫaldim-me	Bäcker/Köche sind sie;
	*⸢0.1.3⸣ ^{d}ni[n]-ğír-su-⸢lú-mu⸣	0.1.3 (für) Nin-Girsu-lumu,
	sukk[a]l	den Boten,
	1.0.0 e[n-n]a-UD-mu	1.0.0 (für) Enna-UD-mu,
	1.0.0 šeš-TUR	1.0.0 (für) Šeš-TUR:
	[l]ú-[I]GI.NIGIN$_2$-me	Leute (von) 'Ansehen' sind sie;
	0.3.0 gáb-dan$_6$ (=UŠxKID$_2$!)	0.3.0 (für) den Reiniger,
7 1	0.2.0 ur-du$_6$	0.2.0 (für) Ur-du,
	ì-du$_8$	den Pförtner,
	6 lú 0.2.0	6 Personen (je) 0.2.0,
	š[e-b]i 3.0.0 engar-ki-gub-me	Gerste dafür 3.0.0: 'Feldarbeiter' sind sie;
	2 [l]ú 1.0.0	2 Personen (je) 1.0.0,
	še-bi 2.0.0 sim[u]g	Gerste dafür 2.0.0: Schmiede

	me	sind sie;
	1 lú 1.0.0	1 Person 1.0.0,
	1 lú 0.2.0	1 Person 0.2.0,
	še-bi 1.[2].0 na[gar-me]	Gerste dafür 1.2.0: Zimmerleute sind sie;
10	1 [lú 1.0.0]	1 Person 1.0.0
	[1 lú 0.2.0]	1 Person 0.2.0,
	[še-bi 1.2.0 ašgab-me]	Gerste dafür 1.2.0: Lederwerker sind sie;
R 8 1	[1 lú 1.0.0]	1 Person 1.0.0,
	[1 lú 0.2.0]	1 Person 0.2.0,
	[še-bi 1.2.0 ad-KID-me]	Gerste dafür 1.2.0: Rohrmattenflechter sind sie;
	[0.2.0 zadim]	0.2.0 (für den) Steinschneider,
5	1.0.0 ⌜túg⌝-du$_8$	1.0.0 (für den) Walker,
	4 lú 0.2.0	4 Personen (je) 0.2.0:
	še-bi 2.0.0: baḫár-me	Gerste dafür 2.0.0: Töpfer sind sie;
	0.2.0 šakan-kéš	0.2.0 (für den) Korbflechter,
	6 lú 0.2.0	6 Personen (je) 0.2.0,
9 1	[š]e-bi [3.0.0] sipa-[AMA]-ga[n:ša-me]	Gerste dafür 3.0.0: Hirten (der) 'Eselstuten' sind sie;
	0.2.0 lu[gal]-m[u-da]-kú[š]	0.2.0 (für) Lugal-mudakuš,
	⌜0.2.0⌝ ⌜zà⌝-m[u]	0.2.0 (für) Zamu:
	[si]pa-anše-[me]	'Eselshirten' sind sie;
5	0.2.0 niĝin-mud	0.2.0 (für) Niĝin-mud,
	1.0.0 [g]áb-ra-⌜ni⌝	1.0.0 (für) seine Viehtreiber,
	0.2.0 en-DU	0.2.0 (für) En-DU,
	0.2.0 lugal-d[a-n]u-m[e]-⌜a⌝	0.2.0 (für) Lugalda-nume'a:
	sipa-udu-siki-ka-me	Hirten der Wollschafe sind sie;
10	1.0.0 URI$_x$(= LAK 526)	1.0.0 (für) URI$_x$,
	gáb-ra-udu-níĝ-kú-*<a>	den Treiber der Mastschafe,
10 1	0.1.0 kuru[šda]	0.1.0 (für den) Kleinviehmäster,
	0.0.4 níĝ-GA-kur-ra	0.0.4 (für) Nig-GA-kura,
	0.0.4 nam-maḫ	0.0.4 (für) Nammaḫ:
	ì-du$_8$-me	Pförtner sind sie;
5	0.1.0 [l]ú-$^{g[iš}$ši]ni[g]	0.1.0 (für den) 'Bediensteten' bei den Tamarisken,

		3 lú 0.1.0	3 Personen (je) 0.1.0,
		še-bi 0.3.0 lú-tir-me	Gerste dafür 0.3.0: 'Waldarbeiter' sind sie;
		8 lú 0.2.0	8 Personen (je) 0.2.0,
		[še]-bi 4.0.0 lu[ga]l-ĝiš-búr	Gerste dafür 4.0.0 (an) Lugal-ĝišbur,
10		8 lú 0.2.0	8 Personen (je) 0.2.0,
		še-[bi] 4.0.0 ⸢é-ì-gará⸣-sù	Gerste dafür 4.0.0 (an) E-i-gara-su:
11	1	šu-ku_6-a-du_{10}-ga-me	Süßwasserfischer sind sie.
12	1	šu-niĝín 1,7 lú še-ba 1.0.0 gur-saĝ-ĝál	**Zusammen** 67 Personen: Gerstezuteilung (je) 1.0.0 Haupt-Gur,
		8 lú 0.3.0	8 Personen (je) 0.3.0,
		10 lá 1 lú 0.2.4	10 minus 1 Personen (je) 0.2.4,
		1,4 lú 0.2.0	64 Personen (je) 0.2.0,
	5	2 lú 0.1.3	2 Personen (je) 0.1.3,
		5 lú [0.1.2]	5 Personen (je) 0.1.2
		5 [l]ú 0.1.0	5 Personen (je) 0.1.0,
		2 lú 0.0.4	2 Personen (je) 0.0.4.
13	1	g[ú-an-šè] 2,[40]+2 lú še-ba-tur-maḫ-ba	**Insgesamt** 162 Personen mit Gerstezuteilungen, darunter kleine und große,
		še-bi 2,0.0.0 lá 5.0.0 gu[r]-saĝ-ĝál	Gerste dafür 120.0.0 minus 5.0.0 Haupt-Gur;
		š[e-b]a-lú-PAD-dab_5-ba-^{d}ba-ba_6	Gerstezuteilungen der Baba für die Leute, die ein Versorgungslos übernommen haben,
	5	uru-inim-gi-na	hat Uru-inimgina,
		ensí-[l]agaš^{ki}-ke_4	der Stadtfürst von Lagaš,
14	1	[itu-eze]m-[m]unu_4-kú-^{d}nanše-ka	im Monat 'Malz-Essen der Nanše'
		ĝanun-SAR-ta	aus dem SAR-Speicher heraus
		e-ne-ba 1.	ihnen zugeteilt. 1. (Jahr).
	5	2-⸢ba⸣-am_6	Die 2. Zuteilung ist es.

Anmerkungen:

Besondere Hervorhebung verdient die Tatsache, daß diese Urkunde die größten Einzelrationen, nicht nur für die Empfänger des Typs I-A-1., sondern innerhalb unseres Textcorpus überhaupt, bezeugt. Ob dies, wie A. Deimel Or 34/35, 34 vermutet, mit den "vielen öffentlichen Arbeiten" zusammenhängt, die Uru-inimgina in seinem Akzessionsjahr habe vornehmen lassen, scheint mir nicht sicher. - Da die bereits in RA 11 (1914) 65 von W.G. Schileico formulierte These, der Herrscher uru-inim-gi-na sei identisch mit dem unter Lugal-anda gut bezeugten uru-inim gal:UN[9] "PN, dem Aufseher", die nach VAT 4735 (= AnOr 2, 12) über jeden Zweifel erhaben ist, bestünde auch die Möglichkeit, die riesigen Rationen unseres Textes mit der Unterstützung des Uru-inimgina durch die soziale Schicht der lú-PAD-dab$_5$-ba bei seiner Machtergreifung in Verbindung zu bringen. Der gal:UN namens uru-inim bzw. seine Gemahlin (dam) ist noch belegt in Nik 176 2:4, Fö 54 2:1-2, Fö 173 7:6-7, 176 4:4-5 und DP 132 8:6-7.

Zur Unterstützung der vorstehenden These kann im Rahmen des vorliegenden Bandes nur darauf hingewiesen werden, daß nach dem o.g. Text VAT 4735 der gal:UN uru-inim noch während der Amtszeit des Lugal-anda, und zwar im 12. Monat von dessen 6. Regierungsjahr, unter seinem Namen Emmer- und Gerstezuteilungen ausgab. Die Unterschrift dieses demnächst in AWAB (FAOS 15/4) ausführlicher behandelten Textes lautet: zíz-ba še-ba-ušùr-ne uru-inim gal:UN-ke$_4$ ezem-^{d}ba-ba$_6$-ka e-ne-ba "Emmerzuteilungen (und) Gerstezuteilungen (für) die 'Freunde' hat Uru-inim, der Aufseher, am 'Fest der Baba' ihnen zugeteilt".

Zu Nr. 5 und Nr. 6 vgl. a. P. Steinkeller AOS 68, 58f.

---

[9] In unserem Corpus wird zwischen den Zeichenformen UN und KALAM nicht unterschieden. Die verwendete Form ist die, die in Texten aus anderen Orten für kalam verwendet wird. Ein Umschrift gal:KALAM, wie sie H. Behrens und H. Steible in FAOS 6, 126 u.ö. verwenden, wurde von J. Bauer AoN 21, 10 zurecht als hyperkorrekt abgelehnt.

(1:6) Die Rekollation von P. Steinkeller bestätigte die Lesung des PN als ⸢en-ušur-rá⸣.

(2:9.12) Beachte die Höhe der hier an die Viehtreiber ausgegebenen Gerstemengen. Es sind vielleicht jeweils mehrere Treiber anzusetzen; vgl. a. 9:6 dieses Textes und die Ration des 'Wassereglers' in 3:13. Allerdings wurden diese gáb-ra in der Summenformel nur als eine Person mit der entsprechend hohen Gerstemenge verbucht.

(2:12) Nach Kollation finden sich in der Zeile deutlich noch Spuren einer nicht mehr feststellbaren Anzahl von Ban. Die Ergänzung zu ⸢0.2.4⸣ wird durch Übereinstimmung mit der Summenformel und dem Gesamttext bestätigt.

(3:13) Beachte die große Ration für den 'Wasserregler'.

(5:5) Dieser bislang üblicherweise a-ba-sá umschriebene Personenname ist wahrscheinlich a-ba-di zu lesen. Mit D.O. Edzard AS 20, 73 Anm. 43 könnte der Name a-ba-sá zwar etwa "Wer kann (mit ihm) wetteifern" bedeuten - und dieser Name mag durchaus existiert haben –, in unserem Falle erscheint diese Deutung jedoch eher unwahrscheinlich. Die Vollform des PN lautet in unseren Urkunden a-ba-DI-ì-bé DP 195 4':1' oder a-ba-DI-ì-e DP 622 6:7', wobei di am besten nominal zu interpretieren ist. Demnach ist der PN vielleicht als "Wer (spricht) Recht?" zu übersetzen. Anscheinend auf ähnlichen Überlegungen beruht, mit Verweis auf diese Belege, nun auch der Umschriftvorschlag von J. Bauer AfO 36/37 (1989/90) 82. Eine Deutung die a-ba-sá als Inhalt einer wörtlichen Rede versteht, bleibt gleichfalls möglich. Beachte dann den offenkundigen Zusammenhang mit dem akk. PN *mannum-šāninšu* (frdl. Hinweis C. Wilcke; vgl. J.J. Stamm AN 238) und z.B. die Belege in ISL I 1, 400. Nicht folgen möchte ich einem Vorschlag von C. Wilcke, nach dem in unserem Namen sehr gut das Verbum sá-du$_{11}$/e/di vorliegen könne. Die Verkürzung eines zusammengesetzten Verbs im Hypokoristikon auf seinen ersten Bestandteil kann ich in unseren Quellen sonst nicht belegen.

Im Hinblick auf nominale und verbale (*marû*-Partizip) Verwendung von /di/ vgl. PN wie en-da-gal-di DP 113 9:5, é-gù-nun-di DP 116 1:4, di-en-né-mu-kud Nik 84 1:3 und di-utu (maškim) Fö 190 5:2. Vgl. ferner RTC 28 2:3: di-bi ì-kud "(damals hat der Kaufmann) diese Rechtssache entschieden".

Aufzugeben ist nach diesen Belegen sicher eine Interpretation "Ratschluß (=sá) des Sonnegottes" des Namens di-utu, wie sie J. Bauer AWL 109 zu 7 I 2 erwogen hat. F. Pomponio hält di-utu nunmehr für eine Kurzform von di-^{d}utu-zi SEL 8 (1991) 142.

Nominales di "Rechtssache, Prozeß" u.ä. liegt auch vor in maškim-di "Prozeß-, Gerichtskomissar" in den 'Reformen' des Uru-inimgina (Ukg. 4 7:12ff (vgl. a. 9:2ff., 22ff.)). Diese zuletzt von H. Steible/ H. Behrens (FAOS 5/1, 297ff.; FAOS 6, 232) mißverständlich übersetzte Stelle bezieht sich also auf Mißbräuche im Gerichts- und Steuerwesen.

(5:13) Die Zeichenspuren gehören eher zu D[U] als zu erwartetem URU.

(7:10–8:4) Die Ergänzung dieser Passage begründet sich durch folgende Beobachtungen: Nach der Summenformel(12:1–8), deren Personengesamtzahl mit dem Vermerk aus der Summa summarum (13:2) übereinstimmt, fehlen im Text noch fünf Personen und zwar zwei Personen mit je 0.1.0 und drei Personen mit 0.2.0. Nach den Paralleltexten 4 = STH 1, 5 7:1–5 und RTC 54 6:4–11 können hier fünf Handwerker ergänzt werden. Dabei wurde bei der Ergänzung der hohen Getreidemengen auf die Notierungen in 7:2–8 zurückgegriffen. Das ganze paßt zu den Angaben der Summenformel und der Summa summarum und bestätigt die Kollation von 2:12 und die Ergänzung in 3:12.

(8:8f.) Das sonst regelmäßig geschriebene Rubrum g̃iš-kin-ti-me oder g̃iš-kin-ti-am$_6$ "Handwerker sind sie/es" wurde in diesem Text offenkundig vergessen.

(9:6) Auch hier ist die Höhe der Zuteilungsration für den Viehtreiber beträchtlich. Nach der Summenformel muß auch dieser Betrag an nur eine Person gegangen sein. Insgesamt fällt auf, daß sonst mit geringeren Mengen bedachte Gehilfen in diesem Text Rationen erhalten, die die eh schon hohen Rationen für ihre Vorgesetzten noch beträchtlich überschreiten können; vgl.a. oben zu.2:9.12, 3:13.

(10:7) Zu den lú-tir(-ra) im Ur-III-zeitlichen Umma s. P. Steinkeller AOS 68, 73ff.; zu deren sozialer Stellung a.a.O. 87f.

und 90; zur Frage der Übersetzung von tir mit "Wald", "forest" a.a.O. 75f.; vgl. ferner P. Fronzaroli Quad.Sem. 17 (1990) 127.

(12:1–13:2) Unter Einschluß der oben erörterten Ergänzungen und Emendationen haben Summenformel und Summa summarum, die ihrerseits übereinstimmen, das nach der Additon der Einzeleinträge korrekte Ergebnis.

(14:1–5) Zur Vermutung, daß das Malz-Fest der Nanše im Akzessionsjahr des Uru-inimgina im 9. (anstatt im erwarteten 8.) Monat abgehalten wurde, s.u. zu Nr. 30 10:8–11:1. Nach DP 227 wird im darauffolgenden (10.) Monat das Gerste-Fest des Nin-Girsu abgehalten. Beide Feste finden also einen Monat früher als im 2. Königsjahr des Herrschers statt (aus Ukg. L 1 fehlen bisher Vergleichstexte) (vgl. dazu DP 113, 154, Nr. 20 und Nr. 6.). Interessant ist, daß auch im 2. Königsjahr beide Festmonate aufeinander folgen.

6 = STH 1, 7

Text: HSM 904.6.5 (früher 3654); Maße: H.: 12,7cm; Br.: 12,8cm; Kollationiert;
Umschrift: A. Deimel Or 34/35, 7ff.; vgl. K. Maekawa AOS 68, 54.56;
Parallelen: VAT 4658 (= AWAB Nr. 1) Ukg. L 2/(10)<3>; Nr. 55 (= MVN 3, 6) Ukg. L 2/11/<4>; vgl. Nik 13 Ukg. L 2/(11);
Datum: Ukg. L 2/(9)<2>; Typ: I-A-1.(A/1);
Inhalt: Gerstezuteilungen für die Leute, die ein Versorgungslos übernommen haben, die eigenen Leute der Baba.
Gliederung:

RU-lugal (mit Rubrum):	*1:01–2:10*
1. Gruppe (mit Zws. unter Ur-Enki):	*1:01–1:03*
2. Gruppe (mit Zws. unter KA.KA nebst Gehilfen):	*1:04–1:08*
3. Gruppe (mit Zws. unter U₂.U₂):	*1:09–1:10*
4. Gruppe (mit Zws. unter Šeš-lu-du):	*2:01–2:03*
5. Gruppe (mit Zws. unter E-me-lam-su):	*2:04–2:05*
6. Gruppe (mit Zws. unter Inimani-zi und	

zwei Einzelpersonen):	*2:06-2:09*
<u>'Gefolgsleute'</u> (mit Rubrum)	*2:11-3:05*
1. Gruppe (mit Zws. unter Amar-ki):	*2:11-3:01*
2. Gruppe (mit Zws. unter Dam-dingirmu):	*3:02-3:04*
Gestütspersonal (mit Zws. unter Girnun):	*3:06-3:09*
'Feldarbeiter' (mit Zws. und Rubrum):	*3:10-3:11*
Hirten der 'Eselsstuten' (mit Zws. und Rubrum):	*3:12-4:01*
<u>Süßwasserfischer</u> (mit Rubrum):	*4:02-4:08*
1. Gruppe (mit Zws. unter E-i-gara-su):	*4:02-4:03*
2. Gruppe (mit Zws. unter Amar-Ku'ara und zwei Einzelpersonen):	*4:04-4:07*
Gärtner (mit Zws., Rubrum unter AN-amu):	*4:09-5:01*
Pflugführer (mit Rubrum):	*5:02-5:07*
Vogelverscheucher(?) (mit Zws. und Rubrum):	*5:08-5:09*
Verschiedene Hirten (mit Rubra):	*5:10-6:03*
<u>Handwerker</u> (mit Zws. und Rubrum):	*6:04-6:14*
Schiff(bau)er (mit Zws. unter Amar-ezem):	*7:01-7:02*
<u>Wäscher</u> (mit Rubrum):	*7:03-8:02*
1. Gruppe (mit Zws. unter Ur-Šulpa'e):	*7:03-7:04*
2. Gruppe (mit Zws. unter Amar-ezem):	*7:05-7:07*
3. Gruppe (mit Zws. unter Eta'e):	*7:08-8:01*
Reiniger (mit Zws. und Rubrum):	*8:03-8:04*
Schweinehirt und Generalverwalter:	*8:05-8:08*
Schreiber (mit Rubrum):	*8:09-8:12*
Vorsteher des 'Fettlagers' und Mundschenk:	*9:01-9:04*
Bäcker/Köche (mit Rubrum):	*9:05-9:10*
Bediensteter des 'Vorratshauses' und Bote:	*9:11-10:02*
Leute von 'Ansehen' (mit Rubrum):	*10:03-10:07*
Pförtner und 'Kleinviehmäster':	*10:08-10:11*
Obleute des 'Wollortes' (mit Rubrum):	*10:12-10:14*
Brauer (mit Rubrum):	*11:01-11:04*
Hausverwalter (mit Rubrum):	*11:05-11:08*
Hirten der Wollschafe (mit Rubrum und Gehilfen):	*11:09-11:16*
Obleute der Träger (mit Rubrum):	*12:01-12:06*
Waldarbeiter (mit Rubrum):	*12:07-12:08*
'Bediensteter' bei den Tamarisken:	*12:09-12:10*
Eselshirten (mit Rubrum):	*12:11-12:13*
<u>Summenformel:</u>	*13:01-13:03*
<u>Schlußformel</u> (Summa summarum, Klassifikation, Transaktionsformular, Datum):	*14:01-13:04*

1	16 lú [š]e-ba 0.2.0	16 Personen: Gerstezuteilung (je) 0.2.0,
	še-bi 8.0.0 gur-sag̃-g̃ál	Gerste dafür 8.0.0 Haupt-Gur
	[ur]-$^{d-[šè]}$[šer$_7$]-⸢da⸣	(an) Ur-Šerda;
	20 ⸢lá⸣ 3 lú 0.2.0	20 minus 3 Personen (je) 0.2.0,
	[še]-bi 8.2.0 KA.KA	Gerste dafür 8.2.0 (an) KA.KA;
	0.1.2 nimgir-si	0.1.2 (für) Nimgirsi,
	[g]áb-ra-KA.KA	den Viehtreiber (des) KA.KA;
	10 lú 0.2.0	10 Personen (je) 0.2.0,
	še-bi 5.0.0 ⸢U$_2$⸣.U$_2$	Gerste dafür 5.0.0 (an) U$_2$.U$_2$;
2	15 ⸢lú⸣ 0.2.0	15 Personen (je) 0.2.0,
	1 lú 0.1.0	1 Person 0.1.0,
	še-bi 8.0.0 lá 0.1.0	Gerste dafür 8.0.0 minus 0.1.0
	šeš-lú-du$_{10}$	(an) Šeš-lu-du;
	10 lá 1 lú 0.2.0	10 minus 1 Personen (je) 0.2.0,
	še-bi 4.2.0 é-me-lám-sù	Gerste dafür 4.2.0 (an) E-me-lam-su;
	12 lú 0.2.0	12 Personen (je) 0.2.0,
	še-bi 6.0.0 inim-m[a]-ni-z[i]	Gerste dafür 6.0.0 (an) Inimanizi;
	0.2.0 ur-sag̃	0.2.0 (für) Ur-sag̃,
	0.2.0 ur-^{d}nin-SAR	0.2.0 (für) Ur-Nin-SAR:
	RU-lugal-me	'Untergebene' (des) Königs sind sie.
	20 lú 0.2.0	20 Personen (je) 0.2.0,
3	š[e]-bi 10.0.0 amar-ki	Gerste dafür 10.0.0 (an) Amar-ki;
	13 lú 0.2.0	13 Personen (je) 0.2.0,
	1 lú 0.1.0	1 Person 0.1.0,
	še-bi 7.0.0 lá 0.1.0	Gerste dafür 7.0.0 minus
	[d]am-dingir-mu	0.1.0 (an) Dam-dingirmu:
	ag[à]-ús-me	'Gefolgsleute' sind sie.
	5 lú 0.2.0	5 Personen (je) 0.2.0,
	1 lú 0.1.0	1 Person 0.1.0,
	še-bi 3.0.0 ⸢lá⸣ 0.1.0	Gerste dafür 3.0.0 minus 0.1.0
	g̃ír-nun-ki-du$_{10}$	(an) Girnun-kidu,
	[g]áb-KAS$_4$	den Kutscher(?);
	6 lú 0.2.0	6 Personen (je) 0.2.0,
	š[e]-bi 3.0.0 engar-ki-gub-me	Gerste dafür 3.0.0: 'Feld-arbeiter' sind sie;

	5 lú 0.2.0	5 Personen (je) 0.2.0,
4	še-bi 2.2.0 sipa-AMA: gan:⸢ša⸣-<me>	Gerste dafür 2.2.0: Hirten (der) 'Eselsstuten' <sind sie>;
	5 l[ú] 0.2.0	5 Personen (je) 0.2.0,
	še-b[i] 2.2.0 ⸢é⸣-ì-[gará-sù]	Gerste dafür 2.2.0 (an) E-iga-rasu;
	5 l[ú] 0.2.0	5 Personen (je) 0.2.0,
	⸢še-bi⸣ 2.2.0 ⸢ú⸣-du	Gerste dafür 2.2.0 (an) Udu;
	0.1.0 [u]r-pu$_6$-sag̃	0.1.0 (für) Ur-pusag̃,
	0.1.0 amar-ku[a]ra$^{[k]}$	0.1.0 (für) Amar-Ku'ara:
	šu-k[u$_6$]-⸢a⸣-du$_{10}$-g[a]-me	Süßwasserfischer sind sie.
	1 lú 0.2.0	1 Person 0.2.0,
	4 lú 0.1.2	4 Personen (je) 0.1.2,
	še-bi 2.0.0 lá 0.0.4 nu-kiri$_6$-me	Gerste dafür 2.0.0 minus 0.0.4: Gärtner sind sie:
5	AN-a-[m]u	(an) AN-amu;
	0.2.0 ⸢á⸣-né-[k]ur-ra	0.2.0 (für) Ane-kura,
	0.1.2 gáb-ra-ni	0.1.2 (für) seinen Viehtreiber,
	0.2.0 u[r]-^{d}en-k[i]	0.2.0 (für) Ur-Enki,
	0.2.0 [sa]g̃-g̃á-tuk-[a]	0.2.0 (für) Sag̃a-tuka,
	[0.1.2 gá]b-[r]a-[ni]	0.1.2 (für) seinen Viehtreiber:
	s[ag̃-ap]in-me	Pflugführer sind sie;
	⸢6 lú⸣ 0.1.2	6 Personen (je) 0.1.2,
	⸢še-bi⸣ 2.0.0 RI.ḪU-me	Gerste dafür 2.0.0: Vogelverscheucher(?) sind sie;
	⸢*0.2.0 AN-šeš⸣-mu	0.2.0 (für) AN-šešmu,
	0.2.0 lú-kur-ré-bí-gi$_4$	0.2.0 (für) Lu-kure-bigi:
	unù-me	Kuhhirten sind sie;
6	0.1.0 ur-$^{[d]}$dumu-zi	0.1.0 (für) Ur-Dumuzi,
	0.1.0 lugal-uš-MUŠ	0.1.0 (für) Lugal-uš-MUŠ:
	sipa-gu$_4$-me	Rinderhirten sind sie;
	2 simug 0.2.0	2 Schmiede (je) 0.2.0,
	2 nagar 0.2.0	2 Zimmerleute (je) 0.2.0,
	1 [na]gar 0.1.0	1 Zimmermann 0.1.0,
	1 ⸢ašgab⸣ 0.2.0	1 Lederwerker 0.2.0
	1 ašgab 0.1.0	1 Lederwerker 0.1.0,
	3 a[d]-⸢KID⸣ 0.2.0	3 Rohrmattenflechter (je) 0.2.0
	⸢2⸣ túg-du$_8$ 0.2.0	2 Walker (je) 0.2.0
	[1] zadim 0.1.0	1 Steinschneider 0.1.0,
	[0.1.0] š[a]kan-k[éš]	0.1.0 (für den) Korbflechter.
	8 baḫar 0.1.0	8 Töpfer 0.1.0,

	še-bi 8.0.0: g̃iš-kin-ti-me	Gerste dafür 8.0.0: Handwerker sind sie.
7	12 [m]á-lah$_{5}$ 0.1.0	12 Schiff(baue)er (je) 0.1.0,
	še-bi 3.0.0 amar-ezem	Gerste dafür 3.0.0 (an) Amar-ezem;
	4 lú 0.2.0	4 Personen (je) 0.2.0,
	še-bi 2.0.0 u[r]-^{d}šul-pa-⸢è⸣	Gerste dafür 2.0.0 (an) Ur-Šul-pa'e;
	2 lú 0.2.0	2 Personen (je) 0.2.0,
	1 [l]ú 0.1.0	1 Person 0.1.0,
	še-bi 1.1.0 amar-ezem	Gerste dafür 1.1.0 (an) Amar-ezem;
	2 lú 0.2.0	2 Personen (je) 0.2.0,
	1 lú 0.1.0	1 Person 0.1.0,
	še-bi 1.1.0	Gerste dafür 1.1.0
R 8	e-⸢ta⸣-e$_{11}$	(an) Eta'e:
	azlàg-me	Wäscher sind sie.
	3 lú 0.2.0	3 Personen (je) 0.2.0,
	še-bi 1.2.0 gáb-dan$_{6}$ (=UŠxKID$_{2}$!)-<me>	Gerste dafür 1.2.0: Reiniger <sind sie>;
	[0.2.0 lu]gal-[pa]-⸢è⸣	0.2.0 (für) Lugal-pa'e,
	sipa-šáh	den Schweinehirten,
	0.2.0 en-ig-gal	0.2.0 (für) En-iggal,
	nu-bandà	den Generalverwalter,
	0.2.0 a-ba-DI	0.2.0 (für) Aba-DI,
	0.2.0 en-bi	0.2.0 (für) Enbi,
	0.2.0 amar-gir̃íd^{ki}	0.2.0 (für) Amar-Girid:
	dub-sar-me	Schreiber sind sie;
9	0.2.0 gi-num	0.2.0 (für) *Kīnum*,
	ka-šakan	den Vorsteher (des) 'Fettlagers',
	0.2.0 nita-zi	0.2.0 (für) Nitazi,
	sagi	den Mundschenken,
	0.2.0 amar-girid^{ki}	0.2.0 (für) Amar-Girid,
	[0.2.0 h]a-ma-ti	0.2.0 (für) Hamati,
	[0.2.0 ...]	0.2.0 ...,
	0.2.0 šeš-kur-ra	0.2.0 (für) Šeš-kura,
	0.1.0 lugal-mu-da-kúš	0.1.0 (für) Lugal-mudakuš:
	muhaldim-me	Bäcker/Köche sind sie;
	0.2.0 en-ušùr-ré	0.2.0 (für) En-ušure,
	lú-é-ninda-ka	den 'Bediensteten' des 'Vorratshauses',
10	0.1.0 ^{d}nin-g̃ír-su-lú-mu	0.1.0 (für) Nin-Girsu-lumu,

	sukkal	den Boten,
	0.2.0 en-na-UD-mu	0.2.0 (für) Enna-UD-mu,
	0.2.0 ma-al-ga-sù	0.2.0 (für) Malga-su,
	0.2.0 [š]eš-TUR	0.2.0 (für) Šeš-TUR,
	0.2.0 en-DU	0.2.0 (für) En-DU:
	[lú-IGI.NIGIN$_2$-me]	Leute (von) 'Ansehen' sind sie;
	0.⸢1⸣?.0 ur-du$_6$	0.1?.0 (für) Ur-du,
	ì-du$_8$	den Pförtner,
	0.1.0 en-kù	0.1.0 (für) Enku,
	kurušda	den 'Kleinviehmäster',
	0.2.0 g̃išgal-si	0.2.0 (für) Gišgal-si,
	0.2.0 [d]nanše-da-nu-me-a	0.2.0 (für) Nanšeda-nume'a:
	ugula-ki-siki-⸢ka-me⸣	Obleute des 'Wollortes' sind sie;
11	4 lú 0.2.0	4 Personen (je) 0.2.0:
	še-bi 2.0.0 amar-giríd^{ki}	Gerste dafür 2.0.0 (an) Amar-Girid;
	0.2.0 ì-lí-be$_6$-lí	0.2.0 *Ilī-bēlī*:
	lú-bappìr-me	Brauer sind sie;
	0.2.0 maš-dà	0.2.0 (für) Mašda,
	0.2.0 úr-mud	0.2.0 (für) Ur-mud,
	0.2.0 bará-z[i]	0.2.0 (für) Bara-zi:
	agrig-me	Hausverwalter sind sie;
	0.2.0 ni[g̃in-mud]	0.2.0 (für) Nig̃in-mud,
	[2 gáb-ra-ni 0.2.0(?)]	2 seiner Viehtreiber (je) 0.2.0(?),
	0.2.0 en-DU	0.2.0 (für) En-DU,
	⸢0.1.0⸣ gáb-ra-ni	0.1.0 (für) seinen Viehtreiber,
	0.2.0 lugal-da-nu-me-a	0.2.0 (für) Lugalda-nume'a:
	sipa-udu-siki-ka-me	Hirten der Wollschafe sind sie;
	0.2.0 U[RI$_x$](= LA[K 526])	0.2.0 (für) URI$_x$,
	[gáb-ra-udu-níg̃-k]ú-<a>	den Treiber der Mastschafe,
12	0.2.0 me-lú	0.2.0 (für) Me-lu,
	0.2.0 en-kù	0.2.0 (für) Enku,
	0.2.0 lugal-sipa	0.2.0 (für) Lugal-sipa,
	0.2.0 ur-^{d}nin-MUŠxMUŠ-da-ru	0.2.0 (für) Ur-Nin-MUŠxMUŠ-daru,
	0.2.0 [s]ag̃-^{d}nin-g̃ír-su-da	0.2.0 (für) Sag̃-Nin-Girsuda:

	ugula-íl-me	Obleute (der) Träger sind sie;
	3 lú ⌜0.1.*0⌝	3 Personen (je) 0.1.0,
	[še-bi 0.3.0 lú-tir]-me	Gerste dafür 0.3.0: 'Waldarbeiter' sind sie;
	0.1.0 inim-ma-ni-z[i]	0.1.0 (für) Inimani-zi,
	lú-^{giš}š[in]ig	den 'Bediensteten' (bei) den Tamarisken,
	0.2.0 l[u]g[a]l-[mu-da]-k[ú]š	0.2.0 (für) Lugal-mudakuš,
	0.2.0 lú-BU	0.2.0 (für) Lu-BU:
	sipa-anše-me	Eselshirten sind sie.
13 1	šu-niĝín 3,26 lú 0.2.0	**Zusammen** 206 Personen (je) 0.2.0,
	13 lú 0.1.2	13 Personen (je) 0.1.2,
	4[2] lú 0.1.0	42 Personen (je) 0.1.0.
14 1	gú-an-šè 4,21 lú-še-ba-tur-maḫ-ba	**Insgesamt** 261 Personen (mit) Gerstenzuteilungen, darunter kleine und große,
	še-bi 2,0.0.0 lá 2.0.4 gur-saĝ-ĝál	Gerste dafür 120.0.0 minus 2.0.4 Haupt-Gur
	lú-PAD-dab$_5$-ba	(für) die Leute, die ein Versorgungslos übernommen haben,
	lú-ú-rum-	die eigenen Leute
	^{d}ba-ba$_6$	der Baba;
	[š]a$_6$-ša$_6$	Šaša,
	dam-uru-inim-[g]i-[na]	die Frau des Uru-inimgina,
	[lugal]-	des Königs
	[lagaš^{ki}-ka]	von Lagaš.
	[itu-ezem-munu$_4$-kú]-	Im Monat 'Malz-Essen
	^{d}nin-ĝír-su-ka-ka	des Nin-Girsu'
	en-ig-gal	hat En-iggal,
	nu-bandà	der Generalverwalter,
	ĝanun-SAR-ta	aus dem SAR-Speicher heraus
	e-ne-ba 2.	ihnen (dies) zugeteilt. 2. (Jahr).
13 4	2-ba-am$_6$	Die 2. Zuteilung ist es.

Anmerkungen:

(1:3) Lesung des PN nach den Parallelen bestätigt durch Rekollation von P. Steinkeller.

(1:6) Beachte, daß nimgir-si, vermutlich ursprünglich eine Berufsbezeichnung, hier in sekundärer Verwendung als PN erscheint. Siehe MSL 12, 60:760, 101:173 und 126:66. Zu nimgir-si = *susapinnu* s. C. Wilcke, Familie 239f. und 275ff. und weiter jetzt die Studie von M. Malul, JESHO 32 (1989)241ff.; bes. 245-247.

(4:1) Beachte diese Schreibung der Berufsbezeichnung und vgl.a. unten zu 7 5:3.

(5:6) Ergänzung entsprechend VAT 4658 (= Or 34/35, 10ff. = AWAB Nr. 1). An unserer Stelle wird die Ergänzung durch die Übereinstimmung mit der Summenformel bestätigt.

(6:2) Der Name ist im Anschluß an die Überlegungen von J. Bauer ZA 79 (1989) 8f. vielleicht besser lugal-uš-su$_{x2}$(=MUŠ) zu umschreiben, zu dem in Fāra mit lugal-uš-su$_{x}$(=ŠIM) eine weitere graphische Variante vorliegen könnte; vgl. F. Pomponio, Prosopografia 161. Zu deuten ist der Name vielleicht als "Der König macht das uš (= die Gründungsplatte(?)) weit".

(7:3-8:2) Diese hier aufgeführten 'Wäscher' und ihr Personal sind aus den Listen des Typs I-A-2. gut bekannt. In der Regel wird dieser Personenkreis dort als igi-nu-du$_{8}$-g̃iš-kin-ti "Iginudu-Handwerker" zusammengefaßt. Dabei wird amar-ezem, zuletzt sicher in TSA 14 (Ukg. L 4/4) belegt ab Nik 2 (Ukg. L 4/6) durch ur-^{d}ab-ba$_{6}$ ersetzt. Vgl. ferner den Kommentar unten zu Nr. 18 1:1-5:5.

(8:4) Die Ergänzung von /me/ folgt VAT 4658 (= AWAB Nr. 1) 7:8.

(9:6-7) Ergänzung von sag̃-^{d}nin-g̃ír-su-da entsprechend VAT 4658 (= AWAB Nr. 1) 8:10.

(9:12) Statt der bisher üblichen Lesung *é-níg̃(-ak) bzw. *lú-é-níg̃-ak-ak (wozu AWEL 73), möchte ich nunmehr, einer

Anregung von C. Wilcke folgend, die Lesung *é-ninda-ak bzw. *lú-é-ninda-ak-ak vorziehen. Die Begründungen dafür sind a) die Schreibung, die nach C. Wlicke einen vokalischen Auslaut von é-NIG₂ vermuten läßt (vgl. ders. N.A.B.U. 1990 26ff.:34); b) zahlreiche Kontextbelege aus unserem Corpus, die das Toponym als Umschlags- oder Aufbewahrungsort von verschiedenen Nahrungsmitteln erkennen lassen, c) lú-ninda als Berufsbezeichnung in BaM 15, 225 oder lú-ninda-ãg̃ s. hier zu Nr. 125 K.

Zu klären bliebe noch ein möglicher Zusammenhang mit einem in anderen Quellen belegten Toponym é-níg̃/NIG₂-g̃ar-ra, das wohl von dem in unseren Urkunden gut belegten Toponym é-níg̃-GA(-r) oder é-níg̃-gur₁₁ zu scheiden ist, wozu bereits AWEL S. 73 zu Nik 2 7:14. Zu (literarischen) Kontextbelegen für é-níg̃-g̃ar-ra vgl. jetzt J. Bauer AfO 36/37 (1989/90) 81.[10]

(11:10) Die Ergänzung von 2 gáb-ra(-ni) 0.2.0 stützt sich auf den Paralleltext VAT 4658 (= AWAB Nr. 1) 10:9 und paßt zur Summenformel.

(12:9) Die von A. Deimel Or 34/35,9 vorgenommene Ergänzung von [0.1.0 kurušda] "0.1.0 (für den) "'Kleinviehmäster'" paßt nicht zu den Raumverhältnissen der Tafel und findet weder im Paralleltext VAT 4658 (= AWAB Nr. 1) noch in der Summenformel hier eine Stütze.

(13:1-3) Die Einzeleinträge stimmen, unter Einschluß der oben begründeten Ergänzungen, hinsichtlich der Anzahl der Personen und der Gersteposten mit der Summenformel und der Summa summarum überein.

(14:4) Mit großer Wahrscheinlichkeit ist ú-rum immer als adjektivisches Attribut konstruiert. In AWEL passim folgte ich noch der Auffassung von J. Bauer AWL 62f. zu Nr. 2 VI 2-3,

---

[10] Eine Deutung "Mann des Brothauses" für lú-é-ninda-ka findet sich bereits bei R. Scholtz MVAeG 39/2, 52; vgl.a. K. Maekawa, Mesopotamia 8/9 (1973/74) 123 mit Verweis auf Y. Rosengarten CSC 365f. Die Deutung "Schatzhaus" dagegen für é-níg̃-gur₁₁(-r) findet sich schon bei A. Deimel ŠL 324:318. Maekawa a.a.O. und Rosengarten a.a.O. unterscheiden allerdings beide Worte nicht konsequent.

wonach das Wort "meist substantivisch" gebraucht sei; [so noch jetzt R.K. Englund, Fischerei 93. 105]. Im Lichte meiner seither geänderten Auffassung über die Konstruktion der Schlußformulare (s. Einleitung unter 4.3.2.) scheint mir dies eher unwahrscheinlich. Dagegen, daß ú-rum nominales Regens einer Genitivverbindung sei, spricht auch die Beobachtung, daß es in unseren Texten regelmäßig nach einem Substantiv am Ende einer Zeile steht, das Rectum aber erst in der folgenden Zeile geschrieben wird. Zu den Personen und Realien die als ú-rum von Göttern und Personen bezeichnet werden, s. ausführlich UGASL s.v. ^{d}ba-ba$_{6}$ [35]ff. mit Anmerkungen.

Zu ú-rum vgl. H. Behrens FAOS 6, 341 mit Bezug auf Ean. 2:12 mu-ú-rum-m[a]-ni "sein (= des E-anatum) eigener Name"; ferner é-níĝ-GA é-ú-rum-uru-inim-gi-na-ka-ka "im 'Depot', im eigenen Haus des Uru-inimgina" DP 163 3:3-5; Fö 80 3:2 níĝ-ú-rum-ma-ne-ne "ihr eigener Besitz". Beachte ferner níĝ-ú-rum */talīmu(m)/* "fratello preferito" bei P. Fronzaroli Quad.Sem. 17 (1990) 78.

(14:10) Die Ergänzung von munu$_{4}$ ist zwingend, da die lú-PAD-dab$_{5}$-ba, außer im 6. Königsjahr des Uru-inimgina, nur in den letzten Monaten des Jahres ein Getreideration erhielten; vgl.a. die Daten in Nr. 20 und Nik 60, sowie den Kommentar oben zu 5 14:1-5. Das Fest 'Gerste-Essen des Nin-Girsu' wurde aber bereits etwa ein halbes Jahr früher, d.h. etwa im 4. Monat im Jahreskreis abgehalten (vgl. CT 59, 33 (/Ukg. E 1/4). In unserem Jahr kann ich es allerdings noch nicht nachweisen. Zu den Monatsnamen und den Zuteilungsnummern für die lú-PAD-dab$_{5}$-ba im Jahre Ukg. L 2 s. unten den Kommentar zu Nr. 55 6':1.

7 = STH 1, 8

Text: HSM 903.11.1 (früher 3566); Maße: H.: 12,3cm; Br.: 12,7cm;
Kollationiert;
Umschrift: A. Deimel Or 34/35, 14ff.;
Parallelen: Nr. 10 (Ukg. L 3/9<1>); vgl. weiter Nr. 55 (Ukg. L 2/(11)<4>); TSA 20 (Ukg. L 2(?)/(11)<4>); Nr. 118 3/(10)<2>; Nr. 8 (Ukg. L 3/(11)<3>); Nr. 9 (Ukg. L 3/(12)<4>);
Datum: Ukg. L 3/(9)<1>; Typ: I-A-1.(A/1);
Inhalt: Gerste(zuteilungen) der Baba für die Leute, die ein Versorgungslos übernommen haben.
Gliederung:

RU-lugal (mit Rubrum):	*1:01-3:04*
1. Gruppe (mit Zws. unter Ur-sag̃):	*1:01-1:13*
a) 'Feldarbeiter' (mit Rubrum):	*1:01-1:02*
b) Vogelverscheucher(?) (mit Rubrum):	*1:03-1:04*
c) Einzelne Leute (mit Rubrum):	*1:05-1:09*
2. Gruppe (mit Zws. unter Ur-Šerda):	*1:14-2:01*
3. Gruppe (mit Zws. unter KA.KA):	*2:03-2:05*
4. Gruppe (mit Zws. unter E-nam):	*2:06-2:08*
5. Gruppe (mit Zws. unter Šeš-lu-du):	*2:09-2:11*
6. Gruppe (mit Zws. unter E-melam-su):	*2:12-2:14*
7. Gruppe (mit Zws. unter Inimani-zi):	*2:15-3:03*
'Gefolgsleute' (mit Rubrum):	*3:05-3:09*
1. Gruppe (mit Zws. unter Amar-Girid):	*3:05-3:06*
2. Gruppe (mit Zws. unter Dam-dingirmu):	*3:07-3:08*
Kutscher(?) (mit Zws. und Rubrum):	*3:10-3:13*
'Eselshirten' (mit Rubrum):	*3:14-3:16*
Handwerker (mit Zws. und Rubrum):	*4:01-4:19*
Schiff(bau)er (mit Zws. und Rubrum)	*4:10-4:14*
Hirten der 'Eselsstuten' (mit Zws. und Rubrum):	*5:01-5:03*
Rinderhirten (mit Rubrum):	*5:04-5:06*
Pflugführer (ohne Rubrum):	*5:07-5:10*
Süßwasserfischer (mit Rubrum):	*5:11-6:05*
1. Gruppe (mit Zws. unter E-i-gara-su):	*5:11-5:13*
2. Gruppe (mit Zws. unter Udu):	*5:14-5:16*
Einzelne Fischer:	*6:01(?)-6:04*
Hirten der Wollschafe (mit Rubrum):	*6:06-6:11*
Obleute der Träger (mit Zws. und Rubrum):	*6:12-6:13*

Gärtner (mit Zws. und Rubrum):	*6:14–7:01*
Wäscher (mit Rubrum):	*7:02–7:09*
1. Gruppe (mit Zws. unter Ur-Šul):	*7:02–7:03*
2. Gruppe (mit Zws. unter Amar-ezem):	*7:04–7:06*
3. Gruppe (mit Zws. unter Eta'e):	*7:07–7:08*
Obleute des 'Wollortes' (mit Rubrum):	*7:10–7:12*
Brauer (mit Rubrum):	*7:13–8:04*
Hausverwalter (mit Rubrum):	*8:05–8:07*
Verschiedene Berufe (Schweinehirt, Generalverwalter, Bäcker/Köche, Boten usw.):	*8:08–9:12*
Reiniger:	*9:13*
Leute von 'Ansehen' (mit Rubrum):	*9:14–10:03*
Mann des 'Aufgebotes' und Feldvermesser:	*10:04–10:07*
Schreiber (mit Rubrum):	*10:08–10:11*
Töpfer (mit Zws. und Rubrum):	*10:12–10:13*
Treiber der Mastschafe:	*10:12–10:15*
Summenformel:	*11:01–11:03*
Schlußformel (Summa summarum, Klassifikation, Transaktionsformular, Datum):	*12:01–13:06*

1	1	[5 l]ú še-ba 0.2.0	5 Personen (je) 0.2.0:
		[eng]ar-ki-gub-me	'Feldarbeiter' sind sie;
		⸢6⸣ lú 0.2.0	6 Personen (je) 0.2.0:
		RI.ḪU-me	Vogelverscheucher(?) sind sie;
	5	0.1.0 ur-^{d}en-ki	0.1.0 (für) Ur-Enki,
		0.1.0 zà-mu	0.1.0 (für) Za-mu,
		0.1.0 [u]r-du$_6$	0.1.0 (für) Ur-du,
		0.1.0 lugal-ušùr-ra	0.1.0 (für) Lugal-ušura:
		lú-didli-me	einzelne Leute sind sie;
	10	0.2.0 ur-sağ	0.2.0 (für) Ur-sağ,
		gal:UN	den 'Aufseher',
		še-bi 7.0.0 gur-sağ-ğál	Gerste dafür 7.0.0 Haupt-Gur
		ur-sağ	(an) Ur-sağ;
		14+[2] lú 0.2.0	16 Personen (je) 0.2.0,
2	1	[še]-⸢bi⸣ 4.0.0 + [4.0.0] ur-$^{d-šè}$šer$_7$-da	Gerste dafür 8.0.0 (an) Ur-Šerda;
		20 lá 3 lú 0.2.0	20 minus 3 Personen (je) 0.2.0,
		še-bi 8.2.0	Gerste dafür 8.2.0,
		0.1.0 gáb-ra-ni	0.1.0 (für) seinen Viehtreiber:
	5	KA.KA	(an) KA.KA;

	10 lú 0.2.0	10 Personen (je) 0.2.0,
	še-bi 5.0.0	Gerste dafür 5.0.0
	é-⌜nam⌝	(an) E-nam;
	14 lú 0.2.0	14 Personen (je) 0.2.0,
	[še-bi] ⌜7.0.0⌝	Gerste dafür 7.0.0
	šeš-⌜lú-du$_{10}$⌝	(an) Šeš-lu-du;
	6 ⌜lú 0.2.0⌝	6 Personen (je) 0.2.0,
	[še-bi] 3.0.0	Gerste dafür 3.0.0
	[é-me-lám]-sù	(an) E-melam-su;
	12 lú 0.2.0	12 Personen (je) 0.2.0,
3	[1 lú 0.1.0]	1 Person 0.1.0,
	še-bi 6.1.0	Gerste dafür 6.1.0
	inim-ma-ni-zi	(an) Inimani-zi:
	RU-lugal-me	'Untergebene' (des) Königs sind sie.
	20 lú 0.2.0.	20 Personen (je) 0.2.0,
	še-bi 10.0.0 amar-ki	Gerste dafür 10.0.0 (an) Amar-ki;
	14 lú 0.2.0	14 Personen (je) 0.2.0,
	⌜še⌝-bi 6+[1].0.0	Gerste dafür 7.0.0 (an) Dam-
	⌜dam-dingir-mu⌝	dingirmu:
	[ag]à-ús-me	'Gefolgsleute' sind sie.
	⌜5?⌝ [l]ú [0.2.0]	5? Personen (je) 0.2.0,
	2 ⌜lú⌝ [0.1.0]	2 Personen (je) 0.1.0,
	[še-bi] 3.[0?.0]	Gerste dafür 3.0.0(?):
	gá[b-KAS$_4$-me]	Kutscher(?) sind sie;
	0.2.0 [zà-mu]	0.2.0 (für) Zamu,
	0.2.0 lu[gal]-m[u]	0.2.0 (für) Lugalmu:
	[sipa-anše]-me	'Eselshirten' sind sie;
4	[2 simug 0.2.0]	2 Schmiede (je) 0.2.0,
	[2 nagar 0.2.0]	2 Zimmerleute (je) 0.2.0,
	1 nagar 0.1.0	1 Zimmermann 0.1.0,
	2 ašgab 0.2.0	2 Lederwerker (je) 0.2.0,
	3 ad-⌜KID⌝ 0.2.0	3 Rohrmattenflechter (je) 0.2.0,
	2 túg-⌜du$_8$⌝ 0.2.0	2 Walker (je) 0.2.0,
	1 zadim 0.1.0	1 Steinschneider 0.1.0,
	0.1.0 zà-mu	0.1.0 (für) Zamu,
	[š]akan-⌜kéš⌝	den Korbflechter(?),
	12+[1? l]ú ⌜0.1.0⌝	13? Personen (je) 0.1.0,
	0.2.0 [ugula]	0.2.0 (für den) Obmann,
	[še-b]i 4.0.0 [lá 0.1.0]	Gerste dafür 4.0.0 minus 0.1.0
	[má-lah$_5$-me]	Schiff(bau)er sind sie;
	[amar-ezem]	(an) Amar-ezem;

	15	⸢3? lú⸣-[tir] ⸢0.1.0⸣	3? 'Waldarbeiter' (je) 0.1.0,
		*1 lú-[^{giš}šin]ig	1 'Bediensteten' (bei) den
		0.1.0	Tamarisken 0.1.0,
		0.2.0 U$_2$.U$_2$	0.2.0 (für) U$_2$.U$_2$,
		sanga-é-gal	den Verwalter (des) 'Palastes',
		še-bi 11.2.0 g̃[iš]-	Gerste dafür 11.2.0: Handwer-
		kin-[ti]-me	ker sind sie.
5	1	[4 lú 0.2.0]	4 Personen (je) 0.2.0,
		[še-bi 2.0.0]	Gerste dafür 2.0.0:
		sipa-AMA-an:še-ša:	Hirten (der) 'Eselsstuten'
		gan-me	sind sie;
		0.1.0 lugal-uš-MUŠ	0.1.0 (für) Lugal-uš-MUŠ,
	5	0.1.0 ur-^{d}dumu-zi	0.1.0 (für) Ur-Dumuzi:
		sipa-gu$_4$-me	Rinderhirten sind sie;
		0.2.0 á-né-kur-*ra	0.2.0 (für) Ane-kura,
		0.1.2 ⸢gáb-ra⸣-ni	0.1.2 (für) seinen Viehtreiber;
		⸢0.2.0⸣ *[sa]g̃-mu-	0.2.0 (für) Sag̃mu-AB-tuku(?),
		*[A]B-tuku	
	10	⸢0.1.2 gáb⸣-[ra-ni]	0.1.2 (für) seinen Viehtreiber;
		10 l[ú 0.1.0]	10 Personen (je) 0.1.0,
		⸢0.2.0⸣ [ugula]	0.2.0 (für den) Obmann,
		[še-b]i ⸢3⸣.0.0 é-ì-	Gerste dafür 3.0.0 (an) E-i-
		gará-sù	gara-su;
		10 lá 1 lú 0.1.0	10 minus 1 Personen (je) 0.1.0,
	15	0.2.0 ugu[la]	0.2.0 (für den) Obmann,
		še-bi 2+[1].0.0 lá	Gerste dafür 3.0.0 minus
		0.1.0 ú-[du]	0.1.0 (an) Udu;
6	1	[....(?)]	...(?),
		[0.1.0 ur-pu$_6$-sag̃]	0.1.0 (für) Ur-pusag̃,
		[0.1.0] amar-[kuar]a$^{[ki]}$	0.1.0 (für) Amar-Ku'ara,
		0.1.0 g̃ír-su-[ki]-du$_{10}$	0.1.0 (für) Girsu-kidu:
	5	šu-[k]u$_6$-a-du$_{10}$-⸢ga⸣-me	Süßwasserfischer sind sie;
		0.2.0 nig̃[i]n-m[u]d	0.2.0 (für) Nig̃in-mud,
		1.0.0$^{sic!}$ [g]áb-[r]a-	1.0.0 (für) seine(n) Vieh-
		ni	treiber,
		0.2.0 en-DU	0.2.0 (für) En-DU,
		*0.2.0 ⸢*gáb-*ra⸣-ni	0.2.0 (für) seinen Viehtreiber,
	10	0.2.0 lugal-da-nu-me-a	0.2.0 (für) Lugalda-nume'a:
		⸢sipa⸣-*<udu>-siki-	Hirten der Wollschafe sind
		ka-me	sind sie;
		⸢4⸣ lú 0.2.0	4 Personen (je) 0.2.0,
		še-bi 2.0.0 ugula-	Gerste dafür 2.0.0: Obleute
		íl-me	der Träger sind sie;

	1 lú 0.2.0	1 Person 0.2.0,
	5 lú 0.1.2	5 Personen (je) 0.1.2,
	[še-bi] ⸢2⸣.1.2	Gerste dafür 2.1.2:
7	[nu-kiri$_{6}$-me]	Gärtner sind sie;
	[2] + ⸢2⸣ [lú 0.2.0]	4 Personen (je) 0.2.0,
	[še]-bi [2.0.0] ur-š[ul]	Gerste dafür 2.0.0 (an) Ur-Šul;
	2 l[ú 0.2.0]	2 Personen (je) 0.2.0,
	1 ⸢lú⸣ [0.1.0]	1 Person 0.1.0:
	še-bi 1.[1.0] amar-ez[e]m	Gerste dafür 1.1.0 (an) Amar-ezem;
	3 l[ú] 0.2.0	3 Personen (je) 0.2.0,
	še-bi 1.2.0 e-ta-e$_{11}$	Gerste dafür 1.2.0 (an) Eta'e:
	azlàg-<me>	Wäscher sind sie.
	0.2.0 g̃išgal-si	0.2.0 (für) Gišgal-si,
	0.2.0 ^{d}nanše-da-nu-me-a	0.2.0 (für) Nanšeda-nu-me'a:
	ugula-ki-siki-ka-me	Obleute des 'Wollortes' sind sie;
	0.2.0 ì-lí-be$_{6}$-lí	0.2.0 (für) *Ilī-bēlī*,
R 8	4 lú 0.2.0	4 Personen (je) 0.2.0,
	še-bi 2.0.0	Gerste dafür 2.0.0
	amar-girid^{ki}	(an) Amar-Girid:
	lú-bappìr-me	Brauer sind sie;
	0.2.0 úr-mud	0.2.0 (für) Ur-mud,
	0.⸢2?⸣.0 [ba]rá-[z]i-⸢šà-g̃ál⸣	0.2$^{?}$.0 (für) Bara-zi-ša-g̃al:
	agrig-[me]	Hausverwalter sind sie;
	0.2.0 lugal-pa-è	0.2.0 (für) Lugal-pa'e,
	sipa-šáḫ	den Schweinehirten,
	0.2.0 en-i[g-gal]	0.2.0 (für) En-iggal,
	nu-ba[ndà]	den Generalverwalter,
	0.2.0 gi-n[um]	0.2.0 (für) *Kīnum*,
	ka-šak[an]	den Vorsteher (des) 'Fettlagers',
	0.2.0 ni[ta-zi]	0.2.0 (für) Nitazi,
	s[agi]	den Mundschenken,
	[0.2.0 amar-girid^{ki}]	0.2.0 (für) Amar-Girid,
9	muḫaldim	den Bäcker/Koch,
	0.2.0 e[n]-ušùr-ré	0.2.0 (für) En-ušure,
	lú-é-ninda-ka	den 'Bediensteten' des 'Vorratshauses',

	0.2.0 ḫa-ma-ti	0.2.0 (für) Ḫamati,
	0.2.0 sağ-^{d}nin-ĝír-su-da	0.2.0 (für) Sağ-Nin-Girsuda,
	0.2.0 šeš-kur-ra	0.2.0 (für) Šeš-kura,
	0.1.0 lugal-mu-da-kúš	0.1.0 (für) Lugal-mudakuš:
	muḫaldim-me	Bäcker/Köche sind sie;
	0.1.0 ^{d}nin-ĝír-su-lú-mu	0.1.0 (für) Nin-Girsu-lumu,
	sukkal	den Boten,
	0.1.0 ur-du$_6$	0.1.0 (für) Ur-du,
	ì-du$_8$	den Pförtner,
	3 gáb-da[n$_6$]	3 Reiniger
	(=UšxKI[D$_2$!]) ⸢0.2.0⸣	(je) 0.2.0
	[0.2.0 en-na-UD-mu]	0.2.0 (für) Enna-UD-mu,
10	0.2.0 šeš-TUR	0.2.0 (für) Šeš-TUR,
	0.2.0 en-DU	0.2.0 (für) En-DU:
	lú-IGI.NIGIN$_2$-didli-	einzelne Leute (von) 'Anse-
	<me>	hen' sind sie;
	0.2.0 ur-^{d}nin-SAR	0.2.0 (für) Ur-Nin-SAR,
	lú-zi-ga	den Mann des 'Aufgebots',
	0.2.0 u[r]-dam	0.2.0 (für) Ur-dam,
	⸢lú⸣-éš-gíd	den Feldvermesser,
	0.2.0 a-[b]a-DI	0.2.0 (für) Aba-DI,
	0.2.0 en-bi	0.2.0 (für) Enbi,
	0.2.0 amar-girid^{ki}	0.2.0 (für) Amar-Girid:
	dub-sar-me	Schreiber sind sie;
	7 baḫár *0.1.0	7 Töpfer (je) 0.1.0,
	še-bi 2.0.0 lá 0.1.0	Gerste dafür 2.0.0 minus
	i$_7$-mud	0.1.0 (an) I-mud;
	0.2.0 URI$_x$(=LAK 526)	0.2.0 (für) URI$_x$,
	gáb-ra-udu-níĝ-kú-a	den Treiber der Mastschafe.

Es fehlen zwei Zeilen, vermutlich unbeschrieben.

11	šu-niĝin 3,20 lá 1 + 1	Zusammen 200 minus 1 + 1
	lú 0.2.0	Personen (je) 0.2.0,
	7 lú 0.1.2	7 Personen (je) 0.1.2,
	1,1 lú 0.1.0	61 Personen (je) 0.1.0.
12	⸢gú⸣-an-šè 4,30 lá 3	**Insgesamt** 270 minus 3 Personen
	lú-še-ba-tur-maḫ-ba	(mit) Gerstezuteilungen,
		darunter kleine und große;
	še-bi 2,0.0.0 lá 3.0.0	Gerste dafür 120.0.0 minus
	+ ⸢0.2.0⸣ + 0.0.2 gur-	3.0.0 + 0.2.0(?) + 0.0.2 Haupt-
	sağ-ĝál	Gur;

	še-lú-PAD-dab$_5$-ba-	Gerste der Baba für die Leute,
	^{d}b[a]-ba$_6$	die ein Versorgungslos
		übernommen haben;
	ša$_6$-ša$_6$	Šaša,
	dam-uru-inim-[g]i-na	die Frau des Uru-inimgina,
	lugal-	des Königs
	[laga]š$^{[ki]}$-[ka]	von Lagaš.
	[itu-ezem-munu$_4$-kú]-	Im Monat des Festes 'Malz-Essen
13	^{d}nanše-ka	der Nanše'
	en-ig-gal	hat En-iggal,
	nu-bandà	der Generalverwalter,
	g̃anun-SAR-ta	aus dem SAR-Speicher heraus
	e-ne-ba 3.	ihnen (dies) zugeteilt. 3.
		(Jahr).
	1-ba-am$_6$	Die 1. Zuteilung ist es.

Anmerkungen:

Zu diesem Text existiert als "Pseudoduplikat" Nr. 10 = STH 1, 11, ebenfalls aus dem Jahre Ukg. L 3/(9)<1>. Dabei orientiert sich der Aufbau unseres Textes an den jüngeren Exemplaren des Texttyps I-A-1., während Nr. 10 sich an das ältere Textformular anlehnt. Wohl aufgrund dieser 'Reorganisation' der Listen des Typs I-A-1 sind zum gleichen Zeitpunkt zwei Exemplare verfaßt worden. S. a. die Einleitung zum Kommentar von Nr. 10 und Nr. 68.

(1:1-4) Die Zusammengehörigkeit dieser Gruppe ergibt sich aus dem Summenvermerk in 2:1, der alle zuvor genannten Einzeleinträge addiert. Die Personen unterstehen demnach wohl alle dem gal:UN "Aufseher" Ur-sag̃. Offen ist dabei zunächst, ob diese Rationenempfänger unter das Rubrum RU-lugal-me in 3:9 zu subsummieren sind. Frühere Urkunden nennen die engar-ki-gub ("'Feldarbeiter'") und die 'Vogelverscheucher(?)' erst später und außerhalb der RU-lugal-Obergruppe (vgl. z.B. Nr. 5 = STH 1, 6 (Ukg. E 1/(9)<2>) 7:3-9 bzw. 2:6-7). Auch für spätere Texte ist ein ähnlicher Befund zu erheben (vgl. Nr. 6 = STH 1, 7 (Ukg. L 2/(9)<2>) 3:10-11 bzw. 5:8-9). Für die hier gewählte Annahme, diese beiden Personengruppen rechneten zu den RU-lugal, kann die Beobachtung vorgebracht werden, daß die soeben genannten Paralleltexte den hier als

'Aufseher' bezeichneten Ur-sag̃ zur Gruppe der RU-lugal rechnen.

(1:5-9) Das soeben im Kommentar zu 1:1-1:4 behandelte Problem stellt sich natürlich auch für diese "einzelnen Leute". C. Wilcke meint, daß diese Personen nicht zur Gruppe der RU-lugal rechnen, sondern nur einem solchen (ur-sag̃) unterstellt seien. Vorbehaltlich näherer prosopographischer Untersuchungen, scheint es wahrscheinlich, daß alle hier genannten 'einzelnen Leute' im Bereich des Ackerbaus tätig waren[11]; vgl. häufig:
1. ur-^{d}en-ki(-ka) sag̃-apin(-ka): DP 236 2:2:1-2, 531 2:7-3:1, Nik 210 1:3-4;
2. zà-mu (nu-kiri$_6$): DP 105 5:3, 107 5:4, 171 8:9; vgl.a. Nik 18 1:6 (Vorsteher einer Gruppe von igi-nu-du$_8$-g̃iš und s. dazu DP 113 3:1); zà-mu dumu-ur-^{d}en-ki DP 120 4:2-3; vgl.a. 5:3;
3. ur-du$_6$ engar: Nik 3 1:5, DP 507 3:5-6, 582 3: 3:1-2;
4. lugal-ušùr-ra sag̃-apin: DP 129 6:7-8; lugal-ušùr-ra apin-ús DP 590 3:10-11; lugal-ušùr-ra-nú nu-kiri$_6$ DP 157 4:8-9; RTC 39 2:7-8;
Mein derzeitiger Kenntnisstand erlaubt mir kein abschließendes Urteil über die Zugehörigkeit der 'einzelnen' Personen unseres Texte zur Gruppe der RU-lugal. Bis zum Beweis des Gegenteils möchte ich dies aber annehmen. Nach dem wichtigen Text DP 123, der RU-lugal anderer Heiligtümer verzeichnet, darf man annehmen, daß die Zahl der RU-lugal des Baba-Tempels beträchtlich gewesen sein muß. Die Annahme, das Rubrum RU-lugal-me in 3:4 beziehe sich auf *alle* vorgenannten Personen, entbehrt also nicht einer gewissen Wahrscheinlichkiet (vgl.a. den Lesungsvorschlag von Nik 13 1:1 und s. dazu den Kommentar in AWEL 115). Im übrigen ist zu bemerken, daß RU-lugal wohl keine 'Berufsbezeichnung' im eigentlichen Sinne darstellt (s. bereits AWEL 115).

[11] Für alle PN sind mehrere Berufsbezeichnungen bezeugt. Die vorgeschlagenen Bestimmungen sind also nur vorläufig.

(3:6) Lesung mit Parallelen Nr. 55 (Ukg. L 2/(11)<4>) 2:11 (vgl.a. Nik 13 (Ukg. L 2/(11)) 3:5, DP 171 (Ukg. L 2/(11)) 1:11[12]; Nr. 10 (Ukg. L 3/(9)<1>) 2:15; Nr. 118 (Ukg. L 3/(10)<2>) 3:5; Nr. 8 (Ukg. L 3/(11)<3>) 3:8; Nr. 9 (Ukg. L 3/(12)<4>) 3:6.

(4:10–13) Der má-laḫ$_{4/5}$, der Etymologie des Wortes entsprechend, ist sicher ursprünglich der "Schiffer", aber auch mit dem Bau von Booten befaßt. S. bereits A. Salonen, Wasserfahrzeuge 133f.; I.J. Gelb JNES 24 (1965) 242; CAD M/1 149; S. Bridges, Mesaĝ Archive 73. Dies dürfte auch der Hintergrund dafür sein, daß er in unseren Texten oft zusammen mit den nagar "Zimmerleuten", ad-KID "Rohrmattenflechtern", šakan-kéš "Korbflechtern(?)" u.a. genannt und zu den ĝiš-kin-ti "Handwerkern" gerechnet wird. Vgl. z.B. DP 130 4:7ff., 140 2:1ff.; Nik 52 2:4ff.; Nr. 11 = STH 1, 12 3:3ff. u.p.; s.a. H. Neumann, Handwerk 141.
Andere Texte, z.B. Nr. 6 7:1–2, nennen die má-laḫ$_{4/5}$ außerhalb der Handwerkergruppe.

(5:1–2) Das 'Pseudoduplikat' Nr. 10 verzeichnet hier in 4:15–16 4 + 1 lú 0.2.0 še-bi 2.0.0 + 0.2.0. Möglicherweise sind an unserer Stelle fünf Empfänger mit normal notierten Rationen von 0.2.0 zu ergänzen.

(5:3) Beachte die 'syllabische' Schreibung an-še für anše. Unsere Stelle mag eine gewisse Relevanz auch für die Diskussion um die Lesung der Zeichenkombinationen AMA:GAN:ŠA besitzen und wurde bisher, soweit ich sehe, bei allen diesbezüglichen Lesungsdiskussionen des Wortes übersehen. Vgl., mit Literaturnachträgen zu FAOS 15/1, 115, nunmehr J. Bauer AfO 36/37 (1989/90) 82, dessen "wahrscheinliche Lesung" ša:ama:gan gleichfalls mit unserer Schreibung zu konfrontieren ist.

---

[12] Bei diesen (zum Teil) gleich aufgebauten Texten handelt es sich nicht um Paralleltexte im eigentlichen Sinn: Nik 13 handelt von den jährlich bislang nur einmal – am Baba-Fest – belegten Emmerzuteilungen (vgl. hier Nr. 68 (Ukg. L 3/[12?]), DP 171 (Ukg. L 3) von Wollzuteilungen.

(6:1) In dieser Zeile scheint kein weiterer Rationenempfänger gestanden zu haben, da die Anzahl der Rationenempfänger gegenüber dem Schlußvermerk ohnehin schon um eine Person zu hoch liegt. Siehe dazu die Anmerkung zu 11:1–4. Udu gehört nach den Paralleltexten ebenfalls zu den Fischern. Vgl. die Nr. 9 6:6ff. und 10 5:14ff.

(6:7) Die Maßzahl 1.0.0 (= 1 Haupt-Gur) ist korrekt kopiert. Diese hohe Getreidemenge verteilt sich auf zwei Gehilfen. S. dazu den Kommentar zu Nr. 8 6:13 und vgl. 9 6:12.

(6:14–7:1) Bei dieser Personengruppe liegt ein Rechenfehler vor. Als Gerstemenge erwartet man den Betrag von 2.0.4. Beachte, daß sich dieser Fehler auch im Paralleltext Nr. 10 6:13–7:1 findet. Der korrekte Betrag findet sich aber in Nr. 8 9 7:6–8. In Nr. 118 6:13–15 ist der Text beschädeigt.

(11:1–4) Die Anzahl der Personen in den Schlußvermerken stimmt mit dem durch Addition der Einzeleinträge gewonnenen Anzahl nicht ganz überein. Zwischen der Summenformel und der Gesamtzahl der in der Summa summarum genannten Empfänger herrscht allerdings Übereinstimmung. Nur die mit keilförmigem Zeichen notierte Person (ur-dam aus 10:6, vgl. 11:1) ist bei der Summa summarum vergessen oder ignoriert worden, bzw. heute nicht mehr zu sehen.

Die Einzeleinträge ergeben hinsichtlich der ausgeteilten Rationen und ihrer Empfänger folgendes Bild:

<u>Haupttext:</u>

198 + <u>1</u> Ps. je 0.2.0 7 Ps. je 0.1.2 63 Ps. je 0.1.0

<u>Summenformel:</u>

199 + <u>1</u> Ps. je 0.2.0 7 Ps. je 0.1.2 61 Ps. je 0.1.0

Für den möglichen Ansatz einer weiteren Person mit 0.2.0 s. oben zu 5:1–2.

Genaueres über die in zwei Personen mit 0.1.0, die in der Summenformel in 11:3 fehlen, läßt sich nicht aussagen. Waren zwei Personen mit 'keilförmigen' Zeichen notiert und wurden bei der Addition vernachlässigt? Vgl.a. die Darlegungen zu Nr. 10 11:1–3.

(12:2) Die Kopie von Hussey bietet in dieser Zeile ein doppeltes lá. Wenn man die Zahlen als 120.0.0 – (3.0.0–0.0.2) interpretiert, erhält man mit 117.0.2 genau den Betrag, der sich aus der Addition der Einträge in der Summenformel ergibt.

Die Addition der Einzeleinträge liegt allerdings um 0.2.0 oder 1.0.0 höher. S. dazu die vorstehende Anmerkung.

8 = STH 1, 9

Text: HSM 904.4.16 (früher 3620); Maße: H.: 12,2cm; Br.: 12,2cm;
Kollationiert;
Umschrift: A. Deimel Or 34/35, 17ff.;
Parallelen: s. oben zu Nr, 7;
Datum: Ukg. L 3/(11)<3>; Typ: I-A-1.(A/1);
Inhalt: Gerstezuteilungen der Baba für die Leute, die ein Versorgungslos übernommen haben.
Gliederung:

RU-lugal (mit Rubrum):	*1:01-3:06*
1. Gruppe (mit Zws. unter Ur-sağ):	*1:01-2:01*
a) 'Feldarbeiter' (mit Rubrum):	*1:01-1:02*
b) Vogelverscheucher(?) (mit Rubrum):	*1:03-1:04*
c) Einzelne Leute (ohne Rubrum):	*1:05-1:11*
2. Gruppe (mit Zws. unter Ur-Šerda):	*2:02-2:03*
3. Gruppe (mit Zws. unter KA.KA nebst Gehilfen):	*2:04-2:07*
4. Gruppe (mit Zws. unter E-nam):	*2:08-2:09*
5. Gruppe (mit Zws. unter Šeš-lu-du):	*2:10-2:11*
6. Gruppe (mit Zws. unter E-melam-su):	*2:12-3:02*
7. Gruppe (mit Zws. unter Inimani-zi):	*3:03-3:05*
'Gefolgsleute' (mit Rubrum):	*3:07-3:12*
1. Gruppe (mit Zws. unter Amar-Girid):	*3:07-3:08*
2. Gruppe (mit Zws. unter Dam-dingirmu):	*3:09-3:11*
Gestütspersonal (mit Zws. und Rubrum):	*3:13-4:02*
Hirten der Gespannesel (mit Rubrum):	*4:03-4:05*
Handwerker (mit Zws. und Rubrum):	*4:06-5:05*
Schiff(bau)er (mit Zws., Rubrum und Vorsteher):	*4:15-4:20*
Hirten der 'Eselsstuten' (mit Zws. und Rubrum):	*5:06-5:08*
Rinderhirten (mit Rubrum):	*5:09-5:11*
Pflugführer (ohne Rubrum):	*5:12-5:15*
Süßwasserfischer (mit Rubrum):	*6:01-6:11*
1. Gruppe (mit Zws. unter E-i-gara-su):	*6:01-6:04*
2. Gruppe (mit Zws. unter Udu):	*6:05-6:07*

Einzelne Fischer	*6:08–6:10*
Hirten der Wollschafe (mit Rubrum):	*6:12–7:02*
Obleute der Träger (mit Zws. und Rubrum):	*7:03–7:05*
Gärtner (mit Zws. und Rubrum):	*7:06–7:09*
Wäscher (mit Rubrum):	*7:10–8:04*
1. Gruppe (mit Zws. unter Ur-Šul):	*7:10–7:12*
2. Gruppe (mit Zws. unter Amar-ezem):	*7:13–7:16*
3. Gruppe (mit Zws. unter Eta'e):	*8:01–8:03*
Obleute des 'Wollortes' (mit Rubrum):	*8:05–8:07*
Schweinehirt:	*8:08–8:09*
Brauer (mit Rubrum):	*8:10–8:13*
Hausverwalter (mit Rubrum):	*8:14–9:02*
Verschiedene Berufe (Generalverwalter, Vorsteher des 'Fettlagers', Bäcker/Koch usw.):	*9:03–9:12*
Bäcker/Köche (mit Rubrum):	*9:13–10:03*
Bote und Pförtner:	*10:04–10:07*
Reiniger:	*10:08*
Leute von 'Ansehen' (mit Rubrum):	*10:09–10:12*
Mann des 'Aufgebotes' und Feldvermesser:	*10:13–11:02*
Schreiber (mit Rubrum):	*11:03–11:06*
Töpfer (mit Zws. und Rubrum):	*11:07–11:08*
Treiber der Mastschafe:	*11:09–11:10*
Summenformel:	*12:01–12:03*
Schlußformel (Summa summarum, Klassifikation, Transaktionsformular, Datum):	*13:01–14:04*

1	5 lú še-ba 0.2.0	5 Personen: Gerstezuteilung (je) 0.2.0:
	engar-ki-gub-me	'Feldarbeiter' sind sie;
	6 lú 0.2.0.	6 Personen (je) 0.2.0:
	RI.ḪU-me	Vogelverscheucher(?) sind sie;
	0.1.0 ur-^{d}en-ki	0.1.0 (für) Ur-Enki,
	0.1.0 zà-mu	0.1.0 (für) Za-mu,
	0.1.0 ur-du$_6$	0.1.0 (für) Ur-du,
	0.1.0 l[u]gal-ušùr-ra	0.1.0 (für) Lugal-ušura,
	0.1.0 U$_2$.U$_2$	0.1.0 (für) U$_2$.U$_2$,
	0.2.0 dumu-sipa	0.2.0 (für) Dumu-sipa,
	0.1.0 amar-ezem	0.1.0 (für) Amar-ezem,
	⸢0.2.0⸣ ur-sağ	0.2.0 (für) Ur-sağ,
	gal:UN	den Aufseher;
	še-bi 8.0.0 gur-sağ-	Gerste dafür 8.0.0 Haupt-

	ĝál	Gur
2	⸢ur⸣-saĝ	(an) Ur-saĝ;
	16 lú 0.2.0	16 Personen (je) 0.2.0,
	še-bi 8.0.0 ur-$^{d-[šè]}$šer$_7$-da	Gerste dafür 8.0.0 (an) Ur-Šerda;
	20 lá 3 lú [0.2.0]	20 minus 3 Personen (je) 0.2.0,
	še-bi 8.2.0	Gerste dafür 8.2.0,
	0.1.0 gáb-⸢ra⸣-ni	0.1.0 (für) seinen Viehtreiber:
	KA.KA	(an) KA.KA;
	10 lú 0.2.0	10 Personen (je) 0.2.0,
	še-bi 5.0.0 é-nam	Gerste dafür 5.0.0 (an) E-nam;
	14 lú 0.2.0	14 Personen (je) 0.2.0,
	še-bi 7.0.0 šeš-lú-du$_{10}$	Gerste dafür 7.0.0 (an) Šeš-lu-du;
	6 lú 0.2.0	6 Personen (je) 0.2.0,
3	1 lú 0.1.0	1 Person 0.1.0,
	še-b[i] ⸢1⸣+2.1.0 é-me-[l]ám-s[ù]	Gerste dafür 3.1.0 (an) E-me-lamsu;
	12 lú 0.2.0	12 Personen (je) 0.2.0,
	[š]e-b[i] 6.0.0	Gerste dafür 6.0.0
	inim-m[a]-ni-z[i]	(an) Inimani-zi:
	RU-lu[ga]l-me	'Untergebene' (des) Königs sind sie.
	20 lú 0.2.0	20 Personen (je) 0.2.0,
	[še]-bi 10.0.0 amar-[k]i	Gerste dafür 10.0.0 (an) Amar-ki;
	14 [l]ú 0.2.0	14 Personen (je) 0.2.0,
	1 lú 0.1.0	1 Person 0.1.0,
	še-bi 7.1.0 dam-dingir-mu	Gerste daür 7.1.0 (an) Dam-dingirmu:
	agà-ús-me	'Gefolgsleute' sind sie.
	6 lú 0.2.0	6 Personen (je) 0.2.0,
	[še-b]i 3.0.0	Gerste dafür 3.0.0
4	ĝír-nun	(an) Girnun,
	gáb-KAS$_4$	den Kutscher(?);
	⸢0.2.0⸣ zà-m[u]	0.2.0 (für) Za-mu,
	⸢0.2.0⸣ lugal-⸢mu⸣	0.2.0 (für) Lugalmu:
	[s]ipa-anše-EREN$_2$-[k]a-[me]	Hirten der Gespannesel sind sie;
	⸢2⸣ [s]imug ⸢0.2.0⸣	2 Schmiede (je) 0.2.0,
	⸢2⸣ nagar 0.2.0	2 Zimmerleute (je) 0.2.0,
	1 nagar 0.1.0	1 Zimmermann 0.1.0,
	⸢2⸣ [a]šgab 0.2.0	2 Lederwerker (je) 0.2.0,

	3 ad-KID 0.2.0	3 Rohrmattenflechter (je) 0.2.0,
	2 túg-du$_8$ 0.2.0	2 Walker (je) 0.2.0,
	⌈1⌉ zad[im] 0.1.0	1 Steinschneider 0.1.0
	0.1.0 zà-mu	0.1.0 (für) Za-mu,
	[š]akan-kéš$_2$	den Korbflechter(?),
	13 lú 0.1.0	13 Personen (je) 0.1.0,
	0.2.0 ugula	0.2.0 (für den) Obmann,
	še-bi 4.0.0 lá 0.1.0	Gerste dafür 4.0.0 minus 0.1.0:
	má-la[ḫ$_5$]-me	Schiff(bau)er sind sie;
	am[ar-ezem]	(unter) Amar-ezem,
	[ugula(?)]	dem Obmann(?);
5	3 lú-t[ir ⌈0.1.0⌉	3 'Waldarbeiter' (je) 0.1.0,
	[1] lú-ši[nig] ⌈0.1.0⌉	1 'Bediensteter' (bei) den Tamarisken 0.1.0,
	[0.2.0] U$_2$.U$_2$	0.2.0 (für) U$_2$.U$_2$,
	san[ga]-⌈é⌉-[ga]l	den Verwalter (des) 'Palastes';
	[še]-bi 11.2.0 g̃iš-[k]in-[t]i-me	Gerste dafür 11.2.0: Handwerker sind sie.
	4 lú 0.2.0	4 Personen (je) 0.2.0,
	še-bi 2.0.0	Gerste dafür 2.0.0:
	sipa-AMA-[š]a:ga[n]-me	Hirten der 'Eselsstuten' sind sie;
	⌈0.1.0⌉ l[u]gal-uš-MUŠ	0.1.0 (für) Lugal-uš-MUŠ,
	[0.1.0] ur-^{d}dumu-zi	0.1.0 (für) Ur-Dumuzi:
	sipa-gu$_4$-me	Rinderhirten sind sie;
	0.2.0 á-né-kur-ra	0.2.0 (für) Ane-kura,
	0.1.2 gáb-ra-ni	0.1.2 (für) seinen Viehtreiber,
	0.2.0 sag̃-g̃á-[tuk-a]	0.2.0 (für) Sag̃a-tuka,
	0.[1].⌈2⌉ gáb-ra-ni	0.1.2 (für) seinen Viehtreiber,
6	10 lú 0.1.0	10 Personen (je) 0.1.0,
	0.2.0 u[gul]a	0.2.0 (für den) Obmann,
	še-b[i 3.0.0]	Gerste dafür 3.0.0
	é-⌈ì⌉-gará-sù	(an) E-i-gara-su;
	10 lá 1 lú 0.1.0	10 minus 1 Person (je) 0.1.0,
	0.2.0 ugula	0.2.0 (für den) Obmann,
	še-bi 3.0.0 lá 0.1.0 ú-du	Gerste dafür 3.0.0 minus 0.1.0 (an) Udu;
	0.1.0 ur-pu$_6$-sag̃	0.1.0 (für) Ur-pusag̃,
	⌈0.1.0⌉ amar-kuara^{ki}	0.1.0 (für) Amar-Ku'ara,
	0.1.0 g̃ír-su-ki-du$_{10}$	0.1.0 (für) Girsu-kidu:

	šu-ku$_{6}$-a-du$_{10}$-ga-me	Süßwasserfischer sind sie.
	0.2.0 niĝìn-mud	0.2.0 (für) Niĝin-mud,
	1.0.0$^{sic!}$ gáb-ra-ni	1.0.0$^{sic!}$ (für) seine$^{!}$ Viehtreiber,
	0.2.0 en-DU	0.2.0 (für) En-DU,
	[0.2.0] gáb-ra-ni	0.2.0 (für) seinen Viehtreiber,
7	0.2.0 lu[g]al-[d]a-nu-[m]e-a	0.2.0 (für) Lugalda-nume'a:
	[sipa]-udu-s[ik]i-[k]a-me	Hirten der Wollschafe sind sie;
	4 [l]ú 0.2.0	4 Personen (je) 0.2.0,
	še-b[i 2.0.0]	Gerste dafür 2.0.0:
	ugula-íl-me	Obleute der Träger sind sie;
	1 lú 0.2.0	1 Person 0.2.0,
	5 lú 0.1.2	5 Personen (je) 0.1.2,
	še-bi 2.0.4	Gerste dafür 2.0.4:
	nu-kiri$_{6}$-me	Gärtner sind sie;
	4 lú 0.2.0	4 Personen (je) 0.2.0,
	še-bi 2.0.0	Gerste dafür 2.0.0
	ur-šul	(an) Ur-Šul;
	2 lú 0.2.0	2 Personen (je) 0.2.0,
	1 lú 0.1.0	1 Person 0.1.0,
	še-bi 1.1.0	Gerste dafür 1.1.0
	amar-ezem	(an) Amar-ezem;
R 8	3 lú 0.2.0	3 Personen (je) 0.2.0,
	še-bi 1.2.0	Gerste dafür 1.2.0
	e-ta	(an) Eta:
	azlàg-me	Wäscher sind sie.
	0.2.0 ĝišgal-si	0.2.0 (für) Gišgal-si,
	0.2.0 ^{d}nanše-da-nu-me-a	0.2.0 (für) Nanšeda-nume'a:
	ugula-ki-siki-ka-me	Obleute des 'Wollortes' sind sie;
	0.2.0 lugal-pa-è	0.2.0 (für) Lugal-pa'e,
	sipa-šáh	den Schweinehirten,
	4 lú 0.2.0	4 Personen (je) 0.2.0,
	še-bi 2.0.0 amar-giríd^{ki}	Gerste dafür 2.0.0 (an) Amar-Girid,
	0.2.0 ì-lí-be$_{6}$-lí	0.2.0 (für) *Ilī-bēlī*:
	lú-bappìr-me	Brauer sind sie;
	0.2.0 úr-mud	0.2.0 (für) Ur-mud,
9	0.2.0 bará-zi-šà-ĝál	0.2.0 (für) Bara-zi-ša-ĝal:
	agrig-me	Hausverwalter sind sie;
	0.2.0 en-ig-gal	0.2.0 (für) En-iggal,

		nu-bandà	den Generalverwalter;
	5	0.2.0 gi-num	0.2.0 (für) *Kīnum*,
		ka-šakan	den Vorsteher (des) 'Fett-lagers',
		0.2.0 nita-zi	0.2.0 (für) Nitazi,
		sagi	den Mundschenken,
		0.2.0 amar-giríd^{ki}	0.2.0 (für) Amar-Girid,
	10	muḫaldim	den Bäcker/Koch,
		0.2.0 en-ušùr-ré	0.2.0 (für) En-ušure,
		lú-é-ninda-ka	den 'Bediensteten' des 'Vorratshauses',
		0.2.0 ḫa-ma-ti	0.2.0 (für) Ḫamati,
		0.2.0 sağ-^{d}nin-ğír-su-da	0.2.0 (für) Sağ-Nin-Girsuda,
10	1	0.2.0 šeš-kur-ra	0.2.0 (für) Šeš-kura,
		0.1.0 lugal-mu-da-kúš	0.1.0 (für) Lugal-mudakuš:
		muḫaldim-me	Bäcker/Köche sind sie;.
		0.1.0 ⸢^{d}⸣nin-ğír-su-lú-mu	0.1.0 (für) Nin-Girsu-lumu,
	5	sukkal	den Boten,
		0.1.0 ur-du$_6$	0.1.0 (für) Ur-du,
		i-du$_8$	den Pförtner,
		3 gáb-dan$_6$(=UŠxKID$_2$!) 0.2.0	3 Reiniger (je) 0.2.0,
		0.2.0 en-na-UD-mu	0.2.0 (für) Enna-UD-mu,
	10	0.2.0 šeš-TUR	0.2.0 (für) Šeš-TUR,
		0.2.0 en-DU	0.2.0 (für) En-DU:
		lú-IGI.NIGIN$_2$-didli	Leute (von) 'Ansehen' sind (sie);
		0.2.0 ur-^{d}nin-SAR	0.2.0 (für) Ur-Nin-SAR,
		lú-zi-ga	den Mann des 'Aufgebotes',
11	1	0.2.0 ur-dam	0.2.0 (für) Ur-dam,
		lú-éš-gíd	den Feldvermesser,
		0.2.0 a-ba-DI	0.2.0 (für) Aba-DI,
		0.2.0 en-bi	0.2.0 (für) Enbi,
	5	0.2.0 amar-giríd^{ki}	0.2.0 (für) Amar-Girid:
		dub-sar-me	Schreiber sind sie;
		7 baḫár 0.1.0	7 Töpfer (je) 0.1.0:
		še-bi 2.0.0 lá 0.1.0	Gerste dafür 2.0.0 minus
		i$_7$-mud	0.1.0 (an) I-mud;
		0.2.0 URI$_x$(= LAK 526)	0.2.0 (für) URI$_x$,
	10	gáb-ra-udu-níğ-kú-a	den Treiber der Mast-schafe.

12	1	šu-niĝín 3,20 + 1 lú	**Zusammen** 200 + 1 Personen (je)
		0.2.0	0.2.0,
		7 lú 0.1.2	7 Personen (je) 0.1.2,
		1,3 lú 0.1.0	63 Personen (je) 0.1.0.
13	1	gú-an-šè 4,30 + 1	**Insgesamt** 270 + 1 Personen (mit)
		lú še-ba-tur-maḫ-ba	Gerstezuteilungen, darunter
			kleine (und) große,
		še-bi 2,0.0.0 lá	Gerste dafür 120.0.0 minus
		2.0.0 + 0.0.2 gur-saĝ-ĝál	2.0.0 + 0.0.2 Haupt-Gur;
		še-ba-lú-PAD-dab$_5$-ba-^{d}ba-ba$_6$	Gerstezuteilungen für die Leute der Baba, die ein Versorgungslos übernommen haben;
	5	ša$_6$-ša$_6$	Šaša,
		dam-uru-inim-gi-na	die Frau des Uru-inimgina,
		lugal-	des Königs
		lagaš^{ki}-ka	von Lagaš.
		itu-siki-^{d}ba-ba$_6$-e-ta-ĝar-ra-a	Im Monat, in dem die Wolle der Baba ausgeliefert wurde,
14	1	en-ig-gal	hat En-iggal,
		nu-bandà	der Generalverwalter,
		e-ne-ba 3.	ihnen (dies) zugeteilt. 3. (Jahr).
		3-ba-am$_6$	Die 3. Zuteilung ist es.

<u>Anmerkungen:</u>

(3:8) Die Ergänzung amar-ki nach den Paralleltextenn s. dazu oben zu Nr. 7 3:6.

(4:2) Die Berufsbezeichnung gáb-KAS$_4$ (konventionelle Umschrift) habe ich in AWEL passim in Anlehnung an J. Bauer AWL 70 zu Nr. 3 II 6-7 mit "Gestütsverwalter" wiedergegeben, aber bereits A. Deimels (Or. 9/13, 112 Or. 32, 44 und ŠL 88, 25) und T. Maedas (ASJ 4 (1982) 82 Anm. 2) Interpretation "Kutscher" zitiert, der ich mich hier vorsichtig anschließen möchte. Selbst wenn man Deimels nicht völlig überzeugende etymologische Spekulationen beiseite läßt, so ist zusätzlich zu T. Maedas Argumenten noch darauf hinzuweisen, daß unter den

Tieren, für die der gáb-KAS$_4$ mit Namen g̃ír-nun(-ki-du$_{10}$) Gerstelieferungen erhält, häufig explizit einige anše-mar(-didli) "einzelne Wagen-'Esel'" genannt werden; s. z.B. Nik 311 2:1, Nr. 29 = STH 1, 30 1:8, 30 = STH 1, 31 1:6, 31 = STH 1, 32 1:8; DP 155 1:6, 156 1:6, 234 3:5. Im übrigen spricht auch das Element KAS$_4$ für eine ähnliche Deutung. Vgl. etwa KAS$_4$ "Kurier" bzw. lú-KAS$_4$, ugula-KAS$_4$, R.K Englund, Fischerei 61^{+206}. – Über den Verwendungszweck der anderen Tiere, für die die Gerstelieferungen bestimmt sind, läßt sich zwar nichts näheres ausmachen, ihr Einsatz für Fuhrzwecke ist aber durchaus wahrscheinlich. (Für die Zugtiere beim Pflügen könnten etwa die sipa-anše-EREN$_2$-ka "Hirten der Gespannesel" zuständig gewesen sein. Zum Einsatz der Tierkraft beim Pflügen vgl. z.B. A. Salonen, Agricultura 375ff.; für die 'Esel' a.a.O. 396f.) Eine Analyse von gáb-KAS$_4$ als einer "eingefrorenen" Verbalform "Ich will sie (= die Tiere) *laufen machen"* ist im Anschluß an ähnliche Bildungsweisen durchaus wahrscheinlich. S. dazu unten den Kommentar zu Nr. 114 = BIN 8, 388 2:2. Zu verbalem KAS$_4$ vgl. wohl auch den as. PN im-ta-KAS$_4$-e bei A. Foxvog, Mesopotamia 8, 71. Für eine mögliche Lesung kas$_4$ vgl. é-kas in einem vorsargonischen Feldkaufvertrag aus Adab (OIP 104 Nr. 32) i 1, wo nach I.J. Gelb et al. OIP 104, 99 eine syllabische Schreibung für é-KAS$_4$ "road/runner house" vorliegt.

Aus diesen Gründen wird nachfolgend der Beruf gáb-KAS$_4$/kas$_4$ mit "Kutscher(?)" übersetzt, einen Beruf, der "einen zur Leitung und Wartung eines Gespannes Angestellten" bezeichnet (Der Große Brockhaus, Leipzig 1931, Bd. 10, 789). Auch "Fuhrmann(?)" o.ä. wäre eine mögliche Übersetzung. [B. Hruška, Ackerbau 455 übersetzt nun "Stallmeister", den er allgmein für die "Zugtiere" verantwortlich sieht.]

(4:5) In AWEL passim war bei /-r/ Auslaut noch die übliche Lesung bìr für Zeichens EREN$_2$ beibehalten (s.a. PSD B 158f.), obgleich P. Steinkeller vor kurzem in WZKM 77 (1987) 192 mit Anm. 19 und JNES 46 (1987) 58f. argumentiert hatte, daß der Lautwert bìr erst durch Zeichenvermengung mit UD auf EREN$_2$ übergegangen sei. In N.A.B.U. 1990, 9f.:12 schlägt nun Steinkeller für EREN$_2$ in dieser Verwendung den Lautwert sur$_x$ vor. Vgl. jetzt auch den Kommentar zu ki-^{giš}ERIN$_2$-ra im Lummatur Tablet II (OIP 104 No. 23) xi 6 in OIP 104, 88, ferner a.a.O. 151. [Es wäre vielleicht ERIN$_2$ = sur$_x$ von ^{giš}ERIN$_2$ = sur$_y$ oder sur$_{x+1}$ zu unterscheiden.]

(6:13) Wie in Nr. 7 6:7 liegt auch hier eindeutig die Zahl 1.0.0, d.h. "1 Haupt-Gur" vor. Für einen Viehtreiber scheint eine solche Ration viel zu hoch. Die Erklärung für diesen Sachverhalt findet sich in Nr. 9 6:12 an vergleichbarer Stelle: 2 gáb-ra-ni 0.2.0 "2 seiner Viehtreiber (je) 0.2.0". Beachte auch, daß in der Summenformel dieser Texte *niemals* ein Vermerk 1 lú 1.0.0 erscheint.

(6:15) Zur Ergänzung dieser Getreidemenge vgl. Nr. 9 6:14 und die vorige Anmerkung.

(12:1-13:2) Die Angaben aus dem Summenvermerk und aus der Summa summarum stimmen überein. Hinsichtlich der aus der Addition der Einzeleinträge gewonnenen Ergebnisse ergibt sich nach Berücksichtigung der oben zu 6:13 gemachten Beobachtungen bei den Empfängern von 0.1.0 Gerste eine Zahl 64, d.h. eine Person mehr, als in der Summenformel vermerkt. Auch die Addition der einzelnen Gersteposten ist gegenüber Summenformel und Summa summarum um 0.1.0 zu hoch.

9 = STH 1, 10

Text: HSM 904.4.9 (früher 3613); Maße: H.: 12,3cm; Br.: 12,2cm;
Kollationiert;
Umschrift: A. Deimel Or 34/35, 20ff.;
Parallelen: Nr. 8 (Ukg. L 3/(11)<3>); s. oben zu Nr. 7; vgl. Nik 52 (Ukg. L 4);
Datum: Ukg. L 3/12<4>; Typ: I-A-1.(A/1);
Inhalt: Gerstezuteilungen der Baba für die Leute, die ein Versorgungslos übernommen haben.
Gliederung:

RU-lugal (mit) Rubrum):	*1:01-3:04*
1. Gruppe (mit Zws. unter Ur-sag̃):	*1:01-2:01*
a) 'Feldarbeiter' (mit Rubrum):	*1:01-1:02*
b) Vogelverscheucher(?) (mit Rubrum):	*1:03-1:04*
*c) Einzelne Leute (**ohne** Rubrum):*	*1:05-1:11*
2. Gruppe (mit Zws. unter Ur-Šerda):	*2:02-2:04*
3. Gruppe (mit Zws. unter KA.KA):	*2:05-2:08*

4. Gruppe (mit Zws. unter E-nam):	*2:09-2:10*
5. Gruppe (mit Zws. unter Šeš-lu-du):	*2:11-2:12*
6. Gruppe (mit Zws. unter E-me-lam-su):	*2:13-3:01*
7. Gruppe (mit Zws. unter Inimani-zi):	*3:02-3:03*
'Gefolgsleute' (mit Rubrum):	*3:05-3:10*
1. Gruppe (mit Zws. unter Amar-ki):	*3:05-3:06*
2. Gruppe (mit Zws. un Dam-dingirmu):	*3:07-3:09*
Gestütspersonal (mit Zws. und Rubrum):	*3:11-3:13*
Hirten der Gespannesel (mit Rubrum):	*4:01-4:03*
Handwerker (mit Zws. und Rubrum):	*4:04-5:04*
Schiff(bau)er (mit Zwischen-Zws., Rubrum, unter Amar-ezem):	*4:13-4:16*
Hirten der 'Eselsstuten' (mit Zws. und Rubrum):	*5:05-5:06*
Hirten der Jungstiere (mit Rubrum):	*5:07-5:09*
*Pflugführer (**ohne** Rubrum):*	*5:10-5:13*
Süßwasserfischer (mit Rubrum):	*6:01-6:10*
1. Gruppe (mit Zws. unter E-i-gara-su):	*6:01-6:03*
2. Gruppe (mit Zws. unter Udu):	*6:04-6:06*
Einzelne Fischer	*6:07-6:09*
Hirten der Wollschafe (mit Rubrum):	*6:11-7:02*
Obleute der Träger (mit Zws. und Rubrum):	*7:03-7:04*
Gärtner (mit Zws. und Rubrum):	*7:05-7:07*
Wäscher (mit Rubrum):	*7:08-8:02*
1. Gruppe (mit Zws. unter Ur-Šul):	*7:08-7:09*
2. Gruppe (mit Zws. unter Amar-ezem):	*7:10-7:12*
3. Gruppe (mit Zws. unter Eta'e):	*7:13-8:01*
Obleute des 'Wollortes' (mit Rubrum):	*8:03-8:05*
Schweinehirt:	*8:06-8:07*
Brauer (mit Zws. und Rubrum):	*8:08-8:11*
Hausverwalter (mit Rubrum):	*9:01-9:04*
Verschiedene Berufe (Generalverwalter, Vorsteher des 'Fettlagers', Bäcker/Koch usw.):	*9:05-9:14*
Bäcker/Köche (mit Rubrum):	*9:15-10:04*
Bote und Pförtner:	*10:05-10:08*
Reiniger:	*10:09*
Leute von 'Ansehen' (mit Rubrum):	*10:10-10:13*
Mann des 'Aufgebotes' und Feldvermesser:	*11:01-11:04*
Schreiber (mit Rubrum):	*11:05-11:08*
Töpfer (mit Zws. und Rubrum):	*11:09-11:10*
Treiber der Mastschafe :	*11:11-11:12*
Summenformel:	*12:01-12:03*
Schlußformel (Summa summarum, Klassifikation, Transaktionsformular, Datum):	*13:01-14:05*

1	1	[5] lú [š]e-ba 0.2.0	5 Personen: Gerstezuteilung (je) 0.2.0:
		[eng]ar-*[k]i-gub-me	'Feldarbeiter' sind sie;
		[3]+3 lú 0.2.0	6 Personen (je) 0.2.0:
		RI.ḪU-me	Vogelverscheucher(?) sind sie;
	5	0.1.0 ur-^{d}en-ki	0.1.0 (für) Ur-Enki,
		0.1.0 zà-mu	0.1.0 (für) Za-mu,
		0.1.0 [ur]-du$_6$	0.1.0 (für) Ur-du,
		0.1.0 ⌈lugal⌉-ušùr-ra-nú	0.1.0 (für) Lugal-ušura-nu,
		0.1.0 amar-ezem	0.1.0 (für) Amar-ezem,
	10	0.2.0 ur-saĝ	0.2.0 (für) Ur-saĝ,
		gal:⌈UN⌉	den Aufseher,
		še-bi 7.1.0 gur-saĝ-ĝál	Gerste dafür 7.1.0 Haupt-Gur
2	1	ur-saĝ	(an) Ur-saĝ;
		16 lú 0.2.0	16 Personen (je) 0.2.0,
		š[e-b]i *6+[2].0.0	Gerste dafür 8.0.0
		*u[r-$^{d]-[šè]}$[šer$_7$]-*da	(an) Ur-Šerda;
	5	20 lá 3 l[ú] 0.2.0	20 minus 3 Personen (je) 0.2.0,
		še-bi 6+[2.2.0]	Gerste dafür 8.2.0,
		0.1.0 gáb-[ra]-⌈ni⌉	0.1.0 (für den) Viehtreiber:
		KA.K[A]	(an) KA.KA;
		10 lú 0.2.0	10 Personen (je) 0.2.0,
	10	še-b[i] ⌈*5.0.0⌉ é-⌈nam⌉	Gerste dafür 5.0.0 (an) E-nam;
		14 lú 0.2.0	14 Personen (je) 0.2.0,
		še-bi *4+[3].0.0 šeš-[l]ú-du$_{10}$	Gerste dafür 7.0.0 (an) Šeš-lu-du;
		⌈6⌉ lú 0.2.0	6 Personen (je) 0.2.0,
		1 lú 0.1.0	1 Person 0.1.0,
3	1	še-bi 3.1.0 é-⌈*me⌉-lám-⌈sù⌉	Gerste dafür 3.1.0 (an) E-me-lam-su;
		⌈12⌉ lú 0.2.0	12 Personen (je) 0.2.0,
		[še-bi 6.0.0 in]im--ma-[ni]-zi	Gerste dafür 6.0.0 (an) Inimani-zi:
		[RU-lu]gal-me	'Untergebene' des Königs sind sie.
	5	20 [lú] ⌈0.*2.0⌉	20 Personen (je) 0.2.0,
		[še]-⌈*bi⌉ 10.0.0 [amar]-k[i]	Gerste dafür 10.0.0 (an) Amar-ki;
		⌈14⌉ [l]ú ⌈0.2.0⌉	14 Personen (je) 0.2.0,
		1 [l]ú 0.1.0	1 Person 0.1.0,
		še-bi 7.1.0 dam-	Gerste dafür 7.1.0 (an) Dam-

	dingir-mu	dingirmu:
	[ag]à-ús-me	'Gefolgsleute' sind sie.
	6 lú 0.2.0	6 Personen (je) 0.2.0,
	še-[bi] ⌜3.0.0⌝ g̃ír-nun	Gerste dafür 3.0.0 (an) Gir-nun,
	gáb-KAS$_4$	den Kutscher(?),
4 1	0.2.0 zà-mu	0.2.0 (für) Za-mu,
	0.2.0 lugal-mu-da-kúš	0.2.0 (für) Lugal-mudakuš:
	sipa-[a]nše-EREN$_2$-ka-me	Hirten der Gespannesel sind sie;
	2 simug 0.2.0	2 Schmiede (je) 0.2.0,
	2 nagar 0.2.0	2 Zimmerleute (je) 0.2.0,
	1 nagar 0.1.0	1 Zimmermann 0.1.0,
	2 ašgab 0.2.0	2 Lederwerker (je) 0.2.0,
	3 ad-[K]ID 0.2.0	3 Rohrmattenflechter (je) 0.2.0,
	2 [t]úg-du$_8$ 0.2.0	2 Walker (je) 0.2.0,
	1 zadim [0.1.0]	1 Steinschneider 0.1.0,
	0.1.0 [z]à-mu	0.1.0 (für) Zamu,
	⌜šakan⌝-k[éš]	den Korbflechter(?),
	13 l[ú] 0.1.0	13 Personen (je) 0.1.0,
	0.2.0 ugula	0.2.0 (für den) Obmann,
	še-bi 4.0.0 lá 0.1.0 má-lah$_5$-me	Gerste dafür 4.0.0 minus 0.1.0: Schiff(bau)er sind sie:
	am[ar-ez]em	(unter) Amar-ezem;
	2+[1 l]ú-tir 0.1.0	3 'Waldarbeiter' (je) 0.1.0,
5 1	1 l[ú-^{giš}š]in[ig] 0.1.0	1 'Bediensteter' (bei) den Tamarisken 0.1.0,
	0.2.0 U$_2$.U$_2$	0.2.0 (für) U$_2$.U$_2$,
	s[an]ga-é-gal	den Verwalter (des) 'Palastes',
	še-bi 11.2.0 g̃iš-[k]in-ti-<me>	Gerste dafür 11.2.0: Handwerker sind sie.
	4 [l]ú 0.2.0	4 Personen (je) 0.2.0:
	še-bi 2.0.0: sipa-AMA-gan:[š]a-me	Gerste dafür 2.0.0: Hirten (der) 'Eselsstuten' sind sie;
	0.1.0 lugal-uš-MUŠ	0.1.0 (für) Lugal-uš-MUŠ,
	⌜0.1.0⌝ [u]r-^{d}dumu-zi	0.1.0 (für) Ur-Dumuzi:
	[si]pa-gu$_4$-[t]ur-tur-me	Hirten (der) Jungstiere sind sie;
	⌜0.2.0⌝ á-né-kur-ra	0.2.0 (für) Ane-kura,
	0.1.2$^{!}$(=*3) gáb-ra-ni	0.1.2 (für) seinen Viehtreiber,
	0.2.0 sag̃-g̃á-tuk-a	0.2.0 (für) Sag̃a-tuka,

	0.1.[2 g]áb-⸢ra⸣-ni	0.1.2 (für) seinen Viehtreiber;
6	10 ⸢lú⸣ 0.1.0	10 Personen (je) 0.1.0,
	0.2.0 ugula	0.2.0 (für den) Obmann,
	še-bi 3.0.0 é-ì-gará-sù	Gerste dafür 3.0.0 (an) E-i-gara-su;
	10 lá 1 lú 0.1.0	10 minus 1 Person (je) 0.1.0,
	0.2.0 ugula	0.2.0 (für den) Obmann,
	še-[b]i 3.0.0 ⸢lá⸣ 0.1.0 ú-du	Gerste dafür 3.0.0 minus 0.1.0 (an) Udu;
	0.1.0 ur-pu$_6$-sag̃	0.1.0 (für) Ur-pusag̃,
	0.1.0 amar-kuara^{ki}	0.1.0 (für) Amar-Ku'ara,
	⸢0.1.0⸣ [g̃í]r-su-ki-du$_{10}$	0.1.0 (für) Girsu-kidu:
	šu-ku$_6$-a-du$_{10}$-ga-me	Süßwasserfischer sind sie.
	0.2.0 nig̃in-mud	0.2.0 (für) Nig̃in-mud,
	2 gáb-ra-ni 0.2.0	2 seiner Viehtreiber (je) 0.2.0,
	[0.2.0 e]n-DU	0.2.0 (für) En-DU,
	0.2.0 gáb-ra-ni	0.2.0 (für) seine! Viehtreiber,
7	0.2.0 lugal-da-nu-me-a	0.2.0 (für) Lugalda-nume'a:
	sipa-udu-siki-ka-me	Hirten der Wollschafe sind sie;
	4 lú 0.2.0	4 Personen (je) 0.2.0,
	še-bi 2.0.0 ugula-íl-me	Gerste dafür 2.0.0: Obleute (der) Träger sind sie;
	1 lú 0.2.0	1 Person 0.2.0,
	⸢5⸣ lú 0.1.2	5 Personen (je) 0.1.2,
	še-b[i 2].0.4 nu-kiri$_6$-me	Gerste dafür 2.0.4: Gärtner sind sie;
	4 lú 0.2.0	4 Personen (je) 0.2.0,
	še-bi 2.0.0 ur-šul	Gerste dafür 2.0.0 (an) Ur-Šul;
	2 lú 0.2.0	2 Personen (je) 0.2.0,
	1 lú 0.1.0	1 Person 0.1.0,
	še-bi 1.1.0 amar-ezem	Gerste dafür 1.1.0 (an) Amar-ezem;
	3 lú 0.2.0	3 Personen (je) 0.2.0,
R 8	še-bi 1.2.0 e-ta-e$_{11}$	Gerste dafür 1.1.0 (an) Eta'e:
	azlàg-me	Wäscher sind sie.
	0.2.0 g̃išgal-si	0.2.0 (für) Gišgal-si,
	0.2.0 ^{d}nanše-da-nu-me-a	0.2.0 (für) Nanšeda-nume'a:
	ugula-ki-siki-ka-me	Obleute des 'Wollortes' sind sie;
	0.2.0 lugal-pa-è	0.2.0 (für) Lugal-pa'e,

	si[p]a-šáḫ	den Schweinehirten,
	4 lú 0.2.0	4 Personen (je) 0.2.0,
	še-bi 2.0.0 amar-gir[íd]$^{ki[!]}$	Gerste dafür 2.0.0 (an) Amar-Girid;
	0.2.0 i-[l]í-be$_{6}$-lí	0.2.0 (für) *Ilī-bēlī*:
	lú-bappìr-me	Brauer sind sie;
9 1	0.2.0 úr-mud	0.2.0 (für) Ur-mud,
	0.1.0 ú-bil-ni	0.1.0 (für) seinen 'Heizer',
	0.2.0 bará-zi	0.2.0 (für) Bara-zi:
	[a]grig-me	Hausverwalter sind sie;
	0.2.0 en-ig-gal	0.2.0 (für) En-iggal,
	nu-bandà	den Generalverwalter,
	0.2.0 gi-n[u]m	0.2.0 (für) *Kīnum*,
	ka-šakan	den Vorsteher (des) 'Fettlagers',
	0.2.0 nita-zi	0.2.0 (für) Nitazi,
	sagi	den Mundschenken,
	0.2.0 amar-giríd^{ki}	0.2.0 (für) Amar-Girid,
	muḫaldim	den Bäcker/Koch,
	0.2.0 en-ušur$_{4}$-ré	0.2.0 En-ušure,
	[l]ú-é-[ni]nda-ka	den 'Bediensteten' des 'Vorratshauses',
	0.2.0 ḫa-ma-ti	0.2.0 (für) Ḫamati,
10 1	0.2.0 sağ-^{d}nin-ğír-su-da	0.2.0 (für) Sağ-Nin-Girsuda,
	0.2.0 šeš-kur-ra	0.2.0 (für) Šeš-kura,
	0.1.0 lugal-⌈mu⌉-da-kúš	0.1.0 (für) Lugal-mudakuš:
	[m]uḫaldim-me	Bäcker/Köche sind sie;
	0.1.0 ^{d}nin-[ğír-s]u-[l]ú-mu	0.1.0 (für) Nin-Girsu-lumu,
	sukkal	den Boten,
	0.1.0 ur-du$_{6}$	0.1.0 (für) Ur-du,
	ì-du$_{8}$	den Pförtner,
	3 gáb-dan$_{6}$(=UŠxKID$_{2}$$^{!}$) 0.2.0	3 Reiniger (je) 0.2.0;
	[0.2.0] en-n[a]-UD-m[u]	0.2.0 (für) Enna-UD-mu,
	0.2.0 šeš-TUR	0.2.0 (für) Šeš-TUR,
	⌈0.2.0⌉ [e]n-DU	0.2.0 (für) En-DU:
	lú-IGI.NIGIN$_{2}$-didli-<me>	Einzelne Leute (von) 'Ansehen' sind sie;
11 1	0.2.0 ur-^{d}nin-SAR	0.2.0 (für) Ur-Nin-SAR,
	⌈lú⌉-zi-ga	den Mann des 'Aufgebotes',
	[0.2.0] ur-[d]am	0.2.0 (für) Ur-dam,
	lú-[éš]-gíd	den Feldvermesser,

	5	0.2.0 a-ba-DI	0.2.0 (für) Aba-DI,
		⌜0.2.0⌝ e[n]-bi	0.2.0 (für) Enbi,
		0.2.0 amar-gir[íd]	0.2.0 (für) Amar-Girid:
		dub-sar-⌜*me⌝	Schreiber sind sie;
		⌜7⌝ baḫár 0.1.0	7 Töpfer (je) 0.1.0,
	10	š[e]-bi 2.0.0 lá	Gerste dafür 2.0.0 minus
		0.1.0 i$_7$-mud	0.1.0 (an) I-mud;
		0.2.0 URI$_x$(= LAK 526)	0.2.0 (für) URI$_x$,
		gáb-ra-udu-⌜níĝ-kú-a⌝	den Treiber der Mast-schafe.
12	1	šu-niĝín 3,20 lá 1 + 1	**Zusammen** 200 minus 1 + 1
		l[ú 0.2.0]	Männer (je) 0.2.0,
		⌜7⌝ lú 0.1.2	7 Personen (je) 0.1.2,
		1,0[+4 lú] 0.1.0	64 Personen (je) 0.1.0.
13	1	gú-an-šè 4,30+1 lú	**Insgesamt** 270 + 1 Personen
		še-ba-tur-[ma]ḫ-ba	(mit) Gerstezuteilungen, darunter kleine (und) große,
		še-b[i] 2,0.0.0 lá	Gerste dafür 120.0.0 minus
		2.0.4 gur-saĝ-ĝál	2.0.4 Haupt-Gur;
		[še]-ba-⌜lú⌝-P[A]D-dab$_5$-ba-^{d}ba-b[a$_6$]	Gerstezuteilungen der Baba für die Leute, die ein Versorgungslos übernommen haben;
	5	⌜ša$_6$-ša$_6$⌝	Šaša,
		dam-uru-inim-g[i]-n[a]	die Frau des Uru-inimgina,
		luga[l]-	des Königs
	*	⌜lagaš^{ki}-ka⌝	von Lagaš.
		itu-ezem-^{d}ba-ba$_6$-ka	Im Monat 'Fest der Baba'
14	1	en-ig-gal	hat En-iggal,
		nu-bandà	der Generalverwalter,
		⌜ĝanun-^{d}ba-ba$_6$⌝-ta	aus dem Speicher der Baba
		e-ne-ba 3.	ihnen (dies) zugeteilt. 3. (Jahr).
	5	⌜4-ba-am$_6$⌝	Die 4. Zuteilung ist es.

Anmerkungen:

(9:2) Diese Berufsbezeichnung ist in Nr. 11 = STH 12 11:3 als ú-bil-é-muḫaldim "'Heizer' in der Küche" und verschiedentlich in der Schreibung ú-bil(-la) DP 121 8:4, Nr 81 = BIN 8, 354 8:3 bezeugt. Von A. Deimel ŠL III/1, 99 als "frische Kräuter Versorger" gedeutet, ist der Beruf sicher mit *upe/illû(m)* "Holzkohle, Köhler" (AHw 1423) zusammenzubringen. Dies sollte jedoch nicht dazu verführen, die Übersetzung einfach zu übernehmen; vgl. J. Bauer in AfO 36/37 (1989/90) 81 zur Kritik an meiner Übersetzung "'Röster'". In unseren Texten fehlt jeglicher Hinweis, der etwa eine Deutung "Köhler", d.i. ein "Kohlenbrenner, der Holzkohle im Meiler brennt" (Der Große Herder, Bd. 4, 540, Freiburg 1954) stützte. Die sumerische Berufsbezeichnung bedeutet doch etwa 'einer, der Reisig o.ä. verbrennt', weshalb ich nunmehr "'Heizer'" vorschlage, da seine Tätigkeit in Brauerei und Küche wohl mit dem Heizen, Rösten, o.ä. zusammenhängt. Zum nunmehr als "'Röster'" verstandenen Beruf gir_4-bil vgl. unten zu Nr. 32 11:7

(13:2) Das Minuszeichen "lá" ist hier über die gesamte Zahl 2.0.4 geschrieben. Im Unterschied zu Nr. 7 und 8 ist in diesem Falle also der gesamte Betrag von den 2,0.0.0 Haupt-Gur abzuziehen. Die Addition der Einzeleintäge, der Summenvermerk und die Summa summarum stimmen in diesem Text miteinander überein und sind korrekt.

10 = STH 1, 11

Text: HSM 904.6.2 (früher 3651); Maße: H.: 13,6cm; Br.: 13,4cm; Nicht kollationiert (vom HSM ausgeliehen);
Umschrift: A. Deimel Or 34/35, 22ff.;
Parallelen: Nr. 7 (Ukg. L 3/(9)<[1]>); weiter VAT 4658 (= AWAB Nr. 1) (Ukg. L 2/(10)<3>); TSA 20 (Ukg. L 2(?)[13]/(11)<4>); Nr. 55 (Ukg. L 2/(11)<4>); Nr. 118 3/(10)<2>; Nr. 8 (Ukg. L 3/(11)<3>); Nr. 9 (Ukg. L 3/(12)<4>); vgl. Nr. 68 (Ukg. L 3/[12(?)]);
Datum: Ukg. L 3/(9)<[1]>; Typ: I-A-1.(A/1);
Inhalt: Gerstezuteilungen der Baba für die Leute, die ein Versorgungslos übernommen haben.
Gliederung:

RU-lugal (mit Rubrum):	*1:01-2:12*
1. Gruppe (mit Zws. unter Ur-sag̃):	*1:01-1:03*
2. Gruppe (mit Zws. unter Ur-Šerda):	*1:04-1:05*
3. Gruppe (mit Zws. unter KA.KA):	*1:06-1:09*
4. Gruppe (mit Zws. unter E-nam):	*1:10-2:01*
5. Gruppe (mit Zws. unter Šeš-lu-du):	*2:02-2:04*
6. Gruppe (mit Zws. unter E-melam-su):	*2:05-2:07*
7. Gruppe (mit Zws. unter Inimani-zi):	*2:08-2:11*
'Gefolgsleute' (mit Rubrum):	*2:13-3:04*
1. Gruppe (mit Zws. unter Amar-ki):	*2:13-2:15*
2. Gruppe (mit Zws. unter Dam-dingirmu):	*3:01-3:03*
Gestütspersonal (mit Zws. und Rubrum):	*3:05-3:09*
Hirten der Gespannesel (mit Rubrum):	*3:10-3:12*
Handwerker (mit Zws. und Rubrum):	*3:13-4:14*
Schiff(bau)er (mit Zwischen-Zws., Rubrum unter Amar-ezem):	*4:05-4:09*
Hirten der 'Eselsstuten' (mit Zws. und Rubrum):	*4:15-5:01*
Rinderhirten (mit Rubrum):	*5:02-5:04*
*Pflugführer (**ohne** Rubrum):*	*5:05-5:08*
Süßwasserfischer (mit Rubrum):	*5:09-6:04*
1. Gruppe (mit Zws. unter E-i-gara-su):	*5:09-5:11*
2. Gruppe (mit Zws. unter Udu):	*5:12-5:14*

[13] Zur Möglichkeit eines Kopierfehlers bei dieser Jahreszahl vgl. unten den Kommentar zu Nr. 55.

Einzelne Fischer	*6:01–6:03*
Hirten der Wollschafe (mit Rubrum):	*6:05–6:10*
Obleute der Träger (mit Zws. und Rubrum):	*6:11–6:12*
Gärtner (mit Zws. und Rubrum):	*6:13–7:01*
<u>Wäscher</u> (mit Rubrum):	*7:02–7:10*
1. Gruppe (mit Zws. unter Ur-Šul):	*7:02–7:03*
2. Gruppe (mit Zws. unter Amar-ezem):	*7:04–7:07*
3. Gruppe (mit Zws. unter Eta'e):	*7:08–7:09*
Obleute des 'Wollortes' (mit Rubrum):	*7:11–7:13*
Hausverwalter (mit Rubrum):	*8:01–8:07*
Verschiedene Berufe (Schweinehirt, Generalverwalter, Vorsteher des 'Fettlagers', Mundschenk, Bäcker/Koch usw.):	*8:08–9:05*
Bäcker/Köche (mit Rubrum):	*9:06–9:10*
Bote und Pförtner:	*9:11–9:14*
Reiniger:	*9:15*
Leute von 'Ansehen' (mit Rubrum):	*9:16–10:2*
Mann des 'Aufgebotes' und Feldvermesser:	*10:03–10:06*
Schreiber (mit Rubrum):	*10:07–10:10*
Töpfer (mit Zws. und Rubrum):	*10:11–10:13*
Treiber der Mastschafe:	*10:14–10:15*
<u>Summenformel:</u>	*11:01–11:03*
<u>Schlußformel</u> (Summa summarum, Klassifikation, Transaktionsformular, Datum):	*12:01–13:07*

1	1	⸢14⸣ [l]ú še-ba 0.2.0	14 Personen: Gerstezuteilung (je) 0.2.0,
		še-bi 7.0.0 gur-sag̃-g̃ál	Gerste dafür 7.0.0 Haupt-Gur
		[u]r-sag̃	<u>(an) Ur-sag̃;</u>
		16 lú 0.2.0	16 Personen (je) 0.2.0,
	5	⸢še-bi⸣ 8.0.0 ⸢ur-$^{d-šè}$⸣šer$_7$-⸢da⸣	Gerste dafür 8.0.0 <u>(an) Ur-Šerda;</u>
		20 lá 3 ⸢lú⸣ 0.2.0	20 minus 3 Personen (je) 0.2.0,
		⸢še-bi⸣ 8.2.0	Gerste dafür 8.2.0,
		0.1.0 ⸢gáb-ra-ni⸣	0.1.0 (für) seinen Viehtreiber:
		⸢KA.KA⸣	<u>(an) KA.KA;</u>
	10	10 [l]ú 0.2.0	10 Personen (je) 0.2.0,
		⸢še⸣-bi 5.0.0	Gerste dafür 5.0.0
2	1	[é-nam]	<u>(an) E-nam;</u>
		1⸢4⸣ ⸢lú⸣ 0.2.0	14 Personen (je) 0.2.0,
		še-bi 7.0.0	Gerste dafür 7.0.0
		šeš-[l]ú-du$_{10}$	<u>(an) Šeš-lu-du;</u>
	5	6 lú 0.2.0	6 Personen (je) 0.2.0,

še-bi 3.0.0	Gerste dafür 3.0.0
é-me-lám-sù	(an) E-melam-su;
12 lú 0.2.0	12 Personen (je) 0.2.0,
1 lú 0.1.0	1 Person 0.1.0,
še-bi 6.1.0	Gerste dafür 6.1.0
⸢inim⸣-ma-⸢ni⸣-zi	(an) Inimani-zi:
⸢RU⸣-[l]ugal-[m]e	'Untergebene' (des) Königs sind sie.
20 lú 0.2.0	20 Personen (je) 0.2.0,
še-bi 10.0.0	Gerste dafür 10.0.0
amar-ki	(an) Amar-ki;
3 1 [14 l]ú 0.2.0	14 Personen (je) 0.2.0,
⸢*še⸣-bi 7.0.0	Gerste dafür 7.0.0
dam-dingir-mu	(an) Dam-dingirmu:
a[g]à-ús-me	'Gefolgsleute' sind sie.
5 lú 0.2.0	5 Personen (je) 0.2.0,
2 lú 0.1.0	2 Personen (je) 0.1.0,
še-bi 3.0.0	Gerste dafür 3.0.0
⸢ğír⸣-nun	(an) Girnun,
gáb-KAS$_4$	den Kutscher(?);
0.2.0 zà-mu	0.2.0 (für) Za-mu,
0.2.0 lugal-mu	0.2.0 (für) Lugalmu:
sipa-anše-EREN$_2$-ka-[m]e	Hirten der Gespannesel sind sie;
2 simug ⸢0.2.0⸣	2 Schmiede (je) 0.2.0,
2 nagar [0.2.0]	2 Zimmerleute (je) 0.2.0,
1 nagar 0.1.0	1 Zimmermann 0.1.0,
2 ašgab 0.2.0	2 Lederwerker (je) 0.2.0,
3 ad-KID 0.2.0	3 Rohrmattenflechter (je) 0.2.0,
4 1 2+2 túg-du$_8$ 0.2.0	2+2 Walker (je) 0.2.0,
1 zadim 0.1.0	1 Steinschneider 0.1.0,
0.1.0 zà-mu	0.1.0 (für) Za-mu,
šakan-kéš	den Korbflechter(?),
13 lú 0.1.0	13 Personen (je) 0.1.0,
⸢0.2.0⸣ ugula	0.2.0 (für) den Obmann,
še-b[i] ⸢4.0.0⸣ lá 0.1.0	Gerste dafür 4.0.0 minus 0.1.0:
⸢má-laḫ$_5$⸣-me	Schiff(bau)er sind sie:
amar-ezem	(unter) Amar-ezem;
3 lú-tir 0.1.0	3 'Waldarbeiter' (je) 0.1.0,
1 lú ši[n]ig 0.1.0	1 'Bediensteter' (bei) den Tamarisken 0.1.0,
0.2.0 U$_2$.U$_2$	0.2.0 (für) U$_2$.U$_2$,

		sanga-é-gal	den Verwalter des 'Palastes',
		še-bi 12.2.0 [g̃i]š-kin-ti-me	Gerste dafür 12.2.0: Handwerker sind sie.
	15	4+1 lú 0.2.0	4+1 Personen (je) 0.2.0,
		še-bi 2.0.0 + 0.2.0	Gerste dafür 2.0.0 + 0.2.0:
5	1	sipa-AMA-an:ša:gan-me	Hirten der 'Eselsstuten' sind sie;
		0.1.0 lugal-uš-MUŠ	0.1.0 (für) Lugal-uš-MUŠ,
		0.1.0 ur-^{d}dumu-zi	0.1.0 (für) Ur-Dumuzi:
		sipa-gu$_4$-me	Rinderhirten sind sie;
	5	0.2.0 á-né-kur-ra	0.2.0 (für) Ane-kura,
		0.1.2 gáb-ra-ni	0.1.2 (für) seinen Viehtreiber,
		0.2.0 sag̃-[m]u-AB-*tuku	0.2.0 (für) Sag̃mu-AB-tuku,
		0.1.2$^{!}$(=0.2.0) ⸢gáb⸣-ra-⸢x⸣-ni	0.1.2(!) (für) seine(n) Viehtreiber;
		10 lú 0.1.0	10 Personen (je) 0.1.0,
	10	0.2.0 ugula	0.2.0 (für den) Obmann,
		š[e]-bi 3.0.0 é-ì-gará-sù	Gerste dafür 3.0.0 (an) E-i-gara-su;
		10 lá 1 lú 0.1.0	10 minus 1 Person (je) 0.1.0,
		0.2.0 ugula	0.2.0 (für den) Obmann,
		še-bi 3.0.0 lá 0.1.0 ú-d[u]	Gerste dafür 3.0.0 minus 0.1.0 (an) Udu;
6	1	0.1.0 ur-pu$_6$-sag̃	0.1.0 (für) Ur-pusag̃,
		0.1.0 amar-kuara$^{[k]i}$	0.1.0 (für) Amar-Ku'ara,
		0.1.0 g̃ír-su-⸢ki⸣-du$_{10}$	0.1.0 (für) Girsu-kidu:
		šu-ku$_6$-a-du$_{10}$-ga-me	Süßwasserfischer sind sie.
	5	0.2.0 nig̃in-mud	0.2.0 (für) Nig̃in-mud,
		1.0.0 gáb-ra-ni	1.0.0 (für) seine Viehtreiber,
		0.2.0 en-DU	0.2.0 (für) En-DU,
		0.2.0 gáb-ra-ni	0.2.0 (für) seinen Viehtreiber,
		0.2.0 lu[g]al-da-nu-me-a	0.2.0 (für) Lugalda-nume'a:
	10	sipa-udu-siki-ka-me	Hirten der Wollschafe sind sie;
		4 lú 0.2.0	4 Personen 0.2.0,
		še-bi 2.0.0 ugula-íl-me	Gerste dafür 2.0.0: Obleute (der) Träger sind sie;
		1 lú 0.2.0	1 Person 0.2.0,
		5 lú 0.[1].⸢2⸣	5 Personen (je) 0.1.2,
	15	še-bi 2.1.2$^{sic!}$	Gerste dafür 2.1.2(!):
7	1	nu-kiri$_6$-me	Gärtner sind sie;
		4 lú 0.2.0	4 Personen (je) 0.2.0,
		še-bi 2.0.0 ur-šul	Gerste dafür 2.0.0 (an) Ur-Šul;

	2 lú 0.2.0	2 Personen (je) 0.2.0,
	1 lú 0.1.0	1 Person 0.1.0,
	še-bi 1.1.0	Gerste dafür 1.1.0
	amar-ezem	(an) Amar-ezem;
	3 lú 0.2.0	3 Personen (je) 0.2.0,
	še-bi 1.2.0 e-ta-e$_{11}$	Gerste dafür 1.2.0 (an) Eta'e:
	azlàg-me	Wäscher sind sie.
	0.2.0 g̃išgal-si	0.2.0 (für) Gišgal-si,
	0.2.0 ^{d}nanše-da-nu-me-a	0.2.0 (für) Nanšeda-nume'a:
	ugula-ki-siki-ka-me	Obleute des 'Wollortes' sind sie;
R 8 1	0.2.0 úr-mud	0.2.0 (für) Ur-mud,
	0.2.0 ì-lí-be$_{6}$-lí	0.2.0 (für) *Ilī-bēlī*,
	4 lú 0.2.0	4 Personen (je) 0.2.0:
	še-b[i 3.0.0]	Gerste dafür 3.0.0
	amar-gi[ríd^{ki}]	an Amar-Girid;
	0.2.0 bará-z[i]-šà-g̃á[l]	0.2.0 (für) Bara-zi-ša-g̃al:
	agrig-*m[e]	Hausverwalter sind sie;
	0.2.0 lugal-pa-è	0.2.0 (für) Lugal-pa'e,
	sipa-šáh̬	den Schweinehirten,
	0.2.0 ⸢en-ig-gal⸣	0.2.0 (für) En-iggal,
	⸢nu-bandà⸣	den Generalverwalter,
	0.2.0 gi-num	0.2.0 (für) *Kīnum*,
	ka-šakan	den Vorsteher (des) 'Fettlagers',
	0.2.0 nita-zi	0.2.0 (für) Nitazi,
9 1	⸢sagi-mah̬⸣	den Obermundschenken,
	0.2.0 ⸢amar-giríd^{ki}⸣	0.2.0 (für) Amar-Girid,
	muh̬aldim	den Bäcker/Koch,
	0.2.0 en-ušùr	0.2.0 (für) En-ušur,
	lú-é-ninda-ka	den 'Bediensteten' des 'Vorratshauses',
	0.2.0 h̬a-ma-ti	0.2.0 (für) H̬amati,
	0.2.0 [s]ag̃!-$^{[d]}$nin-[g̃í]r-[su]-⸢da⸣	0.2.0 (für) Sag̃-Nin-Girsuda,
	0.2.0 [š]eš-kur-ra	0.2.0 (für) Šeš-kura,
	0.1.0 [l]ugal-mu-da-[k]úš	0.1.0 (für) Lugal-mudakuš:
	⸢muh̬aldim-me⸣	Bäcker/Köche sind sie;
	0.1.0 [^{d}ni]n-[g̃]ír-su-[l]ú-mu	0.1.0 (für) Nin-Girsu-lumu,
	sukkal	den Boten,

	⸢0.1.0 ur⸣-du$_6$	0.1.0 (für) Ur-du,
	ì-du$_8$	<u>den Pförtner,</u>
	3 [g]áb-dan$_6$(=UŠxKID$_2$!)	3 Reiniger (je) 0.2.0;
	0.2.0	
	0.2.0 en-na-UD-mu	0.2.0 (für) Enna-UD-mu,
	0.2.0 šeš-TUR	0.2.0 (für) Šeš-TUR
10	0.2.0 en-DU	0.2.0 (für) En-DU:
	lú-IGI.NIGIN$_2$-didli!	<u>Einzelne Leute (von) 'Anse-</u>
		<u>hen' (sind sie);</u>
	0.2.0 ur-^{d}nin-SAR	0.2.0 (für) Ur-Nin-SAR,
	lú-zi-ga	<u>den Mann des 'Aufgebotes',</u>
	*⸢<u>0.2.0</u> ur-dam⸣	<u>0.2.0</u> (für) Ur-dam,
	[l]ú-[éš-gí]d	<u>den Feldvermesser,</u>
	⸢0.2.0⸣ [a-b]a-DI	0.2.0 (für) Aba-DI,
	⸢0.2.0⸣ [e]n-bi	0.2.0 (für) Enbi,
	0.2.0 ⸢amar-girídki⸣	0.2.0 (für) Amar-Girid:
	[d]ub-sar-me	<u>Schreiber sind sie;</u>
	7 ⸢baḫár⸣ 0.1.0	7 Töpfer (je) 0.1.0,
	⸢še⸣-bi 2.0.0 lá	Gerste dafür 2.0.0 minus
	0.1.0	0.1.0
	i$_7$-[mud]	<u>(an) I-mud;</u>
	⸢0.2.0⸣ URI$_x$(= LAK 742)	0.2.0 (für) URI$_x$,
	gáb-ra-u[d]u-n[í]g̃-	<u>den Treiber der Mast-</u>
	k[ú-a]	<u>schafe.</u>
11	šu-nig̃ín 3,20 lá 1?	**Zusammen** 200 minus 1(?) +
	<<u>4</u>> ⸢lú⸣ 0.2.0	<<u>4</u>> Personen (je) 0.2.0,
	7 ⸢lú⸣ 0.1.2	7 Personen (je) 0.1.2,
	1,1? ⸢lú⸣ 0.1.0	61(?) Personen (je) 0.1.0.
12	gú-an-šè 4,30 lá 3	**Insgesamt** 270 minus 3 Personen
	lú-še-ba-tur-maḫ-ba	(mit) Gerstezuteilungen,
		darunter kleine (und) große,
	še-bi 2,0.0.0 lá	Gerste dafür 120.0.0 minus
	3.0.0 lá 0.0.2 + [<u>x.0.0</u>]	3.0.0 minus 0.0.2 + [<u>x.0.0</u>]
	<u>0.2.0</u> gur-⸢sag̃-g̃ál⸣	(plus) <u>0.2.0</u> Haupt-Gur;
	še-ba-⸢lú-PAD-dab$_5$⸣-	Gerstezuteilungen der Baba
	ba-	für die Leute, die ein Versor-
	^{d}ba-ba$_6$	gungslos übernommen haben;
	[š]a$_6$-[š]a$_6$	Šaša,
	dam-uru-⸢inim-gi-na⸣	die Frau des Uru-inimgina,
	lugal-	des Königs
	⸢lagaš⸣^{ki}-ka	von Lagaš.

13	itu-ezem-munu$_4$-⸢kú⸣-	Im Monat des Festes 'Malz-Essen
	⸢d⸣nanše-⸢ka⸣	der Nanše'
	⸢en-ig⸣-gal	hat En-iggal,
	nu-bandà	der Generalverwalter,
	g̃anun-SAR-ta	aus dem SAR-Speicher heraus
	e-ta-g̃ar 3.	(ihnen dies) ausgeliefert. 3. (Jahr).
	[1]-ba-am$_6$	Die 1. Zuteilung ist es.

Anmerkungen:

Der Text ist heute in einem schlechteren Erhaltungszustand als zum Zeitpunkt der Kopie durch M.I. Hussey. Besonders auf der Rückseite ist heute weniger zu erkennen. Wenn die Jahreszahl richtig kopiert ist, so besäßen wir in Nr. 10 ein "Scheinduplikat" zu Nr. 7: Während dort im Datumsvermerk der Monatsname nur teilweise, dafür aber die Zuteilungsnummer ganz erhalten ist, ist in 10 nur der Monatsname erhalten. Die Zuteilungsnummer muß entsprechend ergänzt werden.

Die Texte Nr. 7 und 10 unterscheiden sich vor allem zu Beginn. Umso erstaunlicher ist die Übereinstimmung, die, soweit erkennbar, zwischen den Summenformeln und den Schlußformeln beider Urkunden herrscht. Da Hussey die 'Parallelität' beider Texte nach Ausweis ihres Katalogs auf S. 2 von STH 1 nicht erkannt zu haben scheint, wird ihre Kopie von 10 nicht nach 7 gefertigt sein, so daß sie auch in diesem Falle korrekt sein dürfte.

Hinsichtlich der leicht abweichenden Gliederung beider Urkunden läßt sich erkennen, daß 10 sich an den Vorgängertexten Nr. 5 = STH 1, 6 (Ukg. E 1/(9)), Nr. 6 = STH 1, 7 (Ukg.L 2/(10)) und VAT 4658 (Ukg.L 2/(10)) Nr. 55 (Ukg.L 2/(11)) orientiert, während Nr. 7 wie die nur ein bis drei Monate jüngeren Texte Nr 118, Nr. 8 und Nr. 9 aufgebaut ist. Vgl. bereits oben zu Nr. 7 und vgl. unten den Kommentar zu Nr. 68.

(1:1-3) In Nr. 6, VAT 4658 und Nr. 55 ist Ur-sag̃ noch ohne eigene Arbeitergruppe; Nr. 7 bezeichnet ihn als gal:UN 'Aufseher'. Die dort im Kommentar zu 1:1-4 gemachte Beobachtung, daß auch die engar-ki-gub und die RI.ḪU ihm unterstellt sind, wird durch unsere Urkunde erneut bestätigt.

Zur vermuteten Zugehörigkeit dieser Personen zur Gruppe der RU-lugal s. ebd.

C. Wilcke macht darauf aufmerksam, daß bereits nach DP 130 1:8 ur-sag̃ als Vorsteher einer Personengruppe bezeugt ist. Dabei handelt es sich allerdings um einen anderen Texttyp: Er verzeichnet die Zuteilung der ninda-GANA$_2$-maš, und ist nur bedingt mit unserem Texttyp vergleichbar. Über DP 229 mit dem Monatsnamen itu-ninda-GANA$_2$-maš(-ka) und einer 1. monatlichen Gerstezuteilung, kann aber immerhin wahrscheinlich gemacht werden, daß mit Beginn des Rechnungsjahres Ukg. L 3 Ur-sag̃ zum Vorsteher dieser Gruppe befördert wurde.

(4:14) Die Summe der Rationen der mit dem 'runden' Griffelende notierten Handwerker beläuft sich nur auf 11.2.0 (so korrekt in Nr. 7 4:19). Allerdings nennt unser Text in 4:1 zwei zusätzliche Walker, deren Rationen mit keilförmigen Zeichen geschrieben sind. Sind diese hier, gegen die 'Orthographie', in der Summenmenge mit berücksichtigt?

(5:8) Die Getreidemenge ist nach den Parallelen, vor allem Nr. 7 = STH 1, 8 5:10, von 0.2.0 in 0.1.2 zu verbessern.

(6:6) Zur Interpretation dieser Zeile siehe den Kommentar zu Nr. 7 6:7 und 8 6:13.

(6:13–7:1) Bei der Addition der Getreidemenge der Gärtner liegt offensichtlich ein Fehler vor. Das korrekte Ergebnis wäre 2.0.4. Der gleiche Fehler findet sich auch in Nr. 7 6:14–7:1!

(11:1–3) Die Summenformel ist anscheinend identisch mit der von Nr. 7. Zu ergänzen sind in jedem Falle die vier Personen, die mit den keilförmigen Zeichen notiert waren. Dies sind die zwei Walker aus 4:1, der eine Hirt der 'Eselsstuten' aus 4:15 und der Feldvermesser Ur-dam aus 10:5–6. Vgl. auch zu Nr. 7 11:1–4.

Nach der Addition der Einzeleinträge dieses Textes komme ich hinsichtlich der Verteilung der Rationen und ihrer Empfänger zu folgendem Ergebnis: Beim Ansatz von zwei Viehtreibern mit 0.2.0 in 6:6 erhalten 200 + <u>4</u> Personen 0.2.0 Gerste, 7 Personen 0.1.2, aber nur 59 bekommen 0.1.0.- Offensichtlich hat sich der Schreiber beim Zusammenzählen geirrt und eine Person, die 0.2.0 erhält als zwei Personen à 0.1.0 verbucht.

Tatsächlich ist also 1 Person weniger Rationenempfänger, weshalb sich der Rechenfehler des Schreibers bei der Getreidemenge des Schlußvermerkes nicht auswirkt.

(12:1–2) Die kopierten Zahlen der Empfänger des Summenvermerkes stimmt mit der hier angegebenen Zahl von 267 der summa summarum überein. Der Text selbst verzeichnet allerdings nur 266 + 4 Personen (vgl. oben zu 11:1–3). Wie die mit keilförmigen Zahlen geschriebenen Personen berücksichtigt wurden, ist nicht (mehr) erkennbar.

Die Gerstemenge ergibt nach den in der Summenformel kopierten wie nach den von mir nach den Einzeleinträgen errechneten Zahlen jeweils 117.0.2 Haupt-Gur. Dieses Ergebnis kann man erreichen wenn man hier, wie im hier völlig parallelen Text Nr. 7 die Zahl als 120.0.0 - (3.0.0–0.0.2) interpretiert.

11 = STH 1, 12

<u>Text:</u> HSM 904.4.17 (früher 3621); <u>Maße:</u> H.: 11,2cm; Br.: 11,3cm;
<u>Kollationiert;</u>
<u>Umschrift:</u> A. Deimel Or 34/35, 29ff.;
<u>Parallelen:</u> Nr. 69 (Ukg. L 5? od. 6?/1); Nr. 67 (Ukg. L 6/5); DP 121 (Ukg. L 6/6); Nr. 81 (Ukg. L 6/9); Nr. 12 (Ukg. L 6/10);
<u>Datum:</u> Ukg. L 3[+3?]/11; <u>Typ:</u> I-A-1.(A/1);
<u>Inhalt:</u> Gerstezuteilungen des Baba-Tempels für die Leute, die ein Versorgungslos übernommen haben.
<u>Gliederung:</u>

*<u>RU-lugal</u> **(ohne** Rubrum):*	*1:01-2:06*
1. Gruppe (mit Zws. (unter Ur-sag̃):	*1:01-1:11*
a) 'Feldarbeiter' (mit Rubrum):	*1:01-1:02*
b) Vogelverscheucher(?) (mit Rubrum):	*1:03*
c) Obmann des 'Wollortes':	*1:04-1:05*
d) Schweinehirt:	*1:06-1:07*
e) Andere Leute und Ur-sag̃:	*1:09-1:11*
2. Gruppe (mit Zws. unter Ur-Šerda):	*2:01-2:03*
3. Gruppe (mit Zws. unter Šeš-lu-du):	*2:04-2:06*
*<u>Gefolgsleute</u> **(ohne** Rubrum):*	*2:07-2:09*
Süßwasserfischer (mit Zws. unter E-inim-sisa, mit Rubrum):	*2:10-3:02*
<u>Handwerker</u> (mit Zws. und Rubrum):	*3:03-4:01*
Schiff(bau)er (mit Rubrum):	*3:10-3:12*
<u>Hirten der Gespannesel</u> (mit Rubrum):	*4:02-4:12*
a) Gestütspersonal (mit Zws. unter Lugal-kisala-DU):	*4:02-4:09*
1. Gruppe (mit Rubrum):	*4:02-4:04*
2. Gruppe (g̃iš-ḪAR-e ì-ús):	*4:05-4:09*
b) Eigentliche Hirten der Gespannesel:	*4:10-4:12*
Hirten der 'Eselsstuten' (mit Zws. und Rubrum):	*5:01-5:02*
Pflugführer (mit Rubrum):	*5:03-5:08*
Hirten der Wollschafe (mit Rubrum):	*5:09-6:04*
Treiber der Mastschafe:	*6:05-6:06*
Obleute der Träger (mit Zws. und Rubrum):	*6:07-6:08*
Gärtner (mit Zws. u. Rubrum, unter AN-a-mu):	*6:09-6:12*
<u>Wäscher</u> (mit Rubrum):	*7:01-7:10*
1. Gruppe (mit Zws. unter Ur-Šul):	*7:01-7:03*
2. Gruppe (mit Zws. unter Ur-Abba):	*7:04-7:06*

3. Gruppe (mit Zws. unter Eta'e): *7:07–7:09*
Kleiderreiniger (mit Zws. und Rubrum): *8:01–8:02*
Hausverwalter und 'Heizer': *8:03–8:05*
Brauer (mit Zws. und Rubrum): *8:06–8:10*
Verschiedene Berufe (Generalverwalter, Vorsteher des 'Fettlagers', Bäcker/Koch usw.): *8:11–9:09*
Bäcker/Köche (mit Rubrum): *9:10–9:14*
Bote, Pförtner, Feldvermesser usw.: *10:01–10:08*
Schreiber (mit Rubrum): *10:09–10:12*
Einzelne Leute von 'Ansehen' (mit Rubrum): *10:13–10:15*
Töpfer (mit Zws. und Rubrum): *10:16–11:01*
'Heizer' der Küche (mit Rubrum): *11:02–11:03*

Summenformel: *12:01–12:04*

Schlußformel (Summa summarum, Klassifikation, Transaktionsformular, Datum): *13:01–14:05*

1	1	3 lú še-ba 0.1.2	3 Personen: Gerstezuteilung (je) 0.1.2:
		engar-ki-gub-me	'Feldarbeiter' sind sie;
		4 RI.ḪU 0.1.2	4 Vogelverscheucher(?) (je) 0.1.2;
		0.1.2 ^{d}nanše-da-nu-me-a	0.1.2 (für) Nanšeda-nume'a,
	5	ugula-ki-siki-ka	den Obmann des 'Wollortes';
		0.1.2 lugal-pa-è	0.1.2 (für) Lugal-pa'e,
		sipa-šáḫ	den Schweinehirten,
		15 lú 0.1.2	15 Personen (je) 0.1.2,
		2 lú 0.1.1	2 Personen(je) 0.1.1,
	10	0.2.0 ur-sag̃	0.2.0 (für) Ur-sag̃,
		še-bi 8.2.⸢2⸣ + [0.2.0]	Gerste dafür 8.2.2 + 0.2.0
		[g]ur-sag̃-g̃á[l]	Haupt-Gur;
2	1	16 lú 0.1.0	16 Personen (je) 0.1.0,
		0.1.2 ugula	0.1.2 (für den) Obmann,
		še-bi.4.1.2 ur-$^{d\text{-}šè}$šer$_{7}$-da	Gerste dafür 4.1.2 (an) Ur-Šerda;
		15 lú 0.1.2	15 Personen (je) 0.1.2,
	5	5 lú 0.1.1	5 Personen (je) 0.1.1,
		še-bi 6.2.0 lá 0.0.1	Gerste dafür 6.2.0 minus
		šeš-lú-du$_{10}$	0.0.1 (an) Šeš-lu-du;
		20 lá 3 lú 0.1.2	20 minus 3 Personen (je) 0.1.2,
		3 lú 0.1.1	3 Personen (je) 0.1.1,

		še-bi 6.2.1 dam-	Gerste dafür 6.2.1 (an) Dam-
		dingir-mu	dingirmu;
	10	3+[2] lú ⌜0.1.2⌝	5 Personen (je) 0.1.2,
3	1	še-bi 1.2.4 é-inim-	Gerste dafür 1.2.4 (an)
		si-sá	E-inim-sisa:
		šu-k[u₆]-⌜a⌝-du₁₀-ga	Süßwasserfischer (sind sie);
		4 simug 0.1.1	4 Schmiede (je) 0.1.1,
		3 nagar 0.⌜1⌝.1	3 Zimmerleute (je) 0.1.1,
	5	7 ašgab 0.1.1	7 Lederwerker (je) 0.1.1,
		6 ad-KID 0.1.1	6 Rohrmattenflechter (je)
			0.1.1,
		1 túg-du₈ 0.1.2	1 Walker 0.1.2,
		2 túg-du₈ 0.1.1	2 Walker (je) 0.1.1,
		0.1.1 šakan-kéš	0.1.1 (für den) Korbflech-
			ter(?),
	10	12 lú 0.1.1	12 Personen (je) 0.1.1,
		0.1.2 ugula	0.1.2 (für den) Obmann:
		má-laḫ₅-me	Schiff(bau)er sind sie;
		2 lú-[t]ir 0.1.1	2 'Waldarbeiter' (je) 0.1.1,
4	1	še-bi 11.2.0 lá 0.0.1	Gerste dafür 11.2.0 minus
		g̃iš-kin-ti-me	0.0.1: Handwerker sind sie;
		1 lú 0.1.2	1 Person 0.1.2,
		4 lú 0.1.0	4 Personen (je) 0.1.0:
		anše-EREN₂-ra-ka ì-KU.	bei den Gespanneseln
		KU-éš	halten sie sich auf;
	5	8 lú 0.1.2	8 Personen (je) 0.1.2,
		4 lú 0.1.1	4 Personen (je) 0.1.1:
		g̃iš-ḪAR-e ì-ús	*an* Giš-HAR *gehen sie heran*(?);
		še-bi 5.0.4 lugal-	Gerste dafür 5.0.4 (an)
		kisal-a-DU	Lugal-kisala-DU,
		gáb-KAS₄	den Kutscher(?);
	10	0.1.2 zà-mu	0.1.2 (für) Za-mu,
		0.1.2 lugal-mu-da-kúš	0.1.2 (für) Lugal-mudakuš:
		sipa-anše-EREN₂-ka-me	Hirten der Gespannesel
			sind sie.
5	1	4 lú 0.1.0	4 Personen (je) 0.1.0,
		še-bi *1.0.0 sipa-AMA-	Gerste dafür 1.0.0: Hirten
		ša:gan-na-me	der 'Eselsstuten' sind sie;
		0.1.2 á-né-kur-ra	0.1.2 (für) Ane-kura,
		0.1.0 gáb-ra-ni	0.1.0 (für) seinen Viehtreiber,
	5	0.1.2 inim-ma-ni-zi	0.1.2 (für) Inimani-zi,
		0.1.1 gáb-ra-ni	0.1.1 (für) seinen Viehtreiber,
		0.1.2 KA.KA	0.1.2 (für) KA.KA:

	sag̃-apin-me	Pflugführer sind sie;
	⌜0.1.0⌝ nig̃in-mud	0.1.0 (für) Nig̃in-mud,
	2 lú 0.1.0	2 Personen (je) 0.1.0,
	gáb-ra-ni-me	seine Viehtreiber sind sie;
	0.1.0 en-DU	0.1.0 (für) En-DU,
	2 lú 0.1.0	2 Personen (je) 0.1.0,
	gáb-ra-ni-me	seine Viehtreiber sind sie;
6	0.1.0 lugal-da-nu-me-a	0.1.0 (für) Lugalda-nume'a,
	1 lú 0.1.0	1 Person 0.1.0,
	gáb-ra-ni	sein Viehtreiber:
	sipa-udu-siki-ka-me	Hirten der Wollschafe sind sie;
	0.1.2 URI$_x$(=LAK 526)	0.1.2 (für) URI$_x$,
	gáb-ra-udu-níg̃-kú-a	den Treiber der Mastschafe,
	4 lú 0.1.2	4 Personen (je) 0.1.2,
	š[e]-bi 1.1.2 ugula-íl-me	Gerste dafür 1.1.2: Obleute (der) Träger sind sie;
	6 [l]ú 0.1.2	6 Personen (je) 0.1.2,
	0.2.0 ugula	0.2.0 (für den) Obmann,
	še-bi 2.2.0 nu-kiri$_6$-me	Gerste dafür 2.2.0: Gärtner sind sie:
	AN-a-mu	(unter) AN-amu;
7	7 lú 0.1.0	7 Personen (je) 0.1.0,
	0.1.2 ugula	0.1.2 (für den) Obmann,
	še-bi 2.0.2 ur-šul	Gerste dafür 2.0.2 (an) Ur-Šul;
	4 lú 0.1.0	4 Personen (je) 0.1.0,
	0.1.2 u[gula]	0.1.2 (für den) Obmann,
	še-bi [1].1.2 [ur]-^{d}a[b-ba$_6$]	Gerste dafür 1.1.2 (an) Ur-Abba;
	4 lú 0.1.0	4 Personen (je) 0.1.0,
	0.1.2 ugula	0.1.2 (für den) Obmann,
	še-bi 1.1.2 e-ta-e$_{11}$	Gerste dafür 1.1.2 (an) Eta'e:
	azlág-me	Wäscher sind sie.
R 8	4 lú 0.1.1	4 Personen (je) 0.1.1,
	še-bi 1.0.4 túg-dan$_6$ (=UŠxKID$_2$!)-me	Gerste dafür 1.0.4: Kleider-reiniger sind sie;
	0.2.0 úr-mud	0.2.0 (für) Ur-mud,
	agrig	den Hausverwalter,
	0.1.2 ú-bil	0.1.2 (für den) 'Heizer';
	3 lú 0.1.2	3 Personen (je) 0.1.2,
	0.2.0 ugula	0.2.0 (für den) Obmann,

	še-bi 1.0.0 + 0.2.0	Gerste dafür 1.0.0 + 0.2.0 (an)
	amar-giríd^{ki}	Amar-Girid,
	0.2.0 ì-lí-be$_6$-lí	0.2.0 (für) *Ilī-bēlī*:
	lú-bappìr-me	Brauer sind sie;
	0.2.0 en-ig-gal	0.2.0 (für) En-iggal,
	nu-bandà	den Generalverwalter,
	0.2.0 gi-num	0.2.0 (für) *Kīnum*,
9	ka-šakan	den Vorsteher (des) 'Fettlagers',
	0.2.0 nita-zi	0.2.0 (für) Nitazi,
	sagi	den Mundschenken,
	0.2.0 amar-giríd^{ki}	0.2.0 (für) Amar-Girid,
	muḫaldim	den Bäcker/Koch,
	0.2.0 en-ušùr-ré	0.2.0 (für) En-ušure,
	lú-é-ninda-ka	den 'Bediensteten' des 'Vorratshauses',
	0.2.0 igi-zi	0.2.0 (für) Igizi,
	šu-í	den Friseur,
	0.1.2 ḫa-ma-ti	0.1.2 (für) Ḫamati,
	0.1.2 šeš-kur-ra	0.1.2 (für) Šeš-kura,
	0.1.2 lugal-šu-maḫ	0.1.2 (für) Lugal-šumaḫ,
	0.1.2 lugal-mu-da-kúš	0.1.2 (für) Lugal-mudakuš:
	muḫaldim-me	Bäcker/Köche sind sie;
10	0.1.0 ⸢^{d}⸣nin-g̃ír-su-lú-mu	0.1.0 (für) Nin-Girsu-lumu,
	sukkal	den Boten,
	0.1.0 ur-du$_6$	0.1.0 (für) Ur-du,
	ì-du$_8$	den Pförtner,
	0.2.0 gu-ú	0.2.0 (für) Gu'u,
	lú-éš-gíd	den Feldvermesser,
	0.1.2 ur-^{d}nin-SAR	0.1.2 (für) Ur-Nin-SAR,
	lú-zi-ga	den Mann des 'Aufgebotes',
	0.2.0 a-ba-DI	0.2.0 (für) Aba-DI,
	0.1.2 amar-giríd^{ki}	0.1.2 (für) Amar-Girid,
	0.⸢1⸣.2 en-bi	0.1.2 (für) Enbi:
	dub-sar-me	Schreiber sind sie;
	0.1.2 en-na-UD-mu	0.1.2 (für) Enna-UD-mu,
	0.1.2 šeš-TUR	0.1.2 (für) Šeš-TUR:
	lú-IGI.NIGIN$_2$-didli-me	Einzelne Leute (von) 'Ansehen' sind sie;
	8 lú 0.1.0	8 Personen (je) 0.1.0:
11	še-bi 2.0.0 bahár-me	Gerste dafür 2.0.0: Töpfer

			<u>sind sie;</u>
		2 lú 0.1.2	2 Personen (je) 0.1.2:
		ú-bíl-é-muhaldim-me	<u>'Heizer' (in) der Küche sind sie.</u>
12	1	šu-nigín <u>13</u> lú 0.2.0	**Zusammen** <u>13</u> Personen (je) 0.2.0,
		1,41 + <u>6</u> lú 0.1.2	101 + <u>6</u> Personen (je) 0.1.2,
		⸢5⸣6 lú 0.1.1	56 Personen (je) 0.1.1,
		55 + <u>3</u> ⸢lú⸣ 0.1.0	55 + <u>3</u> Personen (je) 0.1.0.
13	1	gú-an-šè 3,32 + <u>22</u> lú	**Insgesamt** 212 + <u>22</u> Personen (mit)
		še-ba-tur-mah̲-ba	Gerstezuteilungen, darunter kleine (und) große,
		še-bi 1,4.0.0 lá	Gerste dafür 64.0.0 minus
		0.1.0 + <u>10.0.0</u> lá	0.1.0 + <u>10.0.0</u> minus <u>0.3.0</u>
		<u>0.3.0</u> gur-sag̃-g̃ál	Haupt-Gur;
		še-[ba-l]ú-PAD-	Gerstezuteilungen des Tempels der
		[dab$_5$]-ba-	Baba für die Leute,
		é-[^{d}][b]a-ba$_6$-[k]a	die ein Versorgungslos übernommen haben;
	5	⸢ša$_6$⸣-[š]a$_6$	Šaša,
		dam-⸢uru⸣-inim-gi-⸢na⸣	die Frau des Uru-inimgina,
		lugal-	des Königs
		lagaš^{ki}-ka	von Lagaš.
14	1	en-šu-gi$_4$-gi$_4$	En-šugigi,
		agrig-ge	der Hausverwalter,
		g̃anun-še-ùr-ré-mú-a-ta	hat aus dem Speicher der ans Dach heran gewachsenen Gerste heraus
		e-ne-ba 3+[3?]. (Jahr).	ihnen (dies) zugeteilt. 6(?).
		<u>11</u>-ba-am$_6$	Die 11. Zuteilung ist es.

<u>Anmerkungen:</u>

Nr. 11 = STH 1, 12 ist bislang das jüngste Beispiel des Texttyps I-A-1. Besonders hervorzuheben ist nochmals die Tatsache, daß im sechsten Königsjahr des Uru-inimgina auch die lú-PAD-dab$_5$-ba monatliche Zuteilungen erhalten, während ihnen früher nur in den letzten vier oder fünf Monaten des Jahres Rationen augegeben wurden. Demnach besteht zu diesem Zeitpunkt in dieser Hinsicht kein Unterschied mehr zum

Personenkreis mit monatlichen Zuteilungen (Typ I-A-2. und I-A-3.). Vieles spricht für die Annahme von A. Deimel Or 34/35, 33, daß kriegerische Auseinandersetzungen es nötig machten, die lú-PAD-dab_5-ba monatlich zu entlohnen. Sie konnten sich wohl nicht mehr von den Erträgen ihrer $GANA_2$-PAD "Versorgungslos-Felder" nähren, wie sie es bisher etwa die ersten acht Monate eines Jahres taten. - Auch der Aufbau der Urkunden zeigt sich in mehreren Punkten geändert.

(1:1-2:9) Die Zwischensumme in 1:11 bezieht sich auf alle Einträge von 1:1-1:10 und beweist damit die Zusammengehörigkeit dieser Gruppe, die zunächst reichlich inhomogen erscheint. Der Leiter dieser Gruppe ist der bekannte ur-sağ. Obwohl das entsprechende Rubrum hier fehlt, gehören auch die Gruppen unter Ur-Šerda und Šeš-lu-du zu den RU-lugal. Der Gruppe unter dam-dingir-mu entsprechen in den Vorläufer-Texten noch zwei Lohnempfängergruppen, die in Nik 52 ((Ukg. L) 4) und Nr. 69 (Ukg. L $5^?$ od. $6^?$/1) noch amar-ki und dam-dingir-mu unterstellt sind, welche als agà-ús rubriziert werden. In Nr. 67 fehlt erstmals amar-ki, dam-dingir-mu, und seine Leute werden in den jüngeren Texten dann zu den RU-lugal gerechnet. Demnach ist zu fragen, ob RU-lugal als Oberbegriff auch die agà-ús umfassen konnte, oder ob sich in der veränderten Rubrizierung eine echte Reorganisation des Personals wiederspiegelt.

(2:10-3:1) Nach den vorausgegangenen Erläuterungen bezieht sich das Rubrum "Süßwasserfischer" in 3:2 nur auf diese Personengruppe.

(4:4) Beachte, daß die von R. Biggs JCS 20 (1966) 77 vorgenommene Unterscheidung von DUR_2 *versus* KU, die für andere frühe Texte zutrifft, im Lagaš-Archiv nicht gegeben zu sein scheint. Diesen Eindruck hat mir freundlicherweise P. Steinkeller brieflich bestätigt. Vgl. weiter I.J. Gelb et al. OIP 104, 55.

(4:7) ğiš-ḪAR hatte J. Bauer AWL 59 zu 2 III 1 als 'eine Arbeit am Kanal' zu bestimmen versucht. Vgl. Fö 130 3:1.3 und vor allem TSA 23 10:6-7 mit kin-dù-a(-)ğiš-ḪAR-kam. Zu vergleichen ist dann vielleicht ***dulla(m)/tupšikka(m)/ilka(m)*** ***emēdu(m)*** "d./t./i.-Arbeit auferlegen" (AHw 211f.) [Unsicher bleibt auch, ob -/e/ in ğiš-ḪAR-e als Kasusmorphem zu verstehen ist, oder ob eine (defektive) Schreibung für g̃iš-Ḫ̮AR-e(g)-ak-(e/a(?)) vorliegen könnte. - Mit Lok./Term. findet sich ús sehr oft in der Bedeutung 'angrenzen' o.ä. Zu den Gleichungen ús = *dâšu*, *diāšu(m)*, *emēdu(m)*, *malû(m)*, *redû(m)* und *šakānu(m)* s.a. ISL I 1, 520f.] - An all unseren Belegen kann jedoch m.E. das Vorliegen einer Ortsangabe nicht völlig ausgeschlossen werden.

Bei den 11 g̃iš-Ḫ̮AR/kín in RTC 21 1:4 handelt es sich offenkundig um Gerätschaften; vgl.a. DP 490 2:4.5, ferner B. Foster USP 38; CAD K 453. Beachte auch, giš-kín = *kiškanû(m)* 'ein Baum' und daraus gemachte Gegenstände AHW 491; CAD K 453 und J. Bauer AoN 11. Bauer argumentiert hier für die Beibehaltung seines in AWL gemachten Interpretationsansatzes (gegen P. Steinkeller RA 72 (1978) 75[8], s. sofort). Beachte weiter den Garten kiri$_6$-giš-Ḫ̮AR/kín in Nik 35 1:3, wozu AWEL 198 und den Verweis auf dessen Akkad-zeitliche Bezeugung bei J. Bauer AoN 11 und ders. AfO 36/37 (1989/90) 84, wonach wohl Steinkellers Deutung a.a.O. zu verbessern ist.

In den lexikalischen Listen aus Ebla findet sich nun g̃iš-Ḫ̮UR/Ḫ̮AR mit einer Gleichung *ḫu-rí/ru$_{12}$ bu$_{3/x}$-bu$_{3/x}$-tim*. P. Fronzaroli Quad.Sem. 17 (1990) 136 verweist bei seiner Diskussion auf akk. *ḫurru(m)* einerseits und verbindet */būb(u)tum/* mit der semitischen Wurzel **bw/yb* und akk. *bī'u*, *bību*, etwa "(Abfluß-)Rinne" (AHw 134f.; CAD B 297). Ist unser Beleg hier anzuschließen?

Weiter bleibt bislang unklar, inwieweit die beiden Untergruppen 'die bei den Gespanneseln stehen' und die GIŠ.Ḫ̮AR-e ì-ús zusammengehören und was die Unterordnung der letzteren Gruppe unter den sonst nicht belegbaren Fuhrmann lugal-kisal-a-DU *funktional* bedeuten könnte.

(8:2) Zu der Berufsbezeichnung túg-dan$_6$(=UŠxKID$_2^!$) "Kleiderreiniger", die im sechsten Königsjahr des Uru-inimgina die gáb-dan$_6$ ersetzen, s. AWEL 107 zu Nik 9 7:10. Zur Lesung und Bedeutung von dan$_6$ s. oben den Kommentar zu Nr. 4 6:6.

(12:1-14:5) Die Addition der Einzeleinträge des Haupttextes, die Summenformeln und die Angaben der Schlußformel stimmen wechselseitig überein und sind korrekt. - Beachte, daß alle Rationen mit dem Betrag 0.2.0 mit 'keilförmigen' Zeichen geschrieben sind.

(14:3) Man hat angenommen, daß dies die volle Namensform des bislang unter der Schreibung g̃anun-sar/SAR wohlbekannten Speichers sei; s. dazu M. Lambert RlA 3, 145f. Die deshalb naheliegende Lesung g̃anun-mú mit einer Deutung "Speicher(, auf dem Gerste) keimt", scheint zunächst problematisch, da wegen g̃anun-SAR-ka "im SAR-Speicher" in DP 360, 2:5, 458 2:5, 6:6, 563 5:5 und Nik 290 3:5 g̃anun und SAR eine Genitivverbindung darstellen müssen. Eine Deutung *g̃anun-kiri$_6$-(ak) "Garten-Speicher" ist daher möglich, aber noch unbewiesen. Mit einer Umschreibung g̃anun-ŠAR findet sich bei R.K. Englund, Fischerei 102, wohl aufgrund ähnlicher Überlegungen, die Übersetzung "Gartenspeicher". Weiter ist auch eine Deutung "Gemüsespeicher" nicht von der Hand zu weisen (vgl. dazu unten zu Nr. 96 5:3). Die Beobachtung, daß der g̃anun-SAR nicht nur als Ausgabeort von Gerstezuteilungen und -lieferungen sondern auch als Aufbewahrungsort von Rohr und Holzgeräten (vgl. DP 360, 367 458 etc.) fungiert, hilft kaum weiter. C. Wilcke verweist zudem auf DP 613 7:2, wo er [g̃anun] še-⸢úr⸣-ré mú-a-⸢ke$_4$⸣ liest (vgl. unten zu Nr. 41 1:1), wonach dieser Speichername ebenfalls genitivisch zusammengesetzt ist.[14] Die weiteren mir bekannten Belege, Nr. 17 15:2, 23 12:3, die den Speicher als Ausgabeort von Getreide nennen, lassen eine funktionale Unterscheidung vom g̃anun-SAR(-k) nicht zu. M. Lamberts o.g. These ist also nicht gänzlich unwahrscheinlich.

Nach einem Vorschlag von C. Wilcke bedeutet der genitivisch zusammengesetzte Speichername g̃anun-še-ùr-ré-mú-a(-k) "Speicher der an das Dach heran(=Lokativ-Terminativ) gewachsenen Gerste". Dabei muß die Gerste "nicht notwendig auf dem Halme so hoch gewachsen sein; es kann auch einen randvoll gefüllten Speicher beschreiben." Diesen Vorschlag möchte ich nunmehr stützen durch den Hinweis, daß die Getreidespeicher von oben beschüttet wurden vgl. zu Nr 21 17:10. - Meine ursprüngliche Deutung des Speichernamens als "Speicher, der auf dem Dache keimenden Gerste" sei hier dennoch kurz zur Diskussion gestellt: 1. Nik 71 berichtet

[14] Wenn nicht, was aufgrund des Bruches nicht sicher zu entscheiden ist, eine Konstruktion der Form [...]-[g̃anun(?)]-še-[ù]r-ré-mú-a-⸢ke$_4$] vorliegt.

vielleicht vom Überweisen[15] von Getreide auf das Dach(?) zu einem nicht genannten Zwecke; 2. Das Ausbreiten von (Grün-)Malz zum Keimen (= mú s. sofort) (oder Abkühlen) auf dem Dache scheint ein literarischer Topos (vgl. Enki und Ninḫursag̃a Z.19-20 (P. Attinger ZA 74 (1984) 8f.) und s. dazu M. Civil Fs. Oppenheim 79; W. Röllig, Bier 19f. 3. Zur Gleichung mú = *waṣû(m)* "sprießen (von Pflanzen)", sind zu vergleichen še-si-è(-a) "keimende Gerste" bzw. munu$_4$-si-è/mú(-a) "keimendes Malz" A.L. Oppenheim AOS 32,6 CAD Q 133, AHw 904 s.v. *qarnānu*; sowie der Beruf munu$_4$-mú = *bāqilu(m)* "Mälzer"; s. dazu S. Bridges, Mesag̃ Archive 73.

12 = STH 1, 13

Text: HSM 904.4.4 (früher 3608); Maße: H.: 10,8cm; Br.: 10,9cm; Kollationiert;
Umschrift: A. Deimel Or 34/35, 27ff.;
Parallelen: Nr. 67 (Ukg. L 6/5); Nr. 81 (Ukg. L 6/9); Nr. 11 (Ukg. L 6(11));
Datum: Ukg. L 6/10; Typ: I-A-1.(A/1);
Inhalt: Gerstezuteilungen des Baba-Tempels für die Leute, die ein Versorgungslos übernommen haben.
Gliederung:

RU-lugal (mit Rubrum):	*1:01-3:02*
1. Gruppe (mit Zws. unter Ur-sag̃):	*1:01-2:01*
a) 'Feldarbeiter' (mit Rubrum):	*1:01-1:02*
b) Vogelverscheucher(?) (mit Rubrum):	*1:03*
c) Obmann des 'Wollortes':	*1:04-1:05*
d) Schweinehirt:	*1:06-1:07*
e) Andere Leute unter Ur-sag̃:	*1:08-1:09*
2. Gruppe (mit Zws. unter Ur-Šerda):	*2:02-2:04*

[15] So unter Voraussetzung der bisher üblichen Deutungen von (še-)bal; vgl. J. Bauer AWL 208 zu Nr. 52 III 2; PSD B 50; G.J. Selz AWEL 206. 286. 317. Sollte še-bal hier "worfeln" bedeuten (s. dazu unten zu Nr. 127 5:3), bedürften alle verwandten Belege, einschließlich der še-bal(-bi) und zíz-bal(-bi) Vermerke, einer erneuten Erörterung, die hier nicht geleistet werden kann.

3. Gruppe (mit Zws. unter Šeš-lu-du):	*2:05-2:06*
4. Gruppe (mit Zws. unter Inimani-zi):	*2:07-2:08*
5. Gruppe: Gefolgsleute (ohne Rubrum, mit Zws. unter Dam-dingirmu):	*2:09-3:01*
Süßwasserfischer (mit Zws. unter E-inim-sisa):	*3:03-3:05*
Handwerker (mit Zws. und Rubrum):	*3:06-4:05*
Schiff(bau)er (mit Zws., Vorsteher und Rubrum):	*4:01-4:03*
Gestütspersonal (mit Zws. und Rubrum):	*4:06-4:08*
Hirten der Gespannesel (mit Rubrum):	*4:09-4:11*
Hirten der 'Eselsstuten' (mit Zws. und Rubrum):	*4:12-5:01*
Pflugführer (mit Rubrum):	*5:02-5:06*
Hirten der Wollschafe (mit Rubrum):	*5:07-6:03*
Gehilfe bei den Mastschafen:	*6:04-6:05*
Obleute der Träger (mit Zws. und Rubrum):	*6:06-6:07*
Gärtner (mit Zws. und Rubrum, unter AN-amu):	*6:08-6:11*
Wäscher (mit Rubrum):	*6:12-7:08*
1. Gruppe (mit Zws. unter Ur-Šul):	*6:12-7:01*
2. Gruppe (mit Zws. unter Ur-Abba):	*7:02-7:04*
3. Gruppe (mit Zws. unter Eta'e):	*7:05-7:07*
Kleiderreiniger (mit Zws. und Rubrum):	*7:09-8:01*
Hausverwalter und 'Heizer':	*8:02-8:04*
Brauer (mit Zws. und Rubrum):	*8:05-8:09*
Verschiedene Berufe (Generalverwalter, Vorsteher des 'Fettlagers', Bäcker/Koch usw.):	*8:10-9:08*
Bäcker/Köche (mit Rubrum):	*9:09-9:13*
Bote, Pförtner, Feldvermesser usw.:	*10:01-10:08*
Schreiber (mit Rubrum):	*10:09-10:12*
Leute von 'Ansehen' (mit Rubrum):	*10:13-10:15*
Töpfer (mit Zws. und Rubrum):	*11:01-11:02*
Summenformel:	*12:01-12:04*
Schlußformel (Summa summarum, Klassifikation, Transaktionsformular, Datum):	*13:01-14:07*

1	1	3 lú še-ba 0.1.2	3 Personen: Gerstezuteilung (je) 0.1.2:
		engar-ki-gub-me	'Feldarbeiter' sind sie;
		4 RI.ḪU 0.1.2	4 Vogelverscheucher(?) (je) 0.1.2,
		0.1.⌜2⌝ ^{d}nanše-⌜da⌝-nu-me-<a>	0.1.2 (für) Nanšeda-nume'a,
	5	⌜ugula-ki-siki⌝-ka	den Obmann des 'Wollortes',
		0.1.2 [l]ugal-[pa]-è	0.1.2 (für) Lugal-pa'e,
		sipa-šáḫ	den Schweinehirten,

	16 lú 0.1.2	16 Personen (je) 0.1.2,
	0.2.0 u[r]-sag̃	0.2.0 (für) Ur-sag̃,
	[še-bi 8.1.2 + 0.2.0]	Gerste dafür 8.1.2 + 0.2.0
2	ur-sag̃	(an) Ur-sag̃;
	16 lú 0.1.0	16 Personen (je) 0.1.0,
	0.1.2 ugula	0.1.2 (für den) Obmann,
	še-bi 4.1.2 ur-$^{d\text{-}šè}$šer$_{7}$-da	Gerste dafür 4.1.2 (an) Ur-Šerda;
	16 lú 0.1.2	16 Personen (je) 0.1.2,
	še-bi 5.1.2 šeš-lú-du$_{10}$	Gerste dafür 5.1.2 (an) Šeš-lu-du;
	15 lú 0.1.2	15 Personen (je) 0.1.2,
	še-bi 5.0.0 inim-ma-ni-zi	Gerste dafür 5.0.0 (an) Inima-ni-zi;
	⌜13⌝ [lú 0.1.2]	13 Personen (je) 0.1.2,
	[še-bi 4.1.2]	Gerste dafür 4.1.2
3	dam-dingir-mu	(an) Dam-dingirmu:
	RU-lugal-me	'Untergebene' (des) Königs sind sie;
	5 lú 0.1.0	5 Personen (je) 0.1.0,
	še-bi 1.1.0 é-inim-si-sá	Gerste dafür 1.1.0 (an) E-inim-sisa,
	šu-ku$_{6}$-a-du$_{10}$-ga	den Süßwasserfischer;
	4 simug 0.1.1	4 Schmiede (je) 0.1.1
	3 nagar 0.1.1	3 Zimmerleute (je) 0.1.1
	7 ašgab 0.1.1	7 Lederwerker (je) 0.1.1,
	6 ad-KID 0.1.1	6 Rohrmattenflechter (je) 0.1.1,
	1 túg-du$_{8}$ 0.1.2	1 Walker 0.1.2,
	3 túg-du$_{8}$ 0.1.1	3 Walker (je) 0.1.1,
	[0.1.1 šakan-kéš]	0.1.1 (für den) Korbflechter(?),
4	12 lú 0.1.1	12 Personen (je) 0.1.1,
	0.1.2 ugula	0.1.2 (für den) Obmann:
	má-laḫ$_{5}$-<me>	Schiff(bau)er <sind sie>;
	2 lú-tir 0.1.1	2 Waldarbeiter (je) 0.1.1,
	še-bi 11.3.0: g̃iš-kin-ti-me	Gerste dafür 11.3.0: Handwerker sind sie;
	7 lú 0.1.2	7 Personen (je) 0.1.2,
	še-bi 2.1.2 g̃ír-nun	Gerste dafür 2.1.2 (an) Girnun,
	gáb-KAS$_{4}$	den Kutscher(?);
	0.1.2 zà-mu	0.1.2 (für) Za-mu,
	0.1.2 lugal-mu-da-kúš	0.1.2 (für) Lugal-mudakuš:

		sipa-anše-E[REN_2-ka-me]	Hirten der Gespannesel sind sie;
		[4 lú 0.1.0]	4 Personen (je) 0.1.0,
5	1	še-bi 1.0.0 sipa-AMA-ša:gan-me	Gerste dafür 1.0.0: Hirten (der) 'Eselsstuten' sind sie;
		0.1.2 á-né-kur-ra	0.1.2 (für) Ane-kura,
		0.1.0 gáb-ra-ni	0.1.0 (für) seinen Viehtreiber,
		0.1.2 KA.KA	0.1.2 (für) KA.KA,
	5	0.1.1 gáb-ra-inim-ma-ni-zi	0.1.1 (für den) Viehtreiber (des) Inimani-zi:
		sag̃-apin-me	Pflugführer sind sie;
		0.1.0 nig̃in-mud	0.1.0 (für) Nig̃in-mud,
		2 lú 0.1.0	2 Personen (je) 0.1.0,
		gáb-ra-ni-me	seine Viehtreiber sind sie;
	10	0.1.0 en-DU	0.1.0 (für) En-DU,
		2 lú 0.1.0	2 Personen (je) 0.1.0,
		g[á]b-r[a]-[ni-me]	seine Viehtreiber sind sie;
		[0.1.0 lugal-da-nu-me-a]	0.1.0 (für) Lugalda-nume'a,
6	1	2 lú 0.1.0	2 Personen (je) 0.1.0,
		gáb-ra-ni-me	seine Viehtreiber sind sie:
		sipa-udu-siki-ka-me	Hirten der Wollschafe sind sie;
		0.1.2 URI_x(=LAK 526)	0.1.2 (für) URI_x,
	5	gáb-ra-udu-níg̃-kú-a	den Treiber der Mastschafe,
		4 lú 0.1.2	4 Personen (je) 0.1.2:
		še-bi 1.1.2 ugula-íl-me	Gerste dafür 1.1.2: Obleute (der) Träger sind sie;
		6 lú 0.1.2	6 Personen (je) 0.1.2,
		0.2.0 ugula	0.2.0 (für den) Obmann,
	10	še-bi 2.2.0 nu-$kiri_6$-me	Gerste dafür 2.2.0: Gärtner sind sie:
		AN-a-m[u]	(unter) AN-amu;
		⸢7⸣? [lú 0.1.0]	7 Personen (je) 0.1.0,
		[0.1.2 ugula]	0.1.2 (für den) Obmann,
7	1	še-bi 2.0.2 ur-šul	Gerste dafür 2.0.2 (an) Ur-Šul;
		4 lú 0.1.0	4 Personen (je) 0.1.0,
		0.1.2 ugula	0.1.2 (für den) Obmann,
		še-bi 1.1.2 ur-^{d}ab-ba_6	Gerste dafür 1.1.2 (an) Ur-Abba;
	5	4 lú 0.1.0	4 Personen (je) 0.1.0,
		0.1.2 ugula	0.1.2 (für den) Obmann,

	še-bi 1.1.2 e-ta-e$_{11}$	Gerste dafür 1.1.2 (an) Eta'e:
	azlág-me	Wäscher sind sie;
	2+[2 lú 0.1.1]	4 Personen (je) 0.1.1,
R 8	[še-bi 1.0.4 túg-dan$_{6}$ (=UŠxKID$_{2}$!)-me]	Gerste dafür 1.0.4: Kleider-reiniger sind sie;
	⸢0.2.0⸣ [úr-m]u[d]	0.2.0 (für) Ur-mud,
	agrig	den Hausverwalter,
	0.1.2 ú-bil-ni	0.1.2 (für) seinen 'Röster';
	3 *lú 0.1.2	3 Personen (je) 0.1.2,
	0.2.0 ugula	0.2.0 (für den) Obmann,
	še-bi 1.0.0 + 0.2.0 amar-giríd^{ki}	Gerste dafür 1.0.0 + 0.2.0 (an) Amar-Girid;
	0.2.0 ì-lí-be$_{6}$-lí	0.2.0 (für) *Ilī-bēlī*:
	lú-bappìr-me	Brauer sind sie;
	0.2.0 en-ig-gal	0.2.0 (für) En-iggal,
	nu-banda	den Generalverwalter,
	0.2.0 gi-num	0.2.0 (für) *Kīnum*,
	ka-šakan	den Vorsteher (des) 'Fett-lagers',
9	⸢0.2.0⸣ n[ita]-zi	0.2.0 (für) Nitazi,
	sagi	den Mundschenken,
	0.2.0 amar-giríd^{ki}	0.2.0 (für) Amar-Girid,
	muḫaldim	den Bäcker/Koch,
	0.2.0 en-ušùr-ré	0.2.0 (für) En-ušure,
	lú-é-ninda-ka	den 'Bediensteten' des 'Vorratshauses',
	0.2.0 igi-zi	0.2.0 Igizi,
	šu-í	den Friseur,
	0.1.2 ḫa-ma-ti	0.1.2 (für) Ḫamati,
	0.1.2 šeš-kur-ra	0.1.2 (für) Šeš-kura,
	0.1.2 lugal-šu-maḫ	0.1.2 (für) Lugal-šumaḫ,
	0.1.2 lugal-mu-da-kúš	0.1.2 (für) Lugal-mudakuš:
	muḫaldim-me	Bäcker/Köche sind sie;
10	[0.1.0 ^{d}nin-g̃ír-su]-l[ú-m]u	0.1.0 (für) Nin-Girsu-lumu,
	sukkal	den Boten,
	0.1.0 ur-du$_{6}$	0.1.0 (für) Ur-du,
	ì-du$_{8}$	den Pförtner,
	0.2.0 gu-ú	0.2.0 (für) Gu'u,
	lú-éš-gíd	den Feldvermesser,
	0.1.2 ur-^{d}nin-SAR	0.1.2 (für) Ur-Nin-SAR,
	lú-zi-ga	den Mann des 'Aufgebotes',

	0.2.0 a-ba-DI	0.2.0 Aba-DI,
	0.1.2 amar-giríd^{ki}	0.1.2 (für) Amar-Girid,
	0.1.2 en-bi	0.1.2 (für) Enbi:
	dub-sar-me	Schreiber sind sie;
	0.1.2 en-na-UD-mu	0.1.2 (für) Enna-UD-mu,
	0.1.2 šeš-TUR	0.1.2 (für) Šeš-TUR:
	lú-IGI.NIGIN$_2$-didli-me	Einzelne Leute (von) 'Ansehen' sind sie;
11 1	[4]+4 [l]ú 0.1.0	8 Personen (je) 0.1.0:
	še-bi 2.0.0 baḫár	Gerste dafür 2.0.0: Töpfer (sind sie).
12 1	šu-nig̃ín 13 lú 0.2.0	**Zusammen** 13 Personen (je) 0.2.0,
	6,44 + 6 lú 0.1.2	104 + 6 Personen (je) 0.1.2,
	43 lú 0.1.1	43 Personen (je) 0.1.1,
	1,0 lá 3 + 3 lú 0.1.0	60 minus 3 + 3 Personen (je) 0.1.0.
13 1	[gú-an-šè 3,10]+14 + 22 lú-še-ba-tur-maḫ-ba	**Insgesamt** 204 + 22 Personen (mit) Gerstezuteilungen, darunter kleine (und) groβe,
	še-bi 1,1.2.0 lá 0.0.1 + 10.0.0 lá 0.3.0 gur-sag̃-g̃ál	Gerste dafür 61.2.0 minus 0.0.1 + 10.0.0 minus 0.3.0 Haupt-Gur;
	še-ba-lú-PAD-dab$_5$-ba-é-^{d}ba-ba$_6$-ka	Gerstezuteilungen des Tempels der Baba für die Leute, die ein Versorgungslos übernommen haben;
	ša$_6$-ša$_6$	Šaša,
	dam-uru-inim-gi-na lugal-	die Frau des Uru-inimgina, des Königs
14 1	[lagaš^{ki}-ka]	von Lagaš.
	[en-šu]-g[i$_4$-g]i$_4$	En-šugigi,
	agrig-ge	der Hausverwalter,
	gur$_7$-ká-^{d}gan-g̃ír-ka-ka-dub-ba-ta	hat aus dem Getreidesilo, der am Tor der Gan-gir aufgeschüttet ist, heraus
	e-ne-ba 6.	ihnen (dies) zugeteilt. 6. (Jahr).
	10-ba-am$_6$	Die 10. Zuteilung ist es.

Anmerkungen:

(1:1-2:1) Ur-sag̃ ist auch in dieser Urkunde Vorsteher der ganzen Personengruppe, die engar-ki-gub, den Obmann des 'Wollortes' und den Schweinehirten einbegriffen. Dies bestätigt die Annahme im Kommentar zu Nr. 11 1:1-2:9.

(2:10-3:1) Zu Dam-dingirmu und seinen Leute s. bereits oben zu Nr. 11 1:1-2:9; s. dort auch zur Frage, ob RU-lugal als Oberbegriff auch die agà-ús umfassen konnte.

(3:12) Zur Ergänzung siehe z.B. Nr. 11 = STH 1, 12 3:9.

(4:12) Zur Ergänzung siehe z.B. Nr. 11 = STH 1, 12 5:1.

(5:13) Zur Ergänzung siehe z.B. Nr. 11 = STH 1, 12 6:1.

(6:12-13) Ergänzt im Anschluß an Nr. 11 7:1-3. Die Zahl der Empfänger und die Menge ihrer Rationen führt unter Einschluß der anderen Ergänzungen des Textes zu einem korrekten Gesamtergebnis.

(7:9-8:2) Die Ergänzung beruht auf Nr. 11 8:1-4. - Zum Beruf s. oben zu Nr. 11 8:2

(8:4) Beachte, daß der ú-bil dem Hausverwalter Ur-mud zugeordnet ist, nicht etwa zur nachfolgenden Gruppe rechnet. Andere Texte bestätigen die unmittelbare Unterstellung des 'Heizers' unter diesen Hausverwalter. Vgl. DP 121 8:4, Nr. 9 9:2. Die nachfolgende Zwischensumme in 8:7 bezieht sich zudem regelmäßig nur auf die vorgenannten Brauereibediensteten.

(12:1-13:2) Summenformel und Summa summarum stimmen überein und sind aus den Einzeleinträgen korrekt addiert.

(14:4-5) Zu ^{d}gan-g̃ír(-nun-na), der 'geliebten Lukur-Priesterin des Nin-Girsu', ihrem Verhältnis zu ^{d}kindá-zi und ihren Ökonomie-Gebäuden s. G.J. Selz UGASL s.v. ^{d}ḪE$_{2}$-gír.

13 = STH 1, 14

Text: HSM 904.6.9 (früher 3658); Maße: H.: 7,7cm; Br.: 7,6cm;
Kollationiert;
Bearbeitung: Vgl. R. Scholtz MVAeG 39/II, 120;
Datum: (Ukg. L) 6; Typ: I-A-8./IV
Inhalt: Auszugstafel über aus dem Register getilgte(?) Gersteempfänger.

1	1	3 lú še-ba 0.1.2	3 Personen: Gerstezuteilung (je) 0.1.2:
		engar-ki-gub-me	'Feldarbeiter' sind sie;
		4 RI.ḪU 0.1.2	4 Vogelverscheucher(?) (je) 0.1.2,
		0.1.2 ^{d}nanše-da-nu-me-a	0.1.2 (für) Nanšeda-nume'a,
	5	ugula-ki-siki-ka	den Obmann des 'Wollortes',
		0.1.2 lugal-pa-è	0.1.2 (für) Lugal-pa'e,
		sipa-šáḫ	den Schweinehirten,
2	1	15 lú 0.1.2	15 Personen (je) 0.1.2,
		2 lú 0.1.1	2 Personen (je) 0.1.1,
		0.2.0 ur-sag̃	0.2.0 (für) Ur-sag̃:
		še-bi 8.2.2 gur-sag̃-g̃ál	Gerste dafür 8.2.2 Haupt-Gur
	5	ur-sag̃	(an) Ur-sag̃;
		20 lú 0.1.0	20 Personen (je) 0.1.2,
		0.1.2 ugula	0.1.2 (für den) Obmann,
		še-bi 5.1.2 ur-$^{d-še}$šer$_7$-da	Gerste dafür 5.1.2 (an) Ur-Šerda;
3	1	16 lú 0.1.2	16 Personen (je) 0.1.2,
		5 lú 0.1.2	5 Personen (je) 0.1.2,
		še-bi 6.3.1 šeš-lú-du$_{10}$	Gerste dafür 6.3.1 (an) Šeš-lu-du;
		20 lá 2 lá 0.1.2	20 minus 2 Personen (je) 0.1.2,
	5	3 + 3 lú 0.1.1	3 + 3 Personen (je) 0.1.1,
		še-bi 7.0.0 lá 0.0.3	Gerste dafür 7.0.0 minus
		inim-ma-ni-zi	0.0.3 (an) Inimani-zi;
R 4	1	14 lú 0.1.2	14 Personen (je) 0.1.2,
		1 lú 0.1.1	1 Person 0.1.1,
		še-bi 5.0.0 lá 0.0.1	Gerste dafür 5.0.0 minus
		dam-dingir-mu	0.0.1 (an) Dam-dingirmu.

5	1	dub agrig ba-DU-a e-ta-sar 6.	Von der Tafel, die der Hausverwalter weggebracht hat, wurde (dies) abgeschrieben. 6. (Jahr).

Anmerkungen:

Bei allen Personen dieser Urkunde handelt es sich um andernorts als RU-lugal bezeichnete Gersteempfänger (vgl. hier insbesondere Nr. 10 und 11).

(5:1) Vermerke dieser Art sind für eine dringend wünschenswerte Rekonstruktion des altsumerischen Archivwesens von außerordentlicher Bedeutung. Die Unterschrift von DP 140 4:1-4 lautet en-ig-gal nu-bànda dub-še-ba-^{d}nin-ĝír-su-ka-ta e-ta-sar "PN, der BN, hat (diese 15 Personen) von den Tafeln über die Getreidezuteilungen des Nin-Girsu abgeschrieben". In Mesopotamia 8/9 (1973/74) 115-120 hat K. Maekawa überzeugend nachgewiesen, daß dieser Vermerk einen Personaltransfer vom Nin-Girsu-Tempel zum Baba-Tempel zum Hintergrund hat und die Tafel in das Jahr Ukg. L 1 datiert. Die Aufnahme von Personen in ein 'Lohnregister' bezeichnet Nik 15 8:1 mit der Phrase mu-bi-šè e-sar "(Šaša) hat sie (die genannten Waisen) namentlich aufgeschrieben". Zur Deutung von mu-bi-šè s. bereits R Scholtz, MVAeG 39/II, 121. Dieselbe Phrase findet sich noch in. DP 138 10:4, 139 4:5, 335 4:1, 602 4:4; Nik 5 5:4, 19 11:7, VAT 4723 (= Or 20, 16) 5:4 und unten in Nr. 108 4:6.

TSA 47 ((Ukg. L?) 4) verzeichnet 20 Hōr- und 23 Süßwasserfischer. Über diese heißt es in 7:1-2 dub-é-gal-ta e-ta-sar "Von der Tafel des 'Palastes' hat er/man sie abgeschrieben".

VAT 4863 (VS 25 Nr. 100; s. demnächst FOAS 15/4) hat in 3:3-4 den Vermerk: KA-niĝìn-mud-ta e-ta-sar "(Diese Fische hat PN, der Generalverwalter) vom ... (des) Niĝin-mud abgeschrieben"; vgl R. Scholtz MVAeG 39/II, 120. Ist KA-PN-ta als inim-PN-ta in der Bedeutung "auf das Wort des PN hin" > "auf Veranlassung des PN" zu deuten?

In DP 246 4:2 heißt es: sar-RU-am$_6$ dub-tur-tur-ta e-t[a-sar] "Ein 'zusammenfassende Auszugsliste' ist es; von den kleinen Tafeln hat er (dies(e)) abgeschrieben."

Die genaue Bedeutung des "Abschrift"-Vermerkes in unserem Text Nr. 13 ist noch unklar. Beachte, daß noch in Nr. 11 (Ukg. L 6/11) die meisten hier verzeichneten Personen unter den Gersteempfängern aufgeführt werden. Es fehlt dort nur die Gruppe unter Inimani-zi, die hier und auch in Nr. 12 (Ukg. L 6/10) 2:7-8 noch aufgeführt wird. Vgl. a. unten den Kommentar zu Nr. 18 5:5, 9:1.3.

14 = STH 1, 15

Text: HSM 909.7.3 (früher 3719); Maße: H.: 14,3cm; Br.: 14,3cm; Kollationiert; Umschrift: A. Deimel Or 34/35, 51ff.; vgl. S. Yamamoto ASJ 3 (1982) 106;
Parallelen: Nr. 52 (Ukg. E 1/2); 119 (Ukg. E 1/4); 15 (Ukg. E 1/6); DP 228 (Ukg. E 1/7); Nik 9 (Ukg. E 1/8); CH 1 (unpubl.) (Ukg. L 2/6);
Datum: Ukg. E 1/5; Typ: I-A-2.(A/2);
Inhalt: Gerstezuteilungen der Baba für die Iginudu-Arbeiter(, Träger) und einzelne šà-dub(-ba)-Arbeiter.
Gliederung:

Iginudu-'Baumarbeiter' (mit Rubrum):	*1:01-2:05*
1. Gruppe (mit Zws. unter AN-amu):	*1:01-1:04*
2. Gruppe (mit Zws. unter E-ku):	*1:05-1:07*
3. Gruppe (mit Zws. unter Eta'e):	*1:08-1:10*
4. Gruppe (mit Zws. unter Ur-ki):	*1:11-2:01*
5. Gruppe (mit Zws. unter En-kisal-si):	*2:02-2:04*
(Iginudu-Handwerker) (mit Zws. unter Ur-Šul, Wäscher):	*2:06-2:08*
***Träger** (mit Rubrum):*	*2:09-5:14*
1. Gruppe (mit Zws. unter Enku):	*2:09-3:11*
2. Gruppe (mit Zws. unter Lugal-sipa):	*3:12-4:14*
3. Gruppe (mit Zws. u. Ur-Nin-MUŠxMUŠ-daru):	*4:15-5:13*
Einzelne šà-dub(-ba)-Arbeiter (mit Rubrum):	*5:15-11:06*
šà-dub(-ba)-Arbeiter des 'Palastes':	*5:15-7:07*
a) Mundschenken (mit Rubrum):	*5:15-6:02*
b) Bäcker/Koch:	*6:03-6:04*
c) Bote:	*6:05-6:06*
d) 'Bediensteter' des 'Vorratshauses':	*6:07-6:08*
e) Heißwasserbereiter (mit Rubrum):	*6:09-6:11*
f) Schreiber:	*6:12-6:13*

g) Friseure (mit Rubrum):	*6:14–6:18*
h) Reiniger:	*6:19–7:01*
Zws. und Rubrum:	*7:02–7:07*
Weitere einzelne šà-dub(-ba)-Arbeiter:	*7:08–11:06*
a) Handwerker (mit Rubrum): (Schmiede, Lederwerker, Walker mit Rubra):	*7:08–8:02*
b) Pförtner (mit Rubrum):	*8:03–8:10*
c) Brauer	*8:11–8:12*
d) Hirten und Gehilfen (mit Rubra)	*8:13–9:15*
e) Personal des (Hausverwalters) U$_2$.U$_2$ (mit Zws.):	*9:16–10:07*
f) Schiff(bau)er:	*10:08–10:09*
g) Musikanten (mit Rubrum):	*10:10–10:13*
Zwischensumme:	*10:14–11:06*
Summenformel:	*12:01–12:10*
Schlußformel:	*13:01–14:05*
Summa summarum:	*13:01–13:02*
Klassifikation:	*13:03–13:04*
Transaktionsformular / Datum:	*13:05–14:05*

1	1	8 igi-nu-du$_8$ še-*⌜ba⌝ 0.1.2	8 Iginudu-Arbeiter: Gerstezuteilung (je) 0.1.2,
		1 dù-a-ku$_5$ 0.1.2	1 'Wasserregler' 0.1.2,
		še-bi 3.0.0 gur-sag̃-g̃ál AN-a-mu	Gerste dafür 3.0.0 Haupt-Gur (an) AN-amu;
	5	10 lá 1 igi-nu-du$_8$ 0.1.2	10 minus 1 Iginudu (je) 0.1.2,
		1 [d]ù-a-ku$_5$ 0.1.2	1 'Wasserregler' 0.1.2,
		še-bi 3.1.2 é-ku$_4$	Gerste dafür 3.1.2 (an) E-ku;
		10 lá 1 igi-nu-du$_8$ 0.1.2	10 minus 1 Iginudu (je) 0.1.2,
		1 dù-a-ku$_5$ 0.1.0	1 'Wasserregler' 0.1.0,
	10	še-bi 3.1.0 e-ta-e$_{11}$	Gerste dafür 3.1.0 (an) Eta'e;
		5 i[gi-n]u-du$_8$ 0.1.2	5 Iginudu (je) 0.1.2,
		1 dù-a-ku$_5$ 0.1.2	1 'Wasserregler' 0.1.2,
		1 dù-a-ku$_5$ 0.1.0	1 'Wasserregler' 0.1.0,
2	1	še-bi 2.1.0 ur-ki	Gerste dafür 2.1.0 (an) Ur-ki;
		5 igi-nu-du$_8$ 0.1.2	5 Iginudu (je) 0.1.2,
		1 dù-a-ku$_5$ 0.1.0	1 'Wasserregler' 0.1.0,
		še-bi 2.0.0 lá 0.0.2 en-kisal-si	Gerste dafür 2.0.0 minus 0.0.2 (an) En-kisal-si:

[igi-n]u-du$_8$-ĝiš-me	Iginudu-'Baumarbeiter' sind sie;
10 l[á] 1 [ig]i-nu-du$_8$ 0.2.4	10 minus 1 Iginudu (je) 0.2.4,
še-bi 6.0.0 ur-š[ul]	Gerste dafür 6.0.0 (an) Ur-Šul,
azlàg	den Wäscher;
0.1.0 gala-tur	0.1.0 (für) Galatur,
0.1.0 en-ku$_4$	0.1.0 (für) En-ku,
0.1.0 ^{d}mes-an-DU-lú-ša$_6$-ga	0.1.0 (für) Mesan-DU-lu-šaga,
0.1.0 ^{d}nin-ĝír-su-igi-du	0.1.0 (für) Nin-Girsu-igidu,
0.1.0 sipa-uru-da-kúš	0.1.0 (für) Sipa-uruda-kuš,
0.1.0 zi-mu-AN-da-ĝál	0.1.0 (für) Zimu-andaĝal:
3 nita-me	Männer sind sie;
0.1.0 nin-šeš-da	0.1.0 (für) Nin-šešda,
0.1.0 gan-tillá	0.1.0 (für) Gan-tilla,
0.1.0 nin-eden-né	0.1.0 (für) Nin-edene,
0.1.0 ⌜za⌝-na	0.1.0 (für) Zana,
⌜0.1.0⌝ za-na	0.1.0 (für) Zana,
2-[kam-m]a	die zweite:
[munus]-me	Frauen sind sie.
šu-niĝín 6 n[it]a 0.1.0	**Zusammen** 6 Männer (je) 0.1.0,
5 ⌜munus⌝ 0.1.0	5 Frauen (je) 0.1.0,
[še-b]i 3.0.0 lá 0.1.0 ⌜en⌝-kù	Gerste dafür 3.0.0 minus 0.1.0 (an) Enku;
0.1.2 p[u$_6$-saĝ]	0.1.2 (für) Pusaĝ,
0.1.2 ^{d}utu-igi-du-lugal-an-da	0.1.2 (für) Utu-igidu-Lugal-anda,
0.1.2 ^{d}inanna-ur-PAP.PAP	0.1.2 (für) Inanna-ur-PAP.PAP,
0.1.0 NI-a-a-ama-da-rí	0.1.0 (für) NI-a'a-amadari,
0.1.0 ^{d}utu-lú-[š]a$_6$-ga	0.1.0 (für) Utu-lu-šaga,
0.1.0 u[r-^{d}]gaša[m]	0.1.0 (für) Ur-Gašam,
4 0.1.0 P[AP.PAP]-^{d}[inanna]-ra-DU	0.1.0 (für) PAP.PAP-Inanna-ra-DU,
0.1.0 á-áĝ-ĝá-ni	0.1.0 (für) A'aĝani:
nita-me	Männer sind sie;
0.1.0 PAP.PAP-^{d}ba-ba$_6$-⌜mu⌝-tu	0.1.0 (für) PAP.PAP-Baba-mutu,
⌜0.1.0⌝ [PAP.PAP-^{d}in]anna-d[a-gal-di]	0.1.0 (für) PAP.PAP-Inannada-galdi,
⌜0.1.0⌝ ⌜^{d}⌝ni[n]-š[ubur]-ama-mu	0.1.0 (für) Nin-šubur-amamu

		0.1.0 ni[n]-igi-tab-mu	0.1.0 (für) Nin-igitabmu,
		0.1.0 PAP.PAP-^{d}nan[š]e-m[u]-tu	0.1.0 (für) PAP.PAP-Nanše-mu-tu,
		0.1.0 ni[n-u]r-⸢mu⸣	0.1.0 (für) Nin-urmu:
	10	munus-me	<u>Frauen sind sie.</u>
		[šu]-niĝín 3 nit[a] 0.1.⸢2⸣	**Zusammen** 3 Männer (je) 0.1.2,
		5 nita 0.1.0	5 Männer (je) 0.1.0,
		6 munus 0.1.0	6 Frauen (je) 0.1.0,
		še-bi 4.0.0 lá 0.1.0 lugal-si[p]a	Gerste dafür 4.0.0 minus 0.1.0 <u>(an) Lugal-sipa;</u>
	15	0.1.0 ni[r-an]-d[a-ĝál]	0.1.0 (für) Nir-andaĝal,
5	1	[0.1.0 šu-na]	0.1.0 (für) Šuna,
		0.1.0 *e[n-kù]	0.1.0 (für) Enku,
		0.1.0 ^{d}nin-ĝír-su-ur-mu	0.1.0 (für) Nin-Girsu-urmu:
		nita-me	<u>Männer sind sie;</u>
	5	0.1.0 nin-[al]-maḫ	0.1.0 (für) Nin-almaḫ,
		⸢0.1.0⸣ [n]in-bará-d[a]-rí	0.1.0 (für) Nin-baradari
		0.1.0 ni[n-maš]-⸢e⸣	0.1.0 (für) Nin-maše,
		[0.1.0] ⸢^{d}⸣ba-[b]a$_{6}$-[zi]-mu	0.1.0 (für) Baba-zimu,
		0.1.0 PA[P.PAP]-zi-[m]u	0.1.0 (für) PAP.PAP-zimu:
	10	*m[unus-me]	<u>Frauen sind sie.</u>
		šu-[niĝín] 3+[1 nit]a 0.1.0	**Zusammen** 3+[1] Männer (je) 0.1.0
		[5] munus 0.1.0	5 Frauen (je) 0.1.0,
		[še-b]i 2.[1].0 [u]r-^{d}nin-[M]UŠxMUŠ-d[a]-ru	Gerste dafür 2.1.0 <u>(an) Ur-Nin-MUŠxMUŠ-daru:</u>
		íl-me	<u>Träger sind sie.</u>
	15	0.2.0 nita-zi	0.2.0 (für) Nitazi,
		0.1.0 ur-du$_{6}$	0.1.0 (für) Ur-du,
		0.1.0 lugal-ĝá	0.1.0 (für) Lugalĝa,
		0.1.0 ŠUD$_{3}$.[ŠUD$_{3}$]-ĝá-[ni-d]u$_{10}$	0.1.0 (für) ŠUD$_{3}$.ŠUD$_{3}$-ĝani-du,
6	1	[0.0.4 lu]gal-inim-gi-na	0.0.4 (für) Lugal-inimgina:
		sa[g]i-me	<u>Mundschenken sind sie;</u>
		[0.0.4 u]r-^{d}ba-ba$_{6}$	0.0.4 (für) Ur-Baba,
		[m]uḫaldim	<u>den Bäcker/Koch,</u>
	5	⸢0.0.4⸣ [l]ugal-[ERE]N$_{2}$-ré-ki-⸢aĝá⸣	0.0.4 (für) Lugal-EREN$_{2}$-re-ki'aĝa,
		sukkal	<u>den Boten,</u>

	0.0.4 igi-mu-⸢an⸣-šè-ĝál	0.0.4 (für) Igimu-anšeĝal,
	⸢lú⸣-é-ninda-ka	den 'Bediensteten' des 'Vorratshauses',
	*⸢0.1.0⸣ [ú]r-ni	0.1.0 (für) Ur-ni,
	[0.1.0 lu]gal-[ur]-mu	0.1.0 (für) Lugal-urmu:
	[lú-a-k]úm-me	Heißwasserbereiter sind sie;
	0.1.2 [šeš-l]ú-[d]u$_{10}$	0.1.2 (für) Šeš-lu-du,
	dub-sar	den Schreiber,
	0.1.0 AN-al-ša$_{6}$	0.1.0 (für) AN-alša,
	nita-am$_{6}$	ein Mann ist er,
	0.0.4 ^{d}inanna-men$_{x}$-zi-PAP.PAP	0.0.4 Inanna-menzi-PAP.PAP
	munus-am$_{6}$	eine Frau ist sie:
	šu-í-me	Friseure sind sie;
	0.1.0 ⸢e⸣-ta-e$_{11}$	0.1.0 (für) Eta'e,
7	gáb-dan$_{6}$(=UŠxKID$_{2}$!)	den Reiniger.
	šu-niĝín 1 lú 0.2.0	**Zusammen** 1 Person 0.2.0,
	1 lú 0.1.2	1 Person 0.1.2,
	7 lú 0.1.0	7 Personen (je) 0.1.0,
	4 [l]ú 0.0.4	4 Personen (je) 0.0.4,
	1 munus 0.0.4	1 Frau 0.0.4,
	š[e-b]i 3.1.0 + 0.0.4	Gerste dafür 3.1.0 + 0.0.4.
	šà-dub-é-gal	šà-dub(-ba)-Arbeiter des 'Palastes' (sind sie).
	0.0.4 ^{d}en-líl-da	0.0.4 (für) Enlilda,
	⸢0.0.4?⸣ ^{d}en-ki-ur-[m]u	0.0.4(?) (für) Enki-urmu:
	simug-me	Schmiede sind sie;
	0.1.0 sipa-lagaš^{ki}-ki-aĝá	0.1.0 (für) Sipa-Lagaš-ki'aĝa,
	0.1.0 i$_{7}$-mud	0.1.0 (für) I-mud:
	ašgab-me	Lederwerker sind sie;
	0.1.0 e-ta-e$_{11}$	0.1.0 (für) Eta'e,
	0.1.0 nam-šita-mu-bí-⸢DI⸣$^{sic!}$	0.1.0 (für) Namšitamu-bidu:
8	túg-d[u$_{8}$]-me	Walker sind sie:
	ĝiš-kin-ti-me	Handwerker sind sie;
	0.0.4 n[am]-maḫ	0.0.4 (für) Nammaḫ,
	*0.0.4 níĝ-GA-kur-ra	0.0.4 (für) Niĝ-GA-kura,
	⸢0.0.4⸣ [e-ta-e$_{11}$]	0.0.4 (für) Eta'e,
	⸢0.0.4⸣ [ur-ki]	0.0.4 (für) Ur-ki,
	⸢0.0.4⸣ [zi-mu]-an-d[a-ĝál]	0.0.4 (für) Zimu-andaĝal,

	0.0.4 ig[i-^{d}ba-ba$_6$-šè]	0.0.4 (für) Igi-Babaše,
	0.0.4 ur-^{d}pa-bìl-sag̃	0.0.4 (für) Ur-Pabilsag̃:
	ì-du$_8$-me	Pförtner sind sie;
	0.1.2 bará-zi-šà-g̃ál	0.1.2 (für) Bara-zi-ša-g̃al,
	lú-bappìr	den Brauer,
	0.1.0 e-ta-e$_{11}$	0.1.0 (für) Eta'e,
	gáb-ra-maš	den Treiber (der) Ziegen,
	1 lú 0.1.2	1 Person 0.1.2,
R 9	1 lú 0.1.0	1 Person 0.1.0
	en-DU	(unter) En-DU,
	2 lú 0.1.2	2 Personen (je) 0.1.2
	lugal-da-nu-me-a	(unter) Lugalda-nume'a:
	sipa-udu-siki-ka-me	Hirten der Wollschafe sind sie;
	0.2.0 ^{d}nin-g̃ír-su-igi-du	0.2.0 (für) Nin-Girsu-igidu,
	gáb-ra-	den Viehtreiber
	ur-^{d}en-ki	(des) Ur-Enki,
	sipa-gu$_4$-k[a]	des Rinderhirten,
	1 lú [0.1.0]	1 Person 0.1.0
	g̃ír-nun	(unter) Girnun,
	gáb-KAS$_4$	dem Kutscher(?),
	0.1.0 AN-[s]ipa	0.1.0 (für) AN-sipa,
	gáb-ra-	den Treiber
	gu$_4$-tu[r-t]ur-ra	der kleinen Stiere,
	0.1.2 lug[al]-ì-nun	0.1.2 (für) Lugal-inun,
10	0.1.0 ab-ba	0.1.0 (für den) 'Ältesten'
	elam	(aus) Elam,
	0.0.4 lugal-a-mu	0.0.4 (für) Lugal-amu,
	0.0.3 nin-e-an-su	0.0.3 (für) Nine-ansu,
	2 dumu-nita 0.0.2	2 Söhne (je) 0.0.2,
	0.0.4 ⸢za⸣-na	0.0.4 (für) Zana,
	še-bi 1.0.⸢5⸣ ⸢U$_2$⸣.U$_2$	Gerste dafür 1.0.5 (an) U$_2$.U$_2$;
	0.1.2 ur-^{d}inanna	0.1.2 (für) Ur-Inanna,
	má-lah$_5$	den Schiff(bau)er,
	0.2.0 lugal-u[šu]r$_4$-ra-nú	0.2.0 (für) Lugal-ušura-nu,
	a-[d]a-ba	den Adab(-Sänger),
	0.1.2 ur-^{d}⸢AB-ir⸣-nun	0.1.2 (für) Ur-AB-irnun:
	⸢nar⸣-me	Musikanten sind sie.
	šu-nig̃ín 2 lú 0.2.0	**Zusammen** 2 Personen (je) 0.2.0,
	7 lú 0.1.2$^!$	7 Personen (je) 0.1.2,

	[8 + 1 l]ú 0.1.0	8 + 1 Personen (je) 0.1.0,
11	8 + 2 lú 0.0.4	8 + 2 Personen (je) 0.0.4,
	2 lú 0.0.2	2 Personen (je) 0.0.2:
	nita-me	Männer sind sie;
	1 munus 0.0.4	1 Frau 0.0.4,
	1 munus 0.0.3	1 Frau 0.0.3,
	še-bi 7.0.3 + 0.2.2	Gerste dafür 7.0.3 + 0.2.2.
	šà-dub-di[dli]	Einzelne šà-dub(-ba)-Arbeiter (sind sie).
12	[š]u-nig̃ín 10 lá 1 ⌜lú⌝ 0.2.4	**Zusammen** 10 minus 1 Personen (je) 0.2.4,
	3 lú 0.2.0	3 Personen (je) 0.2.0,
	50 lú 0.1.2	50 Personen (je) 0.1.2,
	33 + 1 lú 0.1.0	33 + 1 Personen (je) 0.1.0,
	12 + 2 lú ⌜0.0.4⌝	12 + 2 Personen (je) 0.0.4,
	2 lú 0.0.2	2 Personen (je) 0.0.2:
	nita-me	Männer sind sie;
	16 munus 0.1.0	16 Frauen 0.1.0,
	1 + 1 munus 0.0.4	1 + 1 Frauen (je) 0.0.4,
	1 munus 0.0.3	1 Frau 0.0.3.
13	g[ú]-an-šè 2,7 + 4 [l]ú-tur-maḫ-ba	**Insgesamt** 127 + 4 Personen (mit Gerstezuteilungen), darunter kleine (und) große,
	še-[b]i 40.0.0 lá 1.[0].3 gur-sag̃-g̃ál	Gerste dafür 40.0.0 minus 1.0.3 Haupt-Gur;
	še-ba-igi-nu-du$_8$ šà-dub-didli-^{d}ba-ba$_6$	Gerstezuteilungen der Baba für die Iginudu-Arbeiter (und) einzelne šà-dub(-ba)-Arbeiter;
	uru-inim-gi-na	Uru-inimgina,
	ensí-	der Stadtfürst
	lagaš^{ki}	(von) Lagaš.
14	itu-GUD.⌜DU⌝-izi-⌜mú⌝-a	Im Monat, in dem bei den Stieren Feuer entfacht wird,
	en-ig-[g]al	hat En-iggal
	é-ki-sal$_4$-la-[t]a	aus dem E-kisala heraus
	e-[n]e-ba 1.	ihnen (dies) zugeteilt. 1. (Jahr).
	5-ba-am$_6$	Die 5. Zuteilung ist es.

Anmerkungen:

(1:2) Der dù-a-TAR, von A. Deimel ŠL 230:89 als "Gartenarbeiter" bestimmt, wird auch oft im Kontext mit "Wäschern" (azlàg) genannt. Danach möchte ich für die Berufsbezeichnung einen Zusammenhang mit NAG-ku$_5$(d)(=TAR) (oder besser káb-ku$_5$(-d)) vermuten, das P. Steinkeller in BSA 4 (1988) 74ff. untersucht hat und das eine Einrichtung zur Regelung der Wasserzuteilungen darstellte (a.a.O. 78f.). Ich schlage deshalb vor, im dù-a-TAR, der aufgrund von Steinkellers Überlegungen wahrscheinlich dù-a-ku$_5$(-d) zu lesen ist, einen Arbeiter zu sehen, der am NAG-ku$_5$ oder ähnlichen Einrichtungen für die Zuteilung des Wassers verantwortlich war. Vgl. neben den von Steinkeller (a.a.O. 78) angeführten Belegen für TAR = ku$_5$(-d) "ableiten, abzweigen des Bewässerungswassers" noch lú-a-bal = *dālû* "Wasserschöpfer", vgl. dazu a-bal(-)dù-a-TAR in RTC 318:2-3 "Wasserschöpfer (und?) 'Wasserregler'" (vgl. B. Lafont DAS S. 239), und a-ku$_5$ = *butuqtu(m)* "Bresche im Damm, Kanaldurchstich".

Entsprechend ist die Berufsbezeichnung dù-a-ku$_5$(d) wohl etwa mit "Wasserregler, Wasserscheider" o.ä. zu übersetzen. Der Bildungstyp VB+Nomen bleibt, worauf mich C. Wilcke hinweist, allerdings problematisch. Vgl. allenfalls die gleichermaßen schwierigen Berufsbezeichnungen KID$_2$/TAG$_4$.ALAM (vgl. FAOS 6, 198; G. Pettinato MEE 3, 42:20 und vgl. für ŠIDIM die Umschrift dím "maker (of the stela)" in OIP 104, 46; ferner ì-dím bei F. D'Agostino, Sistema verbale 94.) oder RI.ḪU/MUŠEN (s. dazu oben zu Nr. 4 2:4). Beachte auch *ru/šub-lugal(-ak) (dazu AWEL 248).

[Beachte nunmehr auch den Hinweis von J. Bauer AfO 36/37 (1989/90) 81, der für den oben diskutierten Beruf auf kak-a-ku$_5$ = *mupettû* in CAD M$_2$ 210 verweist, die Lesung allerdings bezweifelt.]

Für die Lesung der Bewässerungseinrichtung NAG.TAR hat W. Sallaberger in N.A.B.U. 1991:47 für das erste Zeichen káb nachgewiesen.[16] J. Bauer AoN 47:1f. vermutet nun wegen der

[16] Ist káb- als gab$_x$- zum Nominaltypus gáb-íl zu stellen? So auch eine Erwägung von C. Wilcke; Vgl. dazu oben zu Nr. 14 1:2 bzw. unten 114 2:2.

Enstprechung ka-tar-ra // KAx⌜A⌝-ta[r ...] in DAS 24, die 'Wasserableitungsstelle' sei káb-tar, älter ka-tar zu lesen.

H. Waetzoldt wiederum hat nun in BSA 5, 4ff. Kritik an P. Steinkellers Auffasung über die Funktion des NAG-ku_5 insofern geübt, als es nicht als Bestandteil des Kanalsystems betrachtet werden dürfe und auch keine Schleusen besessen habe. Er bestimmt die NAG-ku_5 als "Flutbecken, Wasserrückhaltebecken, Reservoir", wobei er auf regionale Unterschiede (Umma, Lagaš) in Bauweise und Funtkion hinweist. Waetzoldts Auffassungen vertragen sich aber durchaus mit der oben vorgeschlagenen Deutung von dù-a-ku_5. Vgl. ferner H. Waetzoldts Darlegungen über a-bal "Wasser schöpfen" BSA 5,12.

In ASJ 3 (1981) 105 vermutet S. Yamamoto, daß die dù-a-TAR "may have been some sort of carriers of water for irrigation of land". Vielleicht daran anschließend übersetzte A. Uchitel ASJ 6 (1984) 85, den Beruf mit "irrigator". Ich halte dafür, daß diese beiden Auffassungen entsprechend dem oben Gesagten zu modifizieren sind.

Ein Wort noch zum sozialen Status der dù-a-ku_5: Ihre Ration ist meist gleich, nicht selten aber geringer als die der im Zusammenhang mit ihnen genannten igi-nu-du_8. C. Wilcke weist mich darauf hin, daß ab Nik 2 (Ukg. L 4/6) die dù-a-ku_5 namentlich aufgeführt werden (vgl. TSA 15 (Ukg. L 4/8), DP 114 (Ukg. L 5/3), Nr. 122 (Ukg. L 6/4), TSA 16 (Ukg. L 6/8)). Da sich im Hinblick auf die Rationen der Empfänger keine signifikante Änderung abzeichnet, kann ich diesen Befund nicht bewerten. - Ähnliches gilt für den Hinweis auf den 'Aufstieg' des dù-a-ku_5 utu-igi-du, der nach Nr. 124 (Ukg. L 3/9) 6:15-2 und Nik 16 (Ukg. L 4/4) 7:1-5 beim azlàg "Wäscher" e-ta-e_{11} beschäftigt war, und der nach DP 116 (Ukg L 4/7) (als AN-igi-du) 8:7-10, DP 117 (Ukg. L 4/10) 7:13-14 und Nik 20 (Ukg. L 5/7) 7:10-11 als eigenständiger "Wäscher" fungierte. (Diese Texte gehören alle zum Typ I-A-4.) Dieser e-ta-e_{11} azlàg ist sicher identisch mit dem in den Listen des Typs I-A-2. genannten Vorsteher der igi-nu-du_8-g̃iš-kin-ti-Gruppe gleichen Namens (vgl. etwa Nik 2 3:8-9). Die Problematik, die derzeit prosopographische Beobachtungen zu unserem Material noch mit sich bringen, sei hier verdeutlicht durch den Hinweis, daß dem auch sonst gut bezeugten e-ta-e_{11} nu-$kiri_6$ (vgl. etwa DP 409 5:2-3; Fö 57 6:2-3) in den Listen eben dieses Typs I-A-2. ebenfalls ein dù-a-ku_5 namens $^{(d)}$utu-igi-du unterstellt ist: Nik 2 2:1, TSA 15 2:3-4

(AN-igi-du); in Nr. 122 2:2-4 ist er dann einem lú:gal-é-ni-šè untergeordnet. Liegt nur zufällige Namensgleicheit vor?.

(2:4) Die zuletzt im Anschluß an P. Steinkeller ZA 75 (1985) 46 und M. Krebernik ZA 76 (1986) 194 von J. Bauer in JAOS 107 (1987) 327 und AfO 36/37 (1989/90) 80) vorgeschlagene Lesung gipar$_x$ (=KISAL) statt kisal scheint in diesen und verwandten PN in unserem Corpus nicht zuzutreffen. Vgl. die Schreibung des PN me-kisal-le Nik 1 5:5, 6 6:4, DP 112 5:8 u.ö., und vgl. analoges en-kisal-si DP 193 2:2 u.p. bzw. g̃išgal-le Nik 3 1:7 u.p. und g̃išgal-le-si in ITT 5, 9232 2':3'.

(2:5) In N.A.B.U. 1989 25f:38 hatte ich vorgeschlagen unseren Monatsnamen mit dem nippuräischen (itu)-NE.NE-g̃ar(-ra) zu verbinden, der wiederum mit Monat und Ritual *NE-um(-ak) bzw. NE-um-NE-gar (St.Pohl 13 Nr. 39 2:2) zusammenhänge. Es wurde weiter vorgeschlagen, in diesen Bezeichnungen sumerische Entsprechungen des akkdischen *kinūnu(m)*-Monats zu sehen, und zwar aufgrund er Zusammenfassung von H. Hunger in RLA 299f. (s.v. Kalender), der die Festlegungen des *kinūnu(m)*-Monats auf den 5. Monat in Chogar Bāzār (Nach J. Renger JNES 32 (1973) 263) und in Nērebtum (nach M. Seif, Iščali (1938) 47), den 6. Monat in Ešnunna (nach R.M. Whiting), den 7. Monat in Mari (nach H. Limet ARMT 19, 11), aber sogar der 9. Monat in Nuzi (nach C.H. Gordon/E. Lacheman AnOr 10, 55) zitiert. Nach der mir damals noch nicht bekannten Untersuchung von S. Greengus, "The Akkadian Calendar at Sippar" in JAOS 107 (1987) 209-229, auf die mich C. Wilcke hinweist, ergibt sich für die altbabylonische Zeit eine Festlegung des *kinūnu(m)* auf den 7. Monat, so daß mein Vorschlag zweifelhaft scheint. Wilcke schreibt weiter, daß es "im 7. - 8. Monat nach den Frühjahräquinoktien," Zeit ist "an kühlen Abenden, den Ofen anzuzünden; ganz sicher noch nicht im September oder Oktober".[17]

---

[17] Inwieweit die Zuteilungs- oder Lieferungsnummer unserer Urkunden mit den Jahresmonaten gleichzusetzen sind, bedürfte, auch im Hinblick auf Hinweise auf landwirtschaftliche Tätigkeiten, einer systematischen Untersuchung (vgl. B. Hruška, "Das landwirtschaftliche Jahr im alten Sumer" BSA 5 (1990) 105-114; ders. Ackerbau 467-480). Weiter sei darauf aufmerksam gemacht, daß am Baba-Fest nach unseren Urkunden eine 11. bzw. 12. monatliche Löhnung erfolgte. N. Schneider AnOr 13, 90 setzt das Fest in der

(2:9) Zumindest in diesem PN scheint die Lesung tur gesichert. Vgl. zu gala-tur J. Bauer AfO 36/37 (1989/90) 81. Beachte aber auch die ebd. vorgestellten Argumente für eine Lesung šeš-bandà neben šeš-tur.

(3:3) Aufgrund des "Numens ⁽ᵈ⁾nab" möchte nunmehr J. Bauer AfO 36/37 (1989/90) 79 mit Verweis auf M.E. Cohen CLAM S. 231. 281 u.ö.; STVC 47,4; é-nab-ba STVC 74,3) auch in unseren Namen $tilla_x$ als nab lesen. Daran wären dann auch die Schreibungen mit tillá anzuschließen. Dieser Vorschlag findet sich im übrigen bereits bei A. Deimel PB Nr. 1557, vgl. 2281. Ich bin von diesem Vorschlag noch nicht völlig überzeugt.

(3:12) Im früher GIGIR-sag̃ umschriebenen Wort liegt vielleicht eine as. Schreibung für pú-sag̃ = *šatpu(m)* "Ausschachtung, Mulde" (AHw 1200, nach ISl I 1, 393 "Wasserloch" und vgl. ebd. pú = *šuq/klu* "Rohrtümpel") vor. Der Personenname könnte also pu_6-sag̃ gelesen werden. Nach der von Steinkeller ZA 71 (1981) 26ff. vorgeschlagenen Unterscheidung von pú "well" gegenüber dem semantisch verwandten túl (oder ub_4) "public fountain" scheint aber die Lesung túl-sag̃ vorzuziehen zu sein; vgl. a. J. Bauer AfO 36/37 (1989/90) 78. Die Lage scheint allerdings nach wie vor nicht völlig klar: In den Weihinschriften (vgl. H. Behrens, H. Steible FAOS 6 276f.) liegt an allen Belegstellen das Zeichen LAGABxU vor, für das nach Bauer die Lesung pú anzusetzen wäre. Der in diesen Inschriften allerdings mehrfach belegte Bau dieser Einrichtung aus 'Backsteinen' macht seine Übersetzung als "Brunnen", e.g. "public fountain" geradezu unabweisbar. (Es sei denn man setzte eine Bedeutung 'Zisterne' an, welche von P. Steinkeller a.a.O. 27 mit pú verbunden wird, wobei aber dann eine Unterscheidung pú und túl semantisch fast unmöglich scheint.) Es ist also zu fragen, ob mit der Möglichkeit gerechnet werden

---

Ur-III-Zeit in den 8. Monat. Nach Gudea Stat. E 5:1-3 // G 3:5-7 mit u_4-zà-mu ezen-^{d}ba-ba_6 níg̃-MI_2-ús-sá AKA-da "Am Neujahrstage, am Fest der Baba, an dem die Brautgaben zu leisten sind" (vgl. H. Steible FAOS 9/1, 194f. ders. 9/2, 47f.) fand das Baba-Fest aber um das (kultische) Neujahr statt. Eine systematische Zusammenstellung der verschiedenen Informationen ist ein Desiderat.

kann, daß auch bei túl(=LAGABxTIL) und pú(=LAGABxU) die von Steinkeller nach sargonischen Quellen gemachten Beobachtungen in unserem Korpus analog zu dem Befund zu modifizieren sind, daß später übliches gigir in unseren Texten als gigír geschrieben erscheint, pú hier also durch pu_6 vertreten wird (vgl. aber in Nr. 39 11:6). pu_6-sag̃ ist wohl verkürzt für den häufigen PN ur-pu_6-sag̃ (z.B. in DP 130 2:14, Nr. 8 6:8; vgl. aber DCS 4 19:1': ur-PU_2-sag̃). (Zum PN sag̃-GIGIR-ba s. unten zu Nr. 91 2:2-3). Beachte besonders ur-pu_6-sag̃ lú-dingir "PN, der 'Gottesmann'" in Fö 180 3:3-4. Zum ns. Namen vgl.a. H. Limet, L'anthroponymie 290 und verbessere dort entsprechend dem hier Bemerkten.

Undeutlich bleiben auch die Implikationen des PN. Weist pu_6-sag̃ auf den kultischen Bereich? Dann könnte man eine Namensdeutung "'Mann'/'Diener' (an der) (Opfer-)Mulde" in Erwägung ziehen.

(3:15) PN dieser Art sind eine Hauptstütze meiner These, daß NI-a-a ein Beiname oder religiöser Titel der Ehefrau des Herrschers En-entarzi, Dimtur, ist. Diese PN verhalten sich ganz parallel zu Namen wie PAP.PAP-ama-da-rí. Im drei Monate ältern Text, Nr. 52 4:11 z.B. (s. dort), dürfte es sich bei dieser Namensträgerin aller Wahrscheinlichkeit nach sogar um die gleiche Person handeln, deren Namen, eh' ein Höflingsname, kurze Zeit nach dem Machtwechsel geändert worden wäre. (PAP.PAP ist religiöser Titel der Bara-namtara, der Gemahlin des Lugal-anda). Nach meiner Auffassung wäre dabei allerdings auf die frühere, vor Lugal-anda-zeitliche Namensvariante dieser Trägerin zurückgegriffen worden.

Die von J. Bauer zitierte jüngere Arbeit von M. Malul in OA 26 (1987) 17-35 kann ich in dem für unser Problem relevanten Teil (S. 31ff.) nur insoweit nachvollziehen, als NI in NI-a-a mit dem von Malul angenommenen NI "sign or symbol of ownership" zu tun haben mag.

(5:3) In den Namen des Typs -UR-mu wurde die konventionelle Lesung beibehalten, obwohl K. Oberhuber in OLZ 72 (1977) 579 den Vorschlag unterbreitete diese -téš-mu zu lesen und mit den akkadischen PN des Typs *-bāštī* zu verbinden. Mein Zögern beruht vor allem auf den m. E. noch nicht genügend geklärten Vorstellungen, die mit dem Element ur in PN zu verbinden sind. (Oberhuber hatte vor allem am Sinn der Namen GN-ur-mu Zweifel geäußert.)

(5:15–11:6) In AWEL (vgl. etwa S. 64. 101, die Gliederung von Nik 2 und Nik 9) habe ich die *šà-dub-é-gal(-ak) "šà-dub(-ba)-Arbeiter (des) 'Palastes'" (zur korrigierten Übersetzung; s. hier den Kommentar zu Nr. 1 1:3) von der Gruppe der šà-dub(-ba)-didli "einzelnen šà-dub(-ba) Arbeitern" getrennt (vgl. a. J. Bauer AWL 196). Dabei wird nicht deutlich, daß die erste Gruppe der šà-dub(-ba)-Arbeiter wahrscheinlich nur eine Untergruppe der 'einzelnen šà-dub(-ba)-Arbeiter' darstellt, was bereits A. Deimel Or 34/35 116. 119 und AnOr 2, 107f. vermutete und worauf C. Wilcke zurecht hinweist.[18] Auch wenn die 'šà-dub(-ba) des Palastes' und die nachfolgenden Personen getrennt subsummiert werden, so kann zur Begründung dieser These zum einen auf die Schlußformeln verwiesen werden, in denen der Vermerk šà-dub-é-gal(-kam(/me) niemals, šà-dub-didli aber regelmäßig erscheint. Zum zweiten wäre die gelegentliche 'Auslassung' der šà-dub-é-gal(-ak)-Rubrik leichter zu erklären (vgl. Nr. 23 3:14 bzw. 5:12 und TSA 13 4:8 bzw. 6:1[19]; ferner vielleicht auch unten Nr. 52 mit Kommentar zu 9:11f.).

(7:15) Nach Kollation liegt hier ohne Zweifel das nur leicht beschädigte Zeichen DI vor. Der Name wird in den Paralleltexten bekanntlich nam-šita-mu-bí-du$_{11}$ geschrieben; vgl. z.B. Nik 18 6:8, Nr. 18 4:5, 20 6:14 u.p. Wie ist die vorliegende Variante zu erklären?

[18] Entsprechend der nunmehr nach Wilcke verbesserten Deutung der Bezeichnung šà-dub(-ba) besteht natürlich auch keine Notwendigkeit mehr, vermeintliche "Palast'-Tafeln' mit irgenwelchen 'Einzeltäfelchen' begrifflich miteinander harmonisieren zu müssen. Vgl. die falsche Analyse bei A. Deimel Or 9/13, 28; J. Bauer AWL 196 und s. dazu oben zu Nr. 1 1:3.

[19] Beachte allerdings, daß Nr. 23 und TSA 13 zu dem Texttyp gehören, der die sonst getrennten Listen der Typen I-A-2. und I-A-3. verbindet und durch Weglassen vieler Personennamen verkürzt. Nr. 123, das dritte Beispiel für eine solche Listenverbindung, schreibt dagegen die Personennamen explizit. Hier findet sich dann auch in 6:15 der Vermerk [š]à-dub-é-gal.

(9:16–10:7) Die Zwischensumme beweist die Zusammengehörigkeit dieser Gruppe. Bei dem in den parallelen Texten fast immer ohne Berufsangabe aufgeführten U_2.U_2 handelt es sich, wie ein Vergleich z.B. mit Nr. 52 12:15–16 ergibt, um den auch sonst gut bezeugten Hausverwalter dieses Namens. Dies gibt uns einen Hinweis auf den Tätigkeitsbereich der Personengruppe auch unseres Textes.

(10:13) Zum "Musikanten" nar und verwandten Brufsbezeichnungen in der eblaitischen Tradition vgl. M.V. Tonietti, Quad.Sem. 15 (1988) 79–119; dies. Quad.Sem. 16 (1989) 117–129.

(12:1–13:2) Die Summenformel in Kolumne 12 und die Summa summarum stimmen untereinander hinsichtlich Personenanzahl und Getreidemenge überein. Auch die Addition der einzelnen Getreidebeträge des Haupttextes führt zum gleichen Ergebnis. Die (wenigen) Textergänzungen sind deshalb gesichert. Im Klassifikationsvermerk in 13:1 fehlt das in den Paralleltexten sonst in der Regel geschriebene še-ba "Gerstezuteilungen". Es fehlt auch im wohl einen Monat jüngeren Text dieses Typs Nr. 15 sowie in DP 113 (Ukg. L 2/8) 15:1. Aus den Texten des Typs I-A-3. sind Nr. 20 (Ukg. L 2/9) 17:1, CTNMC 4 (Ukg. L 3/12) 18:1, aus I-A-4. DP 116 15:1 heranzuziehen; vgl. aber DP 117 (Ukg. L 4/10) lú-<še->ba-tur-maḫ-ba. Im Zusammenhang mit Belegen wie anše-tur-maḫ-ba (DP 237 2:2; Fö 160 7:1; Nik 203 4:1, 204 4:1; RTC 49 3:1), g̃iš-ùr-tur-maḫ-ba (DP 436 2:3; Fö 107 4:1, 178 3:1), e-tur-maḫ-ba (Fö 100 3:1), kuš-udu-ur$_4$-ra-tur-maḫ-ba (VAT 4455 (=VS 25 Nr. 36) 9:1); sum-tur-maḫ-ba (DP 384 2:1, 393 7:1. 3, VAT 4892 (VS 25 Nr. 108) 4:1; g̃iš-še-du$_{10}$-tur-maḫ-ba (DP 419 7:1) udu-tur-maḫ-ba (CT 50, 42 1:4) sowie lú-tur-maḫ-ba außerhalb der Lohnlisten (Nik 19 11:1) ergibt sich zweifelsfrei, daß a) sich "groß und klein" hier auf die Personen (nicht auf die Zuteilungen) bezieht und daß b) /ba/ grammatisch als *bi-a (kaum *bi-a(k)) analysiert werden muß. – Beachte weiter, daß die Summa summarum in 13:2 die mit den Keilschriftzahlen notierten Beträge *nicht* aufführt. Beobachtungen dieser Art stützen die These, diese Gerstemengen seien nicht ausgegeben worden.

(14:1) Zu diesem bislang problematischen Monatsnamen, den zuletzt J. Krecher WdO 4 (1967/68) 367f. gedeutet hat, siehe jetzt auch G.J. Selz: "*kinūnu(m):* Sumerische Entsprechungen zum Monatsnamen und Festritual" in N.A.B.U. 1989 25f.:38, wo Lesung und Identifikation begründet werden.

(14:2) Die Berufsbezeichnung nu-bandà fehlt tatsächlich. Vgl.a. oben zu 12:1-13:2.

15 = STH 1, 16

Text: HSM 904.4.2 (früher 3606); Maße: H.: 12,5cm; Br.: 12,7cm;
Kollationiert;
Umschrift: A. Deimel Or 34/35, 55ff.; vgl. M. Lambert OrNS 44 (1975) 50.;
Parallelen: Nr. 52 (Ukg. E 1/2); 14 (Ukg. E 1/5); 119 (Ukg. E 1/4); DP 228 (Ukg. E 1/7); Nik 9 (Ukg. E 1/8); CH 1 (unpubl.) (Ukg. L 2/6);
Datum: [Ukg.] E 1/6; Typ: I-A-2.(A/2);
Inhalt: Gerstezuteilungen der Baba für die Iginudu-Arbeiter(, Träger) und einzelne šà-dub(-ba)-Arbeiter.
Gliederung:

Iginudu-'Baumarbeiter' (mit Rubrum):	*1:01-2:05*
1. Gruppe (mit Zws. unter AN-amu):	*1:01-1:04*
2. Gruppe (mit Zws. unter E-ku):	*1:05-1:07*
3. Gruppe (mit Zws. unter Eta'e):	*1:08-1:10*
4. Gruppe (mit Zws. unter Ur-ki):	*1:11-2:01*
5. Gruppe (mit Zws. unter En-kisal-si):	*2:02-2:04*
Wäscher (mit Zws. unter Ur-Šul):	*2:06-2:08*
Träger (mit Rubrum):	*2:09-5:16*
1. Gruppe (mit Zws. unter Enku):	*2:09-3:10*
2. Gruppe (mit Zws. unter Lugal-sipa):	*3:11-5:01*
3. Gruppe (mit Zws. unter Ur-Nin-MUŠxMUŠ-daru):	*5:02-5:15*
Einzelne šà-dub(-ba)-Arbeiter (m. Rubrum):	*5:17-10:01*
šà-dub(-ba)-Arbeiter des 'Palastes' (mit Rubrum):	*5:17-7:13*
a) Mundschenken (mit Rubrum):	*5:17-6:05*
b) Bäcker/Koch:	*6:06-6:07*
c) Bote:	*6:08-6:09*
d) 'Bediensteter' des 'Vorratshauses':	*6:10-6:11*

e) Heißwasserbereiter (mit Rubrum):	*6:12–6:14*
f) Schreiber:	*6:15–6:16*
g) Friseure (mit Rubrum):	*7:01–7:05*
h) Reiniger:	*7:06–7:07*
Zws. und Rubrum:	*7:08–7:13*
<u>Weitere einzelne šà-dub(-ba)-Arbeiter</u>:	*7:14–10:01*
a) Handwerker (mit Rubrum): (Schmiede, Lederwerker, Walker mit Rubra):	*7:14–8:07*
b) Pförtner (mit Rubrum):	*8:08–9:03*
c) Brauer	*9:04–9:05*
d) Hirten und Viehtreiber (mit Rubrum):	*9:06–10:11*
e) Personal des (Hausverwalters) $U_2.U_2$ (mit Zwischensumme):	*10:12–11:02*
f) Schiff(bau)er:	*11:03–11:04*
g) Musikanten (mit Rubrum):	*11:05–11:08*
Zwischensumme:	*11:09–12:01*
<u>Summenformel:</u>	*13:01–13:10*
<u>Schlußformel:</u>	*14:01–15:05*
Summa summarum:	*14:01–14:02*
Klassifikation:	*14:03–14:04*
Transaktionsformular / Datum:	*14:05–15:05*

1	1	[8 igi-nu-d]u$_8$ [še--ba 0.1].2	8 Iginudu-Arbeiter: Gerste-zuteilung (je) 0.1.2,
		[1 dù-a-ku$_5$ 0.1.2	1 'Wasserregler' 0.1.2,
		[še-bi] ⸢3.0.0⸣ gur-sag̃-g̃ál	Gerste dafür 3.0.0 Haupt-Gur
		[AN-a-m]u	<u>(an) AN-amu;</u>
	5	[10] lá 1 igi-nu-du$_8$ 0.1.2	10 minus 1 Iginudu (je) 0.1.2,
		[1 d]ù-a-ku$_5$ 0.1.2	1 'Wasserregler' 0.1.2,
		[še-b]i 3.1.2 ⸢é⸣-ku$_4$	Gerste dafür 3.1.2 <u>(an) E-ku;</u>
		10 [l]á 1 igi-nu-du$_8$ 0.1.2	10 minus 1 Iginudu (je) 0.1.2,
		1 d[ù]-a-ku$_5$ 0.1.0	1 'Wasserregler' 0.1.0,
	10	še-b[i] 3.1.0 ⸢e⸣-[t]a-e$_{11}$	Gerste dafür 3.1.0 <u>(an) Eta'e;</u>
		5 igi-nu-du$_8$ 0.1.2	5 Iginudu (je) 0.1.2,
		1 dù-a-ku$_5$ 0.1.2	1 'Wasserregler' 0.1.2,
		1 dù-a-ku$_5$ 0.1.0	1 'Wasserregler' 0.1.0,
2	1	še-bi 2.1.0 ur-k[i]	Gerste dafür 2.1.0 <u>(an) Ur-ki;</u>
		5 igi-nu-du$_8$ 0.1.2	5 Iginudu (je) 0.1.2,

1 dù-a-ku$_{5}$ 0.1.0	1 'Wasserregler' 0.1.0,
še-bi 2.0.0 lá 0.0.2	Gerste dafür 2.0.0 minus
en-kisal-si	0.0.2 (an) En-kisal-si:
igi-nu-du$_{8}$-g̃iš-me	Iginudu-'Baumarbeiter' sind sie;
10 lá 1 igi-nu-⸢du$_{8}$⸣	10 minus 1 Iginudu (je)
0.2.4	0.2.4,
še-bi 6.0.0 ur-šul	Gerste dafür 6.0.0 (an) Ur-Šul,
azlág	den Wäscher;
0.1.0 gala-tur	0.1.0 (für) Galatur,
0.1.0 en-ku$_{4}$	0.1.0 (für) En-ku,
0.1.0 ^{d}mes-an-DU-lú-ša$_{6}$-ga	0.1.0 (für) Mesan-DU-lu-šaga,
0.1.0 ^{d}nin-g̃ír-su-igi-du	0.1.0 (für) Nin-Girsu-igidu,
0.1.0 sipa-uru-da-kúš	0.1.0 (für) Sipa-uruda-kuš,
3 0.1.0 *PAP [z]i-m[u]-⸢an-da-g̃ál⸣	0.1.0 (für) Zimu-andag̃al (PAP):
[ni]ta-me	Männer sind sie;
0.1.0 nin-šeš-da	0.1.0 (für) Nin-šešda,
0.1.0 gan-tillá	0.1.0 (für) Gan-tilla,
0.1.0 nin-ede[n-n]é	0.1.0 (für) Nin-edene,
0.1.0 za-⸢na⸣	0.1.0 (für) Zana:
munus-me	Frauen sind sie.
⸢šu⸣-nig̃ín 6 nita 0.1.0	**Zusammen** 6 Männer (je) 0.1.0,
4 munus 0.1.0	4 Frauen (je) 0.1.0,
še-bi 2.2.0 en-kù	Gerste dafür 2.2.0 (an) Enku;
0.1.2 pu$_{6}$-sag̃	0.1.2 (für) Pusag̃,
0.1.2 ^{d}utu-igi-du-lugal-an-da	0.1.2 (für) Utu-igidu-Lugal-anda,
0.1.2 ^{d}inanna-ur-PAP.PAP	0.1.2 (für) Inanna-ur-PAP.PAP,
0.1.0 NI-a-a-ama-da-rí	0.1.0 (für) NI-a'a-amadari,
4 0.1.0 ⸢*utu-lú⸣-ša$_{6}$-ga	0.1.0 (für) Utu-lu-šaga,
0.1.0 ur-^{d}ga[š]am	0.1.0 (für) Ur-Gašam,
0.1.0 PAP.PAP-^{d}inanna-ra-⸢DU⸣	0.1.0 (für) PAP.PAP-Inanna-ra-DU,
0.1.0 *á-⸢ág̃⸣-[g̃]á-ni	0.1.0 (für) A'ag̃ani:
nita-me	Männer sind sie;
0.1.0 PAP.PAP-^{d}ba-ba$_{6}$-mu-tu	0.1.0 (für) PAP.PAP-Baba-mutu,
0.1.0 PAP.PA[P-^{d}in]anna-da-[ga]l-di	0.1.0 (für) PAP.PAP-Inannada-galdi,

	[0.1.0 ^{d}ni]n-[šub]ur-ama-mu	0.1.0 (für) Nin-šubur-amamu,
	0.1.0 nin-igi-tab-mu	0.1.0 (für) Nin-igitabmu,
	0.1.0 PAP.PAP-^{d}nanše-mu-tu	0.1.0 (für) PAP.PAP-Nanše-mutu,
	0.1.0 nin-ur-m[u]	0.1.0 (für) Nin-urmu:
	munus-me	Frauen sind sie.
	šu-niĝín 3 nita 0.1.2	**Zusammen** 3 Männer (je) 0.1.2,
	5 nita 0.1.0	5 Männer (je) 0.1.0,
	6 munus 0.1.0	6 Frauen (je) 0.1.0,
	še-bi 4.0.0 lá 0.1.0	Gerste dafür 4.0.0 minus 0.1.0
5	lugal-sipa	(an) Lugal-sipa;
	0.1.0 [ni]r-an-⸢da⸣-ĝál	0.1.0 (für) Nir-andaĝal,
	0.1.0 šu-na	0.1.0 (für) Šuna,
	0.1.0 en-⸢kù⸣	0.1.0 (für) Enku,
	0.1.0 ^{d}nin-ĝí[r-s]u-u[r]-mu	0.1.0 (für) Nin-Girsu-urmu:
	n[ita]-me	Männer sind sie;
	0.1.0 n[in-a]l-maḫ	0.1.0 (für) Nin-almaḫ,
	0.1.0 nin-ba[rá-da]-rí	0.1.0 (für) Nin-baradari,
	0.1.0 [ni]n-maš-e	0.1.0 (für) Nin-maše,
	[0.1.0 ^{d}ba]-ba$_{6}$-zi-m[u]	0.1.0 (für) Baba-zimu,
	0.1.0 [PAP.PAP]-z[i-m]u	0.1.0 (für) PAP.PAP-zimu:
	[munus]-me	Frauen sind sie.
	šu-niĝín 4 nita 0.1.0	**Zusammen** 4 Männer (je) 0.1.0,
	5 munus 0.1.0	5 Frauen (je) 0.1.0
	še-bi 2.1.0 ur-^{d}nin-MUŠxMUŠ-da-ru	Gerste dafür 2.1.0 (an) Ur-Nin-MUŠxMUŠ-daru:
	íl-me	Träger sind sie;
	0.2.0 nita-zi	0.2.0 Nitazi,
6	0.1.0 ur-du$_{6}$	0.1.0 (für) Ur-du,
	0.1.0 lugal-ĝá	0.1.0 (für) Lugalĝa,
	0.1.0 ŠUD$_{3}$.[ŠU]D$_{3}$-ĝá-ni-du$_{10}$	0.1.0 (für) ŠUD$_{3}$.ŠUD$_{3}$-ĝani-du,
	⸢0.0.4!⸣ lugal-[in]im-gi-⸢na⸣	0.0.4 (für) Lugal-inimgina:
	sagi-me	Mundschenken sind sie;
	0.0.4 ur-^{d}[b]a-ba$_{6}$	0.0.4 (für) Ur-Baba,
	muḫaldim	den Bäcker/Koch,
	⸢0.0.4!⸣ [l]ugal-EREN$_{2}$-ré-ki-aĝá	0.0.4 (für) Lugal-EREN$_{2}$-re-ki'aĝa,
	sukkal	den Boten,

	⌜0.0.4⌝ igi-mu-an-šè-g̃ál	0.0.4 (für) Igimu-anšegal,
	[l]ú-é-ninda-ka	den 'Bediensteten' des 'Vorratshauses',
	0.1.0 úr-ni	0.1.0 (für) Ur-ni,
	0.1.0 [l]ugal-ur-mu	0.1.0 (für) Lugal-urmu:
	lú-a-kúm-me	Heißwasserbereiter sind sie;
	0.1.2 šeš-lú-du$_{10}$	0.1.2 (für) Šeš-lu-du,
	dub-sar	den Schreiber,
7 1	0.1.0 AN-al-ša$_{6}$	0.1.0 (für) AN-alša,
	nita-am$_{6}$	ein Mann ist er,
	0.0.4 ^{d}inanna-men$_{x}$(=GA$_{2}$xEN)-zi-PAP.PAP	0.0.4 Inanna-menzi-PAP.PAP
	munus-am$_{6}$	eine Frau ist sie:
	šu-í-me	Friseure sind sie;
	0.1.0 e-ta-e$_{11}$	0.1.0 (für) Eta'e,
	gáb-dan$_{6}$(=UŠxKID$_{2}$!)	den Reiniger.
	šu-nig̃ín 1 lú 0.2.0	**Zusammen** 1 Person 0.2.0,
	1 lú 0.1.2	1 Person 0.1.2,
	7 lú 0.1.0	7 Personen (je) 0.1.0,
	4 lú 0.0.4	4 Personen (je) 0.0.4,
	1 munus 0.0.4	1 Frau 0.0.4,
	še-bi 3.1.0 + 0.0.4	Gerste dafür 3.1.0 + 0.0.4:
	šà-dub-é-gal	šà-dub(-ba)-Arbeiter des 'Palastes' (sind sie).
	0.0.4 ^{d}en-líl-da	0.0.4 (für) Enlilda,
	0.0.4 ^{d}en-ki-ur-mu	0.0.4 (für) Enki-urmu:
	simug-me	Schmiede sind sie;
8 1	0.1.0 sipa-lagaš<ki>-ki-ag̃á	0.1.0 (für) Sipa-Lagaš-ki'ag̃a,
	0.1.0 ⌜i$_{7}$⌝-mud	0.1.0 (für) I-mud:
	ašgab-me	Lederwerker sind sie;
	0.1.0 e-ta-e$_{11}$	0.1.0 (für) Eta'e,
	0.1.0 nam-šita-mu-[b]í-du$_{11}$	0.1.0 (für) Namšitamu-bidu:
	túg-du$_{8}$-me	Walker sind sie:
	g̃iš-kin-ti-me	Handwerker sind sie;
	[0.0.4 n]am-[ma]ḫ	0.0.4 (für) Nammaḫ,
	0.0.4 níg̃-GA-kur-ra	0.0.4 (für) Nig̃-GA-kura,
	0.0.4 e-ta-e$_{11}$	0.0.4 (für) Eta'e,
	0.0.4 ur-ki	0.0.4 (für) Ur-ki,
	0.0.4 zi-[m]u-an-da-g̃ál	0.0.4 (für) Zimu-andag̃al,
R 9 1	0.0.4 igi-^{d}ba-ba$_{6}$-šè	0.0.4 (für) Igi-Babaše,

0.0.4 ur-^{d}pa-[b]ìl-sag̃	0.0.4 (für) Ur-Pabilsag̃:
ì-du$_8$-me	Pförtner sind sie;
0.1.2 bará-zi-⸢šà-g̃ál⸣	0.1.2 (für) Bara-zi-ša-g̃al,
lú-bappìr	den Brauer,
0.1.0 e-ta-e$_{11}$	0.1.0 (für) Eta'e,
gáb-ra-⸢maš⸣	den Treiber (der) Ziegen,
1 lú 0.1.2	1 Person 0.1.2,
1 lú 0.1.0	1 Person 0.1.0
en-⸢DU⸣	(unter) En-DU;
⸢2 lú⸣ 0.1.2	2 Personen (je) 0.1.2
lu[g]al-da-nu-me-a	(unter) Lugalda-nume'a:
10 1 sipa-udu-siki-ka-me	Hirten der Wollschafe sind sie.
0.2.0 ^{d}nin-g̃ír-su-igi-du	0.2.0 (für) Nin-Girsu-igidu,
gáb-ra-	den Viehtreiber des
ur-^{d}en-ki	Ur-Enki,
[sipa]-gu$_4$-ka	des Rinderhirten;
1 lú 0.1.0	1 Person 0.1.0
[g̃]ír-nun	(unter) Girnun,
gáb-KAS$_4$	dem Kutscher(?);
0.1.0 AN-sipa	0.1.0 (für) AN-sipa,
gáb-ra-	den Treiber
gu$_4$-tur-tur-⸢ra⸣	der kleinen Stiere,
0.1.2 lugal-ì-nun	0.1.2 (für) Lugal-inun,
0.1.0 ab-ba	0.1.0 (für den) 'Ältesten'
elam	(aus) Elam;
0.0.4 lugal-a-mu	0.0.4 (für) Lugal-amu,
0.0.3 nin-e-⸢an⸣-su	0.0.3 (für) Nine-ansu,
2 dumu-nita 0.0.2	2 Söhne (je) 0.0.2,
11 1 0.0.4 za-na	0.0.4 (für) Zana,
še-bi 1.0.*5 U$_2$.U$_2$	Gerste dafür 1.0.5 (an) U$_2$.U$_2$;
0.1.2 ur-^{d}inanna	0.1.2 (für) Ur-Inanna,
má-lah$_5$	den Schiff(bau)er,
0.2.0 lugal-ušùr-ra-n[ú]	0.2.0 (für) Lugal-ušura-nu,
a-da-ba	den Adab(-Sänger(?)),
0.1.2 ur-^{d}AB-ir-nun	0.1.2 (für) Ur-AB-irnun:
nar-me	Musikanten sind sie.
šu-nig̃ín 2 lú 0.2.0	**Zusammen** 2 Personen (je) 0.2.0,
7 lú 0.1.2	7 Personen (je) 0.1.2,
8+1 lú 0.1.0	8+1 Personen (je) 0.1.0,
8+2 lú 0.0.4	8+2 Personen (je) 0.0.4,

	2 [l]ú 0.0.2	2 'Personen' (je) 0.0.2:
	nita-me	Männer sind sie;
	1 munus 0.0.4	1 Frau 0.0.4,
	1 munus 0.0.3	1 Frau 0.0.3:
12 1	še-bi 7.0.3 + 0.2.2	Gerste dafür 7.0.3 + 0.2.2:
	šà-dub-didli	Einzelne šà-dub(-ba) Arbeiter (sind sie).
13 1	šu-niĝín 10 lá 1 lú 0.2.4	**Zusammen** 10 minus 1 Person (je) 0.2.4,
	3 lú 0.2.0	3 Personen (je) 0.2.0,
	50 lú 0.1.2	50 Personen (je) 0.1.2,
	33 + 1 lú 0.1.0	33 + 1 Personen (je) 0.1.0,
	⌜1⌝2 + 2 lú *0.0.4!	12 + 2 Personen (je) 0.0.4(!),
	2 lú 0.0.2	2 'Personen' je 0.0.2:
	nita-me	Männer sind sie;
	15 munus 0.1.0	15 Frauen (je) 0.1.0,
	1 + 1 munus ⌜0.0.4⌝	1 + 1 Frauen (je) 0.0.4,
	1 munus 0.0.3	1 Frau 0.0.3.
14 1	[g]ú-an-šè ⌜2,6⌝ lú-tur-maḫ-ba	**Insgesamt** 126 Leute (mit Gerstezuteilungen) darunter kleine (und) große,
	še-bi 40.0.0 lá *1.1.3 g[u]r-saĝ-ĝál	Gerste dafür 40.0.0 minus 1.1.3 Haupt-Gur;
	[š]e-ba-igi-n[u-d]u$_8$	Gerstezuteilungen der Baba für
	šà-du[b]-did[li]-	die Iginudu-Arbeiter (und)
	[^{d}ba-ba$_6$]	einzelne šà-dub(-ba)-Arbeiter;
	[uru-inim-gi-na]	Uru-inimgina,
	[ensí-]	der Stadtfürst
	[lagaš^{ki}]	(von) Lagaš.
	[...]	(Im Monat ...)
15 1	en-ig-gal	hat En-iggal,
	nu-bandà	der Generalverwalter,
	é-ki-sal$_4$-[l]a-ta	aus dem E-kisala heraus
	⌜e⌝-ne-ba 1.	ihnen (dies) zugeteilt. 1. (Jahr).
	6-ba-am$_6$	Die 6. Zuteilung ist es.

Anmerkungen:

(3:1) Zum 'Archivvermerk' PAP oder kúr vgl. bereits AWEL zu Nik 10 [1:1]; 41 1:7 und 281 3:4, wo allerdinsgs keine überzeugende Deutung vorgeschlagen werden konnte. Vielleicht besteht ein Zusammenhang mit den von P. Steinkeller, FAOS 17, 48f. (vgl.a. OIP 104 246) gesammelten Schreibungen u_4-kúr, kúr-šè, kúr und u_4-gur-ra mit der Bedeutung "in Zukunft". Trifft dies zu, so bezeichnete unser Vermerk noch nicht vollzogene Transaktionen (vgl. aber AWEL Nik 10, wo dies kaum sinnvoll erscheint). - Die Lesung kúr oder gúr für das PAP geschriebene Hohlmaß findet sich jetzt auch bei M.A. Powell RlA 7, 506.

Eine andere Deutung des Archivvermerks PAP schlägt nun R.K. Englund, Fischerei 103[328] vor: "Eher deutet das Zeichen darauf hin, daß der Schreiber beim ersten Rechnungsdurchgang die damit erfaßte Getreidemenge in eine Zwischensumme einbezogen hat." Eine Überprüfung dieser These läßt sich m.W. mit den vorliegenden Kopien (noch) nicht ausreichend begründen. In der Tat ist das Zeichen von den Kopisten oft übersehen worden, und manchmal ist es auch auf dem Original (heute) kaum (oder nicht mehr) zu sehen.

(6:4.8) Die leider auch im Paralleltext Nr. 14 6:1.5 beschädigten Mengenangaben müssen hier wie dort für diese beiden Personen mit jeweils 0.0.4 angesetzt werden. Nur dies führt zur korrekten Zwischensumme in 7:8-13.

(6:5) Schreibungen dieser Art (vgl. Nr 15 6:3, 16 7:2, DP 113 7:11, 133 6:6) begründen hier, wie J. Bauer AfO 36/37 (1989/90) 81 zurecht bemerkt, Zweifel an einer Umschrift šùd, wie z.B. in AWEL 103 Nik 9 6:5 umschrieben. Er möchte "ein noch unbekanntes PU_3-g̃" ansetzen. - Die noch vorsichtige Umschreibung -NI-du_{10} aus AWEL (vgl. aber P. Steinkeller LATIM 31: gissu-na-ì-dùg) ist sicher jeweils in -ni-du_{10} zu verbessern und enthält das Possessivsuffix der 3. Prs. Sg. Pkl. /(a)ni/. Hinweis darauf ist, weniger der Namenssinn (vgl. J. Bauer AfO 36/37 (1989/90) 81), sondern Kurzschreibungen wie nin-é-NI:BALAG bei T. Gomi, Orient 19 (1983) 3.
Vgl. a. die PN KA.KA-ni-du_{10}, gissu-na-ni-du_{10}, lugal-bará-ga-ni-du_{10}, lugal-é-balag̃-ni-du_{10}, *aber* mu-^{d}nanše-ì-du_{10} und wohl auch nam-lugal-ì-du_{10} u.ä.

(6:10) Zur Umschrift des Namens vgl. ns. igi-mu-ì-ši-g̃ál bei H. Limet, L'anthroponymie 243.257.433 (Hinweis B. Jagersma). Der Name bedeutet demnach "Mein Auge ruht auf ihm". Die Deutung Limets ist entsprechend zu korrigieren.

(10:16) Zur Umschrift vgl. hier ns. nin-e-ì-zu und nin-e-in-zu bei H. Limet, L'anthroponymie 323. Der Name bedeutet: "Die Herrin kennt ihn".

(11:6) Zur Kritik an der in FAOS 15/1, 107 zu Nik 9 11:14 erwogenen Verbindung von a-da-ba mit dem ON Adab vgl. Punkt b) der Kritik von J. Bauer AfO 36/37 (1989/90) 82.

(14:1-2) Die Personen und Rationen, die mit den keilförmigen Zeichen notiert wurden, sind in der Summa summarum nicht vermerkt. Ansonsten gibt diese eine korrekte Zusammenfassung der Summenformel, die wiederum die richtige Addition der Einzeleinträge des Textes darstellt.

(14:6) Meine Vermutung, die Urkunde sei in das Akzessionsjahr des Uru-inimgina zu datieren - dafür spricht die große Nähe zu Nr. 14 = STH 1, 15 (Ukg. E 1/5), man könnte fast von einem Duplikat sprechen - , stützt C. Wilcke durch folgende Überlegungen: a) Die Dichte der Dokumentation im Stadtfürstenjahr des Uru-inimgina. b) Datierte der Text Ukg. L 1/6, so müßten zwischen Ukg. L 1/6 und 1/10 zwei Formularänderungen eingetreten sein und zwar die (namentliche) Aufnahme der gemé dumu "Mägde (und deren) Kinder" (vgl. aber den Kommentar zur Urkunde Nr. 123 zur (gelegentlichen) Verbindung der Listen des Typs I-A-2. und I-A-3.) und die Aufnahme der Arbeiterinnengruppe unter Gišgal-si, die in DCS 4 (Ukg. L 1/2 od. 3?[20]) noch nicht belegt ist. Weiter fehlt der Schreiber en-da-(nu-)gal-di nur hier (vgl. 6:16) und in Nr. 14 (vgl. 11:13; in DP 227 (Ukg. E 1/7) sind die Zeilen weggebrochen). Auch die Zusammensetzung der Träger-Gruppe unter Lugal-sipa von Nr. 15 bis Nr. 123 wird von Wilcke für die folgende zeitliche Reihenfolge der Urkunden angeführt: Nr. 14 (Ukg. E 1/5), Nr. 16 (Ukg. E 1/6), DP 228

[20] Zu einer möglichen Ergänzung des Monatsnamens in DCS 4 vgl. Nr. 31 12:1-2, nach einem Hinweis von C. Wilcke.

(Ukg. E 1/7), Nik 9 (Ukg. E 1/8); DP 227 (Ukg. E 1/10); DCS 4 (Ukg. L 1/2 od. 3?) Nr. 123 (Ukg. L 1/10). - Aus dem Dargelegten ergibt sich zudem zwingend unsere Ergänzung, parallel zu Nr. 14 13:5-7.

(14:8) Für den Monatsnamen kann ich keine Ergänzung vorschlagen, da ein solcher für das Datum Ukg. E 1/6 bislang nicht belegt ist. Auch die Reihenfolge der Monate ist in den einzelnen Jahren unterschiedlich: itu-GUD.DU-izi-mú-a, nach Nr. 73 und CT 50, 36 auf Ukg. L 3/6 festgelegt, entspricht nach Nr. 14 Ukg. E 1/5. Eine hier enstprechend Nr. 117 zu erwägende Ergänzung widerspricht aber Nr. 19, das den Monat der Wollzuteilung im Akzessionsjahr des Uru-inimgina mit einer 8. Zuteilung verbindet.

16 = STH 1, 17

Text: HSM 904.4.10 (früher 3604); Maße: H.: 12,7cm; Br.: 12,8cm;
Kollationiert;
Umschrift: A. Deimel Or 34/35, 70ff.; vgl. R. Scholtz MVAeG 39/II, 120; M. Lambert OrNS 44 (1975) 51; Y. Rosengarten CSC 123f.;
Parallelen: CT 50, 36 (Ukg. L 3/6); Nr. 121 (Ukg. L [3]/8); Nr. 120 (Ukg. L 4/2);
Datum: Ukg. L 3/10; Typ: I-A-2.(A/2);
Inhalt: Gerstezuteilungen für die Iginudu-Arbeiter, Träger und einzelne šà-dub(-ba)-Arbeiter, die eigenen Leute der Baba.
Gliederung:

Iginudu-'Baumarbeiter' (mit Rubrum):	*1:01-2:10*
1. Gruppe (mit Zws. unter AN-amu):	*1:01-1:06*
2. Gruppe (mit Zws. unter E-ku):	*1:07-1:10*
3. Gruppe (mit Zws. unter Eta'e):	*1:11-1:13*
4. Gruppe (mit Zws. unter Ur-ki):	*1:14-2:02*
5. Gruppe (mit Zws. unter En-kisal-si):	*2:03-2:05*
6. Gruppe (mit Zws. unter Nimgir-absu):	*2:06-2:09*
Iginudu-Handwerker (mit Rubrum):	*2:11-3:03*
1. Gruppe (mit Zws. unter Ur-Šul):	*2:11-2:12*

2. Gruppe (mit Zws. unter Ur-Abba):	2:13-2:14
3. Gruppe (mit Zws. unter Eta'e):	3:01-3:02
<u>Träger</u> (mit Rubrum):	3:04-6:16
1. Gruppe (mit Zws. unter Sag̃-Nin-Girsuda):	3:04-4:10
2. Gruppe (mit Zws. unter Enku):	4:11-5:08
3. Gruppe (mit Zws. unter Lugal-sipa):	5:09-6:01
4. Gruppe (mit Zws. u. Ur-Nin-MUŠxMUŠ-daru):	6:02-6:15
<u>Einzelne šà-dub(-ba)-Arbeiter</u> (mit Rubrum):	6:17-14:16
<u>šà-dub(-ba)-Arbeiter des 'Palastes'</u> (mit Rubrum):	6:17-9:18
a) Mundschenken (mit Rubrum):	6:17-7:04
b) Bäcker/Köche (mit Rubrum):	7:05-7:08
c) Boten (mit Rubrum):	7:09-7:11
d) 'Bedienstete' des 'Vorratshauses' (mit Rubrum):	7:12-7:14
e) 'Bedienstete' des 'Hausinnern' (mit Rubrum):	7:15-8:01
f) 'Hausgesinde' (mit Rubrum):	8:02-8:08
g) Heißwasserbereiter (mit Rubrum):	8:09-8:11
h) Schreiber (mit Rubrum):	8:12-8:16
i) Friseure (mit Rubrum):	8:17-9:06
j) Statuenwärter:	9:07-9:08
Zwischensumme und Rubrum:	9:09-9:18
<u>Weitere einzelne šà-dub(-ba)-Arbeiter</u>:	9:19-14:16
<u>Handwerker</u> (mit Rubrum):	9:19-11:07
a) Schmiede (mit Rubrum):	9:19-10:11
b) Lederwerker (mit Rubrum):	10:12-10:14
c) Zimmermann:	10:15-10:16
e) Walker (mit Rubrum):	10:17-11:02
f) Schiffverpicher(?):	11:03-11:06
Pförtner (mit Rubrum):	11:08-11:19
Verschiedene Hirten und Gestütspersonal (mit Rubra):	11:20-14:03
Schiff(bau)er und 'Beschäftigter' bei den Tamarisken:	14:04-14:07
Zwischensumme:	14:08-14:16
<u>Summenformel:</u>	15:01-15:14
<u>Schlußformel:</u>	16:01-17:03
Summa summarum:	16:01-16:02
Klassifikation:	16:03-16:05
Transaktionsformular / Datum:	16:06-17:03

1	1	8 igi-nu-du$_8$ še-ba	8 Iginudu-Arbeiter: Ger-
		0.1.2	stezuteilung (je) 0.1.2,
		1 dù-a-ku$_5$ 0.1.0	1 'Wasserregler' 0.1.0,
		1 nu-kiri$_6$ 0.1.2	1 Gärtner 0.1.2,
		2 nu-kiri$_6$ 0.1.0	2 Gärtner (je) 0.1.0,
	5	še-bi 4.0.0 lá 0.1.0	Gerste dafür 4.0.0 minus
		gur-sag̃-g̃ál	0.1.0 Haupt-Gur
		AN-a-mu	(an) AN-amu;
		8 igi-nu-du$_8$ 0.1.2	8 Iginudu (je) 0.1.2,
		[1 dù-a-ku$_5$ 0.]1.2	1 'Wasserregler' 0.1.2,
		[1 dù-a-ku$_5$ 0.]1.0	1 'Wasserregler' 0.1.0,
	10	[še-bi 3.]1.[0 é-ku$_4$]	Gerste dafür 3.1.0 (an) E-ku;
		[6 igi-nu-d]u$_8$ [0.1.2]	6 Iginudu (je) 0.1.2,
		[1 dù-a-ku$_5$ 0.1.0]	1 'Wasserregler' 0.1.0,
		[še-bi 2.1.0 e-t]a-⌈e$_{11}$⌉	Gerste dafür 2.1.0 (an) Eta'e;
		[7 igi-nu-du$_8$ 0.1.2]	7 Iginudu (je) 0.1.2,
2	1	2 dù-a-ku$_5$ 0.1.0	2 'Wasserregler' (je) 0.10,
		še-bi 3.0.0 lá 0.0.4	Gerste dafür 3.0.0 minus
		ur-ki	0.0.4 (an) Ur-ki;
		5 igi-nu-du$_8$ 0.1.2	5 Iginudu (je) 0.1.2,
		1 dù-a-ku$_5$ 0.1.0	1 'Wasserregler' 0.1.0,
	5	še-bi 2.0.0 lá 0.0.2	Gerste dafür 2.0.0 minus
		en-kisal-si	0.0.2 (an) En-kisal-si;
		5 igi-nu-du$_8$ 0.1.2	5 Iginudu (je) 0.1.2,
		1 dù-a-ku$_5$ 0.1.0	1 'Wasserregler' 0.1.0,
		0.1.2 nimgir-absu	0.1.2 (für) Nimgir-absu,
		še-bi 2.1.0 nimgir-	Gerste dafür 2.1.0 (an)
		absu	Nimgir-absu;
	10	igi-nu-du$_8$-g̃iš-me	Iginudu-'Baumarbeiter' sind sie;
		13 igi-nu-du$_8$ 0.2.4	13 Iginudu (je) 0.2.4,
		še-bi 8.2.4 ur-šul	Gerste dafür 8.2.4 (an) Ur-
			Šul;
		12 igi-nu-[d]u$_8$ 0.2.4	12 Iginudu (je) 0.2.4,
		[še-b]i 8.0.0 [amar-*ez]em-	Gerste dafür 8.0.0 (an) Amar-ezem;
3	1	11 igi-nu-du$_8$ 0.2.4	11 Iginudu (je) 0.2.4,
		še-bi 7.1.2 e-ta-e$_{11}$	Gerste dafür 7.1.2 (an)
			Eta'e;
		igi-nu-du$_8$-g̃iš-kin-	Iginudu-Handwerker sind sie;
		ti-me	
		0.1.0 ^{d}en-líl-bàd	0.1.0 (für) Enlil-bad,
	5	0.1.0 ^{d}nin-g̃ír-su-bàd	0.1.0 (für) Nin-Girsu-bad,
		0.1.0 šu-na	0.1.0 (für) Šuna:

	nita-m[e]	Männer sind sie;
	0.1.0 nin-uru-ni-šè-nu-GAN$_2$.GAN$_2$	0.1.0 (für) Nin-uruniše-nu-GAN$_2$.GAN$_2$,
	0.1.0 gemé-i$_7$-e[d]en-na	0.1.0 (für) Geme-I-edena,
10	0.1.0 nin-nu-nam-šita	0.1.0 (für) Ninnu-namšita,
	0.1.0 nin-gi$_{16}$-sa	0.1.0 (für) Nin-gisa,
	0.1.0 ušùr-ra-ša$_6$	0.1.0 (für) Ušura-ša,
	0.1.0 nin-[š]à-lá-tu[k]u	0.1.0 (für) Nin-šala-tuku,
	0.1.0 gemé-i$_7$-eden-na	0.1.0 (für) Geme-I-edena,
4 1	2-kam-ma	die zweite,
	0.1.0 gemé-^{d}ba-ba$_6$	0.1.0 (für) Geme-Baba,
	0.1.0 nin-uru-ni-šè-GAN$_2$.GAN$_2$	0.1.0 (für) Nin-uruniše-nu-GAN$_2$.GAN$_2$,
	2-kam-ma	die zweite,
5	0.1.0 ušùr-ra-ša$_6$	0.1.0 (für) Ušura-ša,
	2-kam-ma	die zweite:
	munus-me	Frauen sind sie.
	šu-niĝín 3 nita 0.1.0	**Zusammen** 3 Männer (je) 0.1.0,
	10 munus 0.1.0	10 Frauen (je) 0.1.0,
10	[š]e-bi 3.1.0 saĝ-^{d}nin-ĝír-su-da	Gerste dafür 3.1.0 (an) Saĝ-Nin-Girsuda;
	0.1.⌈4⌉ gala-tur	0.1.4 (für) Galatur,
	0.1.⌈2⌉ en-kur-r[a-a-D]U-nú	0.1.2 (für) En-kura-a-DU-nu,
	0.1.0 ^{d}mes-an-D[U]-[l]ú-ša$_6$-ga	0.1.0 (für) Mesan-DU-lu-šaga,
	0.1.0 ^{d}nin-ĝír-su-igi-du	0.1.0 (für) Nin-Girsu-igidu,
15	0.1.0 nir-an-da-ĝál	0.1.0 (für) Nir-andaĝal,
	0.1.0 zi-mu	0.1.0 (für) Zimu:
	nita-me	Männer sind sie;
	0.1.0 nin-šeš-ra-ki-aĝá	0.1.0 (für) Nin-šešra-ki'aĝa,
5 1	0.1.0 PAP.PAP-^{d}nanše-mu-tu	0.1.0 (für) PAP.PAP-Nanše-mutu,
	0.1.0 za-na	0.1.0 (für) Zana:
	munus-me	Frauen sind sie.
	šu-niĝín 1 nita 0.1.4	**Zusammen** 1 Mann 0.1.4,
5	1 nita 0.1.2	1 Mann 0.1.2,
	4 nita 0.1.0	4 Männer (je) 0.1.0,
	3 munus 0.1.0	3 Frauen (je) 0.1.0:
	še-bi 2.2.0 en-kù	Gerste dafür 2.2.0 (an) Enku;

	*⸢0.1⸣.[2 ^{d}inanna-ur-PAP.PAP]	0.1.2 (für) Inanna-ur-PAP.PAP,
	[0.1.2 ^{d}nanše]-lú-š[a$_{6}$-g]a	0.1.2 (für) Nanše-lu-šaga,
	⸢0.1.0⸣ [u]r-^{d}[gaš]am	0.1.0 (für) Ur-Gašam,
	0.1.0 ^{d}utu-lú-ša$_{6}$-ga	0.1.0 (für) Utu-lu-šaga:
	nita-me	Männer sind sie;
	⸢0.1.0⸣ ^{d}inanna-da-gal-di	0.1.0 (für) Inannada-galdi,
	0.1.0 ⸢gan⸣-tillá	0.1.0 (für) Gan-tilla,
	0.1.0 ni[n]-ur-mu	0.1.0 (für) Nin-urmu:
	munus-me	Frauen sind sie.
	šu-niĝín 2 nita 0.1.2	**Zusammen** 2 Männer (je) 0.1.2,
	2 nita 0.1.0	2 Männer (je) 0.1.0,
	3 munus 0.1.0	3 Frauen (je) 0.1.0,
6 1	še-bi 2.0.0 lá 0.0.2 lugal-sipa	Gerste dafür 2.0.0 minus 0.0.2 (an) Lugal-sipa;
	0.1.0 sipa-uru-da-kúš	0.1.0 (für) Sipa-uruda-kuš,
	0.1.0 en-⸢kù⸣	0.1.0 (für) Enku,
	0.1.0 [^{d}n]in-ĝí[r-su u]r-⸢mu⸣	0.1.0 (für) Nin-Girsu-urmu:
	[ni]ta-me	Männer sind sie;
	[0.1.0 n]íĝ-bàn-da	0.1.0 (für) Niĝbanda,
	[0.1.0 n]in-lú-mu	0.1.0 (für) Nin-lumu,
	[0.1.0 n]in-bará-⸢*da⸣-rí	0.1.0 (für) Nin-baradari,
	⸢0.1.0⸣ [ni]n-maš-e	0.1.0 (für) Nin-maše,
	⸢0.1.0⸣ [P]AP.PAP-z[i]-mu	0.1.0 (für) PAP.PAP-zimu,
	⸢0.1.0 e⸣-da-nam	0.1.0 (für) Edanam:
	munus-me	Frauen sind sie.
	šu-niĝín 3 nita 0.1.0	**Zusammen** 3 Männer (je) 0.1.0,
	6 munus 0.1.0	6 Frauen (je) 0.1.0,
	še-bi 2.1.0 ur-^{d}nin-MUŠxMUŠ-da-ru	Gerste dafür 2.1.0 (an) Ur-Nin-MUŠxMUŠ-daru:
	íl-me	Träger sind sie.
	0.1.0 ur-du$_{6}$	0.1.0 (für) Ur-du,
	0.1.0 luga[l]-ĝá	0.1.0 (für) Lugalĝa,
7 1	0.1.0 ^{d}[ba-ba$_{6}$]-lú-[ša$_{6}$]-ga	0.1.0 (für) Baba-lu-šaga,
	0.1.0 ⸢ŠUD$_{3}$.ŠUD$_{3}$⸣-ĝá-⸢ni⸣-d[u$_{10}$]	0.1.0 (für) ŠUD$_{3}$.ŠUD$_{3}$-ĝani-du,
	0.1.0 lugal-inim-gi-na	0.1.0 (für) Lugal-inimgina:
	sagi-me	Mundschenken sind sie;

	0.1.0 ur-^{d}ba-ba$_{6}$	0.1.0 (für) Ur-Baba,
	0.1.0 mu-ni-urì	0.1.0 (für) Muni-uri,
	0.1.0 [^{d}]nin-g̃ír-su-lú-mu	0.1.0 (für) Nin-Girsu-lumu:
	muḫaldim-me	Bäcker/Köche sind sie;
	0.1.0 lugal-EREN$_{2}$-ki-ag̃á	0.1.0 (für) Lugal-EREN$_{2}$-(re-)ki'ag̃a,
	0.1.0 nam-maḫ-ni	0.1.0 (für) Nammaḫni:
	sukkal-me	Boten sind sie;
	0.0.4 igi-mu-an-šè-g̃ál	0.0.4 (für) Igimu-anšeg̃al,
	0.0.4 ^{d}nin-šubur-ama-mu	0.0.4 (für) Nin-šubur-amamu:
	lú-é-ninda-ka-me	'Bedienstete' des 'Vorratshauses' sind sie;
	0.1.0 níg̃-du$_{7}$-pa-è	0.1.0 (für) Nig̃du-pa'e,
	[0.1.0 nir-a]n-[da-g̃á]l	0.1.0 (für) Nir-andag̃al:
8	[lú-é-šà]-ga-me	'Bedienstete' des 'Hausinnern' sind sie;
	0.2.0 é-TE.ME	0.2.0 (für) E$_{2}$-TE.ME,
	0.2.0 ni[n-a]l-[š]a$_{6}$	0.2.0 (für) Nin-alša,
	0.1.0 ni[n]-si-⸢sá⸣	0.1.0 (für) Nin-sisa,
	0.0.2 dumu-nita	0.0.2 (für den) Sohn,
	0.0.4 ^{d}ba-ba$_{6}$-lú-ša$_{6}$-ga	0.0.4 (für) Baba-lu-šaga,
	*0.0.3 ^{d}ba-ba$_{6}$-ama-mu	0.0.3 (für) Baba-amamu:
	ḪAR-TU-me	'Hausgesinde' sind sie;
	0.1.0 úr-ni	0.1.0 (für) Ur-ni,
	0.1.0 lugal-ur-mu	0.1.0 (für) Lugal-urmu:
	lú-a-kúm-<<diš>>-me	Heißwasserbereiter sind sie;
	0.2.0 U$_{2}$.U$_{2}$	0.2.0 (für) U$_{2}$.U$_{2}$,
	0.1.2 en-da-gal-di	0.1.2 (für) Enda-galdi,
	0.1.2 lú:gal-šà	0.1.2 (für) Lugal-ša,
	0.1.2 šeš-lú-du$_{10}$	0.1.2 (für) Šeš-lu-du:
	dub-sar-me	Schreiber sind sie;
	0.1.2 AN-al-ša$_{6}$	0.1.2 (für) AN-alša,
R 9	nita-am$_{6}$	ein Mann ist er,
	0.0.4 me-me	0.0.4 (für) Meme,
	munus-am$_{6}$	eine Frau ist sie:
	⸢šu⸣-i-me	Friseure sind sie;
	U$_{2}$.U$_{2}$	bei U$_{2}$.U$_{2}$
	e-da-se$_{12}$	leben sie;
	0.1.0 AN-igi-du	0.1.0 (für) AN-igidu,
	lú-alan	den Statuenwärter.
	šu-nig̃ín 1 lú 0.2.0	**Zusammen** 1 Person 0.2.0,
	4 lú 0.1.2	4 Personen (je) 0.1.2,
	15 lú 0.1.0	15 Personen (je) 0.1.0,

	2 lú 0.0.4	2 Personen (je) 0.0.4,
	1 šà-du$_{10}$-nita 0.0.2	1 Knabe 0.0.2,
	2 munus 0.2.0	2 Frauen (je) 0.2.0,
	1 munus 0.1.0	1 Frau 0.1.0,
	2 munus 0.0.4	2 Frauen (je) 0.0.4,
	1 munus 0.0.3	1 Frau 0.0.3:
	še-bi 7.3.0 lá 0.0.1	Gerste dafür 7.3.0 minus 0.0.1:
	šà-dub-é-gal-kam	šà-dub(-ba)-Arbeiter des 'Palastes' sind es.
	0.1.⸢2⸣ ⸢^{d}en⸣-[líl-da]	0.1.2 (für) Enlilda(?),
10	0.1.0 ^{d}en-ki-ur-mu	0.1.0 (für) Enki-urmu,
	šubur-da	bei Šubur
	e-da-se$_{12}$	leben sie;
	⸢0.1.0⸣ lugal-pirig̃-TUR	0.1.0 (für) Lugal-pirig̃-TUR,
	0.1.0 lugal-lagaš^{ki}	0.1.0 (für) Lugal-Lagaš,
	0.1.0 šu-RSP 118	0.1.0 (für) Šu-RSP 118,
	0.1.0 en-ku$_{4}$	0.1.0 (für) En-ku,
	0.1.0 ur-^{d}pa-bìl-sag̃	0.1.0 (für) Ur-Pabilsag̃,
	níg̃-lú-nu-DU	bei Nig̃-lu-nu-DU
	e-da-se$_{12}$	leben sie:
	simug-me	Schmiede sind sie;
	0.1.2 sipa-lagaš^{ki}-ki-ag̃á	0.1.2 (für) Sipa-Lagaš-ki'ag̃a,
	0.1.0 i$_{7}$-mud	0.1.0 (für) I-mud:
	ašgab-me	Lederwerker sind sie;
	0.1.0 ur-^{d}ba-ba$_{6}$	0.1.0 (für) Ur-Baba,
	nagar	den Zimmermann,
	0.1.2 e-ta-e$_{11}$	0.1.2 (für) Eta'e,
11	0.1.2 nam-šita-mu	0.1.2 (für) Namšitamu:
	túg-du$_{8}$-me	Walker sind sie;
	0.1.0 é-úr-bi-du$_{10}$	0.1.0 (für) E-urbi-du,
	má-DUN$_{3}$	den Schiffverpicher(?),
	amar-ezem	bei Amarezem
	e-da-ti	lebt er:
	g̃iš-kin-ti-me	Handwerker sind sie;
	0.0.3 níg̃-GA-kur-ra	0.0.3 (für) Nig̃-GA-kura,
	0.0.3 ur-ki	0.0.3 (für) Ur-ki,
	0.0.3 nam-maḫ	0.0.3 (für) Nammaḫ,
	0.0.3 igi-⸢^{d}⸣[b]a-ba$_{6}$-šè	0.0.3 (für) Igi-Babaše,
	0.0.3 gub-ba-ni	0.0.3 (für) Gubani,
	0.0.3 utu-lú-mu	0.0.3 (für) Utu-lumu:
	nita-me	Männer sind sie;
	⸢0.0.4?(= 0.0.3)⸣ nam-	0.0.4(!) (für) Namšitamu,

	šita-mu	
	0.0.2 dumu-mí	0.0.2 (für die) Tochter,
	0.0.3 nin-é-balag̃-ni-du$_{10}$	0.0.3 (für) Nin-e-balag̃ni-du:
	munus-me	Frauen sind sie:
	ì-du$_{8}$-me	Pförtner sind sie;
	0.2.0 e-ta-e$_{11}$	0.2.0 (für) Eta'e,
12	0.1.0 e-ta-DU$_{6}$-ta	0.1.0 (für) Eta'e(!),
	2-kam-ma	den zweiten:
	gáb-ra-maš-me	Treiber (der) Ziegen(böcke) sind sie;
	0.2.0 ^{d}nin-g̃ír-su-igi-du	0.2.0 (für) Nin-Girsu-igidu,
	gáb-ra-é-nam	den Viehtreiber des Enam,
	sag̃-apin-ka	des Pflugführers,
	1 lú 0.1.2	1 Person 0.1.2
	*0.1.0 en-DU	0.1.0 (unter) En-DU,
	2 lú 0.1.2	2 Personen (je) 0.1.2
	luga[l]-d[a-n]u-me-⸢a⸣	(unter) Lugalda-nume'a:
	[gá]b-ra-udu-siki-⸢ka⸣-me	Treiber der Wollschafe sind sie;
	3 lú 0.1.2	3 Personen (je) 0.1.2
	g̃í[r]-nun	(unter) Girnun,
	0.1.2 lugal-[u]r-mu	0.1.2 (für) Lugal-urmu,
	0.1.0 lu[g]al-ur-mu	0.1.0 (für) Lugal-urmu,
	2-kam-ma	den zweiten,
	ur-ki	bei Ur-ki
	e-da-se$_{12}$	leben sie:
	gáb-*kas$_{4}$-me	Kutscher(?) sind sie;
	0.1.2 é-ki	0.1.2 (für) E-ki,
13	lugal-mu-da-kúš	bei Lugal-mudakuš,
	sipa-anše-da	dem Eselshirten,
	e-da-ti	lebt er;
	0.1.0 NI-a-a-ama-da-rí	0.1.0 (für) NI-a'a-amadari,
	g[áb-r]a-en-⸢ku$_{4}$⸣	den Viehtreiber des En-ku,
	sipa-AMA-ša:gan-ka	des Hirten der 'Eselsstuten',
	0.1.0 ur-éš-[d]am	0.1.0 (für) Ur-ešdam,
	en-[i]g-gal	bei En-iggal,
	nu-bandà	dem Generalverwalter,
	e-da-ti	lebt er,
	0.1.0 IM.NI.PA	0.1.0 (für) IM.NI.PA,
	maš-a ì-ti	bei den Ziegen hält er sich auf,

	0.1.2 lugal-ì-nun	0.1.2 (für) Lugal-inun:
	nita-me	Männer sind sie;
	0.0.4 za-na	0.0.4 (für) Zana,
	munus-am$_6$	eine Frau ist sie:
	[udu-níĝ]-kú-a-[ba-s]u$_8$-ge	bei den Mastschafen 'stehen' sie:
	U$_2$.U$_2$	(unter) U$_2$.U$_2$,
	kurušda	dem 'Kleinviehmäster';
	0.1.0 lugal-a-mu	0.1.0 (für) Lugal-amu,
	amar-gu$_4$-ka ì-ti	bei den Jungtieren der Rinder hält er sich auf;
14	U$_2$.U$_2$	bei U$_2$.U$_2$,
	sanga-é-gal-da	dem 'Verwalter' (des) 'Palastes',
	e-da-ti	lebt er;
	0.1.2 ur-^{d}inanna	0.1.2 (für) Ur-Inanna,
	má-laḫ$_5$	den Schiff(bau)er,
	0.1.0 bi-s[u]-ĝá	0.1.0 (für) Bisuĝa,
	lú-šinig	den 'Bediensteten' (bei den) Tamarisken.
	šu-niĝín 2 lú 0.2.0	**Zusammen** 2 Personen (je) 0.2.0,
	14 lú 0.1.2	14 Personen (je) 0.1.2,
	16 lú 0.1.0	16 Personen (je) 0.1.0,
	6 lú 0.0.3	6 Personen (je) 0.0.3:
	nita-me	Männer sind sie;
	2 munus 0.0.4	2 Frauen (je) 0.0.4,
	1 munus 0.0.3	1 Frau 0.0.3
	1 munus 0.0.2	1 Frau 0.0.2,
	še-bi 11.0.0 lá 0.0.⌜1?⌝ šà-dub-did[li-am$_6$]	Gerste dafür 11.0.0 minus 0.0.1: Einzelne šà-dub(-ba)-Arbeiter (sind es).
15	šu-niĝín 36 lú 0.2.4	**Zusammen** 36 Personen (je) 0.2.4,
	3 lú 0.2.0	3 Personen (je) 0.2.0,
	1 lú 0.1.4	1 Person 0.1.4,
	1,3 lú 0.1.2	63 Personen (je) 0.1.2,
	52 lú ⌜0.1.0⌝	52 Personen (je) 0.1.0,
	2 lú 0.0.4	2 Personen (je) 0.0.4,
	6 lú 0.0.3	6 Personen (je) 0.0.3,
	1 lú 0.0.2	1 Person 0.0.2:
	nita-me	Männer sind sie;
	2 munus 0.2.0	2 Frauen (je) 0.2.0,
	23 munus 0.1.0	23 Frauen (je) 0.1.0,

	⸢4⸣ munus ⸢0.0.4⸣	4 Frauen (je) 0.0.4,
	2 munus 0.0.3	2 Frauen (je) 0.0.3,
	1 munus 0.0.2	1 Frau 0.0.2.
16	[gú-an-šè 196 l]ú-[še-ba-t]ur-ma[ḫ-b]a	**Insgesamt** 196 Personen (mit) Gerstezuteilungen, darunter kleine (und) große,
	[š]e-bi ⸢1,8⸣.3.⸢2⸣ gur-saĝ-ĝál	Gerste dafür 68.3.2 Haupt-Gur;
	še-ba-igi-nu-du$_8$ íl šà-dub-didli	Gerstezuteilungen für die Iginudu-Arbeiter, Träger (und) einzelnen šà-dub(-ba)-Arbeiter,
	lú-ú-rum-^{d}ba-ba$_6$	die eigenen Leute der Baba;
	ša$_6$-ša$_6$	Šaša,
	dam-uru-inim-gi-na	die Frau des Uru-inimgina,
	lugal-lagaš^{ki}-ka	des Königs von Lagaš.
	itu-ezem-AB-è-lagaš^{ki}-ka	Im Monat: 'Fest des ...-Herausgehens von Lagaš'
	en-ig-gal	hat En-iggal,
	nu-bandà	der Generalverwalter,
17	[ĝanun-SA]R-ta	aus dem SAR-Speicher heraus
	[e]-ne-ba 3.	ihnen (dies) zugeteilt. 3. (Jahr).
	<u>10</u>-ba-am$_6$	Die 10. Zuteilung ist es.

<u>Anmerkungen:</u>

(1:8-14) Zur Ergänzung dieser Zeilen vgl. die Paralleltexte Nr. 121 1:3'-2:1 und CT 50, 36 1:7-13. Die vorgenommenen Ergänzungen werden nicht nur durch die erhaltenen Zeichenspuren, sondern auch durch die Summenformel bestätigt.

(3:3) B. Hruška ArOr 59 (1991) 418 verweist, neben Nik 2 und TSA 14 und 15 sowie DP 114 auf unseren Text für seine These, die igi-nu-du$_8$ fänden "sich auch unter den spezialisierten Handwerkern mit entsprechend höherer Belohnung". Zwar ist Hruška zuzustimmen, wenn er in igi-nu-du$_8$ eher die Bezeichnung einer "sozialen Stellung" sehen möchte, ihre Funktion (nicht eine Übersetzung des Wortes!)

wird man jedoch mit J. Bauer in der Tat eher als "eine Art Handlanger" bezeichnen müssen, da die igi-nu-du$_8$(-g̃iš(-kin-ti)), soweit ich sehe, regelmäßig einem offenbar verantwortlichen Vorarbeiter unterstellt waren.

(9:13) In ZATU 156:80 haben P. Damerow und R.K. Englund die übliche Deutung (und Lesung) des auch bei Kleintieren angewandten šà-du$_{10}$ als "sweetheart" abgelehnt, da dem "die Verwendung für Ferkel ... entgegensteht." Statt dessen schlagen sie die Umschrift šà-ḪI vor; s. jetzt auch R.K. Englund JESHO 31 (1988) 148[24]. Ich kann diese Auffassung nicht teilen und sehe insbesondere keinen Grund, weshalb die Sumerer nicht auch Kleintiere als "süß" bezeichnet haben mögen. Zuzugeben ist allerdings, daß J. Bauers Übersetzung "gutherzig" in AWL 193 zu Nr. 43 IX 5, 646 im Unterschied zu B. Landsbergers "herzig" in MSL 8/1, 56 das Verständnis kaum befördert. Grammatikalisch ist šà-du$_{10}$ vielleicht als *šà-ge-du$_{10}$ "dem Herzen angenehm" o.ä. zu interpretieren, analog zu regelmäßigem šà-pà-da, das nachweislich aus šà-ge-pà-da gekürzt ist (vgl. die Belege bei H. Behrens FAOS 6, 272).

(9:19) Zur Ergänzung dieses PN vgl. TSA 14 (Ukg. L 4/4) 9:14-10:1.

(10:6) Zur Schreibung vgl. Y. Rosengarten RSP S. 106 und gleichlautend J. Bauer AfO 36/37 (1989/90) 79.

(11:4) Zu má-DUN$_3$, auch má-GIN$_2$ umschrieben, s. neben AWEL 109 zu Nik 12 1:1 jetzt auch P. Steinkeller FAOS 17, 55.

(11:16) Zur hier verwendeten Umschrift dumu-mí statt häufig anzutreffendem dumu-SAL vgl. die Emesal-Schreibung dumu-mu in TIM 9 Nr. 6 Z. 1=19, 9=26 mit dumu-mu = *mārtu(m)* und s. dazu C. Wilcke ZA 68 (1979) 219:129f.; H. Steible FAOS 9/2, 199f. Zu einem Wort /eme/ "weiblich", "Frau", woraus verkürzt /me/ (mí) s. J. Krecher WdO 18 (1987) 12.

(12:8) In den Kollationsunterlagen vermerkte ich, in dieser Zeile stünde 0.1.0 en-DU, was durch die Rekollation von P. Steinkeller bestätigt wurde. Dagegen sprechen allerdings die Zwischensumme in 14:10, da es dann 17 Rationenempfänger mit

0.1.0 Gerste gebeben hätte, und die Parallele CT 50, 36 12:20, in der En-DU ebenfalls ohne Maßzahl genannt wird.

(14:8-16) Die Zwischensumme ist unter Berücksichtigung des oben Gesagten korrekt.

(15:1-16:2) Summenformel und Summa summarum stimmen wechselseitig und mit der Addition der Einzeleinträge überein. Damit ist die Ergänzung der Personenzahl in 16:2 gesichert.

(16:10) Zu diesem Fest und Monatsnamen s. B. Landsberger, Kalender 35f.:10,41 und 43f. Während B. Landsberger mit Verweis auf die spätere Überlieferung für diesen Namen die Transkription (itu-ezem-)ab(-ba)-è(-a) ansetzt (vgl.a. AHw 1382 s.v. *Ṭebētu(m)*), umschreiben A. Deimel Or 1, 60 itu ezen-èš-e und Y. Rosengarten RO 44[4], dies. CSC 257f. 416ff. id_7-izin-$Eš_3$-è(d)-ka. N. Schneider AnOr 13, 96 liest itu ezen-èš-è (lagaš-ki)(-ka); a.a.O. 98 umschreibt er aber ezen ab-è-ka. In ŠL 53, 3 liest Deimel dann unseren Beleg itu ezem-AB-è Lagaš^{ki}-ka. Der Zusammenhang dieses Monatsnamens mit dem gleichfalls auf den 10. Monat im Jahreskreis datierten Ur-III-zeitlichen Namen aus Nippur itu ab-è ist offenkundig (vgl. N. Schneider AnOr 19, 112; H. Hunger RlA 5, 300; vgl. ferner P. Steinkeller FAOS 17, 180). Vgl. weiter die Monatsnamen gan-gan-è aus Nippur und E_3 aus Ebla bei H. Hunger RlA 5, 300.

Für die grammatische Konstruktion des Festnamens ist DP 164 2:6-8 heranzuziehen: ezem-AB-è-ka lagaš^{ki}-šè ba-DU "(dies) wurde am Feste ... nach Lagaš weggebracht". Der Beleg beweist, daß ezem und AB-è genitivisch verbunden sind: -ka < */ak-a/. Daraus folgt, daß AB-è hier ein Syntagma in nominaler Verwendung sein muß.

Hierher gehört auch der Name des Gemahls der gan-ezem, lugal-AB-è(-ak), aus DP 128 5:7 und 129 4:10 (gan-ezem dam-lugal-AB-è-ka). Zumindest wahrscheinlich ist eine Beziehung auch zu den PN ama-AB-é-ta (DP 128 4:2-3, 129 3:8-9) und ama-^{d}ab-ba_6?-é-ta (22 = STH 1, 23 6:5).

Den sicher hierher gehörenden ns. PN èš-ta-ab-è übersetzt H. Limet, L'anthroponymie 209 mit "Celui qui sort du sanctuaire". Vgl. weiter technisches é-ta (ab-)è in I. J. Gelb et al. OIP 104, 240.

Demnach ist AB-è wohl als ab-è < *a.b-è zu analysieren, so daß es sich im hier zur Rede stehenden Festnamen um eine finite Verbalform in nominaler Verwendung handeln könnte. Gleichwohl kann eine Deutung èš-è nach den hier vorgestellten Belegen für die as. Zeit nicht völlig ausgeschlossen werden.

Daß sich è in diesem Fest- und Monatsnamen auf das (kultische) Verlassen eine Tempels oder heiligen Bezirkes bezieht, scheint jedenfalls sicher. In UGASL habe ich einen möglichen Zusammenhang mit den ebenfalls im 10 Monat abgehaltenen Festen des ^{d}lugal-URUxGANA$_2$-*tenû* (s. s.v. [14]) und ^{d}lugal-uru-bar(-ra) (s. s.v. [7]) erörtert. In diesen Kontext gehört wohl auch die bisher nur hier bezeugte Erweiterung des Monatsnamens durch den Namen der Stadt Lagaš.

17 = STH 1, 18

<u>Text:</u> 904.4.15 (früher 3619); <u>Maße:</u> H.:12,1cm; Br.:12,2cm;
<u>Kollationiert;</u>
<u>Umschrift:</u> A. Deimel Or 34/35, 102ff.;
<u>Parallelen:</u> Nr. 23 (Ukg. L 6/11); TSA 13 (Ukg. L 6/12) 1:1-6:1;
<u>Datum:</u> Ukg. L 6/12; <u>Typ:</u> I-A-2.(A/2);
<u>Inhalt:</u> Gerstezuteilungen des Baba-Tempels für die Iginudu-Arbeiter, Träger und einzelne šà-dub(-ba)-Arbeiter.
<u>Gliederung:</u>

<u>Iginudu</u> (Baumarbeiter <u>und</u> Handwerker)	*1:01-1:11*
(Baumarbeiter mit Zws. und Gärtner als Vorsteher):	*1:01-1:04*
<u>Iginudu-Handwerker</u> (mit Rubrum):	*1:05-1:11*
1. Gruppe (mit Zws. unter Ur-Šul):	*1:05-1:06*
2. Gruppe (mit Zws. unter Ur-Abba):	*1:07-1:08*
3. Gruppe (mit Zws. unter Eta'e):	*1:09-1:10*
<u>Träger</u> (mit Rubrum):	*2:01-5:08*
1. Gruppe (mit Zws. unter Sağ-Nin-Girsuda):	*2:01-3:04*
2. Gruppe (mit Zws. unter Enku):	*3:05-4:09*
3. Gruppe (mit Zws. unter Lugal-sipa):	*4:10-5:05*
(Leitender) Baumeister	*5:06-5:07*
<u>Einzelne šà-dub(-ba)-Arbeiter</u> *(mit Rubrum):*	*5:09-12:07*
<u>šà-dub(-ba)-Arbeiter des 'Palastes'</u> (mit Rubrum):	*5:09-8:13*

a) Mundschenken (mit Rubrum):	*5:09–5:14*
b) Bäcker/Köche (mit Rubrum):	*5:15–6:01*
c) Boten (mit Rubrum):	*6:02–6:05*
d) 'Bediensteter' des 'Vorratshauses':	*6:06–6:07*
e) 'Bedienstete' des 'Hausinnern' (mit Rubrum);	*6:08–6:11*
f) 'Hausgesinde' (mit Rubrum und Kind):	*6:12–7:04*
g) Mann von 'Ansehen':	*7:05–7:06*
h) Heißwasserbereiter:	*7:07–7:08*
i) Schreiber (mit Rubrum):	*7:09–7:12*
j) Friseure (mit Rubrum):	*7:13–8:03*
k) Statuenwärter:	*8:04–8:05*
Zws. und Rubrum:	*8:06–8:13*
Weitere einzelne šà-dub(-ba)-Arbeiter:	*8:14–12:07*
Handwerker (mit Rubrum):	*8:14–10:05*
a) Schmiede (mit Rubrum):	*8:14–9:07*
b) Lederwerker:	*9:08–9:09*
c) Walker:	*9:10–9:11*
d) Zimmerleute (mit Rubrum):	*9:12–9:14*
e) Rohrmattenflechter:	*10:01–10:02*
f) Steinschneider:	*10:03–10:04*
Pförtner und Pförtnerin (mit Rubra):	*10:06–10:11*
Verschiedene Hirten und Gestütspersonal (mit Rubra):	*10:12–11:13*
Schiff(bau)er und Kultsänger:	*11:14–11:17*
Zwischensumme:	*12:01–12:07*
Summenformel:	*13:01–13:09*
Schlußformel:	*14:01–15:04*
Summa summarum:	*14:01–14:02*
Klassifikation:	*14:03–14:04*
Transaktionsformular / Datum:	*14:05–15:04*

1	12 igi-nu-du$_8$ še-ba 0.1.0	12 Iginudu-Arbeiter: Gerste-zuteilung (je) 0.1.0,
	še-bi 3.0.0 gur-sağ-ğál	Gerste dafür 3.0.0 Haupt-Gur
	AN-a-mu	(an) AN-amu,
	nu-kiri$_6$	den Gärtner;
	12 igi-nu-du$_8$ 0.1.0	12 Iginudu (je) 0.1.0,
	še-bi 3.0.0 ur-šul	Gerste dafür 3.0.0 (an) Ur-Šul;
	14 igi-nu-du$_8$ 0.1.0	14 Iginudu (je) 0.1.0,
	še-bi 3.2.0 ur-^{d}ab-ba$_6$	Gerste dafür 3.2.0 (an) Ur-Abba;
	12 igi-nu-du$_8$ 0.1.0	12 Iginudu (je) 0.1.0,
	[š]e-bi 3.0.0 ⌜e⌝-ta-e$_{11}$	Gerste dafür 3.0.0 (an) Eta'e:
	[i]gi-nu-du$_8$-ğiš-kin-ti-me	Iginudu-Handwerker sind sie;
2	0.1.2 ur-š[e]-da-lum-ma	0.1.2 (für) Ur-Šeda-Lumma,
	0.1.0 šu-na-mu-gi$_4$	0.1.0 (für) Šuna-mugi,
	0.1.0 ^{d}nin-ğír-su-bàd-mu	0.1.0 (für) Nin-Girsu-badmu,
	0.1.0 mes-é-šà-ga	0.1.0 (für) Mes-Ešaga,
	0.1.0 gub-ba-ni	0.1.0 (für) Gubani,
	0.1.0 sipa-uru-da-kúš	0.1.0 (für) Sipa-uruda-kuš:
	nita-me	Männer sind sie;
	0.1.0 gemé-i$_7$-eden-na	0.1.0 (für) Geme-I-edena,
	0.1.0 nin-gi$_{16}$-sa	0.1.0 Nin-gisa,
	0.1.0 gemé-^{d}ba-ba$_6$	0.1.0 (für) Geme-Baba,
	0.1.0 nin-šà-lá-tuku	0.1.0 (für) Nin-šala-tuku,
	0.1.0 nin-bará-da-rí	0.1.0 (für) Nin-baradari:
	munus-me	Frauen sind sie.
3	šu-niğ[ín] 1 ni[ta] 0.1.2	**Zusammen** 1 Mann 0.1.2,
	5 nita 0.1.0	5 Männer (je) 0.1.0,
	5 munus 0.1.0	5 Frauen (je) 0.1.0,
	še-bi 2.3.2 sağ-^{d}ni[n-ğ]ír-su-da	Gerste dafür 2.3.2 (an) Sağ-Nin-Girsuda;
	0.1.2 en-kur-ra-a-DU-nú	0.1.2 (für) En-kura-a-DU-nu,
	0.1.2 gala-tur	0.1.2 (für) Galatur,
	0.1.2 ^{d}nin-ğír-su-igi-du	0.1.2 (für) Nin-Girsu-igidu,
	0.1.0 é-ša$_6$-ga	0.1.0 (für) E-šaga,
	0.1.0 ^{d}nin-ğír-su-igi-du	0.1.0 (für) Nin-Girsu-igidu,
	2-kam-ma	den zweiten:
	nita-me	Männer sind sie;

	0.1.0 nin-*šeš$^!$-ra-ki-ağá	0.1.0 (für) Nin-šešra-ki'ağa,
	0.0.2 dumu-mí	0.0.2 (für die) Tochter,
	0.1.0 ⸢nin-a⸣-DU-[t]i	0.1.0 (für) Nin-a-DU-ti,
4	0.1.0 ^{d}ba-ba$_6$-a[ma]-m[u]	0.1.0 (für) Baba-amamu,
	0.1.0 nin-maš-e	0.1.0 (für) Nin-maše,
	0.1.0 níğ-bàn-[d]a	0.1.0 (für) Niğbanda:
	munus-me	Frauen sind sie.
	šu-niğín 3 nita 0.1.2	**Zusammen** 3 Männer (je) 0.1.2,
	2 nita 0.1.0	2 Männer (je) 0.1.0,
	5 munus 0.1.0	5 Frauen (je) 0.1.0,
	1 šà-du$_{10}$-mí 0.0.2	1 Mädchen 0.0.2,
	še-bi 3.0.0 lá 0.0.4 en-kù	Gerste dafür 3.0.0 minus 0.0.4 (an) Enku;
	0.1.2 ^{d}inanna-ur-PAP.PAP	0.1.2 (für) Inanna-ur-PAP.PAP
	0.1.2 utu-igi-du	0.1.2 (für) Utu-igidu,
	0.1.0 en-kù	0.1.0 (für) Enku:
	nita-me	Männer sind sie;
	0.1.0 PAP.PAP-^{d}inanna-gal-di	0.1.0 PAP.PAP-Inannada-galdi,
	0.1.0 gemé-tillá	0.1.0 (für) Geme-tilla,
	0.1.0 ša$_6$-ša$_6$	0.1.0 (für) Šaša,
	0.1.0 e-da-nam	0.1.0 (für) Edanam:
5	munus-me	Frauen sind sie.
	šu-niğín 2 nita 0.1.2	**Zusammen** 2 Männer (je) 0.1.2,
	1 nita 0.1.0	1 Mann 0.1.0,
	4 munus 0.1.0	4 Frauen (je) 0.1.0,
	še-bi 2.0.0 lá 0.0.2 lugal-sipa	Gerste dafür 2.0.0 minus 0.0.2 (an) Lugal-sipa;
	0.1.0 en-na	0.1.0 (für) Enna,
	šidim	den Baumeister:
	íl-me	Träger sind sie.
	0.1.0 ur-du$_6$	0.1.0 (für) Ur-du,
	0.1.0 lugal-ğá	0.1.0 (für) Lugalğa,
	0.1.0 ^{d}[n]in-ğír-su-ur-mu	0.1.0 (für) Nin-Girsu-urmu,
	0.1.0 sağ-mu-AB-tuku	0.1.0 (für) Sağmu-AB-tuku,
	0.1.0 ^{d}nin-ğír-su-men$_x$(=GA$_2$xEN)-zi	0.1.0 (für) Nin-Girsu-menzi:
	sagi-me	Mundschenken sind sie;
	0.1.0 ur-^{d}ba-ba$_6$	0.1.0 (für) Ur-Baba,
	0.1.0 ^{d}nin-ğír-su-lú-mu	0.1.0 (für) Nin-Girsu-lumu,
	0.0.⸢4?⸣ [l]ugal-[ḫ]é	0.0.4(?) (für) Lugal-ḫe:
6	muḫaldim-me	Bäcker/Köche sind sie;

	0.1.0 lugal-$EREN_2$-ré-⸢ki⸣-ağá	0.1.0 (für) Lugal-$EREN_2$-re-ki'ağa,
	0.1.0 nam-maḫ-ni	0.1.0 (für) Nammaḫni,
	0.1.0 e-ta-e_{11}	0.1.0 (für) Eta'e:
	sukkal-me	Boten sind sie;
	0.1.0 ^{d}nin-šubur-ama-mu	0.1.0 (für) Nin-šubur-amamu,
	lú-é-ninda-ka	den 'Bediensteten' des 'Vorratshauses';
	0.1.0 níğ-du_7-pa-è	0.1.0 (für) Niğdu-pa'e,
	0.1.0 nir-an-da-ğál	0.1.0 (für) Nir-andağal,
	0.1.0 šul-^{d}en-líl-le	0.1.0 (für) Šul-Enlile:
	lú-é-šà-ga-me	'Bedienstete' des 'Hausinnern' sind sie;
	0.1.0 é-TE.ME	0.1.0 (für) E-TE.ME,
	0.1.0 nin-al-$ša_6$	0.1.0 (für) Nin-alša,
	0.1.0 ^{d}ba-ba_6-lú-$ša_6$-ga	0.1.0 (für) Baba-lu-šaga,
	0.1.0 ^{d}ba-ba_6-ama-mu	0.1.0 (für) Baba-amamu,
7	0.1.0 bará-u_4-sù-šé	0.1.0 (für) Bara-usuše,
	0.1.0 nin-mu-da-kúš	0.1.0 (für) Nin-mudakuš:
	ḪAR.TU-mí-me	weibliches 'Hausgesinde' sind sie;
	0.0.3 dumu-nita-nin-si-sá	0.0.3 (für den) Sohn von Nin-sisa;
	0.1.0 $EREN_2$-ur-mu	0.1.0 (für) $EREN_2$-urmu,
	lú-IGI.$NIGIN_2$	den Mann (von) 'Ansehen',
	0.1.0 úr-ni	0.1.0 (für) Ur-ni,
	lú-a-kúm	den Heißwasserbereiter,
	0.1.2 U_2.U_2	0.1.2 (für) U_2.U_2,
	0.1.2 lugal-šà-lá-tuku	0.1.2 (für) Lugal-šala-tuku,
	0.1.2 en-da-gal-di	0.1.2 (für) Enda-galdi:
	dub-sar-me	Schreiber sind sie;
	0.1.0 AN-al-$ša_6$	0.1.0 (für) AN-alša,
	nita-am_6	ein Mann ist er,
8	[0.0.3 gemé-du_6]	0.0.3 (für) Geme-du,
	munus-[am_6]	eine Frau ist sie:
	šu-í-me	Friseure sind sie;
	0.1.0 AN-igi-du	0.1.0 (für) AN-igidu,
	lú-alan	den Statuenwärter.
	šu-niğín 3 lú 0.1.2	Zusammen 3 Männer (je) 0.1.2,
	20 lá 2 lú 0.1.0	20 minus 2 Personen (je) 0.1.0,
	1 lú 0.0.4	1 Person 0.0.4,
	1 lú 0.0.3	1 Person 0.0.3:
	nita-me	Männer sind sie;

	6 munus 0.1.0	6 Frauen (je) 0.1.0,
	1 munus 0.0.3	1 Frau 0.0.3,
	še-bi 7.1.1 + 0.0.3	Gerste dafür 7.1.1 + 0.0.3:
	šà-dub-é-gal	šà-dub(-ba)-Arbeiter (des) 'Palastes' (sind sie).
	0.1.2 ^{d}en-ki-ur-mu	0.1.2 (für) Enki-urmu,
	*šubur-da	bei Šubur
	e-da-ti	wohnt er;
9 1	[0.1.0 lugal-lag]a[š^{ki}]	0.1.0 (für) Lugal-Lagaš,
	0.1.0 šu-RSP 118	0.1.0 (für) Šu-RSP 118,
	0.1.0 lugal-pirig̃-TUR	0.1.0 (für) Lugal-pirig̃-TUR,
	0.1.0 en-ku$_4$	0.1.0 (für) En-ku,
	níg̃-lú-nu-DU-da	bei Nig̃-lu-nu-DU
	e-da-se$_{12}$	wohnen sie:
	simug-me	Schmiede sind sie;
	0.1.2 sipa-lagaš^{ki}-e-ki-ag̃á	0.1.2 (für) Sipa-Lagaše-ki'ag̃a,
	ašgab	den Lederwerker,
	0.1.2 e-ta-e$_{11}$	0.1.2 (für) Eta'e,
	túg-du$_8$	den Walker,
	0.1.0 ur-^{d}ba-ba$_6$	0.1.0 (für) Ur-Baba,
	0.1.0 lugal-šu-maḫ	0.1.0 (für) Lugal-šumaḫ:
	nagar-me	Zimmerleute sind sie;
R 10 1	0.1.0 šà-nu-g̃ál	0.1.0 (für) Ša-nug̃al,
	ad-⌜KID⌝	den Rohrmattenflechter,
	0.1.0 šul-šà-kúš	0.1.0 (für) Šul-šakuš,
	zadim	den Steinschneider:
	g̃iš-kin-ti-me	Handwerker sind sie.
	0.0.3 ur-^{d}inanna	0.0.3 (für) Ur-Inanna,
	0.0.3 ambar-ré-si	0.0.3 (für) Ambare-si,
	0.0.3 igi-^{d}ba-ba$_6$-šè	0.0.3 (für) Igi-Babaše:
	ì-du$_8$-nita-me	Pförtnerburschen sind sie;
	0.0.3 nin-en-šè-nu-GAN$_2$.GAN$_2$	0.0.3 (für) Nin-enše-nu-GAN$_2$.GAN$_2$,
	ì-du$_8$-mí-am$_6$	Pförtnerin ist sie,
	0.1?.0 šà-nu-g̃ál	0.1.0(?) (für) Ša-nug̃al,
	gáb-ra-[ga]la-tur	den Viehtreiber des Galatur,
	sipa-A[MA-ša]:ga[n-ka]	des Hirten der 'Eselsstuten';
	⌜0.1.2⌝ [šul-^{d}en-líl-le(-su)]	0.1.2 (für) Šul-Enlile(-su),
11 1	0.1.2 ^{d}ba-ba$_6$-ì-su	0.1.2 (für) Baba-isu,
	0.1.2 ur-éš-dam	0.1.2 (für) Ur-ešdam,

	en-ig-gal	(bei) En-iggal,
	nu-bandà	dem Generalverwalter,
	e-da-se$_{12}$	wohnen sie;
	0.1.2 lugal-ì-nun	0.1.2 (für) Lugal-inun,
	nita-am$_{6}$	ein Mann ist er,
	0.0.4 za-na	0.0.4 (für) Zana,
	munus-am$_{6}$	eine Frau ist sie:
	udu-níĝ-kú-a ba-su$_{8}$-ge-éš	bei den Mastschafen 'stehen' sie;
	U$_{2}$.U$_{2}$	bei U$_{2}$.U$_{2}$,
	kurušda-da	dem 'Kleinviehmäster',
	e-da-se$_{12}$	leben sie;
	0.1.0 ur-^{d}inanna	0.1.0 (für) Ur-Inanna,
	má-laḫ$_{5}$	den Schiff(bau)er,
	0.1.0 amar-^{d}sam[a]n	0.1.0 (für) Amar-Saman,
	ga[la]	den Kultsänger.
12	šu-niĝín 7 lú 0.1.2	**Zusammen** 7 Personen (je) 0.1.2,
	11 lú 0.1.0	11 Personen (je) 0.1.0,
	3 lú 0.0.3	3 Personen (je) 0.0.3:
	nita-me	Männer sind sie;
	1 munus 0.0.4	1 Frau 0.0.4,
	1 munus 0.0.3	1 Frau 0.0.3,
	še-bi 5.3.0 šà-dub-didli	Gerste dafür 5.3.0: Einzelne šà-dub(-ba)-Arbeiter (sind sie).
13	šu-niĝín 16 lú 0.1.2	**Zusammen** 16 Personen (je) 0.1.2,
	90 lá 2 lú 0.1.0	90 minus 2 Personen (je) 0.1.0,
	1 lú 0.0.4	1 Person 0.0.4,
	4 lú 0.0.3	4 Personen (je) 0.0.3:
	nita-me	Männer sind sie;
	20 munus 0.1.0	20 Frauen (je) 0.1.0,
	1 munus 0.0.4	1 Frau 0.0.4,
	1 + 1 munus 0.0.3	1 + 1 Frauen (je) 0.0.3,
	1 šà-du$_{10}$-mí 0.0.2	1 Mädchen 0.0.2.
14	gú-an-šè 2,12 + 1 lú-še-ba-tur-maḫ-ba	**Insgesamt** 132 + 1 Personen (mit) Gerstezuteilungen, darunter kleine (und) große,
	še-bi 33.1.3 gur-saĝ-ĝál	Gerste dafür 33.1.3 Haupt-Gur;
	še-ba-igi-nu-du$_{8}$ íl šà-dub-didli-é-^{d}ba-ba$_{6}$-ka	Gerstezuteilungen des Tempels der Baba für die Iginudu-Arbeiter, Träger (und) einzelne šà-dub(-

			ba)-Arbeiter;
	5	ša$_6$-ša$_6$	Šaša,
		dam-uru-inim-gi-na	die Frau des Uru-inimgina,
		lugal-	des Königs
		lagaš^{ki}-ka	von Lagaš.
		en-šu-gi$_4$-⌈gi$_4$⌉	En-šugigi
15	1	agrig-ge	der Hausverwalter,
		g̃anun-še-ùr-ré-mú-a-ta	hat aus dem Speicher der ans Dach heran gewachsenen Gerste heraus
		e-ne-ba 6.	ihnen (dies) zugeteilt. 6. (Jahr).
		12-ba-am$_6$	Die 12. Zuteilung ist es.

Anmerkungen:

Mit dem gleich datierten Text TSA 13 existiert auch zu diesem Text ein "Teilduplikat". Dabei wird dort die Empfängergruppe, die auch in unserem Text bezeugt ist, in 1:1-6:1 in aller Regel ohne Nennung der Namen der jeweiligen Arbeitskräfte behandelt. Mit 6:2ff. werden in TSA 13 dann die sonst in den Urkunden des Typs I-A-3. aufgeführten Mägde gelistet. Wichtige Abweichungen von TSA 13 1:1-6:1 zu unserer Urkunde werden nachfolgend in den Anmerkungen notiert.

(1:1-5) Die Gruppe unter AN-a-mu ist die aus Nr. 122 (Ukg. L 6/4) und DP 115 (Ukg. L 6/?) bekannte Gruppe, die dort (nicht in TSA 13 und Nr. 23) als igi-nu-du$_8$-g̃iš "Iginudu-Baumarbeiter" rubriziert wird. In TSA 13 fehlt nach AN-a-mu sogar die Berufsangabe nu-kiri$_6$ "Gärtner".

(1:7-8) TSA 13 verzeichnet 15 igi-nu-du$_8$ unter ur-^{d}ab-ba$_6$. Der an diesen ausgegebene Gerstebetrag beläuft sich entsprechend auf 3.3.0.

(2:1-5:8) TSA 13 1:1-3:1 führt die Träger nicht namentlich auf. Für die einzelnen Gruppen sind folgende Abweichungen erkennbar: 1. Gruppe unter sag̃-^{d}nin-g̃ír-su-da: 1 nita 0.2.0, 4 nita 0.1.0, 4 munus 0.1.0 = 2.2.0; 2. Gruppe unter en-kù: 1 nita 0.<1>.2, 3 nita 0.1.0 , 3 munus 0.1.0, 1 šà-du$_{10}$-mí = 1.3.4; 3. Gruppe unter lugal-sipa: 3 nita 0.<1>.2, 3 munus

0.1.0 = 1.3.0; 4. Gruppe unter ur-^{d}nin-MUŠxMUŠ-da-ru: 2 nita 0.1.0, 4 munus 0.1.0 = 1.2.0 + 0.1.0 en-na šidim.

(3:5) Zum Element a-DU-nú im PN en-kur-ra-a-DU-nú vgl. den PN ur-sag̃-a-me-nú neben ur-sag̃-a-DU-nú in I.J. Gelb et al. OIP 104, 54. In unserem Corpus sind noch die Namen a-DU-nú Nr. 20 1:7, 21 1:11, 22 3:1, 72 1:11, 73 1:6 u.p. neben a-me-da-nú DP 136 10:7, Nik 3 14:8; ama-bi-a-DU-nú 19 1:10, 20 3:15, 21 3:13, 22 5:4, 6:15, 8:12 u.p.; bará-a-DU-nú DP 134 1:13 u.p.; en-a-DU-nú TSA 16 3:15, für en-kur-ra-a-DU-nú DP 115 4:14 u.p., oder en-kur-ré-a-DU-nú DP 113 4:14; lugal-a-DU-nú DP 115 5:5; mes-a-DU-nú Fö 180 8:2; nin-[x]-a-DU-nú TSA 10 1:10. Vgl. ferner zu a-DU(-ná) F. Pomponio SEL 8 (1991) 141 mit Anm. 2.

In ZA 63 (1974) 198f. hatte J. Krecher (mit Belegsammlung) A.DU.NA$_2$ als ein Element verstanden, das ungedeutet bleiben mußte. Die dort nicht aufgeführten PN nin-a-DU-ti RTC 18 3:6, sag̃-a-DU-ba-sum Nik 14 4:8 und šà-ge-a-DU-bí-du$_{11}$ Nik 1 7:7 sprechen jedoch für ein Element a-DU, zu dem nunmehr ein paralleles a-me bezeugt ist. Wenn ich diese Belege hier zurecht zusammengestellt habe, wird a-DU (bzw. a-me) kaum anders als Adverb verstanden werden können. Eine Bedetung "nochmals", "zum wiederholten Male" oder "erneut" paßte zwar zu allen Namen, bleibt aber geraten und kann allenfalls auf bekanntes a-rá = *alaktu(m)* (AHw 31, CAD A$_1$ 297) verweisen; vgl. a. *arû(m)* (AHw 72; CAD A$_2$ 312; s.a. *amû* IV AHw 45).

Aufgrund der oben zu Nr. 4 3:14 vorgeschlagenen Etymologie der Bezeichnung für den Kuhhirten unù(d) bevorzuge ich, mit zahlreichen anderen, nunmehr die Umschrift nú statt ná.

(5:6-7) Der Baumeister (šidim) Enna, der offensichtlich den Trägern vorstand, gibt einen Hinweis darauf, daß dieser Personenkreis (vornehmlich) bei Bauarbeiten eingesetzt wurde. Seine Ration von 0.1.0 taucht in keiner Zwischensumme auf, wird aber in Summenformel und Summa summarum korrekt berücksichtigt.

(5:9-10:5) Auch bei šà-dub(-ba)-Arbeitern und den Handwerkern sind in TSA 13 3:2-4:14 keine Namen aufgeführt.

(5:17) Zur Ergänzung der Ration vgl. TSA 13 3:4: 1 muḫaldim 0.0.4.

(7:3) Nach einem Vorschlag von M. Krebernik *apud* P. Steinkeller FAOS 17, 130[389] ist ḪAR.TU vielleicht àr-tu zu lesen, demnach eine alte Schreibung für *(w)ardu(m)*. Allerdings müßte es sich wegen der Schreibung ḪAR.TU-mí wohl um ein "Akkadogramm" handeln. NITAxKUR wurde nach P. Steinkeller a.a.O. in vorsargonischer Zeit "used to write the Sumerian Word /er(e)/ 'servant'". "It appears that in Sargonic times the spelling àr-tu was abandoned, and that the value /arad/ was transferred to the sign NITAxKUR"; vgl. aber I.J. Gelb et al. OIP 104, 36 zu Uruk-III-zeitlichem [NI]TAxKUR "slave". Für vorsargonisches ìr oder besser ir$_x$ vgl. /irani/ Nik 19 p. und s. dazu AWEL 139. Dort, wie auch bei H. Steible / H. Behrens FAOS 6, 177, findet sich die unpräzise Umschrift ir$_{11}$(-ra-ni) (wozu jetzt J. Bauer AfO 36/37 (1989/90) 79). Zu unterscheiden sind demnach die Zeichen ARAD = ìr, ARADxKUR = ARAD$_2$ = ir$_{11}$ und NITA sowie NITAxKUR. Danach ist wohl auch nicht ìr, sondern am besten ir$_x$ (=NITA) zu umschreiben.

Auch hier bietet die von der Zeichenform her parallele Bezeichnung für die Frau, gemé (= MUNUS+KUR), einige Schwierigkeiten. gemé ist eine im as. Lagaš außergewöhnlich häufige Bezeichnung für eine Frau von untergeordnetem sozialen Status, die <u>auch</u> (vgl. ihre gelegentliche Rubrizierung als sag̃-sa$_{10}$(-a) "gekaufte 'Häupter'/ 'Sklavinnen'") Sklavin sein konnte. gemé ist akk. *amtu(m)*, wofür Aa V/2 185 (= MSL 14, 419:185) im übrigen auch die sumerische Gleichung ḪAR = ú-ru oder ur$_5$ beisteuert. In unseren Texten ist also offenkundig àr-tu(-mí) nicht die einzige Bezeichnung für die "Sklavin".

Die wenigen Informationen über ḪAR.TU sind diese: Neben der häufigen allgemeinen Rubrizierung von Personen als ḪAR.TU findet sich öfters die Personengruppe ḪAR.TU-é-šà-ga "ḪAR.TU des Eša", wobei das nicht genitivisch konstruierte é-šà eine nicht spezifische Bezeichnung für das 'Hausinnere' ist, also wohl etwa das, was man englisch mit "private quarter(s)" bezeichnen könnte.[21] Daneben findet sich ḪAR.TU-ur-sila-me

---

[21] Vgl.a. é-šà unten in Nr. 41 2:8-3:2. C. Wilcke verdanke ich den Hinweis auf die (gutäerzeitliche(?)) Grundrißzeichnung RTC 145. Dort findet man in der linken oberen Ecke einen über das ki-tuš "Wohnzimmer" zugänglichen kleinen als é-šà bezeichneten Raum. Dafür schlägt D.O. Edzard in RlA 4, 221 eine Deutung "'Innenraum', im Sinne von Hinterzimmer" vor. Vgl. aber die Belege bei H. Behrens,

"ḪAR.TU (des) PN sind sie" RTC 17 7:3; vgl. D.O. Edzard SRU S. 92 Nr. 44. (Ur-sila ist dort ein Sohn des Stadtfürsten En-entarzi.) In DP 138 (Ukg. L 5) sind in 5:6.8 unter anderen auch zwei ḪAR.TU-ni "seine ḪAR.TU" genannt, die in die Pflichten ihrer verstorbenen Besitzer/Eigentümer eintreten (ì-dab$_5$). maš-da-ri-a-a-giri$_{17}$-zal ḪAR.TU-é-šà-ga-ka(-k) "Mašdari'a-Abgaben des PN, des ḪAR.TU des 'Hausinnern'" verzeichnet TSA 32 1:2-4; diese Abgaben übergibt der Stadtfürst seinem Sohn Šubur-Baba. Besonders interessant ist der Text DP 176 (Enz. 3), der Wollzuteilungen an verschiedene Männer und Frauen verzeichnet. An Berufen für diese Personen werden genannt sipa-anše, sipa-ama-gan:ša, šidim und šu-í, also allessamt Berufe, die eher einer gehobenen Schicht zuzurechnen sind. Das Schlußformular 8:2-9:2 rubriziert alle zusammen als: ḪAR.TU-ú-rum-⌜dìm⌝-tur [dam-en-èn-tar-zi] ensí-lagaš^{ki}-ka "Eigene ḪAR.TU der Dimtur, der Frau des En-entarzi, des Stadtfürsten von Lagaš". Die Abhängikeit von einem Individuum, nach P. Steinkeller FAOS 17, 131 ("árad and gemé ... both serve to describe a relationship of personal dependance of one person to another") ein Kennzeichen der sozialen Stellung des Sklaven, trifft nach unseren Quellen also auf ir$_x$ und ḪAR.TU(-nita/mí) zu. Die Käuflichkeit, sicher ein noch wichtigeres Merkmal der Sklavenstellung ist aber as. nur für die gemé (s.o.) nachzuweisen. Während sich die Verbindungen gemé-GN und gemé-ON relativ häufig finden, kann ich ein gemé-PN nicht sicher nachweisen. Nik 19 10:6 bietet allerdings mit gemé-lú "persönliche Mägde/Sklavinnen" (neben den persönlichen Sklaven in 10:2) vielleicht einen Hinweis auf einen Status der gemé als privater Sklavin. Insgesamt verdient bei der Diskussion um die altorientalischen Sklaven die Unterscheidung zwischen Privatsklaven und Tempel- oder Staatsklaven genaue Beobachtung.[22]

H. Steible FAOS 6, 106. 413, die besser mit dem oben gegebenen Deutungsvorschlag in Einklang zu bringen sind.

[22] Offenkundig kann hier nicht der Platz sein, auf die umfangreiche und kontroverse Diskussion um die altorientalischen Sklaven zu rekurrieren. Einen guten Überblick gibt die Arbeit von R.K. Englund, Fischerei 63-68, der (mit umfangreicher Literatur) bisherige Auffassungen diskutiert. In unserem Zusammenhang besonders bemerkenswert ist die auf S. 67[228] getroffene Feststellung: "Es wäre danach (nach I.M. Diakonoffs Stellungnahmen, Zusatz d. Vf.) mit

Zusammenfassend zeichnet sich nun folgendes ab: gemé bezeichnet die abhängige weibliche Arbeiterin. Sie kann, da verkäuflich ("chattel slave"), Sklavenstatus haben. Ihre Rolle ist aber dann eher die eines "Staatssklaven", als die eines Sklaven im persönlichen Eigentume seines Herrn. Dagegen sind die ḪAR.TU wohl eher einzelnen Personen (oder deren Privat-Haushalt) direkt (als Eigentum/Besitz) zugehörig. Unsere Quellen erweisen allerdings nur die Zugehörigkeit zu Mitgliedern des Herrscherhauses. Ihre soziale Stellung ist vergleichsweise bedeutend, auf jeden Falle erheblich besser, als die der mit gemé bezeichneten weiblichen Arbeiterinnen. Der ir_x ist auch direkt einem Individuum unterstellt. Seine Stellung scheint gleichfalls nicht unbedeutend gewesen zu sein (vgl. die Weihinschriften En. I 20, 28, 39; Ent. 16 und Lukis.v.Uruk; s. FAOS 6, 177). Dennoch könnte es sich m.E. etwa um einen "Leibsklaven" gehandelt haben, wenn man nicht dem o.g. Ansatz von /er(e)/ durch P. Steinkeller folgen will. Dann allerdings bedürfte das Verhältnis von /er(e)/ und saḫar (vgl. AWEL 87 zu Nik 5 2:5) der Klärung.

Die Bezeichnung ḪAR.TU scheint dagegen einfach die Zugehörigkeit zum Haushalt (des Herschers) zu bezeichnen. Über ihr "Sklaventum" läßt sich, abgesehen von M. Kreberniks oben zitiertem Deutungsvorschlag und dem dies stützenden Beleg aus MSL 14, nichts Sicheres ausmachen. Deshalb wird hier ḪAR.TU-me wie bisher mit "Hausgesinde sind sie" übersetzt.

(7:4) Es handelt sich um den Sohn der inzwischen verstorbenen Nin-sisa, die nach Nr. 16 8:4-5 zum (weiblichen) Hausgesinde zählte. Vgl. auch AWEL 73 zu Nik 2 8:5. In TSA 13 3:11 wird er als nu-siki-nita "männliche Waise" geführt.

(7:5-6) Nach TSA 13 3:12-13 scheint auch $EREN_2$-ur-mu ein lú-a-kúm gewesen zu sein. Einmal mehr wird deshalb lú-IGI.$NIGIN_2$ als soziale Bezeichnung, nicht als Berufsbezeichnung erwiesen.

---

einer möglichen Verteilung ir_{11} = 'veräußerbarer, privater', g̃uruš = 'nicht veräußerbarer, staatlicher' Sklave hypothetisch zu arbeiten." Vgl. jetzt a. I.J. Gelb et al. in OIP 104, 102, vgl. 36 .

(8:1–3) Diese Friseuse fehlt in TSA 13. In DP 115 1:3 und Nr. 122 10:4 ist sie mit 'normal' notierter Ration belegt.

(8:6–13) Die Zwischensumme und insbesondere das Rubrum šà-dub-é-gal fehlen in TSA 13. Sie finden sich aber z.B. in Nr. 122 10:9–14 und DP 115 10:8–13; beachte dort das Rubrum šà-dub-é-gal-me.

(8:14–16) Nach TSA 13 4:2–4 ist ^{d}en-ki-ur-mu ein simug "Schmied".

(9:1) Zur Ergänzung vgl. DP 115 11:1, Nr. 122 11:4. Beide Male ist die Ration als <u>0.1.0</u> geschrieben.

(10:9) DP 115 12:3–11 und Nr. 122 12:6–17 nennen fünf, TSA 13 4:15 nennt noch vier Pförtnerburschen.

(10:12) Die Kopie bietet hier die Maßzahl 0.0.3, die die Kollation nicht sicher verifizieren konnte. Die Parallelen in DP 114 13:8 und 115 13:2 weisen aber šà-nu-g̃ál eine Ration von 0.1.0 zu. Die Zwischensumme in 12:1ff. unserer Urkunde bestätigt die Notwendigkeit, hier nach diesen Parallelen zu lesen. – Zum PN šà-nu-g̃ál neben šà-nu-g̃ar bzw. šà-nu-è vgl. F. Pomponio SEL 8 (1991) 145.

(10:12–14) TSA 13 4:19–5:2 verzeichnet offensichtlich zwei Viehtreiber des gala-TUR, die, wenn das Rubrum korrekt kopiert ist, auch selbst als sipa-AMA-ša:gan-me zusammengefaßt werden können.

(10:15) Zur Ergänzung vgl. z.B. TSA 16 12:5; nach DP 115 13:6 ist vielleicht auch mit finiter Verbalform šul-^{d}en-lí-le-ì-su zu ergänzen.

(10:15–11:5) In TSA 13 5:3–4 werden diese dem En-iggal zugeordneten Personen mit anše-EREN$_2$-ra-ke$_4$ ba-su$_8$-ge-éš "bei den Gespanneseln 'stehen' sie" bezeichnet. In DP 115 13:9–11 und Nr. 122 13:10–12 werden sie als g̃ír-nun gáb-KAS$_4$-da e-da-se$_{12}$ "bei Gir-nun, dem Kutscher(?), wohnen sie" rubriziert.

(11:10) su$_8$ ist hier DU.DU, nicht DU über DU geschrieben. Wie bei der unterschiedlichen Anordnung der Zeichen BAR.AN bzw.

BARxAN haben solche Schreibungen in der as. Epoche in der Regel 'technische' oder 'ästhetische', nicht aber orthographische Gründe.

(11:17) Zum 'Gala-Priester' oder 'Kultsänger' s. bereits AWEL 62 zu Nik 1 13:3-4. Zuletzt hat über diesen Beruf M.K. Schretter unter der Überschrift "Der gala-Kultoffiziant" in Emesal 124-136 gehandelt.

(13:1-14:2) Nach der oben zu 10:12 vorgeschlagenen Emendation harmonieren Summenformel und Summa summarum mit den Einzeleinträgen der Urkunde. Die 'keilförmig' geschriebenen 0.0.3 aus 8:1 (vgl. 8:12, 13:8) werden bei der Gerstengesamtsumme in 14:2 nicht vermerkt.

18 = STH 1, 19

Text: HSM 909.7.6 (früher 3722); Maße: H.: 9,65cm; Br. 9,74cm; Kollationiert;
Umschrift: A. Deimel Or 34/35, 89f; vgl. R. Scholtz MVAeG 39/II, 64f.;
Parallelen: TSA 15 (Ukg. L 4/7); DP 114 (Ukg. L 5/3); beide Typ I-A-2.;
Datum: (Ukg.L) 4; Typ: I-A-8./IV;
Inhalt: Zusammenstellung von Leuten, die Gerstezuteilungen 'zurückgelassen' haben.
Gliederung:

Leute der Baba (mit Rubrum):	*1:01-5:06*
Iginudu-'Baumarbeiter' (mit Rubrum):	*1:01-3:01*
1. Gruppe (mit Zws. unter AN-amu):	*1:01-1:05*
2. Gruppe (mit Zws. unter E-ku):	*1:06-1:08*
3. Gruppe (mit Zws. unter Ur-ki):	*2:01-2:03*
4. Gruppe (mit Zws. unter En-kisal-si):	*2:04-2:06*
5. Gruppe (mit Zws. unter Nimgir-absu):	*2:07-2:10*
[Iginudu-Handwerker/Wäscher [mit Rubrum(?)]]:	*3:02-3:09*
1. Gruppe (mit Zws. unter Ur-Šul):	*3:02-3:04*
2. Gruppe (mit Zws. unter Ur-Abba):	*3:05-3:06*
3. Gruppe (mit Zws. unter Eta'e):	*3:07-3:08*

(Einzelne šà-dub(-ba)-Arbeiter(innen); ohne Rubrum):	*4:01–5:04*
Friseuse:	*4:01–4:02*
Pförtner (mit Rubrum):	*4:03–4:08*
Viehtreiber (des Pflugführers):	*4:09–4:11*
(Gestütspersonal) (mit Zws.):	*4:12–5:02*
'Bediensteter' bei den Tamarisken:	*5:03–5:04*
Frau aus dem Personal der Geme-silasirsira:	*5:07–6:04*
'Personal' des A-ene-ki'aĝa (mit Rubrum):	*6:05–7:02*
Summenformel:	*8:01–8:08*
Schlußformel:	*9:01–10:02*
Summa summarum:	*9:01–9:02*
Klassifikation:	*9:03*
Transaktionsformular / Datum:	*9:04–10:02*

1	10 igi-nu-du$_8$ še-ba 0.1.2	10 Iginudu-Arbeiter: Gerste-zuteilung (je) 0.1.2,
	2 nu-kiri$_6$ 0.1.0	2 Gärtner (je) 0.1.0,
	2 dù-a-ku$_5$ 0.1.0	2 'Wasserregler' (je) 0.1.0,
	še-bi 4.1.2 gur-saĝ-ĝál	Gerste dafür 4.1.2 Haupt-Gur
	AN-a-mu	(an) AN-amu;
	11 igi-nu-du$_8$ 0.1.2	11 Iginudu (je) 0.1.2,
	2 dù-a-ku$_5$ 0.1.0	2 'Wasserregler' (je) 0.1.0,
	še-bi 4.0.4 é-ku$_4$	Gerste dafür 4.0.4 (an) E-ku;
2	[4]+4 i[gi-n]u-du$_8$ 0.1.2	8 Iginudu (je) 0.1.2,
	1 dù-a-ku$_5$ 0.1.2	1 'Wasserregler' 0.1.2,
	še-bi 3.2.0$^{sic!}$ ur-ki	Gerste dafür 3.2.0(!) (an) Ur-ki;
	5 igi-nu-du$_8$ 0.1.2	5 Iginudu (je) 0.1.2,
	1 dù-a-ku$_5$ ⌜0.1.0⌝	1 'Wasserregler' 0.1.0,
	še-bi 2.0.0 lá ⌜0.0.2⌝ en-kisal-si	Gerste dafür 2.0.0 minus 0.0.2 (an) En-kisal-si;
	6 i[gi-n]u-du$_8$ 0.1.2	6 Iginudu (je) 0.1.2,
	1 d[ù-a-k]u$_5$ 0.1.0	1 'Wasserregler' 0.1.0,
	0.1.2 ni[mgir]-ab[su]	0.1.2 (für) Nimgir-absu,
	še-[bi 2.2].2 nim[gir-absu]	Gerste dafür 2.2.2 (an) Nimgir-absu:
3	ig[i-n]u-du$_8$-[g]iš-me	Iginudu-'Baumarbeiter' sind sie;
	*11 igi-nu-du$_8$ 0.2.0	11 Iginudu (je) 0.2.0,
	1 dù-a-ku$_5$ 0.1.0	1 'Wasserregler' 0.1.0,

		še-bi ⌜5⌝.3.0 [u]r-šul	Gerste dafür 5.3.0 (an) Ur-Šul;
	5	⌜12⌝ igi-nu-du$_{8}$ 0.2.0	12 Iginudu (je) 0.2.0,
		še-bi 6.0.0 ur-^{d}ab-ba$_{6}$	Gerste dafür 6.0.0 (an) Ur-Abba;
		11 igi-nu-du$_{8}$ 0.2.0	11 Iginudu (je) 0.2.0,
		[še-bi 5.2.0 e-ta-e$_{11}$]	Gerste dafür 5.2.0 (an) Eta'e:
		[azlág-me]	Wäscher sind sie;
4	1	0.0.3 gemé-du$_{6}$	0.0.3 (für) Geme-du,
		šu-í-mí	die Friseuse,
		0.0.4 e-ta-e$_{11}$	0.0.4 (für) Eta'e,
		nita-am$_{6}$	ein Mann ist er,
	5	0.0.4 nam-šita-mu-bí-du$_{11}$	0.0.4 (für) Namšitamu-bidu,
		0.0.2 dumu-mí-AŠ	0.0.2 (für die) ... Tochter,
		munus-am$_{6}$	eine Frau ist sie (= Namšitamu-bidu):
		ì-du$_{8}$-me	Pförtner sind sie;
		0.2.0 ^{d}nin-g̃ír-su-igi-du	0.2.0 (für) Nin-Girsu-igidu,
	10	gáb-ra-	der Viehtreiber
		é-nam-kam	des Enam ist er;
		2 lú 0.1.2	2 Personen (je) 0.1.2,
5	1	2 lú 0.1.0	2 Personen (je) 0.1.0,
		še-bi 1.0.2$^{sic!}$ g̃ír-nun	Gerste dafür 1.0.2(!) (an) Girnun;
		0.0.4 bi-su-g̃á	0.0.4 (für) Bisug̃a,
		lú-šinig	den 'Bediensteten' (bei) den Tamarisken:
	5	lú še-ba taka$_{4}$-a-^{d}ba-ba$_{6}$-me	Leute der Baba, die Gerste-zuteilungen zurückgelassen haben, sind sie.
		0.0.4 a-gi$_{16}$-sa	0.0.4 (für) A-gisa,
R 6	1	ama-LAM.SAG	die Mutter (von) LAM.SAG,
		i$_{7}$-lú	bei I-lu
		e-da-ti	lebt sie:
		gemé-sila-s[ír]-sír-ka-k[a]m	Der Geme-Silasirsir(a) 'gehört' sie.
	5	0.0.3 nin-igi-g̃á-ur-bi	0.0.3 (für) Nin-igig̃a-urbi,
		šu-í-mí-am$_{6}$	Friseuse ist sie;
		0.0.4 AN-igi-du	0.0.4 (für) AN-igidu,
		az[l]àg	den Wäscher,
		lugal-apin-né	bei Lugal-apine

7	e-da-ti	lebt er:
	lú-a-en-ne-ki-ag̃á-me	Leute des A-ene-ki'ag̃a sind sie.
8	šu-nig̃ín 35 ⌈lú⌉ 0.2.0	**Zusammen** 35 Personen (je) 0.2.0,
	44 ⌈lú⌉ 0.1.2	44 Personen (je) 0.1.2,
	11 ⌈lú⌉ 0.1.0	11 Personen (je) 0.1.0,
	3 lú 0.0.4	3 Personen (je) 0.0.4:
	n[it]a-me	Männer sind sie;
	2 munus 0.0.4	2 Frauen (je) 0.0.4,
	2 mun[us] ⌈0.0.3⌉	2 Frauen (je) 0.0.3.
	1 munus 0.0.2	1 'Frau' 0.0.2.
9	gú-an-šè 1,40 lá 2 lú še-ba e-taka$_4$-a tur-maḫ-ba	**Insgesamt** 100 minus 2 Personen, die Gerstezuteilungen zurückgelassen haben, darunter kleine (und) große,
	še-bi 36.0.2 gur-sag̃-g̃ál	Gerste dafür 36.0.2 Haupt-Gur;
	lú še-ba e-taka$_4$-a-me	Leute, die Gerstezuteilungen zurückgelassen haben, sind sie;
	en-ig-gal	En-iggal,
	nu-bandà	der Generalverwalter,
10	dub-še-ba-ta	hat (ihre Namen) von der Tafel über Gerstezuteilungen
	e-ta-sar 4.	abgeschrieben. 4. (Jahr).

Anmerkungen:

(1:1-5:5) Der Text ist in dieser Form ohne Parallele, aber im Hinblick auf das Verständnis der altsumerischen Buchhaltung von einiger Bedeutung. Dabei sind die im Hauptteil der Urkunde 1:1-5:4 aufgeführten Lohnempfänger (hauptsächlich) aus den Listen des Typs I-A-2. gut bekannt. Am engsten verwandt zeigen sich die Urkunden TSA 15 (Ukg. L 4/7) und DP 114 (Ukg. L 5/3); Eine Untersuchung, dieser und anderer verwandter Texte, die C. Wilcke mir zur Verfügung gestellt hat, ergab einige Beobachtungen, die in den nachfolgenden Anmerkungen ausgeführt werden.

Hinsichtlich der verschiedenen Iginudu-Arbeitergruppen ergibt sich im Vergleich von Nr. 18 mit den Paralleltexten folgender Befund:

Iginudu-'Baumarbeiter'	Nr. 23	TSA 15	DP 114
1. unter AN-amu			
igi-nu-du$_8$	10	[11*]	10
nu-kiri$_6$	2	2	*2*
dù-a-ku$_5$	2	2	*2*
2. unter E-ku			
igi-nu-du$_8$	11	8	8
dù-a-ku$_5$	2	2+*1*	*2*
3. unter Ur-ki[23]			
igi-nu-du$_8$	4+[4]	6	6
dù-a-ku$_5$	1	2	*2*
[3a. unter Lugal-eniše / bzw. Eta'e			
igi-nu-du$_8$	8	5	5
dù-a-ku$_5$	1	1	*1*]
[3b. unter Ur-ki			
igi-nu-du$_8$	‹9›	6	6
dù-a-ku$_5$	‹2›	2	2]
4. unter En-kisal-si			
igi-nu-du$_8$	5	5	5
dù-a-ku$_5$	1	1	*1*

[23] Da die Zws. offenkundig nicht zu den Rationen paßt, schlug C. Wilcke vor, die 'Verwirrung' wie folgt zu lösen: Die Angaben aus Nr. 18 passen zu der in TSA 15 und DP 114 belegten (in Nr. 18 nicht bezeugten, versehentlich ausgelassenen(?)) Gruppe unter e-ta-e$_{11}$ bzw. lugal-é-ni-šè, wie sie nach den Paralleltexten des Typs I-A-2. und I-A-4. zu rekonstruieren wären: 5 igi-nu-du$_8$ (aus Typ I-A-2.) + 3 igi-nu-du$_8$ (aus I-A-4.; s. gleich); 1 dù-a-ku$_5$ mit 0.1.2.

Die Zwischensumme in Nr. 18 3:2 allerdings, wie sie das Original bietet, paßt zu den für Nr. 18 nach den Beobachtungen bei den anderen Gruppen rekonstruierbaren Angaben, die bei ur-ki zu erwarten gewesen wären: 6 igi-nu-du$_8$ (aus Typ I-A-2.) + 3 igi-nu-du$_8$ (aus I-A-4.) mit 0.1.2 + 2 dù-a-ku$_5$ mit 0.1.0 = 3.2.0.

In der Tabelle finden sich deshalb unter [3a. und 3b.] die Werte nach diesem Rekonstruktionsvorschlag.

5. unter Nimgir-absu			
igi-nu-du$_8$	6	6[23a]	6
dù-a-ku$_5$	1	1	*‹1›*
nimgir-absu	1	1	*1*

[Iginudu-Handwerker / Wäscher]			
1.unter Ur-Šul			
igi-nu-du$_8$	11	11	11
dù-a-ku$_5$	1	1	*‹1›*
2.unter Ur-Abba			
igi-nu-du$_8$	12	12	10+*1*
3.unter Eta'e			
	11	10+*1*	9

Danach können wir festhalten, daß im Hinblick auf die keilschriftliche Notierung der Rationen ein Zusammenhang unseres Textes mit den zwischen TSA 15 und DP 114 beobachtbaren Veränderungen bei den Gärtnern und den dù-a-ku$_5$ festzustellen ist. Bei der weitaus größeren Prsonenanzahl, den eigentlichen Iginudu-Arbeitskräften, ist ein solcher Zusammenhang nicht erkennbar; auch in den zeitlich nachfolgenden Texten kann ich ihn nicht feststellen. (Beachte aber, daß ab TSA 16 (Ukg. L 6/8) auch die Ignudu zumindest der ersten beiden Gruppen der Iginudu-Baumarbeiter mit Keilschrift-Zahlen notiert werden.) Bemerkenswert ist dabei weiter, daß die Anzahl der Iginudu-Arbeiter aus Gruppe 2 und 3a und 3b in TSA 15 und DP 114 (und den zeitlich folgenden Texten) gegenüber unserem Befund in Nr. 18 (bzw. nach der oben gegebenen Rekonstruktion) um jeweils 3 Personen niedriger ist. Nach C. Wilckes Beobachtungen darf das wohl mit der Tatsache in Verbindung gebracht werden, daß die Listen über Gerstezuteilungen der 'Kleinen' (vgl. DP 116 (Ukg. L 4/7); DP 117 (Ukg. L 4/10); beide Typ I-A-4.) unter den nu-kiri$_6$ namens é-ku$_4$ (DP 116 2:7-10; 117 2:2-4) bzw. lugal-é-ni-šè (DP 116 6:13-16; 117 6:5-8) und ur-ki (nur DP 117 10:5-8) 3 igi-nu-du$_8$ aufführen. In unserem Text Nr. 18 werden also anscheinend auch die Arbeitskräfte, die zwar denselben Obleuten unterstellt aber verwaltungstechnisch zum 'Anwesen der Kindschaft' im engeren Sinne gehörten, zusammengefaßt.

[23a] Beachte, daß die Angaben der Zws. in TSA 15 3:5 offenkundig als 2.⌜2!⌝.2 zu interpretieren sin. Kollation vonnöten.

Aus diesem Befund kann eine erste Präzisierung der Datierung von Nr. 18 gewonnen werden. Der Text muß nach TSA 15, d.h. nach Ukg. L 4/7, entstanden sein. Ein Vergleich mit den Iginudu unter é-ku$_4$, wie sie in den Listen des Typs I-A-2. und I-A-4. aus den Jahren ab Ukg. L 4 folgende belegt sind und die Höhe der Ration der Friseuse nin-igi-g̃á-ur-bi von DP 117 11:4-5 (Ukg. L 4/10; *noch* 0.0.4) und CT 50, 35 10:7'-8' (Ukg. L 4/13, *nur* 0.0.3) läßt nach Wilcke die Entstehung von Nr. 18 auf den Zeitraum zwischen Ukg. L 4/11-13 präzisieren.

(2:3) Zum 'Fehler' bei der kollationierten Zwischensumme s. oben zu 1:1-5:4 und unten zu 5:2. Korrekt wäre 3.0.0 Haupt-Gur.

(5:2) Wiederum liegt ein Schreibfehler vor. Man erwartet als Gerstemenge 1.0.4. Bemerkenswert ist, daß die Fehler in dieser Zwischensumme und in 2:3 keinen Einfluß auf die Korrektheit der Summenformel haben.

(5:5,6:4,7:2) Wie wir oben im Kommantar zu 1:1-5:5 gesehen haben umfaßt der hier als 'Leute der Baba' bezeichnete Personenkreis neben Personal aus den Listen des Typs I-A-2. auch Personen, die sonst in den 'Kinderlisten' (Typ I-A-4.) geführt werden.

Darüberhinaus bestätigt die Zusammenfassung von 'Leuten der Baba' **(5:5)** und Personal der Stadtfürstenkinder Geme-silasirsira **(6:4)**, und A-ene-ki'ag̃a **(7:2)** grundsätzlich die in UGASL s.v. ^{d}ba-ba$_6$ [139]f. anhand von 'Summentafeln' gemachte Beobachtung, daß das Personal des Baba-Tempels im weiteren Sinne auch das Personal der Stadtfürsten- oder Königskinder einbegriff.

Bei den in den Texten vom Typ I-A-2. um das vierte Königsjahr des Uru-inimgina zu beobachtenden (zahlreichen) Veränderungen kann ich, unter Einschluß der oben zu 1:1-5:5 zusammengefaßten Darlegungen nach C. Wilcke, nur eine bedingten Zusammenhang mit unserem Text erkennen. Eine ausführlichere Darstellung der Problematik wäre wünschenswert; vgl. dazu die Texte Nr. 16 =(Ukg. L 3/10), Nr. 120 (Ukg. L 4/2), TSA 14 (Ukg. L 4/4), Nik 2 (Ukg. L 4/6), TSA 15 (Ukg. L 4/7), DP 114 (Ukg. L 5/3), DCS 5 (Ukg. L 5 od. 6) Nr. 122 (Ukg. L 6/4), DP 115 (Ukg. L 6/?); TSA 16 (Ukg. L 6/8); TSA 17 (Ukg. L 6/8+); Nr. 23 (Ukg. L 6/11); TSA 13 (Ukg. L 6/12); Nr. 17 (Ukg. L 6/12).

(5:5,9:1.3) Die genaue Bedeutung der Ausdrücke lú še-ba taka$_4$-a-^{d}ba-ba$_6$-me und lú še-ba e-taka$_4$-a tur-maḫ-ba bzw. lú še-ba e-taka$_4$-a-me bleibt schwierig. A. Deimel Or 34/35, 120 versteht den Inhalt dieser Urkunde so: En-iggal habe "die Namen aller derer von einer še-ba-Liste zusammengetragen, welche aus irgend einem Grunde den Lohn nicht erhielten". Er sieht in diesem Text auch "eine Erklärung für mit Keilschrift (nicht mit dem runden Griffel) geschriebenen Zahlenangaben". "Die derartig bezeichneten Löhne wurden aus irgendeinem Grunde in Wirklichkeit nicht ausgelöhnt". Entsprechend übersetzt R. Scholtz MVAeG 39/II, 64f. den Ausdruck als "Leute, die Gersteteile zurückgelassen haben".

Ohne Zweifel weist diese Deutung nach dem oben zu 1:1-5:5 Dargelegten in die richtige Richtung. Trotzdem bleibt mir eine notwendige Präzisierung der buchhalterischen Vorgänge solange unmöglich, als z.B. für die igi-nu-du$_8$, die zahlenmäßig umfangreichste Gruppe aus 1:1-5:5 die Relevanz unseres Textes undeutlich bleibt.

Zu den in 5:7-7:1 genannten Personen aus den Listen über Gerstezuteilungen der 'Kleinen' sind aus dem vierten und fünften Königsjahr des Uru-inimgina folgende Texte zu vergleichen: Nik 16 (Ukg. L 4/4), DP 116 (Ukg. L 4/7), DP 117 (Ukg. L 4/10), CT 50, 35 (Ukg. L 4/13), DP 118 (Ukg. L [4/x](?)) und Nik 20 (Ukg. L 5/7). Hier wird z.B. noch im letzten bislang bekannten Exemplar dieser Textgruppe, Nik 20, in 7:6-7 die bei I-lu lebende Mutter von LAM.SAG namens A-gisa unter den Empfängern aufgeführt. Auch diese Texte bestätigen also Deimels These nicht vollständig.

Das konventionell oft tag$_4$ umschriebene Zeichen, für das nach M.A. Powells ausführlicher Untersuchung in ZA 68 (1978) 181ff. wohl der Lautwert /taka/ (*ḫamṭu*) bzw. da$_x$(=TAG$_4$)-da$_x$ (*marû*) anzusetzen ist, bedarf hier einer näheren Betrachtung.

Wenn wir die zusammengesetzten Verba šu--taka$_4$ und šu-a--taka$_4$ hier beiseite lassen (vgl. M.A. Powell a.a.O 189f. ferner J.-J. Glassner JA 273 (1985) 29f. und s. jetzt die Miszelle von M. Civil "šu-tak$_4$ 'to send'" in Aul.Or. 8 (1990) 109-111 [24]),

---

[24] Vgl. die von Civil erschlossenen akkadischen Gleichungen **šūbulu*, "inferred from níg-šu-tak$_4$-a = *šūbultu(m)*" und "possibly **šūzubu*".

so findet sich taka$_4$ oder tak$_4$ - der vokalische Auslaut ist bei dieser und ähnlichen Verbalwurzeln m. E. nicht ganz sicher - in unserem Corpus in folgenden Belegen:
x ma-na kù-luḫ-ḫa ki-a bi-taka$_4$ DP 516 5:4;
ki-a mu-da-taka$_4$ "an (diesem Ort) ist es (=die Zerealie?) bei ihm verblieben" Nik 138 (vgl. AWEL 356 zu 3:13);
PN-da ki-a mu-da-taka$_4$ "bei PN ist es (das Silber) am Ort verblieben" DP 513 8:7-8;
ki-a taka$_4$-a 23.0.0 zíz "an (diesem) Ort verblieben (sind) 23.0.0 (Haupt-Gur) Emmer" Nik 89 2:3; s. M.A. Powell ZA 68 (1978) 189:52;
udu-a-ru-a-^{d}en-ki-pa$_5$-sír^{ki}-kam pa$_5$-sír-ra lú-pà mu-taka$_4$ lugal-dalla sanga e-da-se$_{12}$ "Geweihtes Kleinvieh des Enki von Pasir(a) ist es; in Pasir(a) hat sie PN$_1$ zurückgelassen; bei PN$_2$, dem Tempelverwalter, halten sie (= die Tiere) sich auf" DP 98 6:4-7:5; vgl. M.A. Powell a.a.O. 190:67;
lá-a x ma-na x gín kù ur-^{d}nin-MAR.KI-ka-da ki-a mu-da-taka$_4$ "Außenstände: x Minen x Šeqel Silber hat er(?) (noch) bei PN am Ort zurückgelassen". DP 513 8:5-7 [25];
amar é-tùr-ra taka$_4$-am$_6$ "Jungtiere, im 'Hürdenhaus' zurückgeblieben, sind es" Nr. 82 = BIN 8, 355 3:3;
é-ki-sal$_4$-la-šè [e]-⌈me⌉$^{?}$-taka$_4$ s.u. Nr. 83 = BIN 8, 356 5:4-5.

Von den von Powell besprochenen Syntagmen sind hier noch von besonderem Interesse:
še(-ba) guru$_7$-a taka$_4$-a: "Gerste(rationen), im Getreidespeicher zurückgehalten" ZA 68 (1978) 188:H; K. Maekawa, Zinbun 16 (1980) 5f.;
im-e taka$_4$: "(Personen/Getreide) auf der Tafel zurückgehalten" a.a.O. 188:I;
PAD(šukur)-e taka$_4$: "(Getreide) im (für/als) Nahrungslos zurückgehalten" a.a.O. 188:K;
ferner: gú-na bí-taka$_4$ "was left over on his debit account" neben ki-a taka$_4$ PBS 9, 6 = D.O. Edzard SRU 66 IV 5.8 s.a. M.A. Powell a.a.O. 188f.:l und M.

[25] Die Urkunde DP 513 hat jetzt R.K. Englund, Fischerei 21-23, bearbeitet. Er übersetzt "Fehlbetrag: 1 mana 16 Sekel Silber haftet dem Ur-Nin-MAR noch an" und bemerkt in Anm. 76: "Wörtlich: 'ist bei dem Ur-Nin-MAR übriggeblieben'".

Danach dürfte es ziemlich sicher sein, daß unser Text eine Zusammenstellung von Rationenemfängern ist, die die ihnen zustehende Gersteration aus irgendeinem Grunde nicht in Empfang genommen haben. Der Zweck dieser Liste dürfte also eine Art von Gutschrift der Getreideposten für diese Leute zum Zwecke der Buchführung des Tempels gewesen sein.

R. Englund, Fischerei 30ff. bespricht bei der (Ur-III-zeitlichen) "Terminologie in den Abrechnungen der Tauschagenten" als Subtermini von sag̃-níg̃-gur_{11}-ra(-k) "Soll" *si-ì-tum* "Übertrag" und LA_2-NI "Fehlbetrag". Er verweist auf die "erstarrte Verbalform" í-$tak(a)_4$ "Ist übrig geblieben" > "Rest" als "sumerisches Synonym für *si-ì-tum*". Obwohl vom Zusammenhang nur bedingt vergleichbar, stützen diese Überlegungen die oben vorgeschlagene Interpretation. Vgl. ferner níg-šu-$taka_4$-a "gift" bei P. Steinkeller LATIM 40.

(6 1:3) In AfO 36/37 (1989/90) 83 hat J. Bauer noch zwei weitere Deutungsmöglichkeiten dieser Zeilen erwogen, die auf der Annahme beruhen, der PN habe ama-LAM.SAG geheißen. Sicheres kann ich noch nicht beweisen, möchte aber festhalten, daß a-gi_{16}-sa häufig als munus klassifiziert wird; z.B. DP 116 8:11-12,, 118 8 5-6, TSA 18 4:4'-7' u.ö. Zum Element LAM.SAG (=$šuba_x$ (?)) in PN s. J.Bauer a.a.O. 83.

19 = STH 1, 20

<u>Text:</u> HSM 904.4.8 (früher 3612); <u>Maße:</u> H.: 12,7cm; Br.: 12,8cm; <u>Kollationiert;</u> <u>Umschrift:</u> A. Deimel Or 43/44, 7ff.; vgl. K. Maekawa ASJ 2 (1980) 84;
<u>Parallelen:</u> TSA 10 (Lug. 6/12); CT 50, 33 (Ukg. E 1/4), Nr. 20 = STH 1, 21 (Ukg. L 2/9), DP 112 (Ukg. L 2/11), Nik 1 (Ukg. L 2/12);
<u>Datum:</u> Ukg. E [1]/8; <u>Typ:</u> I-A-3.(A/3);
<u>Inhalt:</u> Gerstezuteilungen der Baba für die Mägde (und deren) Kinder.
<u>Gliederung:</u>

<u>Wollarbeiterinnen</u> (mit Rubrum):	*1:01-5:09*
1. Gruppe (mit Zws. unter):	*1:01-3:13*
a) Ordentliche Mägde (mit Rubrum):	*1:01-2:12*
b) Außerordentliche Mägde (mit Rubrum):	*2:13-3:03*
c) Waisen:	*3:04-3:05*
Zws. und Vorsteher Malga:	*3:06-3:13*
2. Gruppe (mit Zws. unter Nanšeda-nume'a):	*3:14-5:08*
a) Ordentliche Mägde (mit Rubrum):	*3:14-5:01*
b) Außerordentliche Mägde (mit Rubrum):	*5:02-5:04*
Zws. und Vorsteher Nanšeda-nume'a:	*5:05-5:08*
<u>Leinenarbeiterinnen</u> (mit Zws. und Rubrum):	*5:10-6:05*
<u>Dienerschaft</u> (mit Zws. unter Mašda, dem Schreiber):	*6:06-7:08*
<u>Brauereipersonal</u> (mit Rubrum):	*7:09-9:15*
1. Gruppe (mit 'Heizer' und Ummäer):	*7:09-8:09*
Zws. und Vorsteher Ilī-bēlī:	*8:10-8:14*
2. Gruppe (mit Malzschroter):	*9:01-9:10*
Zws. und Vorsteher Amar-Girid:	*9:11-9:14*
Mahlmägde (mit Rubrum):	*10:01-10:10*
gemé-NUNUZ.KISIM₅xTITAB₂ *(mit Rubrum):*	*10:11-10:14*
a-ga-am *(mit Rubrum):*	*10:15-10:19*
Viehmägde (mit Zws., Rubra und Vorsteher Lugal-pa'e):	*11:01-13:03*
<u>Summenformel:</u>	*14:01-14:09*

<u>*Schlußformel:*</u>	*15:01–16:02*
Summa summarum:	*15:01–15:02*
Klassifikation:	*15:03–15:04*
Transaktionsformular / Datum:	*15:05–16:02*

1 1	[0.0.4 š]e-ba	0.0.4 Gerstezuteilung
	[x(?)] ZUM	(für) ZUM,
	0.0.3 nin-ù-ma	0.0.3 (für) Nin-uma,
	0.0.2 dumu-nita	0.0.2 (für den) Sohn,
	0.0.2 dumu-mí	0.0.2 (für die) Tochter,
	0.0.3 nin-mu-su-da	0.0.3 (für) Ninmu-suda,
	0.0.2 dumu-mí	0.0.2 (für die) Tochter,
	0.0.3 nin-al-ša$_{6}$	0.0.3 (für) Nin-alša,
	0.0.2 dumu-mí	0.0.2 (für die) Tochter,
	0.0.3 ama-bi-a-DU-nú	0.0.3 (für) Amabi-a-DU-nu,
	0.0.2 dumu-nita	0.0.2 (für den) Sohn,
	3 dumu-mí 0.0.2	3 Töchter (je) 0.0.2,
	0.0.3 ama-ša$_{6}$-ga	0.0.3 (für) Ama-šaga,
	0.0.2 dumu-mí	0.0.2 (für die) Tochter,
	*0.0.3 gu-ug$_{5}$	0.0.3 (für) Gu'ug,
2 1	0.0.⸢3 zi⸣-zi	0.0.3 (für) Zizi,
	0.0.2 dumu-nita	0.0.2 (für den) Sohn,
	0.0.2 dumu-mí	0.0.2 (für die) Tochter,
	0.0.3 inim-ša$_{6}$	0.0.3 (für) Inim-ša,
	0.0.2 dumu-mí	0.0.2 (für die Tochter,
	0.0.3 gemé-é-zi-da	0.0.3 (für) Geme-Ezida,
	0.0.3 kiš-a-bí-tuš	0.0.3 (für) Kiša-bituš,
	0.0.3 gemé-g̃anun	0.0.3 (für) Geme-g̃anun,
	0.0.3 é-nun-né	0.0.3 (für) E-nune,
	0.0.3 gemé-é-dam	0.0.3 (für) Geme-Edam,
	0.0.3 tàš-ni-tum	0.0.3 (für) *Tašnītum*:
	sag̃-dub-me	<u>'Sklavinnen' (der) Tafel sind sie;</u>
	0.0.3 nin-bará-ge	0.0.3 (für) Nin-barage,
	0.0.3 nin-lú-ti-ti	0.0.3 (für) Nin-lu-titi,
	0.0.3 šeš-an-eden-na	0.0.3 (für) Šeš-anedena,
3 1	0.0.3 igi-bar-lú-ti	0.0.3 (für) Igibar-lu-ti,
	0.0.3 šeš-ur-mu	0.0.3 (für) Šeš-urmu:
	gú-ba-me	<u>Zu diesem Bereich gehören sie;</u>
	1 nu-siki-nita 0.0.3	1 Waisenknabe 0.0.3,
	1 nu-siki-mí 0.0.3	1 Waisenmädchen 0.0.3.
	šu-nig̃ín 1 gemé 0.0.4	**Zusammen** 1 Magd 0.0.4,

	20 lá 1 gemé 0.0.3	20 minus 1 Mägde (je) 0.0.3,
	1 [n]u-siki-nita 0.0.3	1 Waisenknabe 0.0.3,
	1 ⸢nu⸣-siki-mí 0.0.3	1 Waisenmädchen 0.0.3,
	3 šà-du$_{10}$-nita 0.0.2	3 Knaben (je) 0.0.2,
	10 lá 1 šà-du$_{10}$-mí 0.0.2	10 minus 1 Mädchen (je) 0.0.2,
	še-bi 3.3.1 gur-sag̃-g̃ál	Gerste dafür 3.3.1 Haupt-Gur
	ma-al-ga	(an) Malga;
	0.0.4 ba-ba-e	0.0.4 (für) Baba'e,
4 1	0.0.4 na-na	0.0.4 (für) Nana,
	0.0.2 dumu-mí	0.0.2 (für die) Tochter,
	0.0.4 ma-ma-tum	0.0.4 (für) *Mamātum*,
	0.0.4 ag-ga-ga	0.0.4 (für) Agaga,
	0.0.4 a-am$_{6}$-ma	0.0.4 (für) A'amma,
	0.0.4 si-PI.DU	0.0.4 (für) Si-PI.DU,
	0.0.4 ^{d}inanna-dingir-mu	0.0.4 (für) Inanna-dingirmu,
	0.0.4 ma-ma-ni	0.0.4 (für) Mamani,
	0.0.4 uš-ni-tum	0.0.4 (für) *Ušnītum*,
	0.0.4 PAP.PAP-^{d}inanna-ra-DU	0.0.4 (für) PAP.PAP-Inanna-ra-DU,
	0.0.4 ^{d}ba-ba$_{6}$-gim-a-ba-ša$_{6}$	0.0.4 (für) Babagim-aba-ša,
	0.0.2 dumu-nita	0.0.2 (für den) Sohn,
	0.0.4 me-kisal-le	0.0.4 (für) Me-kisale,
	0.0.4 me-[m]e	0.0.4 (für) Meme,
	0.0.2 [dumu]-mí	0.0.2 (für die) Tochter,
	[0.0.4 ^{d}n]in-MAR-ama-[PAP].PAP	0.0.4 (für) Nin-MAR-ama-PAP.PAP
	[0.0.4 ^{d}nanše-da-nu-me-a]	0.0.4 (für) Nanšeda-nume'a:
5 1	sag̃-⸢dub⸣-me	'Sklavinnen' (der) Tafel sind sie;
	0.0.4 nin-ur-mu	0.0.4 (für) Nin-urmu,
	0.0.4 gan-ezem	0.0.4 (für) Gan-ezem:
	gú-ba-me	Zu diesem Bereich gehören sie.
	šu-nig̃ín 20 lá 3 gemé 0.0.4	**Zusammen** 20 minus 3 Mägde (je) 0.0.4,
	1 šà-du$_{10}$-nita 0.0.2	1 Knabe 0.0.2,
	2 šà-du$_{10}$-mí 0.0.2	2 Mädchen (je) 0.0.2,
	še-bi 3.0.2	Gerste dafür 3.0.2 (an)
	⸢^{d}⸣n[an]še-da-nu-me-a	Nanšeda-nume'a:
	ki-siki-me	Wollarbeiterinnen sind sie;
	0.0.3 nin-TUR	0.0.3 (für) Nin-TUR,

	0.0.3 nin-bará-da-rí	0.0.3 (für) Nin-baradari,
	0.0.2 dumu-mí	0.0.2 (für die) Tochter,
	0.0.3 šeš-e-a-n[a-a]ka	0.0.3 (für) Šeše-ana-aka,
	2 ⌈dumu⌉-nita 0.0.2	2 Söhne (je) 0.0.2,
	0.0.3 nin-šer$_7$-zi	0.0.3 (für) Nin-šerzi,
	0.0.2 dumu-mí	0.0.2 (für die) Tochter,
	[0.0.3 n]in-bará-[da-rí]	0.0.3 (für) Nin-baradari,
6	<u>2</u>-kam-m[a]	die zweite.
	šu-nig̃ín 5 gemé 0.0.3	**Zusammen** 5 Mägde (je) 0.0.3,
	2 šà-du$_{10}$-nita 0.0.2,	2 Knaben (je) 0.0.2,
	2 šà-du$_{10}$-mí 0.0.2	2 Mädchen (je) 0.0.2,
	še-bi 1.0.0 lá 0.0.1 k[i-g]u-m[e]	Gerste dafür 1.0.0 minus 0.0.1: <u>Leinenarbeiterinnen sind sie;</u>
	0.0.3 ni[n-a]b-gu	0.0.3 (für) Nin-abgu,
	⌈0.0.3⌉ z[i-l]a-la	0.0.3 (für) Zilala,
	0.0.3 min-na-ni	0.0.3 (für) Minani,
	0.0.3 sa-^{d}si-bí	0.0.3 (für) Sa-Sibi,
	2 dumu-[ni]ta 0.0.2	2 Knaben (je) 0.0.2,
	0.0.3 [^{d}b]a-ba$_6$-am[a]-mu	0.0.3 (für) Baba-amamu,
	0.0.2 dumu-nita	0.0.2 (für den) Sohn,
	0.0.3 nin-ur-mu	0.0.3 (für) Nin-urmu,
	0.0.3 nin-ma-du	0.0.3 (für) Nin-ma-DU,
	0.0.3 nin-ab-gu	0.0.3 (für) Nin-abgu,
	<u>2</u>-kam-ma	die zweite,
	0.0.3 ^{d}ba-ba$_6$-[din]gir-mu	0.0.3 (für) Baba-dingirmu,
7	0.0.3 ⌈nin⌉-[da]-nu-me-[a]	0.0.3 (für) Ninda-nume'a,
	0.0.3 ama-da-nu-sá	0.0.3 (für) Amada-nusa,
	⌈0.0.3!⌉ ⌈d⌉nin-šubur-[a]ma-mu	0.0.3(!) Nin-šubur-amamu,
	0.0.3 nin-igi-⌈tab⌉-mu	0.0.3 (für) Nin-igitabmu.
	šu-[nig̃ín] 13 ge[m]é [0.0.3]	**Zusammen** 13 Mägde (je) 0.0.3,
	3 šà-[du$_{10}$-nita 0.0.2]	3 Knaben (je) 0.0.2,
	še-bi 2.0.0 ⌈lá 0.0.3⌉ maš-dà	Gerste dafür 2.0.0 minus 0.0.3 <u>(an) Mašda,</u>
	dub-sar	<u>den Schreiber;</u>
	0.0.3 sún-ama-mu	0.0.3 (für) Sun-amamu,
	0.0.3 sig$_4$-g̃á-na-gi$_4$	0.0.3 (für) Sigg̃a-nagi,
	0.0.2 dumu-nita	0.0.2 (für den) Sohn,
	0.0.3 nin-uru-ezem-me-ḪE$_2$-GAM.GAM	0.0.3 (für) Nin-uru-ezeme-ḪE$_2$-GAM.GAM,

	0.0.3 nin-KAS$_4$-íl-íl	0.0.3 Nin-KAS$_4$-ilil,
8	[0.0.3 za-na(?)]	0.0.3 (für) Zana(?),
	⸢0.0.3⸣ [ušùr]-gi[m-du$_{10}$]	0.0.3 (für) Ušurgim-du:
	[m]u[nus-me]	Frauen sind sie;
	0.1.⸢2⸣ [a/é-gi$_{16}$-sa]	0.1.2 (für) A/E-gisa,
	[ú-bil]	den 'Heizer',
	[0.1.2 ....]	0.1.2 (für) ...(?),
	0.0.4 [g̃iš-šà-ki-du$_{10}$]	0.0.4 (für) Gišša-kidu,
	umma^{ki}-[ka]m	Ummäer ist er:
	nita-me	Männer sind sie.
	šu-nig̃ín 2 [l]ú 0.1.2	**Zusammen** 2 Personen (je) 0.1.2,
	1 ⸢lú⸣ 0.0.4	1 Person 0.0.4,
	⸢6 gemé⸣ 0.0.3	6 Mägde (je) 0.0.3,
	1 šà-du$_{10}$-nita 0.0.2	1 Knabe 0.0.2,
	še-bi 1.2.4 ì-lí-be$_6$-lí	Gerste dafür 1.2.4 (an) *Ilī-bēlī*;
R 9	0.0.3 za-na	0.0.3 (für) Zana,
	0.0.3 ^{d}ba-ba$_6$-lú-ti	0.0.3 (für) Baba-lu-ti,
	0.0.3 nam-uru-na-šè	0.0.3 (für) Nam-urunaše,
	0.0.2 dumu-mí	0.0.2 (für die) Tochter,
	0.0.3 nin-[níg̃-u-mu]	0.0.3 (für) Nin-nig̃umu,
	0.0.3 z[i-li]	0.0.3 (für) Zili,
	0.0.3 nin-⸢*mu⸣-da-⸢kúš⸣	0.0.3 (für) Nin-mudakuš:
	munus-[me]	Frauen sind sie;
	0.1.⸢4?⸣ [ad-da]	0.1.4(?) (für) Adda,
	MUNU$_4$-G[AZ]-am$_6$	Malzschroter ist er.
	šu-⸢nig̃ín⸣ 1 ⸢lú⸣ [0.1.4]	**Zusammen** 1 Person 0.1.4,
	6 ⸢gemé 0.0.3⸣	6 Mägde (je) 0.0.3,
	[1 šà-du$_{10}$-mí 0.0.2]	1 Mädchen 0.0.2,
	[še-bi 1.1.0 amar-girid^{ki}]	Gerste dafür 1.1.0 (an) Amar-Girid:
	[lú-bappìr-me]	Brauer sind sie;
10	[0.0.3 ni]n-é-[balag̃]-⸢ni⸣-du$_{10}$	0.0.3 (für) Nin-e-balag̃ni-du,
	^{d}nin-g̃ír-su-lú-mu	bei Nin-Girsu-lumu
	e-da-ti	lebt sie;
	0.0.3 nin-ba-ba	0.0.3 (für) Nin-baba,
	0.0.3 nin-ur-mu	0.0.3 (für) Nin-urmu,
	0.0.2 dumu-mí	0.0.2 (für die) Tochter,
	⸢0.0.3⸣ sal-la	0.0.3 (für) Salla,
	0.0.2 dumu-mí	0.0.2 (für die) Tochter,

	še-bi 0.2.1 en-UD-da-na	Gerste dafür 0.2.1 (an) En-UD-dana:
	gemé-kikken-me	Mahlmägde sind sie;
	0.0.3 g̃á-ka-nam-ḫé-ti	0.0.3 (für) Gakanam-ḫeti,
	0.0.2 dum[u-n]ita	0.0.2 (für den) Sohn,
	0.0.2 dumu-mí	0.0.2 (für die) Tochter:
	gemé-NUNUZ.KISIM$_5$x TITAB$_2$-kam	Eine ...-Magd ist sie;
	0.0.3 i$_7$-lú-dad[ag]	0.0.3 (für) I-lu-dadag,
	2 [dumu-mí 0.0.2]	2 Töchter (je) 0.0.2,
	[0.0.3 nin-lú-ti-ti]	0.0.3 (für) Nin-lu-titi,
	[0.0.3 bi-su-g̃á(?)]	0.0.3 (für) Bisug̃a(?):
	[a-ga-am-me]	... sind sie;
11	[0.0.3 nin-é-balag̃-ni-du$_{10}$]	0.0.3 (für) Nin-e-balag̃ni-du,
	[gala]	die Kultsängerin,
	0.0.3 nin-éš-dam-me-ki-ág̃a	0.0.3 (für) Nin-ešdame-ki'ag̃a,
	0.0.2 dumu-mí	0.0.2 (für die) Tochter,
	0.0.3 nin-ù-ma	0.0.3 (für) Nin-uma,
	⸢0.0.3?⸣ [ni]n-lum-ma-ki-ag̃á	0.0.3 (für) Nin-Lumma-ki'ag̃a,
	0.0.3 ŠIM-tuš-šè	0.0.3 (für) ŠIM-tuš-šè,
	0.0.3 munus-ša$_6$	0.0.3 (für) Munus-ša,
	0.0.2 dumu-nita	0.0.2 (für den) Sohn,
	0.0.2 dumu-mí	0.0.2 (für die) Tochter,
	0.0.3 nin-[g]al-lam	0.0.3 (für) Nin-galam,
	3 dumu-nita 0.0.2	3 Söhne (je) 0.0.2,
	0.0.3 su$_6$-mú	0.0.3 (für) Su-mu,
	0.0.3 é-ki-bé-gi$_4$	0.0.3 (für) E-kibe-gi,
	2 dumu-nita 0.0.2	2 Söhne (je) 0.0.2,
	0.0.3 dam-⸢a⸣-mu	0.0.3 (für) Dam-amu,
	0.0.2 dumu-mí	0.0.2 (für die) Tochter,
	0.0.3 ^{d}ba-b[a$_6$]-⸢ig-gal⸣	0.0.3 (für) Baba-iggal,
	0.0.2 d[umu]-mí	0.0.2 (für die) Tochter,
12	[0.0.3 nin-šà-lá-tuku]	0.0.3 (für) Nin-šala-tuku,
	[2 dumu-mí 0.0.2]	2 Töchter (je) 0.0.2,
	⸢0.0.3 za-na⸣	0.0.3 (für) Zana,
	0.0.3 ^{d}ašnan-ama-mu	0.0.3 (für) Ašnan-amamu,
	0.0.3 nin-úr-ni	0.0.3 (für) Nin-urni,
	1 nu-siki-mí 0.0.4	1 Waisenmädchen 0.0.4,
	0.0.4 [n]e-[s]ag̃	0.0.4 (für) Nesag̃,

	[a]-DUN	Küstenfischer(?),
	umma^{ki}-kam	aus Umma ist er.
10	šu-niĝín 1 lú 0.0.4	**Zusammen** 1 Person 0.0.4,
	1 munus 0.0.4	1 Frau 0.0.4,
	15 gemé 0.0.3	15 Mägde (je) 0.0.3,
	6 šà-du$_{10}$-nita 0.0.2	6 Knaben (je) 0.0.2,
	6 šà-du$_{10}$-mí 0.0.2	6 Mädchen (je) 0.0.2:
15	še-bi 3.0.5	Gerste dafür 3.0.5:
	gemé-[š]áḫ-niĝ-kú-a-me	Mägde der Mastschweine sind sie;
	0.0.3 [š]eš-a-mu	0.0.3 (für) Šeš-amu,
13 1	[gemé-maš-kam]	Ziegenmagd ist sie:
	[lug]al-pa-è	(unter) Lugal-pa'e,
	sipa-šáḫ	dem Schweinehirten.
14 1	[šu-niĝín 1 lú 0.1.4]	**Zusammen** 1 Person 0.1.4,
	⸢2⸣ [l]ú 0.1.2	2 Personen (je) 0.1.2,
	2 lú 0.0.4	2 Personen (je) 0.0.4,
	1 lú 0.0.3	1 Person 0.0.3,
5	20 lá 3 lú 0.0.2	20 minus 3 Personen (je) 0.0.2:
	nita-m[e]	Männer sind sie;
	20 lá 1 ⸢gemé⸣ 0.0.4	20 minus 1 Mägde (je) 0.0.4,
	1,14 gemé 0.0.3	74 Mägde (je) 0.0.3,
	25 gemé 0.0.2	25 Mägde (je) 0.0.2.
15 1	gú-an-šè 2,21 lú-še-ba-tur-maḫ-ba	**Insgesamt** 141 Personen mit Gerstezuteilungen, darunter kleine (und) große,
	še-bi 20.0.0 lá 2.2.1	Gerste dafür 20.0.0 minus
	gur-saĝ-ĝál	2.2.1 Haupt-Gur;
	še-ba-gemé dumu-^{d}ba-ba$_6$	Gerstezuteilungen der Baba für die Mägde (und deren) Kinder;
5	uru-inim-gi-na	Uru-inimgina,
	ensí-	der Stadtfürst
	lagaš^{ki}-ke$_4$	von Lagaš,
	itu-siki-ba-⸢a⸣-	hat (im) Monat 'Wollzuteilung
	[^{d}ba-ba$_6$(-ka)]	der Baba'
10	[ON-ta]	aus ON heraus
16 1	[e-ne-ba 1.]	ihnen (dies) zugeteilt. 1. (Jahr).
	8-ba-am$_6$	Die 8. Zuteilung ist es.

Anmerkungen:

Für die in diesem Text vorgenommenen Ergänzungen sind grundsätzlich die eingangs genannten Paralleltexte zu vergleichen.

(2:1) Zu diesem wohl semitischen PN vgl. I.J. Gelb MAD 3, 76. Ein PN *zi-zi* o.ä. ist bei A. Westenholz ARES 1, 116 nicht verzeichnet.

(2:7) Der PN ist wohl zu lesen nach P. Steinkeller ZA 77 (1987) 162f.$^{+12}$, wonach die Zeichenformen GIR$_3$ (=LAK 253) und KIŠ (= LAK 248) zu unterscheiden sind. Entsprechend deutet er den hier vorliegenden PN als kiš-a-bí-tuš "He/She dwells in Kiš". Vgl. a. dens. LATIM 24f. [Dagegen hat W.G. Lambert ZA 80 (1990) 43 die Lesung nè-a-bí-tuš "He/She sits in might" vorgeschlagen. Vgl. dazu jetzt P. Steinkeller N.A.B.U. 1990 108f.:132 mit Diskussion des PN kiši$_x$(EZENxSIG$_7$)^{ki}-a-bí-tuš aus DP 592 4:4. Vgl. a. CT 50, 33 2:4 ⌜KIŠ⌝-a*-[n]e*-a*-dab$_5$* (koll.).]

(2:11) Lesung des Namens als *tàš-ni-tum* mit A. Westenholz ARES 1,166.

(2:12,3:3) Über sağ-dub und gú-ba(-k) (zum auslautenden k, offensichtlich des Genitivmorphems /ak/, vgl. PN gú-ba-kam CT 50, 34 4:19-5:1; Nr. 21 4:19-20; Nik 6 2:18-19 u.p.) habe ich kurz in AWEL 60 zu Nik 1 5:11.14) gehandelt. Hinsichtlich der Funktion beider Bezeichnungen besteht seit A. Deimel im wesentlichen Einigkeit. Allerdings basiert sein Ansatz "halbwertige" Arbeiterinnen für gú-ba(-k) (ŠL 106:37; vgl. 115:122) auf eine Fehlkopie(?) in DP 157 3:1, wo gú-ba-maš zweifellos in gú-ba-me$^!$ zu verbessern ist.

R.K Englund hat jetzt in Fischerei 105^{+335}.136 und 177 eine Bestimmung der sağ-dub-Arbeiter als "Vollarbeiter" vorgeschlagen, der die ns. Bezeichnung á-1 etc. entspräche. Anhand der as. Fischereitexte (vgl. etwa DP 177) unterscheidet er hiervon die šeš-BIR$_3$-ra, nach der hier verwendeten Übersetzung die "Teamgenossen" (vgl. unten zu Nr. 27 2:9'ff.). Englunds auf anderem Wege gewonnene Deutung stimmt also mit der hier vorgeschlagenen Bestimmung im wesentlichen überein. Eine Nuance nur besteht darin, daß nach meiner Auffassung in der as. Zeit die Bezeichnung sag̃-dub die regulären (ordentlichen) Arbeitkräfte bezeichnet. Ein von Englund mehrfach vermuteter Zusammenhang mit der 'Leistungsfähigkeit' des entsprechend bezeichneten Personals ist möglich, aber nicht zwingend. Er bedürfte für unsere Texte noch einer genaueren Untersuchung.

sag̃ ist nicht nur bei Personen (vgl. sag̃-sa$_{10}$(-a) Nr. 22 10:4, 11:10, Nr. 23 7:9; TSA 13 8:6), sondern als 'Zählwort(?)' auch bei Realien bezeugt (vgl. sag̃ si-šuš-nu "x "Köpfe" (=Stück) ...-Meerestiere Nr. 97 passim; DP 286 2:1; Fö 124 1:1 (s. J. Bauer AWL 381 zu Nr. 134 IV 5; vgl. M. Civil, Aula Or. 5 (1987) 313, oder nachgestellt si-šuš-nu sag̃ in ITT 5, 9231 2:2; VAT 4488 (=VS 25 Nr. 62) passim).

Zwar gibt es für sag̃ die Gleichung *(w)ardu(m)* (s. AHw 1464; CAD A/2 243), jedoch hat P. Steinkeller FAOS 17, 130-131 die weitverbreitete Übersezung "Sklave" (sag̃-nita) bzw. "Sklavin (sag̃-SAL/mí) zurückgewiesen (vgl. aber I.J. Gelb et al. in OIP 104, 216. 297 "male head" > "slave" bzw. "female head" > "slave woman"). Nach seinen Darlegungen ergibt sich zumindest zweifelsfrei, daß sag̃ und Komposita keine Zugörigkeit zu einem sozialen Stand ("social classificatory terms") bezeichnen. sag̃-dub-me bedeutet wörtlich "'Häupter' (der) Tafel sind sie". Vgl.a. lú-dub-ba und lú dub gub-ba in AWEL 60 zu Nik 1 5:11.14 und 401 zu Nik 175 4:2-3.

Für gú-ba(-k) scheint kaum eine andere Analyse als < *gú-bi-ak möglich, was wörtlich mit "(die) des Randes (od.: Nackens(?)) davon (ist/sind sie)" oder "(die) dieses Randes (ist/sind sie)" zu übersetzen wäre. Ich möchte für gú hier eine Bedeutung "Bereich" o.ä. in Erwägung ziehen, wie er vielleicht auch im bekannten gú-en-na "Thronsaal" <" Bereich des En(?)" vorliegt. gú-ba(-k) könnte dann die zwar zu dem Arbeitsbereich gehörenden, aber (noch) nicht regelmäßig in die še-ba-Register aufgenommenen Arbeiterinnen bezeichnen. Damit wäre die Bezeichnung auch inhaltlich mit der funktional eng verwandten Bezeichnung gemé-bar-bi-g̃ál-me "Mägde außerhalb davon sind sie" (vgl. AWEL 60f.) zu vergleichen. Vorstehende Überlegungen erfolgen im Anschluß an eine abweichende Interpretation von Wilcke, der auf die Parallelität der beiden hier diskutierten Bezeichnungen hinweist und deshalb in sag̃ und gú Bezeichnungen eines Körperteils sehen möchte. Diese seien deshalb (in Katachrese) als "Haupt der Tafel, Rand der Tafel" zu deuten.

an-šè = */'alīnum/* s. P. Fronzaroli Quad.Sem 17 (1990) 190.

(2:15) Zum PN vgl. J. Bauer AfO 36/37 (1989/90) 80.

(3:14–4:8) Beachte, daß die Mitglieder dier Gruppe durchschnittlich 1 Ban mehr erhalten als die Wollarbeiterinen der ersten Gruppe oder als die Leinenarbeiterinnen.

(4:6) Auch hier dürfte es sich um einen semitischen PN handeln. Ist etwa *si-we-tù* zu umschreiben? Vgl. jetzt auch A. Westenholz ARES 1, 116 mit der Umschrift *si-WA-DU* und dem Verweis auf *si-WA-ra-at* MAD 3, 59 bzw. *su-WA-da* in MAM 3. 329:3.

(4:9) Nach I.J. Gelb MAD 3,76 ein semitischer PN, und vielleicht mit A. Westenholz ARES 1, 116 vorsichtiger mit *UŠ-ni-tum* zu umschreiben.

(4:17,5:8) Nach TSA 19 4:13 (gegen die Umschrift von A. Deimel Or 43/44, 3. 9) ebenso CT 50, 33 4:14 ergänze in 4:17 nin-da-nu-me-a; Die Gruppenführerin trägt dagegen den Namen dnanše-da-nu-me-a (ebenfalls gegen Deimel, a.a.O.); vgl. TSA 10 5:2'; CT 50, 33 5:5. Ninda-nume'a ist nach unserem Text nicht mehr in dieser Gruppe nachzuweisen. Nach einer Überlegung von C. Wilcke ist sie vielleicht identisch mit der ab Nr. 20 (Ukg. L 2/9) in der Gruppe der nin-inim-zi-da belegten Person gleichen Namens (vgl. Nr. 20 3:9).

(5:9) Für ki-siki(-ak) als elliptische Schreibung für gemé-ki-siki-ka s. bereits AWEL 60 zu Nik 1 6:19 und vgl. nunmehr oben zu Nr. 4 4:4.

(6:5) Vgl. AWEL zu Nik 1 6:19. Zu gu, ursprünglich "Flachs" und der semantischen Entwicklung des Wortes, s. H. Waetzoldt, RlA 6, 584f. "Leinenarbeiterinnen" ist eine absichtlich unspezifisch gehaltene Übersetzung dieser Berufsbezeichnung. Leinen wird übrigens allgemein definiert als "der aus Flachsgarn gewebte Stoff". Ob die Berufsbezeichnung genauer etwa die Flachsspinnerinnen oder Leinenweberinnen bezeichnet, bleibt unklar.

(6:6) Lesung des PN als nin-ab-gu anstatt nin-èš-gu nach einem Hinweis von J. Bauer AfO 36/37 (1989/90) 80 aufgrund der ns. PN auf íb-gu(-ul) bei H. Limet, L'anthroponymie 242 und dem PN nin-íb-gu in MVN 14, 268:2.

(6:15) Zu einer wahrscheinlichen Lesung šer$_7$ für NIR im bislang als nin-nir-zi umschriebenen PN s. jetzt J. Bauer ASJ 12 (1990) 353ff und ders. AfO 36/37 (1989/90) 80 mit Verweis auf Zhi Yang, PPAC 1, A 989:11 mit dem PN nin-^{šè}šer$_7$-zi.

(7:10) Nach der Deutung dieses PN durch J. Bauer AfO 36/37 (1989/90) 80f. (über OIP 99 Nr. 298 1:11 sig$_4$-⌈g̃á⌉-tu) als "auf meine Ziegel ist (es, das Kind) zurückgekehrt" ergibt sich die verbesserte Lesung g̃á < */g̃u-a/ statt bisherigem pisan in AWEL und bei V.V. Struve, Onomastika 161f. Hinweise auf die "Gebärziegel" (vgl. R.D. Biggs ZA 61 (1971) 627 und A. Draffkorn Kilmer JNES 46 (1987) 211 und weitere Literatur bei J. Bauer a.a.O.) sind auch in folgenden PN aus unserem Onomastikon zu erwägen: sig$_4$-bé-gi$_4$ DP 59 2:2, sig$_4$-ki Fö 179 1:9, wohl kurz für sig$_4$-ki-bé-gi$_4$ DP 205 1:3, sig$_4$-^{d}en-líl-le Nik 3 2:5, sig$_4$-kur DP 135 5:7 und sig$_4$-zi in TSA 2 2:7.

(7:12) Nach einer Anregung von C. Wilcke ist zu erwägen, ob im PN nin-uru-ezem-me-ḪE$_2$-GAM.GAM die Zeichen NIN.URU nicht egí-ré zu lesen sind. Im PN nin-uru-da-kúš (DP 117 1:17, 11:2 u.p.), parallel zu sipa-uru-da-kúš (DP 114 6:10 u.p.) "Der Hirte kümmert sich um die Stadt" (*finit?*) liegt offensichtlich nin-uru "Herrin (der) Stadt" vor, mit virtuellem Bezug auf die Herrscherin oder die Staatsgöttin ^{d}ba-ba$_6$ (zum Problem vgl. G.J. Selz OLZ 85 (1990) 303). Auch im mir nicht ganz klaren Namen nin-uru-ni-šè (CT 50, 36 3:12) bzw. seinen Vollformen oder Varianten nin-uru-ni-šè-GAN$_2$.GAN$_2$ (TSA 15 4:5. 14), nin-uru-ni-šè-nu-GAN$_2$.GAN$_2$ DP 115 3:14, Nr. 16 3:8, 4:3), nin-uru-nu-GAN$_2$.GAN$_2$ (DP 113 4:1) und nin-uru-šè-nu-GAN$_2$.GAN$_2$ (DP 114 4:1.10) liegt sicher uru "Stadt" vor. Gleiches gilt für den GN ^{d}nin-uru-a-mu-DU wobei meine Namensdeutung in UGASL s.v. als "Herrin hat der Stadt Wasser gebracht" (für meine Argumente s. jetzt auch H. Steible FAOS 9/2, 194f. zu Šulgi 40) vielleicht in Analogie zu den PN in "Die Herrin der Stadt hat Wasser gebracht" zu modifizieren ist.
Unser PN bedeutet also "Die Herrin der Stadt (ist) am Fest eine/die ḪE$_2$-GAM.GAM". Dabei ist der Bezug zu einem

Epitheton der Baba offenkundig, wie es in Ukg. 51 1-2 belegt ist (vgl. H. Behrens FAOS 6, 161f.).

(8:1) Ergänzung des PN za-na nicht ganz sicher; möglich auch, daß hier der Name der Person einzusetzen ist, von dem sich in der Kopie in TSA 10 (Lug. 6/12) 9:1 notwendig zu kollationierende Zeichenspuren finden. In CT 50, 33 (Ukg. E 1 1/4) 7:14 ist die Stelle gleichfalls abgebrochen. Im nächstjüngeren Text mit vollständig erhaltenen Namen der Brauarbeiterinnen, Nr. 20 (Ukg. L 2/9) 10:16-12:8, fehlen sowohl za-na wie die nach TSA 10 anzusetzende Person.

(8:4) Welche Schreibung des Personennamens hier vorliegt, bleibt unsicher. Nr. 20 11:5 schreibt den 'Heizer' a-gi$_{16}$-sa, DP 112 10:6 und Nik 6 11:8 schreiben é-gi$_{16}$-sa.

(8:10) Da die Zwischensumme hier zwei Männer mit je 0.1.2 Gerste aufführt, ist in der Textlücke in 8:6 ein Mann mit dieser Getreideration zu ergänzen. Diese Person ist aber in keinem Paralletext nachweisbar.

(9:5) Die Zeichen RSP 5 und RSP 8 sind, zumindest nach den Kopien, schwer auseinanderzuhalten. C. Wilcke verweist mich auf Dumuzi's Dream Z. 10-11 und den Kommentar dazu von B. Alster in Mesopotmia 1, 86f. Danach ist der Name sicher nin-níĝ-u-mu (oder: nin-ninda-u-mu?) zu lesen und bedeutet "Herrin, meine 10 Sachen/Brote!".

(9:7) Kollation durch P. Steinkeller bestätigt. Mit C. Wilcke nach den Parallelen in Nr. 11:18, DP 112 11:2, Nik 1 16:6, TSA 11 10:9, DCS 3 13:4, (CTNMC 4 12:1), Nr. 21 12:3 trotzdem in nin-uru-da-kúš zu emendieren?

(9:10) Der Beruf munu$_4$-GAZ ist sicher von munu$_4$-mú = *bāqilu(m)* "Mälzer" zu trennen (gegen die Übersetzung in AWEL zu Nik 1 11:9, 6 12:10!). Er ist mit dem Produkt munu$_4$-GAZ-ĝá "zerstampftes/geschrotetes Malz" zu verbinden. Der Beruf bezeichnet demnach einen "Malzzerkleinerer, Malzschroter". J. Bauer erwägt hier, nach einem brieflichen Hinweis, GAZ /nag$_x$/ zu lesen. Jedenfalls liegt ein Zusammenhang mit naĝà, naĝa$_4$ = *esittu(m)* nahe (verbessere entsprechend FAOS 6, 154 gum in naĝa$_4$). Deshalb möchte ich munu$_4$-naĝá^{gá} lesen, was als "Malz des Mörsers" gedeutet werden könnte. Die Lesung der

Berufsbezeichnung bleibt mir allerdings unbekannt. Die Schreibung munu$_4$-naĝa$_4^{ga}$ findet sich nur bei der Bezeichnung des Produktes, während Schreibungen wie PN MUNU$_4$.GAZ-am$_6$ (z.B. Nik 1 11:9, 6 12:10; DP 230 8':3') zeigen, daß der Beruf keine Regens-Rectum-Verbindung darstellt.

Vgl.a. še-naĝà^{ga} in Nr. 112 1:2. Beachte weiter mit der Umschrift še-kum = */kimdatu(m)/* "la pestatura (del orzo)" P. Fronzaroli Quad.Sem. 17 (1990) 178. S. dazu auch unten Nr. 29 3:11 zu zíd-kum$_4$.

(10:18) Ergänzung des Namens bi-su-ĝá nur nach TSA 10 11:15 bleibt unsicher. In CT 50, 33 10:16 findet sich an dieser Stelle bemerkenswerter Weise eine getilgte Zeile. Nach Nr. 20 13:3 hat nin-lú-ti-ti eine Tochter, die vielleicht auch an unserer Stelle zu ergänzen ist.

(10:19) Die bereits in AWEL 61f. behandelte Berufsbezeichnung a-ga-am ist mir noch immer unklar. Ein Zusammenhang mit *agammu*, der "Schilflagune" AHw 15; CAD A$_1$ 142 ist nach einem Hinweis von C. Wilcke vielleicht doch nicht unwahrscheinlich. Nach ihm wäre zu erwägen, ob die offenkundig parallele Schreibung gemé-a-ga-am (vgl. B. Lafont, DAS S. 242, Nr. 214:3'; B. Lafont, F. Yildiz TCTMI 240 L 790 i 10') sich zu unserem a-ga-am nicht ähnlich verhält wie gemé-ki-siki-ka zu ki-siki(-k).

(11:7) Zur Lesung vgl. unten den Kommentar zu Nr. 39 5:7-8. Kaum heranzuziehem sind hier die Überlegungen von J. Bauer ZA 79 (1989) 8f. zu ŠIM = su$_x$.

(11:12) Lesung su$_6$/sun$_4$/sum$_4$-mú mit J. Bauer AfO 36/37 (1989/90) 81 "trotz der für uns ungalanten Anspielung auf einen Damenbart oder ähnliches Körpermal"; vgl. nun auch P. Steinkeller LATIM 19.

(12:1) Nr. 20 14:4 nennt für Nin-šala-tuku 2 Töchter mit 0.0.2 Gerste. T. Breckwoldt bemerkte bei der Korrektur des Manuskriptes, daß diese beiden Töchter wohl bereits in Nr. 19 "am Leben waren". Wenn wir in 12:2 entsprechend ergänzen, stimmt die Anzahl der Knaben und Mädchen in 12:13-14. Eine der Töchter der Nin-šala-tuku scheint nach kurzer Zeit bereits verstorben zu sein. Nik 1 14:7-8 nennt nur noch eine Tochter dieser 'Magd der Mastschweine'.

(12:7-9) Zu den ominösen "Küstenfischern(?)" vgl. J. Bauer AWL 395f. Zu Nr. 144 II 4. Die sich an A. Deimel anschließende Deutung gehört zu jenen zahlreichen Berufsbezeichnungen, deren Verständnis noch problematisch bleibt. Eine echte Verbesserung scheint mir eine Anregung von C. Wilcke zu bringen, der erwägt A als id_x oder als Synonym zu pa_5 zu verstehen, und dun mit der bekannten Gleichung *ḫerû(m)* verbinden möchte. Danach wäre der Beruf a-dun etwa als "Kanalgräber", allenfalls "Wassergräber", zu verstehen. Ihm mag durchaus der Fang einer bestimmten Art von Wassertieren vorbehalten gewesen sein. Daher dann wohl šu-ku_6-a-dun-a "Fischer der 'gegrabenen' Kanäle" in DP 177 8:7, TSA 48 4:2, RTC 34 3:1. Vgl.a. unten den Kommentar zu Nr. 43 1:2.

(12:14) Nach der oben in 12:1-2 begründeten Ergänzung sind die Angaben der Zwischensumme korrekt.

(14:1-15:2) Summenformel und Summa summarum stimmen im Hinblick auf die Anzahl der Personen und die ausgefolgte Gerstemenge überein. Nach den in den vorausgehenden Anmerkungen begründeten Ergänzungen und Emendationen bilden beide das korrekte Additionsergebnis des Haupttextes.

(16:1) Da Uru-inimgina nur in seinem Akzessionsjahr unter dem Titel Stadtfürst regierte, ist die Ergänzung der Jahreszahl gesichert.

20 = STH 1 21

Text: HSM 909.7.2 (früher 3718); Maße: H.: 15,4cm Br.: 15,2cm; "Rückseite heute sehr schlecht erhalten";
Kollationiert; Umschrift: A. Deimel Or 43/44, 12ff.; M. Lambert ArOr 29 (1961) 424ff.; vgl. K. Maekawa ASJ 2 (1980) 85;
Parallelen: Nr. 19 (Ukg. E 1/8); DP 112 (Ukg. L 2/11); CH 2 (unpl.) ([Ukg. L 3?/?]); DCS 3 (Ukg. L 3/2 od. 3);
Datum: Ukg. L 2/[9]; Typ: I-A-3.(A/3);
Inhalt: Gerstezuteilungen der Baba für die eigenen Mägde (und deren) Kinder.
Gliederung:

Wollarbeiterinnen (mit Rubrum):	*1:01-7:14*
1. Gruppe (mit Zws. unter Gišgal-si):	*1:01-3:04*
2. Gruppe (mit Zws. unter Nin-inimzida):	*3:05-5:04*
3. Gruppe (mit Zws. unter Nanšeda-nume'a):	*5:05-6:10*
a) Ordenliche Mägde (mit Rubrum):	*5:05-6:02*
b) Außerordentliche Mägde (mit Rubrum):	*6:03-6:05*
Zws. und Vorsteher Nanšeda-nume'a:	*6:06-6:10*
4. Gruppe (mit Zws. unter Igibar):	*6:11-7:13*
Leinenarbeiterinnen (mit Zws. und Rubrum):	*7:15-8:10*
Dienerschaft (ohne Rubrum):	*8:11-10:15*
1. Gruppe (mit Zws. unter Mašda):	*8:11-9:10*
2. Gruppe (mit Zws. unter Ur-mud):	*9:11-10:15*
Brauereipersonal (mit Rubrum):	*10:16-12:08*
1. Gruppe (mit 'Heizer'):	*10:16-11:06*
Zws. und Vorsteher Ilī-bēlī:	*11:07-11:10*
2. Gruppe (mit Malzschroter):	*11:11-12:03*
Zws. und Vorsteher Amar-Girid:	*12:04-12:07*
Mahlmägde (mit Rubrum):	*12:09-12:17*
1. Gruppe (mit Zws. unter Puzur-Mama):	*12:09-12:12*
2. Gruppe (mit Zws. unter Barazi):	*12:13-12:16*
***gemé-NUNUZ.KISIM$_5$xTITAB$_2$** (mit Rubrum):*	*12:18-12:20*
***a-ga-am** (mitRubrum):*	*12:21-13:04*
Viehmägde (mit Zws., Rubra und Vorsteher Lugal-pa'e):	*13:05-15:07*
Summenformel:	*16:01-16:09*

Schlußformel:				*17:01–18:03*
Summa summarum:				*17:01–17:02*
Klassifikation:				*17:03–17:04*
Transaktionsformular / Datum:				*17:05–18:03*

1	1	0.0.4 še-ba	0.0.4 Gerstezuteilung
		[š]a$_6$-ša$_6$	(für) Šaša,
		5 dumu-nita 0.0.2	5 Söhne (je) 0.0.2,
		2 dumu-mí 0.0.2	2 Töchter (je) 0.0.2,
	5	0.0.4 nin-ama-na	0.0.4 (für) Nin-amana,
		0.0.2 dumu-mí	0.0.2 (für die) Tochter,
		0.0.3 a-DU-nú	0.0.3 (für) A-DU-nu,
		0.0.2 dumu-mí	0.0.2 (für die) Tochter,
		0.0.3 é-ki-DU.DU-mu	0.0.3 (für) E-ki-DU.DU-mu,
	10	0.0.2 dumu-nita	0.0.2 (für den) Sohn,
		⸢3⸣ dumu-mí 0.0.2	3 Töchter (je) 0.0.2,
		[0.0.3 nu]-mu-na-sum-mu	0.0.3 (für) Numunasumu,
		[0.0.3] nin-kù-su	0.0.3 (für) Nin-ku-su,
		[0.0.2] dumu-mí	0.0.2 (für die) Tochter,
	15	[0.0.3 ni]n-kisal-šè	0.0.3 (für) Nin-kisalše,
		[0.0.3 n]in-ra-a-[n]a-gu-lu$_5$	0.0.3 (für) Ninra-ana-gulu,
		⸢0.0.3⸣ nin-uru-[da]-⸢kúš⸣	0.0.3 (für) Nin-uruda-kuš,
2	1	0.0.3 nin-é-unu^{ki}-ga-nir-ĝál	0.0.3 (für) Nin-E-Unuga-nirĝal,
		0.0.3 é-ḫi-li	0.0.3 (für) E-ḫili,
		0.0.2 dumu-nita	0.0.2 (für den) Sohn,
		0.0.3 é-ḫi-li	0.0.3 (für) E-ḫili,
	5	2-kam-ma	die zweite,
		0.0.2 dumu-nita	0.0.2 (für den) Sohn,
		0.0.3 é-kù	0.0.3 (für) Eku,
		0.0.3 é-kù	0.0.3 (für) Eku,
		2-kam-ma	die zweite,
	10	0.0.3 gemé-ĝanun	0.0.3 (für) Geme-ĝanun,
		0.0.3 gemé-é-zi-da	0.0.3 (für) Geme-Ezida,
		0.0.3 uru-na-a-na-gu-lu$_5$	0.0.3 (für) Uruna-ana-gulu,
		0.0.3 bi-su-ĝá	0.0.3 (für) Bisuĝa,
		0.0.3 ušùr-ra-ša$_6$	0.0.3 (für) Ušura-ša,
	15	3 nu-siki-mí 0.0.2$^{sic!}$	3 Waisenmädchen (je) 0.0.2.
		šu-niĝín 2 gemé	**Zusammen** 2 Mägde (je) 0.0.4,

	⌜0.0.*4⌝	
	20 lá 3 gemé 0.0.3	20 minus 3 Mägde (je) 0.0.3,
3	3 nu-siki-mí 0.0.3	3 Waisenmädchen 0.0.3,
	8 šà-du$_{10}$-nita 0.0.2	8 Knaben (je) 0.0.2,
	8 šà-du$_{10}$-mí 0.0.2	8 Mädchen (je) 0.0.2,
	še-bi 4.0.4 g̃išgal-si	Gerste dafür 4.0.4 (an) Gišgal-si;
	0.0.4 ZUM	0.0.4 (für) ZUM,
	0.0.4 nin-mu-su-da	0.0.4 (für) Ninmu-suda,
	0.0.2 dumu-mí	0.0.2 (für die) Tochter,
	0.0.4 gu-ug$_5$	0.0.4 (für) Gu'ug,
	0.0.4 nin-da-nu-me-a	0.0.4 (für) Ninda-nume'a,
	0.0.3 nin-ù-ma	0.0.3 (für) Nin-uma,
	0.0.2 dumu-nita	0.0.2 (für den) Sohn,
	0.0.2 dumu-mí	0.0.2 (für die) Tochter,
	0.0.3 nin-al-ša$_6$	0.0.3 (für) Nin-alša,
	0.0.2 dumu-mí	0.0.2 (für die) Tochter,
	0.0.3 ama-bi-a-DU-nú	0.0.3 (für) Amabi-a-DU-nu,
	0.0.2 dumu-nita	0.0.2 (für den) Sohn,
	3 dumu-mí 0.0.2	3 Töchter (je) 0.0.2,
	0.0.3 ama-ša$_6$-ga	0.0.3 Ama-šaga,
	0.0.2 dumu-mí	0.0.2 (für die) Tochter,
	[0.0.3] zi-zi	0.0.3 (für) Zizi,
4	2 dumu-mí 0.0.2	2 Töchter (je) 0.0.2,
	0.0.3 gemé-é-zi-da	0.0.3 (für) Geme-Ezida,
	0.0.3 kiš-a-bí-tuš	0.0.3 (für) Kiša-bituš,
	0.0.3 gemé-g̃anun	0.0.3 (für) Geme-g̃anun,
	0.0.3 é-nun-né	0.0.3 (für) E-nune,
	0.0.3 gemé-é-dam	0.0.3 (für) Geme-Edam,
	0.0.3 tàš-ni-tum	0.0.3 (für) *Tašnītum*,
	0.0.3 nin-bará-ge	0.0.3 (für) Nin-barage,
	0.0.3 šeš-AN-e[d]en-na	0.0.3 (für) Šeš-anedena,
	0.0.3 igi-bar-lú-[t]i	0.0.3 (für) Igibar-lu-ti,
	0.0.3 da-na	0.0.3 (für) Dana,
	0.0.3 ze$_x$(=AB$_2$.ŠA$_3$.GE)-na	0.0.3 (für) Zena,
	0.0.2 dumu-mí	0.0.2 (für die) Tochter,
	1 nu-siki-nita 0.0.3	1 Waisenknabe 0.0.3,
	2 nu-siki-mí 0.0.3	2 Waisenmädchen (je) 0.0.3,
	0.0.4 nin-inim-zi-da	0.0.4 (für) Nin-inimzida,
	0.0.2 dumu-nita	0.0.2 (für den) Sohn.
	šu-nig̃ín 5 gemé 0.0.4	**Zusammen** 5 Mägde (je) 0.0.4,
	16 ge[mé 0.0.3]	16 Mägde (je) 0.0.3,

	⸢1⸣ nu-siki-nita 0.0.3	1 Waisenknabe 0.0.3,
5 1	2 nu-siki-mí 0.0.3	2 Waisenmädchen (je) 0.0.3,
	3 š[à]-du$_{10}$-[ni]ta 0.0.2	3 Knaben (je) 0.0.2
	10 ⸢šà⸣-du$_{10}$-mí 0.0.2	10 Mädchen (je) 0.0.2,
	še-bi 2⸢+2⸣.1.1 nin-inim-zi-da	Gerste dafür 4.1.1 (an) Nin-inimzida;
	0.0.4 ag-ga-ga	0.0.4 (für) Agaga,
	0.0.4 ^{d}nin-MAR.KI-ama-PAP.PAP	0.0.4 (für) Nin-MAR.KI-ama-PAP.PAP,
	0.0.3 a-am$_{6}$-ma	0.0.3 (für) A'amma,
	0.0.3 inim-ša$_{6}$	0.0.3 (für) Inim-ša,
	0.0.2 dumu-mí	0.0.2 (für die) Tochter,
	0.0.3 ma-ma-tum	0.0.3 (für) *Mamātum*,
	*0.0.3 *a-na	0.0.3 (für) Ana,
	0.0.3 si-PI.DU	0.0.3 (für) Si-PI.DU,
	0.0.3 ^{d}inanna-dingir-mu	0.0.3 (für) Inanna-dingirmu,
	0.0.3 uš-ni-tum	0.0.3 (für) *Ušnītum*,
	0.0.3 ^{d}ba-ba$_{6}$-gim-[a]-ba-š[a$_{6}$]	0.0.3 (für) Babagim-abaša,
	0.0.2 dumu-mí$^{sic!}$	0.0.2 (für die) Tochter,
	0.0.3 me-kisal-l[e]	0.0.3 (für) Me-kisale,
	0.0.3 [me-me]	0.0.3 (für) Meme,
	0.0.2 ⸢dumu⸣-mí	0.0.2 (für die) Tochter,
	[0.0.3] šeš-⸢da⸣-[ga]l-di	0.0.3 (für) Šešda-galdi,
	0.0.⸢3⸣ [uš]-ni-tum	0.0.3 (für) *Ušnītum*,
6 1	2-kam-ma	die zweite:
	sa[g]-dub-me	'Sklavinnen' (der) Tafel sind sie;
	⸢0.0.3⸣ [ni]n-ur-mu	0.0.3 (für) Nin-urmu,
	[0.0.3] [g]an-ezem	0.0.3 (für) Gan-ezem:
	gú-ba-me	Zu diesem Bereich gehören sie.
	šu-niĝín 2 gemé 0.0.4	**Zusammen** 2 Mägde (je) 0.0.4,
	14 gemé 0.0.3	14 Mägde (je) 0.0.3,
	1 šà-du$_{10}$-nita 0.0.2	1 Knabe (je) 0.0.2,
	2 šà-du$_{10}$-mí 0.0.2	2 Mädchen (je) 0.0.2,
	še-bi 2.1.2 ^{d}nanše-da-nu-me-⸢a⸣	Gerste dafür 2.1.2 (an) Nanšeda-nume'a;
	0.0.4 ⸢si⸣-um-me	0.0.4 (für) *Si-ummī*,
	0.0.4 U$_{2}$.U$_{2}$	0.0.4 (für) U$_{2}$.U$_{2}$,
	0.0.4 ba-ri-gi$_{4}$	0.0.4 (für) Barigi,
	0.0.4 ⸢nam⸣-šita-mu-bí-du$_{11}$	0.0.4 (für) Namšitamu-bidu,
	0.0.2 [du]mu-nita	0.0.2 (für den) Sohn,

	[0.0.2 du]mu-mí	0.0.2 (für die) Tochter,
*	⸢0.0.4⸣ dam-a-mu	0.0.4 (für) Dam-amu,
	[0.0.4 e-ba-*n]i	0.0.4 (für) Ebani,
	⸢0.0.2⸣ dumu-mí	0.0.2 (für die) Tochter,
	⸢0.0.4⸣ ⸢é⸣-zi-šà-[g̃á]l	0.0.4 (für) E-zi-ša-g̃al,
	0.0.2 [dum]u-nita	0.0.2 (für den) Sohn,
	0.0.4 utu-ama-mu	0.0.4 (für) Utu-amamu,
7 1	0.0.2 dumu-nita	0.0.2 (für den) Sohn,
	0.0.2 dumu-m[í]	0.0.2 (für die) Tochter,
	0.0.4 nin-mu-da-kúš	0.0.4 (für) Nin-mudakuš,
	0.0.2 dumu-nita	0.0.2 (für den) Sohn,
	0.0.4 si-ma	0.0.4 (für) Sima,
	0.0.4 ḫa-ši	0.0.4 (für) Ḫaši,
	0.0.4 nin-um-me-da	0.0.4 (für) Nin-ummeda,
	0.0.4 ^{d}nin-*šubur-ama-mu	0.0.4 (für) Nin-šubur-amamu,
	0.0.4 ^{d}ba-ba$_{6}$-na-n[a]m	0.0.4 (für) Baba-nanam.
	šu-nig̃ín 14 gemé 0.0.4	**Zusammen** 14 Mägde (je) 0.0.4,
	4 šà-du$_{10}$-nita 0.0.2	4 Knaben (je) 0.0.2,
	3 šà-du$_{10}$-mí 0.0.2	3 Mädchen (je) 0.0.2,
	še-bi 3.0.0 lá 0.0.2	Gerste dafür 3.0.0 minus
	igi-bar	0.0.2 (an) Igibar(-lu-ti):
	ki-siki-me	Wollarbeiterinnen sind sie;
	0.0.3 nin-TUR	0.0.3 (für) Nin-TUR,
	0.0.3 nin-bará-da-rí	0.0.3 (für) Nin-baradari,
	2 dumu-mí 0.0.2	2 Töchter (je) 0.0.2,
	0.0.4 šeš-⸢e⸣-a-⸢na-aka⸣	0.0.4 (für) Šeše-ana-aka,
	2 du[m]u-nita 0.0.2	2 Söhne (je) 0.0.2,
8 1	0.0.3 nin-šer$_{7}$-zi	0.0.3 (für) Nin-šerzi,
	0.0.2 dumu-mí	0.0.2 (für die) Tochter,
	0.0.3 nin-bará-da-rí	0.0.3 (für) Nin-baradari,
	2-kam-m[a]	die zweite,
	0.0.4 šà-ge-a-DU-[b]í-⸢du$_{11}$⸣	0.0.4 (für) Šage-a-DU-bidu.
	šu-⸢nig̃ín⸣ 2 gemé 0.0.4	**Zusammen** 2 Mägde (je) 0.0.4,
	4 gemé 0.0.3	4 Mägde (je) 0.0.3,
	2 ⸢šà-du$_{10}$-nita⸣ 0.0.2	2 Knaben (je) 0.0.2,
	3 šà-du$_{10}$-mí 0.0.2	3 Mädchen (je) 0.0.2,

	še-bi 1.1.0 ki-gu-me	Gerste dafür 1.1.0: Leinenarbeiterinnen sind sie;
	0.0.4 sa-^{d}si-bí	0.0.4 (für) Sa-Sibi,
	0.0.2 dumu-nita	0.0.2 (für den) Sohn,
	0.0.4 min-na-ni	0.0.4 (für) Minani,
	0.0.2 dumu-mí	0.0.2 (für die) Tochter,
	0.0.4 nin-ur-mu	0.0.4 (für) Nin-urmu,
	0.0.4 ⸢nin⸣-ma-DU	0.0.4 (für) Nin-ma-DU,
	0.0.2 dumu-mí	0.0.2 (für die) Tochter,
	0.0.4 ^{d}ba-ba$_{6}$-dingir-mu	0.0.4 (für) Baba-dingirmu,
	0.0.4 nin-ab-gu	0.0.4 (für) Nin-abgu,
9	0.0.4 ^{d}nin-*šubu[r]-ama-mu	0.0.4 (für) Nin-šubur-amamu,
	⸢0.0.4⸣ níg̃-[e]r[í]m-bar-ra	0.0.4 Nig̃erim-bara,
	⸢*0.0.2⸣ [du]mu-ni[ta]	0.0.2 (für den) Sohn,
	[0.0.4 a]-⸢ḫa⸣-[t]i	0.0.4 (für) *Aḫātī*,
	[0.0.4 z]a-⸢na⸣	0.0.4 (für) Zana,
	⸢*0.0.4 bi-su-g̃á⸣	0.0.4 (für) Bisug̃a.
	⸢šu-nig̃ín⸣ 11 g[emé] ⸢*0.0.4⸣	**Zusammen** 11 Mägde (je) 0.0.4,
	2 šà-⸢du$_{10}$-nita⸣ 0.0.2	2 Knaben (je) 0.0.2,
	2 šà-du$_{10}$-mí 0.0.2	2 Mädchen (je) 0.0.2,
	še-bi [2].0.⸢4$^{?}$⸣ maš-[d]à	Gerste dafür 2.0.4(?) (an) Mašda;
	0.0.4 ⸢zi⸣-la-la	0.0.4 (für) Zilala,
	⸢0.0.4⸣ [n]in-[ab]-gu	0.0.4 (für) Nin-abgu,
	0.0.4 [^{d}]ba-ba$_{6}$-ama-mu	0.0.4 (für) Baba-amamu,
	0.0.2 dumu-nita	0.0.2 (für den) Sohn,
	0.0.4 nin-[da]-nu-me-⸢a⸣	0.0.4 (für) Ninda-nume'a,
	0.0.4 nin-⸢igi-tab-mu⸣	0.0.4 (für) Nin-igitabmu,
	0.0.4 nin-e-an-su	0.0.4 (für) Nine-ansu,
	2 dumu-*ni[ta] 0.0.2	2 Söhne (je) 0.0.2,
	0.0.4 g̃á-ka-nam-ḫ[é]-t[i]	0.0.4 (für) Gakanam-ḫeti,
R 10	2 dumu-nita 0.0.2	2 Söhne (je) 0.0.2,
	0.0.2 dumu-mí	0.0.2 (für die) Tochter,
	0.0.4 zi-[l]e	0.0.4 (für) Zile,
	0.0.4 a-ḫa-ši	0.0.4 (für) Aḫaši,
	0.0.4 NI-su-ba	0.0.4 (für) NI-suba,
	⸢0.0.4⸣ a[g]-ga-ga	0.0.4 (für) Agaga,
	0.0.4 uš-ni-tum	0.0.4 (für) *Ušnītum*,
	0.0.4 g̃iš-ban	0.0.4 (für) Gišban,
	0.0.4$^{?}$ ^{d}ba-ba$_{6}$-u$_{4}$-mu	0.0.4(?) (für) Baba-umu,

0.0.4 zi-li	0.0.4 (für) Zili:
munus-me	Frauen sind sie.
šu-niĝín 15 gemé 0.0.4	**Zusammen** 15 Mägde (je) 0.0.4,
5 šà-du$_{10}$-nita 0.0.2	5 Knaben (je) 0.0.2,
1 šà-du$_{10}$-mí 0.0.2	1 Mädchen 0.0.2:
še-bi 3.0.0 úr-mud	Gerste dafür 3.0.0 (an) Ur-mud;
0.0.4 ⌈sún⌉-ama-mu	0.0.4 (für) Sun-amamu,
0.0.4 ⌈sig$_4$-⌉ĝá-na-gi$_4$	0.0.4 (für) Sigĝa-nagi,
2 dumu-nita 0.0.2	2 Söhne (je) 0.0.2,
11 0.0.4 nin-uru-ezem-me-ḪE$_2$-GAM.GAM	0.0.4 (für) Nin-uru-ezeme-ḪE$_2$-GAM.GAM,
0.0.4 nin-KAS$_4$-íl-íl	0.0.4 (für) Nin-KAS$_4$-ilil,
0.0.4 *ušù[r]-gim-du$_{10}$	0.0.4 (für) Ušurgim-du:
munus-me	Frauen sind sie;
0.1.2 a-gi$_{16}$-sa	0.1.2 (für) A-gisa,
ú-bil	den 'Heizer'.
šu-niĝín 1 lú 0.1.2	**Zusammen** 1 Person 0.1.2,
5 gemé 0.0.4	5 Mägde (je) 0.0.4,
2 šà-du$_{10}$-nita 0.0.2	2 Knaben (je) 0.0.2,
* še-bi 1.1.2 ì-lí-be$_6$-lí	Gerste dafür 1.1.2 (an) *Ilī-bēlī*;
0.0.4 za-na	0.0.4 (für) Zana,
0.0.4 nin-lú-mu	0.0.4 (für) Nin-lumu,
0.0.4 nam-uru-ni-šè	0.0.4 (für) Nam-uruniše,
0.0.2 dumu-mí	0.0.2 (für die) Tochter,
0.0.4 nin-níĝ-u-mu	0.0.4 (für) Nin-niĝumu,
0.0.4 zi-le	0.0.4 (für) Zile,
0.0.2 dumu-mí	0.0.2 (für die) Tochter,
⌈0.0.4⌉ nin-uru-da-kúš	0.0.4 (für) Nin-uruda-kuš:
12 [mun]us-me	Frauen sind sie;
0.1.4 [ad]-da	0.1.4 (für) Adda,
MUNU$_4$.*GAZ	den Malzschroter.
šu-niĝín 1 lú 0.1.4	**Zusammen** 1 Person 0.1.4,
6 gemé 0.0.4	6 Mägde (je) 0.0.4,
2 šà-du$_{10}$-mí 0.0.2	2 Mädchen (je) 0.0.2,
še-bi 1.2.2 amar-[g]iríd$^{[ki]}$	Gerste dafür 1.2.2 (an) Amar-Girid:
l[ú]-bappìr-[me]	Brauer sind sie;

	⸢0.0.4⸣ [nin]-ur-mu	0.0.4 (für) Nin-urmu,
	0.0.2 dumu-mí	0.0.2 (für die) Tochter,
	0.0.4 nin-ba-ba	0.0.4 (für) Nin-baba,
	še-bi 0.1.4 puzur$_4$-ma-ma	Gerste dafür 0.1.4 (an) *Puzur-Mama*;
	0.0.4 sal-la	0.0.4 (für) Salla,
	0.0.2 dumu-mí	0.0.2 (für die) Tochter,
	⸢0.0.4⸣ sila$_4$-TUR	0.0.4 (für) Sila-TUR:
	še-bi 0.1.4 bará-zi	Gerste dafür 0.1.4 (an) Bara-zi(-ša-g̃al):
	gemé-kikken-me	Mahlmägde sind sie;
	0.0.4 nin-mu-da-kúš	0.0.4 (für) Nin-mudakuš,
	0.0.4 ^{d}ba-ba$_6$-i-kúš	0.0.4 (für) Baba-ikuš:
	gemé-NUNUZ.KISIM$_5$x TITAB$_2$-me	...-Mägde sind sie;
	0.0.3 i$_7$-lú-dadag	0.0.3 (für) I-lu-dadag,
13 1	2 dumu-mí 0.0.2	2 Töchter (je) 0.0.2,
	0.0.3 nin-lú-ti-ti	0.0.3 (für) Nin-lu-titi,
	0.0.2 dumu-mí	0.0.2 (für die) Tochter:
	a-ga-am-me	... sind sie;
	0.0.3 nin-é-balag̃-ni-du$_{10}$	0.0.3 (für) Nin-e-balag̃ni-du,
	gala	die Kultsängerin;
	0.0.3 nin-éš-dam-me-ki-ag̃á	0.0.3 (für) Nin-ešdame-ki'ag̃a,
	0.0.2 dumu-mí	0.0.2 (für die) Tochter,
	0.0.3 nin-ù-ma	0.0.3 (für) Nin-uma,
	0.0.3 nin-lum-ma-ki-ag̃á	0.0.3 (für) Nin-Lumma-ki'ag̃a,
	0.0.3 ŠIM-tuš-šè	0.0.3 (für) ŠIM-tuše,
	0.0.3 munus-ša$_6$	0.0.3 (für) Munus-ša,
	0.0.2 dumu-nita	0.0.2 (für den) Sohn,
	0.0.2 dumu-mí	0.0.2 (für die) Tochter,
	nin-gal-lam	(von) Nin-galam:
	3 dumu-nita 0.0.2	3 Söhne (je) 0.0.2,
	0.0.3 su$_6$(=KAxKAR$_2$)-mú	0.0.3 (für) Su-mu,
	0.0.3 é-ki-bé-gi$_4$	0.0.3 (für) E-kibe-gi,
	2 dumu-nita 0.0.2	2 Söhne (je) 0.0.2,
	0.0.2 dumu-mí	0.0.2 (für die) Tochter,
	0.0.3 dam-a-mu	0.0.3 (für) Dam-amu,
	2 dumu-mí 0.0.2	2 Töchter (je) 0.0.2,
14 1	0.0.3 ^{d}ba-ba$_6$-zi-mu	0.0.3 (für) Baba-zimu,
	2 dumu-mí 0.0.2	2 Töchter (je) 0.0.2,
	0.0.3 nin-šà-lá-tuku	0.0.3 (für) Nin-šala-tuku,

	2 dumu-mí 0.0.2	2 Töchter (je) 0.0.2,
	0.0.3 ⸢za⸣-na	0.0.3 (für) Zana,
	^{d}[b]a-ba$_{6}$-ig-gal	Baba-iggal:
	0.0.2 dumu-mí	0.0.2 (für ihre) Tochter,
	0.0.3 ^{d}ašnan-ama-mu	0.0.3 (für) Ašnan-amamu,
	0.0.3 nin-úr-ni	0.0.3 (für) Nin-urni,
	0.0.3 nam-dam	0.0.3 (für) Namdam,
	0.0.3 ^{d}ba-ba$_{6}$-ur-mu	0.0.3 (für) Baba-urmu,
	0.0.2 dumu-mí	0.0.2 (für die) Tochter,
	1 nu-siki-mí 0.0.4	1 Waisenmädchen 0.0.4,
	0.0.4 ne-sağ	0.0.4 (für) Nesağ,
	a-DUN-am$_{6}$	Küstenfischer(?) ist er,
	umma^{ki}-kam	aus Umma ist er.
	šu-niğín 1 lú 0.0.4	Zusammen 1 Person 0.0.4,
	1 munus 0.0.4	1 Frau 0.0.4,
	16 gemé 0.0.3	16 Mägde (je) 0.0.3,
	6 šà-du$_{10}$-nita 0.0.2	6 Knaben (je) 0.0.2,
15	11 šà-du$_{10}$-mí 0.0.2	11 Mädchen (je) 0.0.2,
	še-bi 4.0.0 lá ⸢0.2.0⸣	Gerste dafür 4.0.0 minus ⸢0.2.0⸣:
	gemé-šáḫ-níğ-kú-a-me	Mägde der Mastschweine sind sie;
	0.0.3 šeš-a-mu	0.0.3 (für) Šeš-amu,
	gemé-maš-kam	Ziegenmagd ist sie:
	lugal-pa-è	(unter) Lugal-pa'e,
	sipa-šáḫ	dem Schweinehirten.
16	šu-niğín 1 lú 0.1.4	Zusammen 1 Person 0.1.4,
	1 lú 0.1.2	1 Person 0.1.2,
	1 lú 0.0.4	1 Person 0.0.4,
	1 lú 0.0.3	1 Person 0.0.3,
	33 šà-du$_{10}$-nita 0.0.2	33 Knaben (je) 0.0.2:
	[nita]-me	Männer sind sie;
	*1,10 lá 1 munus 0.0.4	70 minus 1 Frauen (je) 0.0.4,
	*1,14 munus 0.0.3	74 Frauen (je) 0.0.3,
	50 <lá> 3 šà-du$_{10}$-mí 0.0.2	50 minus 3 Mädchen (je) 0.0.2.
17	[gú-a]n-šè 3,50 [lá] 3 lú tur-maḫ-ba	Insgesamt 230 minus 3 Personen, darunter kleine (und) große,
	[še-b]i 30.0.0 ⸢lá⸣ 1.2.1 [gur]-sağ-⸢ğál⸣	Gerste dafür 30.0.0 minus 1.2.1 Haupt-Gur;
	[še]-ba-gemé dumu-ú-rum-	Gerstezuteilungen der Baba für die eigenen Mägde (und deren)

-	^{d}ba-ba$_{6}$	Kinder;
5	itu-ezem-munu$_{4}$-kú-	im Monat 'Malzessen
	^{d}nin-g̃í[r-su-ka-ka]	des Nin-Girsu'
	e[n-ig-gal]	hat En-iggal,
	[nu-bandà]	der Generalverwalter,
	[g̃anun]-SAR-[t]a	aus dem SAR-Speicher heraus
10	⌜e⌝-ne-[ba]	ihnen (dies) zugeteilt;
	[š]a$_{6}$-[ša$_{6}$]	Šaša,
	[dam-uru-in]im-gi-na	die Frau des Uru-inimgina,
18 1	lugal-	des Königs
	lagaš^{ki}-ka 2.	von Lagaš. 2. (Jahr).
	[10 l]á-1 ba-am$_{6}$	die 10. minus 1. Zuteilung ist es.

Anmerkungen:

(1:11) Wegen der Zwischensumme in 3:3 müssen hier '3 Mädchen' gestanden haben. Während die Kollation kein Ergebnis brachte, kann diese Annahme durch die Parallelen in DP 112 1:11 und Nik 1 1:11 bestätigt werden.

(4:12) Zu diesem PN s. unten zu Nr. 73 4:11.

(5:10) Offenkundig ein semitischer PN; vgl. I. J. Gelb MAD 3, 77.

(5:11) ALs za-na erstmals bezeugt in CH 2 (vorgesehen für AWAKS); vgl.a. DP. 112, DCS 3 5:11 und Nik 1 4:22. Daher, trotz Kollationsergebnis, in za'-na zu verbessern.

(5:16) dumu-mí ist Schreib- oder Kopierfehler für dumu-nita. Die Verbesserung wird von der Zwischensumme in 6:8 verlangt und durch DP 112 5:7 und Nik 1 5:4 bestätigt. In CH 2 ist die Zeile abgebrochen.

(6:11) Der PN ist sicher semitisch und mit "Sie (= Ištar) ist meine Mutter" zu übersetzen. Vgl. I.J. Gelb MAD 3, 42; R.A. Di Vito, Onomastics 182.

(7:7) Der Name bedeutet "Die Herrin (ist) eine Kinderwärterin". Zu um-me und um-me-da s. neben P. Steinkeller ASJ 3 (1981)

88-90 jetzt auch H. Waetzoldt AoF 15 (1988) 32+11; H. Neumann AoF 16 (1989) 222f.12; J. Krecher WdO 18 (1987) 12 hat dafür die Lesung emé bzw. emé-da vorgeschlagen.

(7:19,8:2) In DP 112 7:5.7 und Nik 1 7:1.4 hat Šeše-ana-aka bereits 3 Söhne, und auch Nin-šer$_7$-zi hat zu ihrer Tochter noch einen Sohn bekommen.

(8:11-9:6) In DP 112 (Ukg. L 2/11) 8:11 und späteren Texten wird diese Gruppe mit dem Rubrum gemé-sá-du$_{11}$-me "Mägde mit regelmäßigen Lieferungen sind sie" zusammengefaßt. Beachte, daß DCS 3 Kol. 9 Ende das Rubrum ebenfalls ausläßt.

(9:4) Der akkadische PN *a-ḫa-ti* bedeutet "Meine Schwester" und ist sicher ein Hypokoristikon. Vgl. I. J. Gelb MAD 3, 23.

(9:11-10:11) In DP 112 9:11 wird diese Gruppe als gemé-bar-bi-g̃ál-me "zusätzliche Mägde sind sie" rubriziert. Dies fehlt wiederum in DCS 3 11:12, das ansonsten die beiden Arbeiterinnengruppen wie unser Text verteilt. Die dem maš-dà unterstellte Gruppe ist in diesem Texttyp neu. S.a. oben zu 8:11-9:6.

Die hier auf Mašda (s. oben 8:11-9:4) und auf Ur-mud verteilten Gruppen sind ab DP 112 nach 9:16-17, Nik 1 9:14-15 und CH 2 10:9'-11:1 zusammen dem úr-mud agrig, dem "Hausverwalter Ur-mud" unterstellt. Dadurch erhalten wir auch einen ungefähren Hinweis auf die Tätigkeit dieser Personen im Bereich der Dienerschaft. Darüberhinaus wird die Identität unseres maš-dà dub-sar mit dem andernorts belegten maš-dà agrig (Nik 60 5:6-7, TSA 20 6:3-4, Nr. 5 4:5-6, Nr. 5 4:13-14 und Nr. 39 2:11-12 kaum mehr zu bezweifeln sein

Im präsargonischen Onomastikon findet sich mud als Element von PN häufig. Vgl. die Zusammenstellung bei F. Pomponio SEL 8 (1991) 142.

(9:19) Noch in DCS 3 10:13-11:2 - 0.0.2 dumu-mí ist in 11:2 sicher zu ergänzen - und in DP 112 (Ukg. L 2/11) 8:20-9:1 ist Gakanam-ḫeti mit ihren drei Kindern bezeugt, die, wie enstprechend dem oben Gesagten die ganze Gruppe, hier erstmals in den še-ba-Listen belegt ist. In Nik 1 (Ukg. L 2/12), das heißt einen Monat nach DP 112, fehlt sie und ist zwischenzeitlich offenbar verstorben. Entsprechend finden sich am Ende ihrer Gruppe in Nik 1 9:5-6 zwei männliche und eine weibliche Waise als Rationenempfänger. - Beobachtungen, wie sie hier und in der vorstehenden Anmerkung nach Hinweisen von T. Breckwoldt und C. Wilcke mitgeteilt werden, sind in unserem Korpus natürlich in großer Zahl möglich.

(13:15) C. Wilcke weist mich darauf hin, daß Nr. 20 der früheste Text ist, in dem nin-gal-lam keine Ration mehr erhält und nur ihre drei Söhne einer Kinderration erhalten. Ab CTNMC 4 (Ukg. L 3/12) erscheinen noch 2 der Waisenknaben unter Nennung ihrer Mutter. Es besteht die Möglichkeit einer Identität mit den ab Nik 6 (Ukg. L 4/9) 15:4 beim Schweinepersonal entlohnten 3 nu-siki-nita.

(14:13) Die Tatsache, daß die Waisen, vor allem hier, zum Teil recht bedeutende Rationen erhielten, könnte darauf hinweisen, daß sie oft als vollwertige Arbeitskräfte eingesetzt waren, ganz im Gegensatz zu den Kindern. In manchen Fällen wäre also nu-siki-nita bzw. nu-siki-mí wohl besser mit "männlicher Waise" bzw. "weibliche Waise" zu übersetzen, da es sich nicht (immer) um Kinder gehandelt haben dürfte. - Nach einer Mitteilung von C. Wilcke empfängt ein Sohn innerhalb eines Jahres nach der letzten Erwähnung seiner Mutter keine Ration mehr; bei einer Tochter betrage die Frist 1 Jahr und 1 Monat.

(16:9) Die Addition der Einzeleinträge wie auch die Gesamtzahl der Rationenempfänger in 17:1 fordert den Einschub von lá "minus".

(18:3) Die Urkunde datiert auf den gleichen Monat und das gleiche Jahr wie Nr. 6 dieses Bandes. Dort erhalten die 'Leute, die ein Versorgungslos übernommen haben' ihre 2. Zuteilung. Im Jahre Ukg. L 2 entspricht dies der 9. monatlichen Zuteilung; s. dazu unten den Kommentar zu Nr. 55 6':1. Offensichtlich ist auch hier die Kopie von Hussey korrekt, die eine Ergänzung [10 l]á 1-ba-am$_6$ nahelegt. Am Original ist heute weniger zu sehen.

21 = STH 1, 22

Text: HSM 904.4.12 (früher 3616); Maße: H.: 13,6cm; Br.: 13,4cm;
Kollationiert;
Umschrift: A. Deimel Or 43/44, 60ff.; vgl. Y. Rosengarten CSC 144;
Parallelen: Nr. 72 (Ukg. L 4/13); TSA 12 (Ukg. L 5/3); DCS 1 (Ukg. L 6/[3]);
Datum: Ukg. L 5/4 (s. Anm zu 17:10); Typ: I-A-3.(A/3);
Inhalt: Gerstezuteilungen der Baba für die eigenen Mägde (und deren) Kinder.
Gliederung:

Wollarbeiterinnen (mit Rubrum):	*1:01-7:02*
1. Gruppe (mit Zws. unter Gišgal-si):	*1:01-3:07*
a) Ordentliche Mägde (mit Rubrum):	*1:01-2:16*
b) Außerordentliche Magd und Waisen:	*2:17-2:19*
c) Zws. und Vorsteher Gišgal-si:	*3:01-3:07*
2. Gruppe (mit Zws. unter Nin-inimzida):	*3:08-5:06*
a) Ordentliche Mägde (mit Rubrum):	*3:08-4:18*
b) Außerordentliche Magd, Waise und Vorsteher Nin-inimzida:	*4:19-4:22*
c) Zws. und Vorsteher:	*5:01-5:06*
3. Gruppe (mit Zws. unter Nanšeda-nume'a):	*5:07-6:12*
a) Ordentliche Mägde (mit Rubrum):	*5:07-6:05*
b) Außerordentliche Magd:	*6:06-6:07*
c) Zws. und Vorsteher Nanšeda-nume'a:	*6:08-6:12*
4. Gruppe (mit Zws. unter Igibar-lu-ti):	*6:13-7:01*
Leinenarbeiterinnen (mit Rubrum):	*7:03-8:06*
a) Ordentliche Mägde (mit Rubrum):	*7:03-7:12*
b) **lú-umum-ma** *(mit Rubrum):*	*7:13-7:18*
c) (Vorsteher) Šage-ara-bidu, Zws. u. Rubrum:	*8:01-8:06*
Dienerschaft (mit Zws. und Vorsteher Ur-mud):	*8:07-10:13*
a) Reguläre Mägde (mit Rubrum):	*8:07-9:01*
b) Zusätzliche Magd und Waisen:	*9:02-10:07*
c) Zws. und Vorsteher Ur-mud:	*10:08-10:13*
Brauereipersonal (mit Rubrum):	*10:14-12:12*
1. Gruppe (mit 'Heizer'):	*10:14-11:06*
Zws. und Vorsteher Ilī-bēlī:	*11:07-11:10*
2. Gruppe (mit Malzschroter):	*11:11-12:06*
Zws. und Vorsteher Amar-Girid:	*12:07-12:11*

gemé-NUNUZ.KISIM$_5$xTITAB$_2$ *(mit Rubrum):*	*12:13–12:16*
a-ga-am *(mit Rubrum):*	*12:17–13:05*
Viehmägde (mit Zws., Rubra und Vorsteher Lugal-pa'e):	*13:06–15:02*
Schweinemägde (mit Rubrum):	*13:06–14:16*
a) Schweinemägde (mit Rubrum):	*13:06–14:06*
b) Viehtreiberin und Waisen:	*14:07–14:10*
c) Zws. und Rubrum:	*14:11–14:16*
Ziegenmagd:	*14:17–14:19*
Summenformel:	*16:01–16:08*
Schlußformel:	*17:01–18:02*
Summa summarum:	*17:01–17:02*
Klassifikation:	*17:03–17:05*
Transaktionsformular / Datum:	*17:06–18:02*

1	0.0.4 še-ba	0.0.4 Gerstezuteilung
	ša$_6$-ša$_6$	(für) Šaša,
	⸢2⸣ d[umu]-nita 0.0.2	2 Knaben (je) 0.0.2,
	⸢2⸣ [dumu]-mí 0.0.2	2 Mädchen (je) 0.0.2,
	mu-na-tam-me	Munatame:
	⸢0.0.2⸣ dumu-nita	0.0.2 (für ihren) Sohn,
	0.0.2 dumu-mí	0.0.2 (für ihre) Tochter,
	*0.0.⸢4⸣ nin-ama-na	0.0.4 (für) Nin-amana,
	0.0.4 za-na	0.0.4 (für) Zana,
	0.0.4 nin-é-unu^{ki}-ga-nir-g̃ál	0.0.4 (für) Nin-E-Unuga-nirg̃al,
	0.0.3 a-DU-nú	0.0.3 (für) A-DU-nu,
	0.0.2 dumu-mí	0.0.2 (für die) Tochter,
	[0.0.3 é-ki-D]U.[DU-m]u	0.0.3 (für) E-ki-DU.DU-mu,
	[0.0.2 dumu-nita]	0.0.2 (für den) Sohn,
	[2 dumu-mí 0.0.2]	2 Töchter (je) 0.0.2,
	[0.0.3 nin-kù-sù]	0.0.3 (für) Nin-ku-su,
	[0.0.2 dumu-nita]	0.0.2 (für den) Sohn,
	[0.0.2 dumu-mí]	0.0.2 (für die) Tochter,
	[0.0.3 bi-su-g̃á]	0.0.3 (für) Bisug̃a,
	[0.0.3 gan-^{d}lamma]	0.0.3 (für) Gan-Lamma,
2	0.0.3 nin-kisal-šè	0.0.3 (für) Nin-kisalše,
	0.0.3 nin-ra-a-na-gu-lu$_5$	0.0.3 (für) Ninra-ana-gulu,
	⸢0.0.3⸣ nin-uru-da-kúš	0.0.3 (für) Nin-uruda-kuš,
	0.0.2 dumu-nita	0.0.2 (für den) Sohn,
	0.0.3 é-h̬i-li-sù	0.0.3 (für) E-h̬ili-su,

	0.0.2 dumu-nita	0.0.2 (für den) Sohn,
	0.0.3 é-ḫi-li-sù	0.0.3 (für) E-ḫili-su,
	2̲-kam-ma	die zweite,
	0.0.2 dumu-nita	0.0.2 (für den) Sohn,
10	0.0.3 é-kù	0.0.3 (für) Eku,
	0.0.3 é-kù	0.0.3 (für) Eku,
	2̲-kam-ma	die zweite,
	0.0.3 gemé-g̃anun	0.0.3 (für) Geme-g̃anun,
	0.0.3 gemé-é-zi-da	0.0.3 (für) Geme-Ezida,
15	0.0.3 uru-na-a-na-gu-lu$_5$	0.0.3 (für) Uruna-ana-gulu:
	[sag̃-*d]ub-*m[e]	<u>'Sklavinnen' (der) Tafel sind sie;</u>
	[0.0.3 bará-u$_4$-sù-šè]	0.0.3 (für) Bara-usuše:
	[gú-ba-kam]	<u>Zu diesem Bereich gehört sie;</u>
20	[3 nu-siki-mí 0.0.3]	3 Waisenmädchen (je) 0.0.3.
3 1	šu-nig̃ín 4 gemé 0.0.4	**Zusammen** 4 Mägde (je) 0.0.4,
	16 gemé 0.0.3	16 Mägde (je) 0.0.3,
	3 nu-siki-mí 0.0.3	3 Waisenmädchen (je) 0.0.3,
	8 šà-du$_{10}$-nita 0.0.2	8 Knaben (je) 0.0.2,
5	7 ⸢šà⸣-du$_{10}$-mí 0.0.2	7 Mädchen (je) 0.0.2,
	še-bi 4.1.1 gur-sag̃-g̃ál	Gerste dafür 4.1.1 Haupt-Gur
	g̃išg[al]-si	<u>(an) Gišgal-si;</u>
	0.0.4 [ZU]M$^!$	0.0.4 (für) ZUM,
	0.0.4 nin-mu-su-da	0.0.4 (für) Ninmu-suda,
10	0.0.⸢4 gu⸣-ug$_5$	0.0.4 (für) Gu'ug,
	0.0.⸢4⸣ nin-[a]l-ša$_6$	0.0.4 (für) Nin-alša,
	0.0.4 da-na	0.0.4 (für) Dana,
	0.0.2 dumu-mí	0.0.2 (für die) Tochter,
	*0.0.⸢3⸣ nin-da-nu-me-a	0.0.3 (für) Ninda-nume'a,
15	0.0.3$^!$(=4) nin-ù-ma	0.0.3(!) (für) Nin-uma,
	[0.0.2 dumu-ni]ta	0.0.2 (für den) Sohn,
	[0.0.2 d]umu-mí	0.0.2 (für die) Tochter,
	[0.0.3] ama-bi-⸢a⸣-DU-nú	0.0.3 (für) Amabi-a-DU-nu,
4 1	2 dumu-mí 0.0.2	2 Töchter (je) 0.0.2,
	0.0.3 ama-⸢ša$_6$-ga⸣	0.0.3 (für) Ama-šaga,
	0.0.2 dumu-mí	0.0.2 (für die) Tochter,
	0.0.3 gemé-é-zi-da	0.0.3 (für) Geme-Ezida,
5	0.0.3 kiš-a-bí-tuš	0.0.3 (für) Kiša-bituš,
	0.0.3 gemé-g̃anun	0.0.3 (für) Geme-g̃anun,
	0.0.3 é-nun-né	0.0.3 (für) E-nune,

	0.0.⸢3⸣ g[emé]-é-dam	0.0.3 (für) Geme-Edam,
	0.0.3 tàš-n[i]-tum	0.0.3 (für) *Tašnītum*,
	0.0.3 igi-[b]ar-[l]ú-ti	0.0.3 (für) Igibar-lu-ti,
	[0.0.3 n]in-[b]ará-ge	0.0.3 (für) Nin-barage,
	0.0.2 dumu-ni[ta]	0.0.2 (für den) Sohn,
	0.0.⸢3⸣ šeš-an-eden-na	0.0.3 (für) Šeš-anedena,
	0.0.2 dumu-nita	0.0.2 (für den) Sohn,
	0.0.3 zi-na	0.0.3 (für) Zina,
	0.0.2 dumu-mí	0.0.2 (für die) Tochter,
	0.0.3 *nin-ur-mu	0.0.3 (für) Nin-urmu:
	sağ-dub-me	'Sklavinnen' (der) Tafel sind sie;
	0.0.3 al-mu-ni-du$_{11}$	0.0.3 (für) Al-munidu:
	gú-ba-kam	Zu diesem Bereich gehört sie;
	1 nu-siki-mí 0.0.3	1 Waisenmädchen 0.0.3,
	0.0.4 nin-inim-zi-da	0.0.4 (für) Nin-inimzida.
5	šu-niğín 6 gemé 0.0.4	**Zusammen** 6 Mägde (je) 0.0.4,
	16 gemé 0.0.3	16 Mägde (je) 0.0.3,
	1 nu-siki-mí 0.0.3	1 Waisenmädchen 0.0.3,
	3 šà-du$_{10}$-nita 0.0.2	3 Knaben (je) 0.0.2,
	6 šà-du$_{10}$-mí 0.0.2	6 Mädchen (je) 0.0.2,
	[š]e-[b]i 4.0.0 *lá	Gerste dafür 4.0.0 minus
	*0.0.3 [ni]n-inim-zi-da	0.0.3 (an) Nin-inimzida;
	⸢0.0.4⸣ a[g-g]a-[g]a	0.0.4 (für) Agaga,
	0.0.⸢4?⸣ ⸢d⸣[n]in-M[AR.KI-a]ma-PAP.PAP	0.0.4(?) (für) Nin-MAR.KI-ama-PAP.PAP,
	0.0.⸢4⸣ [n]in-lú-mu	0.0.4 (für) Nin-lumu,
	0.0.⸢3⸣ inim-ša$_6$	0.0.3 (für) Inim-ša,
	0.0.3 ma-ma-tum	0.0.3 (für) *Mamātum*,
	0.0.3 [n]in-e-an-su	0.0.3 (für) Nine-ansu,
	0.0.2 ⸢dumu⸣-nita	0.0.2 (für den) Sohn,
	0.0.2 ⸢dumu⸣-mí	0.0.2 (für die) Tochter,
	0.0.3 si-PI.DU	0.0.3 (für) Si-PI.DU,
	0.0.3 ^{d}inanna-dingir-mu	0.0.3 (für) Inanna-dingirmu,
	0.0.3 uš-n[i]-tum	0.0.3 (für) *Ušnītum*,
	0.0.3 a-am$_6$-ma	0.0.3 (für) A'amma,
	0.0.3 me-kisal	0.0.3 (für) Me-kisal,
6	0.0.⸢3⸣ [m]e-me	0.0.3 (für) Meme,
	0.0.2 dumu-mí	0.0.2 (für die) Tochter,
	0.0.3 šeš-da	0.0.3 (für) Šešda(-galdi),
	0.0.⸢3⸣ nin-mu-da-kúš	0.0.3 (für) Nin-mudakuš:
	sağ-dub-me	'Sklavinnen' (der) Tafel sind sie;

	0.0.3 nin-u[r]-m[u]	0.0.3 (für) Nin-urmu:
	[g]ú-ba-kam	Zu diesem Bereich gehört sie.
	šu-niĝín 3 ⸢gemé⸣ 0.0.4	**Zusammen** 3 Mägde (je) 0.0.4,
	12 gemé 0.0.3	12 Mägde (je) 0.0.3,
	[1] šà-du$_{10}$-nita 0.0.2	1 Knabe 0.0.2,
	[2 šà]-du$_{10}$-mí 0.0.2	2 Mädchen (je) 0.0.2,
	še-bi 2.1.0 ^{d}nanše-da-nu-me-a	Gerste dafür 2.1.0 (an) Nanšeda-nume'a;
	*0.0.4 si-um-me	0.0.4 (für) *Si-ummī*,
	0.0.4 ⸢U$_2$⸣.U$_2$	0.0.4 (für) U$_2$.U$_2$,
	0.0.4 [da]m-a-mu	0.0.4 (für) Dam-amu,
	0.0.2 dumu-m[í]	0.0.2 (für die) Tochter,
	0.0.4 ^{d}nin-⸢šubur⸣-ama-m[u]	0.0.4 (für) Nin-šubur-amamu.
	⸢šu⸣-niĝín ⸢4⸣ gemé 0.0.4	**Zusammen** 4 Mägde (je) 0.0.4,
	1 šà-du$_{10}$-*mí ⸢0.0.2⸣	1 Tochter 0.0.2,
7	še-bi 0.3.0 igi-bar-lú-ti	Gerste dafür 0.3.0 (an) Igi-bar-lu-ti:
	ki-siki-me	Wollarbeiterinnen sind sie;
	0.0.3 nin-TUR	0.0.3 (für) Nin-TUR,
	0.0.3 nin-bará-da-rí	0.0.3 (für) Nin-baradari,
	[2] dumu-mí 0.0.2	2 Töchter (je) 0.0.2,
	0.0.4 šeš-e-a-na-aka	0.0.4 Šeše-ana-aka,
	2 dumu-nita 0.0.2	2 Söhne (je) 0.0.2,
	0.0.3 nin-šer$_7$-zi	0.0.3 Nin-šerzi,
	0.0.2 dumu-mí	0.0.2 (für die) Tochter,
	0.0.3 nin-bará-da-rí	0.0.3 (für) Nin-baradari,
	2-kam-ma	die zweite:
	saĝ-dub-me	'Sklavinnen' (der) Tafel sind sie.
	0.0.3 maš-TUR	0.0.3 (für) Maš-TUR,
	0.0.3 ni[n]-ba[rá-da-r]í	0.0.3 (für) Nin-baradari,
	3-kam-ma	die dritte,
	⸢0.0.3⸣ nin-šà-lá-tuku	0.0.3 (für) Nin-šala-tuku,
	*0.0.3 ušùr-ra-ša$_6$	0.0.3 (für) Ušura-ša:
	lú-umum-ma-me	... sind sie;
8	0.0.4 šà-⸢ge⸣-a-DU-bí-du$_{11}$	0.0.4 (für) Šage-a-DU-bidu.
	šu-niĝín 2 gemé 0.0.4	**Zusammen** 2 Mägde (je) 0.0.4,
	8 gemé 0.0.3	8 Mägde (je) 0.0.3,
	2 šà-du$_{10}$-nita 0.0.2	2 Knaben (je) 0.0.2,
	3 šà-du$_{10}$-mí 0.0.2	3 Mädchen (je) 0.0.2,

	še-bi 1.3.0 ki-gu-me	Gerste dafür 1.3.0: Leinenarbeiterinnen sind sie;
	0.0.4 sa-^{d}si-bí	0.0.4 (für) Sa-Sibi,
	0.0.2 d[u]mu-nita	0.0.2 (für den) Sohn,
	0.0.4 [mi]n-na-ni	0.0.4 (für) Minani,
	0.0.2 dumu-mí	0.0.2 (für die) Tochter,
	0.0.4 nin-ur-mu	0.0.4 (für) Nin-urmu,
	⸢0.0.4⸣ nin-ma-du	0.0.4 (für) Nin-ma-DU,
	0.0.2 dumu-mí	0.0.2 (für die) Tochter,
	0.0.4 ^{d}ba-ba$_{6}$-dingir-mu	0.0.4 (für) Baba-dingirmu,
	0.0.4 nin-ab-gu	0.0.4 (für) Nin-abgu,
	0.0.4 ^{d}nin-šubur-ama-mu	0.0.4 (für) Nin-šubur-amamu,
	0.0.4 ^{d}ba-*b[a$_{6}$]-ig-gal	0.0.4 (für) Baba-iggal:
9	gemé-sá-d[u$_{11}$-me]	Mägde mit regelmäßigen Lieferungen sind sie;
	0.0.4 ⸢zi⸣-la-la	0.0.4 (für) Zilala.
	*0.0.4 nin-ab-gu	0.0.4 (für) Nin-abgu,
	2-kam-ma	die zweite,
	0.0.4 sila$_{4}$-TUR	0.0.4 (für) Sila-TUR,
	0.0.4 [n]in-da-n[u]-me-a	0.0.4 (für) Ninda-nume'a,
	0.0.4 za-na	0.0.4 (für) Zana,
	0.0.4 zi-le	0.0.4 (für) Zile,
	0.0.4 ḫa-ši	0.0.4 (für) Ḫaši,
	0.0.4 NI-s[u]-ba	0.0.4 (für) NI-suba,
	0.0.4 ag-ga-[g]a	0.0.4 (für) Agaga,
	0.0.4 ^{d}ba-ba$_{6}$-ama-mu	0.0.4 (für) Baba-amamu,
	0.0.2 dumu-nita	0.0.2 (für den) Sohn,
	0.0.4 nin-eden-né	0.0.4 (für) Nin-edene,
	2 dumu-mí 0.0.2	2 Töchter (je) 0.0.2,
	0.0.4 ama-TUR	0.0.4 (für) Ama-TUR,
R 10	0.0.4 nin-ur-mu	0.0.4 (für) Nin-urmu,
	2 dumu-mí 0.0.2	2 Töchter (je) 0.0.2,
	0.0.4 nin-ba-ba	0.0.4 (für) Nin-baba,
	0.0.4 sal-la	0.0.4 Salla,
	0.0.2 dumu-mí	0.0.2 (für die) Tochter,
	2 nu-s[ik]i-nita 0.0.3	2 Waisenknaben (je) 0.0.3:
	gemé-bar-bi-g̃ál-me	Zusätzliche Mägde sind sie.
	šu-nig̃ín 25 gemé 0.0.4	**Zusammen** 25 Mägde (je) 0.0.4,
	2 nu-s[ik]i-nita 0.0.3	2 Waisenknaben (je) 0.0.3,
	2 šà-du$_{10}$-nita 0.0.2	2 Knaben (je) 0.0.2,
	4 šà-du$_{10}$-m[í] 0.0.2	4 Mädchen (je) 0.0.2,
	še-bi 5.0.0 <lá> 0.0.2 úr-mud	Gerste dafür 5.0.0 <minus> 0.0.2 (an) Ur-mud,

	agrig	den Hausverwalter;
	0.0.4 sún-ama-mu	0.0.4 (für) Sun-amamu,
	0.0.4 sig$_4$-g̃á- [n]a-*gi$_4$	0.0.4 (für) Sigg̃a-nagi,
	2 dumu-nita 0.0.2	2 Söhne (je) 0.0.2,
11 1	0.0.4 nin-uru-ezem- me-ḪE$_2$-GAM.GAM	0.0.4 (für) Nin-uru-ezeme- ḪE$_2$-GAM.GAM,
	0.0.4 nin-KAS$_4$-íl-íl	0.0.4 (für) Nin-KAS-ilil,
	0.0.4 ušùr-gim-du$_{10}$	0.0.4 (für) Ušurgim-du:
	munus-me	Frauen sind sie;
	0.1.2 é-gi$_{16}$-sa	0.1.2 (für) E-gisa,
	ú-bil-am$_6$	'Heizer' ist er.
	šu-nig̃ín 1 lú 0.1.2	**Zusammen** 1 Person 0.1.2,
	5 gemé 0.0.4	5 Mägde (je) 0.0.4,
	2 šà-du$_{10}$-nita 0.0.2	2 Knaben (je) 0.0.2,
	še-bi 1.1.2 ì-lí-b[e$_6$]- lí	Gerste dafür 1.1.2 (an) *Ilī- bēlī*;
	0.0.4 za-na	0.0.4 (für) Zana,
	0.0.4 ^{d}ba-ba$_6$-gim-a- ba-ša$_6$	0.0.4 (für) Babagim-aba-ša,
	0.0.2 dumu-nita	0.0.2 (für den) Sohn,
	0.0.4 nam-uru-n[a]-šè	0.0.4 (für) Namurunaše,
	0.0.2 dumu-mí	0.0.2 (für die) Tochter,
	0.0.4 nin-níg̃-u-⌜mu⌝	0.0.4 (für) Nin-nig̃umu,
12 1	0.0.4 zi-le	0.0.4 (für) Zile,
	0.0.2 dumu-mí	0.0.2 (für die) Tochter,
	0.0.4 nin-uru-da-kúš	0.0.4 (für) Nin-uruda-kuš:
	munus-me	Frauen sind sie;
	0.1.4 ad-da	0.1.4 (für) Adda,
	*[M]UN[U$_4$.G]AZ-am$_6$	Malzschroter ist er.
	šu-nig̃ín 1 lú 0.1.4	**Zusammen** 1 Person 0.1.4,
	6 gemé 0.0.4	6 Mägde (je) 0.0.4,
	1 šà-du$_{10}$-nita 0.0.2	1 Knabe 0.0.2,
	2 šà-du$_{10}$-mí 0.0.2	2 Mädchen (je) 0.0.2,
	še-bi 1.2.4 amar- giríd^{ki}	Gerste dafür 1.2.4 (an) Amar- Girid:
	lú-bappìr-me	Brauer sind sie;
	0.0.4 nin-mu-da-kúš	0.0.4 (für) Nin-mudakuš,
	0.0.4 ^{d}ba-ba$_6$-ì-kúš	0.0.4 (für) Baba-ikuš,
	0.0.4 an-da-ti-e	0.0.4 (für) Andati'e:
	gemé-NUNUZ.[K]ISIM$_5$x TI[TA]B$_2$-me	...-Mägde sind sie;
	0.0.4 i$_7$-lú-dadag	0.0.4 (für) I-lu-dadag,

13	0.0.2 dumu-nita	0.0.2 (für den) Sohn,
	2 dum[u-m]í 0.0.2	2 Töchter (je) 0.0.2,
	0.0.4 nin-lú-[t]i-ti	0.0.4 (für) Nin-lu-titi,
	⌜0.0.2⌝ [dum]u-mí	0.0.2 (für die) Tochter:
	a-g[a-a]m-[me]	... sind sie;
	0.0.3 nin-é-balağ-⌜ni-du$_{10}$⌝	0.0.3 Nin-e-balağni-du,
	gala	die Kultsängerin,
	0.0.3 nin-éš-dam-me-ki-ağá	0.0.3 (für) Nin-ešdame-ki'ağa,
	0.0.3 nin-ù-ma	0.0.3 (für) Nin-uma,
	0.0.3 ŠIM-tuš-šè	0.0.3 (für) ŠIM-tuše,
	2 dumu-nita 0.0.2	2 Söhne (je) 0.0.2,
	0.0.2 dumu-mí	0.0.2 (für die) Tochter,
	0.0.3 munus-ša$_{6}$	0.0.3 (für) Munus-ša,
	0.0.3 su$_{6}$-mú	0.0.3 (für) Su-mu,
	0.0.3 nin-šà-lá-tu[ku]	0.0.3 (für) Nin-šala-tuku,
	0.0.2 dumu-mí	0.0.2 (für die) Tochter,
	0.0.3 za-na	0.0.3 (für) Zana,
	0.0.3 ^{d}ašnan-ama-mu	0.0.3 (für) Ašnan-amamu,
	0.0.3 nin-úr-ni	0.0.3 (für) Nin-urni,
	0.0.3 dam-a-mu	0.0.3 (für) Dam-amu,
	0.0.2 dumu-nita	0.0.2 (für den) Sohn,
14	0.0.2 dumu-m[í]	0.0.2 (für die) Tochter,
	0.0.3 ^{d}ba-[ba$_{6}$]-zi-m[u]	0.0.3 (für) Baba-zimu,
	0.0.2 dumu-ni[ta]	0.0.2 (für den) Sohn,
	0.0.2 dumu-mí	0.0.2 (für die) Tochter,
	0.0.3 nam-dam	0.0.3 (für) Namdam:
	gemé-šáḫ-níğ-kú-a-<me>	Mägde der Mastschweine sind sie;
	0.0.4 šà-TAR	0.0.4 (für) Ša-TAR,
	munus-am$_{6}$	eine Frau ist sie;
	gáb-ra-šáḫ-ú-ka-kam	Treiberin der Weideschweine ist sie;
	3 nu-siki-nita 0.0.3	3 Waisenknaben (je) 0.0.3.
	šu-niğín 3 nita 0.0.3	**Zusammen** 3 Männer (je) 0.0.3,
	1 munus 0.0.4	1 Frau 0.0.4,
	13 gemé 0.0.3	13 Mägde (je) 0.0.3,
	4 šà-du$_{10}$-nita 0.0.2	4 Knaben (je) 0.0.2,
	4 šà-du$_{10}$-mí 0.0.2	4 Mädchen (je) 0.0.2,
	še-bi 3.0.0 lá 0.0.4	Gerste dafür 3.0.0 minus
	gemé-šáḫ-níğ-kú-<a>-me	0.0.4: Mägde der Mastschweine sind sie;

	0.0.3 šeš-a-mu	0.0.3 Šeš-amu,
	0.0.2 dumu-nita	0.0.2 (für den) Sohn:
	gemé-maš-kam	Ziegenmagd ist sie:
15 1	lugal-pa-è	(unter) Lugal-pa'e,
	sipa-šáh	dem Schweinehirten.
16 1	šu-niĝín 1 lú 0.1.4	**Zusammen** 1 Person 0.1.4,
	1 lú 0.1.2	1 Person 0.1.2,
	5 lú 0.0.3	5 Personen (je) 0.0.3,
	25 + 1 lú 0.0.2	25 + 1 Personen (je) 0.0.2:
	nita-me	Männer sind sie;
	1,0 lá 3 gemé 0.0.4	60 minus 3 Mägde (je) 0.0.4,
	1,11 + 1 gemé 0.0.3	71 + 1 Mägde (je) 0.0.3,
	34 munus 0.0.2	34 Frauen (je) 0.0.2.
17 1	[g]ú-an-šè 3,1⸢6⸣ lú še-ba-tur-[ma]ḫ-ba	Insgesamt 196.0.0 Personen (mit) Gerstezuteilungen, darunter kleine (und) große,
	[š]e-bi 24.3.0 <lá> 0.0.2 gur-saĝ-ĝál	Gerste dafür 24.3.0 <minus> 0.0.2 Haupt-Gur;
	še-ba-gemé dumu-ú-rum-	Gerstezuteilungen der Baba für die eigenen Mägde (und deren)
	^{d}ba-ba$_{6}$	Kinder;
	ša$_{6}$-ša$_{6}$	Šaša,
	dam-uru-inim-gi-na	die Frau des Uru-inimgina,
	lugal-	des Königs
	lagaš^{ki}-ka	von Lagaš.
	egir-itu-gur$_{7}$-im-du$_{8}$-a-ta	Nach dem Monat, in dem die Getreidemsilos (aus) Lehm 'gestrichen' worden sind,
	[e]n-ig-gal	hat En-iggal,
	nu-bandà	der Generalverwalter,
	⸢ĝanun⸣-^{d}ba-ba$_{6}$-ta	aus dem Speicher der Baba heraus
18 1	e-ne-ba 5.	ihnen (dies) zugeteilt. 5. (Jahr).
	4-ba-am$_{6}$	Die 4. Zuteilung ist es.

Anmerkungen:

(1:13-20) Ergänzt nach dem Paralleltext TSA 12 1:13-20.

(3:14-15) Vgl. TSA 12 3:14-15.

(4:17) Der PN ist eindeutig nin-ur-mu, nicht dam-ur-mu, wie durch die Rekollation von P. Steinkeller bestätigt wurde.

(10:1-6) Diese auf ama-TUR folgende Gruppe ist an dieser Stelle erstmals in TSA 12 9:17'-10:4 nachzuweisen, wo, wie folgt, zu ergänzen ist: ⸢0.0.4⸣ [nin]-u[r-mu] / ⸢2!⸣ / [dumu-nita 0.0.2] // [0.0.4 nin-ba-ba] / [0.0.4 sal-la] / 0.0.2 dumu-mí. Diese Gruppe führten die früheren Listen bis Nik 6 (Ukg. L 4/9) 12:16-13:5 und sicher auch Nr. 72 11:4-11 als gemé-kikken "Mahlmägde".

(10:8-12) Diese Zwischensumme weicht vom Haupttext in 8:7-10:6 so erheblich ab, daß eine sinnvolle Emendation nicht möglich scheint. Leider ist auch der Paralleltext TSA 12 (Ukg. L 5/3) in dieser Passage beschädigt. Im einzelnen bestehen folgende Abweichungen: Nach dem Haupttext zähle ich nur 23 Mägde mit 0.0.4 (2 weniger als hier in der Zwischensumme angegeben; dieselbe Zahl weist auch TSA 12 10:6 auf), 1 Knabe mit 0.0.2 (1 weniger), aber 8 Mädchen (4 mehr) mit je 0.0.2.

Bemerkenswert ist zudem, daß der Haupttext 34 Personen nennt, gegenüber 33 Personen, die in der Zwischensumme genannt sind. Der Getreidebetrag beläuft sich nach den Haupttextzahlen auf 4.3.2, nach den Posten aus der Zwischensumme sind es 4.3.4. Zu genau diesem Gerstebetrag kommt man auch in 4:12, wenn man dort in 5.0.0 <lá> 0.0.2 emendiert. Dieser Verbesserungsvorschlag wurde oben übernommen. - Aus dem Dargelegten folgt, daß die Schreiber die Getreidemenge der Zwischensumme durch Multiplikation der zuvor genannten zusammenfassenden Summierung, nicht aber nach den Einzeleinträgen berechneten.

(14:11) Beachte, daß in der Zwischensumme hier die Bezeichnung nita mit Bezug auf die Waisenknaben in 14:10 gebraucht wird, nicht das neutralere lú.

(16:1–17:2) Die Addition der Gerstebeträge der einzelnen Zwischensummen des Haupttextes zuzüglich der Posten der zwischensummenlosen **gemé–NUNUZ.KISIM$_5$xTITAB$_2$** und **a–ga–am** ergibt in der hier umschriebenen Fassung genau 24.3.2. Dies entspricht der Addition der Einzelposten aus der Summenformel in 16:1–8. Wie oben gesehen, differieren die Personenzahlen des Haupttextes mit den Angaben der Zwischensumme in 10:8–12. Vgl. im einzelnen die nachfolgende Tabelle:

Insgesmt 196 Personen:

Gerste-betrag		Personenzahl Hauptsumme	Personenzahl Einzeleinträge
0.1.4	M	1	1
0.1.2	M	1	1
0.0.4	M	57	59
0.0.3	M	5	5
"	F	71 + 1	69 + 1
0.0.2	M	25 + 1	23 + 1
"	F	34	36

Dies bedeutet, daß die Personengesamtzahl der Einzeleinträge des Haupttextes und der Summenformel übereinstimmen. Hinsichtlich der Gerstemenge gleichen sich die Beträge bei den Kindern aus: die Hauptsumme nennt zwei Knaben mit 0.0.2 mehr, aber zwei Mädchen weniger. Bei den Mägden mit 0.0.4 und 0.0.3 ergibt sich bei gleicher Gesamtzahl für die Addition der Einzeleinträge ein um 0.0.2 höherer Gerstebetrag, als sich aus der Addition der Summenformel berechnen läßt.

Legt man nun die Personenzahlen und deren Gersterationen aus der Hauptsumme in 16:1–8 zugrunde, so errechnet sich der gesamte ausgefolgte Gerstebetrag auf 24.2.4 + 0.0.5. Durch Einfügung eines ⟨lá⟩ in der Summa summarum in 17:2 erhält man genau diese Summe. Die mit 'keilförmigen' Zahlen notierte Gerstenmenge – insgesamt 0.0.5 – blieb anscheinend unberücksichtigt.

Da die Gesamtsumme aus den Einzelbeträgen des Haupttextes um 0.0.2 höher, also bei 24.3.0 gelegen hätte, ergibt sich, daß die Berechnung der Summa summarum nach der Hauptsumme, nicht nach den Einzelposten, vorgenommen wurde.

(17:10) In AWL 357 zu 127 VI 5 deutete J. Bauer mit Verweis auf A. Falkenstein AnOr 30, 128+3 den Monatsnamen als

"Monat, in dem die Getreidemagazine aus Lehm gestampft werden". Dafür ist wohl die Gleichung du$_8$ = *labānu(m)* "(Ziegel) streichen, formen" und nur am Rande auch du$_8$ = *epû(m)* "backen" heranzuziehen. A. Salonen, Agricultura 281, übersetzt den Monatsanmen nicht. In RA 51 (1957) 112 hatte M. Lambert für im-du$_8$-a eine Übersetzung "paroi" vorgeschlagen. H. Behrens FAOS 6, 78 setzt für du$_8$ die Bedeutung "schmücken" an, wofür die Gleichungen *ṭaḫādu(m)* und *zu’’unu(m)* heranzuziehen sind. Über du$_8$ = *peḫû ša eleppi* "kalfatern des Schiffes" (vgl. AWEL 350) kann für du$_8$ auf eine Grundbedeutung "bestreichen", "verstreichen" o.ä. geschlossen werden. Dieser Ansatz liegt der hier vorgeschlagenen Übersetzung des Monatsnamens zu Grunde.

An Belegen für diesen Monatsnamen sind mir die folgenden bekannt: Im itu-gur$_7$-im-du$_8$-a erfolgte nach DP 114 (Ukg. L 5/3) und DCS 1 (Ukg. L [6]/3 (Hinweis Wilcke)) die dritte monatliche Zuteilung; egir-itu-gur$_7$-im-du$_8$-a-ta "nach dem Monat, in dem die Getreidesiols aus Lehm 'gestrichen' wurden" ist die 4. monatliche Löhnung bezeugt in DP 119, DP 158 (beide Ug. L 2/4) und Nr. 21 (unser Text) (Ukg. L 5/4); vgl. a. unten die Anm. zu Nr. 52.

Präziser datiert werden können danach auch DP 296, DP 324 (Ukg. L 2/(3) und VAT 4850 ((Ukg.L) 2/(3)), bzw. DP 307, Fö 183 (Ukg. L 4/(3$^?$)) und DP 543 ((Ukg. L) 4/(3$^?$).

Für den itu-gur$_7$-dub-ba(-a) "Monat, in dem die Getreidesilos beschüttet werden" (vgl.a. še-dub = */tumgurum/* "granaio" bei P. Fronzaroli Quad.Sem. 17 (1990) 176) verzeichnen die aus dem Jahre Ukg. L 4 stammenden Texte TSA 14, CT 50, 34, CT 50, 37 und Nik 16 eine 4. monatliche Ration.

Daran sind wohl anzuschließen, wenngleich die Silobeschüttung nicht in allen Jahren zum gleichen Zeitpunkt stattgefunden haben mag:
VAT 4475 ((Lug.) 1/(4)); VAT 4826 ((Lug.$^?$) 1$^?$/(4)); Nr. 89 = BIN 8, 362 ((Lug) 1/(4));
Nik 246 (Ukg. E 1/(4); vgl. AWEL 471); Nik 249 (Ukg. L 3/(4); vgl. AWEL 473);
RTC 24 (Ukg. L(?) 4/(4)).

Aus dem Dargelegten können wir mit großer Wahrscheinlichkiet folgern, daß das 'Streichen der Getreidesiols' dem Beschütten derselben zeitlich unmittelbar voranging. Damit bleibt kaum eine andere Möglichkeit, als dieses im--du₈ mit der Anlage oder Reparatur des Lehmmauerwerkes der Silos vor ihrer (Neu-)Beschüttung in Verbindung zu bringen.

Aus dem Jahre AS 8 findet sich in einem von T. Gomi und S. Sato veröffentlichten Text BM 106184 [26] folgende Bezeichnungen: á lú-ḫun-g̃á a-šà ""Lohn für die Tagelöhner (für) Feld(arbeiten)", á sig_4-du_8-a "Lohn (für die Arbeitskräfte) beim Ziegel streichen" und á im-du_8-a "Lohn (für die Arbeitskräfte) beim Lehm(mauern) verstreichen[27]". Dabei ist auch hier kaum mit A. Salonen, Ziegeleien 70ff. und der Gleichung du_8 = *paṭāru(m)* "(auf)lösen" zu operieren. Vielmehr ist z.B. zu verweisen auf Gud. Zyl. A xxii 6-7: é im-du_8-a-bi ḫi-nun-abzu šu-tag-ga-àm / A.GAR-ka-bi im-ši-íb-lá-ne."Des Hauses Lehmmauern sind wie der Absu geschmückt; ihren Verputz (/ Bemalung(?)) bringen sie an." [28]
Inhaltlich zu vergleichen ist vieleicht der akkadzeitliche Monatsname itu-sig_4-$^{giš}u_5$-šub-ba-g̃ar (A. Westenholz OSP 2, 202; H. Hunger RlA 5, 300), der in Nippur als 3., in Umma als 2. Monat bezeugt zu sein scheint.

---

[26] T. Gomi SEANTBM Nr. 395.

[27] Zu den Ziegeleiberufen vgl. A. Salonen, Ziegeleien 168ff. Der sich dort findende Ansatz von lú-im "Lehmmischer, eig. 'Mann des Lehmes'" befriedigt für die hier besprochenen Belege nicht. Man möchte in dem Syntagma im--du_8 "(mit) Lehm verstreichen" eine Bezeichnung für die Herstellung von Lehmpatzen, allenfalls für das "Verputzen" sehen.

[28] Zu A.GAR(-ka) vgl. bereits AWEL 450. 466. Nach unserem Beleg hier bezeichnet der Ausdruck bei der Lederverarbeitung vielleicht nicht (nur) das Beizen (mit Lohe), sondern (auch) das Färben. Vgl. ferner die Übersetzung von T. Jacobsen, The Harp that Once ... 415: "On the upper surface of the terre pisée of the house, hand daubed as it was, with the abundance of the Apsû, they were perching walls.".

22 = STH 1, 23

<u>Text:</u> HSM 904.4.1 (früher 3605); <u>Maße:</u> H.: 14,1cm; Br.: 14,0cm; <u>Kollationiert;</u>
<u>Umschrift:</u> A. Deimel Or 43/44, 73ff.; vgl. K. Maekawa ASJ 2 (1980) 86;
<u>Parallele:</u> DCS 1 (Ukg. L 6/3); VAT 4612 (= VS 25 Nr. 69 = Or 43/44, 65) Ukg. L 6/9);
<u>Datum:</u> Ukg. L 6/12; <u>Typ:</u> I-A-3.(A/3);
<u>Inhalt:</u> Gerstezuteilungen des Baba-Tempels für die Mägde (und deren) Kinder.
<u>Gliederung:</u>

<u>Wollarbeiterinnen</u> (mit Rubrum):	*1:01–10:05*
I. Stammpersonal (mit Rubrum):	*1:01–6:04*
1. Gruppe (mit Zws. unter Nanšeda-nume'a):	*1:01–2:11*
2. Gruppe (mit Zws. unter Šaša):	*2:12–4:13*
3. Gruppe (mit Zws. unter Nin-inimzida):	*4:14–6:03*
II. Neuerworbene Sklavinnen (mit Rubrum):	*6:05–10:04*
4. Gruppe (mit Zws. unter Šeše-ana-aka):	*6:05–7:14*
5. Gruppe (mit Zws. u. Nin-E-Unuga-nirĝal):	*7:15–8:18*
6. Gruppe (mit Zws. unter ZUM):	*9:01–10:03*
<u>Leinenarbeiterinnen</u> (mit Rubrum):	*10:06–12:02*
a) Stammpersonal (mit Rubrum):	*10:06–11:03*
b) Neuerworbene Sklavinnen (mit Rubrum):	*11:04–11:11*
c) Vorsteher Zabar-TUR, Zws. und Rubrum:	*11:12–12:02*
<u>Dienerschaft</u> (mit Zws. unter Vorsteher Ur-mud):	*12:03–13:14*
Reguläre Mägde (mit Rubrum):	*12:03–12:13*
Zusätzliche Mägde (mit Rubrum):	*12:14–13:06*
Waisen:	*13:07–13:08*
Zwischensumme und Vorsteher Ur-mud:	*13:09–13:14*
<u>Brauereipersonal</u> (mit Rubrum):	*13:15–15:02*
1. Gruppe (mit 'Heizer'):	*13:15–14:04*
Zwischensumme und Vorsteher Ilī-bēlī:	*14:05–14:07*
2. Gruppe (mit Malzschroter):	*14:08–14:17*
Zwischensumme und Vorsteher Amar-Girid:	*14:18–15:01*
***a-ga-am** (mit Rubrum):*	*15:03–15:14*
Mägde:	*15:03–15:10*
Zwischensumme und Rubrum	*15:11–15:14*

<u>*Viehmägde*</u> *(mit Zws., Rubra und Vorsteher Lugal-pa'e):*	*15:15-17:12*
a) Schweinemägde (mit Gehilfin, Waisen, Zws. und Rubra):	*15:15-17:05*
b) Ziegenmägde (mit Rubrum):	*17:06-17:10*
<u>*Summenformel:*</u>	*18:01-18:11*
<u>*Schlußformel:*</u>	*19:01-20:03*
Summa summarum:	*19:01-19:02*
Klassifikation:	*19:03-19:04*
Transaktionsformular / Datum:	*19:05-20:03*

1 1	0.1.0 še-ba	0.1.0 Gerstezuteilung
	da-na	(für) Dana,
	0.0.2 dumu-mí	0.0.2 (für die) Tochter,
	0.1.0 zi-na	0.1.0 (für) Zina,
5	0.0.2 dumu-mí	0.0.2 (für die) Tochter,
	0.1.0 ^{d}ba-ba$_6$-ì-kúš	0.1.0 (für) Baba-ikuš,
	0.1.0 dam-ur-mu	0.1.0 (für) Dam-urmu,
	0.1.0 si-um-me	0.1.0 (für) *Si-ummī*,
	0.1.0 dam-a-mu	0.1.0 (für) Dam-amu,
10	0.0.2 dumu-mí	0.0.2 (für die) Tochter,
	0.0.*4 ^{d}nin-*šubur$^{!}$(= ŠUL)-ama-mu	0.0.4 (für) Nin-šubur-amamu,
	0.0.4 nin-ur-mu	0.0.4 (für) Nin-urmu,
	0.0.4 ^{d}nin-MAR.KI-ama-PAP.PAP	0.0.4 (für) Nin-MAR.KI-ama-PAP.PAP,
	0.0.4 nin-lú-mu	0.0.4 (für) Nin-lumu,
15	0.0.4 an-da-ti-e	0.0.4 (für) Andati'e,
	0.0.4 inim-ša$_6$	0.0.4 (für) Inim-ša,
	0.0.4 ma-ma-tum	0.0.4 (für) *Mamātum*,
	0.0.4 nin-e-an-su	0.0.4 (für) Nine-ansu,
	0.0.2 dumu-mí	0.0.2 (für die) Tochter,
20	0.0.4 nin-da-nu-m[e]-a	0.0.4 (für) Ninda-nume'a,
2 1	0.0.4 uš-ni-tum	0.0.4 (für) *Ušnītum*,
	0.0.4 a-am$_6$-ma	0.0.4 (für) A'amma,
	0.0.4 me-me	0.0.4 (für) Meme,
	0.0.2 dumu-mí	0.0.2 (für die) Tochter,
5	0.0.4 munus-ša$_6$	0.0.4 (für) Munus-ša,
	0.0.4 nin-mu-da-kúš	0.0.4 (für) Nin-mudakuš.

šu-niĝín 6 gemé 0.1.0	**Zusammen** 6 Mägde (je) 0.1.0,
14 gemé 0.0.4	14 Mägde (je) 0.0.4,
5 šà-du_{10}-mí 0.0.2	5 Mädchen (je) 0.0.2,
še-bi 4.1.0 gur-saĝ-ĝál	Gerste dafür 4.1.0 Haupt-Gur
^{d}nanše-da-nu-me-a	(an) Nanšeda-nume'a;
0.0.4 nin-ama-na	0.0.4 (für) Nin-amana,
0.0.4 za-na	0.0.4 (für) Zana,
0.0.4 nin-kù-su	0.0.4 (für) Nin-kusu,
0.0.4 é-ki-DU.DU-mu	0.0.4 (für) Eki-DU.DU-mu,
2 dumu-[ni]ta 0.0.2	2 Söhne (je) 0.0.2,
3 0.0.4 a-D[U]-n[ú]	0.0.4 (für) A-DU-nu,
0.0.4 bi-su-ĝá	0.0.4 (für) Bisuĝa,
0.0.4 gan-^{d}lamma	0.0.4 (für) Gan-Lamma,
0.0.4 nin-kisal-šè	0.0.4 (für) Nin-kisalše,
0.0.4 nin-ra-a-na-gu-lu_{5}	0.0.4 (für) Ninra-ana-gulu,
0.0.2 dumu-nita	0.0.2 (für den) Sohn,
0.0.4 nin-mu-da-kúš	0.0.4 (für) Nin-mudakuš,
0.0.2 dumu-nita	0.0.2 (für den) Sohn,
0.0.4 é-ḫi-li-sù	0.0.4 (für) E-ḫili-su,
0.0.2 dumu-nita	0.0.2 (für den) Sohn,
0.0.4 é-ḫi-li-sù	0.0.4 (für) E-ḫili-su,
2-kam-ma	die zweite,
0.0.4 é-kù	0.0.4 (für) Eku,
0.0.4 é-kù	0.0.4 (für) Eku,
2-kam-ma	die zweite,
0.0.4 gemé-ĝanun	0.0.4 (für) Geme-ĝanun,
0.0.4 gemé-é-zi-da	0.0.4 (für) Geme-Ezida,
0.0.4 uru-na-a-na-gu-lu_{5}	0.0.4 (für) Uruna-ana-gulu,
4 [0.0.4 bará-u_{4}-sù-šè]	0.0.4 (für) Bara-usuše,
3 nu-si[ki]-mí 0.0.2	3 Waisenmädchen (je) 0.0.2,
0.1.0 $ša_{6}$-$ša_{6}$	0.1.0 (für) Šaša,
0.0.2 dumu-nita	0.0.2 (für den) Sohn,
3 dumu-mí 0.0.2	3 Töchter (je) 0.0.2,
mu-na-tam-me	Munatame:
*0.0.2$^{!}$ dumu-nita	0.0.2 (für ihren) Sohn.
šu-niĝín 1 *gemé$^{!}$ 0.1.0	**Zusammen** 1 Magd 0.1.0,
20 lá 2 gemé 0.0.4	20 minus 2 Mägde (je) 0.0.4,
3 nu-siki-mí 0.0.2	3 Waisenmädchen (je) 0.0.2,
7 šà-du_{10}-nita 0.0.2	7 Knaben (je) 0.0.2,
3 šà-du_{10}-mí 0.0.2	3 Mädchen (je) 0.0.2,
še-bi 4.1.*2 $ša_{6}$-$ša_{6}$	Gerste dafür 4.1.2 (an) Šaša;

	0.0.4 nin-mu-su-da	0.0.4 (für) Ninmu-suda,
	0.0.4 gu-ug$_5$	0.0.4 (für) Gu'ug,
	0.0.2 dumu-mí	0.0.2 (für die) Tochter,
	0.0.4 nin-al-ša$_6$	0.0.4 (für) Nin-alša,
	0.0.4! nin-da-nu-me-a	0.0.4(!) (für) Ninda-nume'a,
5 1	0.0.4 nin-*ù-ma	0.0.4 (für) Nin-uma,
	0.0.2 dumu-nita	0.0.2 (für den) Sohn,
	0.0.2 dumu-mí	0.0.2 (für die) Tochter,
	0.0.4 ama-bi-a-DU-nú	0.0.4 (für) Amabi-a-DU-nu,
	2 dum[u]-mí 0.0.2	2 Töchter (je) 0.0.2,
	0.0.4 ama-ša$_6$-g[a]	0.0.4 (für) Ama-šaga,
	0.0.2 dumu-mí	0.0.2 (für die) Tochter,
	0.0.4 gemé-é-zi-da	0.0.4 (für) Geme-Ezida,
	0.0.4 kiš-a-bí-tuš	0.0.4 (für) Kiša-bituš,
	0.0.4 gemé-g̃anun	0.0.4 (für) Geme-g̃anun,
	0.0.4 tàš-ni-tum	0.0.4 (für) *Tašnītum*,
	0.0.4 igi-bar-lú-ti	0.0.4 (für) Igibar-lu-ti,
	0.0.4 šeš-an-eden-na	0.0.4 (für) Šeš-anedena,
	0.0.2 dumu-nita	0.0.2 (für den) Sohn,
	0.0.4 al-mu-ni-du$_{11}$	0.0.4 (für) Al-munidu,
*	0.1.0 nin-inim-zi-da	0.1.0 (für) Nin-inimzida.
	šu-nig̃ín 1 gemé 0.1.0	**Zusammen** 1 Magd 0.1.0,
	14 gemé 0.0.4	14 Mägde (je) 0.0.4,
6 1	2 š[à-du$_{10}$]-ni[ta 0.0.2]	2 Knaben (je) 0.0.2,
	5 šà-[du$_{10}$]-mí 0.0.2	5 Mädchen (je) 0.0.2,
	še-bi 3.0.4 n[in]-inim-zi-da	Gerste dafür 3.0.4 (an) Nin-inimzida:
	ki-siki-u$_4$-bi-ta-me	Altgediente Wollarbeiterinnen sind sie;
	0.0.3 ama-⸢d⸣ab-⸢ba$_6$⸣-⸢é⸣-ta	0.0.3 (für) Ama-Abba-eta,
	[0.0.3 lu]gal-[na]m-šita-sù	0.0.3 (für) Lugal-namšita-su,
	0.0.3 [pu$_6$]-ta-pà-[d]a	0.0.3 (für) Puta-pada,
	0.0.3 gem[é-é]-zi-[d]a	0.0.3 (für) Geme-Ezida,
	0.0.3 nin-eden-né	0.0.3 (für) Nin-edene,
	0.0.3 nin-me-du$_{10}$-ga	0.0.3 (für) Nin-meduga,
	0.0.3 uru-é-nu-mu-si	0.0.3 (für) Uru-e-numusi,
	0.0.3 maš-gu-la	0.0.3 (für) Mašgula,
	0.0.3 IGI.UR.KAL.BA	0.0.3 (für) IGI.UR.KAL.BA,
	0.0.3 nin-pà	0.0.3 (für) Nin-pa,
	0.0.3 ama-bi-a-DU-nú	0.0.3 (für) Amabi-a-DU-na,
	0.0.3 úr-kù-ge	0.0.3 (für) Urkuge,

		0.0.3 nin-pà	0.0.3 (für) Nin-pa,
		2-kam-ma	die zweite,
7	1	[0.0.3 ša$_6$-ša$_6$]	0.0.3 (für) Šaša,
		[0.0.3 é-e-ba-ta-è-dè]	0.0.3 (für) E'e-bata'ede,
		⸢0.0.3⸣ nin-ša$_6$-ga	0.0.3 (für) Nin-šaga,
		0.0.3 gan-^{d}li$_9$-*si$_4$	0.0.3 (für) Gan-Lisi,
	5	0.0.3 ša$_6$-ša$_6$	0.0.3 (für) Šaša,
		2-kam-ma	die zweite,
		0.0.4 šeš-e-a-na-aka	0.0.4 (für) Šeše-ana-aka,
		2 dumu-nita 0.0.2	2 Söhne (je) 0.0.2,
		0.0.2 dumu-mí	0.0.2 (für die) Tochter.
	10	šu-nig̃ín 1 gemé 0.0.4	**Zusammen** 1 Magd 0.0.4,
		20 lá 2 gemé 0.0.3	20 minus 2 Mägde (je) 0.0.3,
		2 ⸢šà⸣-du$_{10}$-nita 0.0.2	2 Knaben (je) 0.0.2,
		1 šà-du$_{10}$-mí 0.0.2	1 Mädchen 0.0.2,
		še-bi 2.2.4 še[š]-⸢e⸣-a-na-aka	Gerste dafür 2.2.4 (an) Šeš-e-ana-aka;
	15	0.0.3 é-bará	0.0.3 (für) E-bara,
		0.0.3 munus-ša$_6$-ga	0.0.3 (für) Munus-šaga,
		0.0.3 ama-bará-ge	0.0.3 (für) Ama-barage,
		0.0.3 ni[n-TUR]	0.0.3 (für) Nin-TUR,
		0.0.3 *n[in-KA]-⸢a⸣	0.0.3 (für) Nin-KA-a,
	20	⸢0.0.3⸣ [ni]n-é-[m]ùš-šè	0.0.3 (für) Nin-Emuše,
8	1	[0.0.3 gemé-g̃anun](?)	0.0.3 (für) Geme-g̃anun(?),
		[0.0.3 gemé-igi-g̃ál](?)	0.0.3 (für) Geme-Igig̃al(?),
		[0.0.3 nin-bur-šu-ma](?)	0.0.3 (für) Nin-buršuma(?),
		0.0.3 nin-igi-du	0.0.3 (für) Nin-igidu,
	5	0.0.3 gemé-é-dam	0.0.3 (für) Geme-Edam,
		0.0.3 ama-ša$_6$-ga	0.0.3 (für) Ama-šaga,
		0.0.3 nin-uš-MUŠ	0.0.3 (für) Nin-uš-MUŠ,
		0.0.3 AN.BU.DU$_3$	0.0.3 (für) AN.BU.DU$_3$,
		0.0.3 gan-utu	0.0.3 (für) Gan-Utu,
	10	0.0.3 nin-úr-ni	0.0.3 (für) Nin-urni,
		0.0.3 gemé-šu-íl-la	0.0.3 (für) Geme-šu'ila,
		0.0.3 ama-bi-a-DU-nú	0.0.3 (für) Amabi-a-DU-nu,
		0.0.4 nin-é-unu^{ki}-ga-nir-g̃ál	0.0.4 (für) Nin-E-Unuga-nirg̃al,
		0.0.2 dumu-mí	0.0.2 (für die) Tochter.
	15	šu-nig̃[ín] 1 gemé 0.0.4	**Zusammen** 1 Magd 0.0.4,
		20 lá 2 [ge]mé 0.0.3	20 minus 2 Mägde (je) 0.0.3,
		1 [šà-du$_{10}$]-mí 0.0.2	1 Mädchen 0.0.2,

	še-bi 2.2.0 nin-é-unu^{ki}-ga-ni[r-g̃]ál	Gerste dafür 2.2.0 (an) Nin-E-Unuga-nirg̃al;
9 1	[0.0.3 uru-mu-a-na-aka]	0.0.3 (für) Urumu-ana-aka,
	[0.0.3] [nin-ed]en-[n]é	0.0.3 (für) Nin-edene,
	0.0.3 g[an]-š[ubur]	0.0.3 (für) Gan-šubur,
	0.0.3 ge[mé-^{d}]ba-[ba$_6$]	0.0.3 (für) Geme-Baba,
5	0.0.3 nin-úr-ni	0.0.3 (für) Nin-urni,
	0.0.3 ama-lukur-tuku	0.0.3 (für) Ama-lukur-tuku,
	0.0.3 me-nig̃in-ta	0.0.3 (für) Me-nig̃inta,
	0.0.3 ama-en-tu	0.0.3 (für) Ama-en-tu,
	0.0.3 nin-ḫé-g̃ál-sù	0.0.3 (für) Nin-ḫeg̃al-su,
10	0.0.3 nin-kisal-⸢šè⸣	0.0.3 (für) Nin-kisalše,
	0.0.3 nin-kisal-šè	0.0.3 (für) Nin-kisalše,
	2-kam-ma	die zweite,
	0.0.3 ⸢šeš-da⸣-[bar]á-ga	0.0.3 (für) Šešda-baraga,
	⸢0.0.3⸣ gemé-nig̃in	0.0.3 (für) Geme-nig̃in,
15	⸢0.0.3⸣ gan-pu$_6$-sag̃	0.0.3 (für) Gan-pusag̃,
	0.0.3 nin-nam-mu-šub-e	0.0.3 (für) Nin-nam-mušube,
	0.0.3 nin-nu-nam-šita	0.0.3 (für) Ninnu-namšita,
	0.0.4 ZUM	0.0.4 (für) ZUM.
R 10 1	šu-nig̃ín 1 gemé 0.0.4	**Zusammen** 1 Magd 0.0.4,
	16 gemé 0.0.3	16 Mägde (je) 0.0.3,
	še-bi 2.0.4 ZUM	Gerste dafür 2.0.4 (an) ZUM:
	sag̃-sa$_{10}$(=NINDA$_2$xŠE+A)-me	Gekaufte 'Sklavinnen' sind sie:
5	ki-siki-me	Wollarbeiterinnen sind sie;
	0.0.4 šà-ge-a-DU-bí-du$_{11}$	0.0.4 (für) Šage-a-DU-bidu,
	0.0.4 [nin-b]ará-da-⸢rí⸣	0.0.4 (für) Nin-baradari,
	0.0.2 dumu-mí	0.0.2 (für die) Tochter,
	0.0.4 nin-⸢TUR⸣	0.0.4 (für) Nin-TUR,
10	0.0.4 [n]in-šer$_7$-zi	0.0.4 (für) Nin-šerzi,
	0.0.4 nin-bará-da-rí	0.0.4 (für) Nin-baradari,
	2-kam-ma	die zweite,
	0.0.4 maš-TU[R]	0.0.4 (für) Maš-TUR,
	0.0.4 ni[n-bará]-d[a-rí]	0.0.4 (für) Nin-baradari,
15	[3-kam-ma]	die dritte,
	[0.0.4 nin-šà-lá-tuku]	0.0.4 (für) Nin-šala-tuku,
11 1	0.0.4 ušùr-*ra!-ša$_6$	0.0.4 (für) Ušura-ša,
	0.0.4 gemé-^{d}ba-ba$_6$	0.0.4 (für) Geme-Baba:
	ki-gu-*⸢u$_4$⸣-bi-[t]a-me	Altgediente Leinenarbeiterinnen sind sie;

	⸢0.0.3⸣ nin-*⸢za⸣-me	0.0.3 (für) Nin-zame,
	[0.0.3 n]in-[kisal]-šè	0.0.3 (für) Nin-kisalše,
	0.0.3 *n[in]-úr-ni	0.0.3 (für) Nin-urni,
	0.0.3 *ni[n]?-TUR	0.0.3 (für) Nin-TUR(?),
	0.0.3 nin-ḫi-li-sù	0.0.3 (für) Nin-ḫili-su,
	0.0.3 ab-ba-nir-g̃ál	0.0.3 (für) Abba-nirg̃al,
	0.0.3 nin-eden-né	0.0.3 (für) Nin-edene:
	sag̃-sa$_{10}$(=NINDA$_{2}$xŠE)-me	Gekaufte 'Sklavinnen' sind sie;
	0.1.0 zabàr-TUR	0.1.0 (für) Zabar-TUR.
	šu-nig̃ín 1 g[emé 0.1.0]	**Zusammen** 1 Magd 0.1.0,
	[10 gemé 0.0.4]	10 Mägde (je) 0.0.4
	[7 gemé 0.0.3]	7 Mägde (je) 0.0.3,
12	1 šà-du$_{10}$-mí 0.0.2	1 Mädchen 0.0.2,
	še-bi 3.0.0 [l]á 0.0.3 ki-[g]u-me	Gerste dafür 3.0.0 minus 0.0.3: Leinenarbeiterinnen sind sie;
		[*(Leerzeile(?)*]
	*⸢0.0.4⸣ [min-na-ni]	0.0.4 (für) Minani,
	*⸢0.0.2⸣ [dumu-mí]	0.0.2 (für die) Tochter,
	*⸢0.0.4⸣ [nin]-m[a-DU]	0.0.4 (für) Nin-ma-DU,
	0.0.2 [dumu-mí]	0.0.2 (für die) Tochter,
	0.0.4 nin-ab-gu	0.0.4 (für) Nin-abgu,
	0.0.4 nin-ab-gu	0.0.4 (für) Nin-abgu,
	2-kam-ma	die zweite,
	0.0.4 ^{d}ba-ba$_{6}$-ig-gal	0.0.4 (für) Baba-iggal,
	0.0.4 nin-igi-an-na-ke$_{4}$-su	0.0.4 (für) Nin-igi-anake-su:
	gemé-sá-du$_{11}$-me	Mägde mit regelmäßigen Lieferungen sind sie;
	0.0.4 zi-la-la	0.0.4 (für) Zilala,
	0.0.2 dumu-mí	0.0.2 (für die) Tochter,
	0.0.4 nin-*ù-ma	0.0.4 (für) Nin-uma,
	0.0.4 si-PI.D[U]	0.0.4 (für) Si-PI.DU,
	0.0.4 [za-na(?)]	0.0.4 (für) Zana(?),
13	0.0.4 NI-su-ba	0.0.4 (für) NI-suba,
	⸢0.0.4⸣ [ag]-*g[a-ga]	0.0.4 (für) Agaga,
	0.0.4 *⸢d⸣[ba]-ba$_{6}$-dingir-[mu]	0.0.4 (für) Baba-dingirmu,
	0.0.4 sila$_{4}$-TU[R]	0.0.4 (für) Sila-TUR,
	0.0.4 nin-mu-da-kúš	0.0.4 (für) Nin-mudakuš:
	gemé-bar-bi-g̃ál-la-me	Außerordentliche Mägde sind sie;
	2 nu-siki-nita 0.0.2	2 Waisenknaben (je) 0.0.2,
	1 nu-siki-mí 0.0.2	1 Waisenmädchen 0.0.2.

šu-niĝín 15 gemé 0.0.4	Zusammen 15 Mägde (je) 0.0.4,
2 nu-siki-nita 0.0.2	2 Waisenknaben (je) 0.0.2,
1 nu-siki-mí 0.0.2	1 Waisenmädchen 0.0.2,
3 šà-du$_{10}$-⸢mí⸣ 0.0.2	3 Töchter (je) 0.0.2,
še-bi 3.0.0 úr-mud	Gerste dafür 3.0.0 (an) Ur-mud,
agrig	den Hausverwalter;
0.0.4 sig$_{4}$-ĝá-na-gi$_{4}$	0.0.4 (für) Sigĝa-nagi,
0.0.4 nin-uru-ezem-me-ḪE$_{2}$-GAM.GAM	0.0.4 (für) Nin-uru-ezeme-ḪE$_{2}$-GAM.GAM,
0.0.4 nin-KAS$_{4}$-íl-íl	0.0.4 (für) Nin-KAS-ilil,
14 1 0.0.4 ušùr-gim-⸢du$_{10}$⸣	0.0.4 (für) Ušurgim-du:
munus-me	Frauen sind sie;
0.1.2 é-gi$_{16}$-sa	0.1.2 (für) E-gisa,
ú-bil	den 'Heizer'.
šu-niĝín 1 lú 0.1.2	Zusammen 1 Person 0.1.2,
4 gemé 0.0.4	4 Mägde (je) 0.0.4,
še-bi 1.0.0 í-lí-be$_{6}$-lí	Gerste dafür 1.0.0 (an) *Ilī-bēlī*;
0.0.4 za-na	0.0.4 (für) Zana,
0.0.4 ^{d}ba-ba$_{6}$-gim-a-ba-ša$_{6}$	0.0.4 (für) Babagim-aba-ša,
0.0.4 nam-uru-na-šè	0.0.4 (für) Nam-urunaše,
*⸢0.0.4⸣ [ni]n-níĝ-[u]-⸢mu⸣	0.0.4 (für) Nin-niĝumu,
0.0.4 zi-[l]e	0.0.4 (für) Zile,
0.0.2 dum[u]-mí	0.0.2 (für die) Tochter,
0.0.4 nin-ḪE$_{2}$-[GAM].GAM	0.0.4 (für) Nin-ḪE$_{2}$-GAM.GAM:
munus-me	Frauen sind sie;
0.1.0 ad-da	0.1.0 (für) Adda,
munu$_{4}$-GAZ	den Malzschroter(?).
šu-niĝín 1 lú 0.1.0	Zusammen 1 Person 0.1.0,
6 gemé 0.0.4	6 Mägde (je) 0.0.4,
1 šà-⸢du$_{10}$⸣-mí 0.0.2	1 Mädchen 0.0.2,
15 1 še-bi 1.1.2 amar-girid^{ki}	Gerste dafür 1.1.2 (an) Amar-Girid:
lú-bappìr-me	Brauer sind sie;
0.0.3 i$_{7}$-lú	0.0.3 (für) I-lu,
0.0.2 dumu-nita	0.0.2 (für den) Sohn,
2 dumu-mí 0.0.2	2 Töchter (je) 0.0.2,
0.0.3 nin-šà-lá-tuku	0.0.3 (für) Nin-šala-tuku,
2 dumu-nita 0.0.2	2 Knaben (je) 0.0.2,
0.0.2 dumu-mí	0.0.2 (für die) Tochter,

	0.0.3 nin-lú-ti-ti	0.0.3 (für) Nin-lu-titi,
	0.0.2 dumu-mí	0.0.2 (für die) Tochter.
	šu-niğín 3 gemé 0.0.3	**Zusammen** 3 Mägde (je) 0.0.3,
	3 šà-d[u$_{10}$]-nita 0.0.2	3 Knaben (je) 0.0.2,
	4 šà-du$_{10}$-mí 0.0.2	4 Mädchen (je) 0.0.2,
	še-bi 1.0.0 lá 0.0.*1	Gerste dafür 1.0.0 minus
	a-ga-am-me	0.0.1: ... sind sie.
	0.0.3 nin-é-balağ-ni-du$_{10}$	0.0.3 (für) Nin-e-balağni-du,
	gala	die Kultsängerin,
	0.0.3 nin-éš-dam-e-ki-ağá	0.0.3 (für) Nin-ešdame-ki'ağa,
	0.0.3 nin-ù-ma	0.0.3 (für) Nin-uma,
	0.0.3 ŠIM-tuš-⸢šè⸣	0.0.3 (für) ŠIM-tuše,
16	2 dumu-nita 0.0.2	2 Knaben (je) 0.0.2,
	0.0.2 dumu-mí	0.0.2 (für die) Tochter,
	0.0.3 nam-dam	0.0.3 (für) Namdam,
	0.0.3 su$_6$-mú	0.0.3 (für) Su-mu,
	0.0.3 nin-eden-né	0.0.3 (für) Nin-edene,
	2 dumu-nita 0.0.2	2 Knaben (je) 0.0.2,
	0.0.3 za-na	0.0.3 (für) Zana,
	0.0.3 ušùr-ra-ša$_6$	0.0.3 (für) Ušura-ša,
	0.0.3 nin-úr-ni	0.0.3 (für) Nin-urni,
	0.0.3 dam-a-mu	0.0.3 (für) Dam-amu,
	0.0.3 ^{d}ba-ba$_6$-zi-mu	0.0.3 (für) Baba-zimu,
	0.0.2 dumu-nita	0.0.2 (für den) Sohn,
	0.0.2 dumu-mí	0.0.2 (für die) Tochter,
	0.0.3 šeš-da-gal-di	0.0.3 (für) Šešda-galdi:
	gemé-šáh-níğ-kú-a-me	Mägde der Mastschweine sind sie;
	0.0.4 nimgir-è[š]-⸢a-DU⸣	0.0.4 (für) Nimgir-eša-DU,
	gáb-ra-šáh-ú-ka	den Treiber der Weideschweine,
	2 nu-siki-*nita 0.0.2	2 Waisenknaben (je) 0.0.2.
	šu-niğín 1 nita ⸢0.0.4⸣	**Zusammen** 1 Mann 0.0.4,
17	12 + 1 gemé 0.0.3	12 + 1 Mägde (je) 0.0.3,
	2 nu-siki-nita 0.0.2	2 Waisenknaben (je) 0.0.2,
	5 šà-du$_{10}$-nita 0.0.2	5 Knaben (je) 0.0.2,
	2 šà-du$_{10}$-mí 0.0.2	2 Mädchen (je) 0.0.2,
	še-bi 2.1.4 ki-šáh-kam	Gerste dafür 2.1.4 ist (für das Personal des) Schweinekobens;

	0.0.3 nam-šita-mu	0.0.3 (für) Namšitamu,
	0.0.2 dumu-mí	0.0.2 (für die) Tochter,
	0.0.3 šeš-a-mu	0.0.3 Šeš-amu,
	2 dumu-nita 0.0.2	2 Knaben (je) 0.0.2:
	gemé-maš-me	Ziegenmägde sind sie:
	lugal-pa-è	(unter) Lugalpa'e,
	sipa-šáḫ	dem Schweinehirten.
18	[šu]-nig̃ín [1 l]ú 0.1.2	**Zusammen** 1 Person 0.1.2,
	1 lú 0.1.0	1 Person 0.1.0,
	1 lú 0.0.4	1 Person 0.0.4,
	4 nu-siki-nita 0.0.2	4 Waisenknaben (je) 0.0.2,
	20 lá 1 + 2 šà-du$_{10}$-nita 0.0.2	20 minus 1 + 2 Knaben (je) 0.0.2:
	nita-me	Männer sind sie;
	10 lá 1 gemé 0.1.0	10 minus 1 Mägdd (je) 0.1.0,
	1,24 gemé 0.0.4	84 Mägde (je) 0.0.4,
	1,15 + [1+]1 gemé 0.0.3	75 + 2 Mägde (je) 0.0.3,
	4 nu-siki-mí 0.0.2	4 Waisenmädchen (je) 0.0.2,
	30 lá 3 šà-du$_{10}$-mí 0.0.2	30 minus 3 Mädchen (je) 0.0.2.
19	[gú-an-šè] ⸢3⸣,[4]5 + ⸢4⸣ še-ba-tur-maḫ-ba	**Insgesamt** 225 + 4 (Personen mit) Gerstezuteilungen, darunter kleine (und) große;
	še-bi 30.[3].3 + 0.1.4	Gerste dafür 30.3.3 + 0.1.4
	g[ur]-sag̃-g̃ál	Haupt-Gur;
	še-ba-gemé dumu-é-^{d}ba-ba$_{6}$-ka	Gerstezuteilungen des Tempels der Baba für die Mägde (und deren) Kinder;
	ša$_{6}$-ša$_{6}$	Šaša,
	dam-uru-inim-gi-na	die Frau des Uru-inimgina,
	lugal-	des Königs
	lagaš^{ki}-ka	von Lagaš;
	en-šu-gi$_{4}$-gi	En-šugigi,
	agrig-ge	der Hausverwalter,
20	[...-ta]	hat aus ... heraus
	[e-ne]-ba 6.	ihnen (dies) zugeteilt. 6. (Jahr).
	12-ba-am$_{6}$	Die 12. Zuteilung ist es.

Anmerkungen:

(1:8) Zu diesem Namen, der etwa mit "Sie (= Ištar(?) ist) meine Mutter" zu übersetzen ist, s. I.J. Gelb MAD 3,42; R. Di Vito, Onomastics, 182.

(6:4,11:3) Zu u_4-bi-ta s. bereits AWEL 415 zu Nik 188 1:4 und vgl. unten zu 39 K. Da diese Bestimmung hier im Gegensatz zur Bezeichnung 'gekauft' verwendet wird, bezeichnet sie die altgedienten Arbeiterinnen, das Stammpersonal.

(6:7) In pu_6-ta-pà-da, oder vielleicht besser túl-ta-pà-da, liegt ein Wort für "Findling" vor. Zu diesem hier als Autonym gebrauchten Begriff s. jetzt auch OIP 104, 216; vgl. ferner H. Limet, L'anthroponymie 290 und s. oben zu pú, pu_6 und túl zu Nr. 14 3:12 und ferner ISL I 1, 476 zu túl = *issû*.

(7:1-2) Ergänzt nach VAT 4612 (= VS 25 Nr. 69 = Or 43/44, 65).

(8:1-3) Der Paralleltext VAT 4612 (= VS 25 Nr. 69) (Ukg. L 6/9) nennt hier neben diesen drei Personen zusätzlich noch eine nin-du_{10}-nu-si. Die Ergänzung von nur drei Personen an unserer Stelle wird durch die Zwischensumme in 8:17 bestätigt. Welche drei der vier möglichen Namen hier gestanden haben, ist unsicher.

(8:8) Vgl. $AN^?$-BU dam-gàr "PN, Kaufmann"; nicht auszuschließen scheint eine Verbindung mit AN.BU, nach der *Sumerian King List* der Begründer einer Dynastie in Mari, den unlängst A. Alberti, N.A.B.U. 1990, 102:124, versuchte mit dem im Brief des Enna-Dagan belegten Mari-Herrscher a-nu-bu_x(=KA) zu identifizieren.

(10:4, 11:11) Die "gekauften Sklavinnen" wurden in AWEL passim noch sag̃-šám umschrieben, wobei ich im Anschluß an A. Falkenstein NG 1,121[1] und 122[1] noch mit der Möglichkeit der Existenz einer verbalen Basis /š/sám/ rechnete (vgl. noch J. Krecher ZA 63 (1973) 152, s. aber bereits C. Wilcke RlA 5, 495 (sa_{10}, *marû* sa_{10}-sa_{10}) und zuletzt P. Steinkeller FAOS 17, 155ff.). In 10:4 finden wir die Schreibung $NINDA_2$xŠE+A, in 11:11 nur $NINDA_2$xŠE. Nr. 23 = STH 1, 24 7:9 bietet die

Schreibung NINDA₂xŠE-A, d.h. das Zeichen A ist deutlich außerhalb des NINDA₂-Zeichens geschrieben. Demnach dürfen wir die Bezeichnung "gekaufte Sklaven", wörtlich "gekaufte Häupter", wohl als sag̃-sa₁₀-a rekonstruieren, d.h. mit dem einem perfektiven (*ḫamṭu-*) Partizip sa₁₀-a. Zu sa₁₀ und sám s.a. unten zu Nr. 59 2:2',6:2'.

(12:3) Der Paralleltext VAT 4612 (= VS 25 Nr. 69) beginnt diesen Abschnitt mit 0.0.4 s[a]-ᵈsi-bí, 0.0.2 dumu-nita, 0.0.4 min-na-ni, 0.0.2 dumu-mí. Vor Nin-ma-DU in 12:6 unseres Textes steht ein recht deutliches 0.0.2, das wegen der Zwischensumme in 13:13 zu ⌜0.0.2⌝ dumu-mí ergänzt werden muß. Die Magd davor muß nach dem Paralleltext dann Minani gewesen sein. Nach den Raumverhältnissen ist davor eine (nicht zwei!) weitere Zeile anzusetzten. Wennn man annimmt, daß die Zwischensumme in 13:9-14 korrekt ist, so ist diese Zeile vermutlich eine Leeerzeile. D.h. Sa-Sibi und ihre Tochter scheinen in unserem Text nicht mehr aufgeführt gewesen zu sein.

(12:14) Semitischer PN? Etwa zu einer Wurzel **ṣll* zu stellen? Vgl. I.J. Gelb MAD 3, 243f.

(12:18) Der Paralletext VAT 4612 13:5-8 lautet 0.0.4 si-PI-DU / 0.0.4 za-na / 0.0.4 ḫa-ši / 0.0.4 NI-su-ba; Vgl. a. Nr. 9:7ff. Es könnte also auch Ḫaši ergänzt werden. Nach der Zwischensumme in 13:9 (und den Raumverhältnissen) kann hier jedoch nur *ein* Personenname gestanden haben. Meine Wahl von Zana ist willkürlich.

(13:5) Handelt es sich bei der hier erstmals belegten nin-mu-da-kúš um die gleichnamige Magd aus der gemé-NUNUZ.KISIM₅xTITAB₂-Gruppe aus Nr. 21 12;13? Vgl. a. unten zu 15:1.

(14:12) Semitischer PN? Etwa als *ṣillī* ein Hypokoristikon und zu *ṣillu(m)* "Schatten, Schirm, Schutz" zu stellen?

(14:17) Zu munu₄-GAZ, wohl der "Malzzerkleinerer", "Malzschroter", s. zu Nr. 20 9:10.

(15:1) Es fehlt in diesem Text (wohl) erstmals die Gruppe der gemé-NUNUZ.KISIM₅xTITAB₂, die noch in Nr. 21 den a-ga-am vorausgingen. DCS 1 ist undeutlich. Nach den Brauerleuten in 12:6' folgt dort nin-igi-an-na-ke₄-su, die in Nr. 21 noch fehlt, hier in Nr 22 12:12 aber unter den gemé-sá-du₁₁ des úr-mud agrig genannt wird. S.a. oben zu 13:5.

(16:16) Zu diesem Namen ist die ns. Berufsbezeichnung èš-a-ab-du, auch ès-sá-ab-du geschrieben, zu vergleichen; S. dazu jetzt P. Steinkeller FAOS 17, 81+238. Entsprechend lautet das Lehnwort *es/šabdû* (*s.* CAD A/1,2 unter *ababdû*)(, wenn man denn überhaupt eine Übernahme der Berufsbezeichnung ins Akkadische annehmen will).
Unser PN bedeutet demnach in Anlehnung an Steinkeller etwa: "Der Herold geht im Heiligtum umher". Zum selben Bildungstyp gehört auch die ns. Berufsbezeichnung sár-ra-ab-du; vgl. zuletzt R. Englund, Fischerei 61[204] mit Verweis auf P. Steinkeller ASJ 3 (1981) 87; P. Steinkeller FAOS 17, 81; J.P. Grégoire AAS 147 zu Nr. 103:2; weitere Belege s.v. šár-ra-ab-du in den Indices von B. Lafont DAS 250; M. Sigrist, AUCT 3, 66; id. TÉNS 72; id. Rochester 45; T. Gomi SENATBM 316. Analog sollte dieser Beruf etwa "der in der Menge umhergeht" o.ä. bedeuten, wenn nicht rücksichts seiner von J.-P. Grégoire AAS S. 230f. erschlossenen Funktion bei der Feldvermessung šár mit /sar/ "Beet" zu stellen ist, vielleicht "der im Beet umhergeht"? Vgl. P. Steinkeller ASJ 3 (1987) 87 "the one who walks amidst the yield".

(17:5) Die durch den Kontext notwendige Wiedergabe des Ausdrucks */ki-šáḫ-ak/ kann m.E. bestätigt werden über die ähnliche Bedeutungvon ki-siki(-ak) und ki-gu(-ak); vgl dazu AWEL 60 zu Nik 1 6:19, 7:12. Diese Rubra erscheinen allerdings immer als ki-siki-me und ki-gu-me. Einzelne Wollarbeiterinnen werden auch als ki-siki-kam bezeichnet (RTC 53 2:5; Nr. 4:7; DP 157 2:10; VAT 4419 (VS 25 Nr. 14) 2:10. Ein ki-šáḫ-kam findet sich noch in VAT 4612 (= VS 25 Nr. 69) 16:13. Beachte auch gemé-ki-šáḫ-ka in RTC 52 5:1-2. Im gleichen Text findet sich bemerkenswerterweise zur Bezeichnung der 'Wollarbeiterinnen' in 2:8 die übliche Bezeichnung ki-siki-me "'Wollarbeiterinnen' sind sie". Der Befund ist also dem oben zu Nr. 4 4:4 Gesagten zu vergleichen.

(18:1–19:2) Nach den hier vorgenommenen Ergänzungen und entsprechend dem oben Dargelegten stimmen Summenformel und gú-an-šè-Vermerk mit dem Haupttext hinsichtlich der Anzahl der Empfänger und der Gerstenbeträge überein.

23 = STH 1, 24

<u>Text:</u> HSM 904.4.11 (früher 3615); <u>Maße:</u> H.: 12,8cm; Br.: 12,9cm;
<u>Kollationiert;</u>
<u>Umschrift/Übersetzung:</u> A. Deimel Or 34/35, 99ff.; M. Lambert ArOr 29 (1961) 435ff.;
<u>Parallelen:</u> TSA 13 (Ukg. L 5/12); I-.A-2: Nr. 122 (Ukg. L 6/4); TSA 16 (Ukg. L 6/8); Nr. 17 (Ukg. L 6/12); I-A-3: DCS 1 (Ukg. L [6]/3); VAT 4612 (Ukg. L 6/9); Nr. 22 (Ukg. L 6/12);
<u>Datum:</u> Ukg. L 6/11; <u>Typ:</u> I-A-2 + I-A-3.(A/2+A/3);
<u>Inhalt:</u> Gerstezuteilungen des Baba-Tempels für die Mägde (und deren) Kinder, Träger, Iginudu-Arbeiter und einzelne šà-dub(-ba)-Arbeiter.
<u>Gliederung:</u>

<u>Iginudu-Handwerker</u> (mit Rubrum):	*1:01-1:08*
1. Gruppe (mit Zws. unter Ur-Šul):	*1:01-1:03*
2. Gruppe (mit Zws. unter Ur-Abba):	*1:04-1:05*
3. Gruppe (mit Zws. unter Eta):	*1:06-1:07*
<u>Iginudu(-Baumarbeiter)</u> mit Zws. u. An-amu:	*1:09-1:11*
<u>Träger</u> (mit Rubrum):	*1:12-2:16*
1. Gruppe (mit Zws. unter Sag̃-Nin-Girsuda):	*1:12-2:02*
2. Gruppe (mit Zws. unter Enku):	*2:03-2:07*
3. Gruppe (mit Zws. unter Lugal-sipa):	*2:08-2:10*
4. Gruppe (mit Zws. u. Ur-Nin-MUŠxMUŠ-daru):	*2:11-2:13*
(Leitender) Baumeister Enna:	*2:14-2:15*
<u>Einzelne šà-dub(-ba)-Arbeiter</u> (mit Rubrum):	*2:17-5:12*
<u>(šà-dub(-ba)-Arbeiter des 'Palastes')</u> (ohne Zwischensumme und Rubrum):	*2:17-3:14*
a) Mundschenken:	*2:17*
b) Bäcker/Köche:	*3:01-3:02*
c) Boten:	*3:03*
d) Bediensteter des 'Vorratshauses':	*3:04*
e) Bedienstete des 'Hausinnern' (mit Rubrum):	*3:05-3:06*
f) Hausgesinde (mit Waise):	*3:07-3:08*
g) Heißwasserbereiter:	*3:09*
h) Schreiber:	*3:10*

i) Friseur: *3:11–3:12*
j) Statuenwärter: *3:13–3:14*
Weitere einzelne šà-dub(-ba)-Arbeiter: *3:15–5:12*
Handwerker (mit Rubrum): *3:15–4:06*
a) Schmiede (mit Rubrum): *3:15–3:21*
b) Lederwerker, Walker, Zimmerleute, Rohrmattenflechter und Steinschneider: *4:01–4:05*
Pförtner: *4:07–4:08*
Verschiedene Hirten und Gestütspersonal: *4:09–5:07*
Schiff(bau)er und Gala-Priester: *5:08–5:11*

Wollarbeiterinnen (mit Rubrum): *5:13–7:10*
I. Stammpersonal mit Rubrum): *5:13–6:11*
1. Gruppe (mit Zws. unter Šaša): *5:13–5:18*
2. Gruppe (mit Zws. unter Nin-inimzida): *6:01–6:05*
3. Gruppe (mit Zws. unter Nanšeda-nume'a): *6:06–6:10*
II. Neuerworbene Sklavinnen (mit Rubrum): *6:12–7:09*
4. Gruppe (mit Zws. unter Šeše-ana-aka): *6:12–7:01*
5. Gruppe (mit Zws. unter Nin-E-Unuga-nirg̃al): *7:02–7:05*
6. Gruppe (mit Zws. unter ZUM): *7:06–7:08*
Leinenarbeiterinnen (mit Zws., Rubrum und Vorsteher Zabar-TUR): *7:11–7:16*
Dienerschaft (ohne Rubrum, mit Zws. und Vorsteher Ur-mud): *8:01–8:07*
Brauereipersonal (mit Rubrum): *8:08–8:15*
1. Gruppe (mit Zws. und Vorsteher Ilī-bēlī): *8:08–8:10*
2. Gruppe (mit Zws. und Vorsteher Amar-Girid): *8:11–8:14*
***a-ga-am** (mitRubrum):* *9:01–9:04*
Viehmägde (mit Zws., Rubra und Vorsteher Lugal-pa'e): *9:05–9:16*

Summenformel: *10:01–10:13*

Schlußformel: *11:01–12:05*
Summa summarum: *11:01–11:02*
Klassifikation: *11:03–11:04*
Transaktionsformular / Datum: *11:05–12:05*

1	1	12 i[gi]-nu-du$_8$ še-ba 0.1.0	12 Iginudu-Arbeiter: Gerstezuteilung (je) 0.1.0,
		še-bi 3.0.0 gur-sag̃-g̃ál	Gerste dafür 3.0.0 Haupt-Gur
		ur-šul	(an) Ur-Šul;
		15 igi-nu-du$_8$ 0.1.0	15 Iginudu (je) 0.1.0,
	5	[še-bi] 4.0.0 lá 0.1.0 [ur-^{d}]ab-ba$_6$	Gerste dafür 4.0.0 minus 0.1.0 (an) Ur-Abba;

	⸢12⸣ igi-nu-du$_8$ 0.1.0	12 Iginudu (je) 0.1.0,
	še-bi 3.0.0 e-ta	Gerste dafür 3.0.0 (an) Eta:
	igi-nu-du$_8$-g̃iš-kin-ti-me	Iginudu-Handwerker sind sie.
	12 igi-nu-du$_8$ 0.1.0	12 Iginudu (je) 0.1.0,
	še-bi 3.0.0 AN-a-mu	Gerste dafür 3.0.0 (an) AN-amu,
	nu-kiri$_6$	den Gärtner.
	1 [nita] 0.⸢1⸣.2	1 Mann 0.1.2,
	5 [ni]ta 0.1.0	5 Männer (je) 0.1.0,
2	[4] munus 0.1.0	4 Frauen (je) 0.1.0,
	še-⸢bi⸣ 2.2.2 sag̃-^{d}nin-g̃ír-su-da	Gerste dafür 2.2.2 (an) Sag̃-Nin-Girsuda;
	1 nita 0.1.2	1 Mann 0.1.2,
	3 nita 0.1.0	3 Männer (je) 0.1.0,
	3 munus 0.1.0	3 Frauen (je) 0.1.0,
	1 šà-du$_{10}$-mí 0.0.2	1 Mädchen 0.0.2,
	še-bi 2.0.0 lá 0.0.2 en-kù	Gerste dafür 2.0.0 minus 0.0.2 (an) Enku;
	3 nita 0.1.2	3 Männer (je) 0.1.2,
	3 munus 0.1.0	3 Frauen (je) 0.1.0,
	še-bi 2.0.0 lá 0.1.0 lugal-sipa	Gerste dafür 2.0.0 minus 0.1.0 (an) Lugal-sipa;
	[2] nita 0.1.0	2 Männer (je) 0.1.0,
	4 munus 0.1.0	4 Frauen (je) 0.1.0,
	⸢še⸣-bi [1].2.0 [u]r-⸢^{d}⸣[n]in-MUŠxMUŠ-da-ru	Gerste dafür 1.2.0 (an) Ur-Nin-MUŠxMUŠ-daru;
	0.1.0 en-na	0.1.0 (für) Enna,
	šidim	den Baumeister:
	íl-me	Träger sind sie.
	5 sagi 0.1.0	5 Mundschenken (je) 0.1.0,
3	2 muḫaldim 0.1.0	2 Bäcker/Köche (je) 0.1.0,
	1 [mu]ḫaldim 0.0.4	1 Bäcker/Koch 0.0.4,
	3 su[kkal] ⸢0.1.0⸣	3 Boten (je) 0.1.0,
	0.1.0 lú-⸢é-ninda-ka⸣	0.1.0 (für den) 'Bediensteten' des 'Vorratshauses',
	3 lú 0.1.0	3 Personen (je) 0.1.0,
	lú-é-[š]à-ga[(-me)]	'Bedienstete' des 'Hausinnern' (sind sie);
	6 ḪAR.[TU]-mí [0.1.0]	6 'Hausbedienerinnen' (je) 0.1.0,
	0.0.3 nu-si[k]i-nita	0.0.3 (für den) Waisenknaben,
	2 lú-a-kúm 0.1.0	2 Heißwasserbereiter (je) 0.1.0,
	3 dub-sar 0.1.2	3 Schreiber (je) 0.1.2,

	0.1.0 AN-al-ša$_{6}$	0.1.0 (für) AN-alša,
	⌜šu⌝-í	den Friseur,
	[0.1.0] AN-igi-[du]	0.1.0 (für) AN-igidu,
	lú-[ala]n	den Statuenwärter,
	1 simug 0.1.2	1 Schmied 0.1.2,
	šubur-da	bei Šubur
	e-[d]a-ti	lebt er;
	4 simug 0.1.0	4 Schmiede (je) 0.1.0,
	níĝ-lú	bei Niĝ-lu
	e-da-se$_{12}$	leben sie:
	[simug-me]	Schmiede sind sie;
4	0.1.2 ašgab	0.1.2 (für den) Lederwerker,
	0.1.2 ⌜túg-du$_{8}$⌝	0.1.2 (für den) Walker,
	2 ⌜nagar 0.1.0⌝	2 Zimmerleute (je) 0.1.0,
	⌜0.1.0 ad-KID⌝	0.1.0 (für den) Rohrmatten-flechter,
	0.1.0 zadim	0.1.0 (für den) Steinschneider:
	ĝiš-kin-ti-me	Handwerker sind sie;
	4 ì-du$_{8}$-nit[a] 0.0.3	4 Pförtner (je) 0.0.3,
	1 ⌜ì⌝-du$_{8}$-mí ⌜0.0.3⌝	1 Pförtnerin 0.0.3,
	0.1.2 ^{d}nin-[ĝ]ír-su-[ig]i-[d]u	0.1.2 (für) Nin-Girsu-igidu,
	gáb-ra-g[u$_{4}$]-tur-tu[r]	den Treiber der Jung-stiere,
	2 l[ú] 0.1.0	2 Personen (je) 0.1.0,
	[g]áb-ra-gala-tur	Viehtreiber (des) Galatur,
	sipa-AMA-ša:gan-ka	des Hirten der 'Eselsstuten';
	3 lú 0.1.2	3 Personen (je) 0.1.2,
	anše-EREN$_{2}$-ke$_{4}$	bei den Gespanneseln
	ba-su$_{8}$-ge-éš	'stehen' sie,
	en-ig-gal	bei En-iggal,
	[n]u-bandà	dem Generalverwalter,
5	⌜e⌝-[d]a-[s]e$_{12}$	leben sie;
	1 lú 0.1.2	1 Person 0.1.2,
	1 munus 0.0.3	1 Frau 0.0.3,
	⌜udu-níĝ-kú⌝-a ba-su$_{8}$-ge-éš	bei den Mastschafen 'stehen' sie,
	U$_{2}$.U$_{2}$	bei U$_{2}$.U$_{2}$,
	kurušda-da	dem 'Kleinviehmäster',
	⌜e⌝-da-[s]e$_{12}$	leben sie;
	0.1.0 ur-^{d}inanna	0.1.0 (für) Ur-Inanna,
	má-laḫ$_{5}$	den Schiff(bau)er,
	0.1.0 amar-^{d}sa[m]àn(=	0.1.0 (für) Amar-Saman,

	ŠE.[N]UN.ŠE$_3$.BU)	
	gala	den Klagesänger:
	šà-dub-didli-am$_6$	Einzelne šà-dub(-ba)-Arbeiter sind es.
	1 gemé 0.1.0	1 Magd 0.1.0,
	20 lá 2 gemé 0.0.4	20 minus 2 Mägde (je) 0.0.4,
	3 nu-siki-mí 0.0.2	3 Waisenmädchen (je) 0.0.2,
	7 šà-du$_{10}$-nita 0.0.2	7 Knaben (je) 0.0.2,
	3 šà-du$_{10}$-mí 0.0.2	3 Mädchen (je) 0.0.2,
	še-bi 4.1.2 ša$_6$-ša$_6$	Gerste dafür 4.1.2 (an) Šaša;
6	1 gem[é] 0.1.0	1 Magd 0.1.0,
	14 gemé 0.0.4	14 Mägde (je) 0.0.4,
	2 šà-du$_{10}$-nita 0.0.2	2 Knaben (je) 0.0.2,
	5 šà-du$_{10}$-mí 0.0.2	5 Mädchen (je) 0.0.2,
	še-bi 3.0.4 nin-inim-⸢zi⸣-da	Gerste dafür 3.0.4 (an) Nin-inimzida;
	6 gemé 0.1.0	6 Mägde (je) 0.1.0,
	15 gemé 0.0.4	15 Mägde (je) 0.0.4,
	1 ⸢šà-du$_{10}$⸣-nita 0.0.2	1 Knabe 0.0.2,
	5 šà-du$_{10}$-mí 0.0.2	5 Mädchen (je) 0.0.2,
	še-bi 4.2.0 ^{d}nanše-da-nu-me-a	Gerste dafür 4.2.0 (an) Nanšeda-nume'a:
	ki-siki-⟨u$_4$⟩-bi-ta-me	Altgediente Wollarbeiterinnen sind sie;
	1 gemé 0.0.4	1 Magd 0.0.4,
	20 lá 2 gemé 0.0.3	20 minus 2 Mägde (je) 0.0.3,
	2 šà-du$_{10}$-nita 0.0.2	2 Knaben (je) 0.0.2,
	1 šà-d[u$_{10}$-mí] 0.0.2	1 Mädchen 0.0.2,
7	še-bi 2.2.4 ⸢šeš⸣-e-a-na-⸢aka⸣	Gerste dafür 2.2.4 (an) Šeše-ana-aka;
	1 gemé 0.0.4	1 Magd 0.0.4,
	20 lá 2 gemé 0.0.3	20 minus 2 Mägde (je) 0.0.2,
	1 šà-du$_{10}$-mí 0.0.2	1 Mädchen 0.0.2,
	še-bi 2.2.0 nin-é-unu^{ki}-ga-nir-ĝál	Gerste dafür 2.2.0 (an) Nin-E-Unuga-nirĝal;
	1 gemé 0.0.4	1 Magd 0.0.4,
	20 ⸢gemé⸣ 0.0.3	20 Mägde (je) 0.0.3:
	še-bi 2.2.4 ZUM	Gerste dafür 2.2.4 (an) ZUM.

	saĝ-sa$_{10}$(=NINDA$_2$xŠE)-a-me	Gekaufte 'Sklavinnen' sind sie:
	ki-siki-me	Wollarbeiterinnen sind sie;
	2 gemé 0.0.4	2 Mägde (je) 0.0.4,
	20 lá 1 gemé 0.0.3	20 minus 1 Mägde (je) 0.0.3,
	2 šà-du$_{10}$-mí 0.0.2	2 Mädchen (je) 0.0.2,
	še-bi 3.0.0 [lá 0.0.3] ki-gu-[me]	Gerste dafür 3.0.0 minus 0.0.3: Leinenarbeiterinnen sind sie;
	zabàr-TUR ugula-bi	Zabar-TUR (ist) ihre Obmännin;
R 8	20 ⌜lá⌝ 3 gemé 0.0.4	20 minus 3 Mägde (je) 0.0.4,
	1 nu-siki-nita 0.0.2	1 Waisenknabe 0.0.2,
	1 nu-siki-mí 0.0.2	1 Waisenmädchen 0.0.2,
	1 šà-du$_{10}$-nita 0.0.2	1 Knabe 0.0.2,
	3 šà-du$_{10}$-mí 0.0.2	3 Mädchen (je) 0.0.2,
	še-bi 3.1.2 úr-mud agrig	Gerste dafür 3.1.2 (an) Ur-mud, den Hausverwalter;
	1 lú 0.1.2	1 Person 0.1.2,
	4 [g]emé 0.0.4	4 Mägde (je) 0.0.4,
	še-bi 1.0.0 ì-lí-be$_6$-lí	Gerste dafür 1.0.0 (an) *Ilī-bēlī*;
	1 lú 0.1.0	1 Person 0.1.0,
	6 [g]emé 0.0.4	6 Mägde (je) 0.0.4,
	1 [š]à-d[u$_{10}$-m]í 0.0.2	1 Mädchen 0.0.2:
	še-[b]i 1.1.2 amar-giríd^{ki}	Gerste dafür 1.1.2 (an) Amar-Girid:
	lú-bappìr-me	Brauer sind sie;
9	3 gemé 0.0.3	3 Mägde (je) 0.0.3,
	3 šà-du$_{10}$-nita 0.0.2	3 Knaben (je) 0.0.2,
	4 šà-du$_{10}$-mí 0.0.2	4 Mädchen (je) 0.0.2,
	še-bi 1.0.0 lá 0.0.*1 a-ga-am-me	Gerste dafür 1.0.0 minus 0.0.1: ... sind sie;
	1 nita 0.0.4	1 Mann 0.0.4,
	12 gemé 0.0.3	12 Mägde (je) 0.0.3,
	2 n[u]-siki-nita 0.0.2	2 Waisenknaben (je) 0.0.2,
	5 šà-du$_{10}$-nita 0.0.2	5 Knaben (je) 0.0.2,
	2 šà-du$_{10}$-mí 0.0.2	2 Mädchen (je) 0.0.2:
	gemé-šáḫ-níĝ-kú-a-me	Mägde der Mastschweine sind sie;
	1 + 1 gemé 0.0.3	1 + 1 Mägde (je) 0.0.3,

	2 ⌈šà⌉-du$_{10}$-nita 0.0.2	2 Knaben (je) 0.0.2,
	1 šà-du$_{10}$-mí 0.0.2	1 Mädchen 0.0.2:
	gemé-maš-me	Ziegenmägde sind sie;
	še-bi 2.2.3 lugal-pa-è	Gerste dafür 2.2.3 (an) Lugal-pa'e,
	sipa-šáḫ	den Schweinehirten.
10 1	šu-niĝín 20 lá 3 lú 0.1.2	Zusammen 20 minus 3 Personen (je) 0.1.2
	1,21[+10 lú 0.1.0	91 Personen (je) 0.1.0,
	⌈2⌉ [l]ú 0.0.4	2 Personen (je) 0.0.4,
	⌈5 lú⌉ 0.0.3	5 Personen (je) 0.0.3,
	21 šà-du$_{10}$-[n]ita ⌈0.0.2⌉	21 Knaben (je) 0.0.2,
	3 n[u-si]ki-nita ⌈0.0.2⌉	3 Waisenknaben (je) 0.0.2:
	⌈nita⌉-me	Männer sind sie;
	30 lá 2 gemé 0.1.0	30 minus 2 Mägde (je) 0.1.0,
	1,20 ⌈lá⌉ 1 gemé 0.0.4	80 minus 1 Mägde (je) 0.0.4,
	1,33 gemé 0.0.3	93 Mägde (je) 0.0.3,
	30 lá 1 šà-du$_{10}$-mí 0.0.2	30 minus 1 Mädchen (je) 0.0.2,
	4 nu-siki-mí 0.0.2	4 Waisenmädchen (je) 0.0.2:
	munus-me	Frauen sind sie.
11 1	gú-an-šè 6,14 lú-še-ba-tu[r-ma]ḫ-[ba]	**Insgesamt** 374 Personen (mit) Gerstezuteilungen, darunter kleine (und) große;
	še-bi 1,6.1.4 gur-saĝ-ĝál	Gerste dafür 66.1.4 Haupt-Gur;
	še-ba-gemé dumu íl igi-nu-du$_{8}$ šà-dub-didli-é-^{d}ba-ba$_{6}$-ka	Gerstezuteilungen des Tempels der Baba für die Mägde (und deren) Kinder, Träger, Iginudu-Arbeiter (und) einzelne šà-dub(-ba)-Arbeiter;
	ša$_{6}$-ša$_{6}$	Šaša,
	dam-uru-inim-gi-na	die Frau des Uru-inimgina,
	lugal-lagaš^{ki}-ka	des Königs von Lagaš;
12 1	en-šu-gi$_{4}$-gi$_{4}$	En-šugigi,
	[ag]rig-ge	der Hausverwalter,
	⌈ĝanun-še⌉-ùr-mú-⌈a-ta⌉	hat aus dem Speicher, (auf) dessen Dach Gerste keimt, heraus
	e-n[e]-ba ⌈6⌉.	ihnen (dies) zugeteilt. 6. (Jahr).

5 11-ba-am_6 Die 11. Zuteilung ist es.

Anmerkungen:

(3:6) Zu den Namen dieser Bediensteten vgl. Nr. 17 5:9-6:10. Das Rubrum fehlt in Nr. 53 (Ukg. E 1/2), 14 (Ukg. E 1/5), 15 (Ukg. E 1/6), 119 (Ukg. E 1/4), DP 228 [abgebr.] (Ukg. E 1/7); Nik 9 (Ukg. E 1/8); CH 1 (unpubl.) (Ukg. L 2/6). Es ist erstmals wieder belegt in DP 113 (Ukg. L 2/8) 8:11. Dort erscheint auch zum ersten Male wieder die Gruppe der ḪAR.TU-mí - sie war gleichfalls in RA 71 (1977) 102f. 6:16 zuletzt aufgeführt.

(3:14f.) Auch hier wird das Rubrum šà-dub-é-gal(-kam(/me)) "Šadub(a)-Arbeiter (des) 'Palastes' (sind es/sie)" nicht geschrieben; ebenso in TSA 13 (Ukg. L 6/12) 4:1ff. Vgl. auch Nr. 52 (Ukg. E 1/5) und den Kommentar zu 9:11f. Zu den Folgerungen aus diesen 'Auslassungen' s. oben zu Nr. 14 5:15-11:6.

(7:9) Zur Umschrift s. oben zu Nr. 22 10:4, 11:11.

(7:15-16) Zabar-TUR ist eine Frau; vgl. Nr. 22 11:12-13, wo sich 1 gemé 0.1.0 nur auf zabàr-TUR beziehen kann. Vgl.a. AWEL 146f. = Nik 21 4:1f.

(10:2-3) Nach den Einzeleinträgen zählt man 93 Männer mit einer Ration von 0.1.0. Die Ergänzung von [2] scheint, gegen den Eindruck der Kopie an dieser Stelle durchaus möglich. In 10:3 ist dagegen wohl nichts zusätzlich zu ergänzen. Unter diesen Voraussetzungen stimmen Personenzahl und Gerstemengen von Summenformel und Summa sumarum überein.

(10:5) Der Waisenknabe mit 0.0.3 aus 3:8 wird unter diese "Personen" subsummiert.

24 = STH 1, 25

<u>Text:</u> HSM 904.4.19 (früher 3623); H.: 11,5cm; Br.: 11,6cm;
<u>Kollationiert;</u>
<u>Umschrift:</u> A. Deimel Or 43/44, 99f; vgl. R. Scholtz MVAeG 39/II, 64f.;
<u>Parallelen:</u> Nik 18 (Ukg. L 1); DP 119 (Ukg. L 2/4); Nik 22 (Ukg. L [2?/Mitte]; Nr. 86 (Ukg L. 2/10); TSA 18 (Ukg. L 3/4); Nr. 124 (Ukg. L 3/9); Nr. 26 (3/12); Nik 16 (Ukg. L 4/4); DP 116 (Ukg. L 4/7); DP 117 (Ukg. L 4/10); CT 50, 34 (Ukg. L 4/13); DP 118 (Ukg. L [4?/x]; Nik 20 (Ukg. L 5/7);
<u>Datum:</u> Ukg. L 2/(11); <u>Typ:</u> I-A-4.(A/4);
<u>Inhalt:</u> Gerstezuteilungen der 'Kleinen' (= der Königskinder).
<u>Gliederung:</u>

<u>Leute der Geme-Baba</u> (mit Rubrum):	*1:01-4:12*
1. Pflugführer (mit Rubrum):	*1:01-1:11*
2. Hirte der Gespannesel (mit Rubrum):	*1:12-1:13*
3. Wollarbeiterinnen (mit Rubrum):	*1:14-2:10*
4. Leute von 'Ansehen' (mit Rubrum):	*2:11-2:13*
5. Friseur, Mundschenken und andere Bedienstete:	*3:01-4:02*
Zwischensumme:	*4:03-4:11*
<u>Leute der Geme-silasirsira</u> (mit Rubrum):	*4:13-6:10*
1. Wollarbeiterinnen (mit Rubrum):	*4:13-5:07*
2. Mundschenk, Friseur und andere Bedienstete:	*5:08-6:04*
Zwischensumme:	*6:05-6:09*
<u>Leute des Šubur-Baba</u> (mit Rubrum):	*6:11-7:11*
Mundschenken und andere Bedienstete:	*6:11-7:07*
Zwischensumme:	*7:08-7:10*
<u>Leute des A-enra-mugi</u> (mit Rubrum):	*7:12-9:05*
Mundschenk, Friseur und andere Bedienstete:	*7:12-8:13*
Zwischensumme:	*9:01-9:04*
<u>Summenformel:</u>	*10:01-10:08*

Schlußformel:			*11:01–12:03*
Summa summarum:			*11:01–11:02*
Klassifikation:			*11:03*
Transaktionsformular / Datum:			*11:04–12:03*

Kol.	Z.	Umschrift	Übersetzung
1	1	0.2.0 še-ba	0.2.0 Gerstezuteilung
		lugal-a-mu	(für) Lugal-amu,
		0.2.0 lugal-a-mu	0.2.0 (für) Lugal-amu,
		2-kam-ma	den zweiten,
	5	0.2.0 utu-ì-kúš	0.2.0 (für) Utu-ikuš,
		0.2.0 a-bàd-mu	0.2.0 (für) A-badmu,
		0.1.0 lugal-g̃e[štin]	0.1.0 (für) Lugal-g̃eštin,
		[n]agar	den Zimmermann,
		0.2.0 di-utu	0.2.0 (für) Di-Utu,
	10	e-da-se$_{12}$	bei dem sie wohnen:
		s[ag̃-ap]in-me	Pflugführer sind sie;
		0.2.0 lu[g]al-a-mu	0.2.0 (für) Lugal-amu,
		[s]ipa-anše-EREN$_{2}$-ka	den Hirten der Gespannesel;
		0.0.3 nin-inim-g̃á-ka-bi	0.0.3 (für) Nin-inimg̃a-kabi,
2	1	2 dumu-nita 0.0.2	2 Söhne (je) 0.0.2,
		0.0.3 nin-šu-gi$_{4}$-gi$_{4}$	0.0.3 (für) Nin-šugigi,
		0.0.2 dumu-mí	0.0.2 (für die) Tochter,
		0.0.3 nin-ama-mu	0.0.3 (für) Nin-amamu,
	5	0.0.2 dumu-mí	0.0.2 (für die) Tochter,
		0.0.3 nin-e-ki-ág̃a	0.0.3 (für) Nine-ki'ag̃a,
		⸢0.0.3 ^{d}⸣inanna-⸢ama⸣-mu	0.0.3 (für) Inanna-amamu,
		0.0.⸢3 zi⸣-mu	0.0.3 (für) Zimu,
		0.0.3 nin-l[ú]-m[u]	0.0.3 (für) Nin-lumu:
	10	ki-siki-me	Wollarbeiterinnen sind sie;
		0.⸢2⸣.0 é-an[s]ú^{mušen}	0.2.0 (für) E-ansu,
		0.2.0 lu[g]al-bàd	0.2.0 (für) Lugal-bad:
		lú-IGI-NIGIN$_{2}$-me	Leute (von) 'Ansehen' sind sie;
3	1	0.1.0 lugal-^{d}en-líl-le	0.1.0 (für) Lugal-Enlile,
		šu-í	den Friseur,
		0.1.0 ^{d}nin-g̃ír-su-lú-mu	0.1.0 (für) Nin-Girsu-lumu,
		0.0.4 sipa-^{d}en-líl-le	0.0.4 (für) Sipa-Enlile,
	5	sagi-me	Mundschenken sind sie;
		0.0.4 a-ur-mu	0.0.4 (für) A-urmu,
		0.0.4 ama-ur-mu	0.0.4 (für) Ama-urmu:

	munus-me	Frauen sind sie;
	⌜é⌝-gal-la	im 'Palast'
	e-se$_{12}$	leben sie;
	⌜2⌝ nu-siki-nita 0.0.4	2 Waisenknaben (je) 0.0.4;
	úr-mud	bei Urmud,
	agrig-da	dem Hausverwalter,
	e-da-se$_{12}$	leben sie;
	0.0.3 ^{d}ba-ba$_{6}$-dingir-mu	0.0.3 (für) Baba-dingirmu,
	šu-í-am$_{6}$	Friseur(in) ist sie;
4	U$_{2}$.U$_{2}$	bei U$_{2}$.U$_{2}$
	e-da-ti	lebt sie.
	šu-niĝín 8 lú 0.2.0	**Zusammen** 8 Personen (je) 0.2.0,
	3 ⌜lú⌝ 0.1.0	3 Personen (je) 0.1.0,
	3 [l]ú 0.0.4	3 Personen (je) 0.0.4,
	2 šà-du$_{10}$-ni[ta] ⌜0.0.2⌝;	2 Knaben (je) 0.0.2,
	[nita]-m[e]	Männer sind sie;
	2 munus 0.0.4	2 Frauen (je) 0.0.4,
	8 m[unus] ⌜0.0.3⌝	8 Frauen (je) 0.0.3,
	2 šà-du-mí 0.0.2	2 Mädchen (je) 0.0.2,
	še-bi 7.0.0 lá 0.0.2 gur-saĝ-ĝál	Gerste dafür 7.0.0 minus 0.0.2 Haupt-Gur:
	lú-gemé-^{d}ba-ba$_{6}$-ka-me	Leute der Geme-Baba sind sie.
	0.0.3 nin-inim-ĝá-ka-bi	0.0.3 (für) Nin-inimĝa-kabi,
	0.0.3 ĝá-ka-nam-ḫé-ti	0.0.3 (für) Gakanam-ḫeti;
5	nin-inim-zi-da	bei Nin-inimzida
	e-da-se$_{12}$	leben sie;
	0.0.3 nin-ma-al-ga-sù	0.0.3 (für) Nin-malga-su,
	0.0.3 nam-nin-an-na-GAM.GAM	0.0.3 (für) Namnin-ana-GAM.GAM;
*	igi-bar-da	bei Igibar
	⌜e-da⌝-se$_{12}$	leben sie:
	ki-siki-m[e]	Wollarbeiterinnen sind sie;
	0.0.⌜4⌝ [a]-da-⌜gal⌝-di	0.0.4 (für) Ada-galdi,
	sagi	den Mundschenken;
	é-gal-la	im 'Palast'
	ì-ti	lebt er;
	0.0.4 saĝ-mu-AB-tuku	0.0.4 (für) Saĝmu-AB-tuku,
	[šu]-í-am$_{6}$	Friseur ist er;

	lugal-*temen-da	bei Lugal-temen
	e-da-ti	lebt er;
6 1	0.0.4 a-gi$_{16}$-sa	0.0.4 (für) A-gisa,
	munus-am$_6$	eine Frau ist sie;
	NAR$_x$(=RSP 468ter)-da	bei NAR$_x$
	e-da-ti	lebt sie.
	šu-nig̃ín 2 lú 0.0.4	Zusammen 2 Personen (je) 0.0.4:
	nita-me	Männer sind sie;
	1 munus 0.0.4	1 Frau 0.0.4,
	⸢4 munus⸣ 0.0.3	4 Frauen (je) 0.0.3,
	še-b[i] 1.0.0	Gerste dafür 1.0.0:
	lú-ge[mé-si]la-sír-síra-ka-me	Leute der Geme-silasirsira sind sie.
	0.0.4 ur-sag̃	0.0.4 (für) Ursag̃,
	0.0.4 šu-tur-ga-ti	0.0.4 (für) Šutur-gati:
	sagi-me	Mundschenken sind sie;
	0.0.4 ^{d}en-ki-ur-mu	0.0.4 (für) Enki-urmu;
	nita-zi	bei Nitazi,
7 1	sagi	dem Mundschenken,
	e-da-ti	lebt er;
	0.1.0 ^{d}nin-g̃ír-su-lú-mu	0.1.0 (für) Nin-Girsu-lumu,
	nar-am$_6$	Musikant ist er;
	maš-d[à]	bei Mašda,
	nar-d[a]	dem Musikanten,
	e-da-[ti]	lebt er.
	šu-ni[g̃ín] 1 l[ú 0.1.0]	Zusammen 1 Person 0.1.0,
	3 lú ⸢0.0.4⸣	3 Personen (je) 0.0.4:
	še-bi 0.3.0	Gerste dafür 0.3.0:
	lú-šubur$^{!}$-^{d}ba-ba$_6$-ka-me	Leute des Šubur-Baba sind sie.
	0.0.4 a-dingir-mu	0.0.4 (für) A-dingirmu,
	sagi	den Mundschenken,
R 8 1	0.0.4 g̃á-ka-nam-ḫé-ti	0.0.4 (für) Gakanam-ḫeti,
	munus-[am$_6$]	eine Frau ist sie;
	é-[gal-la]	im 'Palast'
	e-[se$_{12}$]	leben sie;
	0.0.4 a-U[L$_4$-gal]	0.0.4 (für) A-UL-gal,
	ni[ta-am$_6$]	ein Mann ist er;
	amar-gi[ríd^{ki}]	bei Amar-Girid,
	lú-[bappìr-da]	dem Brauer,
	e-da-ti	lebt er;

	0.0.3 nin-igi-g̃á-ur-mu	0.0.3 (für) Nin-igig̃a-urmu,
	šu-í-mí-am$_6$	Friseuse ist sie;
	U$_2$.U$_2$	bei U$_2$.U$_2$,
	e-da-ti	lebt sie.
9 1	šu-nig̃ín 2 lú 0.0.4	**Zusammen** 2 Personen (je) 0.0.4,
	1 munus 0.0.4	1 Frau 0.0.4,
	1 munus 0.0.3	1 Frau 0.0.3,
	še-bi 0.2.3	Gerste dafür 0.2.3:
	lú-a-en-ra-mu-gi$_4$	Leute (des) A-enra-mugi (sind sie).
10 1	šu-nig̃ín 8 lú 0.2.0	**Zusammen** 8 Personen (je) 0.2.0,
	4 lú 0.1.0	4 Personen (je) 0.1.0,
	10 l[ú] 0.0.4	10 Personen (je) 0.0.4,
	2 lú 0.0.2	2 Personen (je) 0.0.2:
	nita-me	Männer sind sie;
	4 munus 0.0.4	4 Frauen (je) 0.0.4,
	13 munus 0.0.3	13 Frauen (je) 0.0.3,
	2 munus 0.0.2	2 Frauen (je) 0.0.2.
11 1	gú-an-šè 43 lú še-ba-tur-maḫ-ba	**Insgesamt** 43 Personen (mit) Gerstenzuteilungen, darunter kleine (und) große,
	še-bi 10.0.0 lá 0.3.0 lá 0.0.1 gur-sag̃-g̃ál	Gerste dafür 10.0.0 minus 0.3.0 minus 0.0.1 Haupt-Gur;
	še-ba-lú-di$_4$-di$_4$-la-[n]e	Gerstezuteilungen der 'Kleinen' (= der Königskinder);
	en-ig-[g]al	En-iggal,
	nu-bandà	der Generalverwalter,
	itu-ezem-^{d}ba-ba$_6$-ka	hat im Monat 'Fest der Baba'
	g̃anun-SAR-ta	aus dem SAR-Speicher heraus
	e-ne-ba	ihnen (dies) zugeteilt;
	ša$_6$-ša$_6$	Šaša,
12 1	dam-uru-inim-gi-na	die Frau des Uru-inimgina,
	lugal-	des Königs
	lagaš^{ki}-ka 2.	von Lagaš. 2. (Jahr).

Anmerkungen:

(1:14) Hinter meiner Umschrift verbirgt sich die Auffassung des PN nin-inim-g̃á-ka-bi als "Die Herin (ist) der Mund meiner Angelegenheit" = bringt meine Angelegenheit vor. (Vgl.a. den PN ka-kù-ga-ni-mu-ba "Seinen/Ihren heiligen

Mund hat sie (= die Gottheit) geöffnet" (DP 110 2:7, 176 3:4), der übrigens bei der alte Diskussion um die Lesung diverser PN namens ka-kù zu berücksichtigen ist.) Möglich ist, nach einer Anregung von C. Wilcke, auch eine Deutung als Namenskurzform: nin-ka-g̃á-inim-bi "Herrin, meines Mundes Wort...".

(3:10, 8:4) Zur Problematik des Alternierens der Präfixe ì- und e- und zum "Poebelschen Lautgesetz" vgl. meine Skizze in OLZ 85 (190) 302.

(5:5) Die durch Neukollation bestätigten Spuren der Kopie ergeben, wie in den Paralleltexten, den Namen igi-bar, Hypokoristikon zu igi-bar-lú-ti. Diese Aufseherin der Wollarbeiterinnen ist in den Listen dieses Texttyps bezeugt in Nik 18 9:1 (vgl.a. VAT 4717 (Ukg. L 1/11) 2:8); TSA 18 5:5; Nr. 25 5:2. Ab Nr. 124 ist sie (mit ihrer Arbeiterinnengruppe) nicht mehr in den Listen dieses Typs belegt. Erhalten bleibt weiter die Gruppe der auch zuvor mit ihr zusammen genannten Aufseherin der Wollarbeiterinnen namens nin-inim-zi-da (Nr. 124 5:15; Nr. 26 6:9). Ab Nik 16 erscheint in dieser Funktion eine ᵈnanše-da-nu-me-a. Alle drei hier genannten Vorarbeiterinnen aus dem Personal der gemé-sila-sír-sír(a) sind auch aus den Listen des Types I-A-3. als Leiter von ki-siki-Gruppen bekannt (vgl. Nr. 21 und 22 etc.).

In einigen Paraleltexten kann demnach der Name der igi-bar(-lú-ti) mit Sicherheit ergänzt werden in Nr. 86 5:7; möglicherweise auch in Nik 22 5:7 (die in AWEL 153 zu Nik 22 5:7-14 erwogene Möglichkeit einer Ergänzung des Namens me-me ist jedenfalls zu streichen). In DP 119 ist igi-bar in dieser Funktion nicht belegt. Bei den dort NARₓ unterstellten Personen, deren Namen angebrochen sind, wird es sich nicht um 'Wollarbeiterinnen' gehandelt haben, sondern eher um Friseure (vgl. hier Nr. 25 5:12ff (und die nachfolgende Anmerkung); Nr. 26 8:1-4; Nik 22 5:14ff.).

(5:14) Das Zeichen TEMEN in diesem Namen hat hier, wie auch in Nr. 25 5:14 nach einer Rekollation von P. Steinkeller die Form . Es entspricht demnach etwa der Kopie und den in RSP 310 gebuchten Formen. Eine, auf Anregung von C. Wilcke erwogene Lesung lugal-itu, ITU = RSP 328, kann also nicht bestätigt werden. Zu archaischen Zeichenformen von TEMEN vgl. a. I.J. Gelb et al. OIP 104, 35.

(6:3) NAR_x(= RSP 468*ter*) ist wohl Personenname; vgl. NAR_x(= RSP 468*bis*) engar "PN, der 'Bauer'" in TSA 2 5:7-8. S. ferner AWEL 129 zu Nik 16 7:8.

(8:5) Vgl. Nr. 25 9:2-3. UL_4-gal findet sich als Element in folgenden PN: a-R (DP 118 10:16, 119 7:4, Nr. 71 5:4 u.p.; vgl. Nik 22 8:8), lugal-R (Nik 41 6:1, 105 2:1) und šeš-R (DP 173 2:4), wohl verkürzt als šeš-UL_4 (Fö 86 2:5). Dieses Element wurde von R.D. Biggs OIP 99, 69f. und I.J. Gelb et al. OIP 104, 55 zu GIR_2-gal = *šarḫu(m)* "stolz, prächtig" gestellt. Dabei sind a, lugal und šeš, wie auch in anderen Namen, wohl Substitute eines GN. Die Namen sind als Nominalsatz konstruiert und etwa mit "Der Vater / König / Bruder (ist) prächtig" wiederzugeben. Beachte auch die Schreibvariante GIR_2-gal für GIR_2-*gunû*-gal in OIP 104, 55. Entsprechend dem PN KA-GIR_2-gal in OIP 104 Nr. 11 (Blau Plaque) ii 6 bzw. a-GIR_2-gal OIP 104 Nr. 12 (Ushumgal Stela) Side D handelt es sich offensichtlich um ein sehr altes Namenselement (OIP 104, 41. 43. 55).

(11:1-2) Die Zahlenangaben der Urkunde stimmen mit den Zwischensummen und den Hauptsummen überein. Beachte die interessante Schreibung der Zahlen in 11:2, die so gerechnet werden müsssen: 10.0.0 minus (0.3.0 minus 0.0.1) = 9.1.1.

(11:3) /še-ba-lú-di_4-di_4-la-ne-ak/ ist als Regens-Rectum-Verbindung aufgefaßt. Unklar bleibt dabei zunächst, ob mit "Gerstezuteilungen der 'Kleinen'" (*genitivus subjectivus*) oder "Gerstezuteilungen für die 'Kleinen'" (*genitivus objectivus*) zu übersetzen ist. Nach den Paralleltexten DP 157 und DP 119 ist die erste Übersetzung vorzuziehen. DP 157 lautet: še-ba-gemé dumu-dumu-dumu-ne, d.h.: /še-ba-gemé dumu(-ak)-dumu-dumu(-ak)/ "Gerstezuteilungen der Kinder (des Stadtfürsten) für die Mägde (und deren) Kinder"; DP 119 bietet: še-ba-gemé dumu-lú-di_4-di_4-la-ne, d.h. /še-ba-gemé dumu(-ak)-lú-di_4-di_4-la-ne(-ak)/ "Gerstezuteilungen der 'Kleinen'(= der Königskinder) für die Mägde (und deren) Kinder". Beachte aber Nr. 1 2:2 dieses Bandes, mit Kommentar. Nach dem Kontext kann dort nach meiner Auffassung eine Übersetzung von še-ba še-g̃ar-lú-di_4-di_4-la-ne-kam mit

"Gerstelieferungen (und) Gerstezuteilungen *für* die 'Kleinen' sind es" nicht völlig von der Hand gewiesen werden.

(11:6) Zur Beobachtung, daß im Jahre Ukg. L 2 am Baba-Fest die 11. monatliche Zuteilung erfolgte, s.u. den Kommentar zu Nr. 55 6':1.

25 = STH 1, 26

Text: HSM 909.7.5 (früher 3721); heute in drei Bruchstücken;
Maße: H.: 11,2cm; Br.: 11,5cm;
Kollationiert;
Umschrift: A. Deimel Or 43/44, 102ff.;
Parallele: TSA 18 (Ukg. L 3/4); vgl. weiter oben zu Nr. 24;
Datum: Ukg. L 3/5; Typ: I-A-4.(A/4);
Inhalt: Gerstezuteilungen der 'Kleinen' (= der Königskinder).
Gliederung:

Leute der Geme-Baba (mit Rubrum):	*1:01-4:09*
1. Pflugführer (mit Rubrum):	*1:01-1:11*
2. Hirte der Gespannesel	*1:12-1:13*
3. Wollarbeiterinnen (mit Rubrum):	*1:14-2:09*
4. Leute von 'Ansehen' (mit Rubrum):	*2:10-2:12*
5. Friseur, Mundschenk und andere Bediestete:	*2:13-3:17*
Zwischensumme:	*3:18-4:08*
Leute der Geme-silasirsira (mit Rubrum):	*4:10-6:14*
1. Wollarbeiterinnen (mit Rubrum):	*4:10-5:04*
2. Mundschenken (mit Rubrum):	*5:05-5:07*
3. Friseur und andere Bedienstete:	*5:08-6:08*
Zwischensumme:	*6:09-6:14*
Leute des Šubur-Baba (mit Rubrum):	*7:01-8:11*
1. Wollarbeiterinnen (mit Rubrum):	*7:01-7:05*
2. Mundschenken (mit Rubrum):	*7:06-7:08*
3. Andere Bedienstete:	*7:09-8:06*
Zwischensumme:	*8:07-8:11*
Leute des A-enra-mugi (mit Rubrum):	*8:12-9:14*
Mundschenk und andere Bedienstete:	*8:12-9:10*
Zwischensumme:	*9:11-9:14*

Summenformel: *10:01–10:08*

Schlußformel: *11:01–12:03*

1 1	0.2.0 še-ba	0.2.0 Gerstezuteilung
	lugal-a-mu	(für) Lugal-amu,
	0.2.0 lugal-⸢a⸣-[m]u	0.2.0 (für) Lugal-amu,
	2-ka[m-]ma	den zweiten,
	0.2.0 ut[u-ì-k]úš	0.2.0 (für) Utu-ikuš,
	⸢0.2.0⸣ [a-bàd-m]u	0.2.0 (für) A-badmu,
	0.1.0 [lu]g[al-g̃eš]tin	0.1.0 (für) Lugal-g̃eštin,
	na[g]ar	den Zimmermann,
	0.2.0 di-ut[u]	0.2.0 (für) Di-Utu,
	⸢e⸣-[d]a-s[e$_{12}$]	bei dem sie leben:
	[s]ag̃-[api]n-me	Pflugführer sind sie;
	0.2.0 [l]ugal-dingir-m[u]	0.2.0 (für) Lugal-dingirmu,
	si[pa-anš]e-EREN$_2$-ka	den Hirten der Gespannesel,
	⸢0.0.3⸣ [ni]n-inim-[g̃á]-⸢ka⸣-[b]i	0.0.3 (für) Nin-inimg̃a-kabi,
	2 d[umu-ni]ta 0.0.2	2 Söhne (je) 0.0.2,
2 1	0.0.3 nin-šu-g[i$_4$-g]i$_4$	0.0.3 (für) Nin-šugigi,
	0.0.2 ⸢dumu-mí⸣	0.0.2 (für die) Tochter,
	⸢0.0.3⸣ ⸢nin-ama-mu⸣	0.0.3 (für) Nin-amamu,
	0.0.2 [dumu-mí]	0.0.2 (für die) Tochter,
	⸢0.0.3⸣ [nin]-e-ki-⸢ag̃á⸣	0.0.3 (für) Nine-ki'ag̃a,
	[0.0.3 ^{d}inanna-ama-mu]	0.0.3 (für) Inanna-amamu,
	0.0.3 z[i-mu]	0.0.3 (für) Zimu,
	⸢0.0.3 *nin-lú⸣-mu	0.0.3 (für) Nin-lumu:
	[k]i-[siki-me]	Wollarbeiterinnen sind sie;
	0.2.0 ⸢é⸣-[an]sú^{mušen}	0.2.0 (für) E-ansu,
	0.2.0 ⸢lugal-bàd⸣	0.2.0 (für) Lugal-bad:
	[l]ú-IGI.NIGIN$_2$-[me]	Leute (von) 'Ansehen' sind sie;
	0.1.0 luga[l]-[^{d}]en-líl-⸢le⸣	0.1.0 (für) Lugal-Enlile,
	⸢šu-í⸣	den Friseur,
	0.1.0 ⸢^{d}⸣nin-g̃ír-<su>-lú-mu	0.1.0 (für) Nin-Girsu-lumu,
3 1	0.0.4 sipa-[^{d}]en-líl-l[e]	0.0.4 (für) Sipa-Enlile:
	[s]ag[i]-*me	Mundschenken sind sie;

	0.0.4 a-[ú]r-mu	0.0.4 (für) A-urmu,
	⌜0.0.4!⌝ [am]a-[u]r-mu	0.0.4(!) (für) Ama-urmu:
	munus-m[e]	Frauen sind sie,
	⌜é⌝-gal-[la]	im 'Palast'
	⌜ì-se$_{12}$⌝	leben sie;
	⌜2⌝ nu-s[i]ki-ni[ta] 0.0.4	2 Waisenknaben (je) 0.0.4:
	[ú]r-m[ud]	bei Ur-mud,
	[agrig-da]	dem Hausverwalter,
	[e-da-se$_{12}$]	leben sie;
	*0.0.⌜3⌝ ^{d}[b]a-b[a$_{6}$]-[dingir]-mu	0.0.3 (für) Baba-dingirmu,
	⌜šu-í⌝-am$_{6}$	Friseur(in) ist sie,
	*U$_{2}$.U$_{2}$	bei U$_{2}$.U$_{2}$
	⌜e-da-ti⌝	lebt sie;
	0.1.0 igi-*si$_{4}$	0.1.0 (für) Igisi,
	šu-ku$_{6}$	den Fischer.
	šu-⌜niĝín⌝ 7 [+ 1(?)] lú 0.2.0	Zusammen 7 + 1 Personen (je) 0.2.0,
4	4 lú 0.1.0	4 Personen (je) 0.1.0,
	3 lú ⌜0.0.4⌝	3 Personen (je) 0.0.4,
	[2] ⌜šà⌝-[du$_{10}$]-⌜nita 0.0.2⌝	2 Knaben (je) 0.0.2:
	[ni]ta-[me]	Männer sind sie;
	[2 munus] 0.0.4	2 Frauen (je) 0.0.4,
	⌜8?⌝ munus 0.0.3	8(?) Frauen (je) 0.0.3,
	[1]+1 šà-⌜du$_{10}$-mí 0.0.2⌝	2 Mädchen (je) 0.0.2
	še-⌜bi⌝ 6.⌜2.4 gur-saĝ-ĝál⌝	Gerste dafür 6.2.4 Haupt-Gur:
	[l]ú-[ge]mé-[^{d}ba-b]a$_{6}$-ka-me	Leute der Geme-Baba sind sie.
	⌜0.0.3⌝ [n]in-⌜inim⌝-ĝá-ka-[b]i	0.0.4 (für) Nin-inimĝa-kabi,
	⌜0.0.3⌝ [g]á-ka-nam-ḫé-ti	0.0.4 (für) Gakanam-ḫeti:
	⌜nin⌝-[in]im-zi-da	bei Nin-inimzida
	e-da-se$_{12}$	leben sie;
	0.0.3 nin-ma-al-ga-sù	0.0.3 (für) Nin-malga-su,
5	0.0.3 nam-nin-e-an-⌜na⌝-G[AM.GAM]	0.0.3 (für) Namnine-ana-GAM.GAM:
	i[gi-bar]-d[a]	bei Igibar
	[e-da-s]e$_{12}$(?)	leben sie:
	[ki-si]ki-me	Wollarbeiterinnen sind sie;
	0.0.4 ⌜a⌝-d[a-g]al-⌜di⌝	0.0.4 (für) Ada-galdi,

	[0.0.4] šeš-⌜lú⌝-du$_{10}$	0.0.4 (für) Šeš-lu-du:
	s[ag]i-me	Mundschenken sind sie;
	[0.0.4 ni]n-⌜mu⌝-da-kúš	0.0.4 (für) Nin-mudakuš,
	*mun[us]-am$_{6}$	eine Frau ist sie:
	⌜é⌝-[g]al-l[a]	im 'Palast'
	ì-[se$_{12}$]	leben sie;
	⌜0.0.4⌝ [s]aĝ-ĝá-tuk-a	0.0.4 (für) Saĝa-tuka,
	šu-í-am$_{6}$	Friseur ist er,
	⌜lugal⌝-*temen-[d]a	bei Lugal-temen
	e-⌜da⌝-ti	lebt er;
	0.1.0 utu-ig[i]-du	0.1.0 (für) Utu-igidu,
6 1	dù-a-ku$_{5}$-am$_{6}$	ein 'Wasserregler' ist er,
	[e]-⌜ta?-è⌝	bei Eta'e,
	[azl]àg-⌜da⌝	dem Wäscher,
	⌜e⌝-[d]a-t]i	lebt er;
	0.0.4 a-[g]i$_{16}$-[s]a	0.0.4 (für) A-gisa,
	mu[n]us-⌜am$_{6}$⌝	eine Frau ist sie,
	[NAR$_{x}$(=RSP 468*ter*)]-da	bei NAR$_{x}$
	e-d[a-t]i	lebt sie.
	⌜*šu-niĝín⌝ ⌜1⌝ [l]ú ⌜0.1.0⌝	Zusammen 1 Person 0.1.0,
	[3 l]ú ⌜0.0.4⌝	3 Personen (je) 0.0.4:
*	[ni]ta-am$_{6}$ sic!	Männer sind! es;
	[1]+1 munus 0.0.4	2 Frauen (je) 0.0.4,
	⌜4⌝ mu[n]us 0.0.3	4 Frauen (je) 0.0.3,
	[še-b]i 1.2.2 [l]ú-[gem]é-si[la]-[sí]r-sír-[ka]-me	Gerste dafür 1.2.2: Leute der Geme-silasirsir(a) sind sie.
R 7 1	0.0.4? AN-ma-NI.U$_{4}$.BA	0.0.4(?) (für) AN-ma-NI.U$_{4}$.BA,
	0.0.4 ḪE$_{2}$-um	0.0.4 ḪE$_{2}$-um:
	ki-siki-me AŠ	Wollarbeiterinnen sind sie:
	igi-bar-da AŠ	bei Igibar
	e-da-se$_{12}$	leben sie;
	0.0.4 ur-s[aĝ]	0.0.4 (für) Ursaĝ,
	0.0.4 šu-t[ur-g]a-ti	0.0.4 (für) Šutur-gati:
	s[ag]i-me	Mundschenken sind sie;
	[0.0.4 ^{d}en]-ki-ur-mu	0.0.4 (für) Enki-urmu,
	[nita]-zi	bei Nitazi,
	sagi	dem Mundschenken,
	⌜e⌝-[d]a-ti	lebt er;
	0.1.0 a-s[ipa]-da-rí	0.1.0 (für) A-sipadari,
	dù-a-ku$_{5}$-am$_{6}$	ein 'Wasserregler' ist er,
	⌜šà⌝-ĝá	bei Šaĝa,
	⌜gáb-dan$_{6}$(=UŠx	dem Reiniger,

	KID$_2$!)⌝-da	
8 1	e-da-ti	lebt er;
	0.1.0 ^{d}nin-ĝír-[s]u-[mu]	0.1.0 (für) Nin-Girsu-lumu,
	⌜nar⌝-am$_6$	Musikant ist er,
	maš-dà	bei Mašda,
5	⌜nar⌝-da	dem Musikanten,
	e-da-ti	lebt er.
	[š]u-⌜niĝín⌝ ⌜*1⌝+[1] lú 0.1.0	Zusammen 1 + 1 Personen (je) 0.1.0,
	3 lú 0.0.4	3 Personen (je) 0.0.4:
	nit[a]-me	Männer sind sie;
10	2 munus ⌜0.0.4⌝	2 Frauen (je) 0.0.4:
	še-b[i 1].0.⌜2!⌝ + [0.1.0]	Gerste dafür 1.0.2(!) + 0.1.0:
	[lú-š]ub[ur]-⌜^{d}⌝ba-ba$_6$-ka-me	Leute des Šubur-Baba sind sie.
	0.0.4 a-dingir-m[u]	0.0.4 (für) A-dingirmu,
	sagi	den Munschenken,
	0.0.4 ĝá-ka-na[m-ḫ]é-ti	0.0.4 (für) Gakanam-ḫeti,
15	munus-am$_6$	eine Frau ist sie:
	é-⌜gal⌝-la	im 'Palast'
9 1	ì-se$_{12}$	leben sie;
	0.0.4 a-UL$_4$-gal	0.0.4 (für) A-UL-gal,
	nita-am$_6$	ein Mann ist er,
	amar-⌜*girid^{ki}⌝	bei Amar-Girid,
5	⌜lú-bappìr-da⌝	dem Brauer,
	e-da-ti	lebt er;
	[0.0.3] nin-⌜igi⌝-ĝá-ur-mu	0.0.3 (für) Nin-igiĝa-urmu:
	šu-í-⌜mí⌝-am$_6$	Friseuse ist sie,
	U$_2$.U$_2$	bei U$_2$.U$_2$
10	⌜e⌝-[da]-ti	lebt sie.
	[šu-ni]gín [2 lú] 0.0.⌜4⌝	Zusammen 2 Personen (je) 0.0.4,
	[1 mu]nus 0.0.4	1 Frau 0.0.4,
	[1] munus 0.0.3	1 Frau 0.0.3,
	⌜še⌝-bi 0.2.3 [l]ú-a-en-[ra]-mu-gi$_4$-me	Gerste dafür 0.2.3: Leute (des) A-enra-mugi sind sie.
10 1	šu-niĝín 7 + ⟨1⟩ lú ⌜0.2.0⌝	Zusammen 7 + ⟨1⟩ Personen (je) 0.2.0,
	6 + 1 lú 0.1.0	6 + 1 Personen (je) 0.1.0,
	11 lú 0.0.4	11 Personen (je) 0.0.4,
	2 [lú 0.0.2]	2 Personen (je) 0.0.2:
5	nita-⌜me⌝	Männer sind sie;

		7 munus 0.0.4	7 Frauen (je) 0.0.4,
		13 munus ⌜0.0.3⌝	13 Frauen (je) 0.0.3,
		2 munus 0.0.2	2 Frauen (je) 0.0.2.
11	1	[g]ú-an-⌜šè⌝ 50 lá 2 + <u>2</u> lú-še-ba-tur-maḫ-ba	**Insgesamt** 50 minus 2 + <u>2</u> Personen (mit) Gerstezuteilungen, darunter kleine (und) große,
		še-bi 10.0.0 lá 0.0.1 + <u>0.3.0</u> gur-sağ-ğál	Gerste dafür 10.0.0 minus 0.0.1 + <u>0.0.3</u> Haupt-Gur;
		[še-ba]-lú-d[i$_4$]-d[i$_4$]-la-ne	Gerstezuteilungen der 'Kleinen' (= der Königskinder);
		e[n-i]g-gal	En-iggal,
	5	⌜nu⌝-bandà	der Generalverwalter,
		[it]u-udu-šè-⌜še-a⌝-	hat am Ende des Monats,in
*		⌜íl?⌝-til-la-ba	dem man zu den Schafen Gerste (und) Wasser trägt,
		⌜ğanun⌝-SAR-ta	aus dem SAR-Speicher heraus
		[e-n]e-ba	ihnen (dies) zugeteilt;
		[ša$_6$-š]a$_6$	Šaša,
	10	[da]m-uru-[i]nim-gi-na	die Frau des Uru-inimgina,
12	1	[l]ugal-lagaš^{ki}-ka 3.	des Königs von Lagaš. 3. (Jahr).
		<u>5</u>-ba-am$_6$	Die 5. Zuteilung ist es.

<u>Anmerkungen:</u>

Die Urkunde ist bislang der letzte bekannte Text vor einer wichtigen Änderung in den Listen des Typs I-A-4., wie er ab Nr. 124 (Ukg. L 4/9) dokumentiert wird. Augenfällig ist vor allem der Wegfall der Rubriken des šubur-^{d}ba-ba$_6$ und des a-en-ra-mu-gi$_4$.

(1:12) Nach Nr. 86 1:12, Nr. 24 1:12 und nach den Zeichenspuren auch in TSA 18 1:12 (gegen AWEL 153) lautet der PN lugal-a-mu. lugal-AN-mu ist die Schreibung dieses sipa-anše-EREN$_2$-ka in DP 119, dann hier und Nr. 124 1:15 sowie in allen jüngeren Texten dieses Typs. Liegt eine Namensvariante oder ein Schreibfehler vor? Ist hier lugal-a$_x$(=AN)-mu zu lesen? Vgl. bereits AWEL 153 zu Nik 22 1:12. C. Wilcke nimmt die Verwechslung zweier ähnlicher Namen an, die in der Buchhaltung "eine zeitlang unbemerkt blieb, dann aber korrigiert wurde" und verweist auf den im unmittelbaren Kontext genannten sağ-apin "Pflugführer" namens lugal-a-mu (vgl. DP 11 2:1, Nr. 25 2:1 us.w.).

(3:12) Um mit der Zwischensumme in 3:18–4:9 zu harmonieren, muß Baba-dingirmu eine Frau sein. Dies läßt sich durch den Zusatz šu-í-mí-am$_6$ "Friseuse" in Nik 22 4:2 bestätigen.

(3:16) Zum PN igi-si$_4$, hier auch in Nr. 26 4:3, vgl. neben AWEL 83 zu Nik 3 6:5 auch I.J. Gelb et al. OIP 104, 150 (Belege).

(5:2) Zur Ergänzung igi-bar-da s.o. zu Nr. 24 5:5.

(5:10–11) Die Ergänzung des pluralischen Verbums se$_{12}$ ist gesichert durch die Parallele in TSA 18 3:8–9. Neben Nin-mudakuš haben also auch die zuvor genannten Mundschenken 'im Palast' gewohnt. Vgl. a. AWEL 129 zu Nik 16 5:13.

(5:16–6:4) Zur Ergänzung vgl. Nik 16 7:1–5.

(11:1–2) Die Summa summarum ist nach den (rekonstruierten) Einzeleinträgen, den Zwischensummen und nach der Summenformel korrekt.

(11:6) Die nach der Kopie mögliche, wenn auch aus Platzgründen fragliche Lesung $^{[d]}$⸢nanše⸣ ist nach der Rekollation durch P. Steinkeller wohl aufzugeben. Die von ihm kopierten Spuren 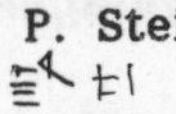 sprechen für das hier umschriebene ⸢íl⸣. – Zum Monatsnamen und seiner Vollform s. AWEL 255 zu 14:2-4. Vgl. jetzt auch <itu>-še-íl-la-ka "<month> of "transporting the barley" bei M. Civil Fs. Sjöberg 54; s. ferner ú-íl šáḫ ùr-ra-šè im unpublizierten Text BM 12232 a.a.O. 52.

26 = STH 1, 27

<u>Text:</u> HSM 903.11.2 (früher 3567); <u>Maße:</u> H.: 12,1cm; Br.: 12,4cm;
<u>Kollationiert;</u>
<u>Parallelen:</u> vgl. Nr. 124 (Ukg. L 3/9); Nik 16 (Ukg. L 4/4) und DP 116 (Ukg. L 4/7);
<u>Umschrift</u> A. Deimel Or 43/44, 104ff.;
<u>Datum:</u> Ukg. L 3/12; <u>Typ:</u> I-A-4.(A/4);
<u>Inhalt:</u> Gerstezuteilungen der 'Kleinen' (= der Königskinder).
<u>Gliederung:</u>

<u>Leute der Geme-Baba</u> (mit Rubrum):	*1:01-4:15*
1. Pflugführer (mit Rubrum), Zimmermann und Hirte der Gespannesel :	*1:01-2:05*
3. Wollarbeiterinnen (mit Rubrum):	*2:06-3:02*
4. Leute von 'Ansehen' (mit Rubrum):	*3:03-3:05*
5. Friseur und Mundschenken (mit Rubrum):	*3:06-3:10*
6. Andere Bedienstete:	*3:11-4:04*
Zwischensumme:	*4:05-4:14*
<u>Leute der Geme-silasirsira</u> (mit Rubrum):	*5:01-8:13*
1. Pflugführer (mit Rubrum):	*5:01-5:14*
a) Leute, die ein Versorgungslos übernommen haben (mit Rubrum):	*5:01-5:08*
b) Leute mit monatlichen Zuteilungen (mit Rubrum):	*5:09-5:13*
2. Mahlmagd:	*6:01-6:04*
3. Wollarbeiterinnen (mit Rubrum):	*6:05-6:10*
4. Friseur, Mundschenken und andere Bedienstete (teilweise mit Rubra):	*6:11-8:04*
Zwischensumme:	*8:05-8:12*
<u>Leute des A-ene-ki'ağa</u> (mit Rubrum):	*8:14-10:07*
Personal:	*8:14-10:03*
Zwischensumme:	*10:04-10:07*
<u>Summenformel:</u>	*11:01-11:09*
<u>Schlußformel:</u>	*12:01-13:05*

1	0.2.0 [še-ba]	0.2.0 Gerstezuteilung
	lugal-a-mu	(für) Lugal-amu,
	0.2.0 lugal-a-mu	0.2.0 (für) Lugal-amu,
	2-⸢kam⸣-ma	den zweiten,
	0.2.0 utu-ì-⸢kúš⸣	0.2.0 (für) Utu-ikuš,
	[0.2.0] ⸢a⸣-[b]à[d]-mu	0.2.0 (für) A-badmu,
	0.2.0 gissu-na-ni-du$_{10}$	0.2.0 (für) Gissunani-du,
	[0.1.0 ur-GA$_{2}$]-da	0.1.0 (für) Ur-GA$_{2}$-da,
	0.1.0 [AN-kal]-ga	0.1.0 (für) AN-kalga,
*	0.1.0 [é]-⸢gú⸣-nun-di	0.1.0 (für) E-gunun-di,
	0.1.0 utu-[m]u-kúš	0.1.0 (für) Utu-mukuš,
	0.1.2 a-^{d}[na]nše-ki-⸢ağá⸣	0.1.2 (für) A-Nanše-ki'ağa:
	[sağ]-apin-me	Pflugführer sind sie;
	[0.1.0 lu]gal-[ğeštin]	0.1.0 (für) Lugal-ğeštin,
2	[na]gar	den Zimmermann,
	⸢0.2.0⸣ di-utu	0.2.0 (für) Di-Utu,
	e-da-se$_{12}$	bei dem sie leben;
	0.2.0 lugal-dingir-mu	0.2.0 (für) Lugal-dingirmu,
	sipa-anše-EREN$_{2}$-ka	den Hirten der Gespannesel;
	0.0.3 nin-inim-ğá-ka-bi	0.0.3 (für) Nin-inimğa-kabi,
	2 dumu-nita 0.0.2	2 Söhne (je) 0.0.2,
	0.0.3 nin-šu-⸢gi$_{4}$⸣-[g]i$_{4}$	0.0.3 (für) Nin-šugigi,
	0.0.2 dumu-mí	0.0.2 (für die) Tochter,
	0.0.3 nin-ama-mu	0.0.3 (für) Nin-amamu,
	0.0.2 dumu-mí	0.0.2 (für die) Tochter,
	0.0.3 nin-e-k[i]-⸢ağá⸣	0.0.3 (für) Nine-ki'ağa,
	0.0.3 ^{d}inanna-*⸢ama⸣-mu	0.0.3 (für) Inanna-amamu,
	⸢0.0.3⸣ zi-mu	0.0.3 (für) Zimu,
3	⸢0.0.3⸣ [n]in-lú-mu	0.0.3 (für) Nin-lumu:
	ki-siki-me	Wollarbeiterinnen sind sie;
	0.2.0 é-ansú^{mušen}	0.2.0 (für) E-ansu,
	0.2.0 lugal-bàd	0.2.0 (für) Lugal-bad:
	lú-IGI.NIGIN$_{2}$-[m]e	Leute (von) 'Ansehen' sind sie;
	0.1.0 lugal-^{d}en-líl-[l]e	0.1.0 (für) Lugal-Enlile,
	šu-í	den Friseur,
	0.1.0 ^{d}ni[n-gí]r-[s]u-lú-mu	0.1.0 (für) Nin-Girsu-lumu,
	⸢0.0.4⸣ [si]pa-^{d}e[n-l]íl-le	0.0.4 (für) Sipa-Enlile:
	[s]agi-me	Mundschenken sind sie;

	⌜0.0.4⌝ [a-u]r-mu	0.0.4 (für) A-urmu,
	⌜0.0.4⌝ a[m]a-⌜ur⌝-[m]u	0.0.4 (für) Ama-urmu:
	munus-me	Frauen sind sie:
	é-gal-la	im 'Palast'
	⌜ì⌝-[se$_{12}$]	leben sie;
	2 [n]u-si[ki(-nita)] 0.0.4	2 Waisen(knaben) (je) 0.0.4:
	úr-mud	bei Ur-mud,
4	ag[r]ig-da	dem Hausverwalter,
	e-da-se$_{12}$	leben sie;
	0.1.0 igi-si$_4$	0.1.0 (für) Igisi,
	šu-ku$_6$	den Fischer.
	šu-niĝín 10 lá 1 lú 0.2.0	Zusammen 10 minus 1 Personen (je) 0.2.0,
	1 ⌜lú⌝ 0.1.2	1 Person 0.1.2,
	8 lú 0.1.0	8 Personen (je) 0.1.0,
	3 lú 0.0.4	3 Personen (je) 0.0.4,
	[2] šà-du$_{10}$-nita 0.0.2	2 Knaben (je) 0.0.2:
	[ni]ta-me	Männer sind sie;
	2 munus 0.0.4	2 Frauen (je) 0.0.4,
	3[+4] munus 0.0.3	7 Frauen (je) 0.0.3,
	⌜2⌝ šà-du$_{10}$-mí 0.0.2	2 Mädchen (je) 0.0.2,
	še-bi 10.0.0 [l]á 1.0.0 ⌜lá 0.0.3⌝ gur-saĝ-ĝál	Gerste dafür 10.0.0 minus 1.0.0 minus 0.0.3 Haupt-Gur:
	[l]ú-ge[mé-^{d}]ba-b[a$_6$-⌜ka⌝-[me]	Leute der Geme-Baba sind sie.
5	0.1.0 šà-TAR	0.1.0 (für) Ša-TAR,
	0.1.0 UR.UR	0.1.0 (für) UR.UR,
	0.1.0 mu-ni	0.1.0 (für) Muni,
	0.1.0 mu-ni	0.1.0 (für) Muni,
	2-kam-ma	den zweiten,
	0.1.0 ì-lum-KALAG	0.1.0 (für) *Ilum-dān*,
	0.2.0 lugal-kèš$^{k[i]}$	0.2.0 (für) Lugal-Keš:
	lú-PAD-dab$_5$-[ba-me]	Leute, die ein Versorgungslos übernommen haben, sind sie;
	0.2.0 a-lum-⌜BA⌝	0.2.0 (für) *Ālum*-BA,
	0.1.2 šeš-lú-du$_{10}$	0.1.2 (für) Šeš-lu-du,
	0.1.0 ^{d}nin-ti-bàd-mu	0.1.0 (für) Ninti-badmu,
	0.1$^{?}$.0 niĝìn-mud	0.1.0(?) (für) Niĝin-mud:
	lú-[i]tu-da-me	Leute mit monatlichen (Zuteilungen) sind sie:

	[sa]g̃-apin-me	Pflugführer sind sie;
	0.0.4 nin-ma-a[l]-ga-[s]ù	0.0.4 (für) Nin-malga-su,
6	gemé-kikken-kam	Mahlmagd ist sie:
	lu[g]al-kè[š]^{ki}	bei Lugal-Keš,
	dub-sar-da	dem Schreiber,
	e-da-se$_{12}$	leben sie;
	0.0.3 ni[n]-inim-[g̃]á-[k]a-bi	0.0.3 (für) Nin-inimg̃a-kabi,
	[0.0.3 ^{d}]ba-ba$_{6}$-[U$_{4}$]-mu	0.0.3 (für) Baba-U-mu,
	⸢0.0.3⸣ [g̃á-k]a-⸢nam⸣-[ḫ]é-ti	0.0.3 (für) Gakanam-ḫeti:
	⸢ki-siki⸣-me	Wollarbeiterinnen sind sie:
	nin-[inim]-zi-da	bei Nin-inimzida
	e-da-[s]e$_{12}$	leben sie.
	0.2.0 ⸢igi⸣-[z]i	0.2.0 (für) Igizi,
	⸢šu⸣-i	den Friseur,
	0.0.4 a-[d]a-gal-di	0.0.4 (für) Ada-galdi,
R 7	⸢0.0.4?⸣ šeš-lú-du$_{10}$	0.0.4(?) (für) Šeš-lu-du:
	sagi-me	Mundschenken sind sie;
	0.0.4 nin-mu-da-kúš	0.0.4 (für) Nin-mudakuš:
	[munus-am$_{6}$]	eine Frau ist sie:
	[é-gal-la]	im 'Palast'
	[ì-se$_{12}$]	leben sie;
	[0.0.4 sag̃-mu-AB-tuku]	0.0.4 (für) Sag̃mu-AB-tuku,
	[šu-í-am$_{6}$]	Friseur ist er,
	[lugal-temen-da]	bei Lugal-temen
	[e-da-ti]	lebt er;
	[0.1.0 utu-igi-du]	0.1.0 (für) Utu-igidu,
	[dù-a-ku$_{5}$]	den 'Wasserregler',
	[e-ta-e$_{11}$]	bei Eta'e,
	[azlàg-da]	dem Wäscher,
	[e-da-ti]	lebt er;
8	[0.0.4] ⸢a-gi$_{16}$-sa⸣	0.0.4 (für) A-gisa,
	munus-am$_{6}$	eine Frau ist sie,
	NAR$_{x}$(=RSP 468*ter*)-da	bei NAR$_{x}$
	e-da-[t]i	lebt sie.

	[šu-niĝín 3 lú	Zusammen 3 Personen (je)
	0.2.0]	0.2.0,
	[1 lú 0.1.2]	1 Person 0.1.2,
	[8 lú 0.1.0]	8 Personen (je) 0.1.0,
	[3 lú 0.0.4]	3 Personen (je) 0.0.4,
	[nita-me]	Männer sind sie;
	[3 munus 0.0.4]	3 Frauen (je) 0.0.4,
	[3 munus 0.0.3]	3 Frauen (je) 0.0.3,
	[še-bi 5.0.5]	Gerste dafür 5.0.5:
	[lú-gemé-sila-sír-	Leute der Geme-silasirsir(a)
	sír-ka-me]	sind sie.
	[0.0.4 a-dingir-mu]	0.0.4 (für) A-dingirmu,
9	[sagi]	den Mundschenken,
	0.0.⌈4⌉ ĝá-ka-nam-ḫé-ti	0.0.4 (für) Gakanam-ḫeti,
	[mun]us-am$_6$	eine Frau ist sie:
	⌈é⌉-gal-la	im 'Palast'
	ì-se$_{12}$	leben sie;
	0.0.⌈4 a⌉-*[U]L$_4$-[gal]	0.0.4 (für) A-UL$_4$-gal,
	[nita-am$_6$]	ein Mann ist er,
	[amar-giríd^{ki}]	bei Amar-Girid,
	[lú-bappìr-da]	dem Brauer,
	[e-da-ti]	lebt er;
	[0.0.4 nin-igi-ĝá-ur-bi]	0.0.4 (für) Nin-igiĝa-urbi:
	[šu-í-(mí-)am$_6$]	Friseuse ist sie,
	[U$_2$.U$_2$]	bei U$_2$.U$_2$
	[e-da-ti]	lebt sie;
	[0.0.4 AN-igi-du]	0.0.4 (für) AN-igidu,
	[azlàg]	den Wäscher,
	[lugal-apin-né]	bei Lugal-apine
	[e-da-ti]	lebt er;
10	0.1.2 uru-inim-gi-na-	0.1.2 (für) Uru-inimgina-En-
	^{d}en-líl-[le]-s[u]	lile-su,
	0.1.2 uru-inim-[g]i-	0.1.2 (für) Uru-inimgina-Nin-
	na-^{d}nin-ĝír-[s]u-	girsuke-su,
	ke$_4$-⌈su⌉	
	0.1.2 ur[u]-inim-gi-na-	0.1.2 (für) Uru-inimgina-
	⌈^{d}⌉[nanše-su]	Nanše-su:
	[nita-me]	Männer sind sie;
	[lugal-kèš^{ki}]	bei Lugal-Keš,
	[(dub-sar-da)]	(dem Schreiber)(?),
	[e-da-se$_{12}$]	leben sie.

	[šu-niĝín 3 lú 0.1.2]	Zusammen 3 Personen (je) 0.1.2,
	[3 lú 0.0.4]	3 Personen (je) 0.0.4
	[2 munus 0.0.4]	2 Frauen (je) 0.0.4,
	[še-bi 1.3.2 lú-a-en- -né-ki-áĝá-me]	Gerste dafür 1.3.2: <u>Leute (des) A-ene-ki'aĝa sind es.</u>
11 1	šu-niĝín 12 lú 0.2.0	Zusammen 12 Personen (je) 0.2.0,
	5 lú 0.1.2	5 Personen (je) 0.1.2,
	16 lú 0.1.0	16 Personen (je) 0.1.0,
	10 lá 1 lú 0.0.4	10 minus 1 Person (je) 0.0.4,
	2 lú 0.0.2	2 Personen (je) 0.0.2:
	nita-me	<u>Männer sind sie;</u>
	6 munus 0.0.4	6 Frauen (je) 0.0.4,
	11 munus ⸢0.0.3⸣	11 Frauen (je) 0.0.3,
	2 munus ⸢0.0.2⸣	2 Frauen (je) 0.0.2.
12 1	[gú-an-šè 1,3 lú še-ba-tur-maḫ-ba]	Insgesamt 64 Personen (mit) Gerstezuteilungen, darunter kleine (und) große;
	še-[bi 14]+⸢2⸣.0.0 lá 0.0.3 [g]ur-saĝ-ĝál	Gerste dafür 16.0.0 minus 0.0.3 Haupt-Gur;
	še-ba-lú-di$_4$-di$_4$-la-ne	Gerstezuteilungen der 'Kleinen' (= der Königskinder);
	ša$_6$-ša$_6$	Šaša,
	dam-uru-inim-gi-na	die Frau des Uru-inimgina,
	lugal-	des Königs
	lagaš$^{k[i]}$-⸢ka⸣	von Lagaš.
	itu-⸢ezem⸣-^{d}ba-⸢ba$_6$⸣-[k]a	Im Monat 'Fest der Baba'
13 1	en-ig-gal	hat En-iggal,
	nu-bandà	der Generalverwalter,
	⸢ĝanun-^{d}ba-ba$_6$⸣-ta	aus dem Speicher der Baba heraus
	e-ne-ba 3.	ihnen (dies) zugeteilt. 3. (Jahr).
	<u>12</u>-ba-am$_6$	Die 12. Zuteilung ist es.

Anmerkungen:

Unser Text stark beschädigter Text Nr. 26 ist, nach dem im Rahmen von AWAS veröffentlichten Text Nr. 124 (Ukg. L 3/9) nunmehr die zweite Urkunde des Typs I-A-4. nach einer wichtigen Umstrukturierung des Personals der 'Kleinen', d.h. der Königskinder. S. dazu die Vorbemerkung zu den Anmerkungen zu Nr. 124. Die Rekonstruktion dieses ziemlich beschädigten Textes nach den beiden zeitlich nächsten Paralleltexten Nr. 124 (Ukg. L 3/9) und Nik 16 (Ukg. L 4/4) scheint gesichert. Im einzelnen gilt:

(1:5-13) Zur Ergänzung vgl. Nik 16 1:5-13; Nr. 124 hat noch drei Pflugführer weniger.

(2:13) Die Lesung des PN als ᵈinanna-ama-mu ist nach Rekollation von P. Steinkeller über jeden Zweifel erhaben. Vgl. Nr. 124 2:7 und die Ergänzung in Nik 16 2:14.

(5:6) Der semitische Personenname bedeutet "Der Gott ist stark"; s. I.J. Gelb MAD 3,27; R. Di Vito, Onomastics 184.

(5:15-6:7) Vgl. Nr. 124 5:6-13; Nik 16 5:14-16.

(6:6) Lesung ᵈba-ba₆-[U₄]-mu, nach einem Hinweis von C. Wilcke, aufgrund der Parallelen Nr. 124 5:12 (erstmals in dieser Gruppe); Nik 16 5:15 (verbessere entsprechend die Ergänzung in AWEL 125); DP 116 6:16, 117 6:10; Nik 20 6:12; *aber* DP 118 6:14: ᵈba-ba₆-dingir-mu (Schreib- oder Kopierfehler?).

(6:9) Im nächsterhaltenen Text Nik 16 6:2 wird die Vorsteherin der Wollarbeiterinnen nin-inim-zi-da abgelöst durch ᵈnanše-da-nu-me-a.

(6:11-8:4) Vgl. Nr. 124 6:2-7:5; Nik 16 6:4-7:9.

(7:4-15) Ergänzungen nach den Nachbartetxen Nr. 124 6:8-7:2 und Nik 16 6:10-7:5. Vgl. a. die folgenden Anmerkungen.

(7:7) So nach den unmittelbaren Parallelen und auch TSA 18 5:15 und Nr. 24 5:12. Vgl. aber sag̃-g̃á-tuk-a wie in Nr. 25

5:12. Beides scheinen nur Spielformen ein und desselben Namens zu sein.

(7:11) Ergänzung utu-igi-du nach den Paralltexten. In DP 116 8:7 liest man an dieser Stelle AN-igi-du. Liegt ein Schreibgfehler vor oder sind dies nur zwei Spielformen eines Namens?

(8:5–9:1) Vgl. Nr. 124 7:7–8:2; Nik 16 7:10–8:4.

(9:6–18) Vgl. Nr. 124 8:7–9:1; Nik 16 8:9–9:8.

27 = STH 1, 28

Text: HSM 904.7.7 (früher 3723); Maße: H.: 9,0cm; Br.: 9,1cm;
Kollationiert;
Umschrift: A. Deimel Or 34/35, 40f.;
Parallele: vgl. unten Nr. 28;
Datum: Ukg. L 4; Typ: I-G-6.;
Inhalt: Mehlzuteilungen für die eigenen Fischer der Baba.
Gliederung:

Fischer der Baba:	*1:01–7:03*
1. Gruppe (mit Zws. und Vorsteher Nesağ):	*1:01–2:06'*
2. Gruppe (mit Zahl und Vorsteher Lugal-šala-tuku):	*2:7'–4:04*
3. Gruppe (mit Zahl und Vorsteher Amar-TUG$_2$-nun):	*4:05–4:08*
4. Gruppe (mit Zahl und Vorsteher [NN]):	*5:01–5:06*
5. Gruppe (mit Zahl und Vorsteher Gala-TUR):	*6:01–6:04*
6. Gruppe (mit Zahl und Vorsteher Šubur):	*6:05–7:03*
Schlußformel:	*8:01–9:05*
Summa summarum, Klassifikation:	*8:01–8:04*
Transaktionsformular / Datum:	*8:05–9:05*

1	1	0.0.2 [zíd] *luga[l-si-ğar]	0.0.2 Mehl (für) Lugal-siğar,
		0.0.2 kur-⸢giri⸣-ni-⸢šè⸣	0.0.2 (für) Kur-giriniše,
		0.0.2 ⸢en⸣-[k]u_4	0.0.2 (für) En-ku,
		[0.0.2] e-ta-e_{11}	0.0.2 (für) Eta'e,

5	0.0.2 a[d-d]a-⌜da⌝	0.0.2 (für) Addada,
	0.0.2 ⌜nimgir⌝-inim-g[i]-na	0.0.2 (für) Nimgir-inimgina,
	[0.0.2] ur-[bará-s]i-ga	0.0.2 (für) Ur-barasiga,

Zu Beginn der Kol. 2 fehlen 2 oder 3 Zeilen.

2 1'	0.0.2 [e]n-UD-da-na	0.0.2 (für) En-UD-dana,
	0.0.2 ur-^{d}nin-dub	0.0.2 (für) Ur-Nindub,
	0.0.2 ne-sağ	0.0.2 (für) Nesağ.
	šu-niğín 10 l[ú] zíd 0.0.2	**Zusammen** 10 Personen (mit einer) Mehl(ration von je) 0.0.2,
5'	zíd-bi 0.3.2	Mehl dafür 0.3.2:
	ne-sağ	<u>(an) Nesağ;</u>
	0.0.2 [š]eš-TUR	0.0.2 (für) Šeš-TUR,
	0.0.2 ú-da	0.0.2 (für) Uda,
	šeš-ki-[er]ím-ma	Šeš-ki-erima,
3 1	⌜qí?-bi?⌝	*Qībī*(?);
	0.0.2 ⌜x⌝-ama-⌜x-x⌝	0.0.2 (für) ...,
	0.0.2 lu[gal]-šà-lá-⌜tuku⌝	0.0.2 (für) Lugal-šala-tuku,
	0.0.2 ur-niğin	0.0.2 (für) Ur-niğin,
5	0.0.2 gissu-⌜na⌝-ni-du$_{10}$	0.0.2 (für) Gissunani-du,
	ur-^{d}en-ki	Ur-Enki;
	0.0.2 íl	0.0.2 (für) Il,
	nimgir-⌜èš⌝-a-D[U]	Nimgir-eša-DU,
	⌜0.0.2?⌝ [....] ⌜x⌝	0.0.2(?) (für) ...,
4 1	0.0.2 níğ-du$_7$-pa-⌜è⌝	0.0.2 (für) Niğdu-pa'e,
	0.0.2 [....]	0.0.2 (für) ...,
	0.0.2 [lugal-šà-lá]-⌜tuku⌝	0.0.2 (für) Lugal-šala-tuku.
	[š]u-niğín 11 [l]ugal-[šà-lá]-tuku	**Zusammen** 11 (Personen, das Mehl <u>an) Lugal-šala-tuku;</u>
5	0.0.2 sağ-GIGIR-ba	0.0.2 (für) Sağ-GIGIR-ba,
	0.0.2 a-lú-⌜lil?⌝-l[a]	0.0.2 (für) A-lulila,
	[ ]	.... .
	[šu-niğín x]	**Zusammen** x (Personen, das Mehl <u>an) ...;</u>
R 5 1	⌜0.0.2⌝ lugal-inim-⌜gi-na⌝	0.0.2 (für) Lugal-inimgina,

		0.0.2 é-igi-íl	0.0.2 (für) E-igi-il,
		0.0.2 é-ki-bé-⸢gi$_4$⸣	0.0.2 (für) E-kibe-gi,
		0.0.2 ur-zú-si	0.0.2 (für) Ur-zusi,
	5	amar-⸢^{d}⸣TUG$_2$-nun	(unter) Amar-TUG$_2$-nun.
		šu-niĝín 4 ⸢amar⸣-^{d}TUG$_2$-nun	Zusammen 4 (Personen, das Mehl an) Amar-TUG$_2$-nun;
6	1	⸢0.0.2⸣ NI[NA]-ki-du$_{10}$	0.0.2 (für) NINA-kidu,
		0.0.2 ur-ki	0.0.2 (für) Ur-ki,
		gala-tur	(unter) Galatur.
		šu-niĝín 2 <lú> gala-tur	Zusammen 2 <Personen>, (das Mehl an) Galatur;
	5	lu]gal-mu-⸢šè⸣-ĝál	Lugal-mušeĝal,
		0.0.2 ur-^{d}nin-DAR	0.0.2 (für) Ur-Nin-DAR,
		lugal-lagaš^{ki}	Lugal-Lagaš,
		0.0.2 ne-[s]aĝ	0.0.2 (für) Nesaĝ,
7	1	0.0.2 [lu]gal-me-gal-gal	0.0.2 (für) Lugal-megalgal,
		0.0.2 šubur	0.0.2 (für) Šubur.
		šu-niĝín 4 lú šubur	Zusammen 4 Personen, (das Mehl an) Šubur.
8	1	[gú-an-šè] 33 l[ú] 0.0.2	Insgesamt 33 Personen (je) 0.0.2,
		zíd-b[i] 3.0.0 lá 0.1.0 [g]ur-saĝ-ĝál	Mehl dafür 3.0.0 minus 0.1.0 Haupt-Gur,
		[š]u-ku$_6$-ú-rum-^{d}ba-ba$_6$	(für die) eigenen Fischer der Baba;
	5	ša$_6$-ša$_6$	Šaša,
		dam-uru-inim-gi-na	die Frau des Uru-inimgina,
		lugal-lagaš^{ki}-ka	des Königs (von) Lagaš;
9	1	en-ig-gal	En-iggal,
		nu-bandà	der Generalverwalter,
		[....]-⸢x⸣	hat ...
		é-[x(-x)]-ka	im ...(?)
	5	e-ne-ba 2+⸢1?⸣+1.	ihnen (dies) zugeteilt. 4(?). (Jahr).

Anmerkungen:

In ganz ähnlicher Weise verzeichnet DP 191 (Lug. 1) Wollzuteilungen an verschiedene Fischer und ihre Gehilfen. Die Personennamen beider Texte sind größtenteils identisch. Vgl. a. TSA 47 ((Ukg.L) 4), eine Liste mit 20 šu-ku$_6$-ab-ba und 23(?) šu-ku$_6$-a-du$_{10}$-ga, die zusammengefaßt werden mit der Unterschrift dub-é-gal-ta e-ta-sar "Von der Tafel (des) 'Palastes' hat er/wurden sie 'abgeschrieben'"; vgl.a. UGASL s.v. ^{d}ba-ba$_6$ [176].

(1:6) Zur inhaltlichen Bedeutung der Namen mit dem Element inim-gi-na, wofür die akk. Gleichungen *muqippu, mukinnu* und *kattû*, alle etwa "Bürge, Garant", belegt sind, ist jetzt vielleicht auch P. Steinkeller FAOS 17, 82-84 zu vergleichen.

Vgl. ferner auch die PN inim-gi-na (DP 593 2:6 u.p.), lugal-inim-gi-na (DP 113 7:12 u.p.), sipa-inim-gi-na (DP 113 3:10) und uru-inim-gi-na passim.

(2:4'-5') Zu Beginn der zweiten Kolumne fehlen mindestens zwei Zeilen, die wohl weitere Personennamen enthielten. Da aber im erhaltenen Text, wie er vorgelegt wird, bereits 10 PN bezeugt sind, folgt daraus, daß, entsprechend der Zwischensumme, nicht allen Personennamen eine Ration zugeordnet gewesen war. Diese Beobachtung läßt sich im Vergleich mit der Summa summarum in 8:1-2 auf den ganzen Text übertragen. S.a. die folgende Anmerkung.

Bemerkenswert ist, daß die Mehlrationen für alle Personen gleich groß sind. Dies erlaubte der Buchhaltung bei den weiteren Zwischensummen die verkürzte Schreibung.

(2:9', 3:1.6.8, 6:5.7) Vor diesen sechs Personen, sowie vor zwei Vorstehern (5:5,6:3) fehlt eine Angabe über eine Mehlration. Man könnte zunächst annehmen, daß diese sechs Personen den Status eines 'Unterführers' o.ä. hatten. Nach einem Vergleich mit DP 191 scheint auch das Gegenteil möglich: Dieser Text unterscheidet zwischen den sag̃-dub, den "Häuptern (der) Tafel", d.h. den "ordentlichen oder vollen Arbeitkräften" und den šeš "Brüdern" oder šeš-EREN$_2$-ra, den "Teamgenossen", offensichtlich einer Art von Hilfsarbeitern. Die Maßzahl der Wollrationen dort wird im übrigen durch Schreibung mit 'runden' und 'keilförmigen' Zahlen unterschieden. In DP 191 rechnen *qí-bi-ba:la-ṭì* (3:6) lugal-lagaš^{ki} (6:1) und lugal-mu-šè-g̃ál (7:1) zu den Hilfsarbeitern. Die anderen drei Personen, die in unserem Text ohne Mehlration bleiben, zählen dort allerdings zu den regulären Arbeitskräften.

Somit bleibt der Grund für die fehlende Maßzahl bei diesen sechs Personen in unserem Text unbekannt.

Zu šeš, šeš-bi und šeš-BIR$_3$/EREN$_2$-ra(-bi) s. jetzt K.R. Englund, Fischerei 105^{+335}. Seine Deutung unterscheidet sich im Ergebnis im übrigen nicht von T. Maeda ASJ 4 (1980) 115.

(3:1) *Qībī* ist wohl Kurzform für *qí-bi-ba-la-ṭì*. Vgl. DP 191 3:7; CTNMC 2 1:4. - Obwohl in DP 191 3:7 eine anagraphische Schreibung angenommen werden muß, sprechen zwei Gründe für die vorgeschlagene Interpretation: 1. Ein 'Negationspräformativ' /la/ bzw. /la-ba/ ist sonst in unseren Quellen (noch) nicht nachweisbar.[29] 2. Möglicherweise die Zeichenfolge in CTNMC 2. - Auf der anderen Seite sind Namen wie ki-ni-mu-su "Seinen Ort kennt er" DP 339 3:4, RTC 53 3:9 und Nr. 71 3:5, in der Kurzform ki-ni in DP 321 3:4, zu vergleichen. Danach ist eine Interpretation ki-bi--la-ba-ti (Anregung von C. Wilcke) keinesfalls ausgeschlossen.

Wegen der Zwischensumme in 4:11 unserer Urkunde stand hier sicher keine Ration.

(3:9) Die kopierte Zeichenspur am Zeilenanfang sieht wie ⌜0.0.2⌝ aus. Da in dieser Gruppe nur 11 Personen eine Mehlration erhalten, kann vor Šeš-ki-erima in 2:9' keine Maßzahl gestanden haben.

(4:6) Vgl. z.B. DP 321 2:2-3.

---

[29] Vgl. nu-ba-sum-mu Ukg. 6 2:9', nu-ba-tùm Ukg. 6 3:5', nu-ba-da$_5$-kar-ré Ukg. 6 3:9' und die von unserer Beobachtung abweichende Aussage von M.-L. Thomsen SL S. 190 (exx. 426-429). Die ältesten mir bekannten Schreibungen für /la-ba/ kommen aus dem akkadzeitlichen Girsu bzw. Nippur (Isin?): vgl. D.O. Edzard SRU la-ba-gi$_4$-gi$_4$-da(-šè/a): Nr. 78a:17; Nr. 84 Rs. 16; Nr. 85:6, Nr. 85 a:6. u.ä. passim in Akkad- und Ur-III-zeitlichen Kaufverträgen (s. I.J. Gelb et al OIP 104,244ff.).

(4:7) Nach der Kopie wird man in dieser Zeile wohl noch einen Personennamen ergänzen müssen, da šu und nigín jeweils unmittelbar unter den Zeilentrennstrich geschrieben werden.

(4:8) Als Leiter dieser Fischergruppe darf man wohl den PN sag̃-GIGIR-ba (sag̃-ḫáb-ba, sag̃-ub$_4$-ba) ergänzen, da er a) in 4:5 genannt ist und b) auch in Nr. 28 3:3 ihm die 6. Fischergruppe unterstellt ist.

(6:1) Bezüglich der Umschrift NINA$^{(ki)}$, die er bereits in WdO 7 (1973/74) 12f. diskutierte, fordert J. Bauer AfO 36/37 (1989/90) 82 die Lesung nig̃in$_x$, mit Verweis auf J. Krecher Fs. Matouš I, 53. Dieser bezieht sich vor allem auf Proto-Ea 288 (=MSL 14, 43:288). W. Heimpel, der die bisherige Literatur in JCS 33 (1981) 98f. zusammenfassend diskutierte, hat diesen Vorschlag allerdings nicht übernommen.

(6:4-5) Vgl. oben zu 2:4'-5'. - Lugalmuše-g̃al ist nach DP 139 1:2, 191 7:1 und Nr. 97 4:4 als Brackwasserfischer bekannt.

(8:1) Diese Zahl "33" begründet die Notwendigkeit der Rekonstruktion einer Zwischensumme in 4:8(f.) S.a. die Anmerkung oben zu 4:7.

(9:3-4) Beide Zeilen wurden freundlicherweise von P. Steinkeller erneut kollationiert. Der Raum für das hier als Zeile 3 angesetzte Kästchen ist sehr groß. Möglicherweise ist also eine weitere Zeile zu ergänzen. Das hier ⌜x⌝ umschriebene Zeichen enstpricht der in der Kopie angegebenen Spur und ist "not TA". Für 9:4 bemerkt Steinkeller: "all one can see is é-[x-(-x)]-ka; no room for -[ta]". Eine Ergänzung é-[KI.LAM]-ka "im ON" ist, entsprechend einer Anregung von C. Wilcke, also möglich. Da ich keine Parallele kenne, kann ich das Formular allerdings hier nicht rekonstruieren.

(9:5) Die Jahreszahl ist nicht ganz sicher. Nach Kollation könnte auch 2+⌜2⌝+1, also ⌜5⌝ vorliegen.

28 = STH 1, 29

Text: HSM 903.11.6 (früher 3571); Maße: H.: 6,4cm; Br.: 6,2cm; Kollationiert;
Umschrift/Übersetzung: A. Deimel Or 34/35, 39f.; R. Englund, Fischerei 102f.
Parallelen: TSA 19 (Ukg. L 4/(10)<1>; vgl.a. oben Nr. 27;
Datum: Ukg. L 4/(13)<4>; Typ: I-A-7.(A/5);
Inhalt: Gerstezuteilungen für die Hōr-Fischer der Baba;

	1	1	12 lú še-ba 0.1.0	12 Personen: Gerstezuteilung (je) 0.1.0,
			1 ugula 0.2.0	1 Obmann 0.2.0,
			še-bi 3.1.0[sic!] gur-sağ-ğál	Gerste dafür 3.1.0 Haupt-Gur
			ne-sağ	(an) Nesağ;
		5	14 lú 0.1.0	14 Personen (je) 0.1.0,
			1 ugula 0.2.0	1 Obmann 0.2.0,
			še-bi 4.0.0	Gerste dafür 4.0.0
	2	1	lugal-šà-lá-tuku	(an) Lugal-šala-tuku;
			5 lú 0.1.0	5 Personen (je) 0.1.0,
			1 ugula 0.2.0	1 Obmann 0.2.0,
			še-bi 2.0.0 lá 0.1.0 šubur	Gerste dafür 2.0.0 minus 0.1.0 (an) Šubur;
		5	4 lú 0.1.0	4 Personen (je) 0.1.0,
			še-bi 1.0.0 amar-^{d}TUG$_2$-nun	Gerste dafür 1.0.0 (an) Amar-TUG$_2$-nun;
			2 lú 0.1.0	2 Personen (je) 0.1.0,
	3	1	še-bi 0.2.0 gala-tur	Gerste dafür 0.2.0 (an) Galatur;
			2 lú 0.1.0	2 Personen (je) 0.1.0,
			še-bi 0.2.0 sağ-GIGIR-ba	Gerste dafür 0.2.0 (an) Sağ-GIGIR-ba.
			šu-niğín 3 lú 0.2.0	**Zusammen** 3 Personen (je) 0.2.0,
R	4	1	40 lá 1 lú 0.1.0	40 minus 1 Personen (je) 0.1.0.

5	1	gú-an-šè 42 lú-še-ba-tur-maḫ-ba	**Insgesamt** 42 Personen (mit) Gerstezuteilungen, darunter kleine (und) große,
		še-bi 11.1.0 gur-sag̃-g̃ál	Gerste dafür 11.1.0 Haupt-Gur;
		še-ba-šu-ku$_6$-ab-ba-^{d}ba-⸢ba$_6$⸣-ke$_4$-ne	Gerstezuteilung für die Hör-Fischer der Baba;
6	1	ša$_6$-ša$_6$	Šaša,
		dam-uru-inim-gi-na	die Frau des Uru-inimgina,
		lugal-lagaš^{ki}-ka	des Königs von Lagaš;
	5	en-ig-gal	En-iggal,
		nu-bandà	der Generalverwalter,
		g̃anun-SAR-ta	hat aus dem SAR-Speicher heraus
		e-ne-ba. 4.	ihnen (dies) zugeteilt. 4. (Jahr).
		4-ba-am$_6$	Die 4. Zuteilung ist es.

Anmerkungen:

Zusammen mit TSA 19 und vor allem Nik 52 bespricht R. Englund, Fischerei 102ff., diesen Text als "eindeutigen Beleg für eine Zuständigkeit der Aufseher für eine Verteilung der Rationen an die produzierenden Arbeiter". Diese Tatsache selbst ist allerdings schon lange erkannt (vgl. z.B. A. Deimel Or 34/35,32 und zuletzt G.J. Selz AWEL (= FAOS 15/1), 231).

(1:3) Beachte die fehlerhafte Zwischensumme in 1:3!

(3:3) R.K. Englund a.a.O.102-104 liest den PN sag̃-GIGIR-ba jetzt sag̃-ḫáb-ba. Eine Begründung findet sich leider nicht. Mir bleibt die Lesung problematisch, da das semantische Feld von ḫáb (= *bīšu*, ì-ḫáb = *ikūku*) schlecht zu einem PN zu passen scheint. Zu verweisen ist vielleicht auf den Konservierungsprozeß GIGIR-šè aka (oder, mit Civil und Englund, ḫáb-šè aka); s. AWEL 545 zu Riftin 2; R.K Englund, Fischerei 225). Vgl. ferner den PN GIGIR-ba (oder ḫáb-ba) in Nik 19 1:1 (s. AWEL 138). Besteht ein Zusammenhang zwischen Beruf oder Tätigkeit und dem Autonym eines Fischers, auch wenn entsprechende PN uns wenig vorteilhaft erscheinen mögen?

Zur Lesung ḫáb s. P. Steinkeller ZA 71 (1982) 27 Anm. 14, wonach gilt, daß "the value ḫáb was apparently expressed by

LAGABxTIL before Ur III times". Vgl. die regelmäßige Schreibung sag̃-GIGIR-ba des PN in unserem Korpus (DP 177 5:8, 191 8:1, 279 5:8; Nik 52 6:2; TSA 19 3:1, Nr. 27 3:3). Der Lesung Englunds liegt vermutlich die Annahme zugrunde, durch das /ba/ sei ein konsonantischer Auslaut der Lesung des Zeichens GIGIR aufgenommen, was nach den as. Schreibkonventionen eher zweifelhaft erscheint. Deshalb möchte ich Lesung und Deutung dieses PN offen lassen und verweise für mögliche Deutungsansätze für GIGIR vorläufig auf P. Steinkeller ZA 71 (1981) 26ff.

(6:8-9) Alle oben zu den Parallelen genannten Texten datieren wohl auf das 4. Königsjahr des Uru-inim-gina. Die Fischer haben bekanntlich, wie die lú-PAD-dab_5-ba, ihre Rationen offensichtlich nur in den letzten Monaten des Jahres erhalten; vgl. UGASL Tabelle I. Über die monatlich ausgefertigten Texte des Typs I-A-4. kann demnach TSA 19 auf Ukg. L 4/(10)<1> (vgl. DP 117 (Ukg. L 4/10)) und unser Text auf Ukg. L 4/(13)<4> (vgl. CT 50, 34 (Typ I-A-3.) und weiter Nr. 72) datiert werden.

29 = STH 1, 30

Text: HSM 904.4.7 (früher 3611); schlecht erhalten;
Maße: H.: 13,3cm; Br.: 13,5cm; Kollationiert;
Umschrift: A. Deimel Or 32, 9f.;
Parallelen: RTC 51 (Lug. 4/8); Fö 9 (Ukg. E 1/2);
Datum: Lug. 7/1; Typ: I-B-1.(B);
Inhalt: Gerstelieferungen, Emmerlieferungen, regelmäßige monatliche Aufwendungen der Bara-namtara.
Gliederung:

1. Lieferungen zur Versorgung der Onagergespanne: 1:01-2:04
a) an den Kutscher(?) Girnun (mit Zws.): 1:01-2:01
b) an den Generalverwalter En-iggal (mit Zws.): 2:02-2:04
2. Lieferungen an die Brauer zur Bierbereitung (mit Rubrum): 2:05-3:09
a) an den 1. Braumeister Amar-Girid: 2:05-3:03
b) an den 2. Braumeister Ilī-bēlī: 3:04-3:08

3. Lieferungen an den Schreiber (/ Küche):	*3:10–4:05*
4. Lieferungen für die Töchter Lugal-andas:	*4:06–5:11*
a) für Geme-Nanše:	*4:06–4:15*
b) für Munus-šaga:	*4:16–5:11*
5. Lieferungen für Kultzwecke:	*5:12–7:02*
a) An E-urbi-du (Lieferungen für Mesan-DU):	*5:12–6:04*
b) An Nin-Girsu-urmu (Lieferungen für den 'Wassertrinkort'):	*6:05–6:13*
c) für DU.DU, den Tempelverwalter:	*6:14–7:02*
6. Lieferungen zur Versorgung von Tieren:	*7:03–10:10*
a) an die Hirten der Wollschafe (mit Rubrum):	*7:03–8:01*
aa) an den 1. Hirten Niĝin-mud:	*7:03–7:08*
ab) an den 2. Hirten En-DU:	*7:09–7:11*
ac) an den 3. Hirten Lugalda-nume'a:	*7:12–7:14*
b) an den Hausverwalter U$_2$.U$_2$:	*8:02–8:06*
c) an den Bediensteten des 'Hausinnern' Lugal-ḫe:	*8:07–8:09*
d) u.a. an Mundschenken, Personal der (Töchter Lugal-andas)):	*8:10–9:03*
da) an Kīnum:	*8:10–8:11*
db) an En-gisa:	*8:12–9:01*
dc) an Inim-gina:	*9:02–9:03*
e) an den Schweinehirten Lugal-pa'e:	*9:04–10:10*
7. Lieferungen an den Generalverwalter:	*10:11–11:05*
Schlußformel:	*12:01–13:06*
Summa summarum:	*12:01–12:02*
Klassifikation:	*12:03*
Transaktionsformular / Datum:	*12:04–13:06*

1	1	2 EREN$_2$-A[NŠ]E.NITA. [BA]R.A[N]-gal-⸢gal⸣	2 Gespanne ausgewachsener Onagerhengste,
		anše-EREN$_2$-1-šè	für die 'Esel' 1 Gespannes
		u$_4$-1 še-0.0.3-[t]a	pro Tag je 0.0.3 Gerste,
		1 EREN$_2$ 1-ì-⸢diri⸣-NITA.BAR.AN	1 Gespann, 1 zusätzlicher Onagerhengst,
	5	1 EREN$_2$-MI$_2$.⸢BAR.AN⸣	1 Gespann Onagerstuten,
		anše-EREN$_2$-1-šè	für die 'Esel' 1 Gespannes
		u$_4$-1 še-0.0.2-ta	pro Tag je 0.0.2 Gerste,
		⸢3⸣ [did]li-bi MI$_2$. BAR.[A]N-anš[e-m]ar	3 einzelne Onagerstuten, 'Wagenesel',
		u$_4$-1 [še-3]-silà-ta	pro Tag je 3 Liter Gerste,
	10	še-⸢bi⸣ 15.0.0 gur-saĝ-ĝál	Gerste dafür 15.0.0 Haupt-Gur
		ĝír-nun	(an) Girnun,

2	⌈gáb-KAS$_4$⌉	den Kutscher(?);
	[1 EREN$_2$-M]I$_2$.⌈BAR.AN⌉	1 Gespann Onagerstuten,
	[še-bi] [2].2.[0] e[n]-⌈ig⌉-[g]al	Gerste dafür 2.2.0 (an) En-iggal,
	nu-bandà	den Generalverwalter;
	10.0.0 lá 0.3.⌈3⌉ zíz	10.0.0 minus 0.3.3 Emmer,
	⌈zíz⌉-bal-bi 1.2.0	'Verlust'-Emmer dazu 1.2.0,
	5.0.0 [še-bappi]r	5.0.0 Gerste (für) Bierbrote,
	še-⌈bal⌉-bi 1.2.4	'Verlust'-Gerste dazu 1.2.4,
	7.2.0 [š]e-munu$_4$	7.2.0 Gerste (für) Malz
	na[g̃-ens]í-ka-k[a]m	ist für den Stadtfürsten-Trunk;
	4.0.0 [z]íz-babbár	4.0.0 weißer Emmer,
	[z]íz-[b]al-bi ⌈0.3.2⌉	'Verlust'-Emmer dazu 0.3.2,
	2.⌈2⌉.0 [še]-⌈bappir⌉	2.2.0 Gerste (für) Bierbrote,
	še-bal-bi 0.3.2	'Verlust'-Gerste dazu 0.3.2,
3	⌈x⌉ 2.2.0 š[e-munu$_4$]	2.2.0 Gerste (für) Malz:
	[sá-du$_{11}$]-⌈ANŠE-kam⌉	ist die regelmäßige Lieferung für ... :
	[a]mar-girídki	(an) Amar-Girid;
	5.0.0 š[e-tit]áb	5.0.0 Gerste (für) Biermaische,
	2.⌈2⌉.0 [še-bappi]r	2.2.0 Gerste (für) Bierbrote,
	2.2.0 še-[munu$_4$]	2.2.0 Gerste (für) Malz,
	sá-d[u$_{11}$-kas]-gi$_6$-k[a]m	ist die regelmäßige Lieferung für Dunkelbier:
	⌈i⌉-lí-be$_6$-lí	(an) *Ilī-bēlī*:
	[lú-bap[pi]r-me	Brauer sind sie.
	⌈0.3.0⌉ [3??] ⌈silà⌉ [še-z]íd-gu! š[e]-bal-b[i]	0.3.0 + 3(??) Liter Gerste (für) Feinmehl, 'Verlust'-Gerste dabei(?),
	0.1.0 ⌈še⌉-zíd-kum$_4$-ma	0.1.0 Gerste, (zu) Mehl zerstoßen,
	1.1.0 še-<ninda>-⌈durun$_x$(=KU.KU)-na	1.1.0 Gerste für Dauer(brote)(?),
	0.2.⌈2⌉ 2-silà še-⌈GAZ⌉ š[e]-⌈bal-bi⌉	0.2.2 + 2 Liter zerstampfte Gerste, 'Verlust'-Gerste dabei(?),
	⌈7.2.0⌉ [zíz-nin]da	7.2.0 Emmer (für) Brote,
	zíz-⌈bal⌉-bi 1.1.0	'Verlust'-Emmer dazu 1.1.0,
4	1.1.0 zíz-gú-ni[d]a	1.1.0 Gunida-Emmer,
	zíz-⌈bal⌉-bi 0.0.5	'Verlust'-Emmer dazu 0.0.5
	[s]á-du$_{11}$-⌈é⌉-muḫaldim-k[a]m	ist die regelmäßige Lieferung für die Küche:

	maš-dà	(an) Mašda,
	dub-s[a]r	den Schreiber;
	[0.3].2 zíz-kas	0.3.2 Emmer (für) Bier,
	[zíz]-bal-b[i] ⸢0.0.2⸣ ⸢1⸣[+1] ⸢silà⸣	'Verlust'-Emmer dazu 0.0.2 + 1+1 Liter,
	0.⸢2⸣.1 ⸢2 silà⸣ še-b[appi]r še-bal-⸢bi⸣	0.2.1 + 2 Liter Gerste (für) Bierbrote, 'Verlust'-Gerste dabei(?),
	0.1.4 ⸢še⸣-munu$_4$	0.1.4 Gerste (für) Malz
	sá-⸢du$_{11}$⸣-kas-KAL-k[am]	ist die regelmäßige Lieferung für Emmerbier;
	0.⸢1⸣.4 še-titá[b]	0.1.4 Gerste (für) Biermaische,
	0.0.5 še-bapp[i]r	0.0.5 Gerste (für) Bierbrote,
	0.0.5 še-munu$_4$	0.0.5 Gerste (für) Malz
	sá-du$_{11}$-kas-gi$_6$-k[am]	ist die regelmäßige Lieferung für Dunkelbier:
	gemé-^{d}⸢nanše⸣	(für) Geme-Nanše;
	1.0.0 zíz-[ninda]	1.0.0 Emmer (für) Brot,
	zíz-bal-bi 0.0.4	'Verlust'-Emmer dazu 0.0.4,
5 1	0.3.2 zíz-kas	0.3.2 Emmer (für) Bier,
	zíz-⸢bal⸣-bi 0.0.3 2-silà	'Verlust'-Emmer dazu 0.0.3 + 2 Liter,
	0.1.1 3-silà še-ninda-durun$_x$(=TUŠ.TUŠ)-na	0.1.1 + 3 Liter Gerste für Dauerbrote(?),
	0.2.1 2-silà še-⸢bappìr še⸣-[b]al-bi	0.2.1 + 2 Liter Gerste (für) Bierbrote, 'Verlust'-Gerste dabei(?),
	0.1.4 še-munu$_4$	0.1.4 Gerste (für) Malz
	⸢sá⸣-du$_{11}$-kas-KA[L]-⸢kam⸣	ist die regelmäßige Lieferung für Emmerbier;
	⸢0.1.4⸣ [še-tit]áb	0.1.4 Gerste (für) Biermaische,
	⸢0.0.5⸣ še-⸢bappìr⸣	0.0.5 Gerste (für) Bierbrote,
	⸢0.0.5 še-munu$_4$⸣	0.0.5 Gerste (für) Malz
	[s]á-[d]u$_{11}$-⸢kas⸣-⸢gi$_6$⸣-kam	ist die regelmäßige Lieferung für Dunkelbier:
	mu[nus]-⸢ša$_6$⸣-ga	(für) Munus-šaga;
	1.⸢1⸣.0 zí[z-ni]nda	1.1.0 Emmer (für) Brot,
	[zí]z-bal-⸢bi 0.0.4⸣	'Verlust'-Emmer dazu 0.0.4,
	1.⸢1.0 zíz⸣-[kas]	1.1.0(?) Emmer (für) Bier,
	zíz-⸢bal-bi⸣ 0.0.5	'Verlust'-Emmer dazu 0.0.5,
6 1	0.3.2 še-bappìr še-bal-bi	0.3.2 Gerste (für) Bierbrote, 'Verlust'-Gerste dabei(?),
	0.2.3 še-munu$_4$	0.2.3 Gerste (für) Malz

	[s]á-du$_{11}$-^{d}mes-an-DU-kam	ist die regelmäßige Lieferung für Mesan-DU:
	⌜é⌝-[ú]r-bi-du$_{10}$	(an) E-urbi-du;
	2.2.0 zíz-ninda	2.2.0 Emmer (für) Brot,
	[zí]z-bal-bi 0.1.4	'Verlust'-Emmer dazu 0.1.4,
	2.⌜2⌝.0 [zí]z-[ka]s	2.2.0 Emmer (für) Bier,
*	[zíz-b]al-bi 0.1.4	'Verlust'-Emmer dazu 0.1.4,
	1.1.0 [še-bap]pìr	1.1.0 Gerste (für) Bierbrote,
	⌜še-bal⌝-b[i] 0.1.4	'Verlust'-Gerste dazu 0.1.4,
	1.1.0 [š]e-munu$_{4}$	1.1.0 Gerste (für) Malz
	[sá-d]u$_{11}$-ki-⌜a⌝-nag̃-kam	ist die regelmäßige Lieferung für den 'Wassertrinkort':
	⌜^{d}⌝n[i]n-[g̃]ír-su-ur-mu	(an) Nin-Girsu-urmu;
	0.1.1 š[e s]á-du$_{11}$-	0.1.1 Gerste, regelmäßige Lieferung (an)
7 1	DU.DU	DU.DU,
	[san]ga	den Tempelverwalter.
	24 udu-siki	24 Wollschafe,
	udu-1-šè	für 1 Schaf
	itu-da še-0.0.5-⌜ta⌝	im Monat je 0.0.5 Gerste,
	1 [maš-b]ar-⌜dul$_{5}$⌝	1 Ziegenbock mit Vlies,
	⌜itu⌝-da še-0.0.3-[t]a	im Monat 0.0.3 Gerste,
	še-bi 5.0.3 n[i]g̃in-mud	Gerste dafür 5.0.3 (an) Nig̃in-mud;
	[21]+2 [u]du-siki	21+2 Wollschafe,
	⌜2⌝ [m]aš-bar-dul$_{5}$	2 Ziegenböcke mit Vlies,
	še-bi 5.0.1 en-DU	Gerste dafür 5.0.1 (an) En-DU;
	⌜20⌝ lá 1 udu-siki	20 minus 1 Wollschafe,
	[še]-bi ⌜4.0.0⌝ lá ⌜0.0.1⌝	Gerste dafür 4.0.0 minus 0.0.1
	lugal-da-nu-me-a	(an) Lugalda-nume'a:
R 8 1	sipa-udu-siki-ka-me	Hirten der Wollschafe sind sie.
	2 gukkal	2 Fettschwanzschafe,
	20 lá 3 udu	20 minus 3 Schafe,
	1 ^{MI}$_{2}$áš-gàr	1 Zicke,
	še-bi 4.0.2 U$_{2}$.U$_{2}$	Gerste dafür 4.0.2 (an) U$_{2}$.U$_{2}$.
	agrig	den Hausverwalter;
	2 udu	2 Schafe,
	še-bi 0.1.4 lugal-ḫé	Gerste dafür 0.1.4 (an) Lugal-ḫe,

	ḪAR.TU-é-šà-ga	den 'Bediensteten' des 'Hausinnern';
	21 udu	21 Schafe,
	⌈še⌉-bi 4.1.3 gi-num	Gerste dafür 4.1.3 (an) *Kīnum*,
	1 udu	1 Schaf,
9 1	še-bi 0.0.5 en-gi$_{16}$-sa	Gerste dafür 0.0.5 (an) En-gisa,
	1 udu	1 Schaf,
	še-bi 0.0.5 inim-gi-na	Gerste dafür 0.0.5 (an) Inim-gina,
	1 šáḫ-g̃iš-gi	1 Weideschwein,
	u$_4$-1 še-0.0.1-ta	pro Tag 0.0.1 Gerste,
	4 šáḫ-g̃iš-gi	4 Röhrichtschweine,
	šáḫ-1-šè	für 1 Schwein
	itu-da še-0.1.4-ta	pro Monat je 0.1.4 Gerste,
	24 šáḫ-ú-mí-mu-3	24 Weidesauen im 3. Jahr,
	šáḫ-1-šè	für 1 Schwein
	[itu]-da ⌈še⌉-0.0.3-ta	pro Monat je 0.0.3 Gerste,
	35 šáḫ-ú-mí-mu-2	35 Weidesauen im 2. Jahr,
10 1	10 [š]áḫ-ú-nita-mu-2	10 Weideeber im 2. Jahr,
	šáḫ-1-šè	für 1 Schwein
	itu-da še-0.0.2-ta	pro Monat je 0.0.2 Gerste,
	42 šáḫ-ú-mí-⌈šà⌉-du$_{10}$	42 weibliche Weideferkel,
	61 šáḫ-ú-nita-šà-du$_{10}$	61 männliche Weideferkel,
	šáḫ-1-šè	für 1 Schwein
	itu-da še-0.0.1-ta	pro Monat 0.0.1 Gerste,
	še-bi 14.0.0 lá 0.0.1	Gerste dafür 14.0.0 minus 0.0.1
	lugal-pa-è	(an) Lugal-pa'e,
	sipa-šáḫ	den Schweinehirten;
	2.2.0 z[íz]	2.2.0 Emmer,
	zíz-bal-bi 0.1.4	'Verlust'-Emmer dazu 0.1.4,
11 1	1.*1.0 še-bappir	1.1.0 Gerste (für) Bierbrote,
	še-bal-bi 0.1.4	'Verlust'-Gerste dazu 0.1.4,
	1.1.0 še-munu$_4$	1.1.0 Gerste (für) Malz:
	sá-du$_{11}$-en-ig-gal	regelmäßige Lieferung (für) En-iggal,
	nu-bandà	den Generalverwalter.
12 1	šu-nig̃ín 1,40.0.0 lá 0.3.2 še gur-sag̃-g̃ál	**Zusammen** 100.0.0 minus 0.3.2 Haupt-Gur Gerste,
	41.2.0 lá 2-silà zíz	41.2.0 minus 2 Liter Emmer;
	še-g̃ar zíz-g̃ar sá-	Gerstenlieferungen (und) Em-

	du$_{11}$-itu-da-	merlieferungen, regelmäßige monatliche Aufwendungen der
	b[a]rá-nam-tar-ra	Bara-namtara,
5	dam-lugal-an-da	der Frau des Lugal-anda,
	ensí-	des Stadtfürsten
	lagaš^{ki}-ka	von Lagaš.
13 1	itu-gur$_x$(=ŠE.GUR$_{10}$)-kud-rá	(Im) Monat der Getreideernte
	en-ig-gal	hat En-iggal,
	nu-bandà	der Generalverwalter,
	é-KI.LAM-ka-ta	aus dem E$_2$-KI.LAM
5	e-ta-g̃ar 7.	(dies) ausgeliefert. 7. (Jahr).
	<u>1</u>-ba$^{sic!}$-am$_6$	Die 1. Zuteilung(?) ist es.

<u>Anmerkungen:</u>

(1:1) Zu (anše-)BAR.AN bzw. (anše-)BARxAN, wohl = ^{anše}ekungá = *parû(m)*, s. bereits AWEL 245. Zu ihrer Bestimmung als Hybride (Equus asinus und Equus caballus oder hemionus) s. J. Zarins in R.H. Meadow, H.-P. Uerpmann, Equids 185ff.; J.N. Postgate ebd. 195ff.

(1:1-10) Die Futterrationen für die Tiere berechnen sich wie folgt:

2 Gesp.	x	18 Sila	x	30 Tage	=	1080 Sila
2 Gesp.	x	12 S.	x	30 T.	=	720 Sila
1 zus.O.	x	3 S.	x	30 T.	=	90 Sila
3 einz.O	x	[3] S.	x	30 T.	=	270 Sila
Summa:					=	2160 S. = 15.0.0 g.s.g̃.

Diese Berechnung bestätigt die Ergänzung von [3]-silà in 1:9 und beweist die hinsichtlich ihrer Rationen (erwartete) gleiche Behandlung von 'zusätzlichen' und 'einzelnen' Onagern: Sie erhalten täglich jeweils 18 Liter Gerste.
Aus der Berechnung ergibt sich zudem die Korrektheit des Ansatzes von vier Tieren für ein Gespann. Diesen hatte ich auch in AWEL 245 zu Nik 57 1:6 vertreten. Daß ein Gespann aus vier Tieren besteht, hatte bereits A. Deimel Or 32, 45 (vgl. ŠL 393, 10a; J. Bauer AWL 181); mit Verweis auf den

Maništusu-Obelisken vorgeschlagen, der in viii 18-23 folgende Preisangabe bietet (s. I.J. Gelb et al. OIP 104, 132 (C_2)): 3 $ERIN_2$ ANŠE.BAR.AN NIG_2.$ŠAM_2$ 1 ANŠE.BAR.AN 1/3 ŠA KU_3.BABBAR KU_3.BABBAR-su-nu 4 MA.NA KU_3.BABBAR. Vgl. demnächst "Eine Notiz zum Tiergespann aus vier Arbeitstieren" in ArOr. - Vgl. weiter P. Steinkeller WZKM 77 (1987) 194; J. Zarins in R.H. Meadow, H.-P. Uerpmann, Equids 183.

(2:6) Zu še-bal s. bereits AWEL 245. In ArOr 55 (1987) 61 hat B. Hruška die Bezeichnungen še-bal und zíz-bal erneut diskutiert. Er erwähnt Prager Mahlexperimente (1982-1983) mit bespelztem Emmer (*Tritium dicoccum*), die einen 'Abfall' von 20 bis 25 Prozent der Ausgangsmenge ergaben. Auch er sieht in še/zíz-bal aber eine "Kostenrechnung..., deren Deutung noch unbekannt ist". In seiner Besprechung von AWEL in ArOr 59 (1991) 422 hat Hruška nunmehr eine Untersuchung zum še-bal-Getreide angekündigt. - R.K. Englund, Fischerei 86-88 behandelt anhand der Mehlsorte zíd-sig_{15}(=KAL) eine "bala-Zugabe" von 100%. "Das bedeutet, daß zu der angegebenen Menge von zì-sig_{15} eine gleiche Menge Gerste hinzugerechnet wurde, um die konvertierte Gerstenmenge zu erreichen". In Anm. 281 erwägt er dann sogar "eine Übersetzung bala = Konversion(skurs)".

(3:1) Am Zeilenanfang sind noch Zeichenspuren zu erkennen. Handelt es sich um eine Rasur? Wurde ein zusätzlicher Gerstebetrag in Keilform (z.B. 2.0.0) notiert?

(3:4) Zu še-titáb "Gerste (für) Biermaische" s. AWEL 254 zu Nik 59 4:4. Nach M. Stol, RlA 7,323.325 ist nun vielleicht eher "Gerste (für) Malzkuchen" zu übersetzen. Hintergrund dafür ist wohl die Schreibung titáb = GUG_2.$MUNU_4$. Das Eblaitische bezeugt nun das im Akkadischen in der Form *titāpū* (AHw 1362) bezeugte Wort mit der Gleichung še-gúg = */tatāpu(m)/*, nach P. Fronzaroli Quad.Sem. 17 (1990) 178 "mosta da birra".

(3:12) In AWEL 358 zu Nik 140 2:2 (mit Verweis H. Steible FAOS 5/2, 152f.:75) hatte ich den Vorschlag von M. Civil OA 21 (1982) 10 mit Anm. 9 übersehen, ninda-$durun_x$(=TUŠ.TUŠ)-na zu lesen und mit "oven(-baked) bread(?)" zu übersetzen. Zu /duruna/ s. M. Civil JCS 25 (1973) 172ff; I.J. Gelb et al. OIP 104, 55. 292. Zur Lesung $durun_x$ (TUŠ.TUŠ) s.a. P. Steinkeller OrNS 48 (1979) 55[6]; ders. BSA 4 (1988) 81; M. Krebernik BiOr

41 (1984) 643; I.J. Gelb et al. OIP 104, 55. 292. Daß bei unserem Begriff das Wort /duruna/ "Ofen" vorliegt, scheint allerdings wegen der Parallelbildung ú-durun$_x$(=TUŠ.TUŠ)-na "Heu" oder besser "Stroh" nicht sehr wahrscheinlich. [Oder meint dieser Ausdruck analog "Stroh/Reisig für den 'Ofen'"? vgl. weiter J. Bauer AWL 281f. zu 90 I 1; H. Behrens, H. Steible FAOS 6, 341.] Beachte weiter durun$_x$(= TUŠ.TUŠ) in Nik 10 1:2 und s. dazu AWEL 108 zu 1:2.

Eine Deutung "Dauerbrote(?)" für ninda-durun$_x$-na, d.h. entweder 'Brote durch (spezielles) Backen dauerhaft gemacht' oder 'abgelagerte Brote', ist wohl dennoch eine zutreffende Übersetzung.

(4:6-5:11) Geme-Nanše und Munus-šaga sind Töchter des Stadtfürsten Lugal-anda. Ihre Lieferungen werden *in dieser Form* unter Uru-inimgina eingestellt.

(4:10, 5:6) In AWEL S. 162 zu 1:2 und 246f. zu 5:11 habe ich vorgeschlagen, daß KAL in kas-KAL und zíd(-gu)-KAL eine Spezifikum des Emmers kennzeichne: Zur Herstellung von kas-KAL wie auch von zíd(-gu)-KAL wird (zu großen Teilen) weißer Emmer verwendet. Da in der sumerischen Taxonomie sowohl beim Bier (kas-si$_4$ "Braunbier", kas-gi$_6$ "Dunkelbier") wie auch beim Emmer (zíz-babbár "weißer Emmer und zíz-si$_4$ "rotbrauner Emmer"; z.B. TSA 38 2:1) der Farbe eine große Bedeutung zukommt, könnte man vielleicht KAL (=sig$_{15}$) = *(w)arqu(m)* "gelb, grün" heranziehen, was auch M.A. Powell BSA 1, 54 als Möglichkeit erwähnt. - Vgl. ferner das Lehnwort aus sumerisch $^{(im)}$kal(-la) = *kalû(m)* AHw 428; CAD K 94 ('a mineral of a yellow color'); vgl. weiter St. Lieberman, Loanwords 245:205.

(5:12-7:1) Diese Lieferungen gehen an Personal, das im Totenkult tätig ist, oder werden unmittelbar für den Totenkult ausgegeben. Die Lieferungen an E-urbi-du werden ausdrücklich als "regelmäßige Lieferungen für (den Gott) Mesan-DU" bezeichnet. Zu dessen Verbindung mit dem Totenkult s. G.J. Selz UGASL (OPSNKF) s.v. Für den ki-a-nağ, den Kultort verstorbener Notabeln aus Lagaš, s. a.a.O s.v. Zum Kult des zum Zeitpunkt der Abfassung dieses Textes längst verstorbenen Tempelverwalters DU.DU s. J. Bauer AWL 176 zu 41 VI 9-VII 1, ZDMG Suppl. 1 (1969) 113.

(8:4) Zu $^{MI}_2$áš-gàr s. neben M. Civil OIC 22, 130 und Verf. AWEL 424 jetzt, noch mit Beibehaltung der Lesung zeḫ = *unīqu(m)*, ISL I 1, 535 mit Verweis auf MSL 8/1, 40:276-279, wo ich allerdings keine Begründung für diese Lesung sehe.

(8:10-9:13) Während es sich bei gi-num sicher um den bekannten ka-šakan "Vorsteher des 'Fettlagers'" handelt, der noch unter Uru-inimgina in Texten des Typs I-B-1. bezeugt ist (vgl. z.B. hier Nr. 33 7:10f., 34 7:4f., 35 7:11f. u.p.), sind en-gi$_{16}$-sa und inim-gi-na Mundschenken in herausragender Position unter dem Personal der Stadtfürstenkinder Geme-Nanše bzw. Munus-šaga. Vgl. RTC 53 1:2 bzw. 4:3 und VAT 4419 (= VS 25 Nr. 14) 1:2 bzw. 5:4'.

(9:9) Zur Frage, ob mu-n̲ als Tierqualifikation nach der üblichen Deutung als "n̲-jähriges (Tier)" oder "(Tier im n̲-ten Jahr zudeuten ist, s. R.K. Englund in dem wichtigen Aufsatz "Timekeeping .." in JESHO 31 (1988) 140ff. mit Anm. 24 und vgl. jetzt auch ders., Fischerei 43[149]. Nach dem Befund des as. Quellen möchte ich entschieden der zweiten Deutung den Vorzug geben.

(12:1) Die Addition der Einzelbeträge ergibt nach der hier vorgelegten Textfassung 99.1.0 Haupt-Gur Gerste, also 2 Ban mehr als hier in der Summenformel vermerkt. Wenn man annimmt, daß die (hier teilweise ergänzten) Sila-Beträge bei der Addition vernachlässigt wurden, ergibt die Addition der Einzeleinträge den korrekten Betrag. Allerdings erscheint dies nach der präzisen Notierung dieser Einträge merkwürdig.

(12:2) Die Addition der einzelnen Emmerbeträge ergibt 40.1.2 und 4 Liter. Gegenüber dem Summenvermerk fehlen demnach 1.0.3. Bei den Ergänzungen im Haupttext scheinen hier und beim Gerstenbetrag keine Verbesserungen möglich, die eine korrekte Gesamtsumme liefern könnten.

(13:4) Für KI.LAM ist hier kaum /ganba/ zu lesen; vgl. AHw 583 s.v. *maḫīru(m)* "Gegewert, Kurs; Markt"; CAD M/1, 92f., die 'discussion' und E$_2$-KI.LAM = *bīt maḫīri* a.a.O. 98. Gegen den Ansatz einer Lesung ganba spricht die Beobachtung, daß KI und LAM in diesem Toponym vielleicht genitivisch gefügt sind. Vgl etwa é-KI.LAM-ka-ka DP 551 3:3, 552 4:3, Nik 80 3:1, 81 2:4 oder é-KI.LAM-ka-ta DP 157 10:7, 160 7:6 u.p. Unser

Toponym wird man demnach als é-KI.LAM-ka zu umschreiben haben. Ob die Lesung ša-ka-an-ka (Diri RS J.Nougayrol CAD M/1, 93) bzw. da-ga-ag-ga (D. Arnaud Emar VI/4, Ḫḫ II 109'; frdl. Hinweis C. Wilcke) an unserer Stelle angesetzt werden darf, bleibt mir unsicher. Zu einer weiteren Lesungsmöglichkeit [gu-u]m-ba vgl. neben CAD M/2 a.a.O. auch MSL 8/1 S. 25:175. Das später auch als Logogramm gebräuchliche gán-ba, /ganba/ ist m.E. aber eine 'eingefrorene Verbalform', die vielleicht als *ga-n.ba "Ich will ihn schenken/geben" analysiert werden darf. - Vgl. nun auch KI.LAM-maḫ mit dem Lesungsvorschlag ganba-maḫ bei I.J. Gelb et al. OIP 104, 216.

R.K. Englund, Fischerei 41 u.ö. übersetzt (Ur-III-zeitliches) é-KI.LAM (*zu unterscheiden* von é-KI.LAM-ka?) mit "Warenhaus, -lager", ein Deutungsvorschlag, dessen Anwendung auf unsere Quellen nicht überzeugt.

(13:6) Diese Emendation von ba in g̃ar wurde bereits gefordert von J. Bauer WdO 7 (1974/74) 14[33]. Also: "Die 1. Lieferung ist es."

30 = STH 1, 31

Text: HSM 904.6.3 (früher 3652); Maße: H.: 12,2cm; Br.: 12,3cm;
Kollationiert; Umschrift: A. Deimel Or 32, 16f.; vgl. R. Englund JESHO 31 (1988) 141ff.; ders., Fischerei 53 Anm. 181;
Parallele: DP 155 (Ukg. E 1/8); vgl. DP 227 Ukg. E 2/10;
Datum: Ukg. E 1/9; Typ: I-B-1.(B);
Inhalt: Gerstelieferungen, Emmerlieferungen, regelmäßige monatliche Aufwendungen der Baba.
Gliederung:

1. Lieferungen zur Versorgung der Onagergespanne:	*1:01–2:03*
a) an den Kutscher(?) (mit Zws.) Girnun:	*1:01–1:11*
b) an den Generalverwalter (mit Zws.) En-iggal:	*2:01–2:03*
2. Lieferungen an die Brauer zur Bierbereitung (mit Rubrum):	*2:04–4:01*
a) an den 1. Braumeister Amar-Girid:	*2:04–3:03*
b) an den 2. Braumeister Ilī-bēlī:	*3:04–3:14*
3. Lieferungen an den Schreiber Mašda (an die Küche):	*4:02–4:10*
4. Lieferung an den 'Bediensteten' des 'Vorratshauses' En-ušure:	*4:11–4:13*
5. Lieferung für DU.DU, den Tempelverwalter:	*4:14–5:02*
6. Lieferungen zur Versorgung von Tieren:	*5:03–9:02*
a) an die Hirten der Wollschafe (mit Rubrum):	*5:03–6:02*
aa) an den 1. Hirten Nig̃in-mud:	*5:03–5:09*
ab) an den 2. Hirten En-DU:	*5:10–5:11*
ac) an den 3. Hirten Lugalda-nume'a:	*5:12–6:01*
b) an den Hausverwalter $U_2.U_2$:	*6:03–7:03*
c) an den Schweinehirten Lugal-pa'e:	*7:04–9:02*
7. Lieferungen an den Brauer und den Schreiber:	*9:03–10:10*
Schlußformel:	*10:01–11:04*
Summa summarum:	*10:01–10:02*
Klassifikation:	*10:03–10:04*
Transaktionsformular / Datum:	*10:05–11:04*

1	1	2 $EREN_2$-⸢NITA.ANŠE⸣.[BAR].AN-gal-gal	2 Gespanne ausgewachsener Onagerhengste,

	[an]še EREN$_2$-1-šè	für die 'Esel' 1 Gespannes
	u$_4$-1 še-0.0.3-ta	pro Tag je 0.0.3 Gerste,
	2 ER[EN$_2$-N]ITA.BAR.AN	2 Gespanne Onagerhengste,
	1 EREN$_2$ [M]I$_2$.BAR.AN	1 Gespann Onagerstuten,
	3 MI$_2$.BAR.AN anše-mar-didli-bi	3 Onagerstuten, einzelne 'Wagenesel' dazu,
	a[nše-ERE]N$_2$-1-šè	für die 'Esel' 1 Gespannes
	u$_4$-1 še-0.0.2-t[a]	pro Tag je 0.0.2 Gerste,
	še-bi ⸢16⸣.3.3 gur-[s]ağ-ğál	Gerste dafür 16.3.3 Haup-Gur
	ğír-nun	(an) Girnun,
	gáb-KAS$_4$	den Kutscher(?);
2	1 EREN$_2$-MI$_2$.BAR.AN	1 Gespann Onagerstuten,
	še-bi 2.2.0 en-ig-gal	Gerste dafür 2.2.0 (an) En-ig-gal,
	nu-bandà	den Generalverwalter;
	10.0.0 lá 0.3.2 zíz	10.0.0 minus 0.3.2 Emmer,
	zíz-bal-bi 1.2.0	'Verlust'-Emmer dazu 1.2.0,
	5.0.0 še-bappìr	5.0.0 Gerste (für) Bierbrote,
	še-bal-bi 1.2.4	'Verlust'-Gerste dazu 1.2.4,
	7.2.0 še-munu$_4$	7.2.0 Gerste (für) Malz
	[n]a[ğ]-ensí-[k]a-kam	ist der Stadtfürsten-Trunk;
	5.0.0 zíz-babbár	5.0.0 weißer Emmer,
	zíz-bal-bi 0.3.2	'Verlust'-Emmer dazu 0.3.2,
	2.2.0 še-bappìr	2.2.0 Gerste (für) Bierbrote,
	še-[bal-bi] 0.3.[2]	'Verlust'-Gerste dazu 0.3.2,
3	2.2.0 še-munu$_4$	2.2.0 Gerste (für) Malz
	sá-du$_{11}$-ANŠE-kam	ist die regelmäßige Lieferung für die ...
	amar-giríd^{ki}	(an) Amar-Girid;
	⸢7.2.0⸣ še-[ti]táb	7.2.0 Gerste (für) Biermaische,
	4.0.0 lá 0.1.0 še-bappìr	4.0.0 minus 0.1.0 Gerste für Bierbrote,
	4.0.0 lá 0.1.0 še-munu$_4$	4.0.0 minus 0.1.0 Gerste (für) Malz
	s[á-d]u$_{11}$-kas-gi$_6$-kam	ist die regelmäßige Lieferung für Dunkelbier;
	⸢5.0.0⸣ zíz-babbár	5.0.0 weißer Emmer,
	zíz-bal-bi 0.3.2	'Verlust'-Emmer dazu 0.3.2,
	[2].⸢2⸣.0 še-bappìr	2.2.0 Gerste (für) Bierbrote,
	⸢še-bal⸣-bi 0.3.2	'Verlust'-Gerste dazu 0.3.2,
	2.[2.0 še-mu]nu$_4$	2.2.0 Gerste (für) Malz
	sá-du$_{11}$-kas-KAL-kam	ist die regelmäßige Lieferung

		für Emmerbier:
	[ì-lí-be$_6$-lí]	(an) *Ilī-bēlī*:
4	lú-bappìr-me	Brauer sind sie.
	1.1.0 še-zíd-gu	1.1.0 Gerste (für) Feinmehl,
	še-bal-bi 0.0.5	'Verlust'-Gerste dazu 0.0.5,
	0.1.0 še-zíd-kum$_4$-ma	0.1.0 Gerste, (zu) Mehl zerstoßen,
	2.2.0 š[e]-[ninda]-durun$_x$(=TUŠ.TUŠ)-[n]a	2.2.0 Gerste für Dauerbrote(?),
	0.2.⸢1?⸣ [2]-⸢silà?⸣ ⸢še⸣-G[A]Z še-bal-bi	0.2.1(?) + 2 Liter(?) zerstampfte Gerste, 'Verlust'-Gerste dabei(?),
	12.2.0 zíz-gú-nida	12.2.0 Gunida-Emmer
	sá-du$_{11}$-é-muḫaldim-kam	ist die regelmäßige Lieferung für die Küche:
	maš-dà	(an) Mašda,
	⸢dub⸣-sar	den Schreiber;
	⸢2.2.0 zíz⸣-ninda	2.2.0 Emmer (für) Brot
	en-ušùr-ré	(an) En-ušure,
	lú-é-ninda-ka	den 'Bediensteten' des 'Vorratshauses';
	0.1.1 še sá-du$_{11}$	0.1.1 Gerste, regelmäßige Lieferung (für)
5	DU.DU	DU.DU,
	sanga	den Tempelverwalter;
	22 udu-siki	22 Wollschafe,
	udu-1-šè	für 1 Schaf
	itu-⸢*da⸣ še-0.0.5-⸢ta⸣	pro Monat 0.0.5 Gerste,
	2 maš-bar-⸢dul$_5$⸣	2 Ziegenböcke mit Vlies,
	maš-1-šè	für 1 Ziegenbock
	[itu-d]a še-0.0.3-ta	pro Monat je 0.0.3 Gerste,
	še-[b]i 5.0.0 lá 0.0.4 niĝin-mud	Gerste dafür 5.0.0 minus 0.0.4 (an) Niĝin-mud;
	22 udu-⸢siki⸣	22 Wollschafe,
	še-bi 4.2.2 en-DU	Gerste dafür 4.2.2 (an) En-DU;
	20 lá 2 udu-siki	20 minus 2 Wollschafe,
	2 maš-bar-dul$_5$	2 Ziegenböcke mit Vlies,
6	še-bi 4.0.0 lugal-da-nu-me-a	Gerste dafür 4.0.0 (an) Lugalda-nume'a:
	sipa-udu-siki-ka-me	Hirten der Wollschafe sind sie.

	5 gukkal	5 Fettschwanzschafe,
	30 lá 3 udu	30 minus 3 Schafe,
	[u]d[u]-1-šè	für 1 Schaf
	itu-da še-0.0.5-t[a]	pro Monat je 0.0.5 Gerste,
	[1]+⌜2⌝ ⌜$^{\mathrm{MI}_2}$áš⌝-gàr	1 + 2 Zicken,
	[$^{\mathrm{MI}_2}$]⌜áš-gàr⌝-1-šè	für 1 Zicke
	[itu]-da še-0.0.⌜3?⌝-t[a]	pro Monat je 0.0.3(?) Gerste,
	še-bi 7.0.1	Gerste dafür 7.0.1;
	22 amar-gu$_4$	22 Jungrinder,
	u$_4$-1 še-0.1.0-ta	pro Tag (zusammen) 0.1.0 Gerste,
7 1	[še-bi 7.2.0]	Gerste dafür 7.2.0
	U$_2$.U$_2$	(an) U$_2$.U$_2$,
	agrig	den Hausverwalter;
	1 šáh-g̃iš-gi	1 Röhrichtschwein
	u$_4$-1 še-0.0.1-ta	pro Tag je 0.0.1 Gerste,
	5 šáh-g̃iš-gi	5 Röhrichtschweine,
	[š]áh-1-šè	für 1 Schwein
	itu-da še-0.1.4-ta	pro Monat je 0.1.4 Gerste,
	26 šáh-ú-[mí]-mu-3	26 Weidesauen im 3. Jahr,
	10 šáh-ú-nita-mu-3	10 Weideeber im 3. Jahr,
R 8 1	šáh-1-šè	für 1 Schwein
	i[t]u-da še-0.0.3-ta	pro Monat je 0.0.3 Gerste,
	40 šáh-ú-mí-mu-2	40 Weidesauen im 2. Jahr,
	⌜šáh⌝-1-šè	für 1 Schwein
	itu-da še-0.0.2-ta	pro Monat je 0.0.2 Gerste,
	45 šáh-ú-mí-šà-du$_{10}$	45 weibliche Weideferkel,
	1,2 šáh-ú-nita-šà-du$_{10}$	62 männliche Weideferkel,
	šáh-1-šè	für 1 Schwein
	itu-da še-0.0.1-ta	pro Monat je 0.0.1 Gerste,
9 1	še-bi 15.⌜2⌝.3 lugal-pa-è	Gerste dafür 15.2.3 (an) Lugal-pa'e,
	sipa-šá[h]	den Schweinehirten.
	10.0.0 še	10.0.0 Gerste,
	5.0.0 zíz-babbár	5.0.0 weißer Emmer
	šeš-ša$_6$-ga	(an) Šeš-šaga,
	lú-bappìr	den Brauer;
	10.0.0 zíz-gú-nida	10.0.0 Gunida-Emmer,
	5.0.0 še	5.0.0 Gerste
	a-ba-DI	(an) Aba-DI,
	dub-sar	den Schreiber.
10 1	šu-[nig̃]ín 2,4.0.0 lá	**Zusammen** 124.0.0 minus 0.0.4

	0.0.4 še gur-saĝ-ĝál	Haupt-Gur Gerste,
	52.1.2 zíz	52.1.2 Emmer:
	še-ĝar zíz-ĝar [sá]-du$_{11}$-itu-da-	Gerstenlieferungen (und) Emmerlieferungen, regelmäßige monatliche Aufwendungen
	^{d}ba-ba$_{6}$	der Baba.
5	uru-inim-gi-na	Uru-inimgina,
	ensí-	der Stadtfürst
	lagaš^{ki}-ke$_{4}$	von Lagaš,
	itu-ezem-munu$_{4}$-kú-	hat im Monat 'Malzessen
11 1	[^{d}nanše-ka]	der Nanše'
	ĝ[anun-SAR-t]a	aus dem SAR-Speicher heraus
	e-ta-ĝar ⌈1.⌉	(dies) ausgeliefert. 1. (Jahr).
	10 lá 1-⌈ĝar⌉-am$_{6}$	Die 9. Lieferung ist es.

Anmerkungen:

In seinem wichtigen Aufsatz *Administrative Timekeeping in Ancient Mesopotamia* in JESHO 31 (1988) 140ff. behandelt R.K. Englund die Zeitangaben dieses Textes, vor allem zur Unterstreichung der (bekannten) Tatsache, daß das as. Rechnungsjahr in unseren Urkunden mit den Werten **1 Jahr = 12 Monat = 360 Tage** operierte.

(4:2) Zu meiner AWEL 246 zu Nik 57 5:7.8 begründeten Übersetzung vgl. jetz auch P. Fronzaroli Quad.Sem. 17 (1990) 179 zu še-zíd-[gu] = */šawpum/* "farina fine (di orzo)" neben še-kum */kimdatu(m)/* "la pestatura (dell'orzo)" (a.a.O. 178).

(4:6) Die Ergänzung des Sila-Betrages ist völlig unsicher, obwohl die Zeichenspuren dafür sprechen, daß ein solcher hier vermerkt war. Bei der Gesamtsumme wurde er offensichtlich vernachlässigt.

(7:1) In der Rekonstruktion des an U$_{2}$.U$_{2}$ ausgefolgten Gerstebetrages liegt das Problem für die Addition der Einzeleinträge dieser Urkunde. Der um ein oder zwei Monate ältere Paralleltext DP 155 hat in 7:10-8:2: 22 amar-gu$_{4}$ u$_{4}$-1 -šè 0.1.0-ta še-bi 7.2.0 U$_{2}$.U$_{2}$. Die Stelle muß offensichtlich so verstanden werden, daß 22 Jungrinder zusammen pro Tag

0.1.0, d.h. 30 UL oder 7.2.0 Haupt-Gur im Monat erhalten. Entsprechend wurde in unserem Text ergänzt.

(9:9) Zu diesem PN s. bereits oben zu 5 5:5.

(10:1-2) Die Addition der einzelnen Gerstebeträge stimmt mit der Summenformel überein. Anscheinend unberücksichtigt sind nur die 2 Liter aus 4:6 geblieben. Die Lesung der Mengenangabe dieser Zeile ist aufgrund der Beschädigungen allerdings nicht über jeden Zweifel erhaben.

(10:8-11:1) Zur Ergänzung des GN ist zunächst die oft vernachlässigte Tatsache (vgl. z.B. R.K. Englund JESHO 31 (1988) 143f.+16.17), zu beachten, daß die Feste 'Gerste-Essen' und 'Malz-Essen' nicht nur etwa ein halbes Jahr auseinanderlagen, sondern daß auch die gleichnamigen Feste für ^{d}nanše und ^{d}nin-ĝír-su nicht zum gleichen Zeitpunkt abgehalten wurden. Nach einem 'normalisierten' Kultkalender fand das Gerste-Fest der Nanše im 2. Monat, das des Nin-Girsu im 4. Monat im Jahreskreis statt. Die resp. Malz-Feste beider Gottheiten wurden ein halbes Jahr später, d.h. im 8. bzw. 10. Monat abgehalten. Mit der Angabe einer 9. Lieferung für ein Malz-Fest liegt unser Text zwar im Rahmen der auch sonst beobachtbaren einmonatigen Abweichungen, eine Zuschreibung zu einer der beiden Festgottheiten aber kann nur über weitere Parallelen erfolgen. Zu verweisen ist auf die Texte Nr. 5 (= STH 1, 6) mit einer 2. Zuteilung am Malz-Fest der Nanše für die nur gegen Jahresende entlohnten lú-PAD-dab$_5$-ba und DP 227 mit einer 10. monatlichen Zuteilung am Malz-Fest des Nin-Girsu, beides bezogen auf Uru-inimgina's Stadtfürstenjahr. Daraus ergibt sich die Hypothese, daß das Malz-Fest der Nanše im Akzessionsjahr aus unbekannten Gründen etwas später als üblich, d.h. im 9. Monat abgehalten wurde, während das entsprechende Nin-Girsu-Fest zum üblichen Zeitpunkt gefeiert wurde. Daher der Datierungsvorschlag von Nr. 5 = Ukg. E 1/(9)<2> und der Ergänzungsvorschlag der Festgottheit hier. Die unmittelbare Aufeinanderfolge der beiden Malzfeste ist auch im Jahre Ukg. L 2, allerdings um einen Monat eher, belegt; vgl. oben zu Nr. 5 14:1-5.

31 = STH 1, 32

Text: HSM 904.6.8 (früher 3657); Maße: H.: 10,8cm; Br.: 10,7cm;
Kollationiert; Umschrift: A. Deimel Or 32, 18f.;
Parallelen: VAT 4610 (Ukg. L 1/1); DCS 7 (Ukg. L [1/11];
Datum: Ukg. L 1/3; Typ: I-B-1.(B);
Inhalt: Gerste und Emmer, regelmäßige Aufwendungen der Baba.
Gliederung:

1. Lieferungen zur Versorgung der Onagergespanne:	*1:01-2:06*
a) an den Kutscher(?) Girnun (mit Zws.):	*1:01-2:02*
b) an den Generalverwalter En-iggal (mit Zws.):	*2:03-2:06*
2. Lieferungen an die Brauer zur Bierbereitung (mit Rubrum):	*2:07-4:07*
a) an den 1. Braumeister Amar-Girid:	*2:07-3:07*
b) an den 2. Braumeister ilī-bēlī:	*3:08-4:06*
3. Lieferungen an den Schreiber (an die Küche):	*4:08-5:05*
4. Lieferungen an den 'Bediensteten' des 'Vorratshauses':	*5:06-5:09*
5. Lieferungen für DU.DU, den Tempelverwalter:	*5:10-5:12*
6. Lieferungen zur Versorgung von Tieren:	*5:13-10:08*
a) an die Hirten der Wollschafe (mit Rubrum):	*5:13-7:02*
aa) an den 1. Hirten Niĝin-mud:	*5:13-6:06*
ab) an den 2. Hirten En-DU:	*6:07-6:09*
ac) an den 3. Hirten Lugalda-nume'a:	*6:10-7:01*
b) an den Hausverwalter U_2.U_2*:*	*7:03-8:01*
c) (an den Vorsteher des 'Fettlagers' und den 'Bediensteten' des 'Vorratshauses'):	*8:02-8:09*
d) an den Schweinehirten Lugal-pa'e:	*8:10-10:08*
Schlußformel:	*11:01-12:05*
Summa summarum:	*11:01-11:03*
Klassifikation:	*11:04*
Transaktionsformular / Datum:	*11:05-12:05*

1	1	2 EREN$_2$-NITA.ANŠE-[g]al-gal	2 Gespanne ausgewachsener 'Esels'-Hengste,
		[an]še EREN$_2$-1-šè	für die 'Esel' 1 Gespannes
		u$_4$-[1] še-*0.0.2-ta	pro Tag je 0.0.2 Gerste,
		2 [ERE]N$_2$ NITA.BAR.AN	2 Gespanne Onagerhengste,
	5	[1$^?$ ERE]N$_2$-MI$_2$.BAR.AN	1(?) Gespann Onagerstuten,
		[an]še EREN$_2$-1-šè	für die 'Esel' 1 Gespannes
		⸢u$_4$⸣-1 še-0.0.2-ta	pro Tag je 0.0.2 Gerste,
		3 didli-bi anše-mar	3 einzelne Wagen-'Esel',
		u$_4$-1 še-0.0.1-3-silà-ta	pro Tag je 0.0.1 + 3 Liter Gerste,
	10	še-[bi 17.0.0 lá 0.0.3 gur-sağ-ğál]	Gerste dafür 17.0.0 minus 0.0.3 Haupt-Gur
2	1	[ğír-nun]	(an) Girnun,
		gáb-KAS$_4$	den Kutscher(?);
		1 EREN$_2$-MI$_2$.BAR.AN	1 Gespann Onagerstuten
		u$_4$-1 še-0.0.2-ta	pro Tag je 0.0.2 Gerste,
	5	še-bi 2.2.0 en-ig-gal	Gerste dafür 2.2.0 (an) En-iggal,
		nu-bandà	den Generalverwalter;
		10.0.0 lá 0.3.2 zíz-babbár	10.0.0 minus 0.3.2 weißer Emmer,
		zíz-bal-b[i] 1.2.0	'Verlust'-Emmer dazu 1.2.0,
		5.0.0 še-bappìr	5.0.0 Gerste (für) Bierbrote,
	10	še-bal-bi [1].2.4	'Verlust'-Gerste dazu 1.2.4,
		[7].⸢2$^?$⸣.0 še-[mun]u$_4$	7.2.0 Gerste (für) Malz
		[nağ-ensí-ka-kam]	ist der Stadtfürsten-Trunk;
3	1	5.0.0 zíz-babbár	5.0.0 weißer Emmer,
		zíz-bal-bi 0.3.2	'Verlust'-Emmer dazu 0.3.2,
		2.2.0 še-bappìr	2.2.0 Gerste (für) Bierbrote,
		še-bal-bi 0.3.2	'Verlust'-Gerste dazu 0.3.2,
	5	2.2.0 še-munu$_4$	2.2.0 Gerste (für) Malz
		sá-du$_{11}$-ANŠE-kam	ist die regelmäßige Lieferung für die ...
		amar-[gi]ríd^{ki}	(an) Amar-Girid;
		*[4]+⸢3.2⸣.0 še-titáb	7.2.0 Gerste (für) Biermaische,
		2+[2].0.0 lá 0.1.0 š[e]-bap[pìr]	4.0.0 minus 0.1.0 Gerste (für) Bierbrote,
	10	4.0.0 lá 0.1.0 še-munu$_4$	4.0.0 minus 0.1.0 Gerste (für) Malz
		sá-du$_{11}$-kas-gi$_6$-kam	ist die regelmäßige Lieferung für Dunkelbier;

	5.0.0 zíz-babbár	5.0.0 weißer Emmer,
4	zíz-bal-bi 0.3.2	'Verlust'-Emmer dazu 0.3.2,
	2.2.0 še-bappìr	2.2.0 Gerste (für) Bierbrote,
	še-bal-bi 0.3.2	'Verlust'-Gerste dazu 0.3.2,
	2.2.0 še-munu$_4$	2.2.0 Gerste (für) Malz
	sá-du$_{11}$-kas-⸢KAL⸣-kam	ist die regelmäßige Liefe- rung für Emmerbier
	ì-⸢lí-be$_6$⸣-lí	(an) *Ilī-bēlī*:
	[lú]-bappì[r]-⸢me⸣	Brauer sind sie.
	1.1.0 ⸢še⸣-[zí]d-gu	1.1.0 Gerste (für) Feinmehl,
	[še-ba]l-bi [0.0.5]	'Verlust'-Gerste dazu 0.0.5,
	2+[2].0.0 lá 0.1.0	4.0.0 minus 0.1.0 Gerste für
	[še]-ninda-durun$_x$ (=TUŠ.TUŠ)-na	Dauerbrote(?),
	0.2.1 še-GAZ še-bal-bi	0.2.1 zerstampfte Gerste, 'Verlust'-Gerste dabei(?),
5	12.2.0 zíz-g[ú-nida]	12.2.0 Gunida-Emmer;
	[zí]z-ba[l]-⸢bi⸣ 2.0.2	'Verlust'-Emmer dazu 2.0.2
	sá-du$_{11}$-é-muḫaldim-kam	ist die regelmäßige Lie- ferung für die Küche
	[m]aš-dà	(an) Mašda,
	[d]ub-sar	den Schreiber;
	5.0.0 zíz-gú-nida	5.0.0 Gunida-Emmer,
	[zí]z-bal-bi 0.⸢3⸣.2	'Verlust'-Emmer dazu 0.3.2
	[s]á-du$_{11}$-⸢é⸣-ninda-ka-kam	ist die regelmäßige Lieferung für das 'Vorratshaus'
	en-ušùr-ré	(an) En-ušure;
	0.[1].1 [š]e sá-du$_{11}$-	0.1.1 Gerste, regelmäßige Lieferung
	DU.DU	(für) DU.DU,
	sanga	den Tempelverwalter;
	22 udu-siki	22 Wollschafe,
6	[u]du-1-šè	für 1 Schaf
	itu-da še-0.0.5-ta	pro Monat je 0.0.5 Gerste,
	2 maš-bar-dul$_5$	2 Ziegenböcke mit Vlies,
	maš-1-šè	für 1 Ziegenbock
	i[t]u-da ⸢še⸣-0.0.4-ta	pro Monat je 0.0.4 Gerste,
	[š]e-bi 5.0.0 lá 0.0.2	Gerste dafür 5.0.0 minus 0.0.2
	ni[ĝi]n-⸢mud⸣	(an) Niĝin-mud;
	22 udu-si[ki]	22 Wollschafe,
	2 maš-bar-d[ul$_5$]	2 Ziegenböcke mit Vlies,
	še-bi 5.0.0 lá 0.0.2	Gerste dafür 5.0.0 minus
	⸢en⸣-DU	0.0.2 (an) En-DU;

	21 udu-siki	21 Wollschafe,
	2 maš-bar-dul$_{5}$	2 Ziegenböcke mit Vlies,
7	še-bi 4.3.0 lá 0.0.1	Gerste dafür 4.3.0 minus
	lugal-da-nu-me-a	0.0.1 (an) Lugalda-nume'a:
	sipa-udu-siki-[k]a-me	Hirten der Wollschafe sind sie.
	13 udu	13 Schafe,
	2 gukkal	2 Fettschwanzschafe,
	[ud]u-1-šè	für 1 Schaf
	[it]u-d[a] [še]-⸢0.0.5⸣-ta	pro Monat je 0.0.5 Gerste,
	3 ^{MI_2}áš-gàr	3 Zicken,
	še-bi 0.1.3	Gerste dafür 0.1.3,
	še-bi 3.2.0 U$_2$.U$_2$	Gerste dafür 3.2.0 (an) U$_2$.U$_2$,
R 8	agr[ig]	den Hausverwalter;
	11[+2] udu	13 Schafe,
	udu-1-šè	für 1 Schaf
	itu-da še-0.0.5-ta	pro Monat je 0.0.5 Gerste,
	še-bi 2.3.0 lá 0.0.1	Gerste dafür 2.3.0 minus
	gi-num	0.0.1 (an) *Kīnum*;
	1 gukkal	1 Fettschwanzschaf,
	še-bi 0.0.5	Gerste dafür 0.0.5
	en-ušùr-ré	(an) En-ušure,
	lú-é-ninda-ka	den 'Bediensteten' des 'Vorratshauses';
	1 šáḫ-g̃iš-gi	1 Röhrichtschwein
	u$_4$-1 še-0.0.1-ta	pro Tag je 0.0.1 Gerste,
9	3 šáḫ-g̃iš-gi	3 Röhrichtschweine,
	šáḫ-1-šè	für 1 Schwein
	u$_4$-1 še-2-silà-ta	pro Tag je 2 Liter Gerste,
	20 šáḫ-ú-mí-mu-3	20 Weidesauen im 3. Jahr,
	10 šáḫ-ú-nita-mu-3	10 Weideeber im 3. Jahr,
	šáḫ-1-šè	für 1 Schwein
	itu-da še-0.0.3-ta	pro Monat je 0.0.3 Gerste,
	30 šáḫ-ú-mí-mu-2	30 Weidesauen im 2. Jahr,
	šáḫ-1-šè	für 1 Schwein
10	itu-da še-0.0.2-ta	pro Monat je 0.0.2 Gerste,
	45 šáḫ-ú-mí-šà-du$_{10}$	45 weibliche Weideferkel,
	*1,2 šáḫ-⸢ú-nita⸣-šà-du$_{10}$	62 männliche Weideferkel,
	šáḫ-1-šè	für 1 Schwein
	*it[u-d]a še-0.0.1-ta	pro Monat je 0.0.1 Gerste,

		⌜še⌝-bi 13.1.4	Gerste dafür 13.1.4
		lugal-pa-è	(an) Lugal-pa'e,
		sipa-šáḫ	den Schweinehirten.
11	1	[š]u-⌜niĝín⌝ 1,40.2.1	**Zusammen** 100.2.1 Haupt-
		še gur-saĝ-ĝál	Gur Gerste,
		12.1.2 [z]íz-ba[b]bár	12.1.2 weißer Emmer,
		[20].1.4 zíz-gú-nida	20.1.4 Gunida-Emmer
		[sá-d]u$_{11}$-^{d}[b]a-ba$_6$-kam	sind die regelmäßigen Aufwendungen der Baba;
	5	uru-inim-gi-na	Uru-inimgina,
		lugal-	der König
		lagaš^{ki}-ke$_4$	von Lagaš,
12	1	[egir-itu]-udu-šè-še-a-	hat nach dem Monat des Nin-Girsu, in dem man zu den
		^{d}nin-ĝír-su-ka-ta	Schafen Gerste (und) Wasser (trägt),
		uru-kù-ta	aus der Heiligen Stadt
		e-ta-ĝar 1.	(dies) ausgeliefert. 1. (Jahr).
		3-ĝar-am$_6$	Die 3. Lieferung ist es.

Anmerkungen:

(7:3–9) Das zweimalige še-bi in Zeile 8 und 9 dieser Passage ist auffällig. Wenn man den ersten Betrag von 0.1.3 als Untersumme des Gerstenbetrages für die Zicken versteht, ergibt sich nach den hier verwendeten Maßzahlen in Zeile 9 die korrekte Zwischensumme. Also: (15 x 0.0.5 = 3.0.3 + 3 x 0.0.3 = 0.1.3) = 3.2.0.

(10:6) Die aus den Einzelangaben 8:10–10:5 errechnete Gerste ergibt nur 317 Ban oder 13.0.5. Die Zwischensumme liegt also um 5 Ban höher. Möglicherweise sind die 0.0.5 für En-ušure aus 8:7 nicht gesondert berechnet worden, sondern in diese Zwischensumme einbezogen. Beachte, daß auch der Paralleltext VAT 4610 (= VS 25 Nr. 66) (Ukg. L 1/1) (= Or 32, 17) für den Schweinehirten einen Betrag von 13.1.4 verzeichnet. Auch dort stimmt dies nicht mit dem aus den Einzelbeträgen Errechneten überein, kann aber an der Stelle auch durch die 0.0.5 für En-ušure nicht ausgeglichen werden.

(11:1–3) Zwischen den Gesamtsummen und den aus der Addition der Einzeleinträge gewonnenen Beträgen läßt sich nur sehr bedingt eine Beziehung herstellen. Bei der Gerste addiere ich aus den Einzelposten 100.2.4, gegenüber der Summenformel also einen um 0.0.3 zu geringen Betrag. Wenn wir annehmen, daß der Gersteposten von En-ušure (s.o. zu 10:6) *keinen* selbständigen Einzelposten darstellt, kommt man auf einen Gesamtbetrag von 100.1.5.

Der in der Summenformel genannte Betrag für den "weißen Emmer" ist mit 12.1.2 viel zu niedrig und wahrscheinlich fehlerhaft. Aus den Einzeleinträgen ergibt sich hier ein Betrag von 22.1.2. Auch der nur zwei Monate ältere Paralleltext VAT 4610 (= VS 25 Nr. 66) beziffert die Menge an 'weißem Emmer' mit 22.1.2. Unser Text ist also wohl entsprechend zu emendieren.

Ob die Summenformel beim Gunida-Emmer korrekt gewesen ist, läßt sich nicht mit Sicherheit sagen. Jedenfalls ergeben die Einzelposten zusammen einen Betrag von 20.1.4.

32 = STH 1, 33

Text: HSM 904.4.18 (früher 3622); Maße: H.: 11,5cm; Br.: 11,5cm;
Kollationiert; Umschrift: A. Deimel Or 32, 29ff.;
Parallelen: Nik 63 (Ukg. L 3/11); CT 50, 37 (Ukg. L 4/4); Nr. 33 (Ukg. L 4/8);
Datum: Ukg. L 4/2; Typ: I-B-1.(B);
Inhalt: Gerstelieferungen, Emmerlieferungen, regelmäßige monatliche Aufwendungen der Baba.
Gliederung:

1. Lieferungen zur Versorgung der Onagergespanne: *1:01–2:08*
a) an die Kutscher(?) (mit Rubrum): *1:01–2:04*
aa) an den 1. Kutscher(?) Girnun (mit Zws.): *1:01–2:01*
ab) an den 2. Kutscher(?) Lugal-namgu-su (mit Zws.): *2:02–2:03*
b) an den Generalverwalter En-iggal (mit Zws.): *2:05–2:08*
2. Lieferungen an die Brauer zur Bierbereitung (mit Rubrum): *2:09–4:11*

a) an den 1. Braumeister Amar-Girdi:	*2:09–3:11*
b) an den 2. Braumeister Ilī-bēlī:	*3:12–4:10*
3. Lieferungen an den Hausverwalter Ur-mud:	*4:12–6:08*
4. Lieferungen zur Versorgung von Tieren:	*6:09–7:09*
a) an die Hirten der Wollschafe (mit Rubrum):	*6:09–7:09*
aa) an den 1. Hirten Nig̃in-mud:	*6:09–7:01*
ab) an den 2. Hirten En-DU:	*7:02–7:05*
ac) an den 3. Hirten Lugalda-nume'a:	*7:06–7:08*
c) an den 'Kleinviehmäster', den 'Meister' u.a.:	*8:01–8:12??*
d) an den Schweinehirten Lugal-pa'e:	*8:13??–10:04*
e) an zwei Gärtner (mit Rubrum):	*10:05–10:10*
5. Lieferungen von Tieren an drei 'Röster' (mit Rubrum):	*10:11–11:07*
Schlußformel:	*12:01–13:08*
Summa summarum:	*12:01–12:02*
Klassifikation:	*12:03–12:05*
Transaktionsformular / Datum:	*12:06–13:08*

1	1	2 EREN$_2$-ANŠE.NITA.BAR. AN-gal-gal	2 Gespanne ausgewachsener Onagerhengste,
		anše EREN$_2$-1-šè	für die 'Esel' 1 Gespannes
		u$_4$-1 še-0.0.3-ta	pro Tag je 0.0.3 Gerste,
		1 EREN$_2$ 1-ì-diri-NITA. BAR.AN	1 Gespann, 1 zusätzlicher Onagerhengst,
	5	1 EREN$_2$-MI$_2$.BAR.AN	1 Gespann Onagerstuten,
		1 EREN$_2$-NITA.BAR.AN-amar-amar	1 Gespann Onagerhengstfohlen,
		3? didli-bi MI$_2$.BAR. AN-amar-amar	3(?) einzelne Onagerstutenfohlen,
		anše EREN$_2$-1-šè	für die 'Esel' 1 Gespannes
		u$_4$-1 še-0.0.2-ta	pro Tag je 0.0.2 Gerste,
	10	še-bi 20.0.0 lá 2.2.3 gur-sag̃-g̃ál	Gerste dafür 20.0.0 minus 2.2.3 Haupt-Gur
2	1	g̃ír-nun	(an) Girnun;
		⌜3⌝ didli-bi [NI]TA.BAR. AN-amar-amar	3 einzelne Onagerhengstfohlen,
		še-bi 1.1.0 lugal-nam-gú-sù	Gerste dafür 1.1.0 (an) Lugal-namgu-su:
		gáb-KAS$_4$-me	Kutscher(?) sind sie.
	5	1 EREN$_2$ ⌜*3-ì⌝-dir[i]-	1 Gespann, 3 zusätzliche

NITA.BAR.AN-amar-amar	Onagerhengstfohlen,
1 EREN$_2$ ⸢MI$_2$.BAR.AN⸣	1 Gespann Onagerstuten,
še-bi 5[+1.3].3 e[n-i]g-gal	Gerste dafür 6.3.3 (an) En-iggal,
nu-bandà	den Generalverwalter;
10.0.0 lá 0.3.2 zíz-b[a]bbár	10.0.0 minus 0.3.2 weißer Emmer,
zíz-bal-bi 1.2.0	'Verlust'-Emmer dazu 1.2.0,
3 1 5.0.0 še-bappìr	5.0.0 Gerste (für) Bierbrote,
še-bal-b[i] 1.2.4	'Verlust'-Gerste dazu 1.2.4,
7.2.0 še-munu$_4$	7.2.0 Gerste (für) Malz
nağ-ensí-ka-kam	ist der Stadtfürsten-Trunk;
5.0.0 ⸢zíz⸣-babbár	5.0.0 weißer Emmer,
[zíz-b]a[l-b]i 0.3.2	'Verlust'-Emmer dazu 0.3.2,
2.2.0 še-bappìr	2.2.0 Gerste (für) Bierbrote,
[š]e-⸢bal⸣-bi 0.3.2	'Verlust'-Gerste dazu 0.3.2,
2.2.0 še-munu$_4$	2.2.0 Gerste (für) Malz
sá-du$_{11}$-ANŠE-k[am]	ist die regelmäßige Lieferung für die ...
⸢amar⸣-gi[ríd^{ki}]⸣	(an) Amar-Girid;
8.0.3 še-tit[á]b	8.0.3 Gerste (für) Biermaische,
4 1 4.0.1 3-silà še-bappìr	4.0.1 + 3 Liter Gerste (für) Bierbrote,
4.0.1 ⸢3⸣-silà š[e]-munu$_4$	4.0.1 + 3 Liter Gerste (für) Malz
sá-du$_{11}$-kas-gi$_6$-kam	ist die regelmäßige Lieferung für Dunkelbier;
5.0.0 zíz-babbár	5.0.0 weißer Emmer,
zíz-bal-bi 0.3.2	'Verlust'-Emmer dazu 0.3.2,
2.2.0 še-bapp[ìr]	2.2.0 Gerste (für) Bierbrote,
še-bal-b[i] 0.3.2	'Verlust'-Gerste dazu 0.3.2,
2.2.0 ⸢še⸣-munu$_4$	2.2.0 Gerste (für) Malz
[s]á-d[u$_{11}$]-kas-ka[l]-⸢kam⸣	ist die regelmäßige Lieferung für Emmerbier
ì-lí-be$_6$-lí	(an) *Ilī-bēlī*:
lú-⸢bappìr⸣-me	Brauer sind sie.
1.1.0 [š]e-zíd-g[u-k]a	1.1.0 Gerste für Feinmehl,
1.2.0 lá 0.0.1 še-zíd-kum$_4$-ma	1.2.0 minus 0.0.1 Gerste, (zu) Mehl zerstoßen,
5 1 še-bal-bi 0.2.0 lá 0.0.1	'Verlust'-Gerste dazu 0.2.0 minus 0.0.1,
1.1.0 še-⸢ninda⸣-durun$_x$(=TUŠ.TUŠ)-na	1.1.0 Gerste für Dauerbrote(?),

	0.2.3 še-GAZ	0.2.3 zerstampfte Gerste,
	[š]e-bal-bi 0.0.5	'Verlust'-Gerste dazu 0.0.5,
	0.0.1 zíd-⸢gu⸣-KAL	0.0.1 fein(gemahlen)es Emmermehl,
	zíz-[b]abbár-bi 2.2.0	weißer Emmer dafür 2.2.0,
	z[íz-bal-b]i 0.1.4	'Verlust'-Emmer dazu 0.1.4,
	0.0.⸢4?⸣ zíd-bar-si	0.0.4 'hochfeines' (Emmer)mehl,
	zíz-babbár-bi ⸢šà-bi⸣ 10.0.0-am$_{6}$	der weiße Emmer dafür, darinnen (enthalten), beträgt 10.0.0,
	⸢zíz⸣-bal-b[i] 1.2.4	'Verlust'-Emmer dazu 1.2.4
	sá-du$_{11}$-⸢é⸣-muḫaldim-⸢kam⸣	ist die regelmäßige Lieferung für die Küche;
	7.2.0 zíz-babbár	7.2.0 weißer Emmer,
	zíz-bal-bi 1.1.0	'Verlust'-Emmer dazu 1.1.0
6	sá-du$_{11}$-é-ninda-ka-kam	ist die regelmäßige Lieferung für das 'Vorratshaus';
	0.1.1 še-kas	0.1.1 Gerste (für) Bier,
	0.1.0 zíz-kas	0.1.0 Emmer (für) Bier,
	0.1.0. ⸢zíz⸣-ninda	0.1.0 Emmer (für) Brote,
	zíz-bal-bi 0.0.2	'Verlust'-Emmer dazu 0.0.2
	sá-du$_{11}$-[a]lan-kam	ist die regelmäßige Lieferung für die Statue (der Šaša)
	úr-mud	(an) Ur-mud,
	agrig	den Hausverwalter;
	22 udu-⸢siki⸣	22 Wollschafe,
	udu-1-⸢šè⸣	für 1 Schaf
	⸢itu⸣-da ⸢še⸣-0.0.5-ta	pro Monat je 0.0.5 Gerste,
	2 maš-bar-d[ul$_{5}$]	2 Ziegenböcke mit Vlies,
	itu-[d]a ⸢še⸣-0.0.3-ta	pro Monat je 0.0.3 Gerste,
	[š]e-[b]i	Gerste dafür
7	⸢4⸣+[1].0.0 ⸢lá⸣ 0.0.4 n[i]g̃ìn-m[u]d	5.0.0 minus 0.0.4 (an) Nig̃in-mud;
	22 udu-siki	22 Wollschafe,
	1 maš-bar-dul$_{5}$	1 Ziegenbock mit Vlies,
	še-bi 4.3.0 lá 0.0.1	Gerste dafür 4.3.0 minus 0.0.1
	en-DU	(an) En-DU;
	22 udu-siki	22 Wollschafe,
	2 ⸢maš⸣-bar-dul$_{5}$	2 Ziegenböcke mit Vlies,
	⸢še⸣-bi 5.0.0 lá 0.0.4 lu[g]al-da-nu-me-<a>	Gerste dafür 5.0.0 minus 0.0.4 (an) Lugalda-nume'a:

	[si]pa-udu-siki-ka-me	Hirten der Wollschafe sind sie.
R 8	16 udu-níĝ-kú-a	16 gemästete Schafe,
	4 gukkal	4 Fettschwanzschafe,
	še-bi 4.0.4 U$_2$.U$_2$	Gerste dafür 4.0.4 (an) U$_2$.U$_2$,
	kurušda	den 'Kleinviehmäster';
	1 guk[kal]	1 Fettschwanzschaf,
	še-bi 0.1.0 en-kù	Gerste dafür 0.1.0 (an) Enku,
	um-mi-a	den 'Meister';
	30 lá 3 amar-gu$_4$	30 minus 3 Jungrinder,
	⸢še⸣-bi ⸢U$_2$⸣.U$_2$	Gerste dafür (an) U$_2$.U$_2$;
	1 ud[u-ní]ĝ-kú-a	1 gemästetes Schaf,
	[ ]	...
	[ ]	...
	[ ]	... ;
	[2?] š[áh-ĝiš-gi]-	2(?) gemästete Röhricht-
9	níĝ-kú-a	schweine,
	šáḫ-1-šè	für 1 Schwein
	u$_4$-1 še-0.0.1-ta	pro Tag je 0.0.1 Gerste,
	5 šáḫ-ĝiš-gi	5 Röhrichtschweine,
	itu-da še-0.1.4-ta	pro Monat je 0.1.4 Gerste,
	še-bi 4.2.2	Gerste dafür 4.2.2,
	30[+4]+1 ⸢šáḫ⸣-ú-mí-mu-2	35 Weidesauen im 2. Jahr,
	⸢šáḫ⸣-1-⸢šè⸣	für 1 Schwein
	itu-da še-0.0.2-ta	pro Monat je 0.0.2 Gerste,
	50 šáḫ-ú-mí-šà-du$_{10}$	50 weibliche Weideferkel,
	62 šáḫ-ú-nita-šà-du$_{10}$	62 männliche Weideferkel,
10	šáḫ-1-šè	für 1 Schwein
	itu-da še-0.0.1-ta	pro Monat je 0.0.1 Gerste,
	še-bi 7.2.2 l[ug]al-[p]a-è	Gerste dafür 7.2.2 (an) Lugal-pa'e,
	[sipa-š]áḫ	den Schweinehirten;
	1 [m]aš-babbár-bar-⸢dul$_5$⸣	1 weißer Ziegenbock mit Vlies,
	še-⸢bi⸣ 0.0.3 é-ku$_4$	Gerste dafür 0.0.3 (an) E-ku;
	[1 maš-babb]ár-[bar-dul$_5$]	1 weißer Ziegenbock mit Vlies,
	[še-bi 0.0.3 e-ta]-⸢*e$_{11}$⸣	Gerste dafür 0.0.3 (an) Eta'e:
	⸢nu⸣-k[iri$_6$]-me	Gärtner sind sie.
	1 gukkal	1 Fettschwanzschaf

	⸢ub$_{x}$(=TAG$_{4}$)⸣-bu	(an) Ubbu,
11	1 gukkal	1 Fettschwanzschaf
	nam-lú	(an) Namlu,
	1 gukkal	1 Fettschwanzschaf
	⸢amar⸣-ki	(an) Amar-ki,
	1 gukkal	1 Fettschwanzschaf
	gú-en	(an) Gu'en:
	gir$_{4}$-[bi]l-me	'Röster' sind sie.
12	šu-nig̃ín 1,43.2.0 lá 0.0.1 še [g]ur-sag̃-⸢g̃ál⸣	**Zusammen** 103.2.0 minus 0.0.1 Haupt-Gur Gerste,
	46.1.0 zíz-babbár	46.1.0 weißer Emmer,
	še-g̃ar zíz-g̃ar	Gerstelieferungen (und) Emmerlieferungen,
	sá-du$_{11}$-itu-da-	regelmäßige monatliche Aufwendungen
	^{d}ba-ba$_{6}$	der Baba;
	ša$_{6}$-ša$_{6}$	Šaša,
	dam-uru-inim-gi-na	die Frau des Uru-inimgina,
13	lugal-	des Königs
	[l]agaš^{ki}-ka	von Lagaš.
	itu-ezem-še-kú-	Am Ende des Monats (des) Festes
	^{d}nanše-⸢til⸣-la-ba	'Gersteessen der Nanše'
	en-[i]g-gal	hat En-iggal,
	nu-bandà	der Generalverwalter,
	e-ta-g̃ar ⸢4.⸣	(dies) ausgeliefert. 4. (Jahr).
	2-g̃ar-am$_{6}$	Die 2. Lieferung ist es.

Anmerkungen:

(1:10) Die Rechnung ergibt eine Zwischensumme von 17.2.0 also 20.0.0 lá 2.2.0. Offenkundig handelt es sich um einen Schreibfehler, der in der Summa summarum in 12:1 korrigiert wird. S. dazu unten 12:1.

(5:9) Nach Kollation liegt in dieser Zeile ohne Zweifel šà-bi vor. Dieser Zusatz ist sonst ohne Parallele. Zu vergleichen ist allenfalls šà-bi-ta "daraus", "von diesem Betrag" DP 266 2:3, Nik 293 2:1 u.p. und šà-ba "darin enthalten" DP 507 2:1. Vgl. ferner G. Pettinato et al. SVS I/3, 344ff.

- Die genaue Bedeutung von šà-bi an unserer Stelle ist mir unklar. Vielleicht hat sie mit dem auffälligen Verhältnis von Getreidekorn : Mehl von 60 : 1 zu tun. S. dazu zuletzt M.A. Powell BSA 1, 54f.

(6:6) Vgl. sá-du$_{11}$-alam-ša$_6$-ša$_6$ "regelmäßige Lieferungen (für) die Statue (der) Šaša" in Nik 64 5:5, TSA 34 6:12-13, 36 6:11-12 und vgl. UGASL s.v. alam. Von der Herstellung dieser Statue handelt wohl VAT 4853 (Or 9/13, 188) 6:1-2: ^{d}ba-ba$_6$ [n]am-nin-e [šu e$^?$-n]a-du$_7$ ⌜alam⌝-kù-luḫ-ḫa "'Baba hat ihr die Herrinnenschaft vollkommen gemacht' (ist der Name der) Statue aus geläutertem Edelmetall". Dafür, daß es diese Statue war, die 'regelmäßige' Lieferungen erhielt, spricht die Tatsache, daß diese Aufwendungen erst ab dem zweiten Königsjahr des Uru-inimgina bezeugt sind. S. dazu auch J. Bauer ZDMG Suppl. 1 (1969) 111.1143.

(8:8-9) Der ein halbes Jahr jüngere Paralleltext Nr. 33 7:12-15 liest: <u>26</u> amar-gu$_4$ amar-1-šè itu-da-še-0.1.4-ta še-bi 10.0.0 U$_2$.U$_2$ (unkorrekte Zws.). Unsere Urkunde ist hier also jedenfalls 'verkürzt'. Da die Getreideration für die Jungrinder in den Paralleltexten unverändert ist, hätten an U$_2$.U$_2$ hier 10.3.2 Gerste ausgefolgt werden müssen. Die Summenformel in 12:1 beweist, daß für U$_2$.U$_2$ hier tatsächlich keine Gerstelieferung verzeichnet war.

(8:10-13) Eine Ergänzung des Bruches ist hier nicht möglich, da kein Paralleltext zu dieser Passage bekannt ist. Vgl. allenfalls Nik 63 8:7-9. Nach der Summenformel scheint hier aber kein weiterer Gerstebetrag verzeichnet gewesen zu sein. S. a. unten zu 12:1.

(8:14-9:6) Die Ergänzung von 2 Röhrichtschweinen in 8:14 beruht auf der Zwischensumme und der Parallele in Nik 63 9:3.

(9:7) Die Ergänzung erfolgte nach den Maßzahlen der Zwischensumme in 10:3.

(10:12) Verkürzte oder fehlerhafte Schreibung des Namens ub$_5$(=AB$_2$xKID$_2$)-bu aus Nr. 33 10:6, 34 10:2, 35 10:5, CT 50,37 10:4, CTNMC 3 11:9.

(11:7) Dieser in den g̃ar-Listen (Typ I-B-1.) passim bezeugte Kontext mit Tieren, die den genannten gir₄-bil offenkundig zur Speisezubereitung überstellt wurden (vgl. AWEL S. 247 zu Nik 57 7:2-10), macht es wahrscheinlich, daß die von J. Bauer AWL 314 zu Nr. 107 I 6 vorgeschlagene Deutung "Heizer, den Ofen heizend" dahingehend präzisiert werden muß, daß diese Berufsgruppe in irgendeiner Form mit dem 'Braten, Grillen oder Rösten' von Fleisch beschäftigt war. Diese Deutung kann durch weitere Texte gestützt werden, nach denen einem gir₄-bil Tiere für Speisezwecke (níg̃-kú-dè) übergeben werden: RTC 48 2:1 und 3:1, Fö 58 1:6, 2:6, DP 236 1:6; nach DP 464 2:2 wurden ihm alte Balken übergeben. Erwähnt wird der gir₄-bil außerdem in der kleinen Getreidelieferungsliste DP 556 4:2 (vgl.a. RTC 56 6:1); andere Kontexte sind: CT 50, 30 5':2 (sog. Darlehensurkunde); Nik 39 2:2 (Erntebilanz); DP 544 2:3 (Gerstenempfang); DP 637 5:6 (Kanalbauarbeiten).

Aufgrund dieser Beobachtungen wird der Beruf gir₄-bil in dieser Arbeit versuchsweise mti "'Röster'" wiedergegeben; eine genaue Unterscheidung zum ú-bil(-la), der hier mit "'Heizer'" übersetzt wird (vgl. oben zu Nr. 9 9:2) ist mir derzeit nicht möglich.

(12:1) Die Addition der einzelnen Gersteposten dieser Urkunde ergibt einen Betrag von 103.2., liegt also um 3 Ban niedriger als die Angaben aus der Summenformel. Der Schreibfehler aus 1:10 hat sich also hier nicht ausgewirkt. Verbessert man dort, wie oben zu 1:10 vorgeschlagen, so ist die Summa summarum korrekt. - Daraus folgt, daß in 8:10-13 nicht noch weitere zusätzliche Gerste vermerkt gewesen sein kann.

(12:2) Die Addition der einzelnen Emmerbeträge des Textes stimmt mit den Angaben aus der Summenformel überein.

33 = STH 1, 34

Text: HSM 904.4.6 (früher 3610); Maße: H.: 11,6cm; Br.: 11,6cm;
Kollationiert; Umschrift: A. Deimel Or 32, 31f.;
Parallelen: CT 50, 37 (Ukg. L 4/4); Nr. 65 (Ukg. L 4/[9-13]);
Datum: Ukg. L 4/8; Typ: I-B-1.(B);
Inhalt: Gerstelieferungen und Emmerlieferungen, regelmäßige monatliche Aufwendungen der Baba.
Gliederung:

1. Lieferungen zur Versorgung der Onagergespanne: 1:01-2:06
a) an die Kutscher(?) (mit Rubrum): 1:01-2:02
aa) an den 1. Kutscher(?) Girnun (mit Zws.): 1:01-1:11
ab) an den 2. Kutscher(?) Lugal-namgu-su (mit Zws.): 1:12-2:01
b) an den Generalverwalter En-iggal (mit Zws.): 2:03-2:06
2. Lieferungen an die Brauer zur Bierbereitung (mit Rubrum): 2:07-4:05
a) an den 1. Braumeister Amar-Girid: 2:07-3:07
b) an den 2. Braumeister ilī-bēlī: 3:08-4:04
3. Lieferungen an den Hausverwalter Ur-mud: 4:06-5:15
4. Lieferungen zur Versorgung von Tieren: 5:16-10:04
a) an die Hirten der Wollschafe (mit Rubrum): 5:16-6:11
aa) an den 1. Hirten Niĝin-mud (mit Zws.): 5:16-6:04
ab) an den 2. Hirten En-DU (mit Zws.): 6:05-6:07
ac) an den 3. Hirten Lugalda-nume'a (mit Zws.): 6:08-6:10
b) an den 'Kleinviehmäster', den Vorsteher des 'Fettlagers' und den Verwalter des 'Palastes' (mit Zws.): 6:11-8:01
c) an den Schweinehirten Lugal-pa'e (mit Zws.): 8:02-9:05
d) an sechs Gärtner (mit Rubrum): 9:06-10:04
5. Lieferungen von Tieren an zwei 'Röster' (mit) Rubrum: 10:05-10:09

Schlußformel: 11:01-12:04
Summa summarum: 11:01-11:02
Klassifikation: 11:03-11:04
Transaktionsformular / Datum: 11:05-12:04

1 1	2 EREN$_2$-NITA.ANŠE.BAR. AN-gal-gal	2 Gespanne ausgewachsener Onagerhengste,
	anše EREN$_2$-1-šè	für die 'Esel' 1 Gespannes
	u$_4$-1 še-0.0.3-ta	pro Tag je 0.0.3 Gerste,
	1 EREN$_2$ 1-ì-diri-NITA.BAR.AN	1 Gespann, 1 zusätzlicher Onagerhengst,
5	1 EREN$_2$-MI$_2$.BAR.AN	1 Gespann Onagerstuten,
	1 EREN$_2$-NITA.BAR.AN-amar-[am]ar	1 Gespann Onagerhengstfohlen,
	3-didli-bi MI$_2$.BAR. AN-amar-amar	3 einzelne Onagerstutenfohlen,
	anše EREN$_2$-1-šè	für die 'Esel' 1 Gespannes
	⸢u$_4$⸣-1 še-0.0.2-ta	pro Tag je 0.0.2 Gerste,
10	še-bi 20.0.0 lá 2.2.0 gur-sağ-ğál	Gerste dafür 20.0.0 minus 2.2.0 Haupt-Gur
	ğír-nun	(an) Girnun;
	2-didli-bi NITA.BAR.AN	2 einzelne Onagerhengste,
2 1	še-bi 1.1.0 lug[al-na]m-gú-sù	Gerste dafür 1.1.0 (an) Lugal-namgu-su:
	gáb-KAS$_4$-me	Kutscher(?) sind sie.
	1 EREN$_2$ 1-ì-diri-NITA. BAR.AN-amar-amar	1 Gespann, 1 zusätzliches Onagerhengstfohlen,
	1 EREN$_2$-MI$_2$.BAR.AN	1 Gespann Onagerstuten,
5	še-bi 5.2.3 en-ig-gal	Gerste dafür 5.2.3 (an) En-iggal,
	nu-bandà	den Generalverwalter;
	10.0.0 lá 0.3.2 zíz-babbár	10.0.0 minus 0.3.2 weißer Emmer,
	⸢zíz⸣-bal-bi 1.2.0	'Verlust'-Emmer dazu 1.2.0,
	5.0.0 še-bappìr	5.0.0 Gerste (für) Bierbrote,
10	⸢še⸣-bal-bi 1.2.4	'Verlust'-Gerste dazu 1.2.4,
	7.2.0 še-munu$_4$	7.2.0 Gerste (für) Malz
	nağ-ensí-ka-kam	ist der Stadtfürsten-Trunk;
3 1	5.0.0 ⸢zíz⸣-babbár	5.0.0 weißer Emmer,
	zíz-ba[l-b]i 0.3.2	'Verlust'-Emmer dazu 0.3.2,
	2.2.0 še-bappìr	2.2.0 Gerste (für) Bierbrote,
	še-bal-⸢bi⸣ 0.3.2	'Verlust'-Gerste dazu 0.3.2,
5	2.2.0 še-m[un]u$_4$	2.2.0 Gerste (für) Malz
	sá-du$_{11}$-ANŠE-kam	ist die regelmäßige Lieferung für die ...
	amar-giríd^{ki}	(an) Amar-Girid;
	8.0.3 še-titáb	8.0.3 Gerste (für) Biermaische,

	4.0.1 <u>3</u>-silà še-bappìr	4.0.1 + 3 Liter Gerste (für) Bierbrote,
	4.0.1 <u>3</u>-silà ⸢še⸣-munu$_4$	4.0.1 + 3 Liter Gerste (für) Malz
	sá-du$_{11}$-kas-gi$_6$-kam	ist die regelmäßige Lieferung für Dunkelbier;
	5.0.0 [z]íz-babbár	5.0.0 weißer Emmer,
	zíz-bal-bi 0.3.2	'Verlust'-Emmer dazu 0.3.2,
	2.2.0 še-bappìr	2.2.0 Gerste (für) Bierbrote,
4	še-bal-bi 0.3.2	'Verlust'-Gerste dazu 0.3.2,
	2.2.0 še-munu$_4$	2.2.0 Gerste (für) Malz
	sá-du$_{11}$-kas-KAL-kam	ist die regelmäßige Lieferung für Emmerbier
	ì-lí-be$_6$-lí	(an) <u>*Ilī-bēlī*:</u>
	l[ú]-bappìr-me	<u>Brauer sind sie.</u>
	1.1.0 še-zíd-gu	1.1.0 Gerste (für) Feinmehl,
	1.2.0 lá 0.0.1 ⸢še⸣-zíd-kum$_4$-ma	1.2.0 minus 0.0.1 Gerste, (zu) Mehl zerstoßen,
	[še-ba]l-bi 0.2.0 lá 0.0.1	'Verlust'-Gerste dazu 0.2.0 minus 0.0.1,
	1.1.0 še-ninda-dur[un$_x$](=TUŠ.T[UŠ]-na	1.1.0 Gerste für Dauerbrote(?),
	0.2.[3 še]-GAZ	0.2.3 zerstampfte Gerste,
	še-bal-bi 0.0.5	'Verlust'-Gerste dazu 0.0.5,
	0.0.1 zíd-gu-KAL	0.0.1 fein(gemahlen)es Emmermehl,
	zíz-babbár-bi 2.2.0	weißer Emmer dafür 2.2.0,
5	zíz-bal!-bi 0.1.4	'Verlust'-Emmer dazu 0.1.4,
	0.0.4 zíd-bar-si	0.0.4 'hochfeines' (Emmer-)mehl,
	zíz-babbár-bi 10.0.0	weißer Emmer dafür 10.0.0,
	zíz-bal-bi 1.2.4	'Verlust'-Emmer dazu 1.2.4
	sá-du$_{11}$-é-muḫaldim-kam	ist die regelmäßige Lieferung für die Küche;
	7.2.0 zíz-babbár	7.2.0 weißer Emmer,
	zíz-bal-bi 1.1.0	'Verlust'-Emmer dazu 1.1.0
	⸢sá-du$_{11}$-é-ninda-ka-kam⸣	ist die regelmäßige Lieferung für das 'Vorratshaus';
	0.1.1 ⸢še-kas⸣	0.1.1 Gerste (für) Bier,
	0.1.0 zíz-kas	0.1.0 Emmer (für) Bier,
	0.1.0 zíz-ninda	0.1.0 Emmer (für) Brot,
	[z]í[z]-bal-bi 0.0.2	'Verlust'-Emmer dazu 0.0.2
	sá-du$_{11}$-⸢alan-kam⸣	ist die regelmäßige Lieferung

		für die Statue (der Šaša)
	úr-mud	(an) Ur-mud,
	agrig	den Hausverwalter;
	21 udu-siki	21 Wollschafe,
	udu-1-šè	für 1 Schaf
	itu-da še-0.0.5-ta	pro Monat je 0.0.5 Gerste,
6	2 maš-bar-dul$_{5}$	2 Ziegenböcke mit Vlies,
	maš-1-šè	für 1 Ziegenbock
	itu-da še-0.0.3-ta	pro Monat je 0.0.3 Gerste,
	še-bi 4.2.3 niĝin-mud	Gerste dafür 4.2.3 (an) Niĝin-mud;
	15 udu-siki	15 Wollschafe,
	2 maš-bar-dul$_{5}$	2 Ziegenböcke mit Vlies,
	še-bi 3.1.3 en-DU	Gerste dafür 3.1.3 (an) En-DU;
	20 lá 1 udu-siki	20 minus 1 Wollschafe,
	1 maš-bar-dul$_{5}$	1 Ziegenbock mit Vlies,
	še-bi 4.0.2 lugal-d[a]-⸢nu-me-a⸣	Gerste dafür 4.0.2 (an) Lugalda-nume'a:
	⸢sipa-udu-siki-ka⸣-me	Hirten der Wollschafe sind sie.
	26 udu	26 Schafe,
R 7	2 gukkal	2 Fettschwanzschafe,
	1 sila$_{4}$-gukkal	1 Fettschwanzlamm
	itu-da še-0.0.5-ta	pro Monat je 0.0.5 Gerste,
	8 maš	8 Ziegenböcke,
	maš-1-šè	für 1 Ziegenbock
	itu-da še-0.0.3-ta	pro Monat je 0.0.3 Gerste,
	še-bi 7.0.1 U$_{2}$.U$_{2}$	Gerste dafür 7.0.1 (an) U$_{2}$.U$_{2}$,
	kurušda	den 'Kleinviehmäster';
	6 udu	6 Schafe,
	še-bi 1.1'.0 gi-num	Gerste dafür 1.1.0 (an) *Kīnum*,
	ka-šakan	den Vorsteher des 'Fettlagers';
	26 amar-gu$_{4}$	26 Jungrinder,
	amar-1-šè	für 1 Jungtier
	itu-da še-0.1.4-ta	pro Monat 0.1.4 Gerste,
	še-bi 10.0.0 U$_{2}$.U$_{2}$	Gerste dafür 10.0.0 (an) U$_{2}$.U$_{2}$,
8	sanga-é-gal	den Verwalter des 'Palastes';
	2 šáḫ-ĝiš-gi-níĝ-kú-⸢a⸣	2 gemästete Röhrichtschweine,
	šáḫ-1-šè	für 1 Schwein
	u$_{4}$-1 še-0.0.1-ta	pro Tag je 0.0.1 Gerste,
	5 šáḫ-ĝiš-gi	5 Röhrichtschweine,

šá[ḫ]-1-šè	für 1 Schwein
itu-da še-0.1.4-ta	pro Monat je 0.1.4 Gerste,
8 šàḫ-g̃iš-gi	8 Röhrichtschweine,
šáḫ-1-šè	für 1 Schwein
itu-da še-0.0.5-ta	pro Monat je 0.0.5 Gerste,
še-bi 6.1.0	Gerste dafür 6.1.0;
35 šáḫ-*⸢ú⸣-mí-mu-2	35 Weidesauen im 2. Jahr,
šáḫ-1-šè	für 1 Schwein
itu-da še-0.0.2$^{!}$ (=0.0.3)-ta	pro Monat je 0.0.2(!) Gerste,
50 šáḫ-ú-mí-šà-du$_{10}$	50 weibliche Weideferkel,
9 62 šáḫ-ú-ṇita-šà-du$_{10}$	62 männliche Weideferkel,
šáḫ-1-šè	für 1 Schwein
itu-da še-0.0.1-ta	pro Monat je 0.0.1 Gerste,
[še-b]i 7.2.2 lugal-pa-è	Gerste dafür 7.2.2 (an) Lugal-pa'e,
sipa-šáḫ	den Schweinehirten;
1 maš-bar-dul$_5$-gi$_6$	1 Ziegenbock mit schwarzem Vlies,
še-bi 0.0.3 AN-a-mu	Gerste dafür 0.0.3 (an) AN-amu;
1 maš-bar-dul$_5$-babbár	1 Ziegenbock mit weißem Vlies,
še-bi 0.0.3 é-ku$_4$	Gerste dafür 0.0.3 (an) E-ku;
1 maš-bar-dul$_5$-gi$_6$	1 Ziegenbock mit schwarzem Vlies,
še-bi 0.0.3$^{!}$ e-ta-e$_{11}$	Gerste dafür 0.0.3 (an) Eta'e;
1 maš-bar-dul$_5$-babbár	1 Ziegenbock mit weißem Vlies,
še-bi 0.0.3$^{!}$ ur-ki	Gerste dafür 0.0.3 (an) Ur-ki;
1 maš-bar-d[u]l$_5$-gi$_6$	1 Ziegenbock mit schwarzem Vlies,
še-bi 0.0.3	Gerste dafür 0.0.3
10 en-kisal-si	(an) En-kisal-si;
1 maš-bar-dul$_5$-babbár	1 Ziegenbock mit weißem Vlies,
še-bi 0.0.3 nimgir-absu	Gerste dafür 0.0.3 (an) Nim-gir-absu:
nu-kiri$_6$-me	Gärtner sind sie.
1 gukkal	1 Fettschwanzschaf
ub$_5$-bu	(für) Ubbu,
1 gu[kk]al	1 Fettschwanzschaf

		n[am-l]ú	<u>(für) Namlu:</u>
		gir$_4$-bil-me	<u>'Röster' sind sie.</u>
11	1	šu-niĝín 1,50.0.0 lá 0.2.3 še gur-saĝ-ĝál	**Zusammen** 110.0.0 minus 0.2.3 Haupt-Gur Gerste,
		46.1.0 zíz	46.1.0 Emmer:
		še-ĝar zíz-ĝar sá-du$_{11}$-itu-da-	Gerstenlieferungen (und) Emmerlieferungen, regelmäßige monatliche Aufwendungen
		^{d}ba-ba$_6$	der Baba;
	5	ša$_6$-ša$_6$	Šaša,
		dam-uru-inim-gi-na	die Frau des Uru-inimgina,
		lugal-	des Königs
		lagaš^{ki}-ka	von Lagaš.
		itu-ezem-^{d}li$_9$-si$_4$-ka	Im Monat 'Fest der Lisi(n)'
12	1	en-ig-gal	hat En-iggal,
		nu-bandà	der Generalverwalter,
		e-ta-ĝar 4.	(dies) ausgeliefert. 4. (Jahr).
		<u>8</u>-ĝar-am$_6$	Die 8. Lieferung ist es.

<u>Anmerkungen:</u>

(1:1) BAR.AN ist hier, anders als üblich, deutlich nicht zusammengeschrieben. Die heute häufig verwendete Umschrift BARxAN wurde in dieser Arbeit, da entsprechende Schreibungen wohl nur aus "ästhetischen" (raumsparenden) Gründen gebraucht werden und kein eigenes Zeichen gemeint ist, nicht angewandt.

(7:12-15) Die Zwischensumme ist falsch. Die ausgelieferte Gerstenmenge für 26 Jungrinder betrüge 10.3.2. Sollte die Zwischensumme korrekt sein, so müßte die Zahl der Jungrinder in <u>24"</u> emendiert werden. Als Übertrag für die Endsumme wurde allerdings offensichtlich mit dem Wert von 10.0.0 gerechnet.

(8:9) Im Original fehlt der erste senkrechte Keil von ŠE$_3$.

(8:14) Die Verbesserung in 0.0.2 ergibt in 9:4 die korrekte Zwischensumme. Diesen Wert hat auch Nr. 34 8:8.

(9:11.13) Nach Kollation ist in diesen Zeilen ziemlich sicher ein Gerstenbetrag von 0.0.4 geschrieben, der allerdings in Übereinstimmung mit allen Paralletexten zu verbessern ist.

(11:1-2) Die Addition der einzelnen Gerstenbeträge dieser Urkunde ergibt 109.1.3, entspricht also genau den Angaben des Summenvermerkes. *Nicht* darin einbegriffen ist die mit 'keilförmigen' Zahlen notierte Gerste von 7.2.2 aus 9:4.

Auch die Addition der einzelnen Emmerposten ergibt mit 46.1.0 genau den in der Summenformel notierten Betrag. Allerdings sind in diesem Falle die in 'Keilschrift' geschriebenen Beträge, das sind 7.1.2 Haupt-Gur, in der Summenformel eingerechnet. (Aus 2:8 1.2.0, aus 3:1 5.0.0 und aus 3:2 0.3.2 = 7.1.2.)

34 = STH 1, 35

Text: HSM 904.6.7 (früher 3656); Foto: STH 1, Plate 80f.;
Maße: H.: 11,2cm; Br.: 11,2cm; Kollationiert;
Umschrift: A. Deimel Or 32, 32ff.;
Parallelen: CTNMC 3 (Ukg. L 5/2); Nr. 35 (Ukg. L 5/6);
Datum: Ukg. L 5/5; Typ: I-B-1.(B);
Inhalt: Gerstelieferungen, Emmerlieferungen, regelmäßige monatliche Aufwendungen der Baba.
Gliederung:

1. Lieferungen zur Versorgung der Onagergespanne:	*1:01-2:04*
a) an den Kutscher(?) Girnun (mit Zws.):	*1:01-1:11*
b) an den Generalverwalter En-iggal (mit Zws.):	*1:12-2:04*
2. Lieferungen an die Brauer zur Bierbereitung (mit Rubrum):	*2:05-4:01*
a) an den 1. Braumeister Amar-Girid:	*2:05-3:03*
b) an den 2. Braumeister Ilī-bēlī:	*3:04-3:14*
3. Lieferungen an den Hausverwalter U_2.U_2:	*4:02-5:16*
4. Lieferungen zur Versorgung von Tieren:	*5:17-9:13*
a) an die Hirten der Wollschafe (mit Rubrum):	*5:17-6:06*
aa) an den 1. Hirten Niĝin-mud (mit Zws.):	*5:17-6:01*

ab) an den 2. Hirten En-DU (mit Zws.):	*6:02–6:03*
ac) an den 3. Hirten Lugalda-nume'e (mit Zws.):	*6:04–6:05*
b) an den 'Kleinviehmäster', den Vorsteher des 'Fettlagers' und den Verwalter des 'Palastes' (mit Zws.):	*6:07–7:10*
c) an den Schweinehirten Lugal-pa'e (mit Zws.):	*7:11–9:02*
d) an fünf Gärtner (mit Rubrum):	*9:03–9:13*
5. Lieferungen von Tieren an zwei 'Röster' (mit Rubrum):	*9:14–10:03*
Schlußformel:	*11:01–12:03*
Summa summarum:	*11:01–11:02*
Klassifikation:	*11:03–11:04*
Transaktionsformular / Datum:	*11:05–12:03*

1	1	2 EREN$_2$-NITA.ANŠE.	2 Gespanne ausgewachsener
		BAR.AN-gal-gal	Onagerhengste,
		anše EREN$_2$-1-šè	für die 'Esel' 1 Gespannes
		u$_4$-⌜1⌝ še-0.0.2-ta	pro Tag je 0.0.2 Gerste,
		1 E[RE]N$_2$-NITA.BAR.AN-	1 Gespann Onagerhengst-
		amar-amar	fohlen,
	5	u$_4$-1 še-0.0.1-ta	pro Tag je 0.0.1 Gerste,
		1 EREN$_2$ ⌜1⌝-ì-	1 Gespann, 1 zusätzlicher
		diri-NITA.BAR.AN	Onagerhengst,
		⌜1⌝ EREN$_2$-MI$_2$.	1 Gespann Onagerstuten,
		BAR.AN	
		[2]+1 didli-bi [MI$_2$.	3 einzelne Onagerstutenfoh-
		B]AR.AN-amar-amar	len,
		[še-b]i 6.1.[0(?)]	Gerste dafür 6.1.0(?) Haupt-
		[gur-s]ag̃-g̃ál	Gur
	10	[g̃]ír-nun	(an) Girnun,
		[gáb]-⌜kas$_4$⌝	den Kutscher(?);
		[1 EREN$_2$] ⌜1⌝-	1 Gespann, 1 zusätzliches Ona-
		ì-diri-NITA.BAR.AN-	gerhengstfohlen,
		[am]ar-amar	
2	1	[še]-bi 1.2.1 + 3 silà	Gerste dafür 1.2.1 + 3 Liter,
		1 EREN$_2$-MI$_2$.	1 Gespann Onagerstuten
		BAR.AN	
		en-ig-gal	(an) En-iggal,
		nu-bandà	den Generalverwalter;
	5	6.0.2 zíz-babbár	6.0.2 weißer Emmer,
		zíz-bal-bi 1.0.0 +	'Verlust'-Emmer dazu 1.0.0 +

	2 silà	2 Liter
	3.1.2 še-bappìr	3.1.2 Gerste (für) Bierbrote,
	še-[b]al-bi 1.0.2 + 4 silà	'Verlust'-Gerste dazu 1.0.2 + 4 Liter,
	5.0.0 še-munu$_4$	5.0.0 Gerste (für) Malz
	nağ-ensí-ka-kam	ist der Stadtfürsten-Trunk;
	5.0.0 zíz-babbár	5.0.0 weißer Emmer,
	[z]íz-bal-bi 0.3.2	'Verlust'-Emmer dazu 0.3.2,
	2.2.0 še-bappìr	2.2.0 Gerste (für) Bierbrote,
	še-bal-bi 0.3.2	'Verlust'-Gerste dazu 0.3.2,
3	2.2.0 še-munu$_4$	2.2.0 Gerste (für) Malz
	sá-du$_{11}$-ANŠE-kam	ist die regelmäßige Lieferung für die ...
	amar-giríd^{ki}	(an) Amar-Girid;
	5.0.0 še-titáb	5.0.0 Gerste (für) Biermaische,
	2.2.0 še-bappìr	2.2.0 Gerste (für) Bierbrote,
	2.2.0 še-munu$_4$	2.2.0 Gerste (für) Malz
	sá-du$_{11}$-kas-gi$_6$-kam	ist die regelmäßige Lieferung für Dunkelbier;
	5.0.0 zíz-babbár	5.0.0 weißer Emmer,
	zíz-bal-bi 0.3.2	'Verlust'-Emmer dazu 0.3.2,
	2.2.0 še-bappìr	2.2.0 Gerste (für) Bierbrote,
	še-bal-bi 0.3.2	'Verlust'-Gerste dazu 0.3.2,
	2.2.0 še-munu$_4$	2.2.0 Gerste (für) Malz
	sá-du$_{11}$-[k]as-KAL-⸢kam⸣	ist die regelmäßige Lieferung für Emmerbier
	ì-⸢lí⸣-be$_6$-lí	(an) *Ilī-bēlī*:
4	lú-bappìr-me	Brauer sind sie;
	1.1.0 še-zíd-gu-ka	1.1.0 Gerste für Feinmehl,
	1.2.0 lá 0.0.1 še-zíd-kum$_4$-ma	1.2.0 minus 0.0.1 Gerste, (zu) Mehl zerstoßen,
	še-bal-bi 0.2.0 lá 0.0.1	'Verlust'-Gerste dazu 0.2.0 minus 0.0.1,
	0.2.3 še-ninda-durun$_x$(=TUŠ.TUŠ)-na	0.2.3 Gerste für Dauerbrote(?),
	0.2.3 še-GAZ	0.2.3 zerstampfte Gerste,
	še-bal-bi 0.0.5	'Verlust'-Gerste dazu 0.0.5,
	0.0.1 zíd-gu-KAL	0.0.1 fein(gemahlen)es Emmermehl,
	zíz-babbár-bi 2.2.0	weißer Emmer dafür 2.2.0,
	zíz-bal-bi 0.1.4	'Verlust'-Emmer dazu 0.1.4,
	0.0.4 zíd-bar-si	0.0.4 'hochfeines' Emmermehl,
	zíz-babbár-bi 10.0.0	weißer Emmer dafür 10.0.0,

zíz-bal-b[i] ⸢1⸣.2.⸢4⸣	'Verlust'-Emmer dazu 1.2.4
sá-[d]u$_{11}$-é-muḫal[dim]-kam	ist die regelmäßige Lieferung für die Küche;
*7.⸢2⸣.0 [zíz-babbár]	7.2.0 weißer Emmer,
zíz-bal-bi 1.1.0	'Verlust'-Emmer dazu 1.1.0
5 1 sá-du$_{11}$-é-ninda-ka-kam	ist die regelmäßige Lieferung für das 'Vorratshaus';
0.1.1 še-kas	0.1.1 Gerste (für) Bier,
0.1.0 zíz-kas	0.1.0 Emmer (für) Bier,
0.1.0 zíz-ninda	0.1.0 Emmer (für) Brote,
zíz-bal-bi 0.0.2	'Verlust'-Emmer dazu 0.0.2
sá-du$_{11}$-alan-kam	ist die regelmäßige Lieferung für die Statue (der Šaša);
0.1.1 še-kas	0.1.1 Gerste (für) Bier,
0.1.0 zíz-kas	0.1.0 Emmer (für) Bier,
0.1.0 zíz-ninda	0.1.0 Emmer (für) Brote,
zíz-b[a]l-bi 0.0.2	'Verlust'-Emmer dazu 0.0.2
sá-du$_{11}$-itu-da-kam	ist die regelmäßige monatliche Lieferung;
0.3.0 zíz-ninda	0.3.0 Emmer (für) Brote
g[e]mé-^{d}nanše	(für) Geme-Nanše
munus-ša$_{6}$-ga-bi	und Munus-šaga
úr-mud	(an) Ur-mud,
agrig	den Hausverwalter;
10+⸢10⸣ lá 1 udu-siki	20 minus 1 Wollschafe,
udu-1-šè	für 1 Schaf
[itu-d]a ⸢še⸣-0.0.5-ta	pro Monat je 0.0.5 Gerste,
⸢2⸣ maš-bar-dul$_{5}$	2 Ziegenböcke mit Vlies,
maš-1-šè	für 1 Ziegenbock
itu-da še-0.0.3-ta	pro Monat je 0.0.3 Gerste:
6 1 še-bi 4.0.5 nig̃in-mud	Gerste dafür 4.0.5 (an) Nig̃in-mud;
[20]+1 udu-siki	20+1 Wollschafe,
še-bi 4.1.3 en-DU	Gerste dafür 4.1.3 (an) En-DU;
20 udu-siki	20 Wollschafe,
še-bi ⸢4⸣.0.4 lugal-[d]a-⸢nu⸣-me-a	Gerste dafür 4.0.4 (an) Lugalda-nume'a:
sipa-udu-siki-ka-me	Hirten der Wollschafe sind sie.
30 lá 3 [u]du	30 minus 3 Schafe,
2 gukkal	2 Fettschwanzschafe,
udu-1-[š]è	für 1 Schaf
itu-da še-0.0.5-ta	pro Monat je 0.0.5 Gerste,
6 maš	6 Ziegenböcke,

	maš-1-šè	für 1 Ziegenbock
	itu-da še-0.0.3-ta	pro Monat je 0.0.3 Gerste,
R 7 1	še-bi 6.3.1 U$_2$.U$_2$	Gerste dafür 6.3.1 (an) U$_2$.U$_2$,
	kurušda	den 'Kleinviehmäster';
	2 udu	2 Schafe,
	še-bi 0.1.4 gi-num	Gerste dafür 0.1.4 (an) *Kīnum*,
	ka-šakan	den Vorsteher des 'Fettlagers';
	24 amar-gu$_4$	24 Jungrinder,
	amar-gu$_4$-1-šè	für 1 Jungrind
	itu-da še-0.1.4-ta	pro Monat je 0.1.4 Gerste,
	še-bi 10.0.0 U$_2$.U$_2$	Gerste dafür 10.0.0 (an) U$_2$.U$_2$,
	sanga-é-[ga]l	den Verwalter (des) 'Palastes';
	[2] šáḫ-g̃iš-gi-níg̃-kú-a	2 gemästete Röhrichtschweine,
	šáḫ-1-šè	für 1 Schwein
	u$_4$-1 še-0.0.1-ta	pro Tag je 0.0.1 Gerste,
	3 šáḫ-g̃iš-gi-mu-3	3 Röhrichtschweine im 3. Jahr,
8 1	4 šáḫ-g̃iš-gi-mu-2	4 Röhrichtschweine im 2. Jahr,
	šáḫ-1-šè	für 1 Schwein
	itu-da še-0.1.4-ta	pro Monat je 0.1.4 Gerste,
	še-bi 5.1.4	Gerste dafür 5.1.4,
	50 šáḫ-ú-mí-mu-2	50 Weidesauen im 2. Jahr,
	10 šáḫ-ú-nita-mu-2	10 Weideeber im 2. Jahr,
	šáḫ-1-šè	für 1 Schwein
	itu-da še-0.0.2-ta	pro Monat je 0.0.2 Gerste,
	40 šàh-ú-mí-šà-du$_{10}$	40 weibliche Weideferkel,
	50 šáḫ-ú-nita-šà-du$_{10}$	50 männliche Weideferkel,
	šáḫ-1-šè	für 1 Schwein
	itu-da še-0.0.1-ta	pro Monat je 0.0.1 Gerste,
9 1	še-bi 8.3.0 lugal-pa-è	Gerste dafür 8.3.0 (an) Lugal-pa'e,
	sipa-šáḫ	den Schweinehirten;
	1 maš-babbár-bar-dul$_5$	1 weißer Ziegenbock mit Vlies,
	še-bi 0.0.3 é-ku$_4$	Gerste dafür 0.0.3 (an) Eku;
	1 maš-gi$_6$-bar-dul$_5$	1 schwarzer Ziegenbock mit Vlies,

	še-bi 0.0.3 lugal-é-ni-šè	Gerste dafür 0.0.3 (an) Lugal-eniše;
	1 maš-babbár-bar-dul$_5$	1 weißer Ziegenbock mit Vlies,
	še-bi 0.0.3 ur-ki	Gerste dafür 0.0.3 (an) Ur-ki;
	1 maš-gi$_6$-bar-dul$_5$	1 schwarzer Ziegenbock mit Vlies,
	še-bi 0.0.3 en-kisal-si	Gerste dafür 0.0.3 (an) En-kisal-si;
	1 maš-babbár-bar-dul$_5$	1 weißer Ziegenbock mit Vlies,
	še-bi 0.0.3 nimgir-absu	Gerste dafür 0.0.3 (an) Nimgir-absu:
	nu-kiri$_6$-me	Gärtner sind sie.
	1 gukkal	1 Fettschwanzschaf
	nam-lú	(für) Namlu,
10 1	1 gukkal	1 Fettschwanzschaf
	ub$_5$-bu	(für) Ubbu:
	gir$_4$-bil-me	'Röster' sind sie.
11 1	[šu]-niĝín [n].3.0 [še g]ur-[saĝ-g]ál	**Zusammen** n.3.0 Haupt-Gur Gerste
	[n.n.n + 2 si]là [z]íz	n.n.n + 2 Liter Emmer,
	[še-ĝar zíz-ĝ]ar [sá-du$_{11}$-itu-d]a-	Gerstenlieferungen (und) Emmerlieferungen, regelmäßige monatliche Aufwendungen
	[^{d}ba]-ba$_6$	der Baba;
	ša$_6$-ša$_6$	Šaša,
	dam-uru-inim-gi-na	die Frau des Uru-inimgina,
	lugal-	des Königs
	lagaš^{ki}-ka	von Lagaš.
	en-ig-gal	En-iggal,
12 1	nu-bandà	der Generalverwalter,
	e-ne-ta-ĝar 5.	hat ihnen (dies) ausgeliefert. 5. (Jahr).
	5-ĝar-am$_6$	Die 5. Lieferung ist es.

Anmerkungen:

(1:1-9) Die Zwischensumme in Zeile 9 berücksichtigt hier, wie auch in Nr. 35 offensichtlich nur die Getreidemenge aus 1:1-5: 2 Gespanne x 30 Tage x 2 Ban = 120 Ban + 1 Gespann x 30 Tage x 1 Ban = 30 Ban: zusammen 150 Ban, das sind 6.1.0. Die den verbliebenen Gespannen und Einzeltieren zustehende Gerste wird offenbar vernachlässigt. Die Gründe dafür sind unklar. Aus der Zwischensumme in 2:1, die 1.2.1 + 3 Sila oder 225 Sila für fünf Hengstfohlen im Monat beträgt, geht hervor, daß einem Fohlen pro Tag 1,5 Sila, also die Hälfte des Betrages für ein erwachsenes Tier, zusteht. Damit läßt sich ermitteln, daß die neun erwachsenen und die drei jungen Tiere aus 1:6-8 Gerste im Umfang von 6.2.1 + 3 Sila erhalten müßten.

(2:2) Auch diese Onagerstuten erhalten hier aus unbekannten Gründen keine Gerstelieferungen.

(5:6, 13-14) Zu den Lieferungen für die Statue (der Šaša) und einen möglichen Zusammenhang mit den Lieferungen für die beiden Töchter des Lugal-anda vgl. nunmehr meinen Aufsatz "Eine Kultstatue der Herrschergemahlin Šaša: Ein Beitrag zum Problem der Herrschervergöttlichung" in ASJ 13 (1992) Absatz [9]-[16].

(11:1) Nach den einzelnen Gersteeinträgen addiere ich 62.2.5 + 1 Sila. Genau diese Gerstemenge verzeichnet der Paralleltext Nr. 35 in 11:1. Hier wird deshalb die Zeile 11:1 folgendermaßen zu ergänzen sein: [šu]-nig̃ín [1,2].3.0 [lá <u>5</u> silà še g]ur-[sag̃-g̃]ál. Die mit keilförmigen Zeichen notierten Gersteposten addieren sich auf (weitere) <u>26.0.4</u>; vgl. 7:1.9, 9:1, 9:4-12, d.h. <u>6.3.1</u> + <u>10.0.0</u> + <u>8.3.0</u> + <u>0.2.3</u>. Sie bleiben bei der Gesamtsumme in 11:1 aber unberücksichtigt.

Die Emmerbeträge ergeben insgesamt 43.3.4 + 2 Liter. Sie sind also um nur 2 Ban niedriger als in Nr. 35 11:2.

35 = STH 1, 36

Text: HSM 904.6.6 (früher 3655); Maße: H.: 10,4cm; Br.: 10,6cm; Kollationiert; Umschrift: A. Deimel Or 32, 34f.;
Datum: Ukg. L 5/6; Typ: I-B-1.(B);
Parallelen: Nr. 34 (Ukg. L 5/5); TSA 35 (Ukg. L 5/13); s. weiter zu Nr. 34;
Inhalt: Gerstelieferungen, Emmerlieferungen, regelmäßige monatliche Aufwendungen der Baba.
Gliederung:

1. Lieferungen zur Versorgung der Onagergespanne:	*1:01-2:05*
a) an den Kutscher(?) Girnun (mit Zws.):	*1:01-1:11*
b) an den Generalverwalter En-iggal (mit Zws.):	*2:01-2:05*
2. Lieferungen an die Brauer zur Bierbereitung (mit Rubrum):	*2:06-4:02*
a) an den 1. Braumeister Amar-Girid:	*2:06-3:06*
b) an den 2. Braumeister Ilī-bēlī:	*3:07-4:01*
3. Lieferungen an den Hausverwalter Ur-mud:	*4:03-5:18*
4. Lieferungen zur Versorgung von Tieren:	*6:01-9:05*
a) an die Hirten der Wollschafe (mit Rubrum):	*6:01-6:14*
aa) an den 1. Hirten Nig̃in-mud (mit Zws.):	*6:01-6:08*
ab) an den 2. Hirten En-DU (mit Zws.):	*6:09-6:11*
ac) an den 3. Hirten Lugalda-nume'a (mit Zws.):	*6:12-6:13*
b) an den 'Kleinviehmäster', den Vorsteher des 'Fettlagers' und den Verwalter des 'Palastes' (mit Zws.):	*7:01-8:01*
c) an den Schweinehirten Lugal-pa'e (mit Zws.):	*8:02-9:05*
d) an fünf Gärtner (mit Rubrum):	*9:06-10:01*
5. Lieferungen von Tieren an zwei 'Röster' (mit) Rubrum:	*10:02-10:06*
Schlußformel:	*11:01-12:02*
Summa summarum:	*11:01-11:02*
Klassifikation:	*11:03-11:05*
Transaktionsformular / Datum:	*11:06-12:02*

1	1	[2 EREN₂-NITA. A]NŠE.BAR.AN-gal-gal	2 Gespanne ausgewachsener Onagerhengste,

	anše EREN$_2$-1-šè	für die 'Esel' 1 Gespannes
	u$_4$-1 še-0.0.2-ta	pro Tag je 0.0.2 Gerste,
	1 EREN$_2$-NITA. BAR.AN-amar-amar	1 Gespann Onagerhengstfohlen,
5	u$_4$-1 še-0.0.1-ta	pro Tag je 0.0.1 Gerste,
	1 EREN$_2$ 1-ì-diri-NITA.BAR.AN	1 Gespann, 1 zusätzlicher Onagerhengst,
	1 EREN$_2$-MI$_2$. BAR.[A]N	1 Gespann Onagerstuten,
	3-didli-b[i] MI$_2$.BAR.AN-amar-amar	3 einzelne Onagerstutenfohlen,
	še-b[i] 6.1.0 gu[r]-sağ-ğál	Gerste dafür 6.1.0 Haupt-Gur
10	ğír-⸢nun⸣	(an) Girnun,
	gáb-KAS$_4$	den Kutscher(?);
2 1	[1 bì]r 1-ì-diri-[NI]TA.BAR.AN-amar-amar	1 Gespann, 1 zusätzliches Onagerhengstfohlen,
	še-bi 1.2.1 3 silà	Gerste dafür 1.2.1 + 3 Liter,
	1 EREN$_2$ MI$_2$.BAR.AN	1 Gespann Onagerstuten:
	en-ig-gal	(an) En-iggal,
5	nu-bandà	den Generalverwalter;
	6.0.2 zíz-babbár	6.0.2 weißer Emmer,
	zíz-[b]al-bi *⸢1.0.0 2⸣ silà	'Verlust'-Emmer dazu 1.0.0 + 2 Liter,
	3.1.2 ⸢še⸣-[b]appìr	3.1.2 Gerste (für) Bierbrote,
	[še-ba]l-bi ⸢1⸣.0.2 ⸢[2]+2⸣ silà	'Verlust'-Gerste dazu 1.0.2 + 2+[2] Liter,
10	5.0.0 še-munu$_4$	5.0.0 Gerste (für) Malz
	nağ-ensí-ka-kam	ist der Stadtfürsten-Trunk;
	5.0.0 zíz-babbár	5.0.0 weißer Emmer,
3 1	[zíz-b]al-bi [0].3.⸢2⸣	'Verlust'-Emmer dazu 0.3.2,
	2.2.0 š[e]-bappìr	2.2.0 Gerste (für) Bierbrote,
	še-bal-bi 0.3.2	'Verlust'-Gerste dazu 0.3.2,
	[2].2.0 še-munu$_4$	2.2.0 Gerste (für) Malz
5	[sá]-du$_{11}$-[AN]ŠE-kam	ist die regelmäßige Lieferung für die ...
	[a]mar-giríd^{ki}	(an) Amar-Girid;
	⸢5.0.0⸣ še-titáb	5.0.0 Gerste (für) Biermaische,
	⸢2⸣.2.0 še-bappìr	2.2.0 Gerste (für) Bierbrote,
	⸢2⸣.2.0 še-munu$_4$	2.2.0 Gerste (für) Malz
10	[sá-du$_{11}$]-kas-gi$_6$-kam	ist die regelmäßige Lieferung für Dunkelbier;

[5.0.0 z]íz-babbár	5.0.0 weißer Emmer,
[zíz-b]al-bi	'Verlust'-Emmer dazu 0.3.2,
[0].⌈3?⌉.2	
2.2.0 še-bappìr	2.2.0 Gerste (für) Bierbrote,
še-bal-bi 0.3.2	'Verlust'-Gerste dazu 0.3.2,
2.2.0 še-munu$_4$	2.2.0 Gerste (für) Malz
sá-du$_{11}$-kas-KAL-kam	ist die regelmäßige Lieferung für Emmerbier
4 1 ì-lí-be$_6$-lí	(an) *Ilī-bēlī*:
lú-bappìr-me	Brauer sind sie.
1.1.0 še-zíd-gu-ka	1.1.0 Gerste für Feinmehl,
1.2.0 lá 0.0.1 še-zíd-kum$_4$-ma	1.2.0 minus 0.0.1 Gerste, (zu) Mehl zerstoßen,
še-bal-bi 0.2.0 lá 0.0.1	'Verlust'-Gerste dazu 0.2.0 minus 0.0.1,
0.2.3 še-ninda-durun$_x$(=TUŠ.TUŠ)-na	0.2.3 Gerste für Dauerbrote(?),
0.2.3 še-GAZ	0.2.3 zerstampfte Gerste,
še-bal-bi 0.0.5	'Verlust'-Gerste dazu 0.0.5,
0.0.1 zíd-gu-KAL	0.0.1 fein(gemahlen)es Emmermehl,
2.2.0 zíz-babbár-bi	2.2.0 weißer Emmer dafür,
zíz-bal-bi 0.1.4	'Verlust'-Emmer dazu 0.1.4,
0.0.4 zíd-bar-si	0.0.4 'hochfeines' Emmermehl,
zíz-babbár-bi 10.0.0	weißer Emmer dafür 10.0.0,
zíz-bal-bi 1.2.4	'Verlust'-Emmer dazu 1.2.4
sá-du$_{11}$-é-muḫaldim-kam	ist die regelmäßige Lieferung für die Küche;
5 1 7.2.0 zíz-babbár	7.2.0 weißer Emmer,
zíz-bal-bi 1.1.0	'Verlust'-Emmer dazu 1.1.0
sá-du$_{11}$-é-ninda-ka-kam	ist die regelmäßige Lieferung für das 'Vorratshaus';
0.1.1 še-kas	0.1.1 Gerste (für) Bier,
0.1.0 zíz-kas	0.1.0 Emmer (für) Bier,
0.1.0 zíz-ninda	0.1.0 Emmer (für) Brote,
zíz-bal-b[i 0.0.2(?)]	'Verlust'-Emmer dazu [0.0.2(?)]
sá-du$_{11}$-alan-kam	ist die regelmäßige Lieferung für die Statue (der Šaša);
0.1.1 še-kas	0.1.1 Gerste (für) Bier,
0.1.0 zíz-kas	0.1.0 Emmer (für) Bier,
0.1.0 zíz-ninda	0.1.0 Emmer (für) Brote,
zíz-bal-bi 0.0.2	'Verlust'-Emmer dazu 0.0.2
sá-du$_{11}$-<itu>-da-kam	ist die regelmäßige Lieferung

		des Monats;
	0.3.0 ninda:zíz	0.3.0 Emmer (für) Brote
	gemé-^{d}nanše	(für) Geme-Nanše
	munus-ša$_6$-ga-bi	und Munus-šaga
	úr-mud	(an) Ur-mud,
	agrig	den Hausverwalter;
6	20 lá 1 udu-siki	20 minus 1 Wollschaf,
	udu-1-šè	für 1 Schaf
	[i]tu-da še-0.0.5-ta	pro Monat je 0.0.5 Gerste,
	2 maš-bar-d[u]l$_5$	2 Ziegenböcke mit Vlies,
	maš-1-[š]è	für 1 Ziegenbock
	itu-d[a] še-0.0.3-ta	pro Monat je 0.0.3 Gerste,
	[še-bi] 4.[0.5]	Gerste dafür 4.0.5
	niĝin-mud	(an) Niĝin-mud;
	21 udu-siki	21 Wollschafe,
	⸢še⸣-bi 4.1.3	Gerste dafür 4.1.3
	en-DU	(an) En-DU;
	⸢20⸣ u[d]u-siki	20 Wollschafe:
	⸢še⸣-bi 4.0.4 lugal-da-nu-me-a	Gerste dafür 4.0.4 (an) Lugalda-nume'a:
	sipa-udu-siki-ka-me	Hirten der Wollschafe sind sie.
R 7	30 lá 3 udu	30 minus 3 Schafe,
	2 gukkal	2 Fettschwanzschafe,
	udu-1-šè	für 1 Schaf
	itu-da še-0.0.5-ta	pro Monat je 0.0.5 Gerste,
	6 maš	6 Ziegenböcke,
	maš-1-šè	für 1 Ziegenbock
	itu-da še-0.0.3-ta	pro Monat je 0.0.3 Gerste,
	še-bi 6.3.1 U$_2$.U$_2$	Gerste dafür 6.3.1 (an) U$_2$.U$_2$,
	kurušda	den 'Kleinviehmäster';
	2 udu	2 Schafe,
	še-bi 0.1.4 gi-num	Gerste dafür 0.1.4 (an) *Kīnum*,
	ka-šakan	den Vorsteher des 'Fettlagers';
	24 amar-gu$_4$	24 Jungrinder,
	amar-gu$_4$-1-šè	für 1 Jungrinder
	itu-da še-0.1.4-ta	pro Monat je 0.1.4 Gerste,
	še-bi 10.0.0 U$_2$.U$_2$	Gerste dafür 10.0.0 (an) U$_2$.U$_2$,
8	sanga-é-gal	den Verwalter (des) 'Palastes';
	2 šáḫ-ĝiš-gi-níĝ-kú-a	2 gemästete Röhrichtschweine,
	šáḫ-1-šè	für 1 Schwein

	u$_4$-1 še-0.0.1-ta	pro Tag je 0.0.1 Gerste,
	3 šáh-g̃iš-gi-mu-3	3 Röhrichtschweine im 3. Jahr,
	4 šáh-g̃iš-gi-mu-2	4 Röhrichtschweine im 2. Jahr,
	šáh-1-šè	für 1 Schwein
	itu-da še-0.1.4-ta	pro Monat je 0.1.4 Gerste,
	še-bi 5.1.4	Gerste dafür 5.1.4;
	50 šáh-ú-mí-mu-2	50 Weidesauen im 2. Jahr,
	10 šáh-ú-nita-mu-2	10 Weideeber im 2. Jahr,
	šáh-1-šè	für 1 Schwein
	itu-da še-0.0.2-ta	pro Monat je 0.0.2 Gerste,
	40 šáh-ú-mí-šà-du$_{10}$	40 weibliche Weideferkel,
9	50 šáh-ú-nita-šà-du$_{10}$	50 männliche Weideferkel,
	šáh-1-šè	für 1 Schwein
	[it]u-da še-0.0.1-[t]a	pro Monat je 0.0.1 Gerste,
	[š]e-bi ⸢8⸣.3.0 lugal-pa-è	Gerste dafür 8.3.0 (an) Lugal-pa'e,
	sipa-šáh	den Schweinehirten;
	1 maš-babbár-bar-dul$_5$	1 weißer Ziegenbock mit Vlies,
	še-bi 0.0.*3 é-ku$_4$	Gerste dafür 0.0.3 (an) E-ku;
	1 maš-gi$_6$-bar-dul$_5$	1 schwarzer Ziegenbock mit Vlies,
	še-bi 0.0.*3 lugal-é-ni-šè	Gerste dafür 0.0.3 (an) Lugal-eniše;
	1 maš-babbár-bar-dul$_5$	1 weißer Ziegenbock mit Vlies,
	še-bi 0.0.3 ur-ki	Gerste dafür 0.0.3 (an) Ur-ki;
	1 maš-gi$_6$-bar-dul$_5$	1 schwarzer Ziegenbock mit Vlies,
	še-bi 0.0.3 en-kisal-si	Gerste dafür 0.0.3 (an) En-kisal-si;
	1 maš-babbár-bar-dul$_5$	1 weißer Ziegenbock mit Vlies,
	še-bi 0.0.3 nimgir-absu	Gerste dafür 0.0.3 (an) Nimgir-absu:
10	nu-kiri$_6$-me	Gärtner sind sie.
	1 gukkal	1 Fettschwanzschaf
	nam-lú	(an) Namlu,
	1 gukkal	1 Fettschwanzschaf
	ub$_5$-bu	(an) Ubbu:
	⸢gir$_4$-bil⸣-me	'Röster' sind sie.

11	1	šu-niĝin 1,2.3.0 lá 5 silà še gur-saĝ-ĝál	**Zusammen** 62.3.0 minus 5 Liter Haupt-Gur Gerste,
		44.0.0 + 2 silà zíz	44.0.0 + 2 Liter Emmer,
		še-ĝar zíz-ĝar	Gerstenlieferungen, Emmerlieferungen,
		sá-du$_{11}$-itu-da-	regelmäßige monatliche Aufwendungen
	5	^{d}ba-ba$_6$	der Baba;
		ša$_6$-ša$_6$	Šaša,
		dam-uru-inim-gi-na	die Frau des Uru-inimgina,
		lugal-	des Königs
		lagaš^{ki}-ka	von Lagaš;
	10	en-ig-gal	En-iggal,
		nu-bandà	der Generalverwalter,
12	1	e-ne-ta-ĝar 5.	hat ihnen (dies) ausgeliefert. 5 (Jahr).
		6 ĝar-am$_6$	Die 6. Lieferung ist es.

Anmerkungen:

(1:6-8) Ebenso wie in dem um einen Monat älteren Text Nr. 34 erhalten diese Tiere hier nach Ausweis der Zwischensumme keine Ration!

(2:3) Auch dieses Gespann Onagerstuten erhält keine Gerstelieferung.

(5:7) Diese Angabe über 2 Ban 'Verlust'-Emmer fehlt in Nr. 34. Um genau diesen Betrag ist in unserem Text die Emmergesamtsumme höher als in 34 11:2.

(5:14) Beachte die inverse Schreibung von zíz-ninda. Vgl. aber auch ninda-še mit der Deutung "barley bread" bei I.J. Gelb et al. OIP 104, 292 mit Verweis auf H.A. Hoffner, Alimenta Hethaeorum, AOS 55, New Haven 1974, 292 und die in unseren Quellen gut belegte še-ninda(-durun$_x$-na) "Gerste für ('Dauer'-)Brote.

(11:1-2) Die Summierung der verschiedenen auszuliefernden Gerstebeträge ergibt 62.2.5 + 1 Liter, entspricht demnach genau dem Ergebnis der Summenformel. Dabei wurde in 2:9 ein Betrag von 1.0.2 + 4 Sila zugrunde gelegt, wie er auch in Nr. 34 2:9 bezeugt ist. Die Summe der mit keilförmigen Zeichen notierten Gerstebeträge in einer Höhe von 26.0.4 bleiben im Summenvermerk wiederum unberücksichtigt.

Nach der (zu fordernden) Ergänzung von 0.0.2 'Verlust'-Emmer in 5:7 stimmt die Addition der einzelnen Emmerposten mit der Angabe des Summenvermerkes überein. S. dazu oben zu 5:7.

36 = STH 1, 37

Text: HSM 909.7.4 (früher 3720); Maße: H.: 9,8cm; Br.: 10,3cm;
Kollationiert;
Umschrift/Übersetzung: A. Deimel Or 20, 14f.; vgl.: F. Thureau-Dangin RA 32 (1935) 193; Y. Rosengarten CSC 90ff.;
Datum: (Ukg. L) 4; Typ: I-B-1.(B);
Inhalt: Gersteverbrauch für das Groß- und Kleinvieh.
Gliederung:

1. Tag:	*1:01-2:05*
a) Lieferungen an Kuhhirten:	*1:01-1:08*
b) Lieferungen zur Kleinviehfütterung:	*1:09-22:01*
c) Lieferungen an Hirten der Jungstiere:	*2:01-2:04*
2. Tag:	*2:06-3:03*
a) Lieferungen an Kuhhirten:	*2:06-2:10*
b) Lieferungen an Hirten der Jungstiere:	*2:11-3:02*
3. Tag:	*3:04-3:12*
a) Lieferungen an Kuhhirten:	*3:04-3:08*
b) Lieferungen an Hirten der Jungstiere:	*3:09-3:11*
4. Tag:	*4:01-4:09*
a) Lieferungen an Kuhhirten:	*4:01-4:05*
b) Lieferungen an Hirten der Jungstiere:	*4:06-4:08*
5. Tag:	*4:10-5:06*
a) Lieferungen an Kuhhirten:	*4:10-5:02*
b) Lieferungen an Hirten der Jungstiere:	*5:03-5:05*
6. Tag:	*5:07-6:04*
a) Lieferungen an Kuhhirten:	*5:07-5:11*
b) Lieferungen an Hirten der Jungstiere:	*6:01-6:03*

7. Tag: *6:05–6:09*
Lieferungen an den Hirten der 'Eselsstuten' und den 'Kleinviehmäster': *6:05–6:08*
8. Tag: *6:10–8:01*
a) Lieferungen an Kuhhirten: *6:10 7:04*
b) Lieferungen an Hirten der Jungstiere: *7:05–7:07*
c) Lieferungen an den 'Kleinviehmäster' und den Hirten der 'Eselsstuten': *7:08–7:11*
9 Tag: *8:02–9:06*
a) Lieferungen an Kuhhirten: *8:02–8:06*
b) Lieferungen an Hirten der Jungstiere: *8:07–9:01*
c) Lieferungen an den Hirten der 'Eselsstuten' und den 'Kleinviehmäster': *9:02–9:05*
Schlußformel: *10:01–11:02*

1	5.0.0 še gur-sağ-ğál	5.0.0 Haupt-Gur Gerste
	igi-zi	(an) Igizi,
	šeš-munus	der Bruder der 'Frau',
	0.2.0 na[m-d]am	0.2.0 (an) Namdam,
	0.2.0 me-sàg-nu-di	0.2.0 (an) Me-sag-nudi,
	0.1.0 AN-šeš-mu	0.1.0 (an) AN-šešmu,
	0.0.4 lú-kur-ré-bí-gi$_4$	0.0.4 (an) Lu-kure-bigi:
	unù-me	Kuhhirten sind sie;
	0.2.0 še maš *lulim(=LU. ANŠEx⸢IGI⸣)-e	0.2.0 Gerste wurden, um Ziegenböcke und 'Hirsche'
	[k]ú-[d]è	zu mästen,
2	ba-⸢DU⸣	weggebracht;
	0.1.4 lugal-u[š]-MUŠ	0.1.4 (an) Lugal-uš-MUŠ,
	0.1.2 ur-^{d}dum[u]-⸢zi⸣	0.1.2 (an) Ur-Dumuzi:
	sipa-gu$_4$-tur-tur<-me>	Hirten der kleinen Stiere <sind sie>.
	u$_4$-1-kam	Der 1. Tag ist es.
	0.2.0 nam-dam	0.2.0 (an) Namdam,
	0.2.0 me-sàg-nu-di	0.2.0 (an) Me-sag-nudi,
	0.1.0 ⸢AN⸣-šeš-mu	0.1.0 (an) AN-šešmu,
	0.0.4 lú-kur-ré-bí-gi$_4$	0.0.4 (an) Lu-kure-bigi:
	[u]nù-me	Kuhhirten sind sie;
	0.1.4 lugal-uš-MUŠ	0.1.4 (an) Lugal-uš-MUŠ,
3	0.1.⸢2⸣ ur-^{d}⸢dumu⸣-zi	0.1.2 (an) Ur-Dumuzi,
	sipa-gu$_4$-tur-tur-me	Hirten (der) kleinen Stiere sind sie.
	⸢u$_4$⸣-2-kam	Der 2. Tag ist es.
	0.2.0 ⸢nam-dam⸣	0.2.0 (an) Namdam,

	0.2.0 me-sàg-nu-di	0.2.0 (an) Me-sag-nudi,
	0.1.0 AN-šeš-mu	0.1.0 (an) AN-šešmu,
	0.0.4 lú-kur-ré-bí-gi$_4$	0.0.4 (an) Lu-kure-bigi:
	unù-me	Kuhhirten sind sie;
	0.1.4 lugal-uš-MUŠ	0.1.4 (an) Lugal-uš-MUŠ,
	0.1.2 ur-^{d}dumu-z[i]	0.1.2 (an) Ur-Dumuzi:
	sipa-g[u$_4$]-tur-*t[ur-me]	Hirten (der) kleinen Stiere sind sie.
	⌜u$_4$⌝-[3-kam]	Der 3. Tag ist es.
4	0.2.0 nam-dam	0.2.0 (an) Namdam,
	0.2.0 me-sàg-nu-di	0.2.0 (an) Me-sag-nudi,
	0.1.0 AN-šeš-mu	0.1.0 (an) AN-šešmu,
	0.0.4 lú-kur-⌜ré⌝-bí-gi$_4$	0.0.4 (an) Lu-kure-bigi:
	unù-me	Kuhhirten sind sie;
	0.1.4 lugal-uš-MUŠ	0.1.4 (an) Lugal-uš-MUŠ,
	0.1.2 ur-^{d}dumu-zi	0.1.2 (an) Ur-Dumuzi:
	sipa-g[u$_4$]-tur-t[ur-me]	Hirten (der) kleinen Stiere sind sie.
	u$_4$-[4-kam]	Der 4. Tag ist es.
	[0.2.0 nam-dam]	0.2.0 (an) Namdam,
	[0.2.0 me-sàg-nu-di]	0.2.0 (an) Me-sag-nudi,
	[0.1.0 AN-šeš-mu]	0.1.0 (an) AN-šešmu,
5	0.0.4 lú-kur-ré-bí-gi$_4$	0.0.4 (an) Lu-kure-bigi:
	⌜unù⌝-me	Kuhhirten sind sie;
	0.1.4 lugal-uš-MUŠ	0.1.4 (an) Lugal-uš-MUŠ,
	0.1.2 ur-^{d}dumu-zi	0.1.2 (an) Ur-Dumuzi:
	sipa-gu$_4$-tur-tu[r-me]	Hirten (der) kleinen Stiere sind sie.
	u$_4$-3+[2]-kam	Der 5. Tag ist es.
	0.2.0 [nam-d]am	0.2.0 (an) Namdam,
	[0.2.0 m]e-sàg-[n]u-di	0.2.0 (an) Me-sag-nudi,
	0.1.0 AN-šeš-mu	0.1.0 (an) AN-šešmu,
	0.0.4 lú-⌜kur⌝-[ré-b]í-[g]i$_4$	0.0.4 (an) Lu-kure-bigi:
	[un]ù-me	Kuhhirten sind sie;
6	0.1.2 ur-^{d}dumu-zi	0.1.2 (an) Ur-Dumuzi,
	0.1.4 lugal-uš-MUŠ	0.1.4 (an) Lugal-uš-MUŠ:
	si[pa-gu$_4$-tur-tur-me]	Hirten (der) kleinen Stiere sind sie.
	[u$_4$-6-kam]	Der 6. Tag ist es.
	[0.3.4 gala]-tur	0.3.4(?) (an) Galatur,
	sipa-AMA-gan:ša	den Hirten der 'Eselsstuten',
	0.3.2 ur-^{d}ba-ba$_6$	0.3.2 (an) Ur-Baba,

	kurušda	den 'Kleinviehmäster'.
	u$_4$-7-kam	Der 7. Tag ist es.
10	1.0.0 lá ⸢0.0.1⸣	1.0.0 minus 0.0.1 (an)
	na[m-dam]	Namdam,
R 7 1	1.0.0 lá 0.0.1 me-	1.0.0 minus 0.0.1 (an) Me-
	sàg-nu-di	sag-nudi,
	0.2.1 AN-šeš$^{!}$-mu	0.2.1 (an) AN-šešmu,
	0.1.3 lú-kur-ré-bí-gi$_4$	0.1.3 (an) Lu-kure-bigi:
	unù-me	Kuhhirten sind sie;
5	0.3.0 lá 0.0.1 lugal-	0.3.0 minus 0.0.1 (an) Lugal-
	uš-MUŠ	uš-MUŠ,
	0.2.3 ur-^{d}dumu-zi	0.2.3 (an) Ur-Dumuzi:
	[si]pa-gu$_4$-tur-tur-me	Hirten (der) kleinen Stiere sind sie;
	0.3.3 U$_2$.U$_2$	0.3.3. (an) U$_2$.U$_2$,
	kurušda	den 'Kleinviehmäster';
10	1.0.0 lá 0.0.2 gala-	1.0.0 minus 0.0.2 (an) Gala-
	tur	tur,
	sipa-AMA-gan:ša	den Hirten der 'Eselsstuten'.
8 1	[u$_4$-8]-kam	Der 8. Tag ist es.
	[1.0.0] lá *0.0.2	1.0.0 minus 0.0.2 (an)
	nam-d[a]m	Namdam,
	1.0.0 ⸢lá⸣ 0.0.1 me-	1.0.0 minus 0.0.1 (an) Me-
	sàg-nu-di	sag-nudi,
	0.2.1 [A]N-šeš-mu	0.2.1 (an) AN-šešmu,
5	0.1.3 lú-kur-ré-bí-gi$_4$	0.1.3 (an) Lu-kure-bigi:
	unù-me	Kuhhirten sind sie;
	0.3.0 lá 0.0.1 lugal-	0.3.0 minus 0.0.1 (an) Lugal-
	uš-MUŠ	uš-MUŠ,
	0.2.3 ur-^{d}dumu-zi	0.2.3 (an) Ur-Dumuzi:
9 1	[sipa-gu$_4$-tur-tu]r-[me]	Hirten (der) kleinen Stiere sind sie;
	1.0.0 lá 0.0.2 gala-tur	1.0.0 minus 0.0.2 (an) Galatur,
	sipa-ama-gan:ša	der Hirte (der) 'Eselsstuten';
	0.3.2 U$_2$.U$_2$	0.3.2 (an) U$_2$.U$_2$:
5	kurušda	den 'Kleinviehmäster'.
	u$_4$-10 lá 1-kam	Der 9. Tag ist es.
10 1	šu-⸢nigín⸣ *31.0.2 še	**Zusammen** 31.0.2 Haupt-Gur
	gur-sag-gál	Gerste;
	še-kú-a-gu$_4$-udu	Gersteverbrauch (für das) Groß- und Kleinvieh.
	še ganun-SAR-ta	Zur Gerste, die aus dem SAR-

		Speicher heraus
	⌈a⌉-ba-DI	dem Aba-DI,
5	dub-sar-ra	dem Schreiber,
	en-ig-gal	En-iggal,
	nu-bandà	der Generalverwalter,
11 1	[e]-ta-ĝar-ra-kam	ausgeliefert hat, gehört es.
	4.	4. (Jahr).

Anmerkungen:

(1:5) Zu den PN mit -$^{(sa)}$sag$_7$-nu-di vgl. jetzt auch I.J. Gelb et al. OIP 104, 64. In AfO 36/37 (1989/90) 81 äußerte J. Bauer aufgrund von RTC 1 8:2 Zweifel an dieser Lesung. An der angegebenen Stelle möchte er me-^{sik}sig$_{16}$-nu-di lesen.

(1:8,2:4) Zu der hier gewählten Übersetzung "Kuhhirte" für unù(-d) s. oben zu Nr. 4 3:14. Die in diesem Text häufige parallele Nennung mit den sipa-gu$_4$-tur-tur(-ra) macht es wahrscheinlich, daß gu$_4$ hier nicht mit dem Oberbegriff "Rind" wiederzugeben ist. Dieser Hirte dürfte also die männlichen Jungtiere, d.h. die Jungstiere betreut haben.

(1:9) In UDU.ALIM liegt, nach einem Hinweis von C. Wilcke, sicher die alte Schreibung für lulim = GIR$_3$xLU.IGI vor.
Bei der Kollation las ich n[íĝ$^?$-k]ú-dè, wobei n[íĝ] allerdings nach den folgenden Belegen wohl *nicht* ergänzt werden darf. Vgl. folgende Syntagmen:
1.1 Subst.$_1$sg. Subst.$_2$(-/e/) níĝ-kú-dè ba-DU
"x (sg.) hat der y zur Speisung / zum Essen weggeführt": RTC 48 1:4-5, 2:2-3, 3:2-3.
1.1.1 Subst.$_1$pl. Subst.$_2$(-/e/) níĝ-kú-dè ba-ra
"x (pl.) hat der y zur Speisung / zum Essen weggeführt": DP 218 1:1-5; Nik 157 3:3-4, 197 1:4-5; vgl. DP 236 2:4-5; Nik 156 4:4.
1.2 Subst.$_1$ Subst.$_2$(-/ra/) níĝ-kú-dè e-na-DU
"x hat er/man dem y zur Speisung / zum Essen gebracht": Fö 58 1:7-8, 2:7-8.
Dagegen: Zu <u>-/e/ kú-dè</u>:
2.1 gu$_4$-dè kú-dè "damit die Ochsen/Rinder es fressen" = zur Rinderfütterung"
2.1.1 Fö 11 1:2 (šu ba-ti) vgl. 2:2 und dazu AWL S. 144); Fö 28 2:2 (e-na-sum) DP 535 1:1, 536 1:2 (e-na-DU), 537 1:2 (e-

na-ta-g̃ar), 541 passim (FN-šè ba-DU); DP 520 1:2, 521 1:2, 525 1:2, 543 2:5 (e-na-ta-g̃ar); Fö 39 2:3 (e-na-ta-g̃ar).

2.1.2 Verb *ohne -dè*: DP 528 4:2, 535 1:1; 538 passim, 539 2:1, 540 passim, 3:5, 542 2:4 (1:2: še gu$_4$-kú-dam); Fö 2 1:2; RTC 68 1:2, 4:2, TSA 39 2:1, RTC 68 1:2 u.p.; Nik 72 2:3.

2.1.3 še gu$_4$-kú-šè Fö 87 1:2 (ba-DU); Variante von häufigem še anše/gu$_4$(-dè)-kú FN-šè: DP 530 1:3-4; Fö 47 1:12-3, 53 1:2-3, 84 1:1-2, 85 1:2-3, 133 1:1-2, 153 1:2-3; vgl. še-gu$_4$-dè/anše-kú-FN-kam DP 529 5:3-4, 540 1:2-2:1 u. p.

2.1.4 še gu$_4$-kú: Fö 133 1:2.

2.1.5 vgl. finit: gu$_4$-dè ì-kú "die Ochsen/rinder fressen (es)" in DP 529 7:4.

2.2.1 entsprechend: (še-numun še-)anše-kú-dè: DP 529 8:1; Fö 4 1:2, 11 1:2 (vgl. J. Bauer AWL S.144).

2.2.2 ((še-numun) še) anše-kú: DP 26 1:2, 28 1:2, 30 1:2 529 passim; Fö 47 1:2, Fö 88 1:2; Nik 90 1:5 u.ö.

2.3 vgl. aber: gu$_4$-da ì/e-da-kú Nik 130 1:3, 133 1:4-2:1 (vgl. dazu AWEL S. 346).

2.4 vgl. ferner: gu$_4$-e ... si in Fö 184 1:2 // VAT 4630 (A. Deimel ŠG 2, 60) (J. Bauer AWL 118 Nr. 9 1:2).

3.1 mušen-né kú-dè (so, statt mušen ì-kú-dè, aus Analogiegründen zu lesen) "damit die Vögel (es) fressen" "zur Vogelfütterung" DP 143 1:1 (ba-DU).

4.1 1 MI$_2$-BAR.AN ur-ré ba-kú "1 Onagerstute wurde vom 'Hund' gefressen" RTC 50 1:7. (Dies ist in unserem Archiv, soweit ich sehe, der einzige Beleg für ur außerhalb von Eigennamen; vgl. noch den "Wolfsfisch" ^{ku_6}ur-bar-ra PSBA 27f., Taf. nach S. 76 (Hard. Smith); Nik 270 5:4, 273 4:6; DP 46 3:3, 203 3:4.)

(6:7-8) ur-^{d}ba-ba$_6$ kurušda ist noch belegt in Nr. 46 1:3-2:7, nach dem ihm ud$_5$ "Zicken" unterstellt waren. U.a. dies gibt Anlaß zur Vermutung, das es sich bei unserer Person und dem gut belegten ur-^{d}ba-ba$_6$ sipa-maš(-gal-gal) um die gleiche handeln könnte: vgl. etwa DP 94 3:4-5, 519 2:3-4, 553 1:2-3; Nik 151 1:4-5, 152 3:5-4:1, 175 2:3-4, 179 2:1-2, 234 2:1-2, 238 1:2-3 u.p.

(10:1) Das Verhältnis der Einzelposten zum Summenvermerk ist schlecht zu beurteilen. Die im Haupttext vorgenommenen Ergänzungen der Getreidemengen gründen sich auf interne Merkmale des Textes und haben eine große Plausibilität. Die Addition der Einzelposten, wie hier rekonstruiert, ergibt 31.0.4

zuzüglich des abgebrochenen Gerstenbetrages aus 6:5, den ich aus Analogiegründen mit 0.3.4 ansetzen möchte. Die daraus resultierende Gesamtsumme beträgt 32.0.2 und liegt dann um genau 1.0.0 Haupt-Gur über dem Betrag des Summenvermerkes von 31.0.2. An der Korrektheit der Kopie kann jedoch, auch nach der Rekollation von P. Steinkeller, kein Zweifel bestehen. An welchem Punkt der Rekonstruktion eine Unkorrektheit vorliegt, oder ob tatsächlich ein Rechenfehler angenommen werden muß, kann nicht entschieden werden.

(10:2) Zu še-kú-a "Gersteverbrauch" vgl. die parallele Bildung udu-kú-a "Kleinviehverbrauch" vgl. AWEL 384 zu Nik 160 1:1 und G.J. Selz WdO 20/21 (1989/1990) 36[1]. Zu kú = *akālu(m)* "to consume, receive" s. jetzt auch I.J. Gelb et al. OIP 104, 230 (mit Belegen).

(11:1) Nach der Verteilung der Zeichen in dieser Zeile ist die Verbalform vielleicht als [e-na]-ta-g̃ar-ra-kam zu ergänzen.

37 = STH 1, 38

Text: HSM 904.4.5 (früher 3609); Maße: H.: 10,6cm; Br.: 10,5cm; Kollationiert;
Umschrift: A. Deimel Or 6, 16f.; vgl. Sh. Yamamoto ASJ 3 (1981) 95
Datum: (Ukg. E 1(?)); Typ: I-L/III-G-1.;
Inhalt: Verteilung von Feldparzellen auf dem Felde GANA$_2$-urì-rú-a.

1	1	3;0.0 GANA$_2$ PAD ki-duru$_5$	3 (Bur) Feld, bewässertes Versorgungslos
		GANA$_2$-urì-rú-a	(auf dem Felde) GANA$_2$-uri-ru'a
		š[e]š-lú-du$_{10}$	(an) Šeš-lu-du,
		2;0.2 GANA$_2$ é-me-lám-sù	2 (Bur) 2 (Iku) Feld (an) E-melam-su,
	5	2;2.0 inim-ma-ni-zi	2 (Bur) 2 (Eše) (an) Inimani-zi,
		0;1.0 ur-sag̃	1 (Eše an) Ursag̃:
		RU-l[ug]al-[me]	'Untergebene' (des) Königs sind sie;

	2;0.0 GANA$_2$ d[am]-dingir-mu	2 (Bur) Feld (an) Dam-dingir-mu,
	[a]gà-ús	den 'Gefolgsmann',
2 1	1;0.0 GANA$_2$ ur-dam	1 (Bur) Feld (an) Ur-dam,
	1;0.0 G[AN]A$_2$ lugal-mas-su	1 (Bur) Feld (an) Lugal-massu,
	0;2.0 GANA$_2$ sipa-AMA-gan:ša	2 (Eše an den) Hirten der 'Eselsstuten',
	0;0.4,$\bar{4}$ é-ì-gará-sù	4 1/4 (Iku an) E-igara-su:
5	šu-ku$_6$-a-du$_{10}$-ga	den Süßwasserfischer,
	0;0.2 GANA$_2$ nin-agà-zi	2 (Iku) Feld (an) Nin-agazi,
	RI.ḪU	den Vogelverscheucher(?),
	0;0.4 GANA$_2$ AN-šeš-mu	4 (Iku) Feld (an) AN-Šešmu,
	0;0.4 GANA$_2$ lú-kur-ré-[b]í-gi$_4$	4 (iku) Feld (an) Lu-kure-bigi:
10	unù-me	Kuhhirten sind sie;
3 1	0;0.2 GANA$_2$ ur-^{d}dumu-⌜zi⌝	2 (Iku) Feld (an) Ur-Dumuzi,
	[sip]a-[u]d$_5$	den Hirten der Zicken,
	0;1.2 GANA$_2$ simug	1 (Eše) 2 (Iku) Feld (an die) Schmiede,
	0;1.0 GANA$_2$ nagar	1 (Eše) Feld (an die) Zimmerleute,
5	0;1.1 GANA$_2$ ašgab	1 (Eše) 1 (Iku) Feld (an die) Lederwerker,
	0;0.4 GANA$_2$ ad-KID	4 (Iku) Feld (an die) Rohrmattenflechter,
	0;0.4,$\bar{4}$ GANA$_2$ túg-du$_8$	4 1/4 (Iku) Feld (an die) Walker,
	0;0.2 GANA$_2$ šakan-kéš	2 (Iku) Feld (an die) Korbflechter(?),
	0;0.2,$\bar{8}$ GANA$_2$ é-gù-nun-di	2 1/8 (Iku) Feld (an) E-gu-nun-di,
10	0;0.2,$\bar{8}$ GANA$_2$ en-zi	2 1/8 (Iku) Feld (an) Enzi:
	baḫár-me	Töpfer sind sie;
	0;1.2 GANA$_2$ ur-šul	1 (Eše) 2 (Iku) Feld (an) Ur-Šul,
	⌜azlàg⌝	den Wäscher,
4 1	1;1.2 ⌜GANA$_2$⌝ en-⌜ig⌝-gal	1 (Bur) 1 (Eše) 2 (Iku) Feld (an) En-iggal,
	nu-bandà	den Generalverwalter,
	0;1.0 maš-dà	1 (Eše Feld an) Mašda,
	0;1.0 a-ba-DI	1 (Eše Feld an) Aba-DI,

	5	0;1.0 en-bi	1 (Eše Feld an) Enbi:
		dub-sar-me	Schreiber sind sie;
		0;1.0 en-ušùr-ré	1 (Eše Feld an) En-ušure,
		lú-é-ninda-ka	den 'Bediensteten' des 'Vorratshauses',
		0;1.0 amar-giríd^{ki}	1 (Eše Feld an) Amar-Girid,
	10	0;0.4 ḫa-ma-ti	4 (Iku Feld an) Ḫamati,
		0;0.4 sağ-^{d}nin-ğír-su-da	4 (Iku Feld an) Sağ-Nin-Girsuda,
		0;0.4 šeš-kur-⸢ra⸣	4 (Ik u Feld an) Šeš-kura,
5	1	[0;0.4 lugal]-⸢mu⸣	4(?) (Iku Feld an) Lugalmu:
		muhald[im-me]	Bäcker/Köche sind sie;
		0;0.4 en-na-UD-mu	4 (Iku Feld an) Enna-UD-mu,
		0;0.4 šeš-TUR	4 (Iku Feld an) Šeš-TUR:
	5	lú-IGI.NIGIN$_2$-me	Leute (von) 'Ansehen' sind sie;
		0;0.4 šà-ğá	4 (Iku Feld an) Šağa,
		gáb-dan$_6$(=UŠxKID$_2$!)	den Reiniger,
		0;0.2 ^{d}nin-ğír-su-lú-mu	2 (Iku Feld an) Nin-Girsulumu,
		sukkal	den Boten,
	10	0;0.2 ur-⸢du$_6$⸣	2 (Iku Feld an) Ur-du,
R 6	1	ì-d[u$_8$]	den Pförtner,
		0;0.2 en-⸢kù⸣	2 (Iku Feld an) Enku,
		kurušda	den 'Kleinviehmäster',
		0;1.0 ì-lí-be$_6$-lí	1 (Eše Feld an) *Ilī-bēlī*,
	5	lú-bappìr	den Brauer,
		0;1.0 di-[u]tu	1 (Eše Feld an) Di-Utu,
		0;0.4 ur-^{d}n[in]-⸢SAR⸣	4 (Iku Feld an) Ur-Nin-SAR:
		agà-ú[s]-⸢me⸣	'Gefolgsleute' sind sie;
		1;0.0 lá 0;0.2 ⸢il⸣	1 (Bur) minus 2 (Iku Feld an) Il,
	10	0;0.4 ⸢x⸣-[....]	4 (Iku Feld an) ...,
		0;0.4 [lu]gal-[pa-è]	4 (Iku Feld an) Lugal-pa'e,
		sip[a-šáḫ]	den Schweinehirten;
7	1	1;0.0 GANA$_2$ me-an-né-si	1 (Bur Feld an) Me-ane-si,
		šeš-munus	den Bruder (der) 'Frau';
		5;1.0 en-girì-na-sè	5 (Bur) 1 (Eše an) Engirina-se:
		PAD-am$_6$	Versorgungslos ist es.

8	[š]u-niĝín 30;0.0 lá	**Zusammen** 30 (Bur) minus 1
	0;1.2,4̄ GANA$_2$ PAD	(Eše) 2 1/4 (Iku) Feld, be-
	ki-⸢duru$_5$⸣	wässertes Versorgungslos
	GANA$_2$-urì-rú-a	(auf dem Felde) GANA$_2$-uri-ru'a
	en-ig-gal	hat En-iggal,
	[n]u-bandà	der Generalverwalter,
	d[ub$^?$ ....] ⸢e⸣ [....]	... .

Anmerkungen:

Mit dem Vorschlag, diesen Text auf das Akzessionsjahr des Uru-inimgina zu datieren, folge ich Sh. Yamamoto ASJ 3 (1981) 95.

(1:1) Zu ki-duru$_5$, bzw. ki-A (= *ruṭibtu*) s. neben Sh. Yamamoto ASJ 2 (1980) 172ff. jetzt auch J. Marzahn GGL 89f. Der Ausdruck bezeichnet den Feldzustand unmittelbar vor der Bestellung.

(1:5) Beachte, daß die Zahlzeichen für ešè von Hussey durchweg in dieser etwas sonderbaren Form kopiert wurden.

(2:5) R.K. Englund, Fischerei 157-197 hat der 'internen Organisation der Fischereitrupps' zur Ur-III-Zeit ein eigenes Kapitel gewidmet. Allerdings finde, ich weder dort noch in Nik 3 (vgl. AWEL 76ff. mit Gliederung) einen Hinweis darauf, daß die Süßwasserfischer "überraschend in der Berufsgruppe der giš-kin-ti" erschienen, wie B. Hruška ArOr 59 81991) 418 zu Nik 3 bemerkte.

(5:1) Zur Ergänzung des PN vgl. z.B. DP 130 6:13, wo lugal-mu mit den anderen Köchen unseres Textes zusammen genannt wird.

Die Ergänzung von nur 2 Iku Feld für diesen Koch ergibt sich aus dem gesamten Feldareal der Zwischensumme.

(7:1-2) Me-ane-si, der Bruder der Bara-namtara, spielt in den Urkunden unseres Archivs eine recht bedeutende Rolle. Vgl. unten Nr. 114 und einen Aufsatz, den ich unter dem Titel "Me-ane-si. Zur Rolle von Lugal-andas Schwager." vorbereite.

(8:1) Nach der in 5:1 vorgenommenen Ergänzung stimmt die Addition der Einzelparzellen mit dem Gesamtergebnis der Summenformel überein. - Die Fläche dieser Felder war beträchtlich. Es handelt sich um 531,75 Iku, das sind nach den hier zugrundegelegten Umrechnungswerten 1 876 194 qm oder rund 1,9 km^2.

(8:5) Beim ersten Zeichen kann nach der Rekollation von P. Steinkeller nach den Spuren eine Lesung G[A$_2$] oder B[I] ausgeschlossen werden: "probably DUB". Die Zeichenspuren sind korrekt kopiert. Eine Ergänzung ist mir nicht möglich. - C. WIlcke erwägt eine Ergänzung d[ub-bi] ⌜e⌝-[bal], die allerdings als alleinige Verbalform am Ende eines Feldvermessungstextes, soweit ich sehe, singulär wäre. Nach Parallelen erwartet man eine Verbalform mit gíd "vermessen". Mit einer Ausnahme ist in unserem Korpus allerdings nur mu-gíd bezeugt. Die Ausnahme in Fö 40 8:4-6 lautet ki-su$_7$ ki-sum-ma-bi šà-níğ-en-ka-ka ì-gíd "Brache und Zwiebelböden hat er innerhalb des 'Herrenbesitzes' vermessen."

38 = STH 1, 39

Text: HSM 904.7.8 (früher 3724); Maße: H.: 6,9cm; Br.: 6,9cm; Kollationiert; Umschrift: A. Deimel Or 4, 10;
Datum: Ukg. L 1; Typ: III-G-1./I-L;
Inhalt: Vermessung von Feldparzellen, (auf den) eigenen Feldern der Baba;

1	1	2;0.2 GANA$_2$-tugur(= LAK 483)-si-ga	2 (Bur) 2 (Iku) umbruchgepflügtes Feld
		ur-^{d}en-ki	(an) Ur-Enki,
		2;0.3 GANA$_2$-tugur-si-ga	2 (Bur) 3 (Iku) umbruchgepflügtes Feld
		sağ-ğá-tuk-a	(an) Sağa-tuka,
2	1	2;0.1 á-né-kur-ra	2 (Bur) 1 (Iku an) Ane-kura:
		šu-niğín 6;1.0 GANA$_2$-tugur-si-ga	**Zusammen** 6 (Bur) 1 (Eše) umbruchgepfügtes Feld,
		GANA$_2$-da-tir-am-ma-ka-kam	Feld an der Seite des Haines von Amma ist es.

3	1	3;0.2,$\bar{2}$ GANA$_2$-tugur-si-ga	3 (Bur) 2 1/2 (Iku) umbruchgepflügtes Feld
		GANA$_2$-NIGIN$_2$-na-tur	(auf dem) kleinen GANA$_2$-NIGIN$_2$-na(-Feld),
		inim-ma-ni-zi	(an) Inimani-zi.
		1;0.0 GANA$_2$-tugur-si-ga	1 (Bur) umbruchgepflügtes Feld,
	5	ur-^{d}en-ki	(an) Ur-Enki,
R 4	1	2;1.3 GANA$_2$-tugur-si-ga	1 (Bur) 1 (Eše) 3 (Iku) umbruchgepflügtes Feld
		sağ-ğá-tuk-a	(an) Sağa-tuka,
		1;1.3 GANA$_2$-[LA]K 483-si-ga	1 (Bur) 1 (Eše) 3 (Iku) umbruchgepflügtes Feld,
		inim-ma-ni-z[i]	(an) Inimani-zi:
	5	šu-niğín 5;0.0 ⸢GANA$_2$⸣-tugur-si-ga	**Zusammen** 5 (Bur) umbruchgepflügtes Feld,
5	1	GANA$_2$-UL-nu-tuku	(auf dem Felde) GANA$_2$-UL-nutuku.
6	1	GANA$_2$-ú-rum-^{d}ba-⸢ba$_6$⸣	Die eigenen Felder der Baba
		e[n]-ig-gal	hat En-iggal,
		n[u]-bandà	der Generalverwalter,
	5	mu-gíd	vermessen.
		uru-inim-gi-na	Uru-inimgina,
		lugal-la[gaš^{ki}] 1.	der König von Lagaš. 1. (Jahr).

Anmerkungen:

(1:1) Im Anschluß an M. Civil OrNS 42 (1973) 27 mit Verweis auf A. Westenholz OSP 1, 50 und id. ECTJ 45 hat J. Bauer hat in AoN 52 (1992) S. 5ff. für LAK 483 die Lesung /tug(g)ur/ mit zahlreichen weiteren Literaturangaben, darunter auch Primärquellen, wahrscheinlich gemacht. Dabei bestimmt er die Bedeutung von tugur als "(vom Umbruchpflug erzeugte Acker-)Furche". tugur--si(-g) bedeute demnach etwa 'Furchen eintiefen'.

(2:2-3,3:2,4:5-6:1) In diesem Text wird von der Vermessung dreier Feldparzellen berichtet. Die Maßzahl in 3:1 stellt demnach einen separaten Eintrag dar. Die Zwischensummen sind korrekt.

(2:3) Möglicherweise ist am-ma eine syllabische Schreibung für Ambar. In RGTC 1 ist diese Orts- und Flurbezeichnung nicht aufgenommen. Deshalb hier meine Belege: TSA 38 2:5 (Lug.(?) 6), Nik 69 (Lug.(?) 6), TSA 41 5:1 (Lug.(?) 7), DP 152 11:4 (Ukg. E 1/3), CT 50,33 16:1-2 (Ukg. E 1/4), RTC 73 4:2 (Ukg. L 1), DP 529 2:3 (Ukg. L(?)/E(?) 1). Es fällt auf, daß sich die Belege auf einen Zeitraum vom 6. Regierungsjahr des Lugalanda bis zum 1. Königsjahr des Uru-inimgina, d.h. auf drei Jahre erstrecken. Neben der phraseologischen Parallele zu $GANA_2$-da-tir-ambar$^{(ki)}$ sprechen auch die in den Kontexten genannten Flurnamen für eine Identität beider Bezeichnungen. Vgl. noch anders G.J. Selz UGASL s.v. ^{d}ba-ba_6 mit Anm. und AWEL zu Nik 69 2:4-3:1, wo vorgeschlagen wird, in am-ma einen Personennamen zu sehen. Zum /mb/ Phonem im Sumerischen s. P. Steinkeller Aula Or 2 (1984) 141.
- Nicht völlig ausgeschlossen ist natürlich eine Deutung "Hain des 'Auerochsen'" o.ä., wobei für den Zusatz am-ma nach einem Personennamen vielleicht auf lú-am bei A. Westenholz OSP 2, 148 zu 133:23-25 zu verweisen ist (so nach J. Bauer AfO 35/37 (1989/90) 85).
- Beachte, daß ambar vielleicht nicht nur Ortsangabe "Sumpfgebiet", sondern auch einen Bewässerungszustand im Zuge des 'Leaching', und zwar den "Sumpfzustand" bezeichnete; s. dazu J. Marzahn GGL 86f. mit Diskussion von Nik 31.

39 = STH 1, 40

Text: HSM 904.4.3 (früher 3607); Foto: Pl. 78f.;
Maße: H.: 14,8cm; Br.: 14,8cm; Kollationiert
Parallele: VAT 4625 (= VS 25 Nr. 70)
Umschrift: A. Deimel Or 4, 7–9; vgl. R. Scholtz MVAeG 39/II, 110f.; vgl. J. Marzahn GGL 2, 50: "Modellplan IV; Flur aša$_5$-ša$_6$-ga-tur";
Datum: Ukg. L 1; Typ: III-G-1./I-L;
Inhalt: Vermessung von Feldparzellen des kleinen Šaga-Feldes.
Gliederung:

I. Vermessungspunkt: Tempel(?) der Amaĝeštin:	*1:1*
1. Felder des ehemaligen 'Herrenbesitzes':	*1:1–4:1*
2. Felder an der Länsgseite des 'Herrenbesitzes':	*4:2–4:8*
II. Vermessungspunkt: Hügel des(?) Dumuzi:	*4:9*
3. Alte Felder:	*4:9–5:16*
4. Felder an der Seite von Saĝub, (an der) 2. Feldbegrenzungsfläche:	*6:1–11:7*
5. Felder (an der) 3. Feldbegrenzungsfläche:	*11:8–12:16*
Summenformel, Transaktionsformular, Datum:	*13:1–13:11*

1	1	[é(?)-^{d}]ama-[ĝešt]in- na-[t]a	Vom Tempel(?) der Ama- ĝeštin: 5 (Iku) Pachtland-
		0;0.5 GANA$_2$-[a]pin-lá	Feld,
		⸢é⸣-di-dè-ba-DU	(an) E-dide-ba-DU,
		agà-ús	den 'Gefolgsmann';
		1;0.0 GANA$_2$-PAD	1 (Bur) Versorgungsfeld
	5	0;0.4,$\bar{2}$ GANA$_2$-apin-lá	4 1/2 (Iku) Pachtland-Feld
		ur-du$_6$	(an) Ur-du,
		kuš$_7$	den 'Hirten';
		1;0.1 GANA$_2$-PAD	1 (Bur) 1 (Iku) Versorgungsfeld,
		ur-é-mùš	(an) Ur-Emuš,
	10	dam-gàr	den Kaufmann;
		0;1.1,$\bar{2}$ GANA$_2$-PAD	1 (Eše) 1 1/2 (Iku) Versorgungsfeld,
		túg-du$_8$-ne	haben die Walker
		e-dab$_5$	übernommen,

	0;0.1 GANA$_2$-PAD	1 (Iku) Versorgungsfeld
	šakan-kéš	(an die/den) Korbflechter(?);
15	0;1.0 GANA$_2$-PAD	1 (Eše) Versorgungsfeld
2 1	⌜saĝ⌝-ĝá-tuk-a	(an) Saĝa-tuka,
	0;0.2 GANA$_2$-PAD	2 (Iku) Versorgungsfeld
	gáb-ra-ni	(an) seinen Viehtreiber,
	0;1.0 GANA$_2$-PAD	1 (Eše) Versorgungsfeld
	^{d}nanše-da-nu-me-a	(an) Nanšeda-nume'a,
	0;1.0 GANA$_2$-PAD	1 (Eše) Versorgungsfeld
	ĝišga[l]-si	(an) Gišgal-si:
5	ugula-ki-siki-ka-me	Obleute des 'Wollortes' sind sie;
	0;0.0,$\bar{2}$,$\bar{4}$ GANA$_2$-apin-lá!	1/2 1/4 (Iku) Pachtland-Feld
	ú-du	(an) Udu,
	az[l]àg	den Wäscher;
	5;0.2 GANA$_2$ níĝ-en-	5 (Bur) 2 (Iku) Feld, 'Her-
	na-[s]aĝ-an-na-ka	renbesitz' am 'oberen Feldbereich',
10	5;0.0 lá 0;0.1 GANA$_2$	5 (Bur) minus 1 (Iku) Feld,
	níĝ-en-na-a-ki-ta-*ka	'Herrenbesitz' am 'unteren Feldbereich',
	0;1.0 GANA$_2$-PAD maš-	1 (Eše) Versorgungsfeld
	dà	(an) Mašda,
	agrig	den Hausverwalter;
3 1	0;1.0 GANA$_2$-PAD ì-	1 (Eše) Versorgungsfeld
	lí-be$_6$-lí	(an) *Ilībēlī*,
	lú-bappìr	den Brauer;
	1;0.0 lá 0;0.0,$\bar{4}$	1 (Bur) minus 1/4 (Iku)
	GANA$_2$-apin-lá	Pachtland-Feld
	níĝ-lú-nu-DU	(an) Niĝ-lu-nu-DU,
5	sukkal	den Boten;
	1;0.0 lá 0;0.0,$\bar{4}$	1 (Bur) minus 1/4 (Iku)
	GANA$_2$-apin-lá	Pachtland-Feld
	ĝirì-né-ba-tuš	(an) Girine-batuš,
	gaéš	den Kauffahrer;
	1;0.0,$\bar{2}$,$\bar{4}$,$\bar{8}$ GANA$_2$-	1 (Bur) 1/2+1/4+1/8 Pacht-
	apin-lá	land-Feld
10	^{d}utu-lú-ša$_6$-ga	(an) Utu-lu-šaga,
	dumu-gaéš	das Kind (des) Kauffahrers;
	1;0.0 lá 0;0.0,$\bar{4}$	1 (Bur) minus 1/4 (Iku)
	GANA$_2$-apin-lá	Pachtland-Feld
	ki-tuš-lú	(an) Kituš-lu,
	dam-íl	die Frau (des) Il,
15	dub-sar-maḫ	des obersten Schreibers;
	0;0.2 GANA$_2$-PAD kur-	2 (Iku) Versorgungsfeld

girì-ni-šè	(an) Kur-giriniše,
ašgab	den Lederwerker;
0;0.1,$\bar{2}$ GANA$_{2}$-apin-lá	1 1/2 (Iku) Pachtland-Feld
ki-2-kam-ma	an einer 2. Stelle
ú-du	(an) Udu,
azlàg	den Wäscher.
4 1 níĝ-en-na-ta ba-a-am$_{6}$	Vom 'Herrenbesitz' ab-/zugeteilt ist es;
1;1.2 GANA$_{2}$-PAD šeš-lú-du$_{10}$	1 (Bur) 1 (Eše) 2 (Iku) Versorgungsfeld (an) Šeš-lu-du,
1;1.0 GANA$_{2}$-PAD inim-ma-ni-zi	1 (Bur) 1 (Eše) Versorgungsfeld (an) Inimani-zi,
1;0.5 GANA$_{2}$-PAD dam-dingir-mu	1 (Bur) 5 (Iku) Versorgungsfeld (an) Dam-dingirmu,
0;⌜2⌝.0,$\bar{2}$,$\bar{4}$ GANA$_{2}$-PAD RI.ḪU	2 (Eše) 1/2+1/4 (Iku) Versorgungsfeld (an den) Vogelverscheucher(?),
0;1.4 GANA$_{2}$-PAD ur-dam	1 (Eše) 4 (Iku) Versorgungsfeld (an) Urdam,
engar	den 'Bauer'.
ús-níĝ-en-na-ka-kam	An der Längsseite des 'Herrenbesitzes' ist es.
du$_{6}$-^{d}dumu-zi-ta	Vom Hügel (des(?)) Dumuzi:
0;0.0,$\bar{2}$,$\bar{4}$ GANA$_{2}$-PAD apin-lá	1/2+1/4 (Iku) Pachtland-Feld
⌜en⌝-lú-du$_{10}$	(an) En-lu-du,
šeš-lugal-al-š[a$_{6}$]	den Bruder von Lugal-alša,
0;0.1,$\bar{2}$ GANA$_{2}$-apin-lá	1 1/2 (Iku) Pachtland-Feld
5 1 lugal-an-da	(an) Lugal-anda,
[....] lugal-al-ša$_{6}$	... (des) Lugal-alša,
0;0.2,$\bar{2}$ GANA$_{2}$-apin.lá	2 1/2 (Iku) Pachtland-Feld
ì-ti-e	(an) Iti'e,
šu-ku$_{6}$	den Fischer;
0;0.2,$\bar{2}$ GANA$_{2}$-apin-lá	2 1/2 (Iku) Pachtland-Feld
níĝ-⌜šu⌝-du$_{11}$-ga-ni	(an) Niĝ-šudugani,
U$_{3}$(=IGI.DIB).KUL	den ...;
0;0.1 GANA$_{2}$-PAD ur-^{d}nin-DAR	1 (Iku) Versorgungsfeld (an) Ur-Nin-DAR,
0;0.2 GANA$_{2}$-PAD AB-kur-gal	2 (Iku) Versorgungsfeld (an) AB-kurgal,
0;0.1 GANA$_{2}$-PAD ki-	1 (Iku) Versorgungsfeld

tuš-lú	(an) Kituš-lu:
nagar-me	Zimmerleute sind sie;
0;0.1 GANA$_2$-PAD íl	1 (Iku) Versorgungsfeld (an) Il,
0;0.1,$\bar{2}$ GANA$_2$-PAD inim-utu-zi	1 1/2 (Iku) Versorgungsfeld (an) Inim-Utu-zi,
0;0.2 GANA$_2$-PAD	2 (Iku) Versorgungsfeld
amar-^{d}su'en	(an) Amar-Su'en:
GANA$_2$-u$_4$-bi-⸢ta-kam⸣	Alte Felder sind es.
6 0;0.1 GANA$_2$-PAD	1 (Iku) Versorgungsfeld
šubur	(an) Šubur,
0;0.1 GANA$_2$-PAD íl	1 (Iku) Versorgungsfeld (an) Il:
ad-KID-me	Rohrmattenflechter sind sie;
0;0.1 GANA$_2$-PAD ur-^{d}en-⸢ki⸣	1 (Iku) Versorgungsfeld (an) Ur-Enki,
0;0.1 GANA$_2$-P[AD]	1 (Iku) Versorgungsfeld
amar-ezem	(an) Amar-ezem:
nagar-me	Zimmerleute sind sie;
0;0.2 GANA$_2$-P[AD]	2 (Iku) Versorgungsfeld
KUM-tuš-šè	(an) KUM-tuše,
ašgab	den Lederwerker;
0;2.0 GANA$_2$-apin-lá	2 (Eše) Versorgungsfeld
lugal-al-ša$_6$	(an) Lugal-alša,
gudu$_4$-^{d}ama-g̃eštin-na	den Gudu-Priester der Amag̃eštin;
0;0.5,$\bar{4}$ GANA$_2$-apin-lá	5 1/4 (Iku) Pachtland-Feld
lugal-šà	(an) Lugal-ša,
muḫaldim	den Bäcker/Koch;
1;0.0,$\bar{2}$ GANA$_2$-apin-lá	1 (Bur) 1/2 (Iku) Pachtland-Feld
a-dingir-mu	(an) A-dingirmu,
7 gal:kin[dá]	den Oberbarbier;
0;1.0 GA[NA$_2$-PA]D	1 (Eše) Versorgungsfeld,
0;1.0 GANA$_2$-apin-lá	1 (Eše) Pachtland-Feld,
gi-n[um]	(an) *Kīnum*,
[k]a-⸢šakan⸣	den Vorsteher (des) 'Fettlagers';
0;⸢1⸣.0 GANA$_2$-PAD	1 (Eše) Versorgungsfeld,
0;1.0 GANA$_2$-apin-lá	1 (Eše) Pachtland-Feld
amar-girid^{ki}	(an) Amar-Girid,
muḫaldim	den Bäcker/Koch;
0;1.0 GANA$_2$-PAD	1 (Eše) Versorgungsfeld,

	0;1.0 GANA$_2$-apin-lá	1 (Eše) Pachtland-Feld,
	en-ušùr-ré	(an) En-ušure,
	lú-é-ninda-ka	den 'Bediensteten' des 'Vorratshauses';
	0;1.0 GANA$_2$-PAD	1 (Eše) Versorgungsfeld,
	0;1.0 GANA$_2$-apin-lá	1 (Eše) Pachtland-Feld
	nita-zi	(an) Nitazi,
	sagi	den Mundschenken;
	0;2.3 GANA$_2$-PAD amar-girid^{ki}	2 (Eše) 3 (Iku) Versorgungsfeld (an) Amar-Girid,
R 8 1	lú-bappir	den Brauer;
	0;0.4 GANA$_2$-PAD enna-UD-mu	4 (Iku) Versorgungsfeld (an) Enna-UD-mu,
	0;0.4 GANA$_2$-PAD maal-ga	4 (Iku) Versorgungsfeld (an) Malga,
	0;0.4 GANA$_2$-PAD šeš-TUR	4 (Iku) Versorgungsfeld (an) Šeš-TUR:
	lú-IGI.NIGIN$_2$-me	Leute (von) 'Ansehen' sind sie;
	0;0.2 GANA$_2$-PAD	2 (Iku) Versorgungsfeld
	^{d}nin-g̃ír-su-lú-mu	(an) Nin-Girsu-lumu,
	sukkal	den Boten;
	0;0.⸢2⸣ [GAN]A$_2$-[P]AD	2 (Iku) Versorgungsfeld
	ur-du$_6$	(an) Ur-du,
	⸢ì⸣-[d]u$_8$	den Pförtner;
	0;0.2 [GANA$_2$-PAD	2 (Iku) Versorgungsfeld
	e]n-kù	(an) Enku,
	[kur]ušda	den 'Kleinviehmäster';
	0;0.⸢2⸣,$\bar{4}$ ⸢GANA$_2$⸣-PAD	2 1/2 (Iku) Versorgungsfeld
	luga[l-m]u	(an) Lugalmu,
	muḫaldim	den Bäcker/Koch;
	0;1.0 GANA$_6$-PAD di-*⸢utu⸣	1 (Eše) Versorgungsfeld (an) Di-Utu,
	0;0.4 [GAN]A$_2$!-PAD	4 (Iku) Versorgungsfeld
9 1	ur-^{d}[n]in-SAR	(an) Ur-Nin-SAR:
	[a]gà-ús-me	'Gefolgsleute' sind sie;
	1;0.0 GANA$_2$-PAD	1 (Bur) Versorgungsfeld,
	1;0.0,$\bar{2}$ GANA$_2$-apin-lá	1 (Bur) 1/2 (Iku) Pachtland-Feld
	igi-zi	(an) Igizi,
	šeš-munus	den Bruder der 'Frau',
	0;0.4 GANA$_2$-PAD ḫa-ma-ti	4 (Iku) Versorgungsfeld (an) Ḫamati,

0;0.4 GANA$_2$-PAD sağ- ^{d}nin-⸢ğír-su⸣-da	4 (Iku) Versorgungsfeld (an) Sağ-Nin-Girsuda,
0;0.4 GANA$_2$-PAD šeš- ⸢kur⸣-ra	4 (Iku) Versorgungsfeld (an) Šeš-kura:
muḫaldim-me	Bäcker/Köche sind sie;
2;1.1 GANA$_2$-PAD en- ig-gal	2 (Bur) 1 (Eše) 1 (Iku) Versorgungsfeld (an) En-iggal,
nu-b[and]à	den Generalverwalter;
1;0.0,2̄ GA[NA$_2$-ap]in- lá	1 (Bur) 1/2 (Iku) Versor- gungsfeld,
kù-ge-pà	(an) Kuge-pa,
dam-DU.DU	die Frau des DU.DU,
dub-sar	(des) Schreibers;
10 1 0;0.2 GANA$_2$-PAD ki- tuš-lú	2 (Iku) Versorgungsfeld (an) Lituš-lu,
0;0.2 GANA$_2$-P[A]D en-DU	2 (Iku) Versorgungsfeld (an) En-DU:
muḫaldim-me	Bäcker/Köche sind sie;
0;1.4,4̄ GANA$_2$-apin-lá lugal-[a]l-ša$_6$	1 (Eše) 4 1/4 (Iku) Pacht- land-Feld (an) Lugal-alša,
gudu$_4$	den Gudu-Priester -
ki-2-kam-ma-am$_6$	an der 2. Stelle ist es -
0;0.2,2̄,4̄ GANA$_6$-apin- lá	2+1/2+1/4 (Iku) Pachtland- Feld
gala-tur	(an) Galatur,
lú-ur-dam	den 'Bediensteten' (des) Urdam;
0;1.0 [GA]NA$_2$-PAD ⸢é⸣-TE.ME	1 (Eše) Versorgungsfeld (an) E-TE.ME,
ḪAR.TU-mí	die 'Hausbedienerin';
0;0.⸢4⸣ GANA$_2$-⸢PAD⸣ ⸢zà⸣-mu [sipa]-[an]še	4 (Iku) Versorgungsfeld (an) Za-mu, den 'Eselshirten';
0;0.2,2̄,4̄ GANA$_2$-PAD ur-šul	2+1/2+1/4 (Iku) Versorgungs- feld (an) Ur-Šul,
azlàg	den Wäscher;
0;1.3,2̄ ⸢GANA$_2$⸣-apin-lá	1 (Eše) 3 1/2 (Iku) Pacht- land-Feld
lugal-igi-an-na-ke$_4$-su	(an) Lugal-igi-anake-su,
11 1 ⸢dumu⸣-lugal-⸢al⸣-ša$_6$	das Kind (von) Lugal-alša;
1;0.0 lá 0;0.0,4̄ [GA]NA$_2$-⸢PAD⸣ ur-d[a]m	1 (Bur) minus 1/4 (Iku) Ver- sorgungsfeld (an) Ur-dam,
engar	den 'Bauer';
0;0.4 GA[NA$_2$-ap]in-[l]á	4 (Iku) Pachtland-Feld

mu-ni-šu	(an) Muni-šu:
sağ-ub$_x$(=LAGABxU) zà-bi	(Der Ort) Sağub (liegt an) deren (= der Felder) Seite;
im-nun-2-kam-ma-[a]m$_6$	(an(?)) der zweiten Feldbegrenzungsfläche sind sie (= die Felder);
0;0.4 GANA$_2$-PAD ur-^{d}⌜ab⌝-ba$_6$	4 (Iku) Versorgungsfeld (an) Ur-Abba,
sağ-apin	den Pflugführer;
0;0.4 *GANA$_2$-PAD šà-ğá	4 (Iku) Versorgunsfeld (an) Šağa,
gáb-dan$_6$(=UŠxKID$_2$!)	den Reiniger;
0;0.4 GANA$_2$-PAD lugal-pa-è	4 (Iku) Versorgungsfeld (an) Lugal-pa'e,
sipa-šáh	den Schweinehirten;
[0;0.1,$\bar{2}$(?) GA]NA$_2$-PAD UM.UM	1 1/2 (Iku) Versorgungsfeld (an) UM.UM,
ašgab	den Lederwerker;
0;1.0 GANA$_2$-PAD	1 (Eše) Versorgungsfeld
12 1 0;0.3 GANA$_2$-ap[in]-lá a-ba-DI	3 (Iku) Pachtland-Feld (an) Aba-DI,
dub-sar	den Schreiber;
0;0.3 GANA$_2$-PAD amar-^{d}ašnan	3 (Iku) Versorgungsfeld (an) Amar-Ašnan,
ašgab	den Lederwerker;
0;⌜1⌝.0,$\bar{4}$ G[AN]A$_2$-[PA]D gemé-šu-ga-lam-ma	1 (Eše) 1/4 (Iku) Versorgungsfeld (an) Geme-šugalama,
nu-gig	die Hierodule;
0;0.⌜3⌝ G[ANA$_2$-a]pin-lá nimg[ir]-inim-[g]i-na	3 (Iku) Pachtland-Feld (an) Nimgir-inimgina,
muhaldim	den Bäcker/Koch;
0;1.0,$\bar{4}$ GANA$_2$-apin-lá	1 (Eše) 1/4 Iku Pachtland-Feld
gu-ú	(an) Gu'u,
dumu-ur-dam	das Kind (des) Ur-dam;
0;0.4,$\bar{2}$ GA[NA$_2$-PA]D lu[g]al-[m]u	4 1/2 (Iku) Versorgungsfeld (an) Lugalmu,
sipa-anše	den 'Eselshirten'.
im-nun-3-k[am]-ma-am$_6$	(An(?)) der dritten Feldbegrenzungsfläche sind sie (= die Felder).

13	šu-niĝín 4⌜4⌝;2.4 lá	**Zusammen** 44 (Bur) 2 (Eše) 4 (Iku)
	0;0.0,$\bar{8}$ G[AN]A$_2$	minus 1/8 (Iku) bewässertes
	PAD-ki-duru$_5$	Versorgungsfeld,
	níĝ-en-na-apin-[l]á	'Herrenbesitz' (und) Pacht-land-Feld
	téš-téš-a e-ĝar	wurden zusammen 'gesetzt'.
	GANA$_2$-ša$_6$-ga-tur	Das kleine Šaga-Feld,
	GANA$_2$-^{d}ba-ba$_6$	das Feld der Baba,
	en-ig-gal	hat En-iggal,
	nu-bandà	der Generalverwalter,
	mu-gí[d]	vermessen.
	uru-inim-gi-na	Uru-inimgina,
	lugal-	der König
	laga[š]^{ki} 1.	(von) Lagaš. 1. (Jahr).

Anmerkungen:

Diesen Text hat J. Marzahn GGL 1, 62f. besprochen und in GGL 2, (Modellplan V) versucht, die Flurverhältnisse zu rekonstruieren. Ich kann diesem mutigen Versuch aus hauptsächlich zwei Gründen nicht folgen. 1. Seine Ergänzung von 1:1 als [im]-nun$^{!}$(= AMA$^{?}$)-[saĝ-a]n-na-ta (GGL 2, 50) ist, abgesehen von der Emendation, schon deshalb fraglich, weil m.W. nie ein im-nun als Ausgangspunkt einer Feldvermessung genannt wird. Man erwartet hier ein Toponym. Der doppelte Genitiv sollte gleichfalls wenigstens zu Textbeginn graphisch repräsentiert sein 2. Marzahns Deutung von aša$_5$(= GANA$_2$)-u$_4$-bi-ta-kam als "Flur(stück), von seiner Tag(seite, d.h. Süden) her ist es" (GGL 1, 26f.) kann ich nicht folgen, auch wenn eine ähnliche Deutung für da-U$_4$.NE in Nik 37 3:4 erwägenswert bleibt. S. nun auch B. Hruška ArOr 59 (1991) 421. Bevor das Gegenteil bewiesen wird, ist bei u$_4$-bi-ta mit dem alten und gut bezeugten Ansatz "von früher her, alt, ehemalig" etc. zu operieren (s. dazu oben zu 22 (6:4,11:3), AWEL 415 und C. Wilcke Fs. Moran 472.).

(1:1) Der 'Tempel der Amaĝeštin' ist in den Urkunden sonst nicht belegt, weshalb die hier vorgenommene Ergänzung nicht ganz sicher ist. Der Tempel wird jedoch unter den von Lugalzage-si zerstörten Heiligtümern (Ukg. 16 6:11-7:1) genannt. Dieser Tempel lag in oder bei Saĝub, d.h. in der Nähe der Stadt Lagaš (s. G.J. Selz UGASL s.v. ^{d}ama-geštin).

(1:2) Dieser PN ist in unseren Quellen noch in Nik 2 1:11 (vgl. AWEL 72 zur Stelle) und TSA 15 1:11 bezeugt. Aufgrund der ns. PN ^d^lamma-DI.NE, lugal-DI.NE, nimgir-DI.NE, sukkal-DI.NE und ^d^utu-DI.NE hat P. Steinkeller FAOS 17, 264f. die Lesung di-dè vorgeschlagen und über die Analyse /di-da-e/ zu di-da "Rechtsspruch" gestellt. Könnte der Name also als "Das Haus steht beim Rechtsspruch", d.h. die Familienmitglieder tun bei Gericht Dienst, gedeutet werden? Zum Namenstyp vgl.a. den PN lugal-šùd-dè-ba-DU (DP 59 10:8); vgl. ferner mit der schlechteren Herleitung von di-dè < u_6/ù-di-dè Verf. in OLZ 85 (1990) 307..

Zur vorgeschlagenen Deutung paßt auch, was wir über die Aufgabe des nimgir bzw. nimgir-uru bei Rechtshandlungen wissen (I.J. Gelb et al. OIP 104, 238. 240f.; P. Steinkeller FAOS 17, 100ff. 239) ebenso wie die PN nimgir-inim-gi-na (Nr 27 1:6, hier 12:10; Fö 16 2:4 u.p.) und nimgir-èš-a-du (Nr. 22 16:17; DP 189 1:6 u.p.).

(2:9-10) Zu sağ-an-na und a-ki-ta vgl. AWEL 218f. zu Nik 46 1:4, 9:8. J. Marzahn hat inzwischen wahrscheinlich gemacht, daß beide Bezeichnungen (ursprünglich) nicht die Himmelsrichtungen meinen, sondern "termini technici der Flurlage" sind. Sağ-an-na "wäre dann tatsächlich 'oben', nämlich die Seite, woher nach der Hauptfließrichtung das Wasser zuerst kam". A-ki-ta bezeichnete dann die gegenüberliegende Feldseite. Bei den hier gewählten Wiedergabe dieser termini als "oberer Feldbereich" bzw. "unterer Feldbereich" wird also stillschweigend vorausgesetzt, daß sie sich diese Angaben auf die wasserversorgenden Kanäle beziehen.

In archaischen Kudurrus (zur Fāra-Zeit) wird dagegen die Feldlage in der Regel nur durch die Nennung der zugehörigen Flur oder des Gewannes bestimmt. Die Angaben der Himmelsrichtungen findet sich bei den Kudurrus bemerkenswerterweise zuerst in jenen, die in akkadischer Sprache geschrieben sind: tum_9-u_5 "Süden", tum_9-kur "Osten", tum_9-mer "Norden" und tum_9-MAR.TU "Westen". Daneben kann die Feldlage aber auch durch die Angabe der Nachbargrundstücke erläutert werden. Verwendete Verbalformen sind etwa ab-ús, an/a-ğál und al-ğál; s. dazu, mit zahlreichen Belegen, I.J. Gelb et al. OIP 104, 213-215; vgl. weiter al_6-ğál unterschieden von a/an-g̃ál in Ebla bei F. D'Agostino, Sistema verbale 71ff.

In unseren Quellen kann ich folgende Himmelsrichtungen belegen: im-mer Fö 52 3:5, VAT 4732 3:5 und im-u_5 Nr. 41 6:2, 7:2.

sag̃-an-na(-ak) ist ohne Zweifel eine Regens-Rectum-Verbindung, wie z.B. aus der Phrase sag̃-an-na-ke_4 AB_2.KI.$ŠE_3$ e-ak in DP 394 6:5 hervorgeht. Gleiches scheint auch für *a-ki-ta(-ak) zu gelten. Beachte besonders DP 604 5:3-4 mit sag̃-an-na neben sag̃-a-ki-ta-ka.

(3:7) Dieser PN ist von kiš-a-bi-tuš zu trennen, da er mit LAK 253, nicht LAK 248, geschrieben wird (vgl. oben zu Nr. 19 2:7). Er bedeutet entweder "Zu seinen Füßen sitzt er", oder mit der anderen möglichen Umschrift g̃irì-ni-ba-dab_5 "Seine Füße hat er ergriffen".

(4:9) ^{d}dumu-zi ist in unseren Quellen meist, aber wohl nicht immer, Kurzform des Namens der (weiblichen Gottheit) ^{d}dumu-zi-absu, die zum Götterkreis um Nin-MAR.KI rechnet. Vgl. G.J. Selz UGASL s.v. ^{d}dumu-zi, ^{d}dumu-zi-absu/abzu.

(5:7-8) Personennamen und Berufsbezeichnung(?) sind nur hier zu belegt. Für U_3.KUL, bzw. ù-gul/kul vgl.a. M. Sigrist, Messenger Texts 43 zu 157:3.

(6:7-8) Zur Lesung KUM-tuš-šè bzw. kum-tuš-šè vgl. P. Steinkeller WZKM 77 (1987) 191, I.J. Gelb et al. OIP 104, 54 mit Verweis auf den PN KUM-tuš-e aus AnUruk 1 bei H. Steible FAOS 5/2, 339f.; vgl. a. den PN ŠIM-tuš-šè oben Nr. 20 13:11, 22 15:19 u.p.

(6:16-7:1) I.J. Gelb et al. deuten in OIP 104, 19 GAL.$KINDA_2$ als GAL.URI "chief of the Akkadians", womit hier sicher nicht auszukommen ist. Für die übliche Deutung als "Oberbarbier" spricht nicht nur unser Textzusammenhang, sondern auch die Beobachtung, daß die wahrscheinlich gleiche Person mit Namen a-dingir-mu sonst als ka-šakan "Vorsteher (des) 'Fettlagers'" (DP 59 9:1-2, 134 6:11-12, Nik 53 9:13-14; Fö 72 5:5-6; RTC 61 10:11-12) bzw. als sagi "Mundschenk" (Nr. 24 7:12-13, 25 8:12-13; Nik 16 8:3-4, 22 8:2-3; TSA 18 9:5-6) bezeugt ist.

(11:6) Zur Lesung und Deutung: sag̃-pú zà-bi, d.h. "die Frontseite des Brunnen an seiner Seite", bzw. "die Kopf(seite) des Brunnens (ist) die Grenze davon" s. J. Marzahn GGL 1, 63. Die Schreibung pú (= GIGIR$_2$) ist in den Urkunden unüblich, aber in den Weihinschriften gut bezeugt (s. H. Behrens FAOS 6, 277). Zu einer möglichen Verteilung von pú und túl s. oben zu Nr. 14 3:12.

Beachte in unserem Zusammenhang, daß sich nach Ukg. 16 7:3-6 in der Nähe des 'Tempels der Amag̃eštin' ein Brunnen befand. Verfasser hatte nun die aus dem Kontext von Ukg. 16 6:11, den dort vorhanden Zeichenspuren und aus den oben zu 1:1 geschilderten Beobachtungen sich ergebende einfache und daher *völlig* überzeugende Lösung, an dieser Stelle sag̃-ub$_x$ (ub$_4$ = GIGIR = LAGABxU) zu lesen, übersehen und dankt C. Wilcke für diese Anregung. In älteren Weihinschriften findet sich allerdings für den Ort die Schreibung sag̃-u$_9$/ub$_x$(=EZEMxḪAL): vgl. En. I 9 4:10, 20 2:10, 29 5:9. Daß dadurch jedoch kein Einwand gegen die vorgeschlagene Deutung unserer Stelle gewonnen werden kann, beweist die offensichtlich hierher gehörende Schreibung sag̃-ub zà-bi in DP 636 2:2, vgl. 2:3. [Trage die Belege nach und vgl. die Schreibungen in RGTC 1, 141, 2, 162f. - Der konsequent sag̃-GIGIR(=LAGABxTIL)-ba geschriebene PN scheint nicht mit dem ON Sag̃ub zu verbinden zu sein.]

(11:7) Das im-nun, von J. Bauer AWL 99 zu 6 I 1 im Anschluß an Y. Rosengarten CSC 381-383 als "Rand des Kulturlandes" gedeutet, wurde jetzt von J. Marzahn näher untersucht. Nach ihm, GGL 1, 54f., handelt es sich um Feldraine oder Feldbegrenzungsflächen, mit der Hauptfunktion als Wind- und Erosionsschutzstreifen.

Die Tatsache, daß hier ein "zweites Imnun" genannt wird, hat offenkundig J. Marzahn zu seiner hier in der Einleitung zu den Anmerkungen diskutierten Ergänzung veranlaßt. Die erste Feldseite wird m.E. in 5:4 genannt. Dort ist wohl auch ein 'Imnun' vorauszusetzen, was die Zahlenangabe hier begründen würde.

In der Übersetzung ist 'an' vielleicht in Klammer zu setzen, da der Lokativ nicht sicher erkennbar ist. Zu fragen ist überdies, ob man in unseren Texten nicht im-nun-2-kam-ma-kam zu erwarten hätte. (Vgl. Ukg 14 2:2 u$_4$-10-kam-ma-ka "am 10. Tage" und s. dazu M.-L. Thomsen SL 83). So ist wohl auch die Auffassung von S. Yamamoto ASJ 2 (1980) 179:20 zu erklären, der annimmt, die hier genannten Felder seien auf den jeweiligen im-nun gelegen. Diese Auffasung weist J. Marzahn wiederum entschieden zurück (GGL 1, 130:219).

(11:14) Die Ergänzung dieses Feldareals gründet sich auf die durch die Addition im Summenvermerk in 13:1 geforderten Einzelbeträge.

40 = STH 1, 41

Text: HSM 903.11.4 (früher 3569); Maße: H.: 9,4cm; Br.: 9,6cm; Kollationiert;
Duplikat: DP 45;
Bearbeitung: A. Deimel Or 28 51f.; W. Förtsch RSO 7 (1916/18) 178ff.; ders. MVAeG 19/I 96ff.; G.J. Selz UGASL s.v. ^{d}nanše [26],[37]ff.; vgl. B. Landsberger, Kalender 50; R. Scholtz MVAeG 39/II, 110f.; vgl. W. Förtsch OLZ 21 (1918) 182f.;
Datum: Ukg. L 4/2; Typ: I-GO-3.;
Inhalt: Götteropfer für das Fest 'Gerste-Essen der Nanše'.

1	1	[2 zíd mun-du]	2 Mundu-Maße Mehl,
		[1 maš 1 kúr ì]	1 Ziegenbock, 1 Doppelliter Öl,
		[^{d}nin-ĝír-su]-	(für) Nin-Girsu
		[b]a-gará	(von) Bagara,
		2 zíd	2 (Mundu-Maße) Mehl,
		1 udu 1 kúr ì	1 Schaf, 1 Doppelliter Öl,
		^{d}inanna-ib-gal	(für) Inanna (von) Ibgal,
		2 zíd	2 (Mundu-Maße) Mehl,
		1 maš 1 kúr ì	1 Ziegenbock, 1 Doppelliter Öl
		^{d}nanše-šà-pà	(für) Nanše (von) Šapa(da),
		0.0.2 zíd-KAL	0.0.2 Emmermehl,
		1 sila$_4$ 1 silà ì	1 Lamm, 1 Liter Öl
		[k]i-a-naĝ	(am) 'Wassertrinkort'
2	1	[lagaš^{ki}]-⸢a⸣	in Lagaš
		ĝiš e-tag	wurde (dies) geopfert.
		u$_4$-1-kam	Der 1. Tag ist es.
		3 zíd	3 (Mundu-Maße) Mehl,

	1 udu 2 kúr ì 1 ku_{6}-kéš-(d)rá ^{d}nanše	1 Schaf, 2 Doppelliter Öl, 1 Fischbündel (für) Nanše.
	u_{4}-2-kam	Der 2. Tag ist es.
	3 zíd	3 (Munud-Maße) Mehl,
	1 dug kas-KAL	1 Krug Emmerbier,
	1 dug kas-gi_{6}	1 Krug Dunkelbier,
	1 udu 1 $sila_{4}$ 2 kúr ì 2 ku_{6}-kéš-(d)rá ^{d}nanše	1 Schaf, 1 Lamm, 2 Doppelliter Öl, 2 Fischbündel (für) Nanše,
3	2 zíd 2 kas	2 (Mundu-Maße) Mehl, 2 (Krüge) Bier,
	1 kúr ì 1 ku_{6}-kéš-(d)rá	1 Doppelliter Öl, 1 Fischbündel
	^{d}en-ki-gi-gù-na	(für) Enki (vom) Giguna,
	2 zíd 2 kas	2 (Mundu-Maße) Mehl, 2 (Krüge) Bier,
	1 udu 1 kúr ì 1 ku_{6}-kéš	1 Schaf, 1 Doppelliter Öl, 1 Fischbündel
	^{d}nin-g̃ír-su-nin-né-g̃ar-ra	(für) Nin-Girsu (vom) Nine-g̃ara(-Heiligtum),
	2 zíd 2 kas	2 (Mundu-Maße) Mehl, 2 (Krüge) Bier,
	1 kúr ì 1 ku_{6}-kéš $^{ras.}$	1 Doppelliter Öl, 1 Fischbündel
	^{d}nin-DAR	(für) Nin-DAR,
	2 zíd 2 kas	2 (Mundu-Maße) Mehl, 2 (Krüge) Bier,
4	1 kúr ì 1 ku_{6}-kéš	1 Doppelliter Öl, 1 Fischbündel
	^{d}dumu-zi-absu	(für) Dumuzi-absu,
	2 zíd 2 kas	2 (Mundu-Maße) Mehl, 2 (Krüge) Bier,
	1 maš$^{sic!}$ 1 kúr ì 1 ku_{6}-kéš	1 Ziegenbock, 1 Doppelliter Öl, 1 Fischbündel
	^{d}ḫendur-sag̃	(für) Ḫendur-sag̃(a),
	0.0.3 zíd-KAL	0.0.3 Emmermehl,
	1 kas	1 (Krug) Bier,
	1 silà ì 1 ku_{6}-kéš	1 Liter Öl, 1 Fischbündel
	^{d}AB-ir-nun	(für) AB-irnun,
	0.0.3 zíd-KAL	0.0.3 Emmermehl,
	1 kas	1 (Krug) Bier,
5	1 silà ì 1 ku_{6}-kéš	1 Liter Öl, 1 Fischbündel
	^{d}gan-tùr	(für) Gan-tur,
	0.0.3 zíd-KAL	0.0.3 Emmermehl,
	1 kas	1 (Krug) Bier,

	1 silà ì 1 ku$_6$-kéš	1 Liter Öl, 1 Fischbündel
	^{d}nin-ùr	(für) Nin-ur,
	0.0.3 zíd-KAL	0.0.3 Emmermehl,
	1 kas	1 (Krug) Bier,
	1 silà ì 1 ku$_6$-kéš	1 Liter Öl, 1 Fischbündel
R 6 1	^{d}nin-dub	(für) Nin-dub,
	0.0.3 zíd-KAL	0.0.3 Emmermehl,
	1 kas	1 (Krug) Bier,
	1 udu 1 silà ì	1 Schaf, 1 Liter Öl
	^{d}ašnan (kúr)	(für) Ašnan,
	0.0.3 zíd-KAL	0.0.3 Emmermehl,
	1 kas	1 (Krug) Bier,
	1 silà ì 1 ku$_6$-kéš	1 Liter Öl, 1 Fischbündel
	^{d}šul-utul$_{12}$-èš	(für) Šul-utul (vom) 'Heiligtum',
	2 zíd 2 kas	2 (Mundu-Maße) Mehl, 2 (Krüge) Bier,
	1 udu 1 kúr ì 1 ku$_6$-kéš	1 Schaf, 1 Doppelliter Öl, 1 Fischbündel
7 1	^{d}nin-šubur	(für) Nin-šubur,
	2 zíd 2 kas	2 (Mundu-Maße) Mehl, 2 (Krüge) Bier,
	1 udu 1 kúr ì 1 ku$_6$-kéš	1 Schaf, 1 Doppelliter Öl, 1 Fischbündel
	^{d}nin-a-su	(für) Nin-a-su,
	2 zíd 2 kas	2 (Mundu-Maße) Mehl, 2 (Krüge) Bier,
	1 kúr ì 1 ku$_6$-kéš	1 Doppelliter Öl, 1 Fischbündel
	^{d}mes-an-DU	(für) Mes-an-DU,
	0.0.3 zíd-KAL	0.0.3 Emmermehl,
	1 kas	1 (Krug) Bier,
	1 silà ì 1 ku$_6$-kéš	1 Liter Öl, 1 Fischbündel
	ib-ku$_6$-kú (kúr)	(an das) Ib-ku-ku(-Heiligtum),
	0.0.3 zíd-KAL	0.0.3 Emmermehl,
	1 kas	1 (Krug) Bier,
8 1	1 silà ì 1 ku$_6$-kéš	1 Liter Öl, 1 Fischbündel
	^{d}ĝá-tùm-du$_{10}$	(für) Gatumdu,
	0.0.3 zíd-KAL	0.0.3 Emmermehl,
	1 kas	1 (Krug) Bier,
	1 silà ì 1 ku$_6$-kéš	1 Liter Öl, 1 Fischbündel,
	^{d}inanna	(für) Inanna,
	0.0.3 zíd 1 kas	0.0.3 Emmermehl, 1 (Krug)

		Bier,
	1 silà ì 1 ku$_6$-kéš	1 Liter Öl, 1 Fischbündel
	^{d}lugal-URUxKAR$_2$^{ki}	(für) Lugal-URUxKAR$_2$,
	0.0.3 zíd 1 kas	0.0.3 Emmermehl, 1 (Krug)
		Bier,
	1 silà ì 1 ku$_6$-kéš	1 Liter Öl, 1 Fischbündel
	ki-a-nag̃	(an den) 'Wassertrinkort',
	2 zíd 1 kas	2 (Mundu-Maße) Mehl, 2
		(Krüge) Bier,
	[1 s]ilà ì 1 ku$_6$-kéš	1 Liter Öl, 1 Fischbündel
	ur-tùr	(an) Ur-tur:
	u$_4$-3-kam	Der 3. Tag ist es.
9 1	šu-nig̃in 30 zíd mun-du	**Zusammen** 30 Mundu-Maße Mehl,
	1.2.0 lá 0.0.1 zíd-KAL gur-sag̃-g̃ál	1.2.0 minus 0.0.1 Haupt-Gur Emmermehl,
	30 dug kas	30 Krüge Bier,
	8 udu 2 sila$_4$ 2 maš	8 Schafe, 2 Lämmer, 2 Ziegenböcke,
	15 kúr 13 silà ì 22 ku$_6$-kéš-(d)rá	15 Doppelliter 13 Liter Öl, 22 Fischbündel
	[níg̃-g̃iš-tag-ga]	Opfermaterie.
	[ezem-še-kú]-	Am das Fest 'Gerste-Essen
	[^{d}nanše-ka]	der Nanše'
	[en-ig-gal]	hat En-iggal,
10 1	nu-bandà	der Generalverwalter
	e-ḫa-la	(dies) verteilt.
	ša$_6$-ša$_6$	Šaša,
	dam-uru-inim-gi-na	die Frau des Uru-inimgina,
	lugal-	des Königs
	lagaš^{ki}-ka 4.	von Lagaš. 4. (Jahr).

Anmerkungen:

(1:1) Die Ergänzung dieser Anzahl Mundu-Maße Mehl ergibt sich aus den Angaben des Summenvermerkes in 9:1. Auch im "Duplikat" DP 45 ist diese Passage nicht erhalten.

(1:2,4:4) Aus dem Summenvermerk ergibt sich, daß an einer dieser zwei Stellen 1 udu "1 Schaf" anstatt 1 maš "1 Ziegenbock" gemeint war. Ich vermute, daß in 4:4 entsprechend emendiert werden muß. Beide Zeilen sind in DP 45 nicht erhalten.

(2:1) Ergänzung nach den Parallelen und der Zeichenspur. Vgl. G.J. Selz UGASL s.v. ^{d}nanše [37]. In DP 45 ist die Zeile ebenfalls abgebrochen.

(5:5, 7:11) Beachte den Archivvermerk kúr, der sich auch in DP 45 5:6 findet.

(9:1–5) Nach den vorstehend begründeten Ergänzungen sind die Summenangaben korrekt. Beachte, daß in der Summenformel des "Duplikats" DP 45 die Biergaben vergessen worden sind.

41 = STH 1, 42

Text: HSM 904.4.13 (früher 3617); Photo: Vs. Pl. 77; heute schlechter erhalten als zu Husseys Zeit; 1976 gebrannt;
Maße: H.: 11,8cm; Br.: 11,9cm; Kollationiert;
Parallele: DP 613;
Bearbeitung: A. Deimel Or 14, 16f.; M. Lambert RSO 32 (1957) 132ff.;
Datum: (Ukg. L 4(?)); Typ: III-G-3.;
Inhalt: Entwurf der Beschreibung eines Hausgrundrisses; Bauplan.

1	1	1 *ká?!	1 'Tor':
		dağal-<bi> 1-gi	seine Breite: 1 'Rohr',
		gí[d-d]a-bi 1 gi 4 kùš ⸢šu-dù?-a⸣-4	seine Länge: 1 'Rohr' 4 Ellen 4 Doppelhandbreiten;
		1 ús	1 Korridor(?):
	5	dağal-bi 4 kùš	seine Breite: 4 Ellen,
		gíd-da-bi 2 gi 2 kùš [šu-dù-a] 2	seine Länge: 2 'Rohr' 2 Ellen 2 Doppelhandbreiten;
		1 é ús-lá-a	1 'Raum', der (an den) Korridor(?) anschließt:
		dağal-bi 5 kùš	seine Breite: 5 Ellen,
		gíd-da-bi 1 gi 1 kùš 1 šu-bad	seine Länge: 1 'Rohr' 1 Elle 1 Spanne;

10	1 níĝ-UL	1 *Repräsentationsraum(?)*:
2 1	dağal-bi 1 gi	seine Breite: 1 'Rohr',
	gíd-da-bi 1 gi 1 kùš 1 šu-bad	seine Länge: 1 'Rohr' 1 Elle 1 Spanne
	[x]^ras.? šu-si	x Daumenbreit;
	1 níĝ-UL-2-kam-ma	1 zweiter *Repräsentationsraum(?)*:
5	dağal-bi 1 gi	seine Breite: 1 'Rohr',
	gíd-da-bi 1 gi 1 kùš 1 šu-bad	seine Länge: 1 'Rohr' 1 Elle 1 Spanne
	[x]^ras.? šu-si	x(?) Daumenbreit;
	1 ⌜é⌝-šà	1 'Hausinneres':
3 1	dağal-bi 1 gi 1 kùš 1 šu-bad [x šu-s]i	seine Breite: 1 'Rohr' 1 Elle 1 Spanne x(?) Daumenbreit,
	gíd-da-bi 1 gi 1 kùš 1 šu-bad [x šu-s]i?	seine Länge: 1 'Rohr' 1 Elle 1 Spanne x(?) Daumenbreit(?);
	1 ĝiš-*til-lu-úb	1 *Laube(?)*:
	dağal-bi 1 ⌜gi⌝ 2 kùš	ihre Breite: 1 'Rohr' 1 Elle,
5	gíd-[d]a-[b]i 1 [g]i ⌜4?⌝ kùš 2 šu-dù-a	ihre Länge: 1 'Rohr' 4(?) Ellen 2 Doppelhandbreiten;
4 1	1 é-r[a]	1 ...-Raum:
	dağal-b[i] 5 kùš 1 [šu]-bad	seine Breite: 5 'Rohr' 1 Spanne,
	gíd-d[a]-b[i] 1 g[i] 3 k[ù]š [x? šu]-si	seine Länge: 1 'Rohr' 3 Ellen x(?) Daumenbreit;
	1 é-engur-ra	1 Badezimmer(?):
5	sağ-tum9-mer-ra-bi 5 kùš 1 šu-dù-a	seine Nordfront (beträgt) 5 Ellen 1 Doppelhandbreite,
	sağ-sig-[g]a-bi	seine 'südliche' Front (beträgt)
5 1	[2]+2 kùš [1] šu-bad [x šu-dù]-a(?)	4(?) Ellen 1(?) Spanne x Doppelhandbreite(n?),
	⌜gíd⌝-[d]a-bi [s]ila-dağal-šè ĝál-la *1 gi 4 kùš šu-bad-<1>	seine Längsseite, die nach der Breiten Straße hin liegt, 1 'Rohr' 4 Ellen <1> Spanne,
	ĝiš-zi ⌜2⌝? ^ras.?	die Wand ... Breite(?)
	⌜dağal?⌝ ús-b[i] 1 gi 4 kùš 1 šu-dù-a	sein Korridor(?): 1 'Rohr' 4 Ellen 1 Doppelhandbreiten;
	1 é-muḫaldim	1 Küchenraum:
5	dağal-bi 5 kùš 1+[x] šu-bad sila-dağal ĝál-la	seine Breite: 5 Ellen 1 + x Spannen, (zur) Breiten Straße gelegen,

6	1	g̃iš-*zi! tum$_9$-⸢mer⸣- ra-bi 1 gi 2 šu-dù-a g̃iš-zi tum$_9$-u$_5$-bi 1 gi 1 šu-dù-a g̃iš-zi GA$_2$ g̃á[l-l]a 1 g[i] lá ⸢1⸣ [š]u-dù- [a]	die Wand an seiner Nordseite (ist) 1 'Rohr' 2 Doppelhandbreiten, die Wand an seiner Südseite (ist) 1 'Rohr' 1 Doppelhandbreiten, die Wand, die (am) Schuppen(?) liegt (ist) 1 'Rohr' minus 1 Doppelhandbreite;
R 7	1	1 GA$_2$ [g̃]iš-zi 2 ⸢gi⸣ 2 kùš ⸢1??⸣ š[u]-bad ⸢2?⸣ ⸢šu⸣-s[i] tum$_9$-u$_5$ [g̃á]l-la-bi g̃iš-zi 2 gi 4 kùš tum$_9$-mer-bi g̃iš-zi níg̃-UL-šè g̃ál- la 2 gi	1 Schuppen(?): eine Wand 2 'Rohr' 2 Ellen 1(?) Spanne 2 Daumenbreit, ebenfalls (nach) Süden gelegen, eine Wand 2 'Rohr' 4 Ellen, ebenfalls (nach) Norden, eine Wand, nach dem *Repräsenta-* *tionsraum(?)* gelegen, (hat) 2 'Rohr',
8	1	g̃iš-zi é-muḫaldim-šè g̃ál-la 2 gi	die Wand, die zur Küche hin liegt, (hat) 2 'Rohr'.
9	1	[1] ús-⸢é⸣-engur-⸢ka⸣ [d]ag̃al-⸢bi⸣ 3 kùš ⸢gíd⸣-da-b[i] 1 gi kùš-⸢2?⸣ šu-bad-1	1 Korridor(?) am Badezimmer: seine Breite (beträgt) 3 Ellen, seine Länge (beträgt) 1 'Rohr' 2 Ellen 1 Spanne.

Anmerkungen:

Die Datierung des Textes auf Uru-inimgina erfolgt nach dem Paralleltext DP 613. Es scheint unerläßlich, diesen Text hier vollständig wiederzugeben:
(1:1) 1 ká-bar-ra / gíd-da-bi 1 gi kùš-4 šu-dù-a-2 / dag̃al-bi 1 gi / 1 ús / gíd-da-bi ⸢2⸣ gi kùš-2 / [dag̃al-b]i kùš-4 / [1] ⸢é⸣ ús-lá-a / [gíd]-da-bi [1 g]i kùš-1 [šu-ba]d-1 **(2:1)** dag̃al-bi kùš-5 / 1 níg̃-UL / gíd-da-bi 1 gi kùš-1 šu-bad-1 / dag̃al-bi 1 gi / 1 níg̃-UL-2-kam-ma / gíd-da-bi 1 gi kùš-1 šu-bad-1 / dag̃al-bi 1 gi / 1 é-šà / gíd-da-bi 1 gi kùš-1 šu-bad-1 **(3:1)** dag̃al-bi 1 gi šu-bad-1 / 1 g̃iš-til-lu-úb / gíd-da-bi 1 gi kùš-4 šu-dù-a-2 / dag̃al-bi 1 gi kùš-2 / 1 é-ra / gíd-da-bi 1 gi kùš-3 / dag̃al-bi kùš-5 šu-bad-1 / 1 é-engur-ra / g̃iš-zi sila-dag̃al-šè-g̃ál-la-bi **(4:1)** 1 gi kùš-4 šu-bad-1 / g̃iš-zi é-šè-g̃ál-la-bi 1 gi kùš-2 šu-dù-a-1 / sag̃-tum$_9$-mer-ra-bi kùš-5 šu-dù-a-1 / sag̃-sig-ga-bi kùš-4 šu-bad-1 / 1 ús-é-engur-ka / gíd-da-bi 1 gi kùš-3 šu-bad-1 **(5:1)** dag̃al-bi kùš-3 / 1 é-muḫaldim / g̃iš-zi tum$_9$-mer-ra-

bi 1 gi šu-dù-a-2 / g̃iš-zi-sig-ga 1 gi šu-dù-a-1 / dag̃al-bi kùš-5 šu-bad-1 / 1 GA$_2$-maḫ / g̃iš-zi-tum$_9$-mer-bi 2 gi kùš-4 (R 6:1) g̃iš-zi-sig-ga-bi 2 gi šu-bad 1 / sag̃-níg̃-UL-šè-g̃ál-la 2 gi / sag̃-é-muḫaldim-šè-g̃ál-la 2 gi.

Es folgt die Textunterschrift in (7:1–8:3) [....] / [g̃anun]-še-⸢ùr⸣-ré-mú-a-⸢ke$_4$⸣ si-sá-⸢a?⸣(-)ba(-)sè-ga / uru-inim-gi-na / lugal-lagaš^{ki}-ke$_4$ / igi-ni-ta / e-g̃ar / (8:1) en-ig-gal / nu-bandà / ì-dù-e 4.

"(Die Maße / Der Grundriß / Das Haus), welche(r/s am (Speicher) ON in dieser(?) rechten Weise (= in dieser Norm) festgelegt/ bestimmt worden war, hat Uru-inimgina, der König von Lagaš, persönlich (fest)gesetzt. En-iggal, der Generalverwalter, wird (dies so) bauen lassen. 4. (Jahr)."

Die Deutung dieser Zeilen bleibt problematisch. Im vorausgehenden erwartet man entweder eine Addition oder zusammenfassende Bezeichnung für die Maße, vielleicht auch eine Bezeichnung für das Gebäude allgemein, also etwa é "Haus". Undeutlich bleibt, neben dem unsicheren ⸢a?⸣, ob /ba/ als *-bi-a aufzulösen, oder ob es als Präfix zur Wurzel sè zu interpretieren ist.

Zum g̃anun-še-ùr-ré-mú-a s. oben zu Nr. 11 14:3, ferner 23 12:13, 17 15:3; TSA 13 14:5.

Zu dem den Lokativ-Terminativ regierenden si--sá vgl. in unserem Zusammenhang besonders die Bedeutung "normieren, kalibrieren", wie sie in gi-si-sá (DP 612 p.), gur-sag̃-g̃ál-si-sá (DP 594 1:2, 5:1, Nik 36 1:2, 61 1:1) und na$_4$-si-sá (DP 509 4:1, 513 p.; Nr. 59 5:1', 6:1' u.p.) belegt ist. Weiter wäre hier vielleicht auch i$_7$-si-sá neben i$_7$-da-ba in DP 648 1:1-2 und ús-si-sá in VAT 4656 4:5 zu vergleichen. Beachte weiter die sehr schwierige Stelle in Urn. 51 3:1-6 (mit Kommentar von H. Steible FAOS 5/2, 19): é-muḫaldim ba-gará si-sá-šè (J. Cooper, H. Steible nám-si-sá) sum-ma ib-muḫaldim ba-gará si-sá-šè sum-ma.

Zur Übersetzung von sè-ga "(fest)setzen, bestimmen" vgl. G.J. Selz AWEL 283. 482. Insbesondere sind hier numun-na sè-ga[30] (Fö 184 2:3, VAT 4630 2:3) und zíz gu$_4$-sè-ga (Nik 68 4:3) heranzuziehen. Zu si(-g)/sè(-g) "setzen", anbringen" und den Gleichungen *mullū(m), nadū(m), uḫḫuzu(m), šakānu(m)* s. nun auch I.J. gelb et al. OIP 104, 223 und vgl. die Variante? túg-

[30] J. Bauer AWL 122 sieht, mit der Annahme eines "anderen technischen Verfahrens" numun-na--sè-ga analog zu numun--g̃ar.

šu-za-ga neben túg-šu-sè-ga a.a.O. 238. ferner é-šu-sè-ga a.a.O. 216;

Zu igi-ni-ta, wörtlich "durch/mit seinem Auge" vgl. RTC 50 5:5, Nik 257 4:7, DP 517 2:1, 3:4, 613 7:7 und Fö 159 10:6 und beachte den Unterschied zu igi(-bi)-šè in Zeugenformularen (s. OIP 104, 233. 240). Den Beleg aus Fö 159 10:6 übersetzte J. Bauer AWL 497 mit "vor seinen Augen". Gemeint ist aber bei allen aufgeführten Belegen, daß der Herrscher oder seine Frau die entsprechene Transaktion 'persönlich' durchführte (nicht etwa nur anordnete). Zur hier gewählten interpretativen Übersetzung von (ba-)g̃ar mit "(fest)gesetzt" vgl. vielleicht das passim in unserem Corpus belegte maš-da-ri-a-ni/né ba-g̃ar "als seine Mašdari'a-Abgabe wurde (dies) festgesetzt" z.B. Fö 73 3:2 (= J. Bauer AWL 486 zu 174 3:2).

Für die Abweichungen dieses Textes gegenüber unser Nr. 41 siehe unten den Kommentar zu den einzelnen Zeilen. Beachte generell, daß der Paralleltext die Maße der Längsseiten meist vor denen der Breitseiten aufführt.

(1:1) Zu diesem Zeichen vgl. RSP 135 mit dem Kommentar S. 108. Entgegen der Vermutung von Y. Rosengarten ist die Kopie korrekt. Die durch den Paralleltext nahgelegte Deutung des Zeichens als graphischer Variante von KA_2, ist nicht ganz sicher. Die Parallele schreibt ká-bar-ra "äußeres Tor".

(1:1-4:3) Die in diesem Textabschnitt genannten neun Räume scheinen einen rechteckigen Grundriß aufzuweisen. Für die nachstehend genannten Gebäudeteile trifft dies offensichtlich nicht zu.

(1:2.9,2:3) Zu den Maßangaben vgl. F. Thureau-Dangin JA 10/13 (1909) 97; ders. RA 18 (1921) 132f. Vgl. ferner ŠL 354, 114, 173 und 241 (die Verhältnisangaben zur Elle sind dort offenkundig falsch). Nach Thureau-Dangin und nunmehr auch M.A. Powell RlA 7, 459 in Table I "Finger ratios with metric approximation" ergibt sich folgende Relation:

1 kùš[31] = 2 šu-bad = 3 šu-dù-a = 30 šu-si = 495mm.

[31] Zu der Bestimmung der absoluten Maßzahl von kùš = *ammatu*, der altsumerischen Grundeinheit bei Längenmaßen, s. M.A. Powell RlA 7, 462f. Danach erhält man mit '1 Elle = 50cm' eine gut brauchbare Äquivalenz.

Die für diese Maßbezeichnungen gewählten Übersetzungen sind frei und sollen nur ungefähr dem Wortsinn der sumerischen Ausdrücke entsprechen. Vgl.a. die Einleitung unter 4.6.

(1:4) Was mit UŠ gemeint ist, bleibt zunächst unklar. Vgl. ús = *imdu(m)* "Stütz(wand) o.ä. (vgl. CAD I 109f.; AHw 375, dort besonders die Gleichung ús = ús-sa-é-ĝar$_8$ "das an die Mauer angrenzende"; ferner ús-sa = *šiknu* "Setzen" ISL I 1, 522). Kaum hierher gehört uš = *uššu(m)* "Fundament" (AHw 1442), aber sicher UŠ = *šiddu(m)* "Seite, Rand; Vorhang"; vgl. a. G. Farber Fs. Sjöberg 139f. Der Zusammenhang mit ús "Längsseite, Lotseite" aus den Feldertexten ist offenkundig. Im vorliegenden Kontext möchte ich eine spezielle Bedeutung "Längsraum, Gang, Korridor" o.ä. ansetzen. Dieser Vorschlag paßt gut zu den hier vorgefundenen Maßangaben für das ús (1:4ff.: ca. 7m x 2m, bzw. 9:1ff 4,5m x 1,5m).

(1:6, 5:1) Im Paralleltext fehlen hier šu-dù-a "Doppelhandbreite" und Maßzahl. Zum Maß s. oben zu 1:2.9,2:3 und M.A. Powell RlA 7, 461.

(1:9) Zu šu-bad = *ūṭu(m)* "Spanne, Halbelle" und einer wahrscheinlichen Lesung zapaḫ s. AHw 1447l; ferner H. Behrens / H. Steible FAOS 6, 367 und jetzt auch P. Steinkeller LATIM 89 mit Verweis auf B. Landsberger WZKM 56 (1960) 89 und dem Lesungsansatz zipaḫ (ebenso M.A. Powell RlA 7, 461f.). Eblaitische Quellen legen nahe, das Wort habe ursprünglich /šupaḫ/ gelautet. Vgl. šu-paḫ = */'ūṭu(m)/* bei P. Fronzaroli, Qad. Sem. 17 (1990) 143.

(1:10,2:4) Unwahrscheinlich erscheint mir ein Zusammenhang zwischen níĝ-UL und der mutmaßlichen Bezeichnung für "Westen" NI.UL, wozu jedoch J. Krechers verbesserter Ansatz "Mitte, Zwischenraum" mit dem Lesungsvorschlag mu$_5$-ru$_5$ in Or 54 (1985) 171^{+76} zu vergleichen ist. Einen solchen Zusammenhang vermutet dagegen J. Marzahn GGL 115 Anm. 92. Möglicherweise ist níĝ-UL hier zu níĝ-du$_7$ = "Pracht, Vollkommenheit" o.ä. zu stellen. Dann könnte hier eine spezielle Bedeutung i.S. von "Pracht-, Repräsentationsraum" angenommen werden. Altsumerisch kann ich das Wort sonst nur im PN níĝ-du$_7$-pa-è (DP 113 8:9, 114 8:6, 115 8:3 u.p.) nachweisen. Vgl. a. noch níĝ-UL/du$_7$ */šību(m)/* "anzianità" bei P. Fronzaroli Quad.Sem. 17 (1990) 79.

(2:3, 3:1.2) Das kleinste Längenmaß šu-si "Daumenbreit" wird im Paralleltext nicht genannt. Beachte, daß hier an vielleicht allen drei Stellen die zugörige Maßzahl getilgt wurde. Zu šu-si mit der Übersetzung "finger" und der absoluten Maßzahl des "standard Presargonic-OB finger = 1/30 cubit" d.h. ca. 1,666 cm s. M.A. Powell RlA 7, 458ff. Welcher "Finger" paßt zu diesem Maße?

(3:1) In der Parallele fehlt hier 1 kùš "1 Elle".

(3:3) Der Übersetzungsvorschlag ist geraten. Er beruht auf der Beobachtung, daß g̃iš-til-lu-úb als Name eines Gebäude(teils) und als Bezeichnung für eine Baumart belegt ist. AWEL hat noch unpräzise ^{giš}BE-lu-úb (s. S. 513 zu 1:1). Es liegt aber jeweils das Zeichen TIL, nicht BAD vor. Vgl. nunmehr auch J. Bauer AfO 36/37 (1989/90) 90, der erwägt die Schreibung dieser Baumart mit *dilbu*, *dulbu(m)* "Orientplatane" zu verbinden.

(3:5) Die Parallele gibt die Zahl der Ellen mit <u>4</u> kùš an. Hier wurde entsprechend verbessert.

(4:1ff.) Zu einem, mir sonst unbekannten, Gebäude oder einen Raum namens é-RA ist, trotz unterschiedlicher Zeichenformen, vielleicht é-ŠID = *sa-'à-ru*$_{12}$, *ba-du* IŠ$_{11}$.KI bei P. Fronzaroli Quad.Sem. 17 (1990) 120 zu vergleichen. - Beachte, daß auch hier die Reihenfolge der Raumseiten im Paralleltext ganz anders ist.

(4:4,9:1) é-engur(-ra) ist (hier) ganz offensichtlich ein profaner Raum und wohl nicht mit dem von En-temena erbauten Nanše-Heilgtum é-engur-ra zu verbinden (vgl. die Belege bei H. Behrens / H. Steible FAOS 6, 410f. und meine Erwägunmg einer möglichen Identität beider in UGASL s.v. ^{d}lugal-URUxKAR$_{2}$$^{(ki)}$ [18]), das von Lugal-zage-si zerstört wurde (Ukg. 16 6:6-7). Der Zusammenhang mit *engurru(m)* "Grundwasser" o.ä. (AHw 218; CAD E 168) läßt, auch von den Maßen her (ca. 1,5m x 2m), am ehesten an eine Art Waschraum oder Badezimmer denken.

(5:1) DP 613 4:4 verzeichnet keine Maßeinheit šu-dù-a; eine Ergänzung ist daher nicht möglich.

(5:2) DP 613 hat hier ĝiš-zi sila-daĝal-šè-ĝál-la-bi 1 gi kùš-4 šu-bad-1. Entsprechend wurde hier die nicht (mehr) lesbare Zahl nach šu-bad emendiert.

(5:3) Ob für ĝiš-zi bereits as. die Lautform iz-zi anzusetzen ist, bleibt unsicher. Zu iz-zi = *igāru(m)* "Mauer, Wand" s. AHw 366; CAD I/J 34f. Im Unterschied hierzu könnte é-$ĝar_8$ = *igāru(m)* die "Außenwand, (Umfassungs)mauer" bezeichnen.

Die Parallele DP 613 hat in 4:2: ĝiš-zi é-šè-ĝál-la-bi 1 gi kùš-2 šu-dù-a 1. Nach einem Vorschlag von C. Wilcke ist hier die Zeile vielleicht ĝiš-zi {é} ⌈ĝanun-ús-bi⌉ "seine an den Speicher angrenzende Wand" zu lesen.

Beachte, daß in DP 613 nun der ús-é-engur-ka mit seinen Maßen folgt, der in unserer Urkunde erst am Ende in 9:1-2 aufgeführt wird.

(5:4-6:3) DP 613 gibt nur drei Seitenlängen des Küchenraumes.

(5:5) DP 613 5:5 verzeichnet hier nur 1 šu-bad, so daß auch hier wohl nichts weiter zu ergänzen ist.

(6:2) Statt ĝiš-zi tum_9-u_5-bi schreibt DP 613 ĝiš-zi-sig-ga "untere Wand". Die Variante ist ein interessanter Beleg für die Gleichsetzung von "Süden" unten "unten". Vgl. zu den Himmelsrichtungen auch den Kommentar zu Nr. 39 2:9-10.

(6:3,7:1) Zu ĝá "Gebäude" s. H. Behrens / H. Steible FAOS 6, 121. Das Zeichen kann auch pisan "Behälter" gelesen werden und ist zudem im Wort ĝanun "Speicher" enthalten. In unseren Urkunden ist häufig ein ĝá-udu-ur_4 "Schafschurgebäude" bezeugt (DP 169 3:6, MAH 15856 6:5; Nik 161 1:5; vgl. 5.5). Zu vergleichen ist ferner das ĝá-ĝiš-íl-la(-k) (s. dazu zu Nr. 79 = BIN 8, 350 1:1'). Ferner ist auch noch der GA_2xGI "Rohrkorb" zu vergleichen (DP 285 2:1, 291 2:3.4 u.p.), wofür die Lesungen ĝagi oder $pisan_x$ zu erwägen sind (siehe M.A. Powell JCS 27 (1975) 182; s. jetzt auch R.K. Englund, Fischerei 153^{+493}).

(7:1) Statt GA_2 schreibt DP 613 5:6 GA_2-maḫ.

(9:1-2) Hier fehlt im Unterschied zum Paralleltext DP 613 eine Unterschrift. STH 1, 42 ist demnach vermutlich ein Entwurf, während DP 613 den endültigen Plan mit einer ausdrücklichen Bauanweisung (ì-dù-e) versieht. Die hier vom übrigen Text getrennten Zeilen 9:1-2 sind in der Parallele in den Haupttext integriert (s. oben zu 5:3). Dies und die verschiedenen Tilgungen in unserer Urkunde bestätigen die These, daß es sich hier nur um einen Entwurf gehandelt haben kann.

42 = STH 1, 43

Text: HSM 904.7.14 (früher 3730); Maße: H.: 4,7cm; Br.: 4,6cm; Kollationiert;
Datum: (Ukg. L) 3/vor 9; Typ: III-A-2.;
Inhalt: 'Personenliste' / Liste von Leuten, die beim Schreiber Lugal-ešduga leben.

	1	1	1 uru-[in]im-⸢gi⸣-na-^{d}en-líl-le-su	1 Uru-inimgina-Enlile-su,
			1 uru-inim-gi-na-^{d}ni[n]-gí[r-su]-ke$_{4}$-[s]u	1 Uru-inimgina-Nin-Girsuke-su,
	2	1	⸢1⸣ uru-[i]nim-gi-na-^{d}nanše-su	1 Uru-inimgina-Nanše-su:
			l[ú]-a-en-⸢ra⸣-DU-me	Leute (von) A-enra-DU sind sie.
			lu[g]al-èš-du$_{10}$-ga	Bei Lugal-ešduga,
R	3	1	dub-sar-⸢da⸣	dem Schreiber,
			⸢e-da⸣-[s]e$_{12}$ 3.	leben sie. 3. (Jahr).

Anmerkung:

Die drei erstgenannten Personen tragen Höflingsnamen. Dadurch ergibt sich die Entstehung des Textes unter Uru-inimgina. Nach Nr. 124 (Ukg. L 3/9) 'leben' sie bei einem Schreiber namens lugal-kèš^{ki} und rechnen zum Personal des Königskindes a-en-ra-mu-gi$_{4}$. Damit erhalten wird wahrscheinlich den terminus ante für die Enstehung unserer Urkunde. - Zu a-en-ra-DU dumu, vielleicht der Name eines Sohnes des Uru-inimgina, siehe den Kommentar zu Nr. 124. Beachte Fö 26, aus dem 3. Jahr eines ungenannten ensí, 2:3-4 mit a-en-ra-DU dumu, wie auch Nik 219 (Ukg. L 2/(11)) 2:2-3 mit Kommentar in AWEL 448 (verbessere dort die Monatszahl in 12!). An Fö 26 anzuschließen ist wohl TSA 33 aus dem 2. Jahr eines ebenfalls ungenannten ensí. [Aufgrund dieses Titels Stadtfürst besteht eine hohe Wahrscheinlichkeit, daß diese Texte unter Lugal-anda entstanden sind.] Andere Belege für a-en-ra-DU kommen mit Sicherheit aus der Regierungszeit des Lugal-anda: vgl. Nik 53 (Lug. 1/11$^{?}$) 4:5, Paralleltext RTC 61 (Lug. 1/11$^{?}$) 5:5; ferner Fö 72 (Lug. 4) 2:7, 3:2-3, wo in fast unmittelbarer Nachbarschaft a-en-ra-DU und šubur-^{d}ba-ba$_{6}$ gala genannt werden. Letzterer Name ist gleichfalls als Name eines Sohnes des Uru'inimgina bezeugt, der, wie a-en-ra-mu-gi$_{4}$, zuletzt in Nr. 25 (Ukg. L 3/5) erwähnt wird.

43 = STH 1, 44

Text: HSM 904.7.13 (früher 3729); Maße: H.: 5,0cm; Br.: 4,9cm;
Kollationiert;
Umschrift: A. Deimel Or 21, 56; vgl. R. Scholtz, MVAeG 39/II, 145;
Datum: (Ukg. L) 6; Typ: II-E-3./4.;
Inhalt: Ablieferung von Fischen und einer Schweinshaut.

1	1	7 ku$_{6}$-dar-ra	7 aufgespaltene Fische,
		1 kuš-šáḫ-g̃iš-gi-ka	1 Haut eines Röhrichtschweines
		šu-ku$_{6}$-^{d}ba-ba$_{6}$-ke$_{4}$-ne	haben die Fischer der Baba
2	1	mu-DU	hergebracht;
		é-úr	E-ur,
		ugula	der Obmann,
		e-da-DU 6.	hat (sie) mit sich geführt. 6. (Jahr).

Anmerkungen:

Der Obmann é-úr ist noch in Fö 169 (Ukg. L 2) 3:3-4 nachweisbar, wo er den šu-ku$_6$-GANA$_2$-gú-eden-na-ka-ke$_4$-ne "Fischer (der Kanäle des) Gu-edena-Feldes" vorsteht. Die Datierung des Textchens auf Uru-inimgina ergibt sich auch aus der Bezeichnung 'Fischer der Baba'.

(1:1) Siehe A. Salonen, Fischerei 267f. und AWEL zu Nik 140 3:5. 'Aufspalten' (= *šalāqu(m)*) d.i. 'zerlegen, ausnehmen' dient (als Vorbereitung) zur Konservierung. Vgl. jetzt auch I.J. Gelb et al. OIP 104, 297 mit Annahme einer semantischen Entwicklung "split fish" > "dried fish" und den Gleichungen dar = *ḫepû(m)*; *letû(m)*. Zum Terminus dar(-ra) s. a. S. Sanati-Müller, BaM 20 (1989) 265f., wonach damit inhaltlich "das Ausnehmen und leichte Salzen" der Fische bezeichnet wird.

(1:2) Die Lieferung der Haut eines Röhrichtschweines durch die Fischer ist sicherlich ein Hinweis auf den Lebensraum dieser 'Wildschweine'. R.K. Englund, Fischerei 176f.[+564] notiert weitere Lieferungen von Schweine(häuten/kadavern) durch Fischer bis in die Ur-III-Zeit. - Von hieraus erklärt sich vielleicht auch die uns zunächst merkwürdig anmutende Tatsache daß der a-dun, sei er nun der "Küstenfischer" oder der "Kanalgräber", in den še-ba-Listen des Typs I-A-3. unter dem Rubrum der "Mägde der Mastschweine" aufgeführt wird; vgl. oben Nr. 19 12:7-9.

44 = STH 1, 45

Text: HSM 903.11.8 (früher 3573); Photo: Pl. 80
Maße: H.: 4,8cm; Br.: 4,6cm; Kollationiert;
Umschrift: A. Deimel Or 21, 32;
Datum: (Ukg. E(?)) 1; Typ: II-E-4.;
Inhalt: Ablieferung von Schafhäuten.

	1	1	10 kuš-udu-bar-sar-ra	10 Häute von gemarkten Schafen hat,
			⸢kuš⸣ 2-UL LAK 470-ri-dè	um sie zu Leder(säcken mit einem Fassungsvermögen von) 2 UL zu 'verarbeiten',
			amar-^{d}ašnan	dem Amar-Ašnan,
	2	1	ašgab-r[a]	dem Lederwerker,
			en-ig-gal	En-iggal,
			nu-bandà	der Generalverwalter,
			itu-níĝ-ka-i_7-ka-ka	im Monat der 'Angelegenheit der Abzweigstelle des Flusses/Kanales'
R	3	1	é-mí-ta	aus dem 'Frauenhaus'
			e-na-sum 1.	gegeben. 1 (Jahr).

Anmerkungen:

(1:2) Zu LAK 470(-ri), einer vor dem Gerben an Häuten vorzunehmenden Tätigkeit, siehe J. Bauer WdO 8 (1975) 8.

(2:4) Zu diesem 'okkasionellen' Monatsnamen siehe M. Lambert RSO 41 (1966) 30 mit Anm. 4 und F. Carroué ASJ 8 (1986) 20: "C'est le mois de l'affaire de la prise d'eau du canal". Auf M. Lambert a.a.O. mit Anm. 4 geht auch die Festlegung dieses Monatsnamens auf das Stadtfürstenjahr des Uru-inimgina zurück. Seine Vermutung, der Name enthalte einen Hinweis auf kriegerische Auseinandersetzungen, beurteile ich skeptisch.

(3:1) Zur Lesung é-mí vgl. amé, ama_5, eme_8 und mí für /me/ aus /eme/ "Frau", "weiblich" bei J. Krecher WdO 18 (1987) 12f und bereits oben Nr. 16 11:16.

45 = STH 1, 46

Text: HSM 904.7.9 (früher 3725); Photo: Pl. 76;
Maße: H.: 6,5cm; Br.: 6,4cm; Kollationiert;
Umschrift: A. Deimel Or 32, 54;
Datum: Lug. 6/(1?); Typ: III-D-5.;
Inhalt: Außenstände an Gerste und Emmer; Schuldensaldo.

	1	1	lá-a 34+[10].*⌜1.4⌝ 3 silà še gur-saĝ-ĝál	Außenstände: 44.1.4 Haupt-Gur + 3 Liter Gerste,
			40.0.0 lá 2[+1].1.4 4 silà zíz-babbár	40.0.0 minus 3.1.4 + 4 Liter weißer Emmer
			zíz-ba[l nu]-tu$_{12}$-t[u$_{12}$]	– es wird kein 'Verlust'-Emmer veranschlagt –
	2	1	m[aš]-dà	wurde Mašda,
			dub-sar-[d]a	dem Schreiber,
			ba-da-l[á]	angelastet.
			6.0.2 še [....(?)]	6.2.0 Gerste ....(?),
		5	24.2.4 zíz-babbár	24.2.4 weißer Emmer
			ì-lí-be$_6$-lí	wurde *Ilī-bēlī*
			ba-da-lá	angelastet.
	3	1	*⌜12⌝.3.0 lá 3 silà še	12(?).3.0 minus 3 Liter Gerste,
			20.0.0 lá 3.0.4 zíz-babbár	20.0.0 minus 3.0.4 weißer Emmer
			en-bi-da	wurde Enbi
			ba-da-lá	angelastet:
		5	lú-bappìr-me	Brauer sind sie.
R	4	1	itu-ŠE.GUR$_{10}$-kud-rá	(Im) Monat der Getreideernte
			en-ig-gal	hat En-iggal,
			nu-bandà	der Generalverwalter,
			dub-bi e-PI-bal	ihnen eine (Schuld)tafel darüber ausgefertigt (und)
		5	gú-[n]e-n[e]-⌜a⌝	ihnen (dies) auf ihr Schuldkonto
	5	1	e-ne-ĝar	gesetzt.
			bará-nam-tar-ra	Bara-namtara,

dam-lugal-an-da	die Frau des Lugal-anda,
ensí-	des Stadtfürsten
lagaš^{ki}-ka 6.	von Lagaš. 6. (Jahr).

Anmerkungen:

(2:2-3) Zu den verschiedenen Konstruktionen von lá s. unten zu Nr. 95 4:2. C. Wilcke verweist mich auf lá (+ Komitativ) = *ubburu(m)* in der Bedeutung "jemandem etwas zur Last legen", "jemanden einer Tat beschuldigen" (vgl. AHw 4; A. Falkenstein NG 1, 131$^{1-2}$; NG 2 Nr. 127:2 mit S. 218 Anm. 2; CU Paragraph 10 (J.J. Finkelstein JCS 22 (1968/9) 66ff.); CL Paragraph 17; Hinweis C. Wilcke). Nicht nur rücksichts der in den jeweiligen Texten genannten Materien (vgl. die Belege in der Zusammenstellung zu Nr. 95 4:2) sind die Übersetzungen in AWEL 485f. (Nik 262 2:2) und in J. Bauer AWL 524 (Fö 121 2:3) 620 unsinnig. Sie verstellen zudem den Blick auf den Verwaltungsvorgang, die Feststellung von nicht erfüllten Lieferungsverpflichtungen.

(4:4-5:1) Zu diesen Syntagmen vgl. zuletzt die Deutung von J. Krecher ZA 78 (1988) 265f., der zurecht darauf hinweist, daß dub (im Absolutiv) direktes Objekt zu (transitivem) bal ist; vgl. so auch AWEL 401 und 317f. Zu fragen ist allerdings, ob sich /bi/, wie dort angenommen, auf separate Schuldtafeln bezieht, oder ob nicht die jeweils zur Rede stehende Urkunde gemeint ist.

Zuletzt hat sich R.K. Englund, Fischerei 92f.[+293.] [294] zu diesen Syntagmen geäußert. Er übersetzt die entsprechende Stelle im Klassifikationsformular von DP 230 (hat PN "auf) die dazugehörige Tafel übertragen und auf ihr Sollkonto gelegt". Ebd. findet sich auch eine Zusammenstellung der Spekulationen über eine Lesung des Infixes /PI/. (Der Verweis auf J. Krecher ZA 78 (1988) 245, für eine Lesung dub-bé, beruht wohl auf einem Versehen, da J. Krecher diese Interpretation ausdrücklich ablehnt; vgl. dazu den vorstehenden Absatz.)

46 = STH 1, 47

Text: HSM 904.7.15 (früher 3731); Maße: H.: 4,6cm; Br.: 5,0cm; Kollationiert;
Umschrift: A. Deimel Or 20, 52f.;
Datum: Ukg. L 7; Typ: II-F-2.(?)/III-B-4.(?);
Inhalt: *Ablieferung(?)* von Zicken durch den 'Kleinviehmäster'.

	1	1	10 ud$_5$-kurušda	10 Zicken (beim) 'Kleinviehmäster',
			2 ud$_5$-eden-na	2 Zicken (aus der) Steppe:
			ud$_5$-dun-a	unterstellte Zicken des
			ur-^{d}ba-ba$_6$	Ur-Baba,
	2	1	kurušda-kam	des 'Kleinviehmästers', sind es.
			en-ig-gal	En-iggal,
			nu-band[à]	der Generalverwalter,
			ĝanun-⌜SAR⌝-ka	hat sie in den SAR-Speicher
R	3	1	g[ù] ⌜bi⌝-ra	*gerufen(?)*.
			ud$_5$-ú-rum	Eigene Zicken
			^{d}ba-ba$_6$	der Baba;
			ša$_6$-š[a$_6$]	Šaša,
		5	dam-uru-inim-gi-na	die Frau des Uru-inimgina,
	4	1	lugal-	des Königs
			lagaš^{ki}-ka 7.	von Lagaš. 7. (Jahr).

Anmerkungen:

(3:1) Lesung nach einer Anregung von B. Jagersma. Vgl. AWEL 453 zu Nik 226 2:3 mit dem ('okkasionellen'(?)) Monatsnamen itu-ud$_5$-dè-gù-ra-a(-a) der wohl als "Monat, in dem die Zicken schreien" zu übersetzen ist. Der Sinn unserer Stelle entgeht mir allerdings. Vgl. ferner A. Deimel Or 20, 57. Zu gù-(-)ra = *šasû(m)* "vor Zorn, Trauer usw. schreien" s. AHw 1195 (vgl. den Š-St. 1197); ferner J. Klein, Three Šulgi Hymns 92 (zu Šulgi D 28).

47 = STH 1 ,48

<u>Text:</u> HSM 903.11.7 (früher 3572); <u>Photo:</u> Pl. 81;
<u>Maße:</u> H.: 4,5cm; Br.: 4,4cm; <u>Kollationiert;</u>
<u>Datum:</u> (Lug.(?)) 5/2(?)); <u>Typ:</u> II-E-5.;
<u>Inhalt:</u> Verbringung von Bieringredienzien in den 'Palast' anläßlich des Gerste-Festes der Nanše.

	1	1	5 gur$_4$-gur$_4$ kas-KAL	5 Amphoren Emmerbier,
			zíz-AN-bi 0.0.3	enthülster(?) Emmer dafür 0.0.3,
			munu$_4$-bi 0.0.5	Malz dafür 0.0.5,
			bappìr-bi 0.0.3	Bierbrote dafür 0.0.3.
		5	ezem-še-kú-	Am Fest 'Gerste-Essen
	2	1	^{d}nanše-ka	der Nanše'
			sá-du$_{11}$-ru-a ba-sur	wurde die geweihte(?) 'regelmäßige Lieferung' '*filtriert*'
			é-gal-la	(und) in den 'Palast'
			ba-DU	verbracht.
R	3	1	kú-a-	Verbrauch
			a[m]ar-giríd^{ki}	(des) Amar-Girid,
			lú-bappìr 5.	des Brauers. 5. (Jahr).

<u>Anmerkungen:</u>

(1:1) Zur (verbesserten) Lesung gur$_4$-gur$_4$)oder gurgur) = *kurkurru* statt des bislang üblichen nigin s. nun M.A. Powell RlA 7, 506f. Powell erwägt für unsere Texte eine Relation von 1 gurgur = 9 silà. Zur Akkad-Zeit finden sich die Maßrelationen von 1 dug = 2 gurgur oder 3 gurgur, nach den unterschiedlichen Werten für altakkdisches dug (20 oder 30 silà) scheint in jener Epoche 1 gurgur also wohl 10 silà entsprochen zu haben. Kompliziert wird das Problem weiter durch die Bezeichnung der Silbervase des Entemena(-k) als gur-gur-Gefäß, dess Rauminhalt etwa 4,15, mit dem Gefäßhals 4,71 Liter beträgt. S. ferner demnächst auch meine Miszelle "3 Bemerkungen zur Silbervase des Entemena".

(1:2) Zu zíz-AN s. M.A. Powell BSA 1 (1984) 52f., G.J. Selz AWEL zu Nik 273 4:8 [mit Nachtrag] und zuletzt mit Verweis auf die mögliche Lesung /imgaga/ Zhi Yang PPAC 1, 171+45; s. weiter R.K. Englund, Fischerei 79[266], der mit K. Butz apud M. Stol, Trees 23 imgagà lesen und mit "Spelt(?)" übersetzen möchte. Spelt oder Dinkel ist eine anspruchslose aber wenig ertragreiche Kulturrasse des gewöhlichen Weizens. vgl. ferner P. Steinkeller FAOS 17, 332 [und ferner M.E. Cohen zu einer möglichen Lesung des Monatsnamens ^{iti}ZIZ$_2$.A = ^{iti}úd-duru$_5$ in N.A.B.U. 1990 110:134].

(2:2) Diese nicht sichere Deutung versteht /ru/ hier als elliptische Schreibung für a-ru; vgl ähnlich bará-ru-a und s. den Kommentar von H. Steible FAOS 5/2, 118:20 und vgl. 123 (2); anders J.S. Cooper SARI 1, 57 Anm. 9. Vgl.a. TSA 45 1:4-6: (Bier) sá-du$_{11}$-gu-la a-rá-min-am$_6$ e-da-RU und ferner vielleicht den Namen des Nin-Girsu-Heiligtums (èš-)dug-ru (H. Behrens / H. Steible FAOS 6, 409). [Zu sá-du$_{11}$-ga */siknu(m)/* s. jetzt auch P. Fronzaroli Quad.Sem. 17 (1990) 103.]

Das Verb sur bezeichnet sicher den Vorgang dessen Endprodukt das kas-sur-ra darstellt, das üblicherweise mit "ausgepreßtes Bier" (J. Bauer AWL 217 zu 60 II 7; W. Röllig, Bier 24; vgl. *mazû(m)* AHw 637; CAD M/1 439, *ṣaḫtu* AHw 1075) übersetzt wird. Zu vergleichen ist wohl auch *ṣarāru(m)* "tröpfeln" und die Grundbedeutung von sur "pressen, drücken". Nach den im Text genannten Bestandteilen dieses Bieres möchte ich hier eine spezielle Bedeutung von sur, etwa "seihen, filtrieren", ansetzen. Zu sur vgl. a. M. Civil Fs. Sjöberg 52+27. Zur hier vorgetragenen Deutung s. jetzt auch a-sur = */ṭillum/* "denominazione del 'colare' per filtrara" P. Fronzaroli Quad.Sem. 17 (1990) 89.

(3:3) Da Nr. 72 und CT 50, 35 im 4. Königsjahr des Uru-inimgina für das ezem-še-kú-^{d}nanše eine 13. Zuteilung verzeichnen, müßte unser Text unter Lugal-anda geschrieben worden sein, wenn man nicht eine abweichende Datierung, also etwa 5/1, annehmen möchte,.

48 = STH 1, 49

Text: HSM 904.7.16 (früher 3733); Maße: H.: 4,5cm; Br.: 4,5cm; Kollationiert;
Umschrift: A. Deimel Or 6, 13; vgl. R. Scholtz MVAeG 39/II, 50;
Datum: (Ukg. L) 3/(3); Typ: I-K-6.; vgl. II-E-2.;
Inhalt: Auslieferung von Feldgerät.

1	1	4 eme-tugur-si-ga	4 Umbruchpflugscharen
		KA.KA	hat KA.KA,
		ugula	der Obmann,
		GANA$_2$-da-IŠ.GAR$_3$.	für das Feld an der Seite
		[M]UD-˹šè˺	von IŠ.GAR$_3$-mud
2	1	ba-DU	an sich genommen;
		2 eme-numun-šè	2 (davon) als Saatpflugscharen
		á-né-kur-ra	hat Ane-kura
		GANA$_2$-da-tir-šè	für das 'Feld an der Seite des Haines'
	5	ba-DU	an sich angenommen;
		2 eme-numun-šè!	2 (davon) als Saatpflugscharen
R 3	1	di-utu	hat Di-Utu
		GANA$_2$-gú-bàn-da	für das (Feld) GANA$_2$-gubanda
		˹ba˺-[D]U	an sich genommen.
		e[n-i]g-gal	En-iggal,
	5	nu-bandà	der Generalverwalter,
		itu-GA$_2$-<udu>-ur$_4$-ka	hat im Monat, in dem im Pferch <die Schafe> geschoren werden,
4	1	é-ki-sal$_4$-la-ta	aus dem E-kisala heraus
		e-ne-ta-˹si˺? 3.	ihnen (dies) ausgegeben. 3. (Jahr).

Anmerkungen:

(1:1) Bei seiner Bestimmung der Lesung /tug(g)ur/ des Zeichens LAK 483 in AoN 52 (1992) 5ff. schreibt J. Bauer, daß dem Umbruchpflug $^{(giš)}$apin-/tugur/ aus späterer Zeit sargonisch und vorsargonisch ^{giš}eme-túg-/tugur/-si-ga entspräche. In unseren Quellen handelt es sich allerdings sicher nur um einen Pflugteil, die "Umbruchschar", worauf auch Bauers richtige Deutung "Zunge, mit der man die Furchen eintieft(?)" hinweist. Beim nachfolgenden Bodenbearbeitungsvorgang wird dann die $^{(\text{giš})}$eme-numun(-na) "Saatzunge" verwendet. In den Ackergerätelisten werden beide nicht selten zusammen genannt. Vgl. DP 494, wie hier beidemale ohne Determinative; DP 493, 498; Fö 162; Nik 288; DP 501 und TSA 27 (+ -na).

(1:4) Zu GAR$_3$.MUD als Bestimmung der Qualität eines Feldes vgl. Zhi Yang PPAC 1, 142; B. Foster Mesopotamia 9, 54f.

(2:2.6) Das Terminativ-Suffix /šè/ bedeutet hier offensichtlich "als", d.h. "zur Verwendung als". Mit anderen Worten, die ^{giš}eme-numun(-na) (zur Vollform vgl. DP 501 1:3, TSA 27 1:2) sind hier die in 1:1 genannten Umbruchpflugscharen in sekundärer Verwendung.

(4:2) Die Kopie dieser Zeile ist nicht ganz korrekt. Ich kopierte an der fraglichen Stelle:

Das von Hussey kopierte Zeichen AŠ ist also nur der Rest eines Zeichens. Zur vorgeschlagenen Lesung vgl. z.B. Nik 281 7:6. Möglich wäre vielleicht auch ⸢ĝar⸣, wobei auf häufiges e(-ne/na)-ta-ĝar zu verweisen wäre. Wenig wahrscheinlich ist dagegen eine Lesung šid, da šid zwar in inhaltlich verwandten Urkunden (z.B. Nik 303), aber niemals mit dem Infix /ta/ bezeugt ist.

Der Text scheint nicht sehr sorgfältig geschrieben zu sein. Beachte die Auslassung von udu im Monatsnamen in 3:6; vgl. a. AWEL 455 Nik 228 1:3.

Im Datierungsansatz folge ich S. Yamamoto ASJ 2 (1980) 180:24. Der Monat der Schafschur ist nach ihm der dritte Monat im Jahreskreis.

49 = STH 1, 50

<u>Text:</u> HSM 904.7.17 (früher 3733); <u>Maße:</u> H.: 4,3cm; Br.: 4,5cm;
<u>Kollationiert;</u> <u>Umschrift:</u> A. Deimel Or 6, 2;
<u>Datum:</u> (Lug.) 6/(3); <u>Typ:</u> I-B-2.;
<u>Inhalt:</u> Ausgabe von Saatgerste.

1	1	12.2.0 še-numun gur-sağ-ğál	12.2.0 Haupt-Gur Saatgerste
		inim-ma-ni-zi	hat Inimani-zi,
		sağ-apin-ke$_4$	der Pflugführer,
2	1	GANA$_2$-ša$_6$-ga-tur-šè	für das kleine Šaga-Feld
		ba-DU	an sich genommen.
		itu-GA$_2$-udu-ur$_4$-ka	Im Monat, in dem im Pferch die Schafe geschoren werden,
		en-ig-gal	hat En-iggal,
3	1	nu-bandà	der Generalverwalter,
		é-ki-sal$_4$-la-ta	aus dem E-kisala heraus
		e-na-ta-ğar 6.	ihm (dies) ausgeliefert. 6. (Jahr).

<u>Anmerkung:</u>

(3:3) Zur Datierung auf das sechste Jahr des Lugalanda siehe S. Yamamoto ASJ 1 (197) 97.

50 = STH 1, 51

Text: HSM 904.7.10 (früher) 3726); Photo: Pl. 77;
Maße: H.: 6,2cm; Br.: 6,0cm; Kollationiert;
Umschrift: A. Deimel Or 17, 3; vgl. R. Scholtz MVAeG 39/II, 83;
Datum: Lug. 5; Typ: II-E-5.; vgl. II-D-2.;
Inhalt: Einbringung einer Zwiebelernte.

	1	1	6(?) gu-lá sum-GU$_4$	6(?) Bund Frühlingszwiebeln(?):
			sar-bi 0;0.1	Fläche dafür 1 (Iku):
			AN-a-mu	(an) AN-amu;
			40 gu-lá sum-GU$_4$	40 Bund Frühlingszwiebeln(?):
	2	1	sar-bi 25	Fläche dafür 25 (Sar):
			úr-mud	(an) Ur-mud,
			sanga-GAR	den ... .
			sum-ú-rum-	Eigene Zwiebeln
		5	bará-nam-tar-ra	der Bara-namtara,
			dam-lugal-an-da	der Frau des Lugal-anda,
R	3	1	ensí-	des Stadtfürsten
			lagaš^{ki}-ka	von Lagaš.
			U$_3$.LU.UB$_2$-	Vom/Am ...
			lugal-ezem	des Lugal-ezem,
		5	sanga-ta	des 'Tempelverwalters'
			en-ig-gal	hat En-iggal,
			nu-bandà	der Generalverwalter,
			mu-ba-al	(dies) ausgraben lassen.
	4	1	é-ki-sal$_4$-la-ka	In das E-kisala
			ba-DU 5.	wurde (dies) verbracht. 5. (Jahr).

Anmerkungen:

(1:2,2:1) Statt SAR-bi bzw. kiri$_6$-bi haben die Paralleltexte in der Regel absìn-bi x GANA$_2$-bi y (z.B. DP 385 passim, 394 passim, 408 passim). Andere Texte schreiben statt dessen sar-bi x(-am$_6$) (DP 370 1:2, 371 1:2,2:1, 386 1:3, 399 1:2,2:1). Dabei steht sar wohl für das Flächenmaß und ist somit hier nicht $kiri_6$ zu lesen. Zu übersetzen ist demnach wörtlich "die Sar dafür sind x (Fläche)". Zur vermutlich ursprünglichen Bedeutung von sar = "Beet" s. unten zu Nr. 96 5:3.

(3:3-6) Die Interpretation dieser Zeilen hängt zunächst von der Funktion der Postposition /-ta/ ab. So könnte man erwägen, /ta/ als Instrumentalis zu verstehen, also "durch PN, den sanga-GAR". Allerdings sollte die Ablativ-Instrumentalis-Postposition nur bei Nomina der Sachklasse stehen (vgl. M.-L. Thomsen SL 108; nur zögernd A. Falkentsein AnOr 29, 144f.). Im übrigen ist die separative Funktion (räumlich und zeitlich) sicherlich bei der Postposition /ta/ primär. B. Jagersma schlägt deshalb vor, die Zeilen als "vom ON des Lugal-ezem, des ... her" zu interpretieren. Dieser Ansatz bestätigt sich durch die übliche Kontruktion ON/FN-ta -- ba-al "auf/am ON/FN ausgraben", z.B. DP 376 3:1-4, 383 6:1-7:1, 390 2:4-3:5 u.p.

Für U_3 hat P. Steinkeller in BSA 4, 81 einen Bedeungsansatz "bridge" mit einer möglichen Lesung $duru_x$ vorgeschlagen. B. Hruška setzte in Ec. Hist. 15 (1986) 13f. als Bedeutung "Weide" oder "undurchlässiger Boden" an. T. Maeda ASJ 6 (1984) 48 erwog, in U_3 eine Bezeichnung für ein altes Kanalbett zu sehen; T. Gomi SENATBM 316 schlägt vor "bank, side or the like".

In unseren Urkunden sind U_3-i_7-maḫ DP 646 4:6, 658 4:1 und U_3-tir DP 654 4:3, 5:2 zu vergleichen. Bauarbeiten (kin-dù-a) am U_3-i_7-maḫ und am U_3-tir-ambar^{ki}-ka verzeichnet DP 647. Da diese Arbeiten auf einer beträchtlichen Länge durchzuführen waren, scheint mir Steinkellers Ansatz "Brücke" hier nicht möglich. Ein Ansatz "Uferböschung" o.ä. verdient wohl eine nähere Untersuchung.

Auch der Name des Tempelverwalters lugal-ezem hilft nicht weiter, da er sonst m.W. in diesen Urkunden nicht belegt ist.

51 = STH 1, 52

Text: HSM 904.7.12 (früher 3728); Maße: H.: 5,7cm; Br.: 5,5cm;
Kollationiert;
Umschrift: A. Deimel Or 17, 10f.; M. Lambert Or 44 (1975) 48, ders. RA 47 (1953) 118f.; vgl. R.Scholtz MVAeG 39/II, 78f.;
Datum: Ukg. L 2/(8$^?$); Typ: II-E-5./I-K-4.;
Inhalt: Vermerk über Beschaffung und Stecken von Zwiebeln.

	1 1	0.1.0 sum-GU$_4$	0.1.0 Frühlingszwiebeln:
		1-DU-a-am$_6$	Die 1. Lieferung ist es.
		0.1.0 sum-ĝišimmar	0.1.0 'Dattelpalm'-Zwiebeln:
		2-kam-ma- DU-a-am$_6$	Die 2. Lieferung ist es.
	5	0.1.2 sum-ĝišimmar 3-	0.1.2 'Dattelpalm'-Zwiebeln:
		kam-ma DU-a-am$_6$	Die 3. Lieferung ist es.
	2 1	ur-é-mùš	Ur-Emuš,
		gal:dam-gàr-	der Großkaufmann
		^{d}ba-ba$_6$-ke$_4$	der Baba,
		itu-ezem-^{d}li$_9$-si$_4$-ka	hat im Monat 'Fest der Lisi(n)'
	5	èn-ig-gal	dem En-iggal,
		nu-bandà	dem Generalverwalter,
		mu-na-DU	(diese) hergebracht.
R	3 1	ki-sum-ma-GANA$_2$-	Auf dem Zwiebelboden des
		gibil-tur-ka	(Feldes) GANA$_2$-gibiltur
		mu-sur	wurden (die Flächen dafür) abgegrenzt(?).
		ša$_6$-ša$_6$	Šaša,
		dam-uru-inim-gi-na	die Frau des Uru-inimgina,
	5	lugal-	des Königs
		lagaš^{ki}-ka 2.	von Lagaš. 2. (Jahr).

Anmerkungen:

(1:1) Zur Deutung von sum-GU₄ als "Frühlingszwiebeln" s. H. Waetzoldt BSA 3, 30.33.

(1:3) In der Deutung von sum-ĝišimmar als 'Dattelpalm'-Zwiebeln folge ich trotz Bedenken H. Waetzoldt BSA 3, 25. 33; vgl. G.J. Selz AWEL zu Nik 46 3:6. Nach einem Vorschlag von H. Waetzoldt BSA 3, 29f., 33f., seien sum-GU₄ und sum-ĝišimmar nur verschiedene "Entwicklungsstadien ein- und derselben Zwiebelsorte".

(1:1-2:7) Das Herbeibringen von Zwiebeln durch den Großkaufmann der Baba wird wohl so zu verstehen sein, daß die vorstehend genannten Zwiebeln durch ihn (etwa durch Tauschgeschäfte) beschafft wurden und nicht aus einer normalen Ernte stammten.

(3:2) Die von H. Waetzoldt BSA 3, 24. 45[5] vorgeschlagene Deutung von sur als "stecken (von Pflanzgut)" (s. AWEL 219) wurde von J. Marzahn GGL I, 43 mit Anm. 146. abgelehnt. Da gegen Marzahn die Grundbedeutung von sur sicher "eindrücken, niederdrücken" ist (vgl. ki--sur "die Erde eindrücken, einritzen" zum Zwecke der Grenzmarkierung), bedürfte sur noch einer näheren Diskussion. Zu verweisen ist hier auf TSA 41, einen Text über die Zwiebelernte (ba-al). Der Text nennt bestimmte Mengen von Zwiebeln aus mehreren sar-sur-ra-bi und faßt dies in 5:3 unter der Bezeichnung sum-sar-sur-ra-kam zusammen. Der Ausdruck dürfte höchstwahrscheinlich mit "Zwiebeln aus den abgegrenzten Sar(-Flächen) sind es" übersetzt werden. Eine Erwähnung des Steckens von Zwiebeln scheint hier wenig sinnvoll. Deshalb möchte ich auch hier auf diesen Ansatz verzichten. S. a. unten zu Nr. 96 3:2.

In einem "Nachtrag zu 'Knoblauch und Zwiebeln nach Texten des 3.Jt.' in BSA 3,23-56" in BSA 5,280-283 begründet H. Waetzoldt seine inzwischen geänderte Auffassung, wonach "sur kein Saat/Pflanzterminus" sei, sondern "sich auf die Ernte" beziehe. Er verweist auf zé, einem ähnlichen "Begriff aus diesem Bereich", der vielleicht nicht die eigentliche Ernte sondern "das Ausdünnen zu dicht gewachsener Zwiebeln" meine. Dafür dient in unseren Texten aber vielleicht der Terminus PAD(-rá) s. dazu unten zu Nr. 96 3:5 .

Das normale und passim bezeugte Wort für das Ernten von Zwiebeln in unserem Korpus ist (FN-ta) ba-al = *ḫerû* "ausgraben" u.ä. (s. PSD B 10). ba-al dient auch zur Bezeichnung des "(Aus)grabens" von Kanälen und des "(Aus)schöpfens" von auf dem Feld befindlichen Wasser (H. Waetzoldt BSA 5, 5. 12).

As. (Zwiebel-)Texte mit dem Verbum sur haben meist den Aufbau: Menge+Zwiebelsorte / Furchenanzahl / Parzellen(/Feld)-Größe". Das šu-niĝin-Formular dieser Texte nennt dann immer die aus der Addition der Parzellenflächen gewonnene Gesamtfläche, nicht etwa die Zwiebelmengen, wie es bei einem Erntetext doch sicherlich zu erwarten wäre. (vgl. z.B. die in AWEL (= FAOS 15/1) behandelten Zwiebeltexte Nik 46 bis Nik 49). Deshalb möchte ich an meiner dort gegebenen Deutung des Inhalts dieser Texte als "Vermessung von Zwiebelböden und Festlegung ihrer Bepflanzung" festhalten. Auch das in diesen Urkunden zu gewinnende Verhältnis von Zwiebelmenge pro sar (Fläche) paßt zu den von H. Waetzoldt BSA 3,27 errechneten Anbaumengen.

(3:6) Im 2. Königsjahr des Uru-inimgina dürfte das Fest der Lisi(n) im 8. Monat abgehalten worden sein, wie folgende Überlegungen zeigen: DP 228 belegt für das Fest in Ukg. E eine 7. monatliche Getreidezuteilung. Im gleichen Jahr wurde der itu-GUD.DU-izi-mú-a mit einer 5. monatlichen Getreideausgabe verbunden (Nr. 14 und DP 156). Da in diesem Monat im 2. Königsjahr nach Ausweis des noch unveröffentlichten Textes CH 1 eine 6. Zuteilung erfolgte, ergibt sich für unser Text mit hoher Wahrscheinlichkeit die vorgeschlagene Datierung.